LE SIDA
ASPECTS PSYCHOSOCIAUX,
CULTURELS ET ÉTHIQUES

A Javierre a
en espérant que
ce livre contribuera
au développement de
sa carrière en sexo-
logie.

Amicalement

Joyh

JOSEPH J. LÉVY - HENRI COHEN

LE SIDA
ASPECTS PSYCHOSOCIAUX,
CULTURELS ET ÉTHIQUES

Méridien
ÉDITIONS DU MÉRIDIEN

Les Éditions du Méridien bénéficient du soutien financier du Conseil des arts du Canada pour son programme de publication.

Le Conseil des Arts | The Canada Council
DU Canada | for the arts
Depuis 1957 | since 1957

Joseph Lévy
Anthropologue, professeur au département de sexologie de l'Université du Québec à Montréal.

Henri Cohen
Professeur, département de psychologie de l'Université du Québec à Montréal.

1. Sida - Aspect épidémiologique. 2. Sida - Aspect psychosocial.
3. Sida - Aspect culturel 4. Sida - Aspect éthique.
I. Lévy, Joseph Josy, 1944- .II. Cohen, Henri, 1945- .III. Collection.

DISTRIBUTEURS:

CANADA FRANCOPHONE:

MESSAGERIE ADP
955, rue Amherst
Montréal (Québec) H2L 3K4

EUROPE ET AFRIQUE
FRANCOPHONE:

ÉDITIONS BARTHOLOMÉ
16, rue Charles Steenebruggen
B-4020 Liège
Belgique

ISBN 2-89415-176-4

Dépôt légal - Bibliothèque nationale du Québec, 1997

Imprimé au Canada

PRÉSENTATION

Le sida – l'acronyme de syndrome d'immunodéficience acquise –a été reconnu cliniquement au début des années 1980 et le virus d'immunodéficience humaine (VIH), l'agent étiologique, a été isolé en 1984: Sa transmission, depuis lors, a donné lieu à une épidémie qui atteint aujourd'hui plus de 20 millions de personnes dans le monde, ce qui a considérablement affecté les représentations socioculturelles et les conduites psychosexuelles. Les pratiques d'intervention, de même que les dimensions éthiques et juridiques ont aussi été profondément interpellées.

Phénomène social total, cette épidémie a mis en relief les limites d'une perspective biomédicale dominante qui tend souvent à reléguer à la périphérie les déterminants économiques, politiques et idéologiques qui modulent, de façon complexe, cette maladie de notre fin de siècle.

Fruit d'une collaboration entre des chercheurs canadiens, québécois et français, ce livre offre une synthèse des travaux contemporains sur des thèmes précis, le plus souvent à la fois d'un point de vue international, canadien et québécois. Ces contributions peuvent aider les professionnels d'horizons divers et les étudiants préoccupés par cette maladie à acquérir des outils d'analyse et de réflexion susceptibles de favoriser une meilleure compréhension et une meilleure intervention dans ce domaine.

Organisés autour de dix-neuf chapitres, les thèmes privilégiés couvrent le registre des problématiques dominantes. Le premier chapitre, rédigé par Baganizi et Alary, situe les caractéristiques épidémiologiques du VIH/sida et rend compte des variations géographiques dans sa progression, de même que de ses modes de transmission. Le second, par Cohen, présente succinctement comment le décours clinique est jalonné de symptômes neurologiques, neuropsychologiques et psychiatriques incluant un syndrome de démence. Les ressemblances avec d'autres maladies, comme avec celle d'Alzheimer, rendent parfois difficile d'établir un diagnostic différentiel de ce syndrome.

Les contributions suivantes s'attachent à explorer les répercussions du sida sur les différentes populations. Ainsi, le troisième chapitre, par Frigault, Lévy et Giguère rend compte des facteurs majeurs d'ordre anthropologique qui modulent les conduites sexuelles et la transmission du VIH/sida, de même que la complexité de leurs interrelations.

Cappon, Willms, Adrien, Godin, Manson-Singer et Maticka-Tyndale insistent sur la situation des communautés ethnoculturelles face au VIH/sida et les difficultés qui entourent la recherche et l'intervention auprès de ces groupes minoritaires et stigmatisés.

L' épidémiologie du sida pédiatrique et ses répercussions familiales et médicales et dont les effets se font sentir de façon particulièrement aiguë dans les pays du tiers et du quart-monde, sont ensuite cernés par Desclaux. Morisson et Vassal, dans leur contribution à l'étude des groupes homosexuels, montrent comment, par leur activisme social et politique, ces derniers ont orienté les programmes de recherche et d'intervention, encore limités par les préjugés à leur égard.

Lafond, Badeau, Lefebvre et Mensah se penchent sur la question du sida parmi les femmes, un groupe de plus en plus affecté par l'épidémie et montrent comment l' occultation des femmes au plan de la recherche et de l'intervention peut contribuer à une vulnérabilité accrue face à la transmission du virus et les conséquences de la maladie.

Otis, Roy, Burelle et Thabet, quant à elles, évaluent les conduites à risques chez les adolescents et les jeunes adultes, en insistant sur les limites des approches théoriques dominantes et la nécessité de réfléchir à des modèles écologiques plus holistiques. Le cas des utilisateurs de drogue injectable, des prostituées et des prisonniers, généralement traités de façon punitive est ensuite analysé par Hankins qui met en relief les limites des conceptions légales entourant l'usage des drogues.

La problématique du sida se pose également de façon aiguë dans le cas des personnes atteintes de troubles mentaux qui sont vulnérables à la transmission du VIH/sida, comme le montrent Drouin, Lew, Levy et Dupras, une situation que compliquent le diagnostic et la classification des troubles mentaux et leurs traitements.

Les deux chapitres suivants traitent plus directement des modèles de prévention. Ainsi, selon Gaudreau, si l'éducation est perçue comme l'un des outils essentiels pour lutter contre la transmission du VIH/sida, les résultats des évaluations des programmes dans ce domaine suggèrent que les comportements ne sont pas toujours modifiés. Dans ces conditions, des logiques d'intervention différentes sont à planifier pour maximiser les stratégies de prévention.

Toujours dans la perspective de l'évaluation des programmes de prévention du sida, Maticka-Tyndale passe en revue, tout en les critiquant, les différents modèles théoriques (intrapersonnel, interpersonnel et communautaire) qui ont été utilisés dans la recherche et l'élaboration de programmes de prévention.

Dupras, quant à lui, montre comment le concept de qualité de vie peut aider au renouvellement des pratiques professionnelles auprès des sidéens et influencer de façon majeure le décours de la maladie.

Bourgon soulève dans son chapitre une problématique importante, celle des impacts psychosociaux sur les intervenants en milieu médical et social, en analysant les stresseurs spécifiques qui les affectent et les stratégies adoptées par les intervenants pour en réduire les effets.

Dans une perspective thanatologique, De Montigny brosse le profil psychologique des personnes touchées par le VIH et menacées de mourir, montrant comment le contexte dans lequel le sida évolue présente des traits spécifiques, affectant profondément le tissu psychosocial avant même de détruire le système biologique, nécessitant de ce fait une réorientation, entre autres, des finalités du système biomédical.

Les quatre derniers chapitres de ce volume complètent les grandes problématiques provoquées par l'épidémie du sida en la situant par rapport à des questions plus globales. Ainsi, Sauvageau traite des politique de santé publique face au sida, montrant comment la réponse de l'État obéit à des facteurs complexes. De la prise de conscience du problème à la mise en place d'un plan d'action, les enjeux politiques, sociaux et médicaux sont repris par des acteurs sociaux et professionnels dont les intérêts et les stratégies interviennent sur la prise en charge de l'épidémie.

Dagenais, dans son analyse de la construction de l'épidémie par les mass-médias étrangers et canadiens, met à jour les logiques des médias dans le traitement de l'information qui offre une vision biaisée et dramatique du sida, ce qui n'est pas sans orienter la perception des groupes sociaux directement ou indirectement concernés par le sida. Nouss montre, quant à lui, comment le sida a contribué à définir des orientations originales dans le champ de la critique et de la création tant romanesque que poétique et théâtrale.

Roy, en dernier lieu, cerne les enjeux éthiques multiples qui accompagnent la maladie. Ceux-ci touchent les aspects reproducteurs, la protection de la santé publique, le devoir de traiter de la part des médecins, et les limites à leur intervention dans le cas où il sont eux-mêmes atteints, de même que les questions liées à la confidentialité et l'euthanasie.

Cet ouvrage présente donc un vaste ensemble de données, à la fois théoriques, empiriques et pratiques qui permettent aux lecteurs de saisir les perspectives et les enjeux dominants rattachés à cette épidémie.

Nous remercions le service des publications de l'Université du Québec à Montréal et du FRSQ pour leur aide financière qui a permis la préparation du manuscrit. Madame Suzanne Cailloux-Cohen a traduit en français les chapitres de Catherine Hankins, Eleanor Maticka-Tyndale et Ravid Roy, alors que Myriam Lévy a traduit celui de Henri Cohen. Marie-Josée Drouin et Guylaine Mireault ont assuré les corrections et la préparation du manuscrit final. Nous leur exprimons ici toute notre gratitude.

Joseph J. Lévy
Henri Cohen

LE SIDA: ASPECTS ÉPIDÉMIOLOGIQUES

Enias BAGANIZI et Michel ALARY

Il est aujourd'hui bien connu que le virus de l'immunodéficience humaine (HIV) est l'agent causal du syndrome d'immunodéficience acquise (sida). Les premiers cas de sida furent rapportés aux États-Unis d'Amérique en 1981 à la suite de l'apparition de taux élevés de sarcome de Kaposi et de pneumonie à Pneumocystis carinii chez les hommes homosexuels. Subséquemment, les mêmes conditions définissant cette nouvelle maladie furent observées parmi les utilisateurs de drogue injectable, les hémophiles, les immigrants originaires d'Haïti et certains patients ayant reçu des transfusions sanguines. En Europe, les premiers cas de sida furent trouvés parmi les mêmes groupes qu'aux États-Unis, bien que dans des proportions différentes. Contrairement à la situation qui prévalait aux États-Unis et en Europe, où l'infection causée par le VIH est apparue principalement parmi les homosexuels et les utilisateurs de drogue injectable, en Afrique l'infection fut détectée parmi les hétérosexuels.

La progression rapide de l'épidémie a entraîné des efforts de recherche intenses en vue de trouver la cause de cette nouvelle maladie. C'est en 1983 que le VIH-1 fut isolé et reconnu comme agent étiologique du sida. Deux ans plus tard, en 1985, le VIH-2 fut isolé. Le VIH-1 est le plus répandu à l'échelle mondiale tandis que le VIH-2 est essentiellement trouvé en Afrique de l'Ouest. Le VIH-2 partage de nombreuses caractéristiques biologiques et structurelles avec le VIH-1. Dans les pays d'Afrique de l'Ouest eux-mêmes, l'épidémiologie du VIH-2 montre des formes différentes. Ainsi, en Guinée-Bissau, en Gambie, et au Sénégal, la présence de l'infection due au VIH-2 est plus significative que celle au VIH-1. En Côte d'Ivoire et au Burkina Faso, le VIH-2 reste relativement stable tandis que le VIH-1 augmente. Au Bénin et en Guinée, les deux infections sont présentes, mais à des taux plus bas que dans les autres pays d'Afrique de l'Ouest.

En date du 20 novembre 1996, 1 544 067 cas de sida avaient été déclarés à l'Organisation mondiale de la santé (OMS) depuis le début de la pandémie (OMS, 1996). Devant l'ampleur de la distribution géographique de cette maladie, on peut donc parler d'une véritable pandémie. Cependant, à l'intérieur de cette pandémie, l'on distingue généralement trois différents types d'épidémies (Chin & Mann, 1988). À l'origine, ces trois types d'épidémie de l'infection causée par le VIH furent décrits en fonction: 1) des groupes de population à risque élevé d'infection due au VIH, 2) du temps probable d'introduction du virus dans ces populations, et 3) de la fréquence relative des trois modes fondamentaux de transmission du VIH. Il faut souligner que ces différents types d'épidémie au VIH ont toujours coexisté sur tous les continents, voire même dans presque tous les pays et surtout quelques grandes villes. De plus, cette description a vite perdu sa signification avec les changements rapides qui sont apparus dans l'épidémiologie de l'infection due au VIH. Ces changements ont été particulièrement observés en Amérique latine et dans les Caraïbes où une évolution progressive vers l a prédominance de l a transmission hétérosexuelle a été constatée. Avec l a progression de l'épidémie, l a valeur descriptive de l'épidémie de type 3 en Asie du Sud-Est a rapidement diminué. Cependant, cette description plus ou moins globale a beaucoup aidé, au départ, à comprendre le dynamique de la pandémie.

L'épidémie de type 1 touche principalement les pays d'Amérique du Nord, de l'Europe de l'Ouest, l'Australie, l a Nouvelle-Zélande et plusieurs centres urbains de l'Amérique latine. Dans ces régions, les hommes homosexuels et bisexuels ainsi que les utilisateurs de drogues intraveineuses illicites sont les personnes principalement affectées par le sida. Le VIH aurait commencé à s'y propager entre l e milieu les années soixante-dix et l e début des années 1980. Dans les pays touchés par l'épidémie de type 1, la transmission sexuelle se produit l e plus fréquemment par contact homosexuel non protégé entre individus de sexe masculin. Cependant, la transmission hétérosexuelle y survient également sur une base actuellement restreinte, mais l'on s'attend à ce que ce dernier mode de transmission prenne de plus en plus d'ampleur. La transmission par voie parentérale se fait surtout par l'utilisation illicite de drogues intraveineuses injectées à l'aide de matériel contaminé (partage de seringues). Par ailleurs, l a transmission par transfusion sanguine et par des dérivés sanguins n'y est plus un problème majeur depuis que ces produits sont systématiquement dépistés pour y trouver la présence de VIH (depuis 1985). Toutefois, des dizaines de milliers d'individus ont probablement été infectés par cette voie avant 1985. La transmission périnatale du VIH a, comme principale source, les femmes qui sont utilisatrices de drogues intraveineuses ou dont les partenaires sexuels utilisent ces substances ainsi que les femmes qui sont originaires de régions où l e VIH est endémique (pays touchés par l'épidémie de type 2).

L'épidémie de type 2 affecte principalement l'Afrique sub-saharienne et certains pays d'Amérique latine, en particulier la région des Caraïbes. Dans ces pays, les hétérosexuels constituent l a population l a plus affectée. La propagation extensive du VIH y aurait débuté entre le début et l a fin des années 1970. La transmission sexuelle s'y fait surtout par contact hétérosexuel, l e ratio homme/femme étant approximativement de 1/1. Dans certains milieux urbains, l a prévalence de l'infection due au VIH peut atteindre 20% chez les personnes âgées de 20 à 40 ans et jusqu'à 90% chez les prostituées (Johnson & Laga, 1988). La transmission parentérale est surtout reliée à la transfusion de sang contaminé, car plusieurs pays n'ont pas encore de programme de dépistage systématique des dons de sang. De plus, l'utilisation de matériel souillé pour les injections de médicaments contribue aussi probablement à l a transmission. Dans certains pays touchés par l'épidémie de type 2, l a transmission périnatale est un problème majeur, car l a prévalence de l'infection causée par l e VIH peut atteindre 10% à 30% chez les femmes enceintes de certaines villes.

Historiquement, on considérait que l'épidémie de type 3 touchait l'Asie, le Moyen-Orient, l'Afrique du Nord, l'Europe de l'Est et l a région du

Pacifique (excluant l'Australie et la Nouvelle-Zélande). Le VIH n'aurait été introduit dans ces régions qu'entre le début et le milieu des années 1980. Cependant, au cours des dernières années, l'évolution de l'épidémie s'est déroulée de manière très différente dans plusieurs de ces pays. Ainsi, en Asie du Sud et du Sud-Est, on note une progression rapide de l'épidémie avec transmission hétérosexuelle et par l'utilisation de drogues intraveineuses. En Asie de l'Est et dans le Pacifique, l'épidémie a été très limitée jusqu'à maintenant, bien qu'une transmission par utilisation de drogues intraveineuses ait été rapportée très récemment dans certaines régions. En Europe de l'Est, la situation épidémiologique est relativement mal définie, mais on a assisté vers la fin des années 1980 à des épidémies localisées de transmission nosocomiale de l'infection due au VIH. En Afrique du Nord et au Moyen-Orient, après un début très lent, l'épidémie semble avoir progressé récemment, mais elle y est encore très mal caractérisée.

Après avoir brossé ce portrait global de la pandémie, nous nous attarderons à décrire en détail la situation actuelle, tant au niveau mondial que canadien et québécois. Par la suite, nous traiterons des principaux modes de transmission et des facteurs de risque spécifiques qui y sont associés. Finalement, après avoir discuté sommairement des principaux paramètres épidémiologiques liés à l'histoire naturelle de la maladie, nous essaierons de voir de quelle façon l'épidémie actuelle sera amenée à progresser au cours des prochaines années.

DESCRIPTION DE L'ÉPIDÉMIE
Situation mondiale
Au 20 novembre 1996, 1 544 067 cas de sida avaient été rapportés à l'OMS (OMS, 1996). Presque la moitié de ces cas (48,6%) ont été déclarés par les pays d'Amérique. Cependant, à la suite de problèmes relatifs à des systèmes de surveillance non appropriés et au manque de moyens de diagnostic dans les pays en voie de développement, on considère que le nombre de cas de sida rapportés par les pays est sous-estimé. Ainsi, les cas déclarés par les pays d'Afrique représentent environ 36% du nombre total déclarés à l'OMS, mais cette dernière estime que l'Afrique à elle seule aurait près de 75% du total des cas de sida estimés dans le monde (OMS, 1996b). Le tableau 1 présente la comparaison entre le nombre déclaré de cas de sida et le nombre estimé par l'OMS pour chacun des cinq continents. Sur la base des données disponibles à la fin 1996, l'OMS estime qu'environ 26,8 millions d'adultes et 2,6 millions d'enfants ont contracté l'infection causée par le VIH depuis le début de la pandémie (OMS, 1997). Selon la même source, et à l'échelon mondial, 8,4 millions de cas de sida seraient survenus chez les adultes et les enfants. Ce chiffre représente une augmentation de 87% par rapport à l'estimation de 4,5 millions de cas, faite en décembre 1994.

TABLEAU 1
Nombre cumulatif de cas de sida déclarés et nombre estimé au 20 novembre 1996

Continent	Nombre cumulatif de cas déclarés	Nombre de pays	Nombre estimé de cas de sida
Afrique	553 291	54	5 000 000
Amérique	749 800	45	1 000 000
Asie	54 041	43	425 000
Europe	179 339	40	235 000
Océanie	7 596	15	12 000
Total	**1 544 067**	**197**	**6 672 000**

Source: OMS, *Relevé épidémiologique hebdomadaire*, 1996; 71: 361-364.

Bien que la surveillance mondiale du sida sous-estime le nombre réel de cas, elle est utile pour examiner la progression temporelle de l'épidémie. Ainsi, on est en mesure de remarquer que la proportion des cas qui ont été déclarés en Asie est passée de 0,6% en 1993 à 3,5% en 1996, en raison principalement de l'évolution rapide de l'épidémie en Asie du Sud et en Asie du Sud-Est. La figure 1 permet de mieux visualiser la progression de la pandémie au cours des dernières années.

FIGURE 1
Cas cumulatifs de sida, États-Unis et autres pays, 1979-1996

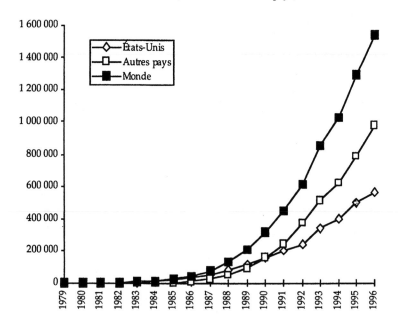

Situation dans les pays touchés par l'épidémie de type 1

De tous les pays où l'épidémie de type 1 prédomine, les États-Unis d'Amérique sont le plus touchés par le sida. Ainsi, 581 429 cas avaient été rapportés dans ce pays au 31 décembre 1996 (CDC, 1996). Le tableau 2 (section A) présente le nombre de cas et l'incidence cumulative (proportion d'individus atteints par la maladie depuis le début de l'épidémie) dans les pays industrialisés les plus atteints.

Dans les pays industrialisés, on retrouve la vaste majorité des cas de chez les hommes homosexuels et chez les utilisateurs de drogues injectables (UDI). Ainsi, aux États-Unis, la prévalence de la séropositivité au VIH se situe, entre 10% et 70% (le plus souvent entre 20% et 50%) chez les hommes homosexuels, selon les régions (Chmiel *et al.*, 1987; Collier *et al.*, 1986; Curran *et al.*, 1988; Hessol *et al.*, 1989). Les prévalences les plus élevées se retrouvent dans certaines grandes villes (New-York, San Francisco, Chicago, Pittsburgh, par exemple). À l'extérieur des États-Unis, la prévalence chez les homosexuels est également élevée, mais à un niveau généralement moindre.

TABLEAU 2
Nombre de cas de sida et incidence cumulative dans certains pays du monde selon les données au 20 novembre 1996[1]

Pays	Nombre de cas déclarés	Incidence cumulative par 100 000 habitants	Date de notification
Section A. Pays touchés par l'épidémie de type 1			
États-Unis	581 429	233,7	Déc 1996
Espagne	41 598	105,4	Sep 1996
Suisse	5 397	81,2	Sep 1996
France	43 451	76,8	Sep 1996
Italie	35 949	62,4	Sep 1996
Canada	14 836	58,3	Mar 1997
Australie	6 718	39,9	Sep 1996
Danemark	1 957	38,1	Sep 1996
Portugal	3 575	33,8	Sep 1996
Pays Bas	4 199	27,9	Sep 1996
Royaume-Uni	13 394	23,4	Sep 1996
Belgique	2 203	22,1	Sep 1996
Allemagne	15 308	19,4	Sep 1996
Section B. Pays touchés par l'épidémie de type 2			
Zimbabwe	57 518	630,7	Jun 1996
Malawi	46 022	537,4	Sep 1996
Congo	10 223	526,9	Sep 1996
Zambie	36 894	473,0	Avr 1996
Tanzanie	82 174	331,3	Déc 1995
Ouganda	48 312	271,4	Mai 1996
Kenya	69 005	266,4	Nov 1996
Côte-d'Ivoire	31 963	264,2	Jun 1996
Rwanda	10 706	153,2	Jun 1993
Burundi	8 378	149,1	Nov 1996

[1] Sauf pour les États-Unis (31 décembre 1996) et le Canada (31 mars 1997)
Source: OMS, Syndrome d'immunodéficience acquise. Relevé épidémiologique hebdomadaire, 1996; 71; 361-362.

Tout au début de l'épidémie de l'infection causée par le VIH et le sida, des programmes de prévention ont été mis en place dans plusieurs pays industrialisés pour encourager les communautés d'hommes homosexuels et bisexuels à adopter des pratiques moins à risque pour l'infection due au VIH. Par la suite, une réduction considérable des comportements à risque, et plus spécialement des rapports anaux non protégés, fut observée parmi plusieurs cohortes d'hommes homosexuels et bisexuels (De Wit *et al.*, 1993). Parallèlement à cette réduction, la séroconversion au VIH et la prévalence des MTS parmi les membres de cette communauté ont également chuté. Bien que ces statistiques soient encourageantes, elles ne signifient pas nécessairement que la transmission du VIH chez les hommes homosexuels puisse être considérée comme réellement contrôlée. En effet, il est maintenant bien connu que l'incidence observée chez des cohortes d'individus suivis pendant plusieurs années ne représente plus, après un certain temps, la situation réelle qui prévaut pour l'ensemble de la population visée. De plus, s'ajoutent d'autres facteurs qui laissent croire que la représentativité des grandes études de cohortes qui visaient à estimer l'incidence de l'infection causée par le VIH parmi la communauté homosexuelle n'est plus valide. Ce sont: l'intensité – variable – des interventions auprès des participants de ces études; le vieillissement de ces individus; le fait que ceux qui ont été perdus de vue lors du suivi sont ceux qui présentent le plus haut niveau de risque. Malheureusement, certaines études ont rapporté qu'il a été difficile de maintenir à long terme ces pratiques sexuelles sécuritaires parmi ces hommes homosexuels et bisexuels. Plusieurs études publiées révèlent qu'entre 20% et 35% des hommes homosexuels qui avaient effectivement adopté des comportements sécuritaires ont eu des rechutes et des comportements plus à risque, à tout le moins occasionnellement au cours des dernières années. McCusker *et al.* (1992) ont montré qu'approximativement 50% des participants de leur étude ont retrouvé leurs comportements à risque antérieurs. Plusieurs études menées dans le domaine de la santé ont démontré qu'il est facile de changer de comportement, mais qu'il est difficile de maintenir le nouveau comportement pendant longtemps. Les résultats de quelques travaux suggèrent que beaucoup de jeunes hommes homosexuels et bisexuels ont des relations sexuelles anales non protégées et qu'ils s'engagent dans des pratiques sexuelles à haut risque plus que leurs aînés. Lemp *et al.* (1994) ont trouvé un taux de prévalence du VIH de l'ordre de 9,4% parmi les hommes homosexuels âgés entre 17 et 22 ans. Comme ces infections ne peuvent être que récentes, compte tenu du jeune âge des sujets, cette étude indique clairement l'importance de la transmission du VIH dans cette population. Il faudrait donc, au cours des prochaines années, tenter de toucher cette nouvelle population cible parmi les hommes homosexuels pour mieux connaître la transmission du VIH qui prévaut réellement et pour mettre en œuvre des interventions spécifiques. Il est également crucial de concevoir des moyens pour prévenir les rechutes, et ce pour tous les programmes visant l'adoption de nouveaux comportements, dans le but de contrôler la propagation du VIH au sein une population donnée.

L'importance des utilisateurs de drogue injectable dans la transmission et la propagation du sida dans les pays industrialisés est incontestable. Ainsi, la séroprévalence du VIH chez les utilisateurs de drogue injectable inscrits à des programmes de traitement aux États-Unis variait de 0% à 65% jusqu'en 1989 (Hahn *et al.*, 1989). Au 31 décembre 1996, près de 40% des cas rapportés à l'OMS par les pays européens étaient identifiés comme appartenant à ce groupe (Centre européen pour la surveillance épidémiologique du sida, 1996), tandis que cette proportion était d'environ 25% aux États-Unis (CDC, 1996).

En réponse à l'épidémie de sida, les utilisateurs de drogue injectable ont réduit les comportements qui les mettaient à très haut risque de contracter le VIH, soit le partage des seringues (Des Jarlais *et al.*, 1994). Parallèlement, on assiste à une stabilisation relative des taux d'infection parmi les utilisateurs de drogue injectable, dans les grandes villes où on a observé des taux élevés au début de l'épidémie (Peters *et al.*, 1994). Dans quelle mesure cette chute et cette stabilisation de l'infection due au VIH sont-elles liées à l'adoption de comportements sans risque? Personne ne peut le dire. Cependant, l'élimination complète des comportements à risque n'a pas été possible et on a même observé des cas de rechutes. Par exemple, parmi une cohorte de 184 utilisateurs de drogue injectable suivis à Amsterdam (Pays-Bas), de 1985 à 1992, 70% de ceux qui ont déclaré avoir arrêté l'utilisation des drogues illicites ont recommencé à les utiliser (Ameijden *et al.*, 1994). De plus, une étude récente a rapporté une séroincidence annuelle de 7% chez les prostituées utilisatrices de drogue injectable en Europe (Alary *et al.*, 1992). Contrairement à l'idée répandue dans le passé que l'infection causée par le VIH parmi les prostituées est surtout liée à la transmission hétérosexuelle, une étude récente parmi les prostituées des pays européens a démontré que cette infection est plutôt plus liée à l'utilisation de drogues intraveineuses qu'à la transmission sexuelle. En effet, la prévalence du VIH était d'environ 32% chez les prostituées utilisatrices de drogue injectable (35 sur 110) contre seulement 1,5% parmi les prostituées non utilisatrices de drogue injectable (11 sur 756) (Alary, *for the European Working Group on HIV Infection in Female Prostitutes*, 1993).

Les premières études faites chez les utilisateurs de drogue injectable se sont intéressées à ceux qui fréquentaient des programmes de traitement. Cependant, les études des dernières années ont démontré que les utilisateurs de drogue injectable qui ne participent pas à des programmes de traitement sont à plus haut risque d'infection que ceux qui y participent. Lampinen *et al.* (1992) ont trouvé une séroprévalence de 25% parmi les utilisateurs de drogue injectable recrutés dans la communauté et de 13% parmi ceux qui entrent dans les programmes de traitement. Ce risque est resté significatif après avoir ajusté pour le sexe, la race et le groupe d'âge. Ces résultats montrent l'importance d'étendre la surveillance du VIH parmi les utilisateurs de drogue injectable en dehors des programmes de traitement. Les résultats des études sérologiques chez les utilisateurs de drogue injectable suivant des programmes de traitement étaient considérés comme reflétant le niveau de l'infection dans la communauté des utilisateurs de drogue injectable. Cependant, comme près de 85% des utilisateurs de drogue injectable ne participent pas à ces programmes, ces types de surveillance ne tiennent pas compte des utilisateurs de drogue injectable qui ne font pas partie de ces programmes.

Au cours des années passées, les programmes de prévention destinés aux utilisateurs de drogue injectable se sont contentés de faire passer le seul message que le partage de l'équipement d'injection (seringues et aiguilles) comporte un risque élevé de propagation du VIH. Ce message, bien que très important, est limité quant à sa portée. D'autres pratiques qui ont lieu lors du processus d'injection des drogues nécessitent d'être prises en considération puisqu'elles peuvent faciliter la transmission du VIH, et ce de plusieurs façons. Des pratiques très courantes parmi les utilisateurs de drogue injectable, telles que le partage de la drogue par son transfert d'une seringue à une autre, peut favoriser la transmission du VIH. Par cette pratique, les utilisateurs de drogue injectable utilisent une seringue pour mesurer la drogue qui, par la suite, est partagée selon la contribution de chacun à son achat. Ce processus peut entraîner le transfert du VIH d'une seringue contaminée à une autre. Cette pratique de partage a été décrite pour la première fois par Grund *et al.* (1990) dans une étude portant sur les utilisateurs de drogue injectable de Rotterdam. La même pratique fut ensuite observée chez les utilisateurs de drogue injectable d'autres pays d'Europe, d'Asie et d'Amérique (Inciardi & Page, 1992). Cependant, sa place précise dans l a transmission du VIH n'est pas encore bien comprise.

L'importance des différents groupes à haut risque d'infection due au VIH varie d'un pays à un autre. Ainsi, alors qu'aux États-Unis, au Canada et dans les pays d'Europe du Nord le facteur de risque le plus souvent présent est l'homosexualité masculine, le groupe des utilisateurs de drogue injectable est le plus atteint en Europe méridionale. Le tableau 3 présente l a distribution des facteurs de risque chez les personnes atteintes de sida aux États-Unis, au Canada et au Québec.

TABLEAU 3
Distribution en pourcentage des facteurs de risque chez les personnes atteintes du sida:
États-Unis, Canada et Québec

	États-Unis[1]	Canada[2]	Québec[2]
Activité homosexuelle/bisexuelle (seulement)	49,5%	72,9%	65,8%
Toxicomanie (drogues IV) (seulement)	25,2%	4,2%	5,2%
Les deux facteurs précédents	6,3%	4,3%	4,5%
Récipient de sang ou de produits du sang	2,2%	3,5%	2,9%
Activité hétérosexuelle à risque (provient d'un pays touché par l'épidémie de type 2 ou du partenaire sexuel d'une personne à risque)	8,6%	10%	14,8%
Exposition professionnelle	<0,1%	<0,1%	<0,1%
Transmission périnatale	1,2%	0,8%	1,5%
Aucun facteur de risque identifié	7%	4,2%	5,2%
Nombre de cas	**401 749**	**14 836**	**4 849**

Sources: [1]Selon les statistiques américaines au 31 décembre 1996. LCDC. *HIVAIDS, Surveillance,* 1996, Year-end Édition.[2]Selon les statistiques canadiennes au 31 mars 1997. CDC. *Quarterly surveillance update: AIDS in Canada,* may 1997.

Comme on peut le constater, le nombre de cas de sida chez les utilisateurs de drogue injectable n'a cessé d'augmenter dans tous ces pays. Ainsi, depuis 1990 le nombre de cas diagnostiqués chez les utilisateurs de drogue injectable en Europe a dépassé, pour la première fois, le nombre de cas détectés chez les homosexuels masculins (Centre européen pour l a surveillance épidémiologique du sida, 1996). En Espagne et en Italie, la transmission par voie intraveineuse est responsable de la majorité (63% ou plus) des cas déclarés depuis le début de l'épidémie alors qu'en France, en Angleterre et en Allemagne les homosexuels masculins constituent le premier groupe de transmission pour le nombre de cas cumulés. De façon générale, les utilisateurs de drogue injectable constituent de plus en plus une proportion importante des cas de sida dans les pays touchés par l'épidémie de type 1. Cette proportion est passée de 1% en 1984 à 43% en 1996 pour l'ensemble des pays d'Europe (Centre européen pour la surveillance épidémiologique du sida, 1996). Ceci explique en partie l'augmentation progressive du nombre de cas d'infection causée par le VIH transmis par voie hétérosexuelle dans les pays industrialisés, surtout chez les femmes en contact avec ces utilisateurs de drogue injectable. Aux États-Unis, le pourcentage de cas transmis par contact hétérosexuel a augmenté d'environ 1% en 1983 à près de 9% de tous les cas rapportés aux CDC en décembre 1996 (CDC, 1996). Au Royaume-Uni, l a proportion de cas de sida transmis par voie hétérosexuelle a augmenté de 2% en 1986 à 14% en 1991 (Evans *et al.*, 1992). Le comportement sexuel des utilisateurs de drogue injectable semble avoir joué un rôle important dans l'augmentation du nombre et de la proportion des cas d'infection et de sida dus à l a transmission hétérosexuelle (Schoenbaum *et al.*, 1989).

D'autres études ont aussi montré que l a consommation abusive et les comportements sexuels à risque vont souvent de pair (Alary, *for the European Working Group on HIV Infection in Female Prostitutes*, 1993; Hart *et al.*, 1991; Klee *et al.*, 1990). Un phénomène récemment découvert est que l'utilisation de «crack» semble être associée avec des pratiques sexuelles qui augmentent l e risque de transmission hétérosexuelle du VIH. Edlin *et al.* (1994) ont mené une étude auprès de jeunes personnes recrutées dans les rues de New York, Miami et San Francisco. Ces jeunes gens étaient âgés entre 18 et 29 ans et n'avaient jamais utilisé de drogues intraveineuses. Ils ont trouvé une séropositivité au VIH de 15,7% parmi les utilisateurs de «crack» contre seulement 5,2% parmi les non-utilisateurs de «crack» avec des prévalences de 29,6% à New York et 23,0% à Miami parmi les femmes utilisatrices de «crack». La même étude a montré que la prévalence du VIH était plus élevée parmi les femmes qui avaient eu des rapports sexuels en échange d'argent ou de drogue (30,4% contre 9,1% pour les autres femmes).

Les hémophiles ne comptent que pour 1% à 5% des cas de sida dans les pays touchés par l'épidémie de type 1. Cependant, une très grande proportion des individus atteints d'hémophilie sont infectés par le VIH. Aux États-Unis comme dans les autres pays industrialisés, la séroprévalence de l'infection due au VIH chez les hémophiles varie de 15% à 90% (AIDS Group of the United Kingdom Heamophilia Center Predictors, 1988; Curran *et al.*, 1988). La prévalence est généralement plus élevée chez les porteurs d'hémophilie A que chez les patients atteints d'hémophilie B (AIDS Group of the United Kingdom Hemophilia Center Predictors, 1988; Curran *et al.*, 1988). La séroprévalence est directement reliée à l a quantité de facteurs de coagulation reçue avant 1985. Heureusement, depuis l e dépistage systématique des dons de sang et l'application de méthodes d'inactivation du VIH dans l a préparation des concentrés de facteurs de coagulation, il n'y a à peu près plus de séroconversion chez les hémophiles.

Des études anonymes sur l a séroprévalence, basées sur des très grandes populations, en particulier les femmes enceintes, et les réseaux d'hôpitaux sentinelles, ont été menées dans plusieurs de ces pays. Aux États-Unis, dans certains pays d'Europe et dans certaines provinces canadiennes, on conserve les restants d'échantillons de sang provenant soit de tests de routine pratiqués durant la grossesse soit du sang absorbé sur papier filtre prélevé chez l e nouveau-né pour l e dépistage des maladies génétiques. Les spécimens sont soumis à une sérologie anti-VIH après qu'on se soit assuré de l'impossibilité d'établir une quelconque relation entre les résultats et l e donneur. Le tableau 4 présente les résultats de ce type d'études pour différentes régions des États-Unis, d'Europe, d'Australie et du Canada. Cette méthode de surveillance est très utile pour suivre l'évolution de l a pénétration du virus chez les hétérosexuels. Dans l a plupart des régions où ce type d'étude a été réalisé, on n'a pas observé d'augmentation significative dans l a séroprévalence depuis le début de l'épidémie.

TABLEAU 4

Prévalence de l'infection au VIH chez les femmes enceintes dans certains États américains, provinces canadiennes et autres pays du monde

État, province ou pays	Période de collecte des spécimens	Nombre de spécimens testés	Prévalence par 1 000
États-Unis[1]			
Californie	Oct 1988 - Sep 1989	136 124	0,7
Colorado	Avr 1988 - Mar 1989	50 723	0,4
Floride	Oct 1988 - Mar 1989	67 157	4,5
Massachussetts	Jan 1988 - Déc 1988	88 924	2,5
Michigan	Avr 1989 - Mar 1990	152 466	0,7
New Jersey	Jul 1988 - Sep 1988	27 716	4,9
Iowa	Jul 1989 - Jun 1990	37 875	0,2
New York	Déc 1987 - Nov 1988	276 609	6,6
Texas	Mar 1988 - Jun 1988	87 014	1,0
Europe et Australie			
Londres et sa région[2]	Jul 1988 - Mar 1991	323 369	0,4
Écosse[3]	Jan 1990 - Déc 1990	65 773	0,3
Paris[4]	Nov 1990 - Fév 1991	11 593	4,1
Italie[5]	Jun 1988 - Avr 1989	39 102	1,3
Sydney[6]	Avr 1989 - Jul 1989	10 217	0,0
Provinces du Canada[7]			
Québec[8]	1989-1990	143 436	0,6
Ontario	1990-1991	184 374	0,25
Manitoba	1990	27 627	0,07
Colombie-Britannique	1989-1991	66 874	0,3
Terre-Neuve	1990	5 200	1,2

[1] Tiré de: Gwinn M. et al. JAMA 1991; 265:1704-8. Les résultats précités concernent quelques États sélectionnés parmi les 38 qui ont participé à l'étude. L'estimation de la prévalence chez les femmes enceintes pour l'ensemble des Étas-Unis est de 1,5 par 1 000.
[2] Tiré de: Ades AE, et al. Lancet 1991; 337:1562-5. La prévalence observée était stable dans les quartiers extérieurs de Londres et dans sa banlieue. Cependant, au centre-ville de Londres, elle est passée de 0,2 à 1,0 entre le début et la fin de l'étude.
[3] Tiré de: Tappin DM, et al. Lancet 1991; 337:1565-7.
[4] Tiré de: Couturier E, et al. Lancet 1992; 340:707-9. La prévalence de 4,1 pour 1 000 concerne toutes les femmes dépistées, quelle que soit l'issue de la grossesse. Si on limite les données aux femmes ayant accouché, la prévalence se situe à 2,28 pour 1000 chez 7 261 sujets.
[5] Tiré de: Ippolito G, et al. J Acquir Immune Defic Syndr 1991; 4:402-7.
[6] Tiré de: McLaws ML, et al. Med J Austr 1990; 153:383-6.
[7] Tiré de: LCDC. Proceedings of the scientific consensus meeting on HIV antibody prevalence in Canada. Ottawa, October 1992.
[8] Après 1990, l'étude s'est poursuivie à Montréal seulement. En 1991, la séroprévalence y était de 1,3 pour 1000 (N=19 255) contre 1,5 en 1990 (N=18 251) et 1,8 en 1989 (N=18 892).

Les études américaines basées sur des réseaux d'hôpitaux sentinelles recrutent des patients admis en milieu hospitalier pour des conditions non reliées au sida ou à l'infection causée par le VIH. Tous les spécimens recueillis sont également rendus anonymes avant d'être testés. Toutefois, il ne semble pas que ces échantillons puissent vraiment servir de référence à la population générale. Dans cette grande étude américaine, 89 547 spécimens ont été recueillis dans 26 hôpitaux correspondant à 21 régions métropolitaines des États-Unis entre janvier 1988 et juin 1989 (St-Louis et al., 1990). La séroprévalence a varié de 0,1% à 7,8% selon les hôpitaux avec une médiane de 0,7%. Les séroprévalences les plus élevées ont été observées dans la région immédiate de New York. Une étude basée sur un réseau d'hôpitaux sentinelles a aussi été réalisée au Québec. Nous en présenterons les détails plus loin. Par ailleurs, étant donné le temps d'incubation long et variable du sida, il est essentiel d'examiner la séroprévalence et la séroincidence du VIH pour mieux cerner l'épidémiologie de la transmission de ce virus. En effet, la surveillance des cas de sida est d'une valeur limitée pour l'évaluation de l'importance et des tendances futures de l'épidémie parce que, suite à la longue période d'incubation, les cas de sida détectés reflètent les infections causées par le VIH acquises il y a longtemps.

Il faut noter qu'en 1993, le CDC a modifié sa définition du sida pour fins de surveillance épidémiologique en incluant la présence de moins de 200 x 10^6/L lymphocytes CD4+ comme critère de diagnostic de cette maladie (CDC, 1992). Cette modification a entraîné à court terme une augmentation importante du nombre de cas déclarés. Ainsi, les tendances ont donc été beaucoup plus difficiles à estimer au cours des dernières années. Pour cette raison, et à cause de biais de sélection probablement introduits par ce nouveau critère, les autorités européennes et australiennes n'ont pas adopté cette nouvelle définition. Au Canada, les autorités du Laboratoire de lutte contre la maladie (LLCM, Ottawa) ne sont pas non plus en faveur de cette nouvelle définition.

Situation dans les pays touchés par l'épidémie de type 2

Les cas de sida notifiés à L'OMS par les pays touchés par l'épidémie de type 2 ne sont que de simples indicateurs de tendances, car il existe des insuffisances abondantes: retard à la déclaration, nombre élevé de cas non déclarés à cause de problèmes politiques, économiques et sanitaires. Plusieurs des notifications officielles ne représentant que la partie visible de l'iceberg, ce sont les résultats par sondages sérologiques et par surveillance sentinelle qui permettent le mieux d'apprécier la situation épidémiologique du VIH dans ces pays. Cependant, à titre indicatif, certaines données sur le sida concernant ces pays sont présentées dans le tableau 2 section B.

Plusieurs études menées en Afrique dans le domaine de l'infection due au VIH et au sida ont permis de cerner les caractéristiques générales de l'épidémie dans plusieurs pays d'Afrique sub-saharienne. Dans ces pays, la quasi-totalité des cas d'infection causée par le VIH est transmise par voie hétérosexuelle. Cela explique pourquoi dans cette région, le nombre des cas de sida est presque égal chez les hommes et les femmes. Les taux d'incidence les plus élevés sont observés chez les jeunes sexuellement actifs. Les groupes d'âge les plus atteints sont les 30-40 ans pour les hommes et 20-30 ans pour les femmes (Rwandan Seroprevalence Study Group, 1989). On constate aussi une distribution bimodale de l'infection due au VIH, avec un pic entre zéro et quatre ans et un autre entre 25 et 39 ans. On retrouve des différences énormes entre les taux de prévalence d'infection due au VIH très élevés dans les milieux urbains et des taux généralement plus bas dans les zones rurales. La plupart des études menées en Afrique ont été conduites sur des échantillons choisis plus pour des raisons de commodité que pour leur validité statistique. Ainsi, les comparaisons entre différentes études sont difficiles à faire. Malgré ces problèmes, les études de séroprévalence constituent toujours des sources importantes de données sur l'infection causée par le VIH pour supporter la mise en place de programmes de prévention. Les études basées sur la population générale étant très coûteuses et difficilement faisables en Afrique, l'établissement des systèmes de surveillance sentinelle, tels que décrits par l'OMS (Chin, 1990), a été encouragé et supporté pour obtenir des données valides sur la prévalence du VIH et ainsi mieux suivre l'évolution de l'épidémie dans cette région.

Bien que dans presque tous les pays d'Afrique sub-saharienne, on ait rapporté des cas de sida et d'infection due au VIH, on trouve des taux variés d'un pays à l'autre, avec les taux les plus élevés en Afrique de l'Est, en Afrique centrale et dans quelques pays d'Afrique australe. Des taux très élevés de séroprévalence ont été trouvés chez les prostituées, ces taux variant entre 20 et 90% au début de l'épidémie (Johnson & Laga, 1988). C'est pourquoi les prostituées ont été reconnues comme étant des réservoirs de VIH et ont constitué par la suite une importante source de propagation du VIH dans l a population générale. La transmission hétérosexuelle en Afrique compte pour l a majorité des cas d'infection due au VIH, tandis que l a transmission parentérale, qui est une des voies importantes de transmission dans les pays industrialisés, compte pour un pourcentage très bas. La plupart des cas de transmission parentérale se produisent lors de transfusion de sang contaminé dans les pays où le dépistage du sang de transfusion n'est pas encore systématique. Quelques cas de transmission parentérale sont aussi dus à l'utilisation d'équipement d'injection et de matériel de scarification contaminés, mais ce mode compte pour un pourcentage assez bas. Dans les grands centres urbains de l'Afrique centrale et de l'Est, la prévalence de l'infection due au VIH-1 est élevée mais variable. Elle se situe entre 1% et 24% chez les adultes de 15 à 34 ans de ces villes avec des taux légèrement plus élevés chez les femmes (ratio homme/femme de 1/1,3) (N'Galy et al., 1988). Au Rwanda, une étude menée à l'échelle nationale a révélé une séroprévalence de 18% pour le milieu urbain et de 2% pour le milieu rural (Rwandan Seroprevalence Study Group, 1989). En Ouganda, l a séroprévalence l a plus élevée fut rapportée dans le district rural de Rakai où en 1988, elle était de 15,3% parmi les hommes et de 23,6% parmi les femmes (Serwadda et al., 1990). De plus, on a pu mettre en évidence une augmentation importante de l a séroprévalence depuis le début des années 1980. Ainsi, à Naïrobi (Kenya), du début à l a fin des années 1980, la prévalence de l'infection due au VIH-1 est passée de 0% à 7% chez les femmes enceintes, de 0% à 30% chez les hommes atteints de chancre mou et de 4% à 61% chez les prostituées (Piot et al., 1987). À Kinshasa (Zaïre), l a séroprévalence chez les prostituées est passée de 27% en 1986 (Mann et al., 1988) à 35% en 1988 (Nzila et al., 1991) alors qu'elle passait de 6,4% en 1984 à 8,7% en 1986 chez les travailleurs d'un centre hospitalier   (N'Galy et al., 1988).

Jusqu'au milieu des années 1980, l a situation semblait beaucoup plus stable en milieu rural. Ainsi, dans une région rurale du Zaïre, l a séroprévalence est demeurée stable à 0,8% entre 1976 et 1986 (Nzila et al., 1988). De plus, les prévalences estimées à cette époque dans d'autres régions rurales du Zaïre, du Rwanda et du Kenya, ainsi que plus récemment en Afrique du Sud étaient relativement basses. Toutefois, au cours des dernières années, on a malheureusement observé une diffusion rapide de l'épidémie vers certaines zones rurales, particulièrement en Tanzanie et en Ouganda. Ainsi, des prévalences variant de 7% à 20% ont été observées chez les femmes enceintes ou dans des échantillons de la population générale adulte provenant de certaines régions rurales de ces deux pays (Barongo et al., 1992; Mulder et al., 1994).

L'épidémiologie du sida en Afrique se complique du fait de l a présence du VIH-2 qui se retrouve surtout en Afrique de l'Ouest. Bien que ce virus ait été associé à des cas de sida, sa virulence semble beaucoup moins élevée que celle du VIH-1 (Pépin *et al.*, 1991). Par ailleurs, la prévalence de l'infection due au VIH-2 dans plusieurs pays de l'Afrique de l'Ouest semble relativement stable. Cependant, plusieurs de ces pays ont connu une augmentation importante du VIH-1. Ainsi, dans plusieurs pays traditionnellement touchés par le VIH-2, la prévalence du VIH-1 est en nette progression et devient maintenant prédominante par rapport à celle du VIH-2. Par exemple, en Côte-d'Ivoire, on a assisté à une véritable flambée épidémique avec une prévalence du VIH-1 se situant en 1990 à 9,2% chez les femmes enceintes et à 17% chez les patients consultant pour des MTS à Abidjan (De Cock *et al.*, 1991). Dans les mêmes études, la prévalence du VIH-2 était de 2%. Cette pénétration importante du VIH-1 en Afrique de l'Ouest semble reliée aux mouvements migratoires des populations en relation avec les problèmes économiques vécus en Afrique (migrants économiques). En Côte-d'Ivoire, par exemple, 60% des prostituées sont originaires du Ghana. Or, il a été montré que la prévalence du VIH était plus élevée chez les prostituées à Abidjan. D'autres auteurs ont montré que la migration de travail est un facteur de risque pour la transmission du VIH. Dans une étude sur les facteurs associés au VIH en Gambie, Wilkins *et al.* (1991) ont observé que la séroprévalence était plus élevée dans les petites villes situées sur la route transnationale qui rejoint le Sénégal. Par ailleurs, une enquête nationale menée au Mali en 1992 (Maiga *et al.*, 1993) a montré que les taux de séroprévalence les plus élevés se trouvaient dans la région du sud du pays traversée par la route Abidjan-Bamako. Kane *et al.* (1993) ont comparé les taux de séropositivité au VIH-1 entre un groupe «d'expatriés» et un autre groupes d'individus n'ayant jamais voyagé hors du Sénégal. Le taux était de 12,7% (33/258) pour le groupe d'«expatriés» et nul (0/414) pour les non «expatriés». Dans cette étude, le VIH-2 était peu prévalent et se distribuait de manière égale dans les deux groupes. Bien que les infections causées par le VIH-2 apparaissent principalement en Afrique de l'Ouest, des cas sporadiques d'infection causées par le VIH-2 ont été documentés dans d'autres pays du monde.

En Amérique latine, on fait plutôt face à une épidémie que l'on pourrait qualifier de mixte (en partie de type 1 et en partie de type 2). Cependant, en Haïti, la transmission hétérosexuelle a été prédominante d'emblée. De plus, la prévalence de l'infection causée par le VIH progresse de façon constante dans la population générale de ce pays. Ainsi, plus de 11,2% des femmes enceintes étaient séropositives en 1988 contre 8,8% en 1986 (Boulos *et al.*, 1990). Aussi, dans ce pays, 23% des patients hospitalisés et 9% des patients consultant en clinique externe étaient infectés en 1989 (Boulos *et al.*, 1990). Dans d'autres pays d'Amérique latine, pour lesquels des données détaillées sont disponibles, l'épidémie atteignait surtout les hommes homosexuels et les utilisateurs de drogue injectable des grandes villes au début des années 1980. Cependant, on a assisté aussi bien en République Dominicaine, au Mexique, en Martinique qu'au Brésil, à une relative stabilisation de la prévalence chez les hommes homosexuels, mais à une véritable flambée épidémique chez les hétérosexuels (Chequer *et al.*, 1989).

La plupart des pays touchés par l'épidémie de type 2 sont économiquement et sanitairement défavorisés. Cette situation favorise la réémergence de problèmes de santé pour lesquels un certain contrôle commençait à peine à être visible. Ainsi, associée à l'épidémie de VIH, on assiste présentement à une augmentation du problème de l a tuberculose dans plusieurs pays d'Afrique. À noter que l a transmission de tuberculose, particulièrement de souches résistantes, à partir de personnes infectées par l e VIH devient aussi un problème dans les pays occidentaux, surtout aux États-Unis. Par ailleurs, l a séroprévalence relativement élevée chez les femmes enceintes de plusieurs pays touchés par l'épidémie de type 2 favorise grandement l a transmission périnatale et commence même à provoquer une augmentation de la mortalité infantile dans certaines régions. Le taux de mortalité infantile à Port-au-Prince, est passé de 90 pour 1000 naissances vivantes en 1983 à 130 pour 1 000 naissances vivantes en 1990 (Boulos et al., 1990). L'infection due au VIH est en grande partie responsable de cette augmentation de l a mortalité infantile. De plus, on fait face présentement dans beaucoup de pays d'Afrique à une augmentation très importante du nombre d'orphelins dont les parents sont décédés du sida. La situation socioéconomique qui se dégrade de plus en plus dans nombre de pays d'Afrique fait qu'il est très difficile d'estimer à quel moment i l sera possible de contrôler l'épidémie de VIH dans ces pays. Il faudra continuer à mettre en place des programmes innovateurs pour favoriser l'utilisation du condom, mais aussi pour contrôler par d'autres moyens l'épidémie actuelle de MTS, qui semble être un des cofacteurs les plus importants de l'épidémie dans ces pays (voir plus loin). L'utilisation régulière du condom est très efficace dans l a réduction de l a transmission du VIH par voie hétérosexuelle. En l'absence de vaccin efficace, l e condom reste le seul moyen de prévention de l'infection du VIH chez les personnes qui ont des rapports sexuels.

Situation dans les pays touchés par l'épidémie de type 3
        Présentement, l e nombre de cas de sida dans les pays touchés par l'épidémie de type 3 est relativement peu élevé. Ainsi, seulement 54 041 des 1 544 067 cas (3,5%) déclarés à l'OMS en date du 20 novembre 1996 provenaient de l'Asie (voir tableau 1). Par contre, même si l'introduction du virus, dans ces pays, s'est faite relativement tardivement, la situation a évolué de manière très différente selon les régions.
        Cependant, l'Asie est la région qui a, pour l e moment, l e taux de propagation le plus élevé de l'épidémie de l'infection due au VIH. Bien que l'épidémie, dans cette région, soit à un stade relativement précoce, il y a donc des indications confirmant qu'elle progresse très rapidement. De fait, l a situation qui prévaut est assez semblable à celle qui a été observée en Afrique subsaharienne au début des années 1980. Mais l e potentiel de diffusion du virus y est encore plus grand parce que sa population adulte atteint environ 500 millions d'habitants comparativement à 225 millions en Afrique sub-saharienne. Suite à l a propagation explosive de l'infection due au VIH dans l e sud-est et le sud de l'Asie, des estimations récentes font état de 5,2 millions de personnes infectées par l e VIH en Asie (WHO, 1996b). Le nombre des nouvelles infections en Asie pourrait surpasser celui observé en Afrique à l a fin de cette décennie. Ainsi par exemple, en Thaïlande, ce n'est qu'en 1986 que le premier cas de sida (une prostituée) fut déclaré. En quelques années seulement, l'épidémie s'est propagée dans tous les secteurs du pays. Le premier

groupe à être affecté par une propagation rapide de l'épidémie fut le groupe des utilisateurs de drogue injectable. En 1988, ce groupe montrait déjà des taux d'incidence de 3 à 5% par mois à Bangkok (Vanichseni *et al.*, 1989). Une étude nationale menée par les autorités thaïlandaises a montré, en 1992, un taux de prévalence de 36% chez les utilisateurs de drogue injectable et la présence de l'infection causée par le VIH dans toutes les régions du pays. Des enquêtes menées parmi les recrues militaires thaïlandaises âgées de 21 ans ont montré que l'infection a augmenté de 0,5%, en novembre 1989, à 2,9%, en mai 1991, puis à 3,6%, en mai 1992 (Sirisopana *et al.*, 1992; Sirisopana *et al.*, 1993). Les taux les plus élevés se retrouvent au Nord où la prévalence était de 7% parmi ces recrues en 1990 (Sirisopana *et al.*, 1992). Des études épidémiologiques ont indiqué que les relations sexuelles avec les prostituées, rapportées par 75% à 81% de ces recrues militaires, étaient la principale source de transmission du VIH (Nelson *et al.*, 1993). Des études précédentes, menées par le ministère de la Santé publique avaient signalé une augmentation de la prévalence du VIH chez les prostituées (Weniger *et al.*, 1991). Les taux de prévalence chez ces prostituées sont passés de 3,5%, au mileu de 1989, à 15%, au milieu de 1991, puis à 23% au milieu de 1992. Avant 1988, les enquêtes avaient trouvé des taux très bas de séropositivité chez divers groupes à risque (Weniger *et al.*, 1991).

En Inde, on observe un tableau de propagation du VIH presque similaire à celui de la Thaïlande. Les résultats des études de prévalence de l'infection due au VIH chez les prostituées a progressivement et rapidement augmenté de 1,1% en 1986 à 18,1% et 34,4% respectivement en 1990 et 1992 (Bhave *et al.*, 1992). Parmi les utilisateurs de drogue injectable, aucun cas d'infection ne fut trouvé dans plus de 2 000 échantillons testés entre 1986 et 1989. En octobre 1989 une prévalence de 2,9% fut observée chez les utilisateurs de drogue injectable et en 1992, ce taux était de 50 à 60%. Certaines études menées parmi les clients des cliniques de MTS et la population générale ont montré une augmentation progressive de l'infection due au VIH, suggérant une propagation du VIH dans la population hétérosexuelle.

En Asie de l'Est et dans le Pacifique, l'épidémie semble relativement limitée jusqu'à maintenant. En Europe de l'Est et dans l'ancienne URSS (Pokrovsky *et al.*, 1989), on a surtout observé jusqu'à aujourd'hui des épidémies localisées de transmission nosocomiale de VIH, particulièrement en Roumanie et à Elista, dans l'ancienne URSS (Hersh *et al.*, 1990). La situation dans beaucoup de pays du reste de l'Europe de l'Est est présentement très mal connue. Cependant, il faudra surveiller la situation de près, car les importants changements sociaux reliés aux bouleversements politiques qui sont récemment survenus dans cette région pourraient avoir un impact important sur l'épidémie de VIH au cours des prochaines années.

Finalement, en Afrique du Nord et au Moyen-Orient, la situation actuelle quant à la séroprévalence du VIH et aussi quant à la distribution des comportements à risque parmi les populations est très mal connue. Toutefois, le fait que plus de 1 000 cas de sida aient été officiellement rapportés jusqu'à maintenant par les pays de cette région laisse suspecter que le problème est loin d'être inexistant. Des études plus spécifiques devront donc être menées dans cette région, au cours des prochaines années, pour compléter le portrait de la situation.

Situation canadienne et québécoise
     Au Canada, l e premier cas de sida fut rapporté au Laboratoire de lutte contre les maladies en février 1982. Jusqu'au 31 mars 1997, 14 836 cas cumulés de sida avaient été déclarés au Canada (LCDC, 1997). Ceci peut être une sous-estimation du nombre réel de cas lorsqu'on tient compte des retards dans l a déclaration et des déclarations manquantes. La figure 2 montre l a tendance globale du nombre de cas de sida rapportés chaque année, par année de diagnostic. Le déclin remarqué dans les cas rapportés depuis 1993 peut être dû à l'utilisation accrue de traitement prophylactique, à l'amélioration de l'efficacité de ces traitements (ce dernier facteur était probablement l e plus important pour la forte baisse observée en 1996) et à l a diminution de l'incidence du VIH parmi les hommes homosexuels à l a suite de l'adoption de comportements plus sécuritaires par cette population.

FIGURE 2
Tendance globale du nombre de cas de sida rapportés chaque année, par année de diagnostic
-Canada. La propotion de déclarations manquantes dans ce graphique est estimée à 10%

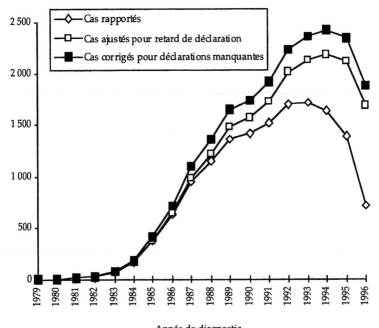

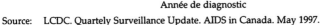

Année de diagnostic

Source: LCDC. Quartely Surveillance Update. AIDS in Canada. May 1997.

     L'épidémie canadienne et québécoise de sida est effectivement de type 1. En effet, 72,9% des cas de sida déclarés au Canada sont survenus chez des hommes homosexuels. Parmi les pays industrialisés, l e Canada vient au sixième rang pour ce qui est de l'incidence cumulative du sida jusqu'à la fin de 1996 (tableau 2, section A), même si des études ont démontré que 10% à 20% des cas de sida diagnostiqués au Canada n'étaient pas déclarés aux autorités sanitaires.
     Quatre provinces, l a Colombie-Britannique, l'Ontario, le Québec et

l'Alberta, représentent plus de 95% des cas de sida au Canada. Les taux d'incidence cumulative les plus élevés sont d'ailleurs observés dans ces provinces (tableau 5). Approximativement, 40 000 personnes sont infectées par le VIH au Canada (LCDC, 1992). Le nombre de cas de sida parmi les hémophiles et les transfusés a atteint un record en 1988 et depuis lors on assiste à une diminution progressive des cas parmi ces personnes.

Au 31 mars 1997, 4 849 cas de sida avaient officiellement été déclarés au Québec pour une incidence cumulative de 72,8 par 100 000 habitants. Le Québec vient ainsi au deuxième rang des provinces canadiennes, autant en ce qui concerne le nombre absolu de cas (après l'Ontario) qu'en ce qui a trait à l'incidence cumulative (après la Colombie-Britannique) (LCDC, 1997). Cependant, comme pour l'ensemble du Canada et ailleurs dans le monde, ces données officielles sous-estiment de manière évidente le nombre réel de cas.

TABLEAU 5
Distribution des cas de sida et incidence cumulative dans les régions du Canada[1]

Province	Cas	(%)	Incidence cumulative par 100 000 habitants
Colombie-Britannique	2 453	(16,5)	83,6
Alberta	878	(5,9)	36,8
Prairies/Territoires[2]	279	(1,9)	13,1
Ontario	5 951	(40,1)	63,9
Québec	4 849	(32,7)	72,8
Atlantique[3]	426	(2,9)	18,4
Total	14 836	(100)	58,3

[1] Selon les données canadiennes au 31 mars 1997. LCDC. Quarterly surveillance update-AIDS in Canada mai 1997. [2] Inclut la Saskatchewan, le Manitoba, Le Yukon et les Territoires du Nord-Ouest. [3] Inclut Terre-Neuve, L'Ile du Prince Édouard, La Nouvelle Écosse et le Nouveau-Brunswick.

Même si 66% des cas déclarés de sida au Québec l'ont été chez des hommes homosexuels ou bisexuels, la situation épidémiologique du sida au Québec se distingue nettement de celle observée dans le reste du Canada. Ainsi, en examinant les données les plus récentes publiées par Santé Canada (LCDC, 1997), on constate que 518 des 1013 cas de sida déclarés chez les femmes (51,1%) concernaient des personnes résidant au Québec. La proportion des cas liés à l'activité hétérosexuelle est de 15% au Québec, comparativement à 10% ailleurs au Canada. Cette disparité s'explique presque entièrement par la présence de 521 cas (11%) chez des personnes originaires de pays touchés par l'épidémie de type 2 (pays où la transmission hétérosexuelle du VIH est prédominante) alors que la proportion correspondante pour le reste du Canada est de moins de 2%.

Le programme spécial d'études de séroprévalence anonymes non-liée mis de l'avant par le PNRDS en 1988-1989 (supporté ultérieurement par le Centre fédéral sur le sida, puis par le Laboratoire de lutte contre la maladie) se prêtait bien à l'étude des populations à faible risque pour le VIH et a entraîné la réalisation de plusieurs projets de recherche touchant la population générale ou des segments de celle-ci. Au Québec, les principales études réalisées ont touché la population des femmes enceintes (par l'intermédiaire de sérologies VIH faites à partir du sang collecté chez les nouveaux-nés pour le dépistage des maladies génétiques), les femmes consultant pour avortement ainsi que la clientèle de chirurgie d'un jour consultant dans un réseau d'hôpitaux sentinelles.

En ce qui concerne les femmes enceintes, les différences notées entre le Québec et le Canada concernant l'incidence du sida chez les femmes se reflètent aussi dans les données de prévalence du VIH. Ainsi, la séroprévalence du VIH chez les femmes enceintes a été initialement (1989) estimée à 6,1 par 10 000 au Québec (Hankins et al., 1990), alors que les estimations correspondantes n'étaient que de 2,7 en Colombie-Britannique (Schechter et al., 1990), 2,8 en Ontario (Coates et al., 1991), 0,7 au Manitoba (Sekla et al., 1991) et 1,1 dans la région de Halifax (Nouvelle-Écosse) (Johnson et al., 1994). Par contre, une étude semblable réalisée à Terre-Neuve a démontré une séroprévalence du VIH de 8,7 par 10 000 chez les femmes enceintes, mais la majorité des cas était reliée à une éclosion de la transmission hétérosexuelle du VIH dans l'une des régions de cette province où la séroprévalence était estimée à 26,6 par 10 000 (Ratnam & Hankins, 1994). La séroprévalence du VIH observée dans l'étude québécoise était toutefois un peu plus faible en 1990 (5,2 pour 10 000) que celle initialement observée en 89 (Hankins et al., 1992). L'étude a par la suite été poursuivie, uniquement dans la région de Montréal, et la séroprévalence observée chez les femmes habitant l'île de Montréal était beaucoup plus élevée que pour l'ensemble de la province, variant de 13,0 à 18,4 entre 1989 et 1992 (Hankins et al., 1993).

Pour ce qui est des femmes consultant pour avortement, une étude réalisée à l'Hôpital général de Montréal entre 1989 et 1993 a révélé une séroprévalence de 18 par 10 000 (Remis et al., 1993). Il faut noter que 95% des cas de séropositivité découverts dans cette étude se retrouvaient chez des femmes originaires de pays de type 2, alors qu'elles ne représentaient que 12,3% de l'échantillon. Une autre étude réalisée à la clinique d'avortement du CHUL à Québec n'a mis à jour que deux femmes séropositives sur 4 867, pour une séroprévalence de 4,1 par 10 000 (Duval et al., 1993). Finalement, lorsque l'on tient compte des variations régionales, les séroprévalences observées dans la clientèle des cliniques d'avortement sont donc très semblables à celles qui l'ont été dans les études portant sur les femmes enceintes du Québec.

L'étude des hôpitaux sentinelles a été réalisée dans un réseau de dix-neuf hôpitaux, couvrant l'ensemble du territoire entre 1990 et 1992 (Alary et al., 1993b). La séroprévalence observée était beaucoup plus élevée chez les hommes que chez les femmes (25,2 contre 4,1 par 10 000). Après avoir ajusté les données en fonction du lieu de résidence, de l'âge et le sexe de la population québécoise, la séroprévalence globale pour le Québec a été estimée à 17,1 par 10 000, ce qui représenterait environ 11 600 Québécois infectés par le VIH. De plus, on avait alors observé une augmentation significative entre 1991 et 1992 de la séroprévalence chez les hommes habitant la ville de Montréal (de 70 à 150 par 10 000, p = 0,03). Toutefois, la poursuite de l'étude pendant une année supplémentaire dans les hôpitaux de Montréal a démontré que cette tendance ne se maintenait pas (Alary et al., 1994). Ces données de prévalence sont concordantes avec les estimations faites par la méthode de rétro-calcul de projection des cas d'infection causée par le VIH (voir plus loin).

Les utilisateurs de drogue injectable ont été la population à risque la plus étudiée jusqu'à maintenant au Québec. Une première étude réalisée chez des personnes qui s'adressent à leur médecin pour subir une sérologie pour le VIH et qui participent à un réseau sentinelle de surveillance a montré une augmentation de la séroprévalence chez les utilisateurs de drogue injectable de

Montréal allant de 4% à 19% vers l a fin des années 1980 (Alary & Castel, 1990). Même si certains biais de sélection pouvant expliquer cette hausse ont été déterminés, une nouvelle analyse des données a confirmé que cette hausse était significative. Après correction du biais, l'estimation alors de l'ordre de 12% à 13% (Alary, 1990b). D'ailleurs, plusieurs études subséquentes réalisées au niveau de sites d'échanges de seringues, en clinique de désintoxication ou auprès d'utilisateurs de drogue injectable recrutés dans l a rue, ont démontré que l a séroprévalence du VIH chez les utilisateurs de drogue injectable de Montréal est passée de moins de 5% en 1988 à environ 15% en 1993 (Lamothe *et al.*, 1993). I l faut noter que certaines données suggèrent que l a prévalence du VIH serait beaucoup plus élevée chez les utilisateurs de drogue injectable de Montréal qui fréquentent les sites d'échange de seringues que chez ceux qui ne participent pas à de tels lieux (Bruneau *et al.*, 1994). Toutefois, i l semble que cette différence soit expliquée par des variantes dans les caractéristiques personnelles de ces deux types d'utilisateurs de drogue injectable, plutôt que par la participation à des programmes d'échanges de seringues. À l'extérieur de Montréal, une étude récente a révélé une prévalence du VIH de 10% chez les utilisateurs de drogue injectable fréquentant l e site d'échange de seringues «Point de Repères» à Québec (Parent *et al.*, 1994). Des études réalisées en milieu carcéral, dans l a région de Montréal, ont aussi montré des prévalences élevées du VIH chez les détenus utilisateurs de drogue injectable, mais très peu de non utilisateurs de drogue injectable étaient infectés par ce virus (Hankins *et al.*, 1991).

Une étude réalisée dans une clinique montréalaise en 1988-1989 faisait état d'une séroprévalence de l'ordre de 24% (Remis *et al.*, 1989). Les résultats l'enquête «Au masculin» révèlaient qu'environ 20% des hommes québécois interrogés qui avaient déjà subi une sérologie VIH (environ 60% de l'échantillon) déclaraient être séropositifs (Myers *et al.*, 1993). Mis à p a r t ces deux études, les seules données disponibles sur cette population sont issues d'un projet-pilote de surveillance de l'infection au VIH par un réseau de médecins sentinelles. Dans cette étude, l a séroprévalence du VIH chez les hommes homosexuels ou bisexuels consultant les médecins du réseau, entre 1988 et 1991, est demeurée stable à environ 17% (Alary & Parent, 1991).

Les données de séroincidence du VIH actuellement disponibles concernent les utilisateurs de drogue injectable et les hommes homosexuels. En ce qui a trait aux utilisateurs de drogue injectable, les données disponibles sont récentes et démontrent une transmission très active du VIH dans cette population, tout au moins à Montréal. En effet, selon les études, l'incidence du VIH chez les utilisateurs de drogue injectable montréalais varie de 6,3 à 13,0 par 100 personne-années (Alary & Parent, 1994b; Lamothe *et al.*, 1994), les estimations les plus élevées provenant des études réalisées auprès des utilisateurs de sites d'échanges de seringues. En ce qui concerne les hommes homosexuels, les données disponibles portent sur la période allant de 1988 à 1991. Dans une étude réalisée en 1988-1989 dans une seule clinique de Montréal, l a séroincidence estimée par l'intermédiaire d'un questionnaire concernant les sérologies VIH était de 3,5 par 100 personnes-année (Remis *et al.*, 1989). Une méthodologie semblable appliquée au projet des médecins sentinelles, a révélé une séroincidence de 4,7 par 100 personnes-année entre 1988 et 1991 (Alary & Parent, 1994b). Une observation directe de l a séroincidence a aussi pu être réalisée dans cette étude en examinant les résultats sérologiques des individus qui ont consulté à plusieurs reprises les médecins du réseau (code unique permettant de distinguer les visites multiples). La séroincidence ainsi estimée était de 5,1 par 100 personnes-année. Ces derniers résultats pourraient cependant constituer une surestimation de l'incidence véritable, en raison d'une possible autosélection des individus les plus à risque qui pourraient être ceux qui consultent régulièrement pour une sérologie VIH.

MODES DE TRANSMISSION

Bien que le VIH ait été isolé dans plusieurs liquides biologiques, soit le sang, le sperme, les sécrétions cervico-vaginales, la salive, le lait maternel, les larmes, l'urine, le sérum, le liquide céphalo-rachidien et le liquide alvéolaire, seuls le sang, le sperme, les sécrétions cervico-vaginales et le lait maternel ont été jusqu'à maintenant impliqués de façon directe dans la transmission du virus.

Les modes de transmission du VIH sont les suivants:
1. Transmission par voie sexuelle
2. Transmission par aiguilles et seringues contaminées
3. Transmission verticale (périnatale)
4. Transmission par le sang, ses dérivés et les dons d'organes

Transmission par voie sexuelle

Il est maintenant bien établi que la pénétration vaginale et la pénétration anale active ou passive sont les principaux modes de transmission du VIH, et ce à travers le monde. Bien que certaines études aient montré que la transmission du VIH par fellation puisse se produire, il est établi que ce phénomène est assez rare. Par ailleurs, la possibilité de transmission lors de baisers accompagnés d'échange de salive demeure anecdotique. De plus, les autres pratiques sexuelles n'impliquant pas la pénétration (cunnilinctus, anilinctus, masturbation mutuelle, etc.) n'ont jamais été impliquées dans la transmission du VIH.

De manière très consistante, plusieurs études ont démontré que les relations anales passives constituent le facteur de risque le plus important pour la transmission du VIH chez les homosexuels et que la présence de traumatismes rectaux de tous ordres (douches rectales, saignement périanal, fissures, insertion d'objets dans l'anus, «fisting») augmentaient encore le risque. La plupart des études ont aussi démontré que le risque d'acquérir l'infection croît avec le nombre de partenaires sexuels (Messiah et al., 1993). Ces deux principaux facteurs de risque sont associés tant à l'infection asymptomatique par le VIH qu'au sida clinique. De plus, la présence de MTS, particulièrement de lésions ulcératives (syphilis, herpès, etc.), constitue aussi un facteur de risque pour la transmission du VIH chez les hommes homosexuels. Ce phénomène est probablement relié à la perte d'intégrité des muqueuses et, en ce sens, est analogue à la présence d'un traumatisme rectal.

Plusieurs études se sont penchées sur l'efficacité de la transmission hétérosexuelle et sur les facteurs de risque qui y sont associés. Les résultats de ces études sont très variables. Ainsi, la proportion de partenaires féminins d'hommes infectés qui sont reconnues comme séropositives varie de 9% à 53%, alors que la proportion correspondante pour les partenaires masculins de femmes infectées varie de 4% à 50% (European Study Group, 1989). De façon générale, l'efficacité de l a transmission homme-femme semble plus élevée que celle de l a transmission femme-homme. Cette observation est biologiquement plausible et a déjà été démontrée pour d'autres MTS comme l a gonorrhée. Le ratio homme/femme d'environ 1/1 en Afrique peut s'expliquer dans ce contexte par un plus grand nombre de partenaires sexuels masculins chez les femmes infectées (par exemple, prostituées) que chez les hommes infectés. La probabilité de transmission femme-homme du VIH par contact sexuel fut estimée à 0,031 parmi l es recrues militaires thaïlandaises âgées de 21 ans (Mastro et al., 1994). Cette probabilité de transmission est significativement plus élevée chez les hommes ayant une histoire de MTS. Ces estimations sont substantiellement supérieures à des estimations analogues faites aux États-Unis où l a transmission sexuelle du VIH de femme à homme fut estimée à 0,001 (Haverkos et al., 1992). Cette probabilité élevée de transmission aide à comprendre l'augmentation rapide de l a séroprévalence du VIH parmi les jeunes hétérosexuels, en Thaïlande.

La majorité des études les plus récentes sur l a transmission hétérosexuelle n'ont pu mettre en évidence d'association entre l e risque d'infection et la durée de la relation ou la fréquence des relations sexuelles. Ces résultats semblent donc indiquer qu'il y a une hétérogénéité marquée d'un individu à l'autre en ce qui concerne l'infectivité (c'est-à-dire l a capacité qu'a un virus de se répliquer dans les cellules «susceptibles») et possiblement en ce qui concerne la susceptibilité (condition, chez un hôte, qui permet l a réplication du virus). L'infectivité pourrait varier tout au long de l a longue période d'incubation menant de l'infection asymptomatique au sida (augmentation de l'infectivité liée à l a progression clinique et au niveau d'antigénémie). Cette hétérogénéité est soulignée par les résultats suivants: d'une part, plusieurs rapports établissent une transmission hétérosexuelle après seulement quelques relations sexuelles ainsi que l'infectivité persistante de certains individu; d'autre part, dans plusieurs couples, le partenaire d'un cas index infecté est demeuré non infecté malgré plusieurs années de relations sexuelles non protégées (De Vicenzi, 1994). À l'heure actuelle, les variables biologiques qui déterminent l'infectivité et l a susceptibilité sont relativement mal comprises. Cette incompréhension reflète en partie l'absence de mesures quantitatives simples pour déterminer l'infectivité d'un spécimen donné de sang, de sperme ou de sécrétions cervico-vaginales.

Par ailleurs, on connaît de mieux en mieux certains facteurs de risque qui sont associés à une fréquence plus grande d'infection causée par l e VIH chez les hétérosexuels. Ces facteurs sont très semblables à ceux retrouvés chez les hommes homosexuels. Ainsi les relations anales sont un facteur de risque pour l'infection causée par le VIH chez les femmes (European Study Group, 1989). Plusieurs études ont mentionné l e rôle d'autres MTS dans l a transmission du VIH. Les ulcères génitaux, y compris l e chancre mou, l a syphillis et l'herpès génital, ont été identifiés comme facteurs de risque pour l'infection au VIH dans plusieurs études (Laga et al., 1994). Des données disponibles sur l a relation entre les MTS non ulcératives et le VIH sont relativement peu abondantes. Certaines études ont trouvé une association positive entre l a gonorrhée, l'infection génitale à *Chlamydia trachomatis*, l a trichomonase et l'infection due au VIH (Laga et al., 1993; Laga et al., 1994; Plummer et al., 1991).

Dans les pays où les MTS sont extrêmement fréquentes, comme en Afrique sub-saharienne, il est probable qu'elles constituent l'un des facteurs de risque les plus importants pour l a transmission hétérosexuelle du VIH. Finalement, l'absence de circoncision chez les hommes et, de manière plus controversée, l'utilisation de contraceptifs oraux chez les femmes ont aussi été modérément associées à un risque accru d'acquérir l'infection due au VIH. Certaines études n'ont pas trouvé d'association significative entre l'utilisation des contraceptifs oraux et l'infection causée par l e VIH (Laga *et al.*, 1993); d'autres ont trouvé que l'utilisation des contraceptifs oraux est un prédicteur de l'infection due au VIH (Plourde *et al.*, 1992).

Des efforts soutenus sont donc encore nécessaires pour mieux comprendre l a transmission sexuelle, particulièrement en ce qui a trait aux facteurs influençant l'infectivité et l a susceptibilité à l'infection. L'utilisation du condom demeure l a meilleure mesure de prévention de l a transmission sexuelle et son utilité pratique a été démontrée (Alary, *for the European Working Group on HIV Infection in Female Prostitutes*, 1993; De Vincenzi, 1994). Des observations récentes suggèrent cependant que l e condom doit être vraiment bien utilisé pour être efficace: en effet, l'utilisation de lubrifiants à base de pétrole, connus pour altérer l'imperméabilité du condom, a constitué un facteur de risque important pour la transmission du VIH chez les prostituées européennes qui n'étaient pas des utilisatrices de drogue injectable (Alary, *for the European Working Group on HIV Infection in Female Prostitutes*, 1993). Par ailleurs, l a venue sur l e marché de méthodes préventives individuelles dont les femmes auraient l e contrôle pourrait constituer un outil important dans la lutte contre le sida, surtout dans les pays où l a transmission hétérosexuelle est dominante. De plus, dans ces pays, des programmes intégrés de lutte contre les MTS, impliquant l e dépistage et l e traitement de ces maladies, pourraient contribuer grandement à freiner l'évolution de l'épidémie de VIH.

Transmission par les aiguilles contaminées

La transmission par les aiguilles contaminées concerne surtout les utilisateurs de drogue injectable. Cependant, elle peut survenir chez les travailleurs de la santé à la suite de piqûres accidentelles avec des aiguilles souillées ou par réutilisation d'aiguilles due à l a carence en matériel médical dans les pays en voie de développement.

La fréquentation des piqueries «*shooting galleries*», endroits particulièrement favorables à l'emprunt du matériel d'injection, est associée avec l'exposition au VIH et figure parmi les comportements à risque d'infection fréquents chez les utilisateurs de drogue injectable. Dans une étude effectuée par Chitwood *et al.* (1990b), les chercheurs ont systématiquement ramassé des seringues et aiguilles utilisées dans les piqueries de Miami (Floride). En tout, 10% de ces seringues et aiguilles étaient contaminées par le VIH. La contamination atteignait 20% dans l e cas des aiguilles qui présentaient des traces de sang et 5% dans le cas de celles qui ne présentaient aucune trace de sang. Les piqueries jouent donc un rôle critique dans l a propagation rapide du VIH chez les utilisateurs de drogue injectable, dans ce sens qu'elles favorisent le partage du matériel d'injection. Le risque ainsi encouru par les utilisateurs de drogue injectable d'être infectés par le VIH dépend principalement des habitudes de consommation de drogue. Le partage du matériel d'injection (Friedman & Des Jarlais, 1991), une fréquence d'injection élevée (Jose *et al*., 1993) sont des facteurs fortement associés au risque d'infection. Le risque d'infection au VIH est accentué par la pratique de l'aspiration du sang dans la seringue avant l'injection, une technique qui permet de s'assurer que l'aiguille est bien dans la veine. Cette pratique augmente le volume de sang résiduel dans la seringue et donc la dose de l'agent infectieux (le VIH). Les consommateurs de cocaïne par intraveineuse sont aussi à haut risque compte tenu de leurs pratiques sexuelles. De plus, il semble plus facile pour les utilisateurs de drogue injectable d'adopter un comportement d'utilisation de seringues plus sécuritaire que de modifier dans le même sens leurs comportements sexuels (Desenclos *et al*., 1993).

La relation positive entre l'usage de la cocaïne et la séropositivité au VIH serait liée au fait que les utilisateurs de la cocaïne sont obligés d'injecter des doses à plusieurs reprises à cause de la courte demi-vie de cette substance, ce qui accentue la probabilité d'utilisation et de partage d'équipement contaminé par le VIH chez ce groupe. De plus, l'usage de la cocaïne été associé à la promiscuité sexuelle vécue par ses utilisateurs. La pratique de la prostitution soit pour gagner de l'argent afin de se procurer la cocaïne, soit en échange de cette substance est également associée à l'utilisation de cette drogue (Chitwood *et al*., 1990). La prostitution à son tour augmente le potentiel de propagation du VIH parmi les utilisateurs de drogue injectable et en dehors de ce cercle. Étant donné que les femmes s'engagent beaucoup plus que les hommes dans ce genre de prostitution pour obtenir de la cocaïne, ce groupe risque non seulement d'être infecté, mais aussi d'augmenter les risques de transmission périnatale du VIH. Ainsi donc, les utilisateurs de drogue injectable peuvent se transmettre le VIH par le partage du matériel d'injection, mais ils peuvent également propager le virus dans la population générale par voie sexuelle. Ceci est d'autant plus vrai que la majorité des utilisateurs de drogue injectable étudiés ont déclaré avoir des rapports sexuels (vaginaux, anaux et oraux) avec des partenaires réguliers ou occasionnels et être hostiles à l'utilisation de préservatifs. Dans une étude publié par Vanichseni *et al*. (1993), 37% des utilisateurs de drogue injectable de Bangkok (Thaïlande) et 55% des utilisateurs de drogue injectable de New York ont rapporté avoir des relations sexuelles avec pénétration avec leurs partenaires réguliers au cours des six mois précédant l'entrevue. Par ailleurs, parmi ceux qui disent avoir eu des rapports sexuels, seulement 12% à Bangkok et 20% à New York disent avoir utilisé le condom lors de tous leurs contacts sexuels. À Londres et à Glasgow, la majorité des utilisateurs de drogue injectable (71% et 88% respectivement) avaient des relations sexuelles avec des personnes de sexe opposé, selon une étude publiée par Rhodes *et al*. (1993). De plus, entre 34% et 52% de ces utilisateurs de drogue injectable n'avaient jamais utilisé de condom avec des partenaires occasionnelles. D'autres études menées aux États-Unis et en Europe ont montré que la connaissance du statut sérologique par rapport au VIH des utilisateurs de drogue injectable est un prédicteur d'adoption de comportements sans risques en ce qui a trait aux relations sexuelles et au partage des équipements d'injection (Desenclos *et al*., 1993). Le dépistage du VIH chez les utilisateurs de drogue injectable pourrait donc augmenter l'utilisation des condoms dans cette population.

À l a suite des résultats d'études publiées au début des années 1980 sur
l'inactivation du VIH in vitro par l'usage de désinfectants, dont l'eau de
javel, on a assisté à la mise sur pied de programmes de distribution de petites
bouteilles contenant ce désinfectant parmi les utilisateurs de drogue injectable aux États-Unis. Mais très vite, certains chercheurs ont montré que l'eau
de Javel n'était pas aussi efficace contre le VIH dans l e sang qu'il l'est contre
le VIH dans les cellules de culture (Flynn *et al.*, 1990). Des études subséquentes se sont attachées à déterminer l e temps requis pour inactiver le VIH par
application de l'eau de Javel. Shapshak *et al.* (1993) ont conduit des études
de laboratoire pour déterminer l a concentration minimale et l e temps de
contact minimal nécessaires pour inactiver l e VIH sur des échantillons cliniques. Pour l a concentration maximale en hypochlorite de sodium (5,25%),
dans l'eau de javel utilisé dans les ménages, il fallait un contact de plus de 30
secondes pour désactiver l e virus tandis qu'une solution diluée au 10ème
n'était efficace qu'après deux minutes. De plus, d'autres chercheurs ont tenté
de cerner les aspects épidémiologiques de l'utilisation de ce désinfectant.
Vlahov *et al.* (1991) ont comparé les taux de séroconversion entre un petit
groupe d'utilisateurs de drogue injectable qui ont déclaré avoir utilisé des
désinfectants tout l e temps e t ceux qui n'en ont jamais utilisé. Ils n'ont pas
trouvé de différence significative d'incidence du VIH entre les deux groupes.
En effet, le temps que les utilisateurs de désinfectants mettaient à laver leur
matériel ne pouvait pas inactiver complètement l e virus. Ces deux études
prouvent qu'on ne doit pas avoir trop confiance dans l'usage de désinfectants
pour contrôler la propagation du VIH chez les utilisateurs de drogue injectable. Des études plus récentes ont confirmé l e fa i t que l'eau de Javel n'est pas
aussi efficace qu'on le croyait (Shapshak *et al.*, 1994) et que l e temps nécessaire d'application pour maximiser son efficacité n'est pas respecté par les
utilisateurs de drogue injectable qui l'utilisent. D'autres stratégies de
prévention sont donc nécessaires pour mieux contrôler l'épidémie du VIH dans
l a population des utilisateurs de drogue injectable. On peut citer, entre
autres, l'augmentation de l a disponibilité des seringues et des aiguilles
stériles et à usage unique, ainsi que l'augmentation en qualité et en quantité
des programmes de traitement pour prendre en charge un nombre élevé
d'utilisateurs de drogue injectable.

Les travailleurs de l a santé subissant des piqûres d'aiguille accidentelles, des coupures avec des objets contaminés ou des éclaboussures de sang au
niveau de plaies cutanées et de muqueuses peuvent être infectés par le VIH.
Heureusement, le risque de transmission associé à ces accidents semble relativement bas. Parmi les milliers d'individus qui ont eu une exposition occupa-
tionnelle au VIH et qui ont été suivis par le CDC depuis le début de l'épidémie, seulement 52 ont été infectés (CDC, 1996). L'on note cependant 111 cas
supplémentaires où l a transmission professionnelle est soupçonnée (CDC,
1996). Au Canada, seulement deux cas de sida proviennent de ce type de
transmission jusqu'à aujourd'hui (LCDC, 1997). Actuellement, on estime que l e
risque d'être infecté par le VIH après exposition accidentelle par piqûre avec
du sang infecté est de l'ordre de 0,4% (il est de 26% pour l'hépatite B)
(Chamberland *et al.*, 1991). Les piqûres par aiguilles représentent l e risque
le plus fréquemment rencontré dans l a transmission du VIH en milieu professionnel. Certains professionnels de l a santé ont proposé l e dépistage systé-

matique de toute personne admise dans leur hôpital afin d'appliquer des précautions spéciales aux patients séropositifs, ce qui permettrait de réduire substantiellement le risque d'exposition au VIH. Cependant, on a observé que la plupart des accidents de piqûres ont eu lieu dans des circonstances où le statut sérologique du patient était inconnu (*Italian   Multicenter Study*, 1993). Aussi, cette pratique n'excluerait pas le danger d'infection chez une personne séronégative qui se trouve dans la période fenêtre «*Window Period*» et qui donc peut potentiellement transmettre le virus. L'observation des précautions universelles dans la prestation des soins reste la méthode la plus sûre de prévention contre la transmission du VIH en milieu professionnel. Le risque de transmission du VIH à leurs patients par les professionnels en médecine dentaire a aussi été demontré. En 1990, on a pu documenter en Floride, la transmission du VIH par un dentiste à cinq de ses patients (CDC, 1991). Ce cas nous rappelle l'importance de l'adoption de précautions universelles par les professionnels de la santé, autant pour prévenir l'infection due au VIH chez ces derniers que pour prévenir la transmission aux patients par des professionnels infectés. Cet épisode a soulevé tout un débat important sur la transmission du VIH à leurs patients, par des professionnels infectés.

La possibilité de transmission nosocomiale du VIH par la réutilisation d'aiguilles souillées a été constatée de façon dramatique en URSS, il y a quelques années (Pokrovsky, 1989). De plus, il semble que ce phénomène ait eu de l'importance dans la dissémination du VIH en Roumanie (Hersh *et al.*, 1990). Dans les pays touchés par l'épidémie de type 2, ce mode de transmission existe certainement, mais n'a pas été très bien étudié jusqu'à maintenant.

Transmission verticale

La transmission verticale (transmission mère-enfant) du VIH survient surtout dans les pays touchés par l'épidémie de type 2 où la transmission du virus se fait, de façon prédominante, par contacts hétérosexuels. Ainsi, l'OMS estime qu'environ un million d'enfants infectés sont nés en Afrique, depuis le début de l'épidémie, et que ce nombre pourrait atteindre plus de quatre millions à la fin du siècle.

La grande variation dans les taux de transmission verticale du VIH-1 aussi bien dans les pays développés que dans les pays en voie de développement (entre 13% et 65%) reste sans explication satisfaisante. Les taux de transmission verticale dans les pays en voie de développement tendent à être de 10 à 15% plus élevés que ceux observés dans les pays développés (Lallemant *et al.*, 1994). Bien que certains cas de transmission périnatale aient été relatés dans le cas du VIH-2, il semble que l'efficacité de ce mode de transmission soit beaucoup plus faible que ce que l'on observe pour le VIH-1.

Les différentes méthodes d'investigation employées ont été citées, entre autres, pour expliquer la variation du taux de transmission. On peut citer, par exemple, des différences méthodologiques dans la définition des cas ainsi que dans les critères de diagnostic. Ainsi, les études menées dans les pays en voie de développement ont utilisé des définitions cliniques variées, tandis que les pays développés ont utilisé des tests de laboratoire sophistiqués pour la détection de l'infection chez les enfants nés de mères séropositives. L'utilisation à grande échelle de critères standardisés dans le diagnostic de cas de transmission mère-enfant, tels que ceux récemment élaborés lors de l'atelier OMS/CEE à Gant (Belgique) (Lallemant *et al.*, 1994), faciliteront l a comparaison des taux et des facteurs de risque entre différentes études.

D'autre part, l e f a i t que l a transmission puisse se faire à des moments différents pendant et après l a grossesse, crée des difficultés méthodologiques. En effet, bien que l a majorité des cas de transmission mère-enfant semble se produire autour de l a naissance (transmission périnatale), elle peut également avoir lieu bien avant l a naissance (transmission intra-utérine) ou après l a naissance (transmission postnatale). La possibilité de transmission in utero est attestée, dans le cas de l'infection d'un enfant accouché par césarienne (Lapointe *et al.*, 1985), par l'isolation du VIH dans l e sang du cordon et l a description d'une malformation faciale typique, chez vingt enfants infectés, suggérant que l'infection pourrait survenir entre l a 12ᵉ et l a 16ᵉ semaine de gestation (Sprecher *et al.*, 1986). La transmission verticale par le lait maternel a aussi été vérifiée à l a suite de l a mise en évidence d'une transmission par des mères qui n'étaient pas infectées au moment de l'accouchement, mais qui l e sont devenues l'année suivant l a naissance de leur enfant (Van de Perre *et al.*, 1992). Même si l a transmission par l e lait maternel est maintenant assez bien documentée, on continue de recommander l'allaitement maternel dans les pays en voie de développement, car i l n'y existe généralement pas d'alternative permettant le maintien en bonne santé des nouveau-nés. Cependant, dans les pays industrialisés, on ne recommande pas l'allaitement maternel des femmes séropositives, en autant que l'accès à du lait maternisé de remplacement est possible. La transmission *intrapartum*, bien que très plausible, n'est pas encore très bien documentée. De plus, l a relative contribution de chacun de ces trois modes à l a transmission n'est pas connue dans l e cas de l a transmission périnatale. Le diagnositic de la transmission à ces différentes étapes exige des techniques et des stratégies de diagnostic qui ne sont toujours pas à la portée de tous.

Une autre difficulté méthodologique vient du fait que les anticorps maternels (IgG) peuvent traverser librement l a barrière placentaire. De ce fait, l a grande majorité des enfants, infectés et non infectés, qui naissent de mères séropositives possèdent des anticorps contre le VIH, dans leur sérum. Ceci pose un problème pour distinguer les enfants qui sont réellement infectés de ceux qui portent seulement des anticorps passifs de leur mère. Un testdiagnostic utilisant l a méthode de PCR (*Polymerase Chain Reaction*) a été développé pour permettre un diagnostic précoce chez les enfants nés de mères séropositives. Bien que cette méthode soit très sensible, l a quantité de matériel viral peut être très faible et en dessous du seuil de détection par l e test (De Rossi *et al.*, 1992). Un certain nombre d'études ont montré que l a technique de PCR a une spécificité et une sensibilité excellentes chez les enfants âgés d'un mois ou plus (Rogers *et al.*, 1991). Le PCR détecte des portions du génome viral du VIH directement après amplification et ne requiert que de petites quantités de sang. Cette propriété du PCR, de détecter des quantités minimes de matériel viral, est un avantage très important, mais elle est en même temps source d'une limitation majeure, à savoir que beaucoup de résultats sont faussement positifs. Ces faux apparaissent positifs sont l a résultante d'une contamination «*carryover*» durant le test. Des études qui ont utilisé le PCR pour la détection précoce de l'infection causée par le VIH suggèrent qu'environ 50% de ces infections, chez les nouveaux-nés, sont détectables durant la période néonatale tandis que presque tous les enfants infectés peuvent être diagnostiqués à l'âge de trois à six mois. Le PCR requiert des équipements de laboratoire et un personnel spécialisés, limitant ainsi son utilisation courante.

Les facteurs reconnus comme facteurs de risque de la transmission du VIH de la mère à l'enfant comprennent: l'état immunologique et le stade clinique de l'infection due au VIH chez la mère, la séroconversion durant la grossesse, la courte durée de la grossesse, la chorioamniotite, la naissance par voie basse, le travail prolongé et/ou compliqué, l'allaitement maternel et les partenaires sexuels multiples. Plusieurs études montrent que l'âge maternel et la parité ne semblent pas influencer la transmission verticale du VIH selon plusieurs études. Des données sur la transmission verticale du VIH suggèrent que l'accouchement par césarienne diminue de moitié le risque de transmission du VIH de la mère à l'enfant (European Collaborative Study, 1994). Dans une étude publiée par le CDC (1994b), les chercheurs ont montré que l'administration d'AZT à des mères séropositives, durant la période prénatale, et à leurs enfants a diminué d'environ deux tiers le risque de transmission verticale du VIH. Cependant, bien que cette approche thérapeutique soit prometteuse pour les pays développés, elle l'est moins pour les pays en voie de développement à cause de son coût élevé.

Transmission par le sang, ses dérivés et les dons d'organes

Les personnes infectées par des dons de sang ou de produits sanguins représentent respectivement 2,2% et 3,5% des cas de sida aux États-Unis et au Canada (CDC, 1996; LCDC, 1997). Le dépistage systématique des dons de sang depuis 1985 dans les pays industrialisés, ainsi que le traitement par la chauffage des concentrés de facteurs de coagulation ont à peu près éliminé ce mode de transmission dans les pays touchés par l'épidémie de type 1. Cependant, des cas de sida continuent de survenir chez les hémophiles et chez les personne ayant reçu des transfusions sanguines, quoiqu'à un rythme moins rapide que durant les premières années de l'épidémie. En effet, en raison de la longue période d'incubation du sida, plusieurs personnes infectées avant 1985 commencent à être malades maintenant. Ainsi, on estime que 12 000 américains ont été infectés par transfusion sanguine avant 1985. En Europe comme aux États-Unis, presque tous les nouveaux cas de sida associés aux transfusions concernent des dons de sang effectués avant 1985. En outre, aux États-Unis, un nombre peu élevé de cas ont été reliés à des dons de sang dépistés comme étant négatifs. Ce phénomène peut s'expliquer par la non-perfection de la sensibilité du test de dépistage et aussi par la période fenêtre se situant entre la contamination et le virage sérologique. Ainsi, on a pu, grâce à des techniques plus sophistiquées, isoler le VIH dans des dons de sang négatifs par les méthodes de dépistage habituelles. Le risque actuel de transmission du VIH par les dons de sang est quand même très bas. On l'estime à 16,3 pour 1 000 000 aux États-Unis (Busch et al., 1991) et à 2,8 pour 1 000 000 en Angleterre (Hickman et al., 1988). Au Québec, des études sur les donneurs de sang à répétition qui ont une séroconversion permettent d'estimer ce risque à environ 5,5 pour 1 000 000 (Remis et al., 1993b). Cependant, il faut être conscient du fait que ce risque peut augmenter si la prévalence de l'infection due au VIH chez les donneurs de sang augmente. Finalement, i l faut aussi noter que quelques lots de concentrés de facteur VIII, dépistés négatifs pour l e VIH, mais traités avec une technique suboptimale, ont été mis en cause dans l a transmission du VIH à des hémophiles canadiens en 1986-1987 (Remis e t a l., 1990). Ce type de traitement utilisant une chaleur moins intense appliquée pendant une période plus courte, a été abandonné à l a suite de cette observation.

Dans les pays en voie de développement, le dépistage des dons de sang ne se fait pas de façon aussi systématique. Il est donc fort probable que l a transmission du VIH par ce moyen survienne relativement fréquemment. Cependant, peu de données fiables sont actuellement disponibles à ce sujet. Dans une étude menée au Zaïre, environ 6% des infections dues au VIH ont pu être associées à une transfusion (N'Galy et al., 1988).

HISTOIRE NATURELLE DE LA MALADIE: PERSPECTIVE ÉPIDÉMIOLO-GIQUE

Certains paramètres épidémiologiques reliés à l'histoire naturelle de l a maladie sont essentiels à l a compréhension de l'épidémie. Ainsi, plusieurs problèmes dans l'étude de l'histoire naturelle de l'infection causée par l e VIH sont dus à la période d'incubation longue et variable du sida. La distribution du temps d'incubation et de grande importance, non seulement pour comprendre la relation entre la prévalence de l'infection causée par le VIH et l'incidence du sida, mais aussi pour orienter l'étude des facteurs associés à une progression rapide de l'infection asymptomatique à l a maladie. Il est important de connaître l a période-fenêtre, période pendant laquelle une personne infectée par le VIH n'a pas encore développé d'anticorps détectables alors qu'il peut transmettre le virus. Il est de plus essentiel de mieux connaître la période de contagiosité des patients porteurs du VIH pour améliorer l a compréhension «du caractère hétérogène» de la transmission sexuelle du VIH. Finalement, l'étude de l a survie des patients atteints de sida permet une évaluation de l'efficacité des nouveaux traitements. Elle est utile, en combinaison avec les données sur l e temps d'incubation et l a période de contagiosité, pour mieux comprendre l'impact démographique potentiel de l'épidémie de sida.

La période fenêtre

La période-fenêtre, qui correspond à l a période de séroconversion, est l e temps qui s'écoule entre l'exposition initiale au virus et la production d'anticorps. Cette période n'a pas été clairement définie et varie largement. Le temps qui s'écoule entre l'infection causée par l e VIH et l'apparition d'anticorps détectables est normalement de trois mois, mais dans de rares cas, l a séroconversion apparaît après six mois ou plus. Néanmoins, on estime que plus de 95% des séroconversions au VIH ont lieu moins de six mois suivant l'exposition au VIH. L'existence de cette période-fenêtre fait que, même dans les pays où le sang à transfuser est systématiquement dépisté, i l existe toujours un danger, quoique très minime, de contracter le VIH par transfusion.

La période d'incubation du sida

La période d'incubation est définie comme étant l e temps écoulé entre l'exposition au virus et le développement de l a maladie. Cette période est

très longue et variable dans le cas du sida. Comme i l est difficile de connaître exactement le moment d'exposition initiale au virus, les premières études
ont utilisé le temps moyen entre l a séroconversion et l'apparition des
syndromes définissant le sida (le temps de latence) comme une approxima-
tion du temps d'incubation. Ces études ont abouti à des estimations parfois
très différentes de l a distribution du temps d'incubation. Bien que certaines
méthodes sophistiquées d'analyse statistique aient été proposées, elles ne
peuvent surmonter les difficultés inhérentes aux différences méthodologiques
de ces différentes études. Plus récemment cependant, les études de cohortes
portent de plus en plus sur des personnes infectées pour qui l'on connaît ou l'on
peut estimer le moment de l a séroconversion. Ces études ont démontré que l a
progression vers le sida est très faible dans les premiers 12 à 36 mois suivant
l'infection, mais qu'elle augmente rapidement par l a suite, parallèlement à
l a chute du nombre de lymphocytes CD4+ (Saah et al., 1992). De plus, une
analyse statistique comparant des patients présentant des facteurs de risque
différents indique que les taux de progression vers l a maladie seraient
semblables, indépendamment des facteurs de risque de contamination (Jason
et al., 1989).

L'utilisation maintenant répandue d'anti-viraux comme l'AZT, chez les
personnes porteuses du VIH et ne présentant pas encore les symptômes du sida,
rendront très difficile la description exacte de toute l'étendue possible de l a
période d'incubation. Cependant, les estimations paramétriques et non
paramétriques les plus plausibles de l a médiane du temps d'incubation se
situent entre neuf et dix ans (Hendricks et al., 1993).

Dans l a plupart des études de cohortes, on a constaté qu'une fraction
significative des patients, environ 5%, ne développent aucun symptôme,
même après une période d'observation très prolongée. L'étude plus approfondie de ces personnes infectées qui progressent très lentement vers le sida
pourrait aussi être d'une très grande utilité pour mieux comprendre les
facteurs qui influencent la progression de la maladie.

Les marqueurs biologiques qui sont les meilleurs indices de l a progression
de l'infection due au VIH vers le sida sont le nombre de lymphocytes CD4, l a
détection de l'antigène p24, ainsi que le niveau sérique de bêta-2 microglobu-
lins et de néoptérine dans le sang. Ces différents marqueurs ont par ailleurs
été utilisés pour le suivi des patients traités à l'AZT. Quelques études ont
aussi démontré que certains caractères phénotypiques du virus étaient reliés
à la progression de la maladie (Fiore et al., 1990). Ainsi, les souches de VIH
qui se reproduisent rapidement in vitro, qui induisent des effets cytopathi-
ques en culture cellulaire ou qui sont associés à la formation de syncytium sont
celles qui causent plus rapidement l'immunosuppression, avec un déclin accéléré du décompte de lymphocytes CD-4. Il faut aussi noter que les personnes
infectées à un âge plus avancé ont tendance à progresser plus rapidement vers
le sida.

Dans la population enfantine, il semble que les enfants infectés par voie
périnatale aient un temps d'incubation plus court que les enfants du même âge
infectés par transfusion (Commenges et al., 1992). Cependant, certaines
données suggèrent qu'environ l a moitié des enfants infectés par transmission
périnatale développeront le sida rapidement (temps d'incubation <18 mois),
mais qu'une proportion significative d'entre eux auront un temps d'incubation

beaucoup plus long (environ 25% avec temps d'incubation ≥3 ans). De plus, l a période d'incubation semble être plus courte chez les enfants que chez les adultes. Cela peut s'expliquer par le fait que le système immunitaire n'a pas encore atteint sa maturité chez les enfants.

Période de contagiosité

Comme nous en avons discuté dans l a section qui portait sur l a transmission sexuelle du VIH, l a grande hétérogénéité dans l a transmission du virus chez les couples discordants (couple dont un membre est séropositif et l'autre séronégatif) laisse suspecter que l'efficacité de l a transmission change tout au long de l a période d'incubation de l a maladie. Même si l a façon dont varie cette efficacité n'est pas encore parfaitement connue, i l semble plausible qu'il y ait deux périodes de contagiosité maximale: l'une survenant rapidement après l'infection et qui est associée à l a séroconversion, et l'autre, de plus longue durée, qui survient lorsque l'individu infecté progresse vers une maladie symptomatique. Ces deux périodes de contagiosité maximale seraient reliées à l a présence de hauts niveaux d'antigènes sériques. En effet, certaines études suggèrent que l a contagiosité est faible lorsque l e niveau d'antigènes sériques est bas. L'hypothèse de deux périodes de contagiosité maximale reste à démontrer par des études épidémiologiques plus approfondies.

Survie des patients atteints de sida

La plupart des études ayant porté sur l a survie des patients atteints par l e sida, réalisées avant l a disponibilité assez générale de l'AZT dans les pays industrialisés, ont estimé que l a médiane de l a durée de survie de ces patients se situe entre onze et treize mois (Reeves & Overton, 1988). Chez les patients atteints par l e sida et traités à l'AZT, l a survie médiane atteindrait 19 à 24 mois. Cependant, plusieurs études suggèrent que les patients qui commencent à prendre de l'AZT pendant la phase asymptomatique de l'infection ont une durée de survie raccourcie à partir du moment où ils contractent l e sida. De fait, la durée de survie totale à partir de la prise de l'AZT en phase asymptomatique serait inchangée. Cependant, l e temps de progression vers l e sida serait allongé. Cette situation pourrait toutefois changer rapidement avcec les combinaisons de traitement, particulièrement avec les triples-thérapique incluant l'utilisation d'inhibiteurs de la protéase.

Par ailleurs, i l faut remarquer que l a survie des enfants infectés par transmission périnatale ou à la suite des transfusions sanguines est généralement plus courte que chez les adultes, avec des médianes de survie se situant entre sept et neuf mois (Lallemant e t a l., 1989). De façon assez surprenante, l a survie des enfants de sexe féminin est généralement plus courte que celle des garçons (Lallemant et al., 1989).

COURS FUTUR DE L'ÉPIDÉMIE
Description des principales méthodes de projection

Les méthodes de projection des cas de sida peuvent être classifiées en trois catégories: 1) les méthodes d'extrapolations statistiques, utilisant seulement les données collectées rétrospectivement et non l a connaissance actuelle de l a situation de l a maladie, 2) l a méthode de rétrocalcul, utilisant à l a fois les données rétrospectives et les connaissances à propos de l a

progression de la maladie (tel que le temps d'incubation, y compris les interventions qui l'affectent), et 3) les modèles dynamiques, qui, en plus des
informations requises pour les méthodes de rétro-calculs, utilisent également
les informations disponibles sur les modes de transmission et les probabilités
de transmission.

Méthodes d'extrapolation

Les méthodes statistiques d'extrapolation de l'incidence des cas de sida
ont été utilisées pour les projections de courtes durées d'environ deux à trois
ans. Ces méthodes ne requièrent pas de connaissances concernant l a progression de l a maladie et sa dynamique. Les projections sont des extrapolations
des tendances de l'incidence du sida, dans le passé, par l'usage des techniques
de régression variées (analyse de régression standard, analyse de régression
non linéaire) en combinaison avec différentes transformations des incidences
ou des présomptions à propos de la distribution des incidences. Les projections
de l'incidence du VIH ne sont pas possibles tant que l'incorporation des changements de comportements ou des effets du traitement dans ces calculs ne peut
pas être faite. Ces extrapolations supposent qu'il n'y aura pas de changement
dans les tendances observées. Les méthodes d'extrapolation ont été utiles au
début de l'épidémie pour indiquer les tendances et l'importance du sida.

Méthode du rétro-calcul

La méthode du rétrocalcul «*back calculation*» utilise des données sur
l'incidence du sida et une estimation de l a période d'incubation pour déterminer l e nombre de nouveaux cas d'infection survenus au cours des années
antérieures. Ce nombre est alors extrapolé selon l a période d'incubation afin
d'obtenir l a projection des cas de sida (Brookmeyer & Gail, 1988). La
méthode de rétrocalcul est aussi appelée une «méthode de l a taille minimale» parce qu'elle ne fait projection sur les cas de sida qu'à partir du nombre
d'infections déjà présentes dans la population. Bien que des méthodes d'ajustement pour prendre en compte les cas futurs d'infection au VIH aient été
proposées, elles ont un effet minime sur les projections à court et à moyen
terme à cause de la longue période d'incubation du sida.

La méthode de rétro-calcul a deux limitations majeures. Premièrement,
il existe peu d'informations sur les données récentes d'incidence du VIH et les
estimations du passé sont parfois très imprécises. Deuxièmement, les estimations du rétro-calcul sont très sensibles aux estimations de l a période d'incubation utilisée pour les calculs. Bien plus, l a méthode doit prendre en considération l'effet du traitement (par exemple, l'AZT) qui prolongerait l a
période d'incubation. C'est pourquoi, les méthodes de rétrocalcul ont été
généralisées pour tenir compte des variations qui ont lieu dans l a période
d'incubation (Brookmeyer & Liao, 1990). Il existe d'autres sources de problèmes pour le rétrocalcul, tels que le problème des déclarations manquantes, les
changements dans l a définition de cas de sida pour l a surveillance et les
retards à rapporter les cas.

Malgré les problèmes et les limitations de ce type de méthode, le rétro-
calcul constitue cependant un des meilleurs outil pour obtenir des projections à
court et à moyen terme des cas de sida. I l est aussi utile pour l'estimation de
la prévalence de l'infection causée par le VIH, mais i l ne peut servir à proje-
ter ce type de données dans l e futur. Les méthodes de rétro-calcul ont été

récemment améliorées pour permettre l'estimation du nombre d'individus touchés à différents stades de l'infection causée par le VIH (Longini *et al.*, 1992). Par exemple, les méthodes de rétro-calcul peuvent être utilisées pour déterminer le nombre d'individus avec moins de 20 X10⁶/L de cellules CD4+ qui n'ont pas de sida.

Au plan mondial, il n'est pas possible d'utiliser des modèles de rétrocalcul, car les données sur l'incidence du sida en dehors des pays industrialisés sont peu fiables. Cependant, des responsables du Programme mondial sur le sida à l'OMS ont développé un modèle de projection qui peut s'appliquer au plan mondial. Ce modèle est différent, mais compatible avec la méthode du rétrocalcul. Il utilise des estimations de la prévalence actuelle de l'infection causée par le VIH dans différentes populations selon les études disponibles, le fait que l'infection due au VIH n'a probablement pas commencé à se disséminer de façon importante avant la fin des années 1970, le nombre de personnes nouvellement infectées chaque année (calculé en utilisant les données de prévalence globale et en supposant que l'incidence de nouvelles infections était maximale au début des années 1980 et qu'elle a décru légèrement depuis), la distribution du temps d'incubation de la maladie, et, finalement, l'incidence annuelle future de l'infection due au VIH, considérée comme diminuant progressivement jusqu'en l'an 2 000. Les paramètres utilisés ont été ajustés en fonction des caractéristiques de chacun des trois types d'épidémie.

Modèles mathématiques compartimentaux

Il existe une grande diversité de modèles mathématiques essayant de décrire les dynamiques de propagation du VIH et du sida. Ces modèles requièrent des informations sur plusieurs aspects des mécanismes impliqués. On peut citer, à titre d'exemples, la prévalence de l'infection, la progression de la maladie, les groupes à haut risque, les comportements à risque et les modes de transmission. Ainsi, des hypothèses différentes, concernant différents paramètres, doivent être utilisées pour plusieurs sous-groupes de la population (hommes homosexuels, utilisateurs de drogue injectable, hémophiles, population hétérosexuelle, etc.). Traditionnellement, ces méthodes sont utilisées pour illustrer qualitativement et/ou quantitativement ce qui arriverait, selon les différents scénarios possibles, de l'évolution future de l'épidémie.

Les prédictions basées sur ces modèles sont liées aux données portant sur les cas de sida et nécessitent l'utilisation de méthodes statistiques. La fonction des données relatives aux cas de sida dans ces modèles, diffèrent de celle que l'on retrouve du rétrocalcul, car les modèles dynamiques tiennent comptent des mécanismes de transmission du VIH. C'est pourquoi ces modèles devraient être appliqués seulement à des populations ou groupes de populations bien définies chez lesquelles on connaît les différents modes de transmission du VIH. L'usage de ces modèles est donc plus restrictif que celui du rétrocalcul ou de l'extrapolation statistique traités ci-dessus. En effet, étant donné la nécessité d'utiliser un grand nombre de paramètres dont les valeurs exactes sont souvent inconnues, les modèles compartimentaux ne sont pas un outil pratique pour établir des projections quantitatives de l'épidémie de sida, sauf dans certaines circonstances particulières. Cependant, ces modèles peuvent être utiles pour améliorer notre compréhension des tendances épidémiques et des principaux facteurs qui peuvent en influencer le cours futur. De plus, ils sont les seuls qui permettent d'étudier théoriquement l'impact potentiel des différentes interventions.

Il faut souligner le fait que les données d'incidence du sida ne peuvent être utilisées telles que rapportées par les différentes agences officielles, pour effectuer les projections. En effet, il existe toujours des délais entre le diagnostic d'un cas et le moment où il est rapporté aux autorités sanitaires. Ainsi, en 1987, la médiane et la moyenne du délai dans la déclaration des cas de sida aux États-Unis se situaient à 2,9 et 4,8 mois respectivement (Curran *et al.*, 1988). De plus, ce délai était de plus de six mois dans 20% des cas. Au Québec, on a récemment estimé que la médiane du délai de déclaration était de sept mois. Cependant, des méthodes statistiques ont été développées pour tenir compte de ce problème de délais et elles sont utilisées dans la plupart des modèles de projection. Par ailleurs, dans les modèles, il faut aussi tenir compte du problème de sous-déclaration des cas de sida. Ce problème est relativement mineur dans la plupart des pays touchés par l'épidémie de type 1, mais son importance, dans presque tous les pays touchés par l'épidémie de type 2, y rend inapplicable la méthode du rétro-calcul.

Finalement, bien que le temps de doublement du nombre cumulatif de cas de sida s'allonge constamment, on ne peut pas vraiment utiliser cette donnée pour conclure à un plafonnement de l'épidémie. En effet, il a été démontré que l'incidence de l'infection due au VIH n'est pas similaire à l'incidence du sida. Cette observation indique que les projections utilisant directement les données d'incidence du sida pour estimer la pénétration de l'infection causée par le VIH dans la population peuvent être erronées, ce qui souligne l'importance de mettre en place de systèmes de surveillance de haute qualité pour avoir des estimations plus précises de l'étendue de l'infection causée par le VIH.

Quelques applications des modèles de projection

Schechter *et al.* (1992) ont construit un modèle de rétrocalcul pour estimer le nombre de personnes infectées au Canada. La figure 3 montre les résultats de leur étude en fonction de différentes estimations de la proportion de sous-déclaration des cas de sida au Canada (10%, 20% et 30%) et de différents modèles de distribution du temps d'incubation du sida.

FIGURE 3

Estimation du nombre de personnes ayant été infectées par le VIH au Canada en date du 30
juin 1989, selon 4 modèles pour la distribution du temps d'incubation du sida: 1) Modèle au
risque amorti; 2) Weibull-12; 3) Weibull-10; 4) Weibull-8; et 3 estimations pour le niveau de
sous-déclaration des cas de sida (10%, 20% et 30%).

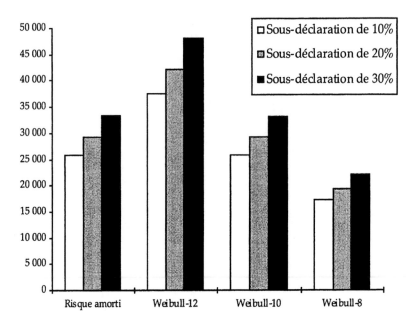

Adapté de: Schechter MT *et al* 1992..

On peut constater que les estimations sont très variables selon les différents paramètres utilisés. Ainsi, 17 243 canadiens auraient été infectés par le
VIH en date du 30 juin 1989 si l'on considère que le pourcentage de sous-déclaration est de 10% et que la distribution du temps d'incubation du sida suit une
loi de Weibull avec une médiane de huit ans, alors que ce chiffre est de
48 277 si le pourcentage de sous-déclaration est de 30% et que le temps d'incubation du sida suit une distribution de Weibull avec une médiane de douze
ans. Selon nos connaissances actuelles, la meilleure estimation de la sous-
déclaration serait de 20% et on pense aussi que la médiane du temps d'incubation se situerait plutôt vers dix ans. Ainsi, le modèle utilisant une loi du
risque amorti «*dampened hazard model*», qui suppose une loi de Weibull
pour les 3,5 premières années de progression et un risque stable à environ 7%
par année par la suite tout comme le modèle qui utilise la loi de Weibull
avec une médiane de temps d'incubation de l'ordre de dix ans semblent
décrire le mieux la situation canadienne. La meilleure estimation du nombre
de personnes infectées par le VIH au Canada en date du 30 juin 1989 était donc
de l'ordre de 30 000. D'après un consensus des experts de LCDC, le nombre
cumulatif d'infections causées par le VIH aurait été de 45 à 50 000 personnes
en 1992, et il y aurait entre 35 000 et 40 000 de personnes vivant à ce moment
avec l'infection causée par le VIH au Canada (LCDC, 1992).

La méthode statistique du rétro-calcul, qui utilise les données d'incidence du sida et la distribution du temps d'incubation de l a maladie, a aussi été utilisée pour estimer le nombre de Québécois infectés par l e VIH. Dans un premier rapport, publié en 1992, cette méthode estimait qu'environ 11 200 personnes étaient infectées par l e VIH au Québec (Remis, 1992), ce qui était très proche des estimations en provenance de l'étude des hôpitaux sentinelles. Dans un second rapport, publié en 1994, cette estimation est passée à 13 400 personnes (Remis, 1994), ce qui diverge un peu plus des résultats de l'étude fait par les hôpitaux sentinelles dans laquelle aucune augmentation n'a été notée. Toutefois, compte tenu des intervalles de confiance statistiques, les résultats de ces deux approches demeurent compatibles. I l est intéressant de noter que, selon ce dernier modèle, l e nombre maximal de nouvelles infections chez les hommes homosexuels serait survenu en 1985 et aurait été suivi d'un déclin progressif par l a suite. Par contre, l e nombre de nouveaux cas infectés par l'utilisation de drogues intraveineuses semble être en progression constante.

L'application de modèles mathématiques compartimentaux est généralement très complexe en raison des nombreux paramètres qui doivent être estimés pour chacun des modes de transmission possibles et pour chacun des groupes de population présentant des facteurs de risque différents (hommes homosexuels, utilisateurs de drogue injectable, etc.). Ainsi, les modèles mathématiques compartimentaux ou probabilistes ont surtout été appliqués dans les pays industrialisés pour examiner l a dynamique de transmission, chez les utilisateurs de drogue injectable, et pour estimer l e potentiel de pénétration de l'épidémie chez les hétérosexuels qui ont des contacts sexuels avec les utilisateurs de drogue injectable. Dans l e contexte des pays touchés par l'épidémie de type 2, il est possible de simplifier le modèle, car l e mode de transmission qui y est prédominant est lié aux contacts hétérosexuels. Ainsi, Bongaarts (1989) a appliqué un modèle de ce type à une population théorique semblable à celles que l'on retrouve dans de nombreux pays de l'Afrique centrale. Pour ce faire, i l a supposé qu'il n'y avait pas d'homosexualité ni d'utilisation de drogues injectables illicites dans cette population. De plus, il a divisé le cycle de v i e des individus en trois parties: de l a naissance à quinze ans, de quinze ans jusqu'au mariage (fixé à l'âge de vingt ans pour tout le monde) et du mariage au décès. Il a de plus, supposé qu'aucune intervention médicale ne serait efficace d'ici à l'an 2 000 et que les programmes de prévention ne réussiraient pas à modifier les comportements sexuels. Enfin, l a population a été subdivisée pour les groupes d'âge supérieurs à quinze ans selon deux grandes catégories de comportements sexuels. De plus, l'efficacité de la transmission sexuelle et de la transmission périnatale ainsi que certains autres paramètres nécessaires au modèle ont été estimées à partir de données présentées dans des travaux publiés. Tous les paramètres utilisés sont compatibles avec nos connaissances actuelles. L'application du modèle résulte en des projections qui situeraient l a prévalence de l'infection causée par le VIH en l'an 2 000 à 21% dans l a population générale adulte, à 56% chez les clients masculins des prostituées et à 77% chez les prostituées elles-mêmes. De plus, les valeurs prédites par le modèle pour l a seconde moitié des années 1980 et le début des années 1990 sont très proches de celles trouvées dans des études de séroprévalence effectuées dans certains pays d'Afrique. En ce sens, même si cette étude date de quelques années, elle demeure un très bon exemple de l'application de ce type de modèle. Par ailleurs, malgré l'importance d'une telle épidémie, ce modèle ne prédit pas une décroissance de la population africaine, mais plutôt un ralentissement du taux de croissance qui est présentement très élevé. Ceci est en accord avec d'autre modèles de projection démographique qui ont été utilisés. Cependant, les conséquences démographiques pourraient être quand même importantes, dans les pays africains les plus touchés, car l'excès de mortalité prédit par les modèles se retrouverait surtout chez les jeunes adultes pavenus au sommet de leur productivité. De plus, si l'épidémie continuait sans contrôle pendant plusieurs décennies, il pourrait finir par y avoir une décroissance de la population, surtout s'il y a des contacts sexuels fréquents entre des personnes présentant des niveaux de risque différents (par exemple: un homme qui a des contacts avec des prostituées et aussi avec une partenaire stable, qui elle, n'a pas d'autres contacts). Heureusement, il est possible de penser que les messages de prévention seront dans une certaine mesure efficaces et que ces sombres prédictions ne se réaliseront pas entièrement.

CONCLUSION

D'après les données épidémiologiques présentées dans ce chapitre, il est clair que le problème du sida et de l'infection causée par le VIH est loin d'être maîtrisé et qu'il restera pour longtemps parmi les plus importants problèmes de santé publique dans le monde. Certes, l'incidence de l'infection causée par le VIH a diminué au cours des dernières années chez les homosexuels et les utilisateurs de drogue injectable de nombreux pays industrialisés. Cependant, comme nous l'avons souligné, des études récentes montrent que les jeunes homosexuels n'ont pas, comme leurs aînés, adopté des comportements sexuels sécuritaires et que l'infection au VIH augmente chez eux. Par ailleurs, certains comportements à risque chez les utilisateurs de drogue injectable, incluant les relations sexuelles non protégées entre eux ou avec des personnes hors de leur groupe, constituent un danger potentiel de propagation du virus.

On constate aussi, au cours des dernières années, que le VIH s'est propagé, parfois très rapidement, dans des régions et pays jusque là plus ou moins épargnés. Ainsi, l'Asie du Sud et du Sud-Est constitue la région où l'incidence de l'infection due au VIH est actuellement la plus élevée et des estimations prédisent que d'ici la fin de la décennie, cette région aura le plus grand nombre de cas de sida et d'infections due au VIH compte tenu de la dynamique du VIH et de la masse de la population dans cette région. En Afrique, on commence à observer une propagation du VIH vers le milieu rural où vit plus de 80% de la population. Toutes ces constatations suggèrent qu'il faudrait maintenir et renforcer les systèmes de surveillance de l'infection causée par le VIH et du sida. Les études épidémiologiques resteront importantes dans l'acquisition de nouvelles connaissances afin de mieux orienter des programmes de prévention. Pour être efficaces, et compte tenu des ressources financières de plus en plus rares, ces programmes devraient cibler leurs actions en fonction des caractéristiques locales des populations. Les programmes de prévention élaborés devront être, par ailleurs, de mieux en mieux intégrés aux différents systèmes de santé, surtout dans les pays en voie de développement. En l'absence d'un vaccin efficace, ces programmes d'intervention, incluant la promotion de l'utilisation du condom, restent l a pierre angulaire dans la lutte contre la propagation du VIH.

BIBLIOGRAPHIE

Ades, A.E., Paker, S., Berry, T. et al. (1991). Prevalence of maternal HIV-1 infection in Thames Regions: results from anonymous unlinked noenatal testin. *Lancet*, 337, 1562-5.

AIDS Group of the United Kingdom Haemophilia (Centre Directors) (1988). Prévalence of antibody to HIV in haemophiliacs in the United Kingdom: a second survey. *Clinical Laboratory of Haematology*, 10, 187-91.

Alary, M. & Castel, J. (1990). Risk factors for seropositivity among people consulting for HIV antibody testing: A pilot surveillance study in Quebec. *Canadian Medical Association Journal*, 143, 25-31.

Alary, M. & Parent, R. (1991). *Surveillance de l'infection à VIH au Québec. Rapport intérimaire d'un projet-pilote.* Département de santé communautaire, Hôpital du St-Sacrement, Québec, juillet.

Alary, M. & Parent, R. (1994). Incidence of HIV infection among patients consulting a network of sentinel physicians in the province of Quebec. *Canadian Journal of Infectious Diseases*, 5, suppl. D, 40D.

Alary, M. (1990b). Risk factors for HIV seropositivity among people consulting for HIV antibody testing [letter]. *Canadian Medical Association Journal*, 143, 829.

Alary, M., for the European Working Group on HIV Infection in Female Prostitutes (1993). HIV infection in European female sex workers: Epidemiological link with use of petroleum based lubricants. *AIDS*, 7, 401-408.

Alary, M., Joly, J.R., Parent, R., Fauvel, M. & Dionne, M. (1993b). Sentinel surveillance of HIV infection in one-day surgery services of Quebec's hospitals: Increase in seroprevalence among men from Montreal. *Canadian Journal of Infectious Diseases*, 4, suppl. B, 35B.

Alary, M., Parent, R., Joly, J.R., Fauvel, M. & Dionne, M. (1994b). *Séroprévalence du VIH-1 dans un réseau québécois d'hôpitaux sentinelles.* Rapport déposé au Laboratoire de Lutte Contre la Maladie, Mars.

Alary, M., Peeters, M., Laga, M. et al. (1992). HIV infection in European female sex workers: Epidemiological link with use of peutroleum based lubricants. *International Conference on AIDS*, 8, Amsterdam, abstract PoC. 4178.

Ameijden, E.C.J., van den Hoek, J.A.R., Hartgers, C. et al. (1994). Risk factors for the transition from noninjecting to injecting drug use and accompaning AIDS risk behavior in a cohort of drug users. *American Journal of Epidemiology*, 139, 1153-1163.

Barongo, L.R., Borgdorff, M.W., Mosha, F.F. et al. (1992). The epidemiology of HIV-1 infection in urban areas, roadside settlements and rural villages in Mwanza Region, Tanzania. *AIDS*, 6, 1521-1528.

Bhave, G.G., Wagle, U.D., Desai, S. et al. (1992). HIV surveillance and prevention. *2 Congress Congrès International sur le sida en Asie et au Pacifique*, New Delhi, abstract C401.

Bongaarts, J. (1989). A model of the spread of HIV infection and the demographic impact of AIDS. *Statistics in Medicine*, 8, 103-20.

Boulos, R., Halsey, N.A., Holt, E. et al. (1990). HIV-1 in Haitian women 1982-1988. *Journal of Acquired Immune Deficiency Syndromes*, 3, 721-728.

Brookmeyer, R. & Gail, M.H. (1988). A method for obtaining short-term projections and lower bounds on the size of the AIDS epidemic. *Journal of American Statistical Association*, 83, 301-308.

Brookmeyer, R. & Liao, J. (1990). Modeling of the AIDS epidemic for forecasting health-care needs. *Biometrics*, 46, 1151-1163.

Bruneau, J., Lamothe, F., Lachance, N., Soto, J. & Vincelette, J. (1994). HIV prevalence and incidence among needle exchange attenders and non-attenders in a cohort of IDUs in Montreal. *Canadian Journal of Infectious Diseases*, 5, suppl. D, 39D.

Busch, M.P., Ehle, B.E., Khayam-Bashi, H. et al. (1991). Evaluation of screened blood donation for Human Immunodeficiency virus type 1 infection by culture and DNA amplification of pooled cells. *New England Journal of Medicine*, 325, 1-5.

CDC. (1991). Update: Transmission of HIV infection during an invasive dental procedure - Florida. *Morbidity and Mortality Weekly Report*, 40, 21-33.

CDC. (1992) Revised classification system for HIV infection and expanded surveillance case definition for AIDS among adolescents and adults. *Morbidity and Mortality Weekly Report*, 41, (no. RR-17).

CDC. (1996). HIV/AIDS Surveillance-Rapport. Year-end edition. U.S. AIDS cases reported through June. *U.S. Department of Health and Human Services*, Atlanta.

CDC. (1994b). Zidovudine for the prevention of HIV transmission from mother to infant. *Morbidity and Mortality Weekly Report*, 43, 285-287.

Centre européen pour la surveillance épidémiologique du sida. (1996). *Rapport trimestriel* 52. 31 décembre.

Chamberland, M.E., Conley, L.J., Bush, T.J., Ciesielski, C.A., Hammett, T.A. & Jaffe, H.W. (1991). Health Care Workers with AIDS. *Journal of the American Medical Association*, 266, 3459-62.

Chequer, P., Rodriguez, L., Castilho, E. et al. (1989). Trend analysis of AIDS cases reported in Brazil, 1982-1988. *International Conference on AIDS*, 5, Montréal, abstract M.G.O.26.

Chin, J. & Mann, J.M. (1988). The global patterns and prevalence of AIDS and HIV infection. *AIDS*, 2 suppl. 1, s247-s252.

Chin, J. (1990). Public Health Surveillance of AIDS and HIV infection. *Bulletin of the World Health Oraganization*, 68, 529-536.

Chitwood, D.D. & Comeford, M. (1990c). Cocaine users verus opiate users. *American Behavioral Scientist*, 33, 465-477.

Chitwood, D.D., McCoy, C.B., Inciardi, J.A. *et al.* (1990b). HIV seropositivity of needles from shooting galleries in South Florida. *American Journal of Public Health*, 80, 150-152.

Chmiel, J.S., Detels, R., Kaslow, R.A., Van Raden, M., Kingsley, L.A. & Brookmeyer, R. (1987). Factors associated with prevalent human immunodeficiency virus (HIV) infection in the Multicenter AIDS Cohort Study. *American Journal of Epidemiology*, 126, 568-577.

Coates, R.A., Frank, J.W., Arshinoff, R. *et al.* (1991). The Ontario HIV seroprevalence study of childbearing women: results from the first year of testing. *Clinical and Investigative Medicine*, 15, 1-7.

Collier, A.C., Bares, R.C. & Handsfield, H.H. (1986). Prevalence of antibody to LAV/HTLV-III among hopmosexual men in Seattle. *Am. J. Public Health*, 76, 564-565.

Commenges, D., Alioum, A., Lepage, P., Van de Perre, P., Msellati, P. & Dabis, F. (1992). Estimating the incubation period of paediatric AIDS in Rwanda. *AIDS*, 6, 1515-20.

Coutirier, E., Brossard, D.Y., Larsen, C. *et al.* (1992). hiv infection at outcome of pregrancy in the Paris area, France. Lancet, 340, 707-709.

Curran, J.W., Jaffe, H.W., Hardy, A.M., Morgan, W.M., Selik, R.M. & Dondero, T.J. (1988). Epidemiology of HIV infection and AIDS in the United States. *Science*, 239, 610-6.

De Cock, K.M., Brun-Vézinet, F., & Soro, B. (1991). HIV-1 and HIV-2 infection and AIDS in West Africa. *AIDS*, 5 suppl. 1, S21-S28.

De Rossi, A., Ometto, L., Mammano, F. *et al.* (1992). Vertical transmission of HIV-1: lack of detectable virus in peripheral blood of infected children at birth. *AIDS*, 6, 1117-1120.

De Vincenzi, I. (1994). A longitudinal study of human immunodeficiency virus transmission by heterosexual partners. *New England Journal of Medicine*, 331, 341-346.

De Wit, J.B.F., van de Hoek, J.A.R., Sandford, T.G.M. *et al.* (1993). Increase in unprotected anogenital intercourse among homosexual men. *American Journal of Public Health*, 83, 1451-53.

Des Jarlais, D.C., Friedman, S.R., Sotheran, J.L. *et al.* (1994). Continuity and change within an HIV epidemic: injecing drug users in New York City, 1984 - 1992. *Journal of the American Medical Association*, 272, 121-7.

Desenclos, J.C., Papaevangelou, G., Ancelle-Park, R. *et al.* (1993). Knowledge of HIV serostatus and preventive behavior among European injecting drug users. *AIDS*, 7, 1371-1377.

Duval, B., Côté, L., Boulianne, N. *et al.* (1993). Prévalence de l'infection à VIH chez des femmes de la région de Québec qui subissent un avortement. *Canadian Journal of Infectious Diseases*, 4, suppl. B, 38B.

Edlin, B.R., Irwin, K.L., Faruque, S. *et al.* (1994). Intersecting epidemics - crack cocaine use and HIV infection among inner-city young adults. *New England Journal of Medicine*, 331, 1422-1427.

European Collaborative Study. (1994). Caesarian section and risk of vertical transmission of HIV-1. *Lancet*, 343, 1464-1467.

European Study Group. (1989). Risk factors for male to female transmission of HIV. *British Medical Journal*, 298, 411-5.

Evans, R.G., Noone, A., Mortimer, J.Y. *et al.* (1992). Heterosexually acquired HIV-1 infection:cases reported in England, Wales and Northern Ireland, 1985 to 1991. *Communicable Diseases Reportory*, 2, R49-55.

Fiore, J.R., Calabro, M.L., Angarano, G. *et al.* (1990). HIV-1 Variability and Progression to AIDS: A Longitudinal Study. *Journal of Medical Virology*, 32, 252-6.

Flynn, N., Jain, S., Keddie, E. *et al.* (1990). Bleach is not enough: giving IV drug users a choice of disinfectants when they share needles and syrignes. *International Conferenceon AIDS*, 8, San Francisco, abstract A.C.190.

Grund, J.P.C., Kaplan, C.D., Adriaans, N.F.P. *et al.* (1990). The limitations of the concept of needle-sharing: the practice of frontloading [letter]. *AIDS*, 4, 819-821.

Hahn, R.A., Onorato, I.M., Jones, S. & Dougherty, J. (1989). Prevalence of HIV infection among intravenous drug users in the United States. *Journal of the American Medical Association*, 261, 2677-84.

Hankins, C., Gendron, S., Handrey, M. *et al.* (1991). HIV-1 infection among incarcerated men - Quebec. *Canadian Disease Weekly Report*, 17, 233-5.

Hankins, C., Laberge, C. & Lapointe, N. (1993). The Quebec study: HIV antibody seroprevalence in childbearing women. *Report to the Laboratory Centre for Disease Control*, October.

Hankins, C., Laberge, C., Lapointe, N. *et al.* (1992). Quebec: seroprevalence in childbearing women. *Canadian Journal of Infectious Diseases*, 3 suppl. A, 15A-16A.

Hankins, C.A., Laberge, C., Lapointe, N., Lai Tung, M.T. & Racine, L. (1990). HIV infection among Quebec women giving birth to live infants. *Canadian Medical Association Journal*, 143, 885-93.

Hart, G.J., Woodward, N., Johnson, A.M., Tighe, J., Parry, J.V. & Adler, M.W. (1991). Prevalence of HIV, hepatitis B and associated risk behaviours in clients of a needle-exchange in central London. *AIDS*, 5, 543-547.

Haverkos, H.W. & Battjes, R.J. (1992). Female-to-male transmission of HIV. *Journal of the American Medical Association*, 268, 1855-56.

Hendriks, J.C.M., Medley, G.F., van Griensven, G.J.P., Coutinho, R.A., Heisterkamp, S.H. & van Druten, H.A.M. (1993). The treatment-free incubation period of AIDS in a cohort of homosexual men. *AIDS*, 7, 231-9.

Hersh, B., Beldescu, N., Atpehée, R. *et al.* (1990). Nosocomial transmission of HIV in Romania. *American Public Health Association, Annual Meeting*, New York, September.

Hessol, N.A., Lifson, A.R., O'Mally, P.M. *et al.* (1989). Prevalence, incidence, and progression of human immundeficiency virus infection in homosexual and bisexual men in hepatitis B vaccine trials, 1978-88. *American Journal of Epidemiology*, 130, 1167-1175.

Hickman, M., Mortimer, J.Y. & Rawlinson, V.I. (1988). Donor screening for HIV: how many false negatives. *Lancet*, I, 1221.

Inciardi, J.A. & Page, J.B. (1992). Drug sharing among intravenous drug users [letter]. *AIDS* 1991, 5:772-773

Ippolito, G., Costa, F., Stegagno, M. *et al.* (1991). Blind survey of HIV antibodies in newborns in 92 Italian hospitals: A method for monitoring the infection rate in women at time of delivery. *Journal of Acquired Immune deficiency Syndrome*, 4, 402-407.

Italian Multicenter Study. (1993). The risk of occupational human immunodeficiency virus infection in healht care workers. *Archives of Internal Medicine*, 153, 1451-1458.

Jason, J., Lui, K.J., Ragni, M.V., Hessol, N.A. & Darrow, W.W. (1989). Risk of developing AIDS in HIV-infected cohorts of hemophilic and homosexual men. *Journal of the American Medical Association*, 261, 725-7.

Johnson, A.M. & Laga, M. (1988). Heterosexual transmission of HIV. *AIDS*, 2, S49-S56.

Johnson, B.L., Haase, D.A., Armson, B.A., Lee, S.H.S., Manley, K. & Hazell, P. (1994). HIV seroprevalence in Halifax County, Nova Scotia. *Canadian Journal of Infectious Diseases*, 5, suppl. D, 42D.

Jose, B., Friedman, S.R., Neaigus, A. *et al.* (1993). Syringue-mediated drug sharing (backloading): a new risk factor for HIV among injecting drug users. *AIDS*, 7, 1653-1660.

Kane, F., Alary, M., Ndoye, I. *et al.* (1993). Temporary expatriation is related to HIV-1 infection in rural Senegal. *AIDS*, 7, 1261-1265.

Klee, H., Faugier, J., Hayes, C. *et al.* (1990). Sexual partners of injecting drug users: the risk of HIV infection. *British Journal of Addiction*, 85, 413-418.

Laga, M., Alary, M., Nzila, N. *et al.* (1994). Condom promotion, sexually transmitted diseases treatment, and declining incidence of HIV-1 infection in female Zairian sex workers. *Lancet*, 344, 246-248.

Laga, M., Manoka, A., Kivuvu, M. *et al.* (1993). Non-ulcerative sexually transmitted diseases as risk factors for HIV-1 transmission in women:results from a cohort study. *AIDS*, 7, 95-102.

Lallemant, M., Lallemant Le Coeur, S., Cheynier, D. *et al.* (1989). Survie des enfants nés de mère positive pour HIV1: Etude prospective à Brazzaville (R.P. Congo). *International Conference on AIDS*, 5„ Montréal, abstract Th.G.O. 54.

Lallemant, M., Le Coeur, S., Samba, L. *et al.* (1994). Mother-to-child transmission of HIV-1 in Congo, Central Africa. *AIDS*, 8, 1451-1456.

Lamothe, F., Bruneau, J., Coates, R. *et al.* (1993). Seroprevalence of and risk factors for HIV-1 infection in injection drug users in Montreal and Toronto: a collaborative study. *Canadian Medical Assocoation Journal*, 149, 945-51.

Lamothe, F., Bruneau, J., Soto, J., Lachance, N., Vincelette, J. & Franco, E. (1994). Risk factors for HIV seroconversion among injecting drug users in Montréal: The Saint-Luc cohort experience. *Canadian Journal of Infectious Diseases*, 5, suppl. D, 39D.

Lampinen, T.M., Joo, E., Swereyn, S., Hershow, R.C. & Wiebel, W. (1992). HIV seropositivity in community-recruited and drug treatment samples of injecting drug users. *AIDS*, 6, 123-6.

Lapointe, N., Michaud, J., Pekovic, D., Chusseau, J.P. & Dupuy, J.M. (1985). Transplacental transmission of HTLV-III virus. *New England Journal of Medicine*, 312, 1325-6.

LCDC. (1997). *Quarterly surveillance update: AIDS in Canada*, may.

LCDC. (1992). *Proceding at the scientific consensus meeting on HIV antibody prevalence in Canada*. Ottawa, october.

Lemp, G.F., Hirozawa, A.M., Givertz, D. *et al.* (1994). Seroprevalence of HIV and risk behaviors among homosexual and bisexual men. The San Francisco/Berkeley Young Men's Survey. *Journal of the American Medical Association*, 272, 449-454.

Longini, I.M., Byers, R.H. & Hessol, N.A. (1992). Estimating the stage-specific number of HIV infection using a Markov model and back-calculation. *Statistics in Medicine*, 11, 831-843.

Maiga, Y.I. *et al.* (1993). Étude de la séroprévalence de l'infection à VIH dans les 7 régions économiques du Mali. *International Conference on AIDS*. 8, Marrakech, abstract M.O.P.P.55.

Mann, J.M., Nzilambi, N., Piot, P. *et al.* (1988). HIV infection and associated risk factors in female prostitutes in Kinshasa, Zaire. *AIDS*, 2, 249-54.

Mastro, T.D., Satten, G.A., Nopkesorn, T. *et al.* (1994). Probability of female-to-male transmission of HIV-1 in Thailand. *Lancet*, 343, 204-07.

McCusker, J., Stoddard, A.M., McDonald, M., Zapka, J.G. & Mayer, K.H. (1992). Maintenance of behavioral change in a cohort of homosexually active men. *AIDS*, 6, 861-8.

McLaws, M.L., Brown, A.R.D., Cunningham, P.H. *et al.* (1990). Prevalence of maternal HIV infection based on anonymous testing of neonates, Sydney, 1989. *Medical Journal of Australia*, 153, 383-386.

Messiah, A., Bucquet, D., Mettetal, J.F. *et al.* (1993). Factors correlated with homosexually acquired human immunodeficiency virus infection in the era of «safer sex». *Sexually Transmitted Diseases*, 20, 51-58.

Mulder, D.W., Nunn, A.J., Wagner, H.U. *et al.* (1994). HIV-1 incidence and HIV-1 associated mortality in rural Ugandan population cohort. *AIDS*, 8, 87-92.

Myers, T., Godin, G., Calzavara, L., Lambert, J., Locker, D. & Société canadienne du sida. (1993). L'enquête canadienne sur l'infection à VIH menée auprès des hommes gais et bisexuels: «Au Masculin». *Société canadienne du sida*, Ottawa.

N'Galy, B., Ryder, R.W., Bila, K. *et al.* (1988). Human immunodeficiency virus infection among employees in an African hospital. *New England Journal of Medicine*, 319, 1123-7.

Nelson, K.E., Celentano, D.D., Suprasert, S. *et al.* (1993). Risk factor for HIV infection among young adult men in northern Thailand. *Journal of the American Medical Association*, 270, 955-60.

Nzila, N., Laga, M., Abib Thiam, M. *et al.* (1991). HIV and other sexually transmitted diseases among female prostitutes in Kinshasa. *AIDS*, 5, 715-721.

Nzila, N., De Cock, K.M., Forthal, D.N. *et al.* (1988). The prevalence of infection with human immunodeficiency virus over a 10-year period in rural Zaire. *New England Journal of Medicine*, 318, 276-9.

OMS. (1996). *Syndrome d'Immunodeficience Acquise (sida).* Relevé Epidémiologique Hebdomadaire, 71, 361-362.

OMS. (1996b). *La pandémic mondiale du VIH/sida: situation actuelle.* Relevé épidémiologique hebdomadaire, 71, 363-364.

OMS. (1997). *VIH/sida: l'épidémie mondiale.* Relevé épidémiologique hebdomadaire, 72, 17-21.

Parent, R., Noël, L., Alary, M. *et al.* (1994). Évaluation de la prévalence des infections au VIH chez les utilisateurs de drogues par injection fréquentant le site Point de Repères: étude de faisabilité. *Rapport à être déposé au Laboratoire de Lutte Contre la Maladie*, septembre.

Pépin, J., Morgan, G., Dunn, D. *et al.* (1991). HIV-2 induced immunosuppression among asymptomatic West African prostitutes: evidence that HIV-2 is pathogenic but less so than HIV-1. *AIDS*, 5, 1165-72.

Peters, A.D., Reid, M.M. & Griffin, S.G. (1994). Edniburgh drug users: are they injecting and sharing less? *AIDS*, 8, 521-528.

Piot, P.J., Plummer, F.A., Rey, M.A. *et al.* (1987). Retrospective seroepidemiology of AIDS virus infection in Nairobi populations. *Journal of Infectious Diseases*, 155, 1108-1112.

Plourde, P.J., Plummer, F.A., Pepin, J. *et al.* (1992). Human immunodeficiency virus type 1 infection in women attending a sexually transmitted diseases clinic in Kenya. *Journal of Infectious Diseases*, 166, 86-92.

Plummer, F.A., Simonsen, J.N., Cameron, D.W. *et al.* (1991). Cofactors in male to female transmission of human immunodeficiency virus type 1. *Journal of Infectious Diseases*, 163, 233-239.

Pokrovsky, V.V. (1989). Nosocomial outbreak of HIV infection in Elista, USSR. *International Conference AIDS*, 5, Montréal, abstract W.A.O. 5.

Ratnam, S. & Hankins, C. (1994). The Newfoundland prenatal study of HIV seroprevalence. *Canadian Journal of Infectious Diseases*, 5, suppl. D, 42D.

Reeves, G.K. & Overton, S.E. (1988). Preliminary survival analysis of UK AIDS data. *Lancet*, I, 880.

Remis, R., Najjar, M., Pass, C. & Paradis, G. (1989). Seroepidemiologic study of HIV infection among homosexual men attending a medical practice in Montreal. *International Conference on AIDS*, 5, Montréal, abstract W.A.P. 42.

Remis, R.S. (1992). Rapport sur la situation du sida et de l'infection au VIH au Québec, 1992. Résultas de la première année du Mandat: février 1991 au 31 mars 1992. *Centre d'étude sur le sida.* DSC Hôpital de Montréal, juillet.

Remis, R.S. (1994). Surveillance des cas du syndrome d'immunodéficience acquise (sida), Québec. Cas cumulatifs 1979 – 1993. Mise à jour No 94-5. *Centre d'études sur le sida*, DSC Hôpital Général de Montréal.

Remis, R.S., Delage, G., Ouellet, C., Décary, F. & Aye, M.T. (1993b). Estimation of HIV incidence among repeat blood donors in Montreal: A pilot study. *3 Scientific Meeting of the Canadian Association for HIV Research*, Montréal.

Remis, R.S., Eason, E.L., Najjar, M., Palmer, R.W.H., Lebel, F. & Fauvel, M. (1993). HIV prevalence among women undergoing an abortion in Montreal. *Report to the Laboratory Centre for Disease Control*, November.

Remis, R.S., O'Shaughnessy, M.V., Tsoukas, C. *et al.* (1990). HIV transmission to patients with hemophilia by heat-treated, donor-screened factor concentrate. *Canadian Medical Association Journal*, 142, 1247-54.

Rhodes, T.J., Bloor, M.J., Donoghoe, M.C. *et al.* (1993). HIV prevalence and HIV risk behaviour among injecting drug users in London and Glasgow. *AIDS Care*, 5, 413-425.

Rogers, M.F., Ou, C., Kilbourne, B. *et al.* (1991). Advances and problems in the diagnosis of human immunodeficiency virus infection in infants. *Pediatric Infectious Diseases Journal*, 10, 523-525.

Rwandan Seroprevalence Study Group. (1989). Nationwide community-based serological survey of HIV-1 and other human retrovirus infections in a Central African country. *Lancet*, I, 941-9

Saah, A.J., Munoz, A., Kuo, V. et al. (1992). Predictors of risk of AIDS over 24 months among HIV-1-seropositive gay men, a report from multicenter AIDS Cohort Study. *American Journal of Epidemiology*, 135, 1147-1155.

Schechter, M.T., Ballem, P.H., Buskard, N.A., Le, T.N., Thompson, M., Marion, S.A. & O'Shaughnessy, M.V. (1990). An anonymous seroprevalence survey of HIV infection among pregnant women. *Canadian Medical Association Journal*, 143, 1187-92.

Schechter, M.T., Marion, S.A., Elmslie, K.D. & Ricketts, M. (1992). How many persons in Canada have been infected with Human Immunodeficiency Virus? An exploration using backcalculation methods. *Clinical and Investigative Medicine*, 15, 325-39.

Schoenbaum, E.E., Hartel, D., Selwyn, P.A. et al. (1989). Risk factors for human immunodeficiency virus infection in intravenous drug users. *New England Journal of Medicine*, 321, 847-879.

Sekla, L., Hammond, G., Stackiw, W., Eibisch, G. & Tate, R. (1991). Manitoba HIV Seroprevalence Study. *Canadian Disease Weekly Report*, 17, 179-84.

Serwadda, D., Musgrave, S., Warren, M.J. et al. (1990). HIV-1 risk factors in a randomly selected population in rural Rakai District, Uganda. *International Conference on AIDS, 6*, San Francisco, abstract FC100.

Shapshak, P., Mc Croy, C.B. & Hsah, S.M. (1994). Preliminary laboratory studies of inactivation of HIV-1 in needles and syringes containing infected blood using undiluted household bleach. *Journal of Acquired Immune Deficiency Syndromes*, 7, 754-759.

Shapshak, P., McCoy, C.B., Rivers, J.E., et al. (1993). Inactivation of human immunodeficiency virus-1 at short time intervals using undiluted bleach [letter]. *Journal of Acquired Immune Deficiency Syndromes*, 6, 218-9.

Sirisopana, N., Torugsa, K., Carr, J. et al. (1993). Prevalence of HIV infection in young men entering the Royal Thai Army. *International*

Conference on AIDS, 9, Berlin, abstract PO-C08-2778.

Sirisopana, N., Torugsa, K., Mc Niel, J. et al. (1992). The temporal trend of HIV prevalence among young men entering the Royal Thai Army: 1989-1991. *International Conference on aids, 8*, Amsterdam, abstract POC4084.

Sprecher, S., Soumenkoff, G., Puissant, F. et al. (1986). Vertical transmission of HIV in 15-week fetus [letter]. *Lancet*, 2, 288-289.

St-Louis, M.E., Rauch, K.J., Petersen, L.R. et al. (1990). Seroprevalence rates of human immunodeficiency virus infection at sentinel hospitals in the United States. *New England Journal of Medicine*, 323, 213-8.

Tappin, D.M., Girdwood, R.W.A., Follett, E.A. et al. (1991). Prevalence of maternal HIV infection in Scotland based on unlinked anonymous testing of newborns babies. *Lancet*, 337, 1565-1567.

Van de Perre, P., Lepage, P., Homsy, J. & Dabis, F. (1992). Mother-to-Infant Transmission of Human Immunodeficiency Virus by Breast Milk: Presumed Innocent or Presumed Guilty? *Clinical Infectious Diseases*, 15, 502-7.

Vanichseni, S., Des Jarlais, D.C., Choopanya, K., et al. (1993). Condom use with primary partners among injecting drug users in Bangkok, Thailand and New York city, United States. *AIDS*, 7, 887-891.

Vanichseni, S., Wright, N., Akarasewi, P. et al. (1989). Case control study of HIV positivity among male intravenous drug addicts in Bangkong. *International Conference on AIDS, 5*, Montréal, abstract W.G.P.19.

Vlahov, D., Munoz, A., Celentano, D. et al. (1991). HIV seroconversion and disinfection of injection equipment among intravenous drug users, Baltimore, Maryland. *Epidemiology*, 2, 444-446.

Weniger, B.G., Limpakarnjanarat, K., Ungchusak, et al. (1991). The epidemiology of HIV infection and AIDS in Thailand. *AIDS*, 5, s71-s85.

WHO AIDS/HIV infection in South-East Asia. (1992). Regional Office for South-East Asia. New Delhi. *WHO*, 7 November.

Wilkins, A. et al. (1991). Risk factors for HIV-2 infection in The Gambia. *AIDS*, 5, 1127-1132.

Zule WA. Risk and reciprocity: HIV and the injecting drug user. *Journal of Psychotropic Drugs*, 24, 243-249.

NEUROPSYCHOLOGIE ET NEUROPATHOLOGIE DU SIDA

Henri COHEN

Le sida – syndrome d'immunodéficience acquise – a été reconnu syndrome clinique au début des années 1980 et le virus d'immunodéficience humaine (VIH), l'agent étiologique présumé, a été isolé en 1984. Malgré le fait que cette maladie n'a été reconnue que très récemment, elle a profondément changé les pratiques cliniques à cause de son degré d'infectiosité (environ 20 millions de personnes infectées dans le monde). Ce phénomène, en retour, a provoqué des changements majeurs dans la sociologie du comportement sexuel, notamment à cause de l'association entre le sida et l'activité sexuelle.

Presque tous les malades infectés par le VIH subissent une séroconversion entre un et cinq ans après l'infection et ressentent ensuite les effets liés à un système immunitaire gravement compromis (Boccellari *et al.*, 1993; Karlsen *et al.*, 1994). Le décours clinique est jalonné d'infections virales et bactériennes de plus en plus fréquentes qui, ultimement, mènent à l'épuisement et à la mort. Les personnes atteintes du sida peuvent souffrir d'un grand éventail de symptômes neurologiques, neuropsychologiques et psychiatriques incluant un syndrome de démence – le syndrome de démence relié au sida (SDS). Il est difficile d'établir un diagnostic différentiel de ce syndrome sur la seule base des symptômes, à cause de ses ressemblances importantes avec la maladie d'Alzheimer et d'autres démences (Lundervold *et al.*, 1994). La présence du VIH ou d'une réactivité immunologique au VIH dans le sérum sanguin ou le tissu cérébral permet d'établir un diagnostic de sida et ce diagnostic, associé à une détérioration sur le plan cognitif, indique la présence du SDS. Étant donné la présence courante de l'infection du système nerveux central (SNC), la démence associée au sida deviendra sans doute un problème clinique grandissant, avec l'augmentation importante du nombre de personnes atteintes.

ÉPIDÉMIOLOGIE

L'infection par le VIH varie fortement. En moyenne dix années séparent l'inoculation de l'apparition de symptômes physiques. En Amérique du Nord, la plupart des adultes infectés sont asymptomatiques et leur statut sérologique, même s'il est connu, n'est généralement pas déclaré.

L'épidémiologie du sida est compliquée par les facteurs sociaux s'y rattachant et une inévitable politisation des données de recherche qui créent ou renforcent des stéréotypes sociaux et culturels. Les caractéristiques démographiques des personnes atteintes du sida varient d'un continent à l'autre. Ainsi, en Afrique Centrale, le sida touche les femmes autant que les hommes et se transmet à travers des comportements hétérosexuels. Aux

États-Unis et en Europe, le sida se confine encore à des groupes à haut risque bien définis. La majorité des adultes atteints du sida sont des hommes homosexuels ou bisexuels (62%) et le pourcentage des toxicomanes UIV qui sont infectés ne cesse d'augmenter (27% contre 13 à 17% au début des années 1980). On constate également une augmentation du nombre de cas de sida chez les femmes, chez les hétérosexuels et chez les enfants. Le sida constitue la principale cause de décès chez les toxicomanes UIV et chez les malades hémophiles. Le dérèglement de la fonction immunitaire (comme celui observé chez les toxicomanes UIV ou chez ceux qui suivent une thérapie d'immunosuppression) est un facteur de risque important. L'étendue réelle du degré d'infectiosité du VIH et par conséquent du sida reste cependant à évaluer plus précisément.

Des recherches cliniques rigoureuses et des études de rappel avec des malades atteints du sida ont démontré que le système central (SNC) est affecté par le virus dans plusieurs cas. Le VIH attaque le système immunitaire ainsi que le système nerveux (Brinchmann *et al.*, 1988; Price *et al.*, 1990). Le sida, qui est un syndrome plutôt qu'une maladie bien définie, entraîne des changements mentaux complexes et multiétiologiques qui résultent à la fois du VIH lui-même et du grand nombre de maladies qu'il entraîne.

Le VIH envahirait le cerveau tôt après l'infection systémique lorsque les macrophages porteurs du VIH traversent la barrière hémato-encéphalique. La libération du virus dans le SNC provoquerait ainsi une méningo-encéphalite aiguë ou infra-clinique. Les malades nouvellement infectés, dont le système immunitaire n'est pas encore gravement compromis par la destruction chronique des lymphocytes T4, peuvent généralement faire face à cette infection initiale. Alors que l'immunocompétence se détériore au fil des mois et des années, la réplication virale dans le SNC ne peut plus être maîtrisée par les défenses immunologiques. Une leucoencéphalopathie multifocale progressive peut alors apparaître (Price *et al.*, 1990).

Différentes souches du VIH de même que les facteurs environnementaux et de constitution peuvent expliquer les différences retrouvées dans la pathologie du SNC. L'infection du système nerveux par le VIH donne lieu à un large éventail de symptômes neurologiques, intellectuels et psychiatriques incluant le SDS. Il est difficile d'estimer l'incidence et la prévalence de ces effets associés au VIH, surtout à cause de facteurs démographiques et de l'endroit d'où proviennent les échantillons de malades, du stade de l'infection et des critères utilisés pour le diagnostic. Cependant, 10% des malades atteints de sida manifestent un syndrome de démence relié au VIH. Pour environ un tiers de ces derniers, les symptômes de démence sont la seule manifestation du sida. L'incidence du SDS augmente de façon significative avec l'âge, même chez les malades de moins de 50 ans.

CAUSES DE LA DÉMENCE ASSOCIÉE AU SIDA

La démence est une complication de l'infection du SNC causée par le VIH. Cependant, un grand nombre d'infections opportunistes (voir tableau 1) peuvent causer des pathologies du cerveau chez les malades atteints du sida. Par contre, les stigmates pathologiques associés à ces autres infections peuvent être dissociés de ceux qui caractérisent le SDS (Budka *et al.*, 1991).

TABLEAU 1
Maladies du SNC associées à l'infection au VIH

1. Infections opportunistes et autres types d'infections
    Causées par des virus:
    *   Leucoencéphalopathie multifocale progressive
    *   Méningite causée par le virus Herpès simplex (type 2)
    *   Encéphalite causée par le virus Herpès simplex (type 1)
    Causée par le spirochète:
    *   Syphilis
2. Néoplasmes
    *   Lymphome – primaire ou systémique
    *   Sarcome de Kaposi métastatique
3. Maladies causées par le VIH
    *   Encéphalopathie
    *   Myélopathie vacuolaire
    *   Méningite aseptique
4. Causes vasculaires
    *   Hémorragie cérébrale
    *   Infarctus cérébral

L'infection par le VIH constitue l'événement initial. Le patient est généralement asymptomatique jusqu'à l'apparition d'une séroconversion qui se produit entre un et quatre ans après l'infection. Suite à la séroconversion, la maladie se développe pour finalement devenir le syndrome complet du sida (voir tableau 2) chez quelque 90% des malades. Au cours de la maladie, les personnes atteintes manifestent souvent des symptômes d'ordre cognitif, psychiatrique ou neurologique et peuvent développer une démence associée au sida.

TABLEAU 2
Stades du syndrome de démence liée au sida (ADC)

Stade	Particularités
Stade 0 (normal)	Capacités mentales et motrices normales.
Stade 0,5 (équivoque/ sous-clinique)	Symptômes minimes ou équivoques (dysfonctions cognitives ou motrices) ou signes caractéristiques du SDS, mais sans dysfonction au niveau du travail ou de la capacité à mener les activités quotidiennes.
Stade 1 (peu sévère)	Signes évidents de dysfonctionnement au niveau intellectuel ou moteur, mais capacité à assumer toutes les exigences que nécessitent les activités quotidiennes. Capacité de marcher sans aide.
Stade 2 (modéré)	Incapacité de travailler ou de continuer à assumer les tâches quotidiennes plus exigeantes, mais capacité d'assumer les soins personnels de base. Mobile, mais possiblement besoin d'utiliser un support à la marche.
Stade 3 (sévère)	Dysfonctionnement intellectuel important (difficulté à suivre les nouvelles ou les événements personnels) ou dysfonctions motrices.
Stade 4 (final)	État quasi végétatif. Réponses et compréhension rudimentaires face aux exigences sociales ou intellectuelles. État parapathétique ou paraplégique avec double incontinence.

Les symptômes les plus courants chez les personnes infectées par le VIH proviennent des stress sociaux reliés au diagnostic de séropositivité. Il apparaît donc important de distinguer les réactions psychologiques à l'infection par le VIH des symptômes causés par l'infection du SNC (par exemple, une déficience chronique dans le fonctionnement intellectuel et éventuellement la démence), à cause des implications pour le traitement éventuel. Malheureusement, cette distinction s'avère difficile puisque des perturbations de l'humeur ou des caractéristiques psychotiques peuvent également apparaître comme symptômes d'un syndrome organique du SNC.

Des réactions d'adaptation se développent en réponse au traumatisme causé par un diagnostic de l'infection par le VIH, qui peuvent notamment s'exprimer par le désespoir, le sentiment de perte, la culpabilité, l'anxiété, la protestation, les comportements antisociaux, la dépression et les activités suicidaires. Généralement, ces réactions n'entraînent pas une dysfonction chronique et leur développement et leur gravité peuvent s'atténuer grâce au counselling et à un soutien social adéquat.

Quand les caractéristiques décrites comme des réactions d'adaptation sont intenses et durables, on peut les définir comme des troubles d'adaptation. Des interventions psychothérapeutiques et psychopharmacologiques s'avèrent efficaces dans la plupart des situations. La dépression très souvent décrite aux stades 2 et 3, mais rarement quantifiée. Des chercheurs ont émis l'hypothèse que la dépression refléterait souvent la tension dynamique qui existe entre l'incertitude et l'adaptation à la vie avec le VIH, et devrait par conséquent être prévisible chez la majorité des malades atteints du sida à un moment ou l'autre de leur maladie. L'apparition de la dépression clinique est généralement graduelle; elle est souvent causée par des facteurs psychologiques tels que le manque de soutien social, la culpabilité ou le manque d'acceptation face à sa sexualité ou à son style de vie, et les problèmes liés aux questions monétaires et à l'emploi. Les tentatives de suicide à la suite de l'annonce d'un résultat positif à un test de VIH sont relativement fréquentes. Plusieurs facteurs semblent augmenter le risque d'une tentative de suicide (Miller & Riccio, 1990), tels les stress multiples reliés aux facteurs psychosociaux, la perception d'un isolement social, le fait de se percevoir comme étant une victime, le déni, l'abus de drogues et la perception d'un manque de soutien social. Les épisodes maniaques sont plutôt rares en l'absence de syndromes organiques du cerveau chez les personnes infectées par le VIH.

DÉFICITS NEUROPSYCHOLOGIQUES CAUSÉS PAR LE VIH

Les déficits neuropsychologiques sont déterminés par les résultats de tests et ne constituent pas un diagnostic en eux-mêmes. Un déficit implique que les scores sont anormaux ou se trouvent sous la norme, mais les résultats de tests neuropsychologiques ne peuvent révéler une maladie spécifique. En général, plus le test est sensible, moins il est spécifique.

Durant la dernière décennie, un ensemble d'observations suggérait que des changements mentaux organiques précédaient, au moins occasionnellement, les signes physiques et les symptômes de l'infection par le VIH. Des rapports de cas ont indiqué que certains adultes séropositifs au VIH n'ayant pas encore développé le sida éprouvaient un ralentissement mental, des oublis, une apathie, de la léthargie, un retrait social, un manque de motivation et des changements de personnalité (Marotta & Perry, 1989). Bien que ces symptômes apparaissaient initialement comme étant «fonctionnels», une évaluation clinique exhaustive suggérait une démence dite «sous-corticale» (Cummings, 1990; Lundervold et al., 1994). D'autres malades séropositifs au VIH présentaient au départ une psychose aiguë (Perry, 1990), de l'amnésie

(Beresford *et al*., 1986), du délire aigu (Levy *et al*., 1985), de l a dépression (Navia & Price, 1987) ou des symptômes maniaques (Kermani *et al*., 1985). McArthur *et al*. (1988) ont découvert l a présence du VIH dans l e liquide céphalorachidien d'hommes homosexuels asymptomatiques ayant une séropositivité connue depuis 6 à 24 mois. La présence précoce du VIH et un taux élevé de protéines dans ce liquide, ainsi que l'isolation du VIH à partir du tissu nerveux (Gabuzda & Hirsch, 1987) impliquaient que l e VIH pouvait affecter le système nerveux central avant toute manifestation physique de l a maladie.

Des anomalies du cerveau sont apparues sur l a scanographie (CT), sur l'imagerie par résonance magnétique (IRM) et sur l'électroencéphalogramme (EEG) des malades atteints du sida e t de L'ARC (AIDS Related Complex) en l'absence d'infections opportunistes e t de tumeurs malignes. Les résultats du CT révélaient une atrophie marquée et un élargissement des ventricules; l'IRM indiquait une calcification parsemée et des lésions parenchymales e t l'EEG montrait des rythmes alpha ralentis et des ondes thêta diffuses. Des études neuropathologiques ont démontré que les structures sous-corticales étaient affectées, ce qui est l a conséquence de changements mentaux non cognitifs subtils, et peut expliquer des symptômes vagues, apparemment de nature psychologique en l'absence de déficits intellectuels (corticaux).

Dans l'une des premières études sur le sujet, Perry (1980) avait recensé les recherches publiées et les présentations faites à des symposiums médicaux. Dix-huit études rapportaient des déficits neuropsychologiques avant l'apparition du sida sur l e plan systémique, mais treize autres études n'avaient pas observé de déficits précoces significatifs. Ces études, cependant, variaient grandement par rapport à l a sélection de l'échantillon, au nombre de sujets, au schème expérimental, à l'importance des tests neuropsychologiques ainsi qu'à la région où s'est effectué l e recrutement. Dans une des études les plus importantes, à ce jour, sur des hommes homosexuels e t bisexuels (Multicenter AIDS Cohort Study; MACS), Visscher *et al*. (1989) ont administré une batterie de tests neuropsychologiques à 838 sujets aux stades CDC 2 et 3 (CDC, 1986) e t à 767 sujets séronégatifs. Aucune différence significative n'a pu être observée entre les deux groupes.

Par contre, des études utilisant des tests neuropsychologiques plus complets avec des échantillons plus petits de malades (par exemple, Grant *et al*., 1987; Perry *et al*., 1989; Oechsner *et al*., 1992; Poutienanen *et al*., 1993; Bornstein *et al*., 1993) ont trouvé que les sujets infectés par le VIH aux stades 2 et 3 obtenaient des résultats plus faibles que les sujets séronégatifs du groupe contrôle. Ces résultats ont été interprétés comme démontrant qu'un sous-groupe de malades peut présenter un déficit neuropsychologique induit par l e VIH avant de développer le sida (par exemple, Grant *et al*., 1987). D'autres soutiennent qu'une telle inférence est prématurée étant donné l'absence d'une correction statistique appropriée pour les tests avec des comparaisons multiples (par exemple, Tross *et al*., 1988).

La plupart des recherches sur les complications neuropsychologiques et neurologiques de l'infection par le VIH ont été menées dans les pays occidentaux, avec des échantillons d'hommes homosexuels, caucasiens en général et bien instruits. Des préoccupations quant à l a généralisation des résultats de ces recherches ont poussé l'Organisation mondiale de l a santé à mettre en œuvre un projet multiculturel connu sous le nom de *Neuropsychiatric AIDS study* (Maj et al., 1994). Le projet visait à évaluer la prévalence et le développement des anomalies psychiatriques, neuropsychologiques et neurologiques associées au VIH-1 avec des échantillons représentatifs de sujets recrutés dans les cinq régions géographiques les plus affectées par l'épidémie du VIH. Cette évaluation a été réalisée à l'aide d'outils de collecte de données incluant plusieurs modules: enquête sociodémographique, évaluation sur les plans cognitif neurologique et médical et des tests de laboratoire. Cette étude mettait en œuvre une phase transversale et un suivi longitudinal. La phase transversale a été terminée dans cinq centres (Munich en Allemagne; São Paulo au Brésil; Kinshasa au Zaïre; Nairobi au Kenya; Bangkok en Thaïlande). Les résultats ont révélé une prévalence significativement élevée de désordres mentaux chez les personnes séropositives symptomatiques en comparaison avec les groupes contrôles séronégatifs chez les toxicomanes UIV à Bangkok et chez les homosexuels et les bisexuels à São Paulo. Dans tous les centres, le score moyen global sur l'échelle de dépression de Montgomery-Asberg était significativement plus élevé chez les individus séropositifs symptomatiques. Ces résultats suggèrent fortement que l'importance des complications psychopathologiques de l'infection symptomatique par le VIH-1, pourrait avoir été sous-estimée dans les études antérieures menées avec des échantillons biaisés.

Étant donné que les changements initiaux des fonctions mentales peuvent être subtils, les modifications dans la personnalité, le comportement et l'émotivité peuvent être diagnostiqués comme des désordres fonctionnels ou attribués au stress de vivre avec une infection incurable et marginalisante. Il n'existe pas une seule découverte clinique, pas un seul test neuropsychologique, pas une seule procédure qui se soit avérée assez sensible et spécifique pour diagnostiquer les déficits neuropsychologiques. Comme avec d'autres troubles mentaux organiques, le diagnostic dépend habituellement d'un jugement clinique (par exemple, Perry & Markowitz, 1988). Les plaintes du malade, l'évaluation de l'état mental, l'examen physique et les mesures obtenues à partir de tests de laboratoire semblent contribuer de façon bien imparfaite à la détection des déficits neuropsychologiques précoces dans les troubles mentaux organiques causés par le VIH chez des malades séropositifs.

La plupart des recherches qui présentent une information sur la fréquence des déficits cognitifs chez les malades infectés au VIH-1 avec une maladie symptomatique sont de type transversal (Grant et al., 1987; Janssen et al., 1989; Tross et al., 1988). La majorité de ces études sont difficiles à interpréter parce qu'elles ne prennent pas en considération l'éducation et l'influence des différences inter-groupes sur le QI prémorbide. De plus, parce que les groupes contrôles sont souvent constitués soit de sujets séronégatifs ou infectés au VIH mais asymptomatiques, il n'existe aucun contrôle des effets de la maladie systémique reliée au VIH. Par conséquent, le seul type de données concernant l'incidence des troubles cognitifs associés à la progression vers un état symptomatique de la maladie nous est fourni par des études longitudinales. D'après les observations cliniques aussi bien que d'après les études longitudinales systématiques, on peut clairement établir qu'un certain nombre de personnes sont exemptes de tout déficit cognitif malgré la progression du sida à des stades avancés. En conséquence, il existe un intérêt grandissant pour l'identification de marqueurs ou de prédicteurs de risque de déficit cognitif chez les sujets symptomatiques.

Une des premières études qui a examiné les modifications longitudinales de l a fonction cognitive dans l a progression vers l e sida est l'analyse de Miller *et al.* (1990) sur les changements au *Trail Making Test* chez des sujets suivis pendant deux ans avant, et jusqu'à un an et demi après que le diagnostic du sida ait été posé. Une comparaison longitudinale entre des sujets avec un diagnostic de sida (n=113) et un groupe contrôle de sujets séronégatifs appariés selon l'âge et le niveau d'éducation a montré une tendance vers un déclin graduel dans la performance au *Trail Making Test* à partir de six mois environ avant le diagnostic de sida jusqu'à un an et demi après l e diagnostic. Les résultats des sujets symptomatiques n'avaient pas été ajustés pour prendre en considération les troubles de l'humeur ou des variables prémorbides telles que l'usage de drogues ou d'alcool. Ces données indiquent tout de même un certain déficit dans la performance sur les tests neuropsychologiques avec l a progression du sida. Ils suggèrent également que l e *Trail Making Test* est assez sensible pour déceler de façon précoce un tel déclin. Cependant, ce ne sont pas tous les sujets qui manifestent un léger déclin avec l a progression de la maladie vers un état symptomatique qui développent en fait une démence reliée au VIH-1. En fait, il n'est pas possible de déterminer avec certitude si ce déclin dans la performance à un test comme l e *Trail Making Test* peut être un facteur de prédiction d'une éventuelle démence.

Dans une analyse indépendante des données du MACS, Selnes *et al.* (1989) ont comparé, avant et après que le diagnostic du sida a it été posé, l a performance de 26 malades appariés à un groupe contrôle en fonction de l'âge et du niveau d'éducation. Douze mois en moyenne séparaient l'évaluation initiale du rappel. À l'évaluation initiale, 12% des sujets étant positifs pour le VIH ont été classés comme présentant des déficits neuropsychologiques. Au rappel, 15% des participants (alors atteints du sida) montraient des déficits. La comparaison des moyennes de groupes à l'évaluation initiale et aux tests de rappel montrait un déclin peu important et non significatif dans seulement l'un des six tests (le *Grooved Pegboard*, avec l a main non dominante). La performance des sujets contrôles et des participants sidéens ne différaient statistiquement sur aucun des tests neuropsychologiques, ni au niveau de base ni au rappel. À partir de ces données préliminaires, Selnes *e t a l.* ont conclu que, bien que l a progression vers l'état symptomatique de l a maladie et l'immunosuppression pourraient être nécessaires au développement d'une démence reliée au VIH-1, il ne semble pas qu'elles soient une condition suffisante.

Récemment, des données longitudinales ont été aussi obtenues pour d'autres cohortes que celles où prédominent des caucasiens de sexe masculin et homosexuels. Ces données sont importantes car elles permettent de déterminer si les observations provenant d'études comme celle de MACS sont liées à des cohortes spécifiques ou si elles s'appliquent également aux autres populations de sujets infectés par le VIH-1. Helmstaedter *et al.* (1992) ont consigné des données d'une évaluation cognitive en rappel sur une période de un an et demi pour un sous-groupe de 62 sujets tirés d'une cohorte originelle de 182 hémophiles VIH-1 positifs. Les malades atteints du sida étaient classés selon les critères CDC au niveau de base et au rappel. Les tests cognitifs incluaient des mesures du QI prémorbide, de l'attention, de l a rapidité psychomotrice, et de l a mémoire verbale et visuelle. L'intervalle entre l e test initial et le rappel variait entre 16,5 et 20,6 mois. La majorité des sujets (65%) n'avaient pas changé de stade CDC entre les résultats du niveau de base et ceux du rappel (ce groupe incluait 27 sujets classés CDC-2, dix sujets CDC-3 et trois sujets CDC-4). Seulement cinq des sujets (8%) avaient régressé de deux stades, notamment du stade CDC-2 au stade CDC-4. C'est seulement dans ce dernier groupe à progression rapide qu'on constatait une augmentation des déficits cognitifs. Aucun déclin significatif n'a été observé chez les sujets classés initialement au stade CDC-4. Ces données présentent un intérêt particulier parce que l a disponibilité des scores du QI prémorbide permet d'éliminer l'hypothèse selon laquelle les différences dans l e quotient intellectuel pourraient expliquer des rythmes différents de progression des symptômes cognitifs chez les groupes.

Des données longitudinales obtenues de toxicomanes UIV sont également disponibles. Selnes et al. (1991) ont fait état d'observations d'un rappel de un an et demi avec des toxicomanes IV asymptomatiques. Les résultats obtenus sont très semblables à ceux du MACS, ce qui suggère encore que l a progression des déficits cognitifs n'est pas plus rapide parmi les toxicomanes IV, pour l a plupart d'origine afro-américaine avec, en général, un niveau d'instruction de bas à moyen, que parmi les hommes homosexuels caucasiens, ayant un niveau d'éducation très élevé.

Des images obtenues par tomographie à émission monophotonique (SPECT) ont été évaluées de façon rigoureuse et représentent un outil de diagnostic à l a fois pour les démences corticale et sous-corticale. Dans une récente étude, Masdeu et al. (1991) ont étudié 32 malades ayant une démence liée au VIH-1 en utilisant le SPECT. Ils rapportent que 30 malades (94%) présentaient des différences avec les sujets du groupe contrôle (quinze malades avec des psychoses non reliées au VIH et six autres sujets contrôles). Les résultats du SPECT révélaient un débit sanguin réduit dans les zones corticales multifocales ainsi que dans les zones sous-corticales. Chez les quatre malades atteints de démence, aucune amélioration sur l e plan des déficits cognitifs ne s'est produite malgré six à huit semaines de thérapie avec L'AZT. Pourtant une amélioration des résultats obtenus au SPECT pouvait être observée. Ces auteurs (Masdeu e t a l ., 1991) rapportent aussi des perfusions anormales durant les stades asymptomatiques précoces de l'infection ainsi que chez les sujets qui ne présentaient pas de déficit cognitif observable. Comme l'a souligné Holman et al. (1992), l a question primordiale à se poser sur ces données est l a suivante: «Observons-nous une image du cerveau montrant des signes de déficits cognitifs ou observons-nous les signes d'une infection virale qui pourrait ou non être liée aux changements cognitifs?» En l'absence de recherches longitudinales, il est peut-être prématuré de conclure que les changements observés dans les résultats du SPECT définissent une «encéphalopathie silencieuse liée au VIH-1».

Une détérioration progressive des fonctions cognitives dans l'infection par le VIH influence de façon significative le pronostic des malades atteints, sur le plan social. Dans d'importantes recherches transversales, les symptômes d'une encéphalopathie chronique se retrouvaient chez 35 à 40% des malades qui étaient atteints du syndrome complet du sida (Levy e t a l. 1985;

Snider *et al.*, 1983). On pouvait inclure dans ces symptômes un ralentissement psychomoteur, des dysfonctions sur le plan de la mémoire et des signes de changements organiques de la personnalité (Brew *et al.*, 1988). Dans des recherches plus récentes, une détérioration cognitive pertinente se retrouvait seulement dans les derniers stades de l'infection (par exemple, Miller *et al.*, 1990; Maj *et al.*, 1991).

L'expression SDS s'utilise non seulement pour le stade final de cette maladie progressive, mais également pour des déficits cognitifs mineurs observés dans l'infection par le VIH. Dans des systèmes diagnostiques plus récents, tels le ICD-10 et le DSM-III-R, le diagnostic de démence exige que la détérioration cognitive soit assez sévère pour interférer de façon significative dans le travail ou les activités sociales courantes. Étant donné que différentes études ont utilisé des tests neuropsychologiques différents qui ont mené à des résultats extrêmement variables, Oechsner *et al.* (1992) ont entrepris une étude rétrospective avec 45 malades, fondée sur les critères du DSM-III-R et du ICD-10. Ils ont trouvé, dans les stades précédant le sida, un léger déficit cognitif en comparaison avec des groupes contrôles appariés selon l'âge et le niveau d'instruction, sans perturbations pertinentes du fonctionnement psychosocial. Chez neuf malades souffrant de syndrome complet du sida, le dysfonctionnement cognitif correspondait aux critères du DSM-III-R et ces sujets étaient également diagnostiqués déments selon les directives du ICD-10 (30% des sidéens). Ces sujets manifestaient un niveau élevé de détérioration de pensée abstraite et de jugement, de la mémoire à court et long terme, des aptitudes verbales, du calcul et des habiletés de construction. On observait moins fréquemment des signes corticaux tels que l'apraxie et l'aphasie, laissant supposer une implication plutôt sous-corticale. Ces auteurs en concluent que la démence dans l'infection au VIH accompagnée d'un dysfonctionnement important sur le plan psychosocial causé par des déficits cognitifs se retrouve fréquemment seulement chez des malades atteints du syndrome complet du sida.

Dans un certain nombre de cas de démence chez des sujets de MACS, Selnes *et al.* (1991) ont observé un déclin soudain dans la performance aux tests neuropsychologiques qui coïncidait avec l'apparition de démence clinique. Ce déclin, très prononcé, se produisait de manière précoce, tel que mis en évidence par les tests de rapidité psychomotrice (par exemple, *Grooved Pegboard, Trail Making Test*). Dans d'autres cas, les sujets présentaient un déclin plus graduel de six à douze mois avant l'apparition de la démence. Cependant, le déclin soudain observé dans certains cas laisse présager que la période de déclin graduel qui précède la démence liée au VIH-1 peut être dans certains cas plutôt courte et, par conséquent, qu'une évaluation neuropsychologique longitudinale permet seulement de fournir une prédiction sur trois à six mois.

Cependant, l'évaluation neuropsychologique longitudinale constitue une procédure pratique et facilement tolérée par la plupart des malades. L'évaluation du niveau de base devrait être aussi complète que possible, même si elle doit être adaptée au niveau de fonctionnement des malades. Un suivi peut être abrégé et dirigé de façon spécifique dans le domaine de la psychomotricité, de la mémoire et des fonctions visuo-constructives – fonctions qui semblent le plus souvent touchées. Chez les individus à haut risque (c'est-à-dire aux stades avancés de l a maladie du VIH-1), le dépistage neuropsychologique administré à trois mois d'intervalle devrait pouvoir détecter l'apparition précoce de l a démence liée au VIH-1. Cette possibilité s'avère particulièrement importante chez des personnes qui n'ont pas reçu de thérapie antirétrovirale (comme pour une grande proportion des toxicomanes IV et des autres groupes socioéconomiquement faibles qui sont à haut risque). L'évaluation neuropsychologique peut aussi être utilisée pour surveiller l'efficacité de la thérapie antirétrovirale.

PATHOGENÈSE

Les désordres cognitifs et moteurs associés au VIH sont considérés comme étant directement causés par l'infection du cerveau par le VIH pour les raisons suivantes: les analyses effectuées avec l a technique du *Southern blot* montrent une fréquence élevée et une réplication de L'ADN proviral du VIH dans le cerveau des malades qui présentent cette condition; l'hybridation *in situ* a révélé la présence D'ARN viral dans ces cerveaux; des analyses immunohistochimiques ont détecté des antigènes VIH; l a microscopie électronique a identifié des particules virales; et le VIH a été directement produit en culture à partir des tissus nerveux et du liquide céphalorachidien des malades déments. Les techniques immunohistochimiques et de l'hybridation *in situ* ont été incapables de démontrer l a présence du virus, même à des stades avancés du syndrome. Cependant, l a technique plus sensible de l a réaction polymérase en chaîne (PCR) est maintenant apte à détecter des séquences du VIH chez presque tous les malades. De plus, l'étendue de la distribution de l a séquence provirale dans le cerveau est en corrélation avec l a gravité de l a démence.

VIH ET NEUROPATHOLOGIE

Le type et l'étendue de l a pathologie observés dans le syndrome de démence associé au sida soulèvent des questions intéressantes quant à sa genèse. La perte neuronale et synaptique semble se limiter à certaines régions et il ne semble pas exister de corrélation entre l a présence des sites de réplication du VIH et des sites de pertes neuronales. Par exemple, l a perte neuronale dans les cerveaux des sidéens est présente dans les lobes frontaux mais pas dans le cortex pariétal. Par conséquent, bien que l'augmentation des quantités de VIH dans le SNC et l'importance des dommages au plan neuronal peuvent être mis en relation de manière globale dans l a totalité du cerveau, l a perte neuronale et l a reproduction du VIH ne sont pas colocalisées. Ce phénomène représente un problème considérable pour notre compréhension de la pathophysiologie de la maladie. De plus, différencier les effets cognitifs et neurologiques causés par des infections opportunistes, les néoplasmes et les encéphalopathies métaboliques de ceux causés par les conséquences neurodégénératives du VIH constitue aussi une difficulté majeure. Le CT et le IRM peuvent déceler la présence de lésions (toxoplasmose, candidose ou atrophie cérébrale et anomalies de l a matière blanche) caractéristiques du syndrome cognitif et moteur associé au VIH. Cependant, quand le syndrome de démence et les infections opportunistes coexistent, leur différentiation sur l a base de l'imagerie peut ne pas être possible. Les infections communes peuvent cependant être détectées par des tests diagnostics appropriés. Une maladie du rein ou du foie, par exemple, peut donner lieu à des encéphalopathies métaboliques, confirmées par des tests de laboratoire. Le décours clinique des déficits cognitifs peut constituer un indicateur diagnostique utile. La manifestation soudaine des symptômes, une progression rapide et des variations dans l'état de conscience sont des indices fréquents des maladies opportunistes. Un diagnostic différentiel des malades séronégatifs au regard du VIH demeure extrêmement difficile. Selon l'âge du patient, les possibilités de diagnostic pourraient inclure l a sclérose en plaques et tous les désordres neuropsychiatriques. Une histoire clinique complète et une évaluation du style de vie du patient en relation avec des facteurs de risque pourrait s'avérer utile.

THÉRAPIE

La recherche porte actuellement sur trois principales approches thérapeutiques. L'immunisation par les vaccins en est une, mais les gènes qui codent pour les protéines à l'extérieur du VIH présentent un taux élevé de mutation et les changements qui en résultent dans l a structure protéinique rendent très difficile la possibilité de développer des vaccins efficaces. Une autre approche consiste en l'inhibition de la réplication du VIH. Le VIH est un rétrovirus qui exige l'action du transcriptase inverse pour sa réplication. Les actions de cet enzyme peuvent être bloquées. Les malades atteints du sida sont traités avec de L'AZT, une thymidine analogue qui agit en nuisant à l'action du transcriptase inverse. À l'heure actuelle, c'est le seul traitement efficace contre l e sida. Bien qu'il ralentisse ou arrête l a progression de l a maladie, L'AZT ne détruit pas le virus ni n'élimine son infectiosité. L'AZT peut être toxique pour certains malades et, en fortes concentrations, il peut empêcher l'action normale de la transcriptase de l'alpha-ADN. La troisième approche consiste à tenter de bloquer les effets neurotoxiques de la protéine du VIH. Les lésions neuronales pourraient être induites de plusieurs façons qui proviennent probablement des toxines relâchées par les macrophages infectés par l e VIH. Il pourrait bien y avoir un réseau inextricable de facteurs neurotoxiques interagissant avec les macrophages, les astrocytes et les neurones. Mais i l reste que ce réseau complexe pourrait être sensible à l a pharmacothérapie à cause de l a possibilité qu'il a d'attaquer les systèmes qui, ultimement, se rejoignent et impliquent, d'une part des facteurs de croissance et, d'autre part les effets nocifs des niveaux extrêmement élevés du calcium intracellulaire.

CONCLUSION

En conclusion, il ressort que les perturbations cognitives associées au VIH représentent une complication de l'infection par l e VIH du SNC. Environ 10% des malades atteints de sida développent un syndrome de démence. La démence se caractérise par la présence de signes et de symptômes au plan de la motricité fine et par l'absence d'aphasie et d'apraxie. Le substrat organique de ces symptômes est le résultat d'une infection directe du système nerveux central. L'infection par le VIH se caractérise par l a présence d'encéphalite liée au VIH. La perte neuronale est évidente et, par ailleurs, la réplication du VIH et les dommages neuronaux ne sont pas colocalisés.

Bien qu'on puisse constater l'émergence d'un consensus de l'étude de cohortes, tant dans des recherches transversales que longitudinales selon lesquelles l'infection asymptomatique au VIH-1 est associée à un faible taux d'anomalies cognitives, il demeure que l'incidence et l a prévalence des déficiences cognitives durant les stades précoces, les stades moyens et finaux de la maladie symptomatique n'ont pas encore été bien précisées. Aussi, comme ce ne sont pas tous les malades atteints du sida présentant une déficience cognitive faible qui développent un syndrome de démence , ceci suggère que des facteurs autres que le VIH en sont responsables. L'étiologie des symptômes cognitifs est donc multifactorielle et cette occurrence pourrait être, en partie, reliée aux complications de la maladie systémique, des déficiences sur le plan de la nutrition, de la dépression, des effets secondaires des multiples traitements médicaux et de leurs interactions. Finalement, la progression de la maladie symptomatique n'entraîne pas un déclin inévitable des fonctions cognitives et certains malades demeurent normaux au plan cognitif jusqu'au moment de leur mort.

BIBLIOGRAPHIE

Beresford, T.P., Blow, F.C. & Hall, R.C.W. (1986). AIDS encephalitis mimicking alcohol dementia and depression. *Biological Psychiatry*, 21, 394-397.

Boccellari, A.A., Dilley, J.W., Chambers, D.B., Yingling, C.D. et al. (1993). Immune function and neuropsychological performance in HIV-1 infected homosexual men. *Journal of Acquired Immune Deficiency Syndromes*, 6, 592-601.

Bornstein, R.A., Nasrallah, H.A., Para, M.F. et al. (1993). Neuropsychological performance in symptomatic and asymptomatic HIV infection. *AIDS*, 7, 519-524.

Brinchmann, J.E., Vartdal, F., Gaudernack, G. et al. (1989). T-lymphocyte subset change in human immunodeficiency virus infection. *Journal of Acquired Immunodeficiency Syndromes*, 2, 398-401.

Budka, H., Wiley, C.A., Kleihues, J. et al. (1991). HIV-associated disease of the nervous system: review of nomenclature and proposal for neuropathology-based terminology. *Brain Pathology*, 1, 143-212.

Centers for Disease Control, U.S. Department of Health and Human services, Atlanta, GA. (1986). Classification system for human T-lymphotropic virus, Type III: lymphadenopathy-associated virus infection. *Annals of Internal medicine*, 105, 234-237.

Cummings, J.L (1990). *Subcortical dementia.* New York: Oxford University Press.

Gabuzda, D.H. & Hirsch, M.S. (1987). Neurologic manifestations of infection with human immunodeficiency virus: clinical features and pathogenesis. *Annals of Internal Medicine*, 107, 383-391.

Grant, I., Atkinson, J.H., Hesselink, J.R. et al. (1987). Evidence for early central nervous system involvement in AIDS and other HIV infections. *Annals of Internal Medicine*, 107, 828-836.

Helmstaedter, C., Hartmann, A., Niese, C. et al. (1992). Stadienunabhängig und individuel verlaufende neurokognitive Defizite bei HIV. *Nervenarzt*, 63, 88-94.

Heyward, W.L. & Curran, J.W. (1988). The epidemiology of AIDS in the US. *Scientific American*, 259, 72-81.

Janssen, R.S., Saykin, A.J., Cannonm L. et al. (1989). neurological and neuropsychological manifestations of HIV infection: association with AIDS-related complex but not asymptomatic IV-1 infection. *Annals of Neurology*, 26, 592-600.

Karlsen, N.R., Froland, S.S. & Reinvang, I. (1994). HIV-related neuropsychological impairment and immunodeficiency. CD8+ lymphocytes and neopterin are related to HIV-encephalopathy. *Scandinavian Journal of Psychology*, 35, 230-239.

Kermani, E.J., Borod, J.C., Brown, P.H. et al. (1985). New psychopathologic findings in AIDS: case report. *Journal of Clinical Psychiatry*, 46, 240-241.

Levy, R.M., Bredesen, D.E. & Rosenblum, M.L. (1985). Neurological manifestations of the acquired immunodeficiency virus (AIDS): experience at UCSF and review of the literature. *Journal of Neurosurgery*, 62, 475-495.

Lundervold, A.J., Karlsen, N.R. & Reinvag, I. (1994). Assessment of subcortical dementia in patients with Huntington's disease, Parkinson's disease, multiple sclerosis and AIDS by a neuropsychological screening battery. *Scandinavian Journal of Psychology*, 35, 48-55.

Maj, M., Janssen, R., Satz, P. et al. (1991). The WHO's crosscultural study on neuropsychiatric aspects of infection with HIV-1. *British Journal of Psychiatry*, 159, 351-356.

Maj, M., Janssen, R., Starace, F. et al. (1994). WHO neuropsychiatric AIDS study. Cross-sectional phase I. *Archives of General Psychiatry*, 51, 39-49.

Marotta, R. & Perry, S. (1989). Early neuropsychological dysfunction caused by the human immunodeficiency virus. *Journal of Neuropsychiatry and Clinical neurosciences*, 1, 225-235.

Masdeu, J.C., Yudd, A., Van Heertum, R.L. et al. (1991). SPECT in human immunodeficiency virus encephalopathy: A preliminary report. *Journal of Nuclear Medicine*, 32, 1471-1475.

McArthur, J.C., Cohen, B.A., Parzedegan, H. *et al.* (1988). Cerebrospinal fluid abnormalities in homosexual men with and without neuropsychiatric findings. *Annals of Neurology*, 23 (suppl.), 34-37.

Miller, D. & Riccio, M. (1990). Non-organic psychiatry and psychosocial syndromes associated with HIV-1 infection and disease. *AIDS*, 4, 381-388.

Navia, B.A. & Price, W. (1987). The acquired immunodeficiency syndrome dementia complex as the presenting or sole manifestation of human immunodeficiency virus infection. *Archives of Neurology*, 44, 65-69.

Oechsner, M., Möller, A.A. & Zaudig, M. (1993). Cognitive impairment, dementia and psychosocial functioning in human immunodeficiency virus infection. *Acta Psychiatrica Scandinavica*, 87, 13-17.

Perry, S., Belsky-Barr, D., Barr, W.B. *et al.* (1989). Neuropsychological function in physically asymptomatic, HIV-seropositive men. *Journal of Neuropsychiatry and Clinical Neurosciences*, 1, 296-302.

Price, R.W., Brew, B.J. & Rosenblum, M. (1990). The AIDS dementia complex and HIV-1 brain infection: a pathogenic model of virus-immune interaction. Dans B.H. Waksman (dir.), *Immunological mechanisms in neurological and psychiatric disease* (p. 997-118). New York: Raven.

Selnes, O.A., McArthur, J.C., Gordon, B. *et al.* (1991). Patterns of cognitive decline in incident HIV-dementia: Longitudinal observations from the Multicenter AIDS Cohort Study. *Neurology*, 41 (Suppl. 1), abstract 252.

Selnes, O.A., Miller, E.N., McArthur, J.C. *et al.* (1989). Neuropsychological follow-up in patients who have progressed to AIDS: The Multicenter AIDS Cohort Study. *International Conference on AIDS* (Abstract).

Snider, W.D., Simpson, D.M., Nielsen, S., Gold, J.W., Metroka, C.E. & Posner, J.B. (1983). Neurologic complications of acquired immunodeficiency syndrome: analysis of 50 patients. *Annals of Neurology*, 14, 403-418.

Tross, S., Price, R.W., Navia, B. *et al.* (1988). Neuropsychological characterization of the AIDS dementia complex: a preliminary report. *AIDS*, 2, 81-88.

Visscher, B.R., Miller, E., Satz, P. *et al.* (1989). neuropsychological follow-up of 1,787 participants in the Multicenter AIDS Cohort Study. *International Conference on AIDS*, abstract P.M. 220.921.

LE SIDA: PERSPECTIVES ET ENJEUX SOCIOCULTURELS

Louis-Robert FRIGAULT, Joseph J. LÉVY , Diane GIGUÈRE

Les nombreuses études épidémiologiques menées sur le sida (voir le chapitre de Baganizi & Alary, dans cet ouvrage) montrent la présence de configurations diverses quant à l'incidence, la prévalence des cas de séropositivité et de sida, les caractéristiques des personnes atteintes et les modes de transmission. Ces configurations qui varient selon les aires géographiques (De Zalduondo *et al.*, 1989; Stanecki & Way, 1992) indiquent que la transmission du virus dépend de facteurs socioéconomiques et culturels complexes encore mal compris, bien que de nombreux travaux ont porté sur les différentes dimensions de l'épidémie, ses représentations socioculturelles et la détermination des conduites à risque et les facteurs qui les sous-tendent. Comme le montrent cependant les différentes banques de données et les bibliographies sur le sujet (Bolton, Lewis & Orozco, 1991) ce champ d'études se présente sous une forme éclatée. Dans ce chapitre, nous cernerons, à partir des enquêtes menées surtout en Afrique et en Asie, les principales lignes de force socioculturelles qui interviennent dans la construction de la maladie, les modes de transmission sexuelle du VIH et du sida d'un point de vue transculturel et les approches d'intervention, avant de proposer quelques perspectives quant au développement de la recherche socioculturelle sur cette épidémie.

APPROCHES THÉORIQUES ET MÉTHODOLOGIQUES

L'étude du sida n'est pas sans poser des questions importantes d'ordre théorique, méthodologique et éthique. S'il existe une multiplicité d'approches théoriques concernant la compréhension des conduites à risque et la prévention, par contre peu d'entre elles incluent explicitement la dimension socioculturelle. Selon Leviton (1989) il existe cinq familles de théories qui ont tenté de modeler les déterminants des risques face au siada (depuis les théories cognitives et de prise de décision, les théories d'apprentissage, les théories de la motivation et de la peur, les théories des relations interpersonnelles et, enfin, les théories de la communication et de la persuasion) mais ces approchent tendent généralement à sous-estimer le jeu des facteurs culturels dans la construction théorique des modèles, dont très peu ont été testés transculturellement. Les travaux de Douglas & Wildvsky (1982) sur la culture et le risque soulèvent directement ces questions théoriques, mais les études empiriques sont encore rares.

Les conduites sexuelles et leurs variations culturelles, en particulier, ont été très souvent ignorées ou analysées de façon inadéquate ou anecdotique, tant sur le plan des travaux anthropologiques que sociopsychologiques; mais avec cette épidémie, une réflexion sur l'anthropologie sexuelle et son rôle dans la compréhension du sida s'est mise en place (voir par exemple, le volume collectif de Herdt, 1992; Benoist & Desclaux, 1996). Comme le souli- gnent plusieurs chercheurs (Marshall & Suggs, 1972; Herdt, 1992; Leavitt, 1991; Tuzin, 1991; Vance, 1991), on constate la présence de fortes résistances à intégrer dans le projet anthropologique le domaine de la sexualité. La redé- couverte de la sexualité par l'anthropologie, objet de recherche longtemps considéré comme trivial ou d'une importance secondaire par rapport aux objets de l'ethnographie classique (Vance, 1991), s'est accompagnée du développement des approches constructivistes qui remettent en question les modèles plus culturalistes jusque-là prévalents. Les études sur le genre, à la suite de la critique féministe ont contribué à comprendre certains des aspects liés à la sexualité, mais aux dépends de l'analyse de l'expérience sexuelle des individus (Leavitt, 1991). Comme le souligne Tuzin (1991; p. 867) «En privilégiant très tôt un discours basé sur des énoncés normatifs [...], des struc- tures symboliques et autres abstractions du même genre, l'anthropologie n'a pas seulement perdu de vue la perspective analytique sur ce que les individus font et pensent, elle a aussi ignoré conceptuellement les interactions entre les événements observables (*phenomenal*) et les idées culturellement consti- tuées». De ce fait, l'étude des conduites sexuelles liées au sida, en dehors des modèles biomédicaux ou sociopsychologiques s'est trouvée retardée. On peut noter des carences semblables dans l'étude des conduites rattachées à l'usage des drogues injectables, l'un des mécanismes de transmission du virus du VIH.

Aux difficultés théoriques viennent s'ajouter les problèmes méthodologi- ques. Déjà Mead (1961), avait cerné les problèmes majeurs auxquels l'anthro- pologie se confronte dans la cueillette des données. L'intimité, les tabous et les résistances à discuter de relations sexuelle limitent l'observation – et surtout de l'observation-participante – l'une des approches essentielles du travail sur le terrain en anthropologie. Ces limites sont de nouveau souli- gnées et amplifiées dans le contexte de l'étude du sida.

La transmission sexuelle du VIH et du sida demande en effet d'étudier en détail les modèles sexuels des populations considérées, ce qui peut se heurter à plusieurs difficultés. L'acquisition des concepts et du lexique émotif et érotique propre à chaque culture constitue l'une des clés pour décrire les comportements, les contextualiser et les interpréter, mais cet accès n'est pas facile (Standing, 1992; Schoepf, 1992). La signification et les valeurs ratta- chées à l'expression sexuelle varient aussi selon le genre (*gender*), le niveau d'éducation, la classe sociale, les étapes du développement psychosexuel, le statut des individus et les rapports de pouvoir. (Standing, 1992; Rosenbaum *et al.*, 1993). L'identité socioculturelle et sexuelle de l'ethnographe (Bolton, 1992) sont aussi à noter, tout comme l'établissement d'une identité crédible, en particulier lorsqu'il s'agit d'étudier les groupes marginaux où la mise en place des relations de confiance (Broadhead *et al.*, 1990; Kotarba, 1990) sont cruciales. Les rapports de pouvoir que l'ethnologue entretient avec ses infor- mateurs et les répercussions de la maladie et de la mort liées au sida peuvent aussi amplifier les résistances au dévoilement des informations (Herdt & Boxer, 1991), tout comme la forte charge émotionnelle qui accompagne les relations avec des personnes séropositives ou atteintes du sida. Celles-ci, à cause de la maladie, des sentiments de honte, de culpabilité ou de désespoir qui l'accompagnent peuvent s'opposer à révéler des conduites dangereuses, à les sous-estimer ou les dénier. Des réticences peuvent se présenter lorsque vient le temps d'aborder les dimensions sexuelles avec les informateurs (Mays, 1991), mais elles peuvent aussi provenir de la gêne de l'anthropologue face à ces questions (Tuzin, 1991). Les biais de mémoire et les effets des idéaux culturels peuvent aussi intervenir dans la distorsion des informations fournies sur la sexualité par les répondants (Abramson, 1992).

La validité des données peut être accrue par le recours à une équipe d'ethnographes travaillant sur un même groupe de sujets à partir d'une même grille, mais les problèmes logistiques et économiques liées à ces stratégies de recherche sont à considérer. La triangulation méthodologique où se conjuguent les approches quantitatives et qualitatives, de même que le recours aux groupes de discussion (*focus groups*) peuvent constituer des stratégies de recherche susceptibles de contourner certains des problèmes, tout comme l'usage des journaux personnels (Pickering, 1988; Coxon, 1988) qui peuvent aider, malgré leurs limites, à recueillir une information détaillée, contextualisée et systématique. Leur emploi transculturel peut cependant être limité.

Les problèmes éthiques rattachés à l'anonymat, la confidentialité et la réputation publique de la discipline (Bolton, 1992) ne sont pas non plus à négliger. La compréhension rapide de l'épidémie peut entrer aussi en collision avec les demandes du travail sur le terrain. Ainsi, s'opposent les tenants d'une approche rigide, comme le montre le développement du *AIDS Rapid Anthropological Assessment Procedures* (Scrimshaw et al., 1991) qui propose à la fois une grille d'analyse des croyances et des conduites intervenant sur la transmission du VIH et du sida et une méthodologie multidimensionnelle (observation, observation participante, entrevues formelles et informelles et groupes de discussion). Cette approche peut ainsi aider au développement des programmes de promotion de la santé et d'éducation nécessaires dans le contexte d'une progression rapide de l'épidémie. L'anthropologie classique, quant à elle, préconise une immersion prolongée sur le terrain. Ces perspectives indiquent les tensions entre une anthropologie plus théorique et celle qui se veut plus appliquée (voir par exemple Grillo, 1985).

L'utilité des connaissances issues de l'anthropologie dans le champ de l'intervention pose aussi des problèmes complexes (voir Herdt et al., 1991), en particulier dans la mise en place des programmes de prévention (Bolton, 1992). Les stratégies de responsabilisation-habilitation (*empowerment*) qui constituent un courant de la recherche-action proposent une perspective intéressante (Holland et al., 1992; Schoepf, 1993; Seidel, 1993). Elles visent en effet à appliquer les résultats des recherches dans le champ des pratiques afin d'amplifier l'intégration des aspects préventifs.

Parallèlement aux approches strictement anthropologiques, de nombreuses études plus quantitatives (en particulier basées sur les modèles connaissances-attitudes-pratiques) développées dans le champ sociopsychologique et biomédical ont contribué à cerner certaines des configurations liées à l'épidémie d'un point de vue transculturel. Nous en ferons mention dans les pages qui suivent. La diffusion des résultats et leur utilisation politique est aussi un enjeu important de recherche demeure enfin une question (Schoepf, 1991). Le cas haïtien est révélateur des conséquences de ce genre de traitement qui contribue à la stigmatisation des groupes marginaux (Farmer &

Kim, 1991). Les impératifs de l a publications peuvent donc entrer en conflit avec l a protection du groupe étudié, ce qui pose des questions éthiques importantes.

REPRÉSENTATIONS DE LA MALADIE

L'épidémie de sida n'a pas été sans provoquer de nombreuses hypothèses à l a fois sur l e plan scientifique et populaire qui aident à comprendre comment se construisent les représentations de la maladie, son origine, ses causes et ses modes de transmission. Plusieurs des hypothèses diffusées dans les revues scientifiques et les médias, révèlent l a présence de préjugés de types ethnique, raciste et sexuel qui interviennent dans l a stigmatisation des personnes séropositives ou atteintes du sida. Ceux-ci se retrouvent tout d'abord dans les tentatives de localiser l'origine du virus du sida. Le foyer d'origine du sida a été localisé, entre autres, en Haïti et en Afrique, donnant lieu à de nombreuses théories où les données virologiques, biomédicales, épidémiologiques se juxtaposent à des considérations biaisées portant sur les conduites sexuelles des populations considérées (Chirimuta & Chirimuta, 1989; Sabatier, 1989).

Ainsi, l'épidémie a été attribuée à une fièvre porcine survenue en Haïti où un prostitué masculin, après avoir ingéré du porc mal cuit, aurait transmis l e virus à ses partenaires américains, ce qui expliquerait sa diffusion. Les pratiques rituelles rattachées au culte vaudou ont aussi été incriminées, tout comme des conduites sexuelles de type zoophilique (Farmer & Kim, 1991). Ces idées, reprises par les médias occidentaux stigmatisèrent les Haïtiens, avant d'être abandonnées. Des hypothèses analogues ont été avancées dans le contexte africain. Ce continent, «terre imaginaire du sida» (Bibeau, 1991) serait le berceau du VIH comme ce fut le cas d'une autre épidémie, celle de l a syphilis. Celui-ci se serait diffusé à l a suite de pratiques sexuelles «exotiques», de scarifications avec du sang de primates qui auraient contribué à son passage du singe, en particulier l e singe vert, à l'être humain, sans que les données virologiques ne confirment ces hypothèses.

Les leaders d'opinion et les chercheurs africains se sont attachés à démontrer les fondements racistes de ces allégations, reprises par les mouvements d'extrême-droite et racistes. L'analyse anthropologique d'un corpus romanesque de langue française et anglaise (Lévy & Nouss, 1994) permet aussi de cerner les représentations occidentales de l a maladie à partir de l'angle de la création littéraire (voir aussi le chapitre de Alexis Nouss dans ce volume). Elles reprennent les dénominations qui ont marqué l a généalogie du sida associée à la peste, le cancer et à la lèpre. Par contre, le corpus ne f ait pas mention de l a syphilis comme référent. Le sida est aussi interprété, en dehors de l'explication biomédicale de l a transmission du virus, selon un registre irrationnel. L'étiologie de la maladie est attribuée à l a sorcellerie; l'apparition du virus est envisagée comme une création artificielle et sa diffusion, accidentelle ou volontaire, expliquée par l a modernisation des échanges sexuels. Le motif de l a punition ou de l'expiation apparaît aussi comme un thème important, rejoignant les référents bibliques dont ceux qui annoncent l'apocalypse et l a rédemption, le repentir et l e retour à Dieu. La punition peut aussi être conçue comme une sanction qui s'inscrit comme l a conséquence d'un principe karmique ou d'une dérogation aux lois qui régissent l'ordre du monde. À l'extrême, de nouveaux mythes sont proposés où le sida devient une élection liée à l'intervention d'extraterrestres.

Les études sur les représentations dans des groupes socioculturels plus circonscrits indiquent que la maladie est interprétée selon des modalités diverses. Ainsi, l'origine de la maladie peut être attribuée par les élites locales aux conduites des étrangers qui deviennent alors les boucs émissaires de l'épidémie, une perspective rapportée par Caldwell *et al.* (1992) et Nicoll *et al.* (1993) à propos de sociétés africaines, ou à des comportements sexuels comme des relations extramaritales de la part des femmes (Schoepf, 1993). Ce mécanisme du bouc émissaire, comme le montre Joffé (1992, 1993) à partir d'études transculturelles en psychologie sociale, semble dominer dans la construction de la maladie. Ses études sur les représentations de l'origine et de la diffusion du sida en milieu sud-africain montrent que les répondants Blancs tendent à considérer que l'Afrique est le berceau du sida, alors que les Sud-Africains noirs placent son origine en Amérique ou en Europe. Pour les deux tiers des répondants Blancs, le sida était perçu comme plus prévalent chez les Noirs, alors que pour un tiers de ces derniers, c'était l'inverse. La classification des groupes sociaux selon les critères de race dominants dans le contexte sud-africain intervient donc dans la structuration des idées sur le sida, mais ce, de façon asymétrique, ce qui correspond aux rapports sociaux de pouvoir dans ce pays. Cette tendance à blâmer l'autre se retrouve aussi lorsque l'on compare les perceptions des mécanismes de transmission du sida des jeunes Sud-Africains comparativement à leurs homologues britanniques, hétérosexuels et homosexuels. Les deux tiers des répondants tendent à rejeter la responsabilité personnelle dans la diffusion de l'épidémie et à préférer une explication où «l'autre» (c'est-à-dire des individus provenant d'autres continents ou de groupes différents de ceux des répondants) s'adonne à des rituels déviants (zoophilie, inceste), ou, entre autres, à des activités non hygiéniques qui contribuent à la diffusion de l'épidémie.

Les homosexuels ont aussi constitué un groupe stigmatisé et ont été tenus responsables de la propagation de l'épidémie. Dans les débuts de l'épidémie (Fee & Krieger, 1993), celle-ci a été définie comme une «peste gaie» (*gay plague*) d'où le nom de GRID (*Gay Related Immunodeficiency Disease*), accolé en premier lieu aux multiples manifestations symptomatiques du sida, attribuées à un style de vie où dominent l'usage des drogues comme les *poppers* et la multiplicité des partenaires. La notion de promiscuité, déjà avancée dans le contexte africain, est devenue l'un des concepts saillants dans l'explication de la diffusion de la maladie et ce, malgré les nombreuses critiques soulevées quant à son emploi (Bolton, 1992). Les probabilités de transmission du virus du sida, mais aussi l'apparition de la maladie sont ainsi attribuées à des conduites liées à la promiscuité (voir Kaplan, 1990 pour une critique). Les homosexuels en viennent alors à représenter la figure même d'une sexualité excessive et dangereuse, menant à la mort et menaçant l'ordre social (Clatts & Mutchler, 1989; Seidman, 1992; Lévy & Vidal, 1995). Il en est de même pour les utilisateurs de drogues injectables.

À côté de ce recours au mécanisme du bouc émissaire, on retrouve des interprétations qui recoupent en partie les modèles proposés par Héritier-Augé (1992). Ainsi, le sida est considéré comme le résultat d'une agression de la part d'entités surnaturelles (dieux ou diable, mauvais esprits), de personnes malveillantes (sorciers et magiciens) ou comme une punition pour des actes immoraux (Caldwell *et al.*, 1992; Nicoll *et al.*, 1993; Green, 1992; Schoepf, 1993). Ainsi, a violation de tabous sexuels est avancée comme explication comme c'est le cas chez les Tswana (Ingstad, 1988) où les conceptions de l a maladie s'articulent sur celles qui entourent les mécanismes de pollution qui dérivent du contact avec les humeurs corporelles, en particulier le sang et le sperme. La construction de la maladie fait donc appel, comme l e souligne Héritier-Augé (1992), à des ethnothéories sur les humeurs corporelles dont la constitution et les interactions interviennent sur la transmission de la maladie. Les travaux de Farmer (1992, 1994) sur les systèmes de représentations de la maladie en Haïti constituent à cet égard une perspective originale qui permet, dans une perspective dynamique, de saisir les transformations dans l a construction de l a maladie en milieu rural, et montrent comment elles se sont complexifiées avec la progression de l'épidémie. Ainsi au début de l'étude, en 1984, l e sida est conçu comme une maladie nouvelle associée à l'étranger américain, à la ville et à l'homosexualité. Il s'articule ensuite sur les référents liés au sang et à l a transfusion, à l'hétérosexualité, puis sur ceux de la maladie et de la stigmatisation. À partir des années 1987, les représentations se transforment avec l a progression de l'épidémie, son association avec l a tuberculose et l'apparition de cas dans les régions éloignées de l a capitale. La maladie est alors attribuée à l a sorcellerie. La progression des cas s'accompagne de sentiments de peur et d'insécurité. En 1989, l e sida continue d'être associé à l a tuberculose, à l a diarrhée et à des maladies de l a peau, et ses causes incluent des considérations biomédicales (un microbe, la transmission par sang contaminé) et surnaturelles, mais aussi à des considérations politiques liées à l a perception du contexte international et aux rapports de classe qui existent en Haïti même. Cet ensemble d'études suggère que les représentations de l a maladie obéissent à l a fois à des référents biomédicaux et socioculturels complexes qui demanderaient à être explorés systématiquement et mis en relation avec les caractéristiques des structures sociales.

CONNAISSANCES SUR LE SIDA

Les connaissances sur le sida, qui proviennent de sources variables – selon le degré de modernisation des sociétés – montrent l a coexistence d'idées exactes et fausses quant aux modes de transmission. En Afrique, les modes de transmission sexuelle du virus sont bien intégrés, même si de nombreuses variations existent selon les pays et les régions (Carballo & Kenya, 1994). Par exemple, au Rwanda, une enquête (Lindan *et al.*, 1991) montre qu'entre 96 et 98% des femmes étaient capables de décrire les mécanismes centraux de l a contamination. De fausses idées continuent cependant d'être véhiculées quant aux individus qui seraient censés être séronégatifs. Ainsi, les personnes potelées ou qui n'ont pas perdu de poids sont considérées comme saines, tout comme les partenaires féminins qui proviennent de milieux ruraux, les écolières, les prostituées et les serveuses des bars qui résisteraient davantage au VIH et au sida. Les personnes atteintes du sida seraient aussi automatiquement décelées d'après leur apparence ou leur habillement. Le sida pourrait aussi être évité si l'homme pratique le coït interrompu, consomme beaucoup d'eau et prend des antibiotiques (Nicoll *et al.*, 1993). Les insectes sont considérés comme des vecteurs de la maladie, tout comme certaines pratiques sexuelles. Rogstad *et al.* (1993), montrent que pour une majorité de répondants kenyans, les relations oro-génitales et les baisers constituent des voies de transmission du virus, alors que pour près de la moitié, la masturbation du partenaire ou l'administration de soins aux personnes malades peuvent être contaminantes, tout comme les insectes.

En Thaïlande, des enquêtes (Maticka-Tyndale, 1994) montrent que peu de répondants avaient entendu parler du VIH alors que la maladie du sida était plus connue. La majorité était au courant des mécanismes exacts de transmission (relation sexuelle non protégée, seringues et transfusion), mais pour plus de 40% des répondants, les visites à des cliniques médicales et dentaire fréquentées par des sidéens ou des contacts physiques avec ces derniers (par exemple, des baisers) étaient à même de transmettre la maladie. Pour plus du tiers, le sida pouvait être transmis par des insectes et pour un cinquième, par des jeux avec un enfant infecté, le partage de la nourriture ou des relations sexuelles même protégées avec une personne atteinte. Plusieurs disent aussi être capables de reconnaître les sidéens à leur apparence. Au Brésil (Parker & Daniel, 1993), les données ethnographiques indiquent que, parmi les individus qui ont des relations homosexuelles, les connaissances sur les facteurs de transmission du sida et les mécanismes de prévention sont généralement bien connus, mais par contre, pour plusieurs, la salive interviendrait dans la contamination, de même que les relations oro-génitales. Ces études montrent donc la coexistence de modèles exacts et erronés sur les modes de transmission du VIH et du sida qui dépendent des représentations culturelles, du développement des mass-médias, de l'urbanisation et du degré de diffusion des informations à travers les multiples campagnes de sensibilisation menées dans les pays.

LES FACTEURS DE TRANSMISSION DU VIH/SIDA

Comme l'ont montré de nombreuses études, le niveau des connaissances est loin d'expliquer les variations dans les types de l'épidémie. Celle-ci s'inscrit dans des matrices socioéconomiques, culturelles et médicales complexes et dont les interrelations sont encore mal comprises puisqu'elles se situent à la fois sur un plan macrosociologique et microsociologique, ce qui rend l'analyse particulièrement ardue. Il est possible cependant de dégager certains des facteurs les plus importants qui contribuent à la transmission du VIH et du sida.

Initiations sexuelles et marquage du corps

La présence de rituels d'initiation, surtout en milieu africain, a été avancée comme l'un des facteurs de transmission du VIH. Rattachés à la définition de l'identité sexuelle masculine et féminine et au contrôle de la sexualité, ces rituels s'accompagnent d'opérations corporelles qui peuvent servir de voie de passage au virus. La circoncision est avant tout considérée dans les sociétés traditionnelles qui la pratiquent, comme un rite de passage qui répond d'une symbolique complexe, mais elle n'est cependant pas sans soulever des questions fondamentales quant aux risques de transmission du VIH et du sida (Green, 1992). Le recours à des instruments non stérilisés jouerait sur les risques d'infection, mais cette pratique a aussi été envisagée comme une méthode dans le contexte de la réduction des risques de transmission du virus

(Prual *et al.*, 1991). Ainsi, les hommes circoncis seraient moins vulnérables à la maladie d'un point de vue strictement biomédical, à cause des avantages hygiéniques que cette opération présenterait. Comme dans le cas de la circoncision masculine, les recherches qui se sont intéressées aux opérations génitales féminines les ont aussi abordées dans une perspective biomédicale, posant comme problématique le lien qui existe entre les pratiques chirurgicales et les risques de transmission du VIH. Ces pratiques – compte tenu des conditions sanitaires dans lesquelles elles ont généralement cours – affecteraient les tissus vaginaux qui peuvent se fissurer lors des rapports sexuels et faciliter la transmission du VIH (Prual *et al.*, 1991; Seidel, 1993). Ce rôle n'est cependant pas tout à fait concluant (Zalduondo *et al.*, 1989). Dans d'autres aires géographiques, comme par exemple le Pacifique-Sud (Lewis & Bailey, 1993), le tatouage peut aussi constituer une activité à risque si des mesures de stérilisation des instruments ne sont pas prises, et ces pratiques ont d'ailleurs été réduites ou stoppées dans plusieurs régions. Les scarifications rituelles ou thérapeutiques peuvent aussi constituer une voie d'infection en l'absence de mesures de stérilisation adéquate des instruments. Les pratiques de perçage du pénis, comme c'est le cas dans certains groupes de Bornéo, ou d'autres parties du corps pourraient contribuer à la transmission du virus.

Entrée dans la vie sexuelle et multiplicité des partenaires sexuels

La multiplication des partenaires sexuels constituerait l'un des principaux facteurs de risque d'infection par le VIH en Afrique (Zalduondo *et al.*, 1989), mais les caractéristiques de ces conduites sont encore peu documentées. Comme le souligne Schoepf (1988) «*polygyny and other multiple partner structures – including polyandry – place some women at risk even if they have obeyed normative proscriptions with respect to sex outside of marriage imposed in some, but by no means, all Central African cultures*» (p. 629). Il semble par ailleurs nécessaire, à la lumière des travaux de Prual *et al.* (1991), de ne pas confondre partenaires multiples et prostitution, qui renvoient en Afrique à des significations très différentes.

Le contexte des premières relations sexuelles constitue un des élément saillants dans les recherches sur la sexualité et des risques de contamination par le VIH. Si pour plusieurs, la chasteté prémaritale se présente comme une exigence liée à une norme culturelle centrale, notamment dans certains pays d'Afrique (et d'Amérique du Sud), d'autres soutiennent que les relations sexuelles prémaritales (souvent sans pénétration) sont parfois tolérées ou même encouragées (Prual *et al.*, 1991). Dans la mesure où la sexualité est un sujet considéré comme tabou et qu'elle est rarement abordée dans les discussions entre les parents et leurs enfants (Schoepf, 1988), les premières relations sexuelles – surtout si elles se produisent dans un contexte où l'homme, plus âgé, à déjà eu des partenaires sexuels – constituent une situation de risque probable d'infection par le VIH chez les jeunes femmes. Dans le cas des hommes (Caldwell *et al.*, 1992), la présence de relations prémaritales peut être attribué au fait que l'accès au mariage pour ces derniers – lui-même attribuable à la présence de la polygynie – est tardif dans la plupart des sociétés africaines sub-sahariennes. Les conditions économiques défavorables affecteraient le respect des normes en matière de sexualité prémaritale. Ainsi, les jeunes hommes qui ne possèdent généralement pas les ressources matérielles nécessaires pour se marier multiplieraient les partenaires sexuelles, notamment par des contacts avec des prostituées, d'où l'augmentation des risques d'infection, en l'absence de stratégies de prévention. Plusieurs recherches (Schoepf, 1988; Schoepf, 1993; McGrath et al., 1993; Bledsoe, 1991) ont insisté sur le contexte économique qui sous-tend les relations sexuelles avec des partenaires multiples en Afrique. Ce contexte, très difficile dans plusieurs de ces régions, place les femmes dans des rapports de dépendance et d'exploitation et intervient dans l'accroissement de l a vulnérabilité sexuelle, ainsi, elles ont recours à des stratégies qui se fondent en particulier sur l'offre de services sexuels en échange de biens économiques ou monnayables (argent, vêtements, paiements des études, accès à un emploi), même si dans plusieurs cas, les normes sexuelles interdisent toutes relations sexuelles extramaritales de l a part des femmes (Schoepf, 1993). Il faut cependant noter que pour l a majorité d'entre elles, le recours à ce type de pratiques se présente épisodiquement et seulement un faible pourcentage a recours à dede tels échanges sur une base permanente.

Dans plusieurs groupes, les interdits sexuels entourant les menstruations, l a grossesse et le post-partum peuvent entraîner le recours à des relations extramaritales de l a part du mari, d'où l a possibilité, en retour, d'une contamination des épouses légitimes par l'intermédiaire des MTS qui sont l'une des voies de transmission privilégiée du VIH.

Rapports de pouvoir et conduites à risque

La dynamique des rapports de pouvoir entre les hommes et les femmes, ainsi que les styles de communication interpersonnels interviendraient sur les pratiques préventives et les négociations entourant l'usage du préservatif, et ce aux dépends des femmes. Ces dernières sont souvent confrontées à des normes culturelles et à des conditions socioéconomiques qui réduisent leur capacité d'autonomie et de prise de décision, ce qui affecte directement et indirectement la sphère sexuelle. Plusieurs travaux ont été consacrés à cette question dans le contexte africain où il existe de nombreuses variations régionales et ethnolinguistiques (Seidel, 1993; McGrath et al.; 1993; Schoepf, 1993, 1992; Caldwell et al., 1992; Ankrah, 1993). Même si, dans certains groupes, les femmes peuvent résister aux demandes sexuelles des hommes pendant un certain temps, comme chez les Yoruba du Nigéria (Orubuloye et al., 1993), cet avantage ne se concrétise pas par une meilleure protection. En effet, dans l a plupart des cas, ces dernières ignorent si leur époux est atteint de MTS ou est séropositif. Ces conditions de subordination se retrouvent dans d'autres aires culturelles, comme en Asie où le sida affecte en majorité des femmes en âge de reproduire (Daval et al., 1993). Les règles qui régissent le type d'union jouent sur les conduites à risque, car dans plusieurs groupes, les structures polygyniques et la domination masculine sur le plan de la filiation et de l'autorité placent les femmes dans des rapports de subordination poussée et accroissent les risques. Par exemple, au Sierra Leone (Forster, 1993), les règles de divorce restrictives peuvent empêcher de se protéger puisque le droit coutumier du pays ne permet pas le divorce si le mari a des relations extramaritales ou souffre de MTS (maladies transmissibles sexuellement).

La même situation se répète en Amérique latine (Pellegrini, 1993) où l a dégradation des conditions socioéconomiques accentue les phénomènes d'oppression et de violence contre les femmes – basés sur l'idéologie et la pratique du machisme – qui n'est pas sans provoquer une augmentation des risques de transmission du VIH/sida parmi cette population. Dans l'étude des sociétés occidentales comme l'Angleterre (Holland *et al.*, 1990, 1991, 1992), des groupes ethnoculturels (Worth, 1989; voir aussi Cappon *et al.* dans ce volume) ou des sociétés africaines, les rapports de pouvoir basés sur l e genre (*gendered power relations*) sont aussi présents et interviennent sur l'interaction sexuelle, son contenu et son déroulement, de même que sur l'usage du préservatif. Les prises de décision dans le domaine sexuel, liées à des processus de coercition, de menace physique ou économique, réduisent l'autonomie sexuelle des femmes. La demande sexuelle masculine apparaît comme une exigence à laquelle il est difficile de s'opposer, tandis que l e préservatif est perçu comme un élément hautement symbolique qui renvoie, à part ses répercussions sur l a relation sexuelle (bris de l a spontanéité, diminution des sensations, etc.) à des dimensions tout aussi complexes comme l'estime de soi, l a confiance ou l a perception du maintien de l'exclusivité de l a relation. Dans ce contexte, les négociations qui entourent les relations sexuelles défavorisent les femmes. Comme l e montrent Kippax *et al.* (1990), l e type de représentations des femmes interviendrait sur leur pouvoir de négociation. Lorsque les représentations des femmes – objets de désir ou partenaires fidèles – sont dominantes, leur pouvoir est plus faible que lorsqu'elles sont perçues comme des personnes amoureuses et séduisantes.

Les variations socioculturelles dans les styles de communication entre partenaires sont aussi mal connues (Sprecher & McKinney, 1993), mais certains indices qui proviennent de la littérature psychologique suggèrent que certains modes de communication joueraient un rôle significatif dans les stratégies de prévention. L'affirmation de soi, par exemple, dans l a communication sexuelle favoriserait des meilleures pratiques préventives (Yesmont, 1991; Frigault, 1995).

Prostitution

La détérioration de l a situation économique que connaissent les pays en voie de développement s'accompagne d'une augmentation du nombre de prostituées, en particulier dans les grandes villes. La prostitution, dans l a plupart des cas, constitue une stratégie de survie (*survival sex*) qui, dans des contextes où les difficultés économiques prédominent, permet d'assurer un accès à des ressources matérielles en échange de relations sexuelles. Ces échanges se retrouveraient dans des zones d'extrême pauvreté ou soumises à des transformations économiques et culturelles qui désorganisent les réseaux socioculturels, créent des conditions d'anomie qui favorisent ces pratiques, en particulier dans les milieux urbains et les zones de migrations ou de tourisme intense.

On retrouve ces modes d'échange en Asie du Sud-Est, au Mexique et en Afrique où on note des variations considérables dans les modes de recrutement, les catégories de prostituées, les échanges économiques et l e contexte institutionnel dans lequel ces relations prennent place. En Thaïlande, (Maticka-Tyndale, 1994; Ford & Suporn, 1991), les normes sexuelles se fondent sur un double standard sexuel. Les hommes – qu'ils soient célibataires ou mariés et toutes catégories sociales confondues – sont habitués à fréquenter les prostituées, ce qui constituerait un marqueur de leur masculinité. Le trafic de jeunes garçons ou de jeunes filles (Hengkietisak, 1994) – souvent à peine pubères – enlevés ou vendus à des proxénètes moyennant finances ou contre des biens matériels et qui les contrôlent (Wawer, Podhisita, Kanungsukkasem, Pramualratana & McNamara, 1996) sert à alimenter les lieux de prostitution urbains comme le district de Patpong à Bangkok, ou les centres touristiques de Phuket, Chengmai et Pattaya.

Au Mexique (Carrier, 1989), la prostitution, un phénomène encore mal cerné, recouvre des catégories multiples qui vont des prostituées de rue aux escortes. Les mouvements de population liés aux migrations intranationales ou internationales, aux transformations des conditions socioéconomiques et politiques et au tourisme international sont aussi des facteurs importants dans la dissémination du VIH et du sida. Les changements économiques et l'urbanisation rapides, la mise en place de réseaux routiers qui maillent les régions et les pays ne sont pas sans intervenir sur les mouvements migratoires des populations. Ce contexte contribue à amplifier les facteurs de désorganisation sociale et familiale, la prostitution, la détérioration des conditions d'hygiène et la transmission du virus dans des zones rurales jusque-là épargnées, avec le retour occasionnel des travailleurs migrants – souvent en contact avec des prostituées (Moralo et al., 1992) – dans leur village (Hunt, 1989; Larson, 1989; Salgado-De-Snyder, Diaz-Perez, Maldonado, 1996).

L'augmentation du trafic routier et du camionnage multiplie les échanges sexuels ou de drogues et donc la diffusion du virus et des MTS. Ainsi, au Libéria, (Green, 1992), au Nigéria (Orubuloye, 1994) ou en Thaïlande (Yothin & Pimonpan, 1991), la diffusion des MTS et du VIH/sida passe, entre autres, par les nombreux contacts sexuels des camionneurs qui servent de vecteurs majeurs dans la progression de l'épidémie, car ces derniers, qui ne recourent que rarement au préservatif, ont un nombre élevé de contacts sexuels avec des prostituées.

Les mouvements de population, associés au problème des réfugiés à la suite des guerres civiles, interviennent sur l'augmentation des taux de séropositivité, en particulier chez les militaires, comme c'est le cas en Ouganda (Smallman-Raynor & Cliff, 1991) et en Éthiopie (Hailegnaw, 1992). Ce pays, confronté à des conflits internes depuis des années, a vu son taux de séropositivité exploser à cause de la forte mobilité de sa population qui s'accompagne de la pauvreté, du chômage, des maladies, tout comme du bris des familles. Les groupes les plus touchés comprennent les prostituées, les camionneurs, les soldats qui sont les plus à même de disséminer le virus. La présence de base militaires étrangères dans plusieurs pays peut aussi contribuer à amplifier la prostitution et donc les MTS, une des voies de transmission du VIH, – comme ce fut le cas à la base navale américaine de Subic dans les Philippines, ou actuellement sur l'île d'Okinawa, au sud de l'archipel du Japon.

Tourisme

Le tourisme international, qui occupe une place significative dans les représentations collectives modernes que résument les quatre S: *Sun, Sex, Sea and Sand*, constitue un facteur non négligeable dans l a transmission des MTS et du VIH. Les conduites sexuelles des touristes et de segments de populations locales qui s'adonnent au commerce sexuel participent à l a diffusion de l'épidémie, mais on connaît encore très mal les pratiques sexuelles, de même que les facteurs associés à l a transmission du VIH (MTS, usage des drogues, alcoolisme, usage ou non du préservatif).

L'une des industries mondiales en constante progression – près de 10% de l'économie mondiale (Maurer, 1992) – et source de revenus substantiels pour les pays en voie de développement, l e tourisme s'accompagne du déplacement annuel de plus de 400 millions de personnes avec une durée variable du séjour en pays étranger. Les motivations sous-jacentes au tourisme sont multiples: loisirs, affaires, visites familiales et congrès, mais l a quête d'une rupture de la routine quotidienne et l'évasion face à un environnement banal, ennuyeux et stressant sont essentielles (Crompton, 1977). Ce dépaysement permet alors d'échapper physiquement et mentalement aux pressions qu'une société hautement technologique exerce sur les individus (Ryan, 1991) et de recouvrer à travers cette évasion, une forme de liberté et d'autonomie (Krippendorf, 1987). Dans ce contexte, l'individu est à même de retrouver les dimensions ludiques et enfantines de son existence et de rechercher des sensations fortes associées à la consommation d'alcool, de drogues mais aussi à des expériences sexuelles variées qui augmentent les risques face aux MTS et au sida (Cohen & Taylor, 1976; Ryan, 1991). En mettant entre parenthèses les normes sexuelles en vigueur dans le pays d'origine, en permettant l'émergence de nouvelles relations sociales qui n'obéissent pas à des critères de formalité temporelle ou vestimentaire, l e contexte touristique offre des occasions de rencontres sexuelles romantiques ou physiques (Graburn, 1983; Ryan, 1991; Simmons, 1996; Eiser & Ford, 1995).

Le tourisme directement sexuel, l'une des formes modernes que prennent les voyages internationaux, est ainsi en progression. La publicité touristique vante les promesses et le potentiel des destinations sexuelles et, depuis peu, cette information circule abondamment sur les sites Internet. Dans certains cas, la publicité sur la prostitution masculine ou féminine est plus directe, en particulier pour les destinations de certains pays d'Extrême-Orient et à un moindre degré, des pays des Caraïbes, d'Amérique latine et d'Afrique, comme l e Kenya. L'accroissement du tourisme a favorisé l a prostitution féminine et masculine qui fournit des sources de revenus d'appoint. La présence de *playboys* professionnels ou de *beach-boys* constitue une forme particulière de prostitués utilisés surtout par des femmes en quête d'expériences sexuelles (et qui pourraient constituer près de 10% du contingent des femmes touristes selon Maurer, 1992). En Grèce, les *kamakia* (ou harpons) qui servent de prostitués peuvent même former des associations et délivrer des cartes de séronégativité (Ryan, 1991). En Gambie, des femmes suédoises d'âge mûr entretiennent des relations sexuelles avec des jeunes hommes et dans certains cas les ramènent avec elles. À l a Barbade (Karch & Dann, 1981), les *beach-boys* développent des stratégies complexes pour obtenir les faveurs sexuelles et pécuniaires des touristes, le plus souvent des femmes. On retrouve ce même phénomène au Moyen-Orient (Cohen & Taylor, 1976), où les boutiquiers peuvent accompagner les marchandages avec les touristes américaines et européennes de demandes sexuelles.

Les rencontres avec des prostituées, indépendantes, *call-girls* ou «nolisées» (Thanh-Dam, 1983; O'Mallay, 1988) qui, dans certains cas établissent des relations plus affectives avec les touristes (Cohen, 1982), contribuent au développement de l'épidémie du sida, ce qui commence à préoccuper sérieusement les responsables des politiques de santé publique dans certains pays. En Thaïlande, par exemple, le sida, considéré d'abord comme une maladie liée à des conduites homosexuelles ou transmis par des visiteurs étrangers, n'avait pas provoqué la mise en place de mesures de prévention majeurs, mais depuis 1987, une plus grande conscientisation se fait jour. Des campagnes d'information auprès des travailleurs sexuels ont été menées, et le profil des touristes et leurs conduites non sécuritaires semblent s'être modifiées en partie. Ailleurs, le tourisme sexuel reste un secteur florissant et peu touché par les mots d'ordre du «sexe sécuritaire», même si un pourcentage important des prostituées sont séropositives. Dans la région du Pacifique-Sud (Lewis & Bailey, 1993), où l'on constate une augmentation des cas de MTS, la prostitution tant masculine que féminine est présente mais sans être organisée, ce qui peut rendre plus difficile l'éducation à la prévention.

Les touristes, les voyageurs et les coopérants sont par ailleurs réticents à répondre à des questions touchant leurs conduites sexuelles. Les rares études permettent cependant de dégager certains indices (Maurer, 1992; Hawkes & Hart, 1993) quant aux risques liés au tourisme de contracter le VIH/sida. Sur le plan des connaissances, on constate des failles importantes dans l'évaluation des risques mais ceux qui évaluent les risques face au sida dans certains pays tendent à modifier leur destination (Cossens & Selena, 1994). Les voyageurs canadiens internationaux (Allard & Lambert, 1992) connaissent bien les mécanismes de transmission du sida (même si les aspects touchant la transmission sanguine sont encore inexacts) et l'importance de l'usage du préservatif, bien que le tiers suggère que ce dernier n'est pas tout à fait fiable. Les touristes sud-coréens (Choi et al., 1992), au courant des modalités de transmission du virus du sida, sous-estiment les risques liés aux contacts sexuels lors de leurs voyages, alors qu'ils ont des comportements sexuels à haut risque. Les styles de vie sociosexuels des employés travaillant dans une région touristique anglaise (Ford & Inman, 1992) indiquent qu'ils avaient de nombreux partenaires sexuels dans le groupe des visiteurs, de même qu'une consommation de drogues et d'alcool élevée.

La fréquence des relations sexuelles avec des partenaires rencontrées lors des déplacements varie selon les recherches. L'étude TROPEX réalisée Suisse en 1987-1988 (Maurer, 1992) a montré que dans un petit échantillon de touristes, 67% avaient eu des relations sexuelles passagères durant leur voyage et, parmi les 40-60 ans, ce pourcentage atteignait 90%. Un sondage postal anonyme sur une population britannique âgée de 16 à 40 ans (Gillies et al., 1992) montre que parmi les 56% de personnes qui avaient voyagé à l'étranger, 5% avaient eu des relations passagères à cette occasion, surtout parmi les jeunes hommes célibataires voyageant seuls. Ils avaient eu en général plusieurs partenaires en Angleterre même et avaient souvent utilisé des drogues illicites. Parmi les patients d'un hôpital anglais spécialisé dans les maladies tropicales (Hawkes *et al.*, 1992), 18,6% avaient eu de nouvelles partenaires lors de leur voyage à l'étranger et parmi ces derniers, le quart avec des prostituées. L'usage du préservatif était très bas et seulement 35% de ceux qui avaient eu des partenaires de passage avaient eu recours au préservatif de façon systématique. Cet usage reste aussi faible chez des touristes germanophones dont un tiers seulement avait toujours utilisé le préservatif (Wilke & Kreiber, 1991). Il en est de même parmi les touristes japonais en Thaïlande (Vorakitphokatorn & Cash, 1992); ils avaient un haut taux d'utilisation du préservatif lors de leur première rencontre avec des prostituées pour abandonner souvent son usage par la suite.

La distribution des MTS dans le monde (DeSchryver & Mehews, 1989) suggère que les mouvements touristiques ont contribué de façon significative à leur multiplication et peuvent donc intervenir sur la transmission du VIH et du sida. Le taux de séropositivité parmi les expatriés et les touristes présente des variations importantes. Parmi des conseillers et des expatriés belges récemment retournés dans leur pays d'origine (Bonneux *et al.* 1988) et qui ont vécu en Afrique pendant au moins six mois, le taux de séroprévalence tournait autour de 1%. Les facteurs de risque étaient multiples: contacts sexuels avec des femmes du pays ou avec des prostituées, injections médicales par des non-spécialistes. Une prévalence plus faible, 0,5%, a été trouvée chez des expatriés retournant après six mois au moins passés en d'Afrique sub-saharienne (Houweling & Coutinho, 1991), ce qui s'expliquait par des relations avec de multiples partenaires africaine, une utilisation arbitraire du préservatif. Des voyageurs revenant de régions tropicales et testés dans un hôpital pour maladies tropicales (Malin *et al.*, 1991) indiquaient un taux de séropositivité de 1,8%, ce qui rejoint le taux rapporté par Hawkes *et al.* (1992) dans la recherche qu'ils sont effectuée dans le même hôpital, soit 2,1%. Une étude menée sur des groupes de sidéens et de séropositifs en Angleterre montre que respectivement plus des deux tiers et de la moitié des personnes atteintes auraient été infectées lors d'un voyage dans des pays où la transmission se fait par voie hétérosexuelle (Noone *et al.*, 1991), sans préciser le type de voyage. Il semble, par contre, que les programmes d'information et de sensibilisation auprès des personnes qui voyagent pour des longues périodes à l'étranger peuvent aider à réduire les risques, comme le montre l'étude de Cappello *et al.* (1991) où aucune séropositivité n'apparaît parmi un groupe de membres du corps de la paix (*Peace-corps*) américain.

Homosexualités, bisexualités et risques face au sida

La question de l'homosexualité a marqué dès les débuts la perception du sida, celui-ci étant attribué à des styles de vie et à des pratiques sexuelles jugées dangereuses et contre nature, ou comme le signe d'un jugement divin dans les milieux politique de droite. La «dé-homosexualisation» du sida, avec l'extension de l'épidémie aux personnes hétérosexuelles n'a pas toujours changé les mentalités face aux homosexuels qui sont encore souvent stigmatisés et attaqués. La compréhension de l'orientation homosexuelle et des conduites sexuelles se heurte à de nombreuses difficultés liées à la définition des populations homosexuelles et à leurs caractéristiques sociodémographiques, à leur institutionnalisation et à la variabilité des sous-cultures à la fois sur le plan des styles de vie, de l'engagement politique et du degré d'organisation communautaire (Pollak, 1988; Bolton, 1992). Ces données suggèrent que si, en Amérique du Nord et en Europe, les homosexuels ont souvent été perçus comme responsables de l'épidémie de sida, ils ont aussi contribué à critiquer les systèmes de représentations du sida et à mettre en place des campagnes d'éducation préventives bien ciblées, même si bon nombre d'hommes homosexuels et bisexuels continuent d'avoir des pratiques sexuelles les exposant aux risques d'infection par le VIH.

Dans les autres contextes socioculturels, les études sont encore bien limitées. Comme le montre Altman (1993), la constitution de groupes communautaires homosexuels organisés sont la cible d'hostilités, notamment dans des pays d'Amérique du Sud (Borges, 1992 *cité dans* Altman, 1993) et en Afrique (Pegge, 1990 *cité dans* Altman, 1993). Dans ces contextes, où l'homosexualité est souvent assimilée à une déviance ou à une menace pour le maintien des systèmes socioculturels traditionnels en place, l'occultation devient rapidement la règle et les homosexuels ne peuvent bénéficier du support nécessaire à la reconnaissance de leur orientation sexuelle. En l'absence d'une organisation communautaire ou de stratégies de prévention spécifiques auprès de ces hommes, l'ignorance et l'intolérance se substituent à des démarches préventives directes et adaptées.

L'anthropologie (Blackwood, 1986) n'a pas non plus aidé à développer une perspective théorique adéquate pour expliquer cette orientation, se contentant de reprendre le plus souvent les modèles de déviance ou d'anormalité, au lieu de la situer dans son contexte socioculturel. Les résistances culturelles ont aussi joué un rôle dans ce retard, empêchant la collecte de données adéquates. On peut aussi penser que le fait que les principaux modes de transmission du VIH, dans certains pays d'Amérique du Sud, d'Afrique et d'Asie soient surtout de type hétérosexuel a contribué à minimiser l'intérêt pour les problèmes spécifiques à l'homosexualité dans ces régions. Ainsi, selon certains chercheurs, dans la région de l'Afrique sub-sharienne, comme en Côte-d'Ivoire (Dynes & Donaldson, 1992; Aina, 1991, pour une critique de cette perspective), l'homosexualité serait à toutes fins pratiques inexistante et son rôle dans la transmission du VIH ne peut être comparé à celui qu'occupent les pratiques homosexuelles dans les pays occidentaux. D'autres recherches montrent, au contraire, la complexité des constructions de cette orientation et la variabilité des pratiques qui l'accompagnent, ainsi que des contextes institutionnels dans lesquels ces interactions prennent place (voir par exemple, Dynes & Donaldson, 1992). À titre d'exemple, citons les travaux de Carrier (1989) pour le Mexique où la définition de l'homosexualité et des conduites homosexuelles des métis urbains s'inscrivent dans un environnement socioculturel où, à cause de la dichotomie des rôles sexuels et des ethos qui les accompagnent, « *the general belief exists that effeminate males are passive and penetrable, like females, that masculine males are active and impenetrable, and that the anus may provide sexual pleasure like the vagina*» (1989, p. 119). Dans cette perspective, les hommes actifs ne se perçoivent pas comme des homosexuels, ce qui peut intervenir sur la perception des risques de transmission du VIH et du sida. De même, au Nicaragua (Lancaster, 1992), c'est la relation anale passive qui définit l'homosexuel, comme c'est aussi le cas dans d'autres pays comme Cuba (Leiner, 1994) et le Brésil (Parker & Daniel, 1993).

Les sous-cultures homosexuelles variées se caractérisent par une flexibilité et une fluidité extrêmes et peuvent s'articuler sur des conduites bisexuelles. Comme le notent Tielman *et al.* (1992) à propos des pratiques bisexuelles, ces dernières impliquent bien souvent un ensemble d'acteurs sociaux qui interviennent à des moments différents et dans des contextes différents, ce qui expose un grand nombre d'individus aux risques de transmission du VIH. Alors que la plupart des recherches sur la bisexualité dans les pays occidentaux se sont surtout intéressées aux fondements sociopsychologiques de cette orientation sexuelle, des études anthropologiques (Ross, 1991) ont permis de cerner ses aspects socioculturels qui renvoient à plusieurs configurations complexes et variables. Ainsi on peut dégager, entre autre, une bisexualité latine où les comportements bisexuels répondent à une logique d'activité et de passivité. Les hommes qui occupent le rôle actif dans la relation sexuelle ne sont pas perçus comme homosexuels (voir Parker & Tawil, 1991; Parker & Daniel, 1993 pour le Brésil et Carrier, 1989, pour le Mexique). Les bisexuels et homosexuels au Mexique sont contraints par la prédominance du *machismo* a être définis comme homme (sujet actif) ou comme femme (sujet passif). Alors que l'idéal sexuel mexicain est organisé autour du mariage avec une femme vierge, les hommes sont, à la fin de l'adolescence, contraints à recourir aux services des prostituées ou à avoir des relations sexuelles avec d'autres hommes (Garcia Garcia *et al.*, 1991). Cette organisation de la société mexicaine structure également la logique des relations homosexuelles et bisexuelles qui définit les rôles selon les positions occupées par les hommes lors des pratiques sexuelles. La bisexualité rituelle étudiée principalement dans les groupes des *Highlands* en Nouvelle-Guinée (Herdt *et al.*, 1991, Herdt, 1992) se caractérise par des pratiques sexuelles entre hommes d'âge et de statut différents ayant comme objectif des fonctions rituelles. Dans la bisexualité maritale les activités homosexuelles se superposent aux rapports sexuels hétérosexuels institués socialement par le mariage. L'homosexualité secondaire correspond, quant à elle, à une activité de substitution temporaire dans la mesure où il n'y a aucune possibilité d'avoir des rapports sexuels hétérosexuels, comme dans les prisons, par exemple. L'intérêt égal pour des partenaires féminins et masculins se retrouve dans les sociétés qui imposent peu de contraintes à l'expression sexuelle. Dans ce contexte, l'individu est perçu comme un être capable de s'exprimer sexuellement et librement, l'objet de désir devenant ici secondaire. La bisexualité technique renverrait au fait d'avoir des pratiques sexuelles avec des personnes dont le statut sexuel est ambigü, comme les travestis ou les *transgenders*.

Cette taxinomie, utile dans la mesure où elle montre que la bisexualité n'est pas un phénomène singulier et qu'elle obéit à des constructions diverses, suggère que les risques face au sida peuvent varier selon le type de bisexualité. Des études comparatives internationales, basées sur une approche qualitative, relativement à la bisexualité masculine (Tielman *et al.*, 1992) dans plusieurs pays asiatiques, en Amérique Latine, en Afrique subsaharienne, aux États-Unis et en Angleterre, montre d'ailleurs une variation considérable dans les conduites bisexuelles, la plupart des hommes ne se définissant d'ailleurs pas comme bisexuels. Elles mettent aussi en relief les difficultés d'accès à ce type de populations et l a complexité des définitions de ces phénomènes, les variations dans l a distribution statistique de ces orientations e t des pratiques sexuelles qui les accompagnent. Ces dernières s'inscrivent aussi dans un registre plus large que chez les hétérosexuels ou les homosexuels exclusifs. En effet, les hommes bisexuels ont en général un nombre assez élevé de partenaires sexuels (hommes et femmes), ce qui d'une part augmente considérablement les risques de transmission du VIH et du sida et d'autre part constitue une passerelle dans l a transmission du VIH entre les groupes homosexuels et hétérosexuels.

PRATIQUES SEXUELLES ET SIDA
Activités sexuelles

Les pratiques sexuelles dépendent de contraintes complexes à l a fois d'ordre macrosociologique e t microsociologique (McGrath *et al.*, 1993). Les conceptions e t les normes culturelles qui les sous-tendent peuvent intervenir sur l a transmission du VIH et du sida, en l'absence de moyens de protection. Les données anthropologiques montrent l a présence d'une grande diversité dans les conduites érotiques, leur séquence et leur fréquence, de même que les significations qui leur sont attachées. Certaines de ces activités peuvent directement accroître les risques. Par exemple au Zaïre, (Brown *et al.*, 1993), les partenaires ont une nette préférence pour des rapports sexuels dans des conditions où le vagin est sec et serré, ce qui conditionne l'intensité du plaisir sexuel. Pour produire cet effet d'assèchement, les femmes essuient l e vagin avec un tissu afin d'enlever l'excès de sécrétions vaginales ou y insèrent des plantes et des poudres. Environ une trentaine de substances servent à cette fin. Ces techniques peuvent provoquer des risques d'irritations ou de lésions vaginales, contribuant à l'apparition d'infections ou de cancers. Ces pratiques accentuent les risques de MTS ou de transmission du VIH, en l'absence du recours au condom. I l en est de même pour les rapports anaux. Leur distribution et leur signification dans le contexte hétérosexuel sont encore mal connus transculturellement. Ils peuvent avoir une fonction de substitut aux relations vaginales comme c'est le cas au Brésil (Parker & Tawil, 1991) où ils servent à préserver l a virginité dans l e cas des rapports prémaritaux ou à éviter les grossesses. Ils constituent alors un mécanisme socialement reconnu pour contourner les normes sexuelles dominantes.

Dans l e contexte homosexuel, les relations anales sont, dans certains groupes, une forme privilégiée de rapport sexuel qui fonde l e rapport au groupe et constituent un élément central dans la construction de l'identité. Les études de Carrier (1989) au Mexique indiquent à ce sujet que les risques d'infection dépendent du type de relation anale. Les homosexuels ou bisexuels passifs auraient de plus grandes probabilités d'être contaminés par le VIH et le sida comparativement aux individus qui ont des activités actives ou les deux formes de pratiques. Au Brésil (Parker & Daniel, 1993), ce type de rapport, autant dans les relations entre hommes qu'avec des partenaires sexuelles, est fréquent et il ne s'accompagne pas toujours de l'usage du préservatif, ce qui augmente les risques. Les conceptions de l'activité sexuelle interviennent aussi sur l'intégration du préservatif dans les scénarios érotiques.

Perceptions et usage du préservatif

Les enquêtes transculturelles indiquent que les objectifs de prévention du sida, qui nécessitent l a mise en place réussie d'une perception positive et d'une utilisation bien intégrée du préservatif, se heurtent à de nombreuses résistances qui dépendent des conditions socioéconomiques et culturelles. Le niveau de connaissances quant à ses caractéristiques varie selon les pays, les régions, ainsi que les populations et les groupes d'âge (Carballo & Kenya, 1994). Les résistances à son égard sont de plusieurs types. Certaines sont liées aux déboursés – souvent prohibitifs – nécessaires à leur achat répété (Green, 1992; Seidel, 1993; Berkley, 1994). De plus, l a disponibilité dans les régions rurales est problématique (Seidel, 1993, Doussantousse *et al.*, 1992). Il est aussi perçu comme un élément qui intervient négativement dans la relation de couple et ce, à plusieurs égards. Considéré surtout comme un contraceptif dans l a plupart des aires socioculturelles (Seidel, 1993; Schoepf, 1993; Maticka-Tyndale, 1994), il jouerait donc sur l a reproduction, l'une des valeurs importantes dans l e contexte africain. Refusé par les hommes, i l signalerait, lorsqu'il est demandé par les épouses, des conduites problématiques. Les femmes seraient alors perçues comme des prostituées ou des débauchées et accusées d'adultère (Bledsoe, 1991). Le recours au préservatif peut indiquer une volonté de mettre fin à une relation ou d'accuser le mari d'avoir des relations avec d'autres femmes. La demande de préservatif peut s'accompagner, sur le plan économique, de représailles de la part de l'époux qui peut aussi recourir à des actes de violence, abandonner sa partenaire ou demander le divorce (Seidel, 1993; Schean, 1992). Ses conséquences sur l a relation érotique sont aussi notables, les hommes rapportant alors l'occurrence de dysfonctions sexuelles sur le plan du désir, de l'éjaculation et du plaisir (Schoepf, 1993, Berkley, 1994). Objets dangereux, ils pourraient, dans l'imaginaire populaire, disparaître dans l'organisme des femmes et provoquer des dysfonctions (Nicoll *et al.*, 1993). Les hommes ne sauraient pas non plus l'utiliser correctement, ce qui freinerait son emploi (Seidel, 1993), dépendant des rapports de pouvoir dans la dyade.

Dans les zones africaines, parmi la population plus générale, le pourcentage de ceux qui emploient l e préservatif varie selon les pays, mais i l reste dans l'ensemble inférieur à 35% (Carballo & Kenya, 1994) et son usage ne semble pas dépendre des connaissances, plus faibles parmi les femmes, en particulier dans les régions rurales, et de l a perception des risques. Les interventions éducatives amélioreraient cependant son emploi, comme le montre une enquête auprès de femmes rwandaises (Allen *et al.*, 1992). Plus d'un tiers étaient séropositives et seulement 7% d'entre elles avaient employé le préservatif avant l'étude. Après une intervention éducative visant à mettre en place des comportements préventifs, le pourcentage de celles qui en faisait usage régulier avait grimpé à 22% après un an, en particulier chez les femmes séropositives. La passation d'un test, l e counselling auprès du partenaire masculin, l a présence d'une relation non monogamique et l a perception que le préservatif n'était pas dangereux favoriseraient son usage plus fréquent de celui-ci. D'autres études (Mboya, 1992), suggèrent qu'à l a suite d'un programme d'information le préservatif est intégré dans les conduites de prévention. Doussantousse *et al.* (1992) en arrivent aux mêmes conclusions, après intervention dans une région du nord de l'Ouganda où le préservatif était connu par une majorité d'hommes et un quart des femmes, bien que son usage ait été très limité (9% des hommes et 3% des femmes). Parmi ceux qui en connaissaient l'existence, environ un tiers étaient enclins à vouloir l'utiliser dans le futur et la grande majorité étaient prêts à en défrayer les coûts. À la suite d'une intervention structurée, l'emploi du préservatif semblait en augmentation en particulier parmi les soldats, les hommes d'affaires, les chauffeurs et certaines femmes libres.

Dans le contexte thaïlandais (Maticka-Tyndale, 1994), la grande majorité des femmes interrogées connaissait le préservatif, mais plusieurs n'en avaient jamais utilisé. Il constituait une protection contre l'infection pour un temps limité, après les visites des prostituées par les maris ou lorsque des symptômes visibles du sida apparaissaient. Au Brésil (Parker & Daniel, 1993), le préservatif constituerait un obstacle au déroulement de la relation érotique, au niveau d'excitation et du plaisir. Son usage tend à être discontinué après les débuts de la relation, signifiant alors l'attente d'une forte intimité liée à l'établissement d'un lieu de confiance. Son emploi, lors des relations anales tant avec des hommes qu'avec des femmes de même que dans le contexte des relations vaginales et oro-génitales, reste limité.

Chez les adolescents africains scolarisés (Carballo & Kenya, 1994), les connaissances et l'usage du préservatif comme moyen de prévention restent encore très limités. Le préservatif est souvent perçu comme un moyen de protection peu sûr et les jeunes filles insistent sur les conduites sexuelles non discriminées que son usage peut entraîner. Ailleurs, comme au Zaïre (Schoepf, 1993) les étudiants du secondaire disent ne jamais avoir vu de préservatif et ne pas savoir ce que ce mot veut dire. Parmi les jeunes Abidjanais de Côte-d'Ivoire (Deniaud & Bichon, 1992), le préservatif est perçu de façon ambivalente. Objet fonctionnel, à usage limité et partagé, il demeure source de frustrations. Facteur de changement social, il intervient aussi sur le contrôle des naissances et la réduction de la mortalité. Sur le plan biomédical, le préservatif est certes une protection contre les MTS et le sida mais il peut aussi affecter la santé et la fécondité. Le préservatif, icône polysémique de la modernité, condense ainsi les contradictions socioculturelles liées à la maladie, l'identité culturelle et le champ érotique.

Son emploi dépend aussi des catégories de prostituées. Il semble plus répandu, à la suite des informations reçues sur le sida, parmi celles qui sont les plus élitistes, alors qu'il est plus faible chez les autres prostituées (Schoepf, 1993). Même si les connaissances des modes de transmission des MTS et du sida sont adéquates chez des prostituées de Kinshasa (Nzila et al., 1991), le préservatif n'était fréquemment utilisé que seulement par 12% d'entre elles. Les prostituées séropositives avaient moins recours au préservatif, mais plus aux antibiotiques pour prévenir les MTS. Si les interventions auprès de ces travailleuses permettent d'améliorer le pourcentage de celles qui intègrent le préservatif dans leurs pratiques (Berkley, 1994), son usage est dépendant de plusieurs facteurs. Ainsi, en acceptant que les clients n'en mettent pas, elles en retirent des avantages financiers. Les difficultés qui entourent la communication avec les clients sur son emploi, de même que la disponibilité des préservatifs interviennent aussi.

Les stratégies de protection varient selon le type de relations amoureuses. Les femmes libres du Burkina Faso (Bardem & Gobatto, 1995) tendent à recourir à des pratiques préventives sérieuses avec leurs clients, mais elles peuvent y renoncer avec les partenaires privilégiés en qui elles ont confiance ou qui les entretiennent. En Thaïlande (Ford & Supom, 1991), l'usage du préservatif est surtout rejeté par les prostituées de strates socioéconomiques plus pauvres car il retarderait l'éjaculation chez les clients et réduirait donc le nombre de passes quotidiennes. Une autre étude sur les prostituées travaillant dans des bordels, des bars et des clubs (Chongvatana *et al.*, 1993), montre que l'usage du préservatif dépend des zones géographiques et du contexte où la prostitution prend place. Ainsi son emploi était moins fréquent dans le sud de la Thaïlande que dans le nord, parmi celles qui ne travaillaient pas dans des maisons de passe, avaient un revenu plus élevé, peu de collègues qui utilisaient le préservatif et avaient des étrangers comme clients. La progression de l'usage du préservatif est aussi dépendante de la coopération des propriétaires des établissements qui fournissent les services sexuels et de celle des clients (Phanuphak *et al.*, 1992). Dans le contexte touristique, l'usage du préservatif varie. À Saint-Domingue (De Moya, 1988), la clientèle, malgré les demandes répétées des prostituées, refuse de recourir au préservatif. Les connaissances des prostitués balinais étaient faibles et l'emploi du préservatif arbitraire avec des ambivalences marquées à son égard. Parmi les touristes qui les fréquentaient, les connaissances étaient plus élevées, mais l'usage du préservatif limité, malgré de nombreux contacts sexuels (Wirawan *et al.*, 1992; Eiser & Ford, 1995).

Modèles d'intervention

Le sida n'est pas sans avoir des répercussions importantes sur les systèmes médicaux et hospitaliers des pays qui, déjà aux prises avec des problèmes de santé importants, voient souvent leurs maigres ressources mises à l'épreuve (Sow & Van-Praag, 1993). Le développement de projets innovateurs susceptibles de freiner la progression de l'épidémie nécessite de tenir compte de la spécificité de l'organisation socioculturelle et des communautés (Sy *et al.*, 1992). L'évaluation des programmes en Afrique montre à cet égard la domination des modèles occidentaux et l'absence de référence aux valeurs et aux construits culturels des populations concernées. Leur contribution à la construction des programmes reste encore minime (Holmshaw & Carswell, 1992). L'étude des approches thérapeutiques traditionnelles qui vise à cerner leur contribution possible au traitement du sida et à sa prévention, ainsi que le rôle des guérisseurs et des accoucheuses traditionnelles dans ce processus suggèrent des axes d'intervention originaux soulignés par plusieurs. Ces intervenants constituent en effet des agents de changement importants par leurs fonctions et par les paradigmes médicaux qui sous-tendent leur profession et qui empruntent des éléments aux systèmes traditionnels et non traditionnels. Conjointement à leur rôle thérapeutique, ils occupent une place centrale comme leaders d'opinion dans le champ de la santé, tant dans leur communauté qu'à l'extérieur, ce qui peut aider à diffuser des messages préventifs mieux au fait des nuances culturelles. Ces fonctions cruciales en font des partenaires privilégiés dans la mise en place des interventions. La contribution des guérisseurs aux pratiques sécuritaires face au sida dans un contexte urbain défavorisé du Zaïre rejoint ces perspectives (Schoepf, 1992).

À part leurs connaissances des pharmacopées locales qui peuvent aider au traitement des maladies transmises sexuellement et du sida, les thérapies traitant les problèmes sexuels et reproductifs qu'ils prodiguent aux patients leur permettent de discuter directement des questions sexuelles et de leur incidence sur les rapport familiaux. Ceci peut aider à définir des stratégies pour réduire les résistances face à l'usage du préservatif chez les chefs de famille. Dans la mesure où ils sont les interprètes des règles coutumières de conduite, ils sont à même de pouvoir en remodeler certaines afin de les adapter aux nouvelles conditions créées par l'épidémie. Ils sont aussi mieux capables d'intervenir dans le contexte du pluralisme religieux et médical qui a cours au Zaïre. Au Swaziland (Green, 1992), les médecins traditionnels pourraient aussi aider à contrôler l'épidémie. En effet, les guérisseurs diagnostiquent et traitent les MTS à partir d'une perspective traditionnelle. Ces maladies sont ainsi considérées comme le résultat de processus liés à la sorcellerie, à des transgressions de normes sociales portant en particulier dans la sphère sexuelle, ou à des contacts dans la sphère alimentaire et dans celle de l'habillement. Le prestige et la crédibilité reconnus aux guérisseurs pourraient être mis à profit en favorisant une synergie entre médecins, guérisseurs et autorités gouvernementales. Après une formation adéquate, les intervenants traditionnels pourraient aider à éduquer la population quant aux facteurs de transmission des MTS et à leurs symptômes. Ils pourraient aussi les diagnostiquer et orienter les patients vers le système médical moderne, mais ils pourraient parallèlement être entraînés à prescrire des antibiotiques. Les guérisseurs peuvent aussi proposer d'autres stratégies de prévention comme la circoncision afin de réduire l'occurrence de ces maladies (Koloko et al., 1993).

La comparaison des classifications médicales aiderait aussi à révéler les possibilités de convergence entre les paradigmes et à suggérer des pistes d'éducation visant à renforcer la qualité des interventions des thérapeutes traditionnels, comme le montre une étude sur le Mozambique (Jurg et al., 1992). Les types de traitements traditionnels à base de plantes constituent une autre source potentielle de contribution des ethnomédecines au traitement du sida. Par exemple, les recherches expérimentales sur les effets des substances utilisées dans la médecine chinoise traditionnelle (Guan, 1992) semblent montrer qu'elles peuvent dans certains cas inhiber la multiplication du virus.

La collaboration des guérisseurs n'est pas sans présenter des facettes plus problématiques (Schoepf, 1992), dans la mesure où leur charisme et leur pouvoir peuvent être détournés à des fins personnelles par le recours à des procédés de sorcellerie ou à des accusations de ce type, ce qui peut amplifier les mécanismes de bouc émissaire. Il n'est pas sûr, non plus, que leurs représentations du sida et la compréhension de ses mécanismes de transmission soient plus exactes que celles du reste de la population. Ceci peut donner lieu à des pratiques de guérison susceptibles de transmettre le virus lors des relations sexuelles non protégées des personnes séropositives avec des personnes non contaminées, en particulier des jeunes filles encore vierges. Il est donc important de s'assurer que les interventions de ces agents soient bien mesurées et leur contribution soumise à un processus d'éducation et d'évaluation. Malgré ces limites, à cause de l'importance de leur réseau d'influence et de leur pragmatisme, ils constituent un groupe incontournable dans la lutte contre le sida.

À part les guérisseurs, les leaders religieux sont aussi des relais importants dans les activités de prévention et de counselling face au VIH et au sida, comme c'est le cas au Malawi (Asiedu et al., 1992) à condition de modifier les pratiques religieuses et culturelles qui contribuent à la diffusion du virus, comme les résistances à l'usage du préservatif ou les modalités de la circoncision dans le cas des musulmans. Les membres des églises peuvent aussi être directement sensibilisés comme le suggèrent Galvao et al. (1992) dans leur étude sur les religions afro-américaines du Brésil.

Les interventions peuvent aussi porter directement sur les groupes d'individus dont les pratiques sont les plus à risque afin d'améliorer leurs conduites sécuritaires et les entraîner à devenir des personnes-ressources qui peuvent contribuer à des interventions éducatives. Ainsi, plusieurs programmes sont axés sur les prostituées africaines et leurs leaders, comme au Kenya (Moses et al., 1991), au Sierra Leone (Thorlie et al., 1992) et en Afrique du Sud (Moralo et al., 1992). Ils comprennent des informations sur le diagnostic et le traitement des MTS, ainsi que sur les méthodes de prévention du sida et des autres MTS. Des programmes similaires ont été introduits dans d'autres aires culturelles où la prostitution constitue une voie de contamination dominante.

L'éducation des femmes et leur responsabilisation-habilitation constituent une autre stratégie importante dans la lutte contre le sida. Grâce à l'accès à du matériel d'information sur cette épidémie et à la mise en place d'ateliers de discussion et de jeux de rôles, les femmes, qu'elles soient séropositives ou non peuvent acquérir des techniques de négociation qui aident à favoriser des pratiques sécuritaires et l'usage du préservatif (Harris, 1992; Mofokeng et al., 1993). Le projet d'anthropologie médicale transdisciplinaire de Schoepf (1993) au Zaïre rejoint ces approches. Il combine les aspects théoriques et appliqués de l'anthropologie à partir d'une recherche-action réalisée par une équipe de chercheurs. La combinaison des approches méthodologiques (observation-participante, entrevues, groupes de discussion et histoires de vie) ont ainsi aidé à cerner les éléments qui interviennent dans la construction des représentations du sida dans cette population. Les informateurs sont devenus par la suite des assistants lors des interventions qui combinent les jeux de rôle, les études de cas et les interventions au sein des groupes de discussion afin de renforcer les habiletés personnelles qui favorisent la prévention. Ces interventions ont par la suite été diffusées auprès de groupes de prostituées qui ont ainsi amélioré leurs connaissances sur la maladie. Ce projet permet aussi de renforcer les réseaux sociaux qui servent alors de support psychosocial nécessaire au maintien des comportements sécuritaires.

L'intervention peut aussi se développer en ayant recours à des personnes sidéennes dont le rôle sur le plan éducatif et sur celui du counselling peut contribuer à la prévention (Otieno et al., 1992; Adhiambo & Lenya, 1993; Wangalwa et al., 1993) dans les écoles, les institutions religieuses et les communautés. La mobilisation des infirmières, l'un des corps médicaux importants, est aussi l'une des stratégies utilisées (MacNeil, 1992) car elles peuvent accélérer les changements dans les pratiques d'intervention médicales et servir de modèles d'identification pour les personnes avec lesquelles elles sont en contact. La détermination de stratégies bien ciblées passe aussi par l'adaptation du matériel éducatif disponible sur le sida aux contextes socioculturels spécifiques. Ainsi, des ouvrages d'information sur le sida ont été adaptés au contexte kenyan (Kiiti *et al.*, 1992) et peuvent servir de prototypes pour d'autres pays africains. De même, des approches éducatives, de formation et de counselling ont été contextualisées et «indigénisées» afin de pouvoir servir les besoins particuliers des populations pauvres d'Afrique du Sud (Ramakhula *et al.*, 1992). Le recours aux formes théâtrales locales (Skinner *et al.*, 1991) ou aux spectacles de marionnettes adaptées à des audiences spécifiques (Evian *et al.*, 1992) constituent aussi des approches originales susceptibles de contribuer à la prévention de la transmission du VIH/sida.

PERSPECTIVES DE RECHERCHE

Ce bilan général des recherches socioculturelles sur le VIH/sida met en relief l'importance de l'étude des processus socioculturels dans la construction de la maladie, les facteurs de risque, la perception et l'usage du préservatif. Ce portrait montre que les paradigmes biomédicaux ne sont pas suffisants pour bien saisir la complexité de ce phénomène. En même temps, il met en relief l'importance de développer des approches théoriques et méthodologiques qui permettraient de contourner certains des obstacles auxquels l'étude socioculturelle du sida est confrontée. Une meilleure conceptualisation du champ sociosexuel, de même qu'une triangulation méthodologique basée à la fois sur des données quantitatives, qualitatives et comportementales sont nécessaires.

Les données ethnographiques déjà recueillies aident certes à saisir certains des contextes qui favorisent la diffusion du sida, mais l'inventaire des facteurs de risque n'est pas suffisant. Il reste encore à en comprendre les interactions et les variations. À cet égard, des études comparatives à la fois dans des aires culturelles différentes et à des périodes différentes sont à développer afin de mieux saisir les constructions de la maladie et la dynamique de leurs transformations. En particulier, il serait nécessaire de se pencher sur les configurations homosexuelles et bisexuelles pour en dégager les aspects transculturels.

L'étude du jeu des rapports de pouvoir sur la négociation sexuelle est aussi à amplifier et il serait également important d'étudier de façon plus précise les variations dans les pratiques sexuelles dans une perspective dynamique, et ce, dans différents contextes socioculturels, afin de cerner, entre autres, le registre des conduites sexuelles et leurs séquences. Il faut aussi noter la carence dans la recherche liée au tourisme et ses répercussions sur la transmission des MTS et du VIH et du sida. Il s'agirait alors de dépasser les travaux essentiellement épidémiologiques ou psychosociaux dans ce domaine pour effectuer des recherches ethnographiques sur le terrain. Celles-ci aideront à spécifier les effets des types de contacts entre les populations locales et les groupes de touristes sur la progression de l'épidémie, de même qu'à préciser la constitution des réseaux sociosexuels régionaux et transnationaux.

L'analyse des représentations du préservatif et des dilemmes qu'il provoque dans les différents contextes culturels pourrait aussi aider à mieux comprendre les résistances qui entourent son usage et sa diffusion.

Un autre champ de recherche prometteur porte sur l'évaluation de la contribution des thérapeutes et guérisseurs traditionnels à l'intervention préventive dans le domaine des MTS et du sida. L'étude des pharmacopées locales et de leurs propriétés constituerait à cet égard un apport important de l'anthropologie à la recherche médicale et aiderait au développement de traitements efficaces. Dans la même perspective, il serait important d'évaluer le rôle des dimensions socioculturelles dans la définition des messages et des programmes de prévention – en particulier ceux basés sur les formes locales de création – de même que dans leur réception par les différents publics cibles.

CONCLUSION

Épidémie incontournable de cette fin de siècle, le sida constitue un défi majeur pour le champ des sciences biomédicales et sociales. Comme le suggère Fineberg (1988), le sida révèle les «vulnérabilités cachées de la condition humaine» et il expose tout autant les limites des théories et des méthodologies dans le champ socioculturel que les problèmes liés à de meilleures interventions qui pourraient aider à prévenir la transmission du VIH et du sida. Les résultats des recherches montrent l'importance des effets de la pauvreté, des phénomènes de migrations, de même que des rapports de subordination et d'exploitation des femmes, sur la diffusion de l'épidémie. En ce sens, celle-ci est aussi le reflet des transformations rapides dans les conditions socioéconomiques qui contribuent en partie au développement de pratiques sociosexuelles susceptibles de favoriser la transmission du VIH et qui s'inscrivent dans des contextes socioculturels dont il reste à mieux comprendre les dynamiques et les significations.

BIBLIOGRAPHIE

Abramson, P.R. (1992). Sex, lies and ethnography. Dans G. Herdt & S. Lindenbaum (dir.), The time of AIDS (p. 101-123). New York: Sage publications.

Adhiambo, S.O. & Lenya, R.G. (1993). Participation of PWAs in AIDS education. International conference on AIDS, 9, abstract PO-D19-3942.

Aina, T.A. (1991). Patterns of bisexuality in Sub-Saharan Africa. Dans R. Tielman, M. Carballo & A. Hendriks (dir.), Bisexuality and HIV/AIDS (p. 110-139). New York: Prometheus Books.

Allard, R. & Lambert, G. (1992). Knowledge and beliefs of international Travellers about the transmission and prevention of HIV infection. Canadian Journal of Medecine Association, 146, 353-359.

Allen, S., Serufilira, A., Bogaerts, J. et al. (1992). Confidential HIV testing and condom promotion in Africa. Impact on HIV and gonorrhea rates. Journal of American medical association, 268, 3338-3343.

Altman, D. (1993). Power and community: organizational and cultural responses to AIDS. London: Taylor & Francis.

Ankrah, M.E. (1993). The impact of HIV/AIDS on the family and other significant relationships: the African Clan Revisited. AIDS Care, 5, 5-22.

Asiedu, K., Souder, M. & Domatob, A. (1992). Training religious leaders in HIV/AIDS prevention and counselling. International conference on AIDS, 8, abstract PoD 5290.

Bardem. R & Gobatto. C (1995). Maux d'amour, vies des femmes: sexualité et prévention du sida en milieu africain (Ouagadougou). Paris: L'Harmattan.

Benoist, J. & Desclaux, A. (1996). Anthropologie et sida: bilan et perspectives, Paris: Karthala.

Berkley, A. (1994). AIDS in Africa: a personnal perspective. Research of International medecine journal, 73, 309-315.

Bibeau, G. (1991). L'Afrique, terre imaginaire du sida. La subversion du discours scientifique par le jeu des fantasmes. *Anthropologie et Sociétés*, 15, 125-148.

Blackwood, E. (1986). Breaking the mirror: The construction of lesbianism and the anthropological discourse on homosexuality. Dans D.N. Suggs & A.W. Miracle (dir.), *Culture and human sexuality* (p. 98-129). Californie: Brooks.

Bledsoe, R. (1991). The politics of AIDS condoms for stable heterosexual relations in Africa: recent evidence from the local print media. *Disasters*, 15, 87-97.

Bolton, R. (1992). Mapping Terra incognita: Sex research for AIDS prevention-An urgent agenda for the 1990's. Dans G. Herdt & S. Lindenbaum (dir.), *The time of AIDS*, (p. 124-158). New York: Sage publications.

Bolton, R., Lewis, M. & Orozco, G. (1991). Bibliography. AIDS litterature for anthropologists: a working bibliography. *Journal of Sex Research*, 28, 307-346.

Bonneux, L. *et al.* (1988). Risk Factors for infection with human immunodeficiency virus among european expatriates in Africa. *British Medical Journal*, 297, 581-584.

Broadhead, R.S. & Fox, K.J. (1990). Takin'It to the streets. AIDS As outreach ethnography. *Journal of Contemporary Ethnography*, 19, 322-48.

Brown, J. & Ayowa, O.B. (1993). Dry and tight: sexual practice and potential AIDS risk in Zaire. *Social Sciences and Medicine*, 37, 989-994.

Caldwell, J.C., Caldwell, P. & Orubuloye, I.O. (1992). The family and sexual networking in Sub-Saharan Africa: Historical regional differences and present-day implications. *Population Studies*, 46, 385-410.

Caldwell, J.C., Orubuloye, I.O. & Caldwell, P. (1992). Underreaction to AIDS in Sub-Saharan Africa. *Social Science and Medicine*, 34, 1169-1182.

Cappello, M. *et al.* (1991). Human immunodeficiency virus infection among peace corps volunteers in Zaire. *Archives of Internal Medicine*, 151, 1328-1330.

Carballo, M. & Kenya, P.I. (1994). Behavioral issues and AIDS. Dans M. Essex, S. Mboup, P.J. Kanki & M.R. Kalengayi (dir.), *AIDS in Africa* (p.497-512). New York: Raven press.

Carrier, J.M. (1989). Sexual behavior and spread of AIDS in Mexico. Dans R. Bolton (dir.), *The AIDS pandemic. A Global Emergency* (p. 37-50). New-York: Gordon and Breach.

Chirimuta, R.C. & Chirimuta, R.J. (1989). *AIDS in Africa and Racism*. London: Free Association Books.

Choi, K.H., Catania, J., Coates, T.J. & Hearst, N. (1992). International travel and AIDS risk in South Korea. *International conference on AIDS*, 8, abstract PoC 4624.

Chongvatana, N. *et al.* (1993). Factors related to condom use among female commercial sex workers (CSW's) in Thailand. *International conference on AIDS*, 9, abstract WS-D10-5.

Clatts, M.C. & Mutchler, K.M. (1989). AIDS ans the dangerous other: Metaphors of sex and deviance in the representation of disease. Dans R. Bolton (dir.), *The AIDS pandemic: a global emergency* (p. 13-22). New York: Gordon and Breach.

Cohen, E. & Taylor. E. (1976). Environmental orientations: A multi-dimensional approach to social ecology. *Current Anthropology*, 17, 49-70.

Cohen, E. (1982). Thai girls and parang men: The edge of ambiguity. *Annals of Tourism Research*, 9, 403-428.

Cossens, J. & Selena, G. (1994). Tourism and AIDS: The perceived risk of HIV infection on destination choice. *Journal of Travel and Tourism Marketing*, 3, 1-20.

Coxon, T. (1988). Something sensational... The sexual diary as a tool for mapping detailed sexual behaviour. *Sociological Review*, 36, 353-367.

Crompton, J. (1977). Motivations for pleasure vacation. *Annals of Tourism Research*, 6, 408-424.

Daval, R., Kak, L. & Mathur, M.D. (1993) Operations research for integration of AIDS prevention and care in MCH/FP programs in Asia. *International conference on AIDS*, 9, abstract PO-C34-3360.

Deniaud, F. & Bichon, V. (1992). Condom and African youth: three dilemmas. *International conference on AIDS*, 8, abstract PoD 5461.

DeSchryver, A. & Mehews, A. (1989). International travel and sexually transmitted diseases. *World Health Statistic Quaterly*, 42, 90-99.

De Zalduondo, *et al.* (1989). Aids in Africa: diversity in the global pandemic. *Journal of the American Academy of Arts and Science*, 118, 208-220.

Douglas, M. & Wildavsky, A. (1982). *Risk and culture*. Berkeley: University of California Press.

Doussantousse, S., Schopper, D. *et al.* (1992). Condom promotion in a rural district in Uganda. *International conference on AIDS*, 8, abstract PoD 5149.

Dynes, W.R. & Donaldson, S. (1992). *Ethnographic studies of homosexuality*. Vol. 2, New York & Londre: Garland Publishing.

Eiser, J.R. & Ford, N. (1995). Sexual relationships on holiday: A case of situational disinhibition? *Journal of Social and Personal Relationships*, 12, 323-339.

Evian, C., Crewe, M., Naidoo, S. & DeBeer, M. (1992). The development of an AIDS awareness drama, comic and video for workers in Johannesburg. *International conference on AIDS*, 8, abstract PoD 5764.

Farmer, P. & Kim, J.Y. (1991). Anthropology, accountability, and the prevention of AIDS. *Journal of Sex Research*, 28, 203-221.

Farmer, P. (1992). New disorder,old dilemmas: AIDS and anthropology in Haïti. Dans G. Herdt & S. Lindenbaum (dir.), *The time of*

AIDS (p. 287-318). New York: Sage publications.

Farmer, P. (1994). AIDS-Talk and the constitution of cultural models. *Social Sciences and Medicine*, 38, 801-809.

Fee, E. & Krieger, N. (1993). Thinking and rethinking AIDS: Implications for health policy. *International Journal of Health Services* 23, 323-46.

Fineberg, H.V. (1988). The social dimensions of AIDS. *Scientific American*, 12, 128-134.

Ford, N. & Inman, M. (1992). Safer sex in tourist resorts. *World Health Forum*, 13, 77-80.

Ford, N. & Suporn, K. (1991). The socio-cultural context of the transmission of HIV in Thailand. *Social Science and Medicine*, 33, 405-414.

Frigault, L-R. (1995). *Rapport de pouvoir, styles de communication et stratégies de protection face au sida parmi des étudiants et étudiantes universitaires de Montréal*. Rapport d'activité, Université du Québec à Montréal.

Galvao, J., Soares, M, & Leal, C. (1992). AIDS and Afro-Brazilian religions. *International Conference on AIDS*, 8, abstract PoD 5294.

Garcia Garcia, M. *et al*. (1991). Bisexuality in Mexico: Current perspectives. Dans R. Tielman, M. Carballo, & A. Hendriks (dir.), *Bisexuality and HIV/AIDS* (p. 41-58). New York: Prometheus Books.

Gillies, P. *et al*. (1992). HIV-Related risk behaviour in UK holiday-makers. *AIDS*, 6, 339-342.

Graburn, N. (1983). Tourism and prostitution. *Annals of Tourism Research*, 10, 110-116.

Green, E. C. (1992). The anthropology of sexually transmitted diseases in Liberia. *Social Science and Medicine*, 35, 1457-1468.

Grillo, R. (1985). Applied anthropology in the 1980s: retrospect and prospect. Dans R. Grillo & A. Rew (dir.), *Social anthropology and development policy* (p. 1-36). Londres & New-York: Tavistock publications.

Guan, C.F. (1992). The experimental investigation on traditional Chinese medicine for anti-AIDS. *International conference on AIDS,* 8, abstract no. PuA 6068.

Hailegnaw, E. (1992). Poverty, war and the AIDS epidemic in Ethiopia. *International Conference on AIDS*, 8, abstract PuC 8066.

Harris, M. (1992). Educating women: another strategy. *International Conference on AIDS*, 8, abstract PoD 5207.

Hawkes, S.J. & Hart, G.J. (1993). Travel, migration and HIV. *AIDS Care*, 5, 207-214.

Hawkes, S.J. *et al*. (1992). A study of the prevalence of HIV infection and associated risk factors in international travelers. *International Conference on AIDS*, 8, abstract no. PuA 6001.

Herdt, G. & Boxer, A.M. (1991). Ethnographic issues in the study of AIDS. *Journal of Sex Research*, 28, 171-187.

Herdt, G. (1992). Introduction. Dans G. Herdt & S. Lindenbaum (dir.), *The time of AIDS* (p. 3-26). New York: Sage publications.

Herdt, G. *et al*. (1991). Sex, AIDS and anthropology. *Journal of Sex Research*, 28, 167-169.

Héritier-Augé. F. (1992). Ce mal invisible et sournois. Dans C. Thiaudière (dir.), *L'homme contaminé: la tourmente du sida* (p. 148-157). Paris: Autrement.

Holland, J., Ramazanoglu, C., Scott, S., Sharpe, S. & Thompson , R. (1991). Between embarassment and trust: Young women and the diversity of condom use. Dans P. Aggleton, G. Hart & P. Davies (dir.), *AIDS responses, intervention and care* (p. 127-148). Londres: Falmer Press.

Holland, J., Ramazanoglu, C., Scott, S., Sharpe, S. & Thompson , R. (1990). Sex, gender and power: young women's sexuality in the shadow of AIDS. *Sociology of Health and Illness*, 12, 336-350.

Holland, J., Ramazanoglu, C., Scott, S., Sharpe, S. & Thomson, R. (1992). Pressure, resistance, empowerment: Young women and the negociation of safer sex. Dans P. Aggleton, P. Davies, & G. Hart (dir.), *AIDS: rights, risk and reason* (p. 142-162). Londres: The Falmer Press.

Holmshaw, M. & Carswell, J.W. (1992). AIDS in Africa: who has the solution?. *International conference on AIDS*, 8, abstract PoD 5530.

Houweling, H. & Coutinho, R.A. (1991). Risk of HIV infection among Dutch expatriates in Sub-Saharan Africa. *International Journal of STD and AIDS*, 2, 252-257.

Hunt, C.W. (1989). Migrant labor and sexually transmmited disease: AIDS in Africa. *Journal of Health and Social Behavior*, 30, 353-73.

Ingstad, B. (1988). Koro: a culture-bound depersonalization syndrome. Dans D.N. Sugg & A.W. Miracle (dir.), *Culture and human sexuality* (p. 444-455). California: Brooks.

Joffé, H. (1992). Blame and AIDS among South Africa black and white. *International conference on AIDS*, 8, abstract PoD 5544.

Joffé, H. (1993). Beyond the knowledge attitude behaviour paradigm of AIDS research. *International conference on AIDS*, 9, abstract PoD 384423.

Jurg, A., Tomas, T., Dgedge, A. & Green, E.C. (1992). Traditional health beliefs and practices related to sexually-transmitted diseases and AIDS in the Province of Manica, Central Mozambique. *International Conference on AIDS*, 8, abstract PuC 8111.

Kaplan, M.S. (1990). AIDS and the psychosocial discipline: The social control of dangerous behavior. *The Journal of Mind Behavior*, 11, 337-351.

Karch, D. & Dann, G.(1981). Close encounters of the third world. *Human Relations*, 34, 249-268.

Kiiti, N., Long, W.M. & Gatua, E. (1992). Adapting prototype AIDS education manuals for community trainers in Kenya. *International Conference on AIDS*, 8, abstract PuD 9131.

Kippax, S., Crawford, J., Waldby, C. & Benton, P. (1990). Women negotiating heterosex: implications for AIDS prevention. *Women's Studies International Forum*, 13, 533-542.

Koloko, P., Zokwe, B., Green, E.C. & Dupree, J.D. (1993). Ethnomedical practices of significance to the spread and prevention of HIV in southern Africa. *International conference on AIDS*, 9, abstract PO-C03-2610.

Kotarba, J.A. (1990). Ethnography and AIDS: returning to the streets. *Journal of Contemporary Ethnography*, 19, 259-270.

Krippendorf, M. (1987). *Les vacances et après?: pour une nouvelle compréhension des loisirs et des voyages*. Paris: L'Harmattan.

Lancaster, R.N. (1992). Subject honor and object shame: The construction of male homosexuality and stigma in Nicaragua. Dans W.R. Dynes & S. Donaldson (dir.), *Ethnographic studies of homosexuality* (p. 289-303). New York: Garland Publishing.

Larson, M. (1989). The social epidemiology of Africa's AIDS epidemic. *African Affairs*, 89, 5-25.

Leavitt, S.C. (1991). Sexual ideology and experience in a Papua New Guinea society. *Sociological Science of Medicine*, 33, 897-907.

Leiner, M. (1994). *Sexual politics in Cuba: Machismo, homosexuality and AIDS*. Oxford: Westview Press.

Leviton, C. (1989). Theoretical foundations of AIDS prevention programs. Dans R.O. Valdiseri (dir.), *Preventing AIDS: The design of effective programs* (p. 42-90). New-Brunswick: Rudgers University Press.

Lévy, J. & Vidal, J. (1995). Du danger des plaisirs. Dans E. Volant, J. Lévy & D. Jeffrey (dir.), *Les risques et la mort* (p. 207-234). Montréal: Méridien.

Lévy. J & Nouss, A. (1994). *Sida-Fiction. Essai d'anthropologie romanesque*, Lyon: Presses Universitaires de Lyon.

Lewis, N.D. & Bailey, J. (1993). HIV, international travel and tourism: Global issues and pacific perspectives. *Journal of public Health*, 6, 159-167.

Lindan, C., Allen, S., Carael, M. et al. (1991). Knowledge, attitudes, and perceived risk of AIDS among urban Rwandan women: relationship to HIV infection and behavior change. *AIDS*, 5, 993-1002.

MacNeil, J. (1992). Sharing the challenge: mobilizing nurses against HIV/AIDS in Africa. *International Nursing Review*, 39, 77-82.

Malin, A. et al. (1991). HIV prevalence in heterosexual attending the Hospital for Tropical Diseases. *International conference on AIDS*, 6, abstract PuD 9201.

Marshall, D.S. & Suggs, R.C. (1972). *Human Sexual Behavior*. New Jersey: Prentice Hall, Engelwoods Cliffs.

Maticka-Tyndale, E. (1994). Knowledge attitudes and beliefs about HIV/AIDS among women in Northeastern Thailand. *AIDS education and prevention*, 6, 205-218.

Maurer, P. (1992). *Tourisme, prostitution et sida*, Paris: L'Harmattan.

Mays, U.M. (1991). AIDS survey methodology with black Americans. *Journal of science and medecine*, 33, 47-54.

Mboya, T.O. (1992). Traditional behaviour and AIDS-analysis and change through community participation. *International conference on AIDS*, 8, abstract PuD 9141.

McGrath, J.W., Rwabukwall, C.B., Schumann, D.A. et al. (1993). Anthropolgy and AIDS: The cultural context of sexual risk behavior among urban Baganda Women in Kampala, Uganda. *Social Science and Medicine*, 36, 429-439.

Mead, M. (1961). Cultural determinants of sexual behavior. Dans W.C. Young (dir.), *Sex and internal secretions* (p. 1433-1479). Baltimore: Williams and Wilkins.

Mofokeng, D., Riley, M., Du Toit, L. & Dupree, J.D. (1993). Organizing community-based prevention and support for HIV-positive mothers and their families in South Africa. *International conference on AIDS*, 9, abstract PO-D03-3506.

Moralo, M.N., Zazayokwe, M., Knigge, N. & Christie, G. (1992). A community project to educate sex workers in squatter camps about AIDS. *International conference on AIDS*, 8, abstract no. PoD 5642.

Moses, S., Plummer, FA., Ngugi, E.N., et al. (1991). Controlling HIV in Africa: effectiveness and cost of an intervention in a high-frequency STD transmitter core group. *AIDS*, 5, 407-411.

Nicoll, A., Laukamm-Josten, U., Mwizarburi, B., Mayala, C., Mkuye, C., et al. (1993). Lay health Beliefs Concerning HIV and AIDS - A Barrier for Control Programs. *AIDS Care*, 5, 231-241.

Noone. G. et al. (1991). Travel, heterosexual intercourse and HIV-1 infection. *CDR-London Englan Review*, 1, 39-43.

Nzila, N., Laga, M., Thiam, M.A. et al. (1991). HIV and other sexually transmitted diseases among female prostitutes in Kinshasa. *AIDS*, 5, 715-721.

O'Mallay, J. (1988). Sex, tourism and women's status in Thailand. *Loisir et Société*, 11, 99-114.

Orubuloye, I.O. (1994). *Sexual networking and AIDS in sub-Saharan Africa: behavioural research and the social context*. Australia: ANUTECH.

Orubuloye, I.O., Caldwell, J.C. & Caldwell, P. (1993). African women's control over their sexuality in an era of AIDS. A study of the Yoruba of Nigeria. *Social Science and Medicine*, 37, 859-872.

Otieno, S., Dar, F. & Valadez, J. (1992). Participation of people with HIV(PHIV) in counselling. *International conference on AIDS*, 8, abstract PoB 3382.

Parker, R.G. & Daniel, H. (1993) *Sexuality, Politics and AIDS in Brazil: In Another World?*. New York: Falmer Press.

Parker, R.G. & Tawil, O. (1991), Bisexual behavior and HIV transmission in Latin America. Dans R. Tielman, M. Carballo & A. Hendriks (dir.), *Bisexuality and HIV/AIDS* (p. 59-64). New York: Prometheus Book.

Parker, R.G. (1991). *Bodies, pleasures and passions: sexual culture in contemporary Brazil.* Boston: Beacon Press.

Pellegrini, H. (1993) Women. *International conference on AIDS,* 9, abstract no. PO-D03-3509.

Phanuphak, P. *et al.* (1992). Genetic variants of HIV-1 in Thailand. *AIDS research Human Retrovirus,* 8, 887-895.

Pickering, H. (1988). Asking questions on sexual behaviour, testing methods from the social sciences. *Health Policy Planning,* 3, 237-244.

Pollak, M. (1988). *Les homosexuels et le sida: Sociologie d'une épidémie.* Paris: Métailié.

Prual, A., Chacko, S. & Koch-Weser, D. (1991). Sexual behavior, Aids and poverty in Sub-Saharan Africa. *International Journal of STS and AIDS,* 2, 1-9.

Ramakhula, M.S., Letsebe, A. & Mcanyana, S. (1992).The South African Black Social Workers' Association (SABSWA) experiences in AIDS education, training & counselling in South African context. *International Conference on AIDS,* 8, abstract PoD 5279.

Rogstad, K.E., Tesfaledet, G., Abdullah, M.S. & Ahmed, I.H. (1993). Knowledge of HIV transmission and risk behaviour in Kenyan health care workers. *International Journal of STD and AIDS,* 4, 200-203.

Rosenbaum, J., Holson, N., Hernandez, O. & Newton, L. (1993). When you can't be a fly on the wall: improving measures of reported behavior. *Journal of Contemporary Ethnography,* 19, 322-348.

Ross, M.W. (1991). Male bisexuality in Autralia. Dans R. Tielman, M. Carballo et A. Hendriks (dir.), *Bisexuality and HIV/AIDS* (p. 127-130). New York: Prometheus Brooks.

Ryan, M.P. (1991). AIDS in Thailand. *Medical Journal of Autralia,* 154, 282-284.

Sabatier, R. (1989). *Sida. L'épidémie raciste.* Paris: L'Harmattan.

Salgado-De-Snyder, V.-N., Diaz-Perez, M. & Maldonado, M. (1996). AIDS: Risk behaviors among rural Mexican women married to migrant workers in the United States. *AIDS Education and Prevention,* 8, 134-142.

Schean, S. (1992). AIDS in Africa. *Dissent,* 9, 397-308.

Schoepf, B.G. (1988). Women, AIDS, and economic crisis in Central Africa. *Canadian Forum of African studies,* 22, 625-644.

Schoepf, B.G. (1991a). Ethical, methodological and political issues of AIDS research in Central Africa. *Social Science and Medicine,* 33, 749-763.

Schoepf, B.G. (1991b). Representations sociales et pratiques populaires au Kinshasa. *Anthropologie et Sociétés,,* 15, 160-166.

Schoepf, B.G. (1992). AIDS, Sex and condoms: African healers and the reinvention of tradition in Zaire. *Medical Anthropology,* 14, 225-242.

Schoepf, B.G. (1993). AIDS, action research with women in Kinshasa, Zaire. *Sociological Science and Medecine,* 37, 1401-1413.

Scrimshaw, S.C.M., Carballo, M. Ramos, L. & Blair, B.A. (1991). AIDS Rapid Anthropological Assessment Procedures: A tool for health education planning and evaluation. *Health Education Quaterly,* 18, 111-123.

Seidel, G. (1993). The competing discourses of HIV/AIDS in Sub-Saharan Africa: Discourses of rights and empowerment vs discourses of control and exclusion. *Social Science and Medicine,* 36, 175-194.

Simmons, M.J. (1996). Hookers, hustlers, and round-trip vacationers: The gender dynamics of sex and romance tourism. *Society for the Study of Social Problems (SSSP),* 4, 129-140.

Smallman-Raynor, M.R. & Cliff, A.D. (1991). Civil war and the spread of AIDS in Central Africa. *Epidemiology and Infection,* 107, 69-80.

Sow, A. & Van-Praag, E. (1993). Consequences of AIDS for public health systems in developing countries. *International Conference on AIDS,* 9, abstract PoD34-4336.

Sprecher, S. & McKinney, S. (1993). *Sexuality.* Sage Series on close relationships. New York: Sage Publications.

Standing, H. (1992). AIDS: Conceptual and methodological issues in researching sexual behaviour in Sub-Saharan Africa. *Social Science and Medicine,* 34, 475-483.

Stanecki, K.A. & Way, P.O. (1992). Trends in HIV infection levels. *International conference on AIDS,* 8, abstract PoC 4622.

Sy, A., Etchepare, C., Etchepare, M., Bacha, A, & Djigaly, L. (1992a). Prevention strategies at community level: the example of ENDA actions in west Africa. *International conference on AIDS,* 8, abstract PoD 5316.

Sy, A., Etchepare, C., Etchepare, M., Bacha, A. & Djigaly, L. (1992b). Impact of cultural aspects on AIDS prevention in Africa. *International conference on AIDS,* 8, abstract PoD 5514.

Thanh-Dam, T. (1983). The dynamics of sex Tourism: The case of Southeast Asia. *Development and Change,* 14, 532-553.

Thorlie, I.D., Kosia, A.M., Makiu, E. & Mansaray, N. (1992). Commercial sex workers and customers. *International conference on AIDS,* 8, abstract PoD 5674.

Tielman, R., Hendriks, A. & Soesbeek, K. (1992). International comparative study on bisexuality and HIV/AIDS, *International conference on AIDS,* 8, abstract PoD 5200.

Tuzin, D. (1991). Sex, culture and the anthropologist. *Social Science and Medicine,* 33, 867-74.

Vance, C.S. (1991). Anthropology rediscovers sexuality: A theoretical comment. *Social Science and Medicine,* 33, 875-884.

Vorakitphokatorn, S. & Cash, R. (1992). Factors that determine condom use among traditionally high users: Japanese men and commercial sex workers in Bangok, Thailand. *International conference on AIDS*, 8, abstract PoD 5237.

Wangalwa, S., Kasiime, D., Nsubuga, L. *et al.* (1993). The psycho-social and economic aspects of going public among HIV body positives. *International conference on AIDS*, 9, abstract PO-D13-3750.

Wawer, M.J., Podhisita, C., Kanungsukkasem, U., Pramualratana, A. & McNamara, R. (1996). Origins and working conditions of female sex workers in urban Thailand: Consequences of social context for HIV transmission. *Social Science and Medicine*, 42, 453-462.

Wilke, M. & Kleiber, D. (1991). AIDS and sex tourism. *International conference on AIDS*, 6, abstract PoD 5299.

Wirawan, D.N., Fajans, P. & Ford, K. (1992). Sexual behavior and condom use of male sex workers and their male tourist clients in Bali, Indonesia. *International conference on AIDS*, 8, abstract PoD 5240.

Worth, D. (1989). Sexual decision-making and AIDS: Why condom promotion among vulnerable women is likely to fail. *Studies in Family Planning*, 20, 297-307.

Yesmount, G.A. (1991). *Assertiveness, gender and knowledge and the safer sex behaviors of caution, asking and condom use.* Thèse de doctorat, Hofstra University.

Yothin, S. & Pimonpan, I. (1991). *Ethnographic study of long-haul truck drivers for risk of HIV infection.* Institute for Population and Social Research, Mahidol University.

LES ASPECTS ETHNOCULTURELS DU SIDA: DES DÉFIS MAJEURS[1]

Paul CAPPON, Dennis G. WILLMS, Alix ADRIEN, Gaston GODIN, Sharon MANSON-SINGER, Eleanor MATICKA-TYNDALE

Au cours de cette dernière décennie pendant laquelle le sida a fait des ravages et en l'absence de vaccin ou de remède efficaces les programmes d'éducation et de prévention constituent les seuls moyens d'empêcher l'expansion de l'infection au VIH. Dans ces conditions – qui risquent de persister longtemps – quelle est l a situation des communautés ethnoculturelles au Canada et ailleurs? Comment ont-elles réagi aux défis du VIH et du sida et quelles sont les leçons que les autres pays pourraient tirer de leur expérience?

Les enjeux sont multiples et incluent deux principaux aspects: l a capacité de ces groupes de limiter l'infection au sein de leurs communautés et les rapports entre les minorités et l a majorité. Le VIH peut en effet avoir une incidence négative sur leurs relations, la majorité percevant une menace de l a part d'un groupe à forte prévalence.

Nous évaluerons ces enjeux et cette expérience en quatre parties. En premier lieu, nous décrirons les défis que doivent relever les populations ethnoculturelles au Canada qui sont aux prises avec le sida. Nous présenterons ensuite une mise à jour de certains travaux et d'interventions faites à l'extérieur du Canada avant de montrer comment l e projet de recherche des communautés culturelles canadiennes face au sida (1992-1995) a tenté de relever des défis importants. Enfin, nous démontrerons par une étude de cas, celle des Torontois originaires de l a Corne de l'Afrique, qu'il est possible, à l'intérieur des communautés culturelles, de réaliser d'importants progrès par rapport à la sensibilisation et, peut-être, à l a prévention de l a transmission du VIH.

LES ENJEUX AU CANADA

Les communautés ethnoculturelles du Canada se définissent comme des groupes dont la culture ou la langue (ou les deux) diffèrent substantiellement de la société anglo-française de ce pays. À partir de cette définition, on peut dégager deux raisons d'étudier le phénomène du VIH et du sida dans le contexte culturel. Premièrement, l'orientation des programmes canadiens actuels de prévention du VIH vers les cultures prédominantes européennes et nord-américaines limite leur application dans les communautés ethnoculturelles. Les minorités visibles ont du mal à accéder aux programmes d'éducation existants et ils trouvent que les programmes ne respectent pas leur culture

[1] Avec nos remerciements à Jocelyne Maxwell, l'adjointe de recherche de Paul Cappon.

ou sont offerts dans une langue qu'ils comprennent difficilement. Deuxièmement, la répartition ethnique des cas de sida au Canada est distribuée inégalement parmi les groupes raciaux et ethniques du pays.

L'ampleur du problème

La première étape dans l'élaboration de toute solution à un problème consiste dans l a prise de conscience de l'existence et de l'ampleur de ce problème. Dans le cas du sida, il existe, parmi les communautés culturelles au Canada et dans bien d'autres pays, de multiples obstacles idéologiques et méthodologiques qui ont retardé l a concrétisation de cette première étape. Pour ce qui est des obstacles méthodologiques, mentionnons l e manque de données relatives à la prévalence du VIH parmi les différents groupes minoritaires. Il est vrai que les statistiques de base sur les communautés ethnoculturelles en général soulèvent de sérieux problèmes de définition (Haour-Knipe & Dubois-Arber, 1993). Même en tenant compte de cette situation, i l est évident qu'au Canada, les minorités visibles en général, les Noirs et les Hispaniques en particulier, sont surreprésentés dans les cas enregistrés de sida alors que les Asiatiques sont sous-représentés proportionnellement à l'ensemble de la population. Au milieu de l'année 1993, les Noirs (y compris les immigrants et les Canadiens de naissance) représentaient 0,89% de l a population et 6% des cas de sida au Canada (Division de l'épidémiologie des maladies transmissibles; Laboratoire des lutte contre l a maladie; Santé Canada, 1994). Ces statistiques ne sont pas très différentes de celles qu'on peut noter aux États-Unis, où les Noirs représentaient en 1991, 12% de l a population mais 25% de tous les cas de sida. Selon Ernst *et al.*, (1991), cette tendance indique que l a représentation disproportionnée des Noirs dans les statistiques relatives au VIH et au sida continuerait de s'accroître en l'absence de programmes efficaces de prévention dans cette communauté.

Étant donné l a période de latence moyenne de huit à dix ans, c'est l a prévalence de l'infection au VIH qui constitue l'indice le plus important de l a fréquence de cette maladie parmi les membres des minorités ethnoculturelles. Les statistiques sur la prévalence du VIH seraient d'autant plus significatives que, dans les cas de plusieurs groupes ethniques, un bon nombre d'entre eux sont des immigrants nouvellement arrivés. Malheureusement, au Canada on compte très peu d'études sur l a séroprévalence. En fait, les seules études canadiennes sur l a séroprévalence qui tiennent compte de l'origine ethnique ou raciale portent sur les Canadiens d'origine haïtienne (Frappier-Davignon *et al.*, 1990). En 1983-1984, l a séroprévalence d'un échantillon aléatoire de 189 Haïtiens en bonne santé était de 2,1%. Une étude anonyme, sans rapport avec l a séroprévalence, effectuée sur les femmes subissant un avortement à Montréal entre juillet et décembre 1989, a montré que deux femmes séropositives sur trois étaient d'origine haïtienne (Remis *et al.*, 1990).

Nous disposons de peu de données sur la prévalence du VIH dans les autres communautés culturelles canadiennes. Ne connaissant pas avec certitude l a prévalence du VIH et d'autres maladies transmissibles sexuellement parmi les différents groupes, les intervenants ne savent pas toujours où ni comment élaborer des programmes de prévention. À l'exception d'une étude menée auprès d'étudiants et d'étudiantes cégépiens d'origine italienne, grecque et juive, au cours de laquelle on a comparé les données avec celles qui portaient sur les cégépiens des deux cultures (Maticka-Tyndale & Lévy, 1992), l a recherche canadienne met l'accent sur des contrastes entre l e comportement sexuel des populations anglophones et francophones (Hobart, 1984; Lévy *et al.*, 1990). Par ailleurs, les études américaines qui portent sur le comportement et les attitudes des minorités raciales et ethniques par rapport au sida (Aruffo, Coverdale & Valisma, 1991; Jemmott & Jemmott, 1990; Marin & Marin, 1990; Rapkin & Erickson, 1990; Rashkkori & Thompson, 1990; Rolfs & Nakachima, 1989; Selik, Castro, Pappaioanou & Suehler, 1989; Strunin, 1991; Weinberg & Williams, 1988) ne nous éclairent pas sur les populations au Canada puisqu'il existe une vaste différence culturelle entre les minorités vivant aux États-Unis et au Canada.

Accès aux communautés culturelles

Une des explications de l a pénurie de données sur l a prévalence du VIH parmi les membres des populations minoritaires est liée à l'effet de marginalisation qu'implique ce diagnostic. En fait, les membres de ces groupes peuvent se sentir doublement marginalisés par leur statut ethnique ou racial, et par l a stigmatisation qui accompagne les individus séropositifs et les communautés culturelles où l'on trouve un taux d'infection plus élevé que l a moyenne. L'expérience vécue par plusieurs individus, dans leur pays d'origine, ou des personnes atteintes du virus ont été punies ou marginalisées directement ou indirectement constitue également un facteur significatif dans le refus des nouveaux Canadiens de se laisser identifier comme porteurs du virus.

Les mêmes types de problèmes d'ordre méthodologique s'appliquent aux chercheurs et aux statisticiens qui sont responsables de l a production de données sur la prévalence. Les chercheurs qui tentent d'étudier les attitudes et les comportements des minorités visibles, surtout lorsqu'il s'agit de sexualité et de sida, trouvent l'accès à ces communautés difficile. Dans ce contexte, il est difficile aussi de trouver des approches préventives propres à ces communautés. Les raisons de cette inaccessibilité sont multiples. Premièrement, il existe de l a part des membres du groupe une méfiance naturelle à l'égard des intervenants de l'extérieur de la communauté, d'autant plus qu'ils représentent l'autorité aux yeux des gens venus de pays où les droits de l a personne ne sont pas toujours respectés (Lebel, 1986). Deuxièmement, l a langue peut constituer un obstacle sérieux lorsqu'on affronte une maladie aussi dévastatrice que le sida (Stewart, 1990). Troisièmement, l a définition de la maladie et de ses causes varie selon la culture et l'ethnicité (Majumdar & Carpio, 1988). Il semble, par exemple, que le foyer de contrôle psychologique, internalisé dans l e cas de beaucoup d'Occidentaux, puisse être externalisé chez les immigrants en provenance du tiers-monde. Il est possible également que les immigrants récents insistent sur les besoins physiques fondamentaux et soient moins prêts à participer à des programmes axés sur les styles de vie (Majumdar & Carpio, 1988).

La méfiance à l'égard du chercheur et de l'intervenant devient une préoccupation croissante, tout comme l a question de l a perception du chercheur comme étant redevable à l a communauté étudiée. On constate plus fréquemment que les sujets exigent non seulement que les résultats leur soient communiqués de façon immédiate et que l a diffusion des conclusions ne leur nuise pas, mais aussi qu'ils puissent participer au choix des méthodologies, de l a collecte et de l'analyse des données, et à l'élaboration des conclusions. Certains chercheurs ne seraient pas à l'aise avec ce modèle participatif alors que d'autres n'auraient ni l'expérience ni le tempérament ou la patience requis pour adopter ce modèle (Gold & Kelly, 1991).

C'est par l'ensemble de ces raisons que l'on peut expliquer l a difficulté d'accès aux communautés culturelles et l e manque de données sur l a prévalence des MTS et du VIH, et les attitudes et les comportements de ces groupes. Dès lors, les activités ciblées et efficaces de prévention s'avèrent difficilement concevables.

Traditions, croyances et tabous

Un troisième élément qui retarde l a prise de conscience et l'élaboration de stratégies de prévention propres aux communautés culturelles est l i é à l'existence de traditions de croyances ou de tabous au sein de certains de ces groupes. Dans certaines collectivités, par exemple, les toxicomanes sont rejetés par l a communauté qui ne veut pas admettre leur existence (Singer, 1991). Dans leur cas, i l existe un double problème de méfiance: celui de l a marginalisation des toxicomanes par leur communauté et celui de la situation de l'ensemble de la communauté par rapport à la société dominante.

Dans le projet portant sur les communautés ethnoculturelles canadiennes face au sida (Adrien *et al.*, 1995; Cappon *et al.*, 1995; Godin *et al.*, 1995; Manson-Singer *et al.*, 1995; Maticka-Tyndale *et al.*, 1995; Willms *et al.*, 1995) dont nous décrirons les grandes lignes ci-dessous, les chercheurs ont identifié une gamme de tabous dont l'existence au sein d'une communauté culturelle peut nuire à l'élaboration de programmes de prévention. Par exemple, diverses questions relatives à la transmission du VIH sont communes aux femmes des communautés étudiées, entre autres la difficulté et la gêne de parler de sexualité, l'absence de pouvoir pour négocier des pratiques sexuelles sûres, et la croyance que le mariage les met à l'abri du VIH et du sida.

Dans l a plupart des communautés étudiées, les femmes sont définies souvent par la communauté et elles se définissent elles-mêmes, au travers de leurs rôles de femmes, de mères, de filles et de femmes au foyer. Parmi les générations plus âgées, les femmes ont rarement eu le droit d'avoir des relations sexuelles avant le mariage. On accorde une grande valeur à l a virginité féminine avant l e mariage. Dans certaines communautés comme celles de l'Asie du Sud où le mariage mais aussi les mariages arrangés sont importants, on en fait une question d'honneur familial. Étant donné que «les femmes ne sont pas censées avoir des relations sexuelles[2]», comme l e rapportait un groupe masculin de discussion de l a communauté sud-asiatique (Willms *et al.*, 1991), on pense généralement qu'elles n'ont pas besoin de savoir comment prévenir l e sida et d'autres MTS. À l'exception des femmes qui ont été éduquées au Canada, ou des professionnelles des soins de santé, certaines femmes de l a communauté punjabi et sikh, par exemple, n'ont pas de connaissances précises sur la transmission du VIH.

Dans toutes les communautés participantes, i l est important pour de nombreuses femmes d'avoir un enfant. Avoir un partenaire est aussi une

---

[2] Les citations sont une reproduction verbale et exacte de commentaires faits lors des rencontres avec les groupes des différentes communautés.

priorité. Les chercheurs ont trouvé que dans les communautés antillaises anglophones, certaines femmes peuvent même se placer dans des situations risquées pour éviter de se retrouver seules. Les femmes qui sont parrainées par leurs maris pour entrer au Canada seraient également vulnérables. Elles peuvent se trouver dans une situation encore plus défavorable que les autres pour négocier l'usage du condom avec le partenaire dont elles dépendent pour obtenir le strict nécessaire sur le plan économique et affectif.

Il est intéressant de noter ici que les comportements et les croyances spécifiques aux communautés ethnoculturelles qui contribuent à l'existence des comportements à risque sont aussi présents dans la communauté dominante. Cependant, les femmes des communautés ethnoculturelles semblent être plus désavantagées et marginalisées à cause de circonstances économiques et sociales défavorables, des barrières de langue, de l'accès limité aux ressources, des attentes culturelles, et de leur isolement au sein de leur communauté (Manson-Singer et al., 1995).

D'autres traditions ou croyances s'appliquent spécifiquement aux hommes hétérosexuels, dans certaines communautés. Pour les hommes qui ont plusieurs partenaires, les risques se compliquent du fait que l'utilisation du condom peut être une pratique relativement nouvelle pour la plupart des communautés participant à l'étude et que plusieurs raisons pour ne pas l'utiliser sont avancées. Les hommes se sentent souvent insultés et offensés lorsqu'on aborde le sujet de l'utilisation du condom. Ceux de la corne de l'Afrique estiment que l'utilisation d'un contraceptif est contraire à leurs principes religieux, car c'est du gaspillage de sperme. Les Antillais anglophones se sont montrés récalcitrants aux initiatives visant à réduire les risques en réaction à des théories controversées selon lesquelles l'Afrique serait le berceau du sida, théories qui, d'après eux, ont provoqué une stigmatisation des communautés noires.

Dans la plupart des communautés participantes, la décision d'utiliser ou non un condom pour prévenir les MTS, y compris le VIH et le sida, lors des rencontres hétérosexuelles, est prise par les hommes. Les femmes n'ont pas voix au chapitre en matière de précautions à prendre pour rendre leurs relations sexuelles sûres et elles ne peuvent pas non plus demander à leurs partenaires de prendre des précautions à l'extérieur du foyer. Les hommes prennent leur décision en fonction de l'estimation qu'ils font du risque de contracter une infection au VIH. Ainsi les Antillais anglophones qui n'utilisent pas de drogues ou ne sont pas homosexuels, et qui pensent que «ça ne peut pas m'arriver».

À l'intérieur des communautés culturelles au Canada, il existe plusieurs attitudes face aux relations non traditionnelles comme l'homosexualité. La plupart des membres de ces communautés sont d'avis que le libéralisme dans l'ensemble de la société canadienne est plus grand que celui de leur groupe. Les hommes homosexuels ou ceux qui ont des relations avec des hommes de la communauté peuvent avoir une image négative d'eux-mêmes et avoir honte de leur penchant et de leurs pratiques sexuelles. Ces attitudes peuvent aussi les priver des programmes d'éducation préventive destinée aux homosexuels déclarés. À cause des attitudes négatives et des tabous profondément ancrés dans la communauté, de nombreux homosexuels et bisexuels cachent leur «secret». Certains vont même se plier à des mariages arrangés pour éviter de provoquer des conflits dans leur famille (Willms et al., 1993).

Les défis à relever

Les stratégies canadiennes pour atténuer le VIH, comme celles de tous pays multiculturels, doivent tenir compte de plusieurs défis importants: le manque de statistiques relatives au taux d'infection dans les différentes communautés et la difficulté à produire ces données; les obstacles importants dans l'analyse des attitudes et des comportements des membres des communautés culturelles et donc une prise de conscience difficile à faire de l'étendue du problème; la méfiance des membres de la communauté envers les chercheurs de l'extérieur, qui pourraient les aider à définir qualitativement et quantitativement l'ampleur des problèmes présents dans leur communauté; et enfin de nombreuses traditions et de nombreux tabous dans les communautés qui peuvent aussi constituer un obstacle à cette prise de conscience et donc à la mise en place d'interventions préventives efficaces.

LA SITUATION INTERNATIONALE

La situation, dans plusieurs pays, est similaire à celle du Canada en ce qui a trait aux données très limitées sur la prévalence du VIH parmi les minorités et à aux stratégies de réduction du taux d'infection.

États-Unis
Prévalence

Nous avons déjà noté la comparaison entre le taux élevé de sida chez les Noirs tant aux États-Unis qu'au Canada. Aux États-Unis, en 1991, des 179 136 cas de sida rapportés, 28,6% des cas se retrouvaient chez les Noirs alors qu'ils représentaient 12% de la population. Il y avait également une prévalence disproportionnée parmi les hispanophones: alors qu'ils représentent 7% de la population américaine, 16,1% des cas de sida se retrouvent chez eux. De plus, 74% des enfants atteints du sida (moins de treize ans au moment du diagnostic) provenaient des groupes minoritaires. Parmi ceux-ci, 52,5% étaient noirs et 25,5% hispanophones. Chez les femmes atteintes du sida, 52% sont noires et 21% hispanophones (Thomas & Homes-Morgan, 1991).

Des données de 1991 indiquent que 80% des toxicomanes qui sont infectés par le VIH sont des Noirs ou des hispanophones. Parmi les Noirs et les hispanophones atteints du sida, 40% ont été exposés au virus à cause de l'utilisation d'injections intraveineuses, comparativement à 8% des Blancs atteints par le sida (Singer, 1991). Singer (1991) en conclut que la culture est importante dans les programmes d'intervention et de prévention du sida chez les toxicomanes provenant de groupes minoritaires.

Aux États-Unis, l'épidémie semble avoir atteint un plateau chez les homosexuels, mais on constate que les homosexuels Noirs et hispanophones s'engagent plus fréquemment dans des rapports sexuels anaux sans protection que les homosexuels de race blanche. On constate également que les hommes des groupes minoritaires sont plus enclins à être bisexuels que les Blancs et que les bisexuels Noirs étaient plus enclins à adopter des comportements à risque que les homosexuels Noirs (Karon & Berkelman, 1991).

En ce qui concerne les autres MTS, la Floride, la Californie et New-York ont connu depuis 1985 une hausse du taux de syphilis, en particulier chez les minorités visibles. Entre 1975 et 1984, le taux de prévalence de la gonorhée était dix fois plus élevé chez les hommes qui n'étaient pas de race blanche (De Schryver & Meheus, 1990).

Comportements à risque
À la fin des années 1980, i l n'existait pas encore de programmes de prévention visant les comportements à risque, qui s'adressaient spécifiquement aux communautés minoritaires. Il y a eu cependant une dissémination de fausses informations qui ont renforcé les croyances déjà en place. Par exemple, la Nation de l'Islam a distribué, dans la communauté noire, de la documentation qui présentait le sida comme une forme de génocide par lequel l a société blanche cherchait à éliminer la race noire. Ces prises de position ont amené des groupes de chercheurs américains à reconnaître le besoin de se familiariser avec les sous-cultures des populations noires et des autres minorités afin d'élaborer des méthodes d'éducation efficaces et appropriées (Thomas & Homes-Morgan, 1991). Ainsi, une conférence nationale sur l e sida, en 1988, a donné lieu à la création de regroupements politiques noirs et hispanophones et à un meilleur financement fédéral d'activités de prévention à l'intention de ces communautés (Thomas & Homes-Morgan, 1991).

Les objectifs de base des programmes d'éducation axés sur les besoins des populations minoritaires ont consisté à chercher à comprendre les lacunes de connaissances au sujet du sida, les mythes et les facteurs liés aux comportements à risques susceptibles de constituer des barrières à des programmes éducatifs efficaces. On voulait, par ces programmes, identifier des organisations ancrées dans la communauté et ayant accès aux groupes plus difficiles à atteindre. Ces organisations ont servi de véhicule pour l a transmission des programmes d'éducation et d'intervention.

Évaluation des programmes d'intervention
La plupart des programmes d'intervention s'orientaient surtout vers les connaissances et l a compréhension du sida pour répondre aux critères des agences de financement. Par contre, une fraction seulement de ces programmes permettaient de recueillir des statistiques sur l a prévalence du VIH ou du sida ou d'obtenir des données sur des comportements préventifs, même si l e besoin d'évaluer l'efficacité de ces programmes est toujours présent. On reconnaît cependant que les besoins éducatifs et de santé des groupes minoritaires diffèrent de ceux de l a majorité. Au début des années 1990, on a aussi préconisé l a mise sur pied de programmes d'éducation tenant davantage compte des différences culturelles (Thomas & Holmes-Morgan, 1991).

Les résultats de certaines interventions auprès des Américains noirs ou hispanophones sont intéressants. Dans une étude menée auprès de travailleurs Noirs, Ernst *et al.*, (1991) ont constaté que ces derniers exprimaient le besoin de modifier des habitudes personnelles afin d'éviter l'infection au VIH, ce qui indiquait qu'ils étaient sensibilisés au risque du VIH. Dans une autre étude, Gold & Kelly (1991) ont insisté sur l'importance de présenter l e matériel éducatif en espagnol adapté au groupe minoritaire tout en respectant le contenu du texte anglais. Ils ont trouvé, au contraire, que des informations précises sur l e VIH et l e sida étaient plus importantes que l e milieu culturel auquel ces informations sont destinées. Certains découragent même l e développement de programmes de prévention du VIH spécifique à une culture et expriment leur opinion ainsi: «*Therefore, the production of culturally specific materials for AIDS prevention education is probably not worth the effort»* (Gold & Kelly, 1991).

En ce qui concerne le VIH, le sida et les minorités ethniques, l'importance accordée aux différences culturelles semble être moindre aux États-Unis qu'au Canada. Cela constitue une raison supplémentaire pour convaincre certains chercheurs canadiens que leurs voisins du Sud ne peuvent leur fournir un modèle approprié pour les interventions qu'ils projettent.

Europe

On retrouve dans les travaux européens sur le sida et l'ethnicité des préoccupations et des obstacles à la recherche qui ressemblent à l'expérience canadienne et américaine. Les données concernant la prévalence du VIH dans les collectivités ethnoculturelles sont limitées, et, comme en Amérique, le sentiment de marginalisation entrave la réalisation d'interventions en prévention. Haour-Knipe (1993), par exemple, a étudié les résultats de programmes de prévention dans douze pays d'Europe où les minorités ethniques ont été ciblées, certains groupes étant composés en majorité d'immigrés, d'autres, de travailleurs sans droit de résidence permanente. L'auteure constate que la stigmatisation potentielle s'est avérée un obstacle considérable aux efforts de prévention auprès des immigrants qui craignaient la double marginalisation que l'on observe en Amérique du Nord. Les étrangers seraient-ils simultanément les sujets potentiels de stigmatisation et à l'origine de cette perception négative? Leur déni du sida les oblige en effet à le considérer comme «le problème de l'autre» et non pas comme le problème de leur communauté.

L'abandon par les communautés ethnoculturelles de leurs membres vivant avec le VIH ou le sida a également été observé dans une étude suédoise sur les rapports entre la séroprévalence et le suicide (Rajs & Fugelstad, 1992). Les résultats de 16 931 autopsies ont révélé que 0,5% de ces personnes étaient séropositives. Parmi les 85 personnes séropositives, 21 sont décédées à la suite d'un suicide et la moitié des suicidés homosexuels ou bisexuels étaient des immigrants. Les auteurs postulent que ces derniers ne possédaient pas un réseau de soutien stable ou avaient été rejetés par leur communauté suite à l'annonce de leur maladie.

Dans plusieurs pays d'Europe, les minorités ethnoculturelles ont un taux d'infection élevé (Des-Jarlais & Friedman, 1988) ou des besoins d'information plus poussés, surtout chez les toxicomanes. En Allemagne, une enquête réalisée parmi les immigrants grecs à Dortmund (Kaistsiotis, 1990) a indiqué que les ressortissants grecs étaient mal renseignés sur les moyens de transmission du virus et qu'il existait chez eux une corrélation entre le niveau de conscientisation par rapport au sida et l'éducation. La grande majorité des sujets demandaient des informations précises, et ceci dans leur langue maternelle. Kaistsiotis a conclu que l'Allemagne devait faire des efforts particuliers pour sensibiliser l'ensemble de ses minorités ethnoculturelles à la question du sida. En Angleterre également, on préconise la création de programmes de prévention culturellement spécifiques (Johnson, 1991), en insistant sur les besoins des communautés noires, sur les avantages de l'évaluation de l'efficacité de ces interventions par les minorités elles-mêmes, et sur le rôle primordial de ces collectivités pour établir leurs exigences en matière d'éducation. En France, on adopte une approche systématique du processus décisionnel en ce qui concerne la prévention du sida (Setbon, 1991) et le débat sur les mesures appropriées s'est politisé: en Guyane française où 20% de la population est d'origine haïtienne, on avait dénombré, à la fin de 1987, 44 femmes enceintes et séropositives, dont 43 étaient noires et 40 Haïtiennes (Pradinaud *et al.*, 1989). Enfin, une enquête suédoise menée entre 1986 et 1990 a montré que, parmi les patients séropositifs au VIH et qui avaient un diagnostic de troubles mentaux ou psychosociaux, 20% étaient des immigrants (Alexius *et al.*, 1991).

Ce bref survol de la situation européenne nous permet de conclure que l'expérience des pays occidentaux en ce qui concerne le VIH et l'ethnicité est comparable: déficience de données complètes sur l'ampleur du problème, même si des enquêtes ont été réalisées sur certains groupes dans certains pays; méfiance de la part des communautés ethnoculturelles, surtout des minorités visibles qui craignent la marginalisation et la stigmatisation ou qui nient l'étendue des problèmes dans leur collectivité. Par conséquent, en Europe comme en Amérique, il y a carence d'interventions qui réussissent à freiner l'expansion du VIH dans les communautés ethnoculturelles. Il existe par ailleur un besoin important, partout à travers le monde occidental, de développer des approches privilégiant la collaboration entre les chercheurs et les leaders des collectivités minoritaires afin d'identifier et surmonter les obstacles qui s'opposent à la prise de conscience des problèmes posés par le sida et afin de favoriser ainsi l'instauration de comportements préventifs.

L'EXPÉRIENCE CANADIENNE: LE PROJET DE RECHERCHE DES COMMUNAUTÉS CULTURELLES FACE AU SIDA

Afin de relever dans le contexte du Canada les défis que nous venons de décrire, un projet national de recherche, participatif, impliquant six communautés culturelles importantes a été mené entre 1992-1995 (Adrien *et al.*, 1995; Cappon *et al.*, 1995; Godin *et al.*, 1995; Manson-Singer *et al.*, 1995; Matycka-Tyndale *et al.*, 1995; Willms *et al.*, 1995). Ce programme de recherche consistait à déterminer les facteurs individuels et socioculturels ayant un impact sur la transmission du VIH dans ces groupes. Les chercheurs estimaient que, à partir des informations dont ils disposaient, ils pouvaient déceler les facteurs susceptibles d'avoir une importance pour un nombre beaucoup plus grand de communautés ethnoculturelles. Ce but général englobait les quatre objectifs spécifiques de la recherche:

1. Repérer et déterminer les types et la prévalence des comportements associés au risque de transmission du VIH dans des communautés ethnoculturelles choisies.
2. Cerner les facteurs socioculturels et psychosociaux influençant le comportement de réduction du risque dans les communautés étudiées en mettant l'accent sur les déterminants d'intention par rapport au comportement.
3. Repérer tant les questions que les thèmes reliés à la transmission du VIH qui sont uniques à chaque communauté ethnoculturelle, ainsi que ceux qui sont communs aux groupes étudiés.
4. Recommander des stratégies d'éducation et de prévention fondées sur les résultats de la recherche et visant à promouvoir un changement de comportement afin de favoriser l'adoption de pratiques de réduction du risque

dans les communautés étudiées.

Cadre de travail conceptuel de l'étude

Deux théories ont servi à définir les facteurs ethnoculturels associés à l a transmission du VIH: au niveau global, l e modèle socioculturel de comportement en matière de santé élaboré par Kleinman; au niveau personnel, l e modèle sociopsychologique du comportement social et de l a modification du comportement élaboré par Triandis. Ces deux modèles ont été conçus pour étudier l'influence des facteurs culturels (en particulier ethnoculturels) sur l e comportement.

Selon Kleinman (1978a, 1978b, 1978c, 1980), les comportements individuels en matière de santé sont fonction du contexte culturel et sont influencés par lui. Pour comprendre l'expérience de l a maladie dans toute culture, i l faut explorer trois domaines qui se chevauchent. Il s'agit du secteur professionnel, qui comprend les médecins, les éducateurs et les chercheurs dans le domaine de l a santé; du secteur des soins de santé populaires, qui comprend les soins communautaires, l'autogestion de l a santé, les soins familiaux et individuels; du secteur des soins de santé traditionnels, qui comprend les guérisseurs indigènes et traditionnels. L'individu ou sa collectivité accède à ces domaines en fonction de l a manière dont i l interprète une maladie existante ou un mal potentiel.

Dans le cadre de cette étude, il était intéressant de voir comment les personnes naviiguent dans ces trois secteurs pour intervenir et guérir ces maux, et comment l'information est diffusée et comprise. Pour que l'individu prenne soin de sa santé, i l faut lui offrir des lignes directrices et des stratégies éducatives qui se marient avec les domaines de l a santé pertinents pour s a culture.

Pour comprendre les comportements en matière de santé et leur rapport avec l e contexte culturel, Kleinman (1980) a identifié cinq percepts pour construire l e modèle explicatif du comportement. Il s'agit de l'expérience psychosociale de l a maladie, des lignes directrices du comportement dont l'objet est de rechercher des soins de santé, de l a gestion de l a maladie, des activités de guérison, et de l a gestion des résultats de l a thérapie (de l a guérison à la mort). Bien que ces percepts aient été conçus dans l e contexte de fonctions cliniques, l e modèle peut servir à comprendre les processus de transmission du VIH et la réduction possible du risque de cette transmission. Il est possible d'édifier un modèle explicatif particulier à l a communauté en définissant l e contenu de ces percepts et leur interaction dans chaque domaine, ainsi que les interactions entre les domaines en ce qui a trait aux messages (manifestes, cachés, omis) et aux attitudes envers l a transmission du VIH. Ce modèle permet de voir si les lignes directrices provenant des milieux professionnels sont respectées ou non. Il faut aussi comprendre l e contexte culturel des comportements liés à l a transmission du VIH, pour pouvoir concevoir des programmes de promotion de l a santé adaptés à l a collectivité culturelle et augmenter les probabilités de respect des lignes directrices.

Le modèle de Kleinman a servi de fondement conceptuel à divers rapports et travaux interculturels sur les soins de santé, dont ceux sur l a façon d'envisager les soins de santé selon les cultures d'Anderson (1982, 1985, 1986,

1990), ceux sur l a gestion des maladies à long terme des enfants de Waxler-Morrison *et al.*, (1990), ceux sur l'élaboration de lignes directrices à l'intention des professionnels de l a santé qui travaillent au sein de différents groupes ethnoculturels de Manson-Willms & Bates (1991), ceux sur l a conception de soins primaires efficaces pour les patients défavorisés des noyaux urbanisés de Taylor (1990) qui décrit le sida comme une métaphore pour l'expérience de l'exclusion des personnes atteintes du VIH.

Alors que Kleinman insiste sur le contexte socioculturel des comportements individuels (influences professionnelles, populaires et traditionnelles), pour sa part, Triandis met l'accent sur le processus psychosocial de transformation des influences communautaires et externes en comportement individuel, au moyen des interprétations individuelles. Le modèle de Triandis se fonde sur l a recherche des facteurs associés à l'expression de comportements sociaux dans différentes cultures (Weinberg & Williams, 1988; Triandis, 1979), et situe par conséquent le comportement individuel dans le contexte de la variation culturelle. Le modèle a donné de bons résultats dans des études sur l'usage de contraceptifs oraux (Jacard & Davidson, 1975), le désir d'avoir des enfants (Davidson *et al.*, 1976), les tests de dépistage de cancer du col de l'utérus (Siebold & Roper, 1979), l a vaccination contre l a grippe (Montano, 1986), l'utilisation des ceintures de sécurité (Mittal, 1988) et l'exercice physique (Valois, Desharnais & Godin, 1988).

Bien que dans l a conception de programmes éducatifs qui apportent une amélioration d'un comportement particulier, i l soit important de connaître les habitudes et les circonstances dans lesquelles le comportement se manifeste, dans l'immédiat, c'est l'intention véhiculée par ces programmes qui a de l'influence. Selon Triandis, quatre facteurs influencent l'intention: l a cognition (dont, par exemple, l'analyse individuelle des conséquences de l'utilisation d'un condom), les sentiments (par exemple, les sentiments de plaisir ou d'inconfort, de jouissance ou d'ennui associés à l'utilisation d'un condom), les déterminants sociaux (par exemple, les normes fixées par l a communauté en ce qui concerne le bien-fondé, pour une femme, d'utiliser un condom), et finalement, les croyances personnelles normatives (par exemple, l a norme personnelle ou le sentiment d'obligation personnelle d'utiliser des condoms dans une situation donnée).

Selon ce modèle, les diverses normes ethnoculturelles (traditionnelles et populaires) relatives à l'âge, au sexe et à la situation sociale ont un effet sur les comportements individuels du fait qu'elles influencent l'établissement des habitudes (par le renforcement de comportements particuliers, par exemple), la création des circonstances d'expression du comportement (par l a surveillance des jeunes filles et l'accès à celles-ci, par exemple), et les connaissances, les sentiments, les déterminants sociaux et les normes personnelles, qui, à leur tour, créent l'intention de se comporter d'une certaine manière.

Selon le modèle de Kleinman, pour concevoir des programmes efficaces dont le but est de freiner l a transmission du VIH dans diverses collectivités ethnoculturelles, il faut comprendre les facteurs spécifiques à l a population concernée, et les rapports de ces facteurs et de la collectivité avec les milieux professionnels de l a santé et leurs membres. C'est dans ce contexte que s'expriment les comportements des membres de l a communauté à l'endroit de la réduction du risque ou de l'amélioration du comportement.

Selon le modèle de Triandis, ces facteurs et ces collectivités produisent les situations sociales qui facilitent ou entravent certains comportements, les normes qui sont interprétées par l'individu, et le contexte de renforcement de certains comportements. Pour cet auteur, le comportement est le résultat direct de processus intrapersonnels qui découlent à leur tour d'interactions avec d'autres personnes et avec l'environnement. Pour que les programmes de prévention soient efficaces, ils doivent tenir compte des facteurs culturels et personnels qui commandent le comportement.

Le modèle communautaire de participation

L'ensemble du projet de recherche se fonde sur un modèle de partenariat ou de participation dans lequel les représentants des collectivités étudiées prennent avec l'équipe de recherche les décisions sur la conception et la mise en œuvre de la recherche. Cette approche tient compte du fait que tous les participants ont certains buts en commun, y compris un intérêt à élaborer de meilleurs programmes d'éducation et de prévention du sida pour les collecti-vités ethnoculturelles.

Ce projet comprenait trois phases: la première a consisté à recueillir des renseignements et à sélectionner les six groupes qui ont participé à la phase suivante; au cours de la deuxième, des entrevues poussées et des groupes de discussion ont fournis des données qualitatives; quant à la troisième phase, elle a consisté à mener une enquête sur l'utilisation des condoms dans trois des groupes.

Afin de garantir le caractère participatif de la recherche, deux types de groupes de travail composés de représentants des collectivités ont été formés: le Conseil consultatif national (CCN) avant le début de la première phase, et les groupes de recherche régionaux (GRR) pour chaque collectivité au début de la deuxième phase. Le CCN comptait des représentants des organisations ethnoculturelles, des cadres et des intervenants dans le domaine du sida qui avaient de l'expérience avec des populations ethnoculturelles différentes. Les GRR englobaient deux types de meneurs communautaires: ceux du groupe des personnes porteuses du VIH et des leaders sociaux ou politiques. Des professionnels de la santé bien informés sur le groupe des porteurs du VIH ont été inclus ainsi que des chefs de mouvements de femmes et de jeunes. À l'encontre du CCN, dont la composition est restée stable et définie, celle des GRR était souple. Ces derniers, formant au départ de petits noyaux, ont grossi rapidement et de manière dynamique au fur et à mesure qu'ils se faisaient connaître dans la collectivité.

Ces deux groupes ont été dotés d'un vaste mandat pour que, tout au long du processus de recherche, ils gardent leur pertinence et leur responsabilité envers la collectivité. Afin de définir clairement les buts et les responsabili-tés, le CCN et les GRR avaient des mandats distincts.

Nous savions que les partenaires dans le projet partageraient en partie nos valeurs et nos buts mais que, dans certains domaines, il y aurait aussi des divergences. Par conséquent, nous nous sommes entendus pour adopter un ensemble de principes directeurs: respect mutuel des buts, des valeurs et des attributions de chacun; souplesse du processus de recherche; engagement envers la participation communautaire; garantie que la recherche respecte-rait la culture de chacun; responsabilité envers les collectivités et compatibilité avec elles; responsabilité scientifique; responsabilité envers Santé Canada, l'organisme subventionnaire.

Le processus de prise de décision visait à faire collaborer l'équipe de recherche, le CCN et les GRR sur des points de la recherche qui touchaient des communautés données. Les décisions portant sur les éléments de l a recherche ont été prises selon un processus d'établissement d'un consensus entre les chercheurs et chaque GRR, ainsi qu'entre les chercheurs et le CCN. Nous avions convenu que l a prise de décision devrait toujours avoir pour but de produire des renseignements pertinents pour les collectivités en cause, et utilisables par elles.

Les communications entre le CCN et l'équipe de recherche ont pris diverses formes: réunions nationales bisannuelles, distribution aux membres du CCN des procès-verbaux des réunions des GRR et des équipes de recherche, appels téléphoniques et, si nécessaire, correspondance.

Pour leur part, les membres des GRR se sont réunis chaque mois avec l'équipe de recherche locale. Tout au long de l a deuxième phase, il s ont reçu des procès-verbaux et ont communiqué par téléphone et par correspondance. Dans bien des cas, les membres des GRR ont participé directement au recrutement, à l a préparation et à l'initiation des groupes de discussion et aux entrevues.

Méthodologie

Nous avons utilisé trois critères pour choisir les collectivités ethnoculturelles à inclure dans les phases suivante: 1) l'étendue de l'infection au VIH et au sida, évaluée à partir des statistiques existantes d'observation, des renseignements fournis par les unités sanitaires municipales et les cliniques de MTS, et d'un examen de la documentation sur l e sida et d'autres MTS dans les collectivités ethnoculturelles; 2) la taille et l a localisation de l a collectivité urbaine, fondées sur les données du recensement de 1986 et de l'immigration, l'âge des membres de la collectivité et l a nouveauté de l'arrivée au Canada; 3) la cohésion définie par la collectivité et la capacité de celle-ci à participer aux travaux, basées sur la structure organisationnelle existante et le besoin de programmes de prévention du sida. Les six collectivités choisies pour participer à l a deuxième phase du projet sont les suivantes: Latino-Américains et arabophones de Montréal, Chinois et Sud-Asiatiques de Vancouver, Antillais anglophones et peuples originaires de l a Corne de l'Afrique de Toronto.

Les techniques d'évaluation ethnographique rapide conçues par Scrimshaw *et al.* (1991) pour l a recherche sur le sida ont servi à définir les contextes socioculturels de transmission du VIH et de prévention contre ce virus (fondés sur le modèle de Kleinman), à produire des mises en œuvre des construits théoriques respectueuses du caractère ethnoculturel (modèle de Triandis) à utiliser dans la troisième phase, et à obtenir des renseignements élémentaires utiles pour définir les cadres d'échantillonnage et les stratégies de collecte des données pour la troisième phase.

Les collectivités ont décrit toute une gamme d'attitudes et de situations à haut risque liées au sida. Certains groupes vulnérables ont été identifiés. Nous comprenons mieux à présent ce qui influence le risque dans ces groupes: le processus d'immigration qui mène à l'isolement et à l a vulnérabilité affective; les attitudes de la collectivité envers la sexualité ou l'injection de drogues; les relations et les rôles des femmes et des hommes; la prise de décision communautaire; la politique communautaire; le déni, la religion, la crainte des valeurs traditionnelles; les relations parents-enfants; la religion.

La sélection des trois collectivités qui devaient participer à la troisième phase, axée sur l'utilisation du condom avec de nouveaux partenaires, s'est effectuée à partir des résultats de la deuxième phase combinés aux données démographiques et à la prévalence du risque obtenues dans la première phase. En raison des contraintes de temps et de budget, trois collectivités seulement ont été choisies, en fonction des cinq critères suivants: 1) taille de la collectivité et du sous-groupe cible; 2) possibilité réelle d'atteindre le groupe cible; 3) intégralité des renseignements sur les construits pertinents au modèle théorique du comportement utilisé dans la troisième phase; 4) prévalence perçue du comportement à risque; 5) transférabilité nationale des résultats. C'est la possibilité réelle d'atteindre le groupe cible qui a eu le plus de poids.

Nous avons demandé à la collectivité sud-asiatique de Vancouver, à la collectivité latino-américaine de Montréal et à la collectivité antillaise anglophone de Toronto de participer à la troisième phase. Cette enquête a fourni les renseignements nécessaires pour comprendre l'intention d'utiliser un condom avec de nouveaux partenaires, ainsi que des renseignements sur les programmes d'intervention.

Survol des résultats
Phase II (méthodes qualitatives)
La vie dans la communauté et dans la famille

Les répondants ont mentionné que les pressions économiques créent de nouvelles attentes envers les hommes et les femmes. La plupart rapportait des expériences de discrimination; et à cause de la discrimination, la communauté choisit de régler ses problèmes elle-même. Les participants ont rapporté qu'il existe des rôles distincts pour les hommes (chef de famille) et les femmes (nourricière), et on s'attend à ce que ces rôles soient respectés. Cependant, les lois (loi contre la violence conjugale) et les pressions de la culture européenne dominante créent des changements de rôles et des conflits difficilement surmontés.

Les changements de rôles se reflètent aussi dans les relations entre les jeunes et les aînés. Les jeunes se trouvent aussi en conflit entre la nouvelle culture et la culture traditionnelle. De plus, les différences de langue et la difficulté qu'ont les parents à parler anglais ou français contribuent à un manque de compréhension entre les générations.

La vie sexuelle

Les communautés ethnoculturelles présentent des différences considérables relativement à l'éducation sexuelle, aux fréquentations, et aux attentes vis-à-vis des comportements sexuels des jeunes. Les parents ont des attentes particulières pour leurs filles et leurs fils. On ne parle que rarement de sexe entre les générations, et ainsi, l'échange d'information et la communication n'ont pas lieu. Dans les relations hétérosexuelles, les comportements sexuels et la sexualité ne sont pas sujet à discussion. La contraception est la responsabilité de la femme.

Les hommes qui ont des relations sexuelles avec d'autres hommes ne se définissent pas comme homosexuels. On constate une stigmatisation rattachée à l'homosexualité et un déni de l'existence de l'homosexualité.

Les comportements à risque
Il devient difficile d'offrir de l'éducation sur le sida, à cause du déni de certaines modalités d'expression de l a sexualité. Par ailleurs, les hommes bisexuels se voient comme étant moins à risque de contracter le sida. Devant de fortes pressions pour l a conservation de l a virginité des femmes, certains couples choisissent d'avoir des rapports sexuels anaux et ils n'utilisent pas de condoms. Les relations sexuelles avec des membres provenant d'autres communautés culturelles sont des moments de liberté qui traduisent un besoin de résister au contraintes culturelles et à l'utilisation du condom. L'alcool et l'utilisation des drogues constituent également des obstacles pour l'utilisation des condoms.

Connaissance du sida et attitudes envers la prévention
Les hommes, y compris ceux qui ont des relations sexuelles avec d'autres hommes, ainsi que les femmes perçoivent le sida comme une maladie des hommes homosexuels de race blanche. Par ailleurs, le déni de l a sexualité et des comportements à risque, et le refus d'associer les comportements à risque avec le sida laissent envisager que l a distribution matériel éducatif risque d'être difficile.

Les inquiétudes par rapport au sida
C'est parmi les Latino-Américains et les Antillais anglophones que se retrouvait la plus forte proportion des participants qui se percevaient comme étant à risque d'infection. Ils constituaient aussi la majorité des participants qui ont dit avoir déjà été testés pour détecter le virus. Un nombre restreint des participants sud-asiatiques se percevaient comme étant à risque et peu d'entre eux disent avoir été testés contre le virus. Parmi les hommes séropositifs, certains avaient eu des relations avec un partenaire du même sexe; certains étaient célibataires alors que d'autres étaient mariés. Par ailleurs, la proportion des cas séropositifs rapportés lors de cette étude est supérieure à l a proportion des cas observés parmi l a population générale au Canada. Cependant, étant donné la nature de l'échantillonnage de cette étude, il n'est pas possible d'évaluer la valeur représentative des résultats de chacune des communautés.
Moins de la moitié des participants connaissaient des organismes de prévention du sida. Cependant, presque tous ceux qui connaissaient ces organismes ont indiqué une volonté d'utiliser leurs services.

Phase III - L'intention d'utiliser le condom (méthodes quantitatives)
Les résultats de la phase III de l'étude des communautés ethnoculturelles démontrent que les Latino-Américains et les Antillais anglophones qui prévoient d'utiliser le condom lors d'une nouvelle relation sexuelle sont ceux qui, au préalable, entrevoient l'utilisation du condom comme étant le reflet d'une norme personnelle qu'ils s'imposent. Deuxièmement, ces répondants croient qu'il existe peu de barrières ou plusieurs conditions pour faciliter l'utilisation du condom et que les barrières existantes peuvent être surmon-

tées. Il en est de même pour les hommes sud-asiatiques. Ces personnes croient que l'utilisation des condoms coïncide avec les normes de l a communauté pour des individus de leur âge, de leur sexe, de leur groupe ethnique et de leur statut (Godin *et al.*, 1995).

Stratégie de communication

Les résultats de l a recherche ont été diffusés dans l a collectivité au moyen de rapports provisoires rédigés à diverses étapes du projet puis dans un rapport final., Les communications entre l'équipe de recherche et l a collectivité figuraient en permanence à l'ordre du jour des réunions du CCN. Ce comité a d'ailleurs participé à l a conception de stratégies appropriées de communication visant à l a fois à diffuser les résultats, et à solliciter des commentaires et des remarques sur les problèmes rencontrés par les membres de la collectivité.

Au cours de l a deuxième phase, des rapports ont été préparés pour chacune des six collectivités concernées. Il en a été de même pour les trois communautés qui ont participé à l a troisième phase. En raison de l a nature de l a recherche et de l'engagement à rendre des comptes aux collectivités, l a préparation des rapports a eu la priorité sur l a rédaction de l'interprétation scientifique des résultats. Ces rapports qui allaient servir d'outils de développement communautaire incluaient, par conséquent, un ensemble de recommandations préparées de concert par l'équipe de recherche et les GRR pour chaque collectivité.

Notre stratégie de communication a obéi à trois principes fondamentaux: le respect, la réceptivité et l'uniformité. Elle prévoyait une grande distribution des résultats de la recherche et a aidé à renforcer les principes du partenariat et à provoquer l a participation enthousiaste de l a collectivité. De même, les commentaires des membres de l a collectivité ont été utiles pour concevoir les stratégies de prévention appropriées.

Conclusions

Cette recherche n'aurait pas pu avoir lieu si nous n'avions pas eu recours à un partenariat avec chacune des six collectivités concernées. Mentionnons, par ailleurs, que leur sensibilisation au problème du VIH et du sida était variable. Dans certains groupes, comme chez les arabophones, les ressortissants de l a Corne de l'Afrique[3], et les Latino-Américains, i l n'y avait pas d'organisation axée sur l a prévention et l'éducation sur le sida. Même dans les collectivités qui n'avaient pas auparavant perçu le VIH comme un problème, il a été possible de faire participer les leaders locaux à un processus de recherche en partenariat.

D'autres groupes, comme les Chinois et les Sud-Asiatiques de Vancouver, venaient tout juste de commencer à demander des fonds de démarrage, qu'ils ont obtenus par l a suite pour financer des initiatives d'éducation et de prévention dans les groupes d'homosexuels et de bisexuels. Par contre, les Antillais anglophones disposaient déjà d'une organisation financée de lutte contre le sida (l a Black Coalition for AIDS Prevention [Black-CAP]). Par conséquent, les besoins, les attentes et les connaissances variaient beaucoup entre les collectivités et à l'intérieur de celles-ci; leurs membres sont toute-

---

[3] Africans United to Control AIDS (AUCA) fonctionne comme une organisation mère.

fois venus à la première rencontre avec les chercheurs en espérant tous des résultats tangibles pour leur collectivité et ils étaient tous aussi animés du désir de participer au processus de recherche.

Les membres des GRR ont clairement exposé leurs attentes à celles de l'équipe de recherche pendant les réunions, lors d'appels téléphoniques et des échanges par correspondance. Certains représentants, particulièrement ceux qui avaient «été étudiés» auparavant, ont d'abord été sceptiques et ont exprimé certaines réserves sur la participation au projet. Ils s'interrogeaient sur la façon dont les comptes allaient être rendus et sur des questions relatives à la propriété du produit de la recherche, au renforcement des stigmates et des préjugés existants envers leur collectivité et au financement d'initiatives d'éducation sur le sida.

À cause de ces problèmes, les groupes ont assorti leur participation de certaines conditions. Ils voulaient avoir un rapport détaillé des résultats de l'étude, qu'ils utiliseraient pour justifier le financement d'initiatives communautaires d'éducation sur le sida et pour éduquer leurs membres sur les risques, les croyances et les comportements liés au VIH et au sida. Ils ont aussi eu leur mot à dire sur les méthodes utilisées et sur les individus et les groupes sollicités. Par exemple, dans la société sud-asiatique de Vancouver, les mosquées et les temples sont le centre de la vie communautaire. Les membres des GRR ont cependant clairement fait savoir à l'équipe de recherche qu'elle n'aurait rien à gagner à approcher les leaders religieux car ce sont les éléments les moins progressistes. Dans ces circonstances, le recrutement de participants pour les entrevues et les groupes de discussion a été encore plus difficile, mais en même temps, le projet a pu conserver une image positive. Sans le modèle participatif adopté ici et les interventions comme celles-ci, nos efforts de recherche n'auraient réussi.

Il est intéressant de souligner que les organisations ont, par la suite, fait partie de la stratégie de recrutement pour la troisième phase, en partie parce que les GRR et l'équipe de recherche ont réussi à mener avec succès leur recherche pendant la deuxième phase en respectant la collectivité. Dans les deux collectivités de Toronto, les membres des GRR ont défini la composition des groupes de discussion à organiser, en dépit du fait que leurs recommandations différaient considérablement en nombre et en nature des groupes choisis dans les deux autres villes. Lorsque les contraintes budgétaires ont limité le nombre de groupes de discussion à neuf, les GRR les ont définis avec l'équipe de recherche de Toronto.

Les données rassemblées au cours de cette étude ont fourni de précieux renseignements sur l'infection au VIH et sur sa transmission dans les collectivités ethnoculturelles canadiennes. L'approche par des méthodes multiples a permis d'équilibrer les forces et les faiblesses de chaque démarche de recherche. Elle a montré également que les méthodes qualitatives d'exploration pouvaient servir à concevoir des méthodes quantitatives de confirmation des résultats.

Cette étude a montré qu'il est possible de mener des recherche tant épidémiologiques que sur le comportement des individus face au sida et au VIH, dans les sociétés ethnoculturelles. Il a certes fallu investir beaucoup de temps et d'efforts pour favoriser et maintenir la collaboration et le partenariat entre l'équipe de recherche et les groupes concernés. Cette collaboration a été une des forces de l'entreprise parce qu'elle a permis d'avoir une rétroaction rapide sur les résultats de recherche, d'aborder les problèmes communautaires, de discerner et de respecter les points sensibles, et de donner du pouvoir aux collectivités. En conséquence, cette étude fournit un modèle de partenariat de recherche dans ces collectivités.

La diversité des groupes ethnoculturels a constitué un facteur limitatif. En effet, certains étant relativement homogènes, leurs membres avaient le même patrimoine religieux et ethnique, mais d'autres étaient plutôt hétérogènes, avec de multiples sous-groupes religieux et autres (par exemple, les Indiens, les Chinois). Cette diversité a nécessité de décider pour chaque cas les limites de la collectivité à inclure, en fonction des critères de sélection établis.

Par ailleurs, seules les collectivités urbaines ont été incluses dans l'échantillon. De même, seules celles qui comptaient un nombre minimum de familles de première génération ont été prises en considération; les populations minoritaires établies depuis longtemps au pays n'ont pas été représentées. Les différences régionales au sein des collectivités n'ont pas non plus été prises en compte. Certaines, qui répondaient au critère d'inclusion, ont pu être oubliées en raison de la validité douteuse des données épidémiologiques existantes. La participation à la recherche a obéi au principe de l'autosélection, c'est-à-dire que seules les personnes qui désiraient participer et que les chercheurs pouvaient rencontrer facilement ont été admises.

En dépit de ces contraintes, nous estimons que le schéma des problèmes et des thèmes communs à plusieurs groupes, ainsi que ceux uniques à chaque collectivité, fournit un cadre de travail pertinent qui peut s'appliquer à d'autres groupes. De plus, la documentation rassemblée pendant le processus de recherche pourra servir de guide à des recherches ultérieures sur les collectivités ethnoculturelles. Finalement, les renseignements obtenus fournissent les premières données solides à partir desquelles élaborer des programmes appropriés de prévention contre le sida dans les collectivités ethnoculturelles. En ce sens, l'expérience canadienne laissse entrevoir des pistes intéressantes de recherche et d'interventions préventives pour les communautés ethnoculturelles situées dans d'autres pays. Il nous semble que les conditions fondamentales que les chercheurs doivent satisfaire à l'étranger seraient similaires à celles que nous venons d'exposer: un partenariat entre les chercheurs et les intervenants, et les collectivités étudiées; une méthodologie appropriée pour identifier les communautés à risque élevé dans un contexte où les statistiques de l'État ne tiennent pas compte de l'ethnicité; des méthodologies qui, en combinant des approches qualitatives et quantitatives, donnent des résultats que les collectivités concernées peuvent s'approprier pour créer leurs propres stratégies de prévention.

ÉTUDE DE CAS: LE PROJET SUR LA SANTÉ DES PERSONNES ORIGINAIRES DE LA CORNE DE L'AFRIQUE. (PSCA)

Nous avons constaté grâce à l'exemple de l'étude des communautés culturelles les conditions permettant l a réalisation d'une intervention de recherche ou de prévention. Nous présentons ici le cas d'une collectivité qui applique dans son intervention les principes de l'étude précédente.

Les peuples de l a Corne de l'Afrique comptaient parmi les collectivités ethnoculturelles du Canada qui ont fait l'objet des études menées dans le cadre de l a deuxième phase de l'étude «Les communautés ethnoculturelles face au sida» (CEFS). Résidant en grande partie à Toronto, ce groupe se compose de personnes d'origine éthiopienne, érythréenne et somalienne. La majorité sont venues au Canada dans les années 1980 et 1990 et de nombreux nouveaux arrivants viennent s'ajouter aux communautés déjà établies. Ces immigrants sont soumis aux divers risques véhiculés par leur culture (mutilation des organes génitaux féminins, consommation de qat, interdiction d'utiliser le condom dictée par les croyances islamiques) et sont aux prises avec des problèmes sociaux au Canada (racisme, chômage, problèmes de logement, familles séparées en raison des guerres ou des politiques d'immigration du Canada, divorce, partenaires sexuels multiples, homosexualité masquée par des unions hétérosexuelles, etc.). Pour toutes ces raisons, à Toronto, i l a été particulièrement ardu d'établir un partenariat avec ces communautés. Au cours des six premiers mois de discussion avec l e Groupe de recherche régional (GRR), il a fallu tout d'abord les convaincre de l'urgence de la recherche et de la nécessité d'avoir un concept de recherche ethnographique; ceci afin d'obtenir des données valables sur les risques d'infection au VIH dans l e contexte culturel propre à l a Corne de l'Afrique. Les chercheurs se sont heurtés à une résistance énorme et au refus d'admettre l'ampleur du problème dans l a collectivité. Pourtant les leaders étaient présents; ils participaient à l a conversation, discutaient entre eux, renforçaient leur détermination et apprenaient à comprendre et à apprécier les risques d'infection au VIH. Lentement, mais régulièrement, les leaders populaires, professionnels et traditionnels ont fini par se convaincre qu'il «fallait faire quelque chose». Cette prise de conscience s'est matérialisée dans le travail des bénévoles qui ont repéré les communicateurs clés de l a société et ont organisé et animé des groupes de discussion. À l'issue des six mois d'évaluation ethnographique rapide (Scrimshaw *et al.*, 1991), les membres du GRR se sont réunis pour rédiger, réviser et évaluer l'à-propos culturel du rapport destiné à la collectivité, qui marquait la fin de la deuxième phase de l'étude CEFS *Many Voices: HIV/AIDS in the Context of Culture: Report for the Communities from the Horn of Africa*[4]

Seulement trois des six collectivités participantes ont pu passer à la troisième phase (pour des raisons de contraintes budgétaires, de préparation à participer à l a recherche et de bien-fondé d'une recherche quantitative orientée sur les besoins de la communauté). Lors d'une rencontre des GRR et du Comité consultatif national, les chercheurs ont décidé d'exclure les collectivités originaires de la Corne de l'Afrique de l a troisième phase. Même s'ils

---

[4] Ces rapports sont disponibles au Centre national de documentation sur le sida, 1565, avenue Carling, Bureau 400, Ottawa (Ontario) K1Z 8R1 Canada.

appuyaient cette décision[5], les membres du GRR se sont demandé si l'impulsion née au cours de la deuxième phase ne s'estomperait pas et si, en raison de la sensibilisation poussée aux problèmes du VIH et du sida, une certaine forme de promotion durable de la santé se poursuivrait.

Le chercheur responsable de l a deuxième phase à Toronto, l e professeur D. Willms, a rencontré les membres du GRR original pour discuter de l a démarche à suivre. Il a été décidé d'obtenir des fonds supplémentaires pour la promotion de la santé et de continuer l e dialogue sur les problèmes du VIH et du sida dans l a collectivité. Comme un membre du GRR l'a indiqué, «beaucoup de femmes ont bénéficié de ces groupes de discussion; elles apprennent seulement maintenant à parler ouvertement de leurs peurs, de leurs soucis et des problèmes du VIH et du sida... ce n'est pas l e moment de les laisser tomber!» Le professeur Willms a réussi à assurer l e financement de travaux avec les collectivités ethnoculturelles de l a Corne de l'Afrique à Toronto[6].

Pendant la deuxième phase de l'étude CEFS, nous avons appris que, pour être efficaces, les interventions respectueuses de l a culture dans l e domaine du VIH et du sida, doivent être liées à d'autres «risques sociaux» et à des problèmes de santé prioritaires dans l a collectivité (par exemple, l a consommation de qat, l'alcoolisme). Elles doivent correspondre aux besoins ressentis par les personnes à risque; pour les femmes, par exemple, elles doivent, tout en traitant le problème du VIH et du sida, aborder les problèmes parentaux, les relations conjugales, l'emploi, les problèmes financiers, l'éducation, les loisirs, les communications conjugales et interpersonnelles, etc. En raison de la polyvalence et du caractère communautaire de ce travail, le GRR s'est reconstitué sous l e nom de «Projet sur l a santé des personnes originaires de la Corne de l'Afrique» (PSCA).

Pour des raisons de philosophie et d'organisation pratique, il a été décidé que le fiduciaire du PSCA serait l a Salama SHIELD Foundation, un organisme de bienfaisance enregistré au Canada qui œuvre aussi en Afrique. Salama est un mot du swahili qui signifie «paix». Cette langue étant l a langue des affaires de l'Afrique orientale et sub-saharienne, «salama» est compris au-delà des frontières nationales. SHIELD est l'acronyme de Sustaining Health Initiatives and Enabling Local Development[7] (Soutenir

---

[5] Il était relativement facile d'appuyer la décision du CNN de ne pas inclure les pays de la Corne de l'Afrique dans la phase 3. Se fondant sur les construits des risques produits dans la deuxième phase de l'étude CEFA, la troisième phase est une enquête quantitative qui mesure l'utilisation des condoms avec de nouveaux partenaires sexuels. La résistance est très forte à ce sujet dans cette collectivité, tant de la part de nombreux membres du GRR que des chefs religieux qui ont participé à la recherche. En fait, dans les travaux que nous menons actuellement, nous avons la tâche difficile de concevoir des interventions appropriées à la culture, qui ne font pas état de l'usage du condom (à cause des interdits religieux de l'Islam) mais font plutôt appel au «raisonnement moral» dans le respect de la culture, et incitent les personnes à se comporter de manière à minimiser les risques de vih et de sida.

[6] Nous remercions le Bureau du sida de l'Ontario, le ministère de la Santé de l'Ontario, pour les fonds octroyés pour le Projet sur la santé des personnes originaires de la Corne de l'Afrique. Nous remercions également **le Dr Jay Browne et M. Frank McGee pour leur soutien continu.**

[7] La Salama SHIELD Foundation, incorporée à titre de fondation caritative au Canada, postule que la santé des individus est influencée par divers facteurs socioculturels et environnementaux: réalités économiques, relations et iniquités entre les sexes, conditions et situation sociales, valeurs et principes culturels, pour n'en nommer que quelques-uns. Dans l'élaboration d'interventions respectueuses de la culture, il faut se poser les questions suivantes:

les initiatives en matière de santé et favoriser le développement local). Cet organisme offre l'intéressante possibilité d'une association avec des groupes semblables situés en Afrique. Ce type de partenariat peut être profitable pour les Canadiens qui tirent des leçons des expériences des Africains et vice-versa.

Le PSCA a commencé ses travaux en 1994. Le Comité de direction s'est réuni régulièrement, environ une fois par mois; un coordonnateur a été embauché et trois travailleurs sociaux rencontrent des personnes «cibles» à risque de la collectivité (femmes et adolescents des deux sexes). Des séances intensives ont eu lieu avec les dirigeants communautaires. L'une d'elles a regroupé des chefs religieux, des artistes et des éducateurs qui ont vigoureusement débattu en faveur d'un processus d'intervention respectueux de la culture. Les discussions ont révélé que les leaders religieux (et la majorité des personnages influents membres du Comité de direction) n'appuieraient aucune initiative de prévention contre le VIH et le sida qui privilégierait l'utilisation du condom. La majorité est inflexible à cet égard; pour ces leaders, l'usage d'un condom revient à «gaspiller le sperme». Par conséquent, le défi est de créer des messages de promotion de la santé qui tiennent compte des principes religieux mais sont en même temps culturellement contraignants et appropriés aux besoins des femmes et des jeunes des deux sexes. Les jeunes originaires de la Corne de l'Afrique sont prêts à utiliser les condoms. Nous nous efforçons à présent de trouver le moyen de présenter les messages de prévention contre le VIH et le sida d'une manière acceptable, pertinente et agréable tant pour les autorités religieuses que pour les jeunes qui ont adopté la culture occidentale. Il est possible de créer deux messages distincts, mais dans ce cas, on risque d'encourager la division et la séparation des valeurs et des croyances des adultes et des jeunes de cette région.

Les réunions du Comité de direction ont été le théâtre de longues discussions sur la façon d'évaluer l'incidence de notre travail communautaire. En fin de compte, il en ressort que cette évaluation comporte deux volets. Premièrement, nous évaluons le processus lui-même: fréquence des rencontres des travailleurs dans le milieu avec les femmes et les jeunes, évolution du contenu de ces discussions, résolution de problèmes, préparation perçue de ces groupes à aborder comme il se doit le risque du VIH et du sida. Deuxièmement, nous évaluons les produits de nos discussions et délibérations. Actuellement, nous ne sommes pas encore sûrs de la forme qu'ils auront, mais nous espérons qu'ils se matérialiseront dans des affiches, des annonces très expressives ou des «histoires morales» qui lieront la question du VIH et du sida au contexte culturel.

Quelles ressources faudrait-il rassembler pour permettre aux collectivités et aux personnes de rester en santé? Quels moyens mettre en oeuvre pour faire participer les collectivités tout en se fondant sur les systèmes de connaissances indigènes? L'une des principales questions sur laquelle se penche la fondation est l'identification de critères de santé et de développement durables. Les travaux effectués à l'origine en ce domaine ont mis en évidence les critères suivants: ressources et potentiel en leadership, égalité entre les sexes, alphabétisation des femmes, entreprise collective et valeurs communes. La fondation estime par conséquent que la résolution des problèmes, comme les interventions en matière de VIH et de sida, respectueuses de la culture, doivent transcender les cadres et paradigmes communs de résolution des problèmes.
Pour en savoir plus sur la fondation, écrire au Directeur, Salama SHIELD Foundation, 19 Sutherland Walk, Kitchener N2R 1G5 CANADA.

CONCLUSION

De tous les aspects socioculturels du VIH et du sida, le contrôle de l'infection dans les collectivités minoritaires paraît être le plus complexe. Toute personne qui vit avec le sida ou le VIH doit composer avec l'effet de marginalisation qu'implique ce diagnostic. Mais dans le cas des communautés culturelles, le mélange de sida et d'ethnicité rend la tâche du chercheur et de l'intervenant extrêmement difficile. Avec l'aide des groupes minoritaires, l'intervenant doit affronter des éléments culturels qui sont susceptibles de retarder la prise de conscience nécessaire par rapport à la prévention du virus. On doit concevoir nettement la triple marginalisation que peut ressentir un membre d'une collectivité minoritaire qui est atteint: en tant que minoritaire; en tant que personne vivant avec le sida; et en tant qu'individu qui, parce que sa communauté ne reconnaît peut-être pas la légitimité de son diagnostic, ne compte plus sur le soutien de son groupe.

Nous avons présenté ici une mise à jour des recherches et des interventions portant sur la relation entre le VIH et l'ethnicité. Nous avons constaté que le travail parmi les groupes minoritaires a débuté avec un certain retard qui existe au Canada comme ailleurs, et ceci en raison de deux facteurs importants: le manque de données spécifiques relatives au taux d'infection du VIH parmi les différents groupes, même si, pour certains, nous connaissons la prévalence du sida; et l'accès difficile aux communautés elles-mêmes, obstacle occasionné en partie par le déni, et partiellement, par la méfiance. Cette méfiance est due à l'expérience antérieure des minorités avec les autorités publiques, dans leurs pays d'origine, ainsi qu'à des soupçons de discrimination raciale dont l'intensité varie selon le groupe. Aux États-Unis, le retard dans ce domaine est attribuable également au fait que les chercheurs de ce pays ne semblent pas aussi convaincus que leurs collègues canadiens de la pertinence d'une approche culturellement spécifique. Au Québec et au Canada, les recherches qui portent sur les attitudes et comportements des groupes culturels et linguistiques, en rapport avec le sida, traitent surtout des majorités anglophones et francophones ou des immigrés de race blanche.

Au Canada, c'est le projet de recherche sur les communautés ethnoculturelles face au sida, financé par le ministère de la Santé, qui a commencé à en étudier systématiquement les enjeux pour les minorités visibles, dans les grandes villes du pays. Les résultats que cette recherche a dégagés, pour les six communautés ethnoculturelles qui ont participé à l'étude, s'avèrent pertinents pour diverses autres minorités visibles. Cependant, les leçons les plus significatives que nous pouvons tirer de cette étude sont d'ordre méthodologique et idéologique, et elles s'appliquent tant à l'étranger qu'au Canada. La plus importante est le besoin de créer un véritable modèle communautaire de participation aux projets de recherche. Certes, ce modèle requiert beaucoup de temps, de patience, et d'ouverture d'esprit de part et d'autre, mais les résultats qu'il peut donner au niveau des interventions éventuelles en prévention le justifient amplement, comme en témoigne le cas des personnes originaires de la Corne de l'Afrique. Dans la situation des Somaliens et des Éthiopiens, les traditions et les tabous auraient pu constituer un obstacle insurmontable si les intervenants avaient choisi des moyens plus classiques et paternalistes d'agir. Les chercheurs qui voudraient que leur travail puisse avoir un impact réel et positif sur la transmission du VIH devront s'assurer de l'implication directe et continue des communautés ethno-culturelles, au cours de toutes les étapes de l a recherche. Premièrement, les communautés insisteront pour que les résultats soient présentés sous une forme qui facilite la compréhension et l'utilité. Deuxièmement, le partenariat peut avoir l'heureux effet de réduire l a méfiance entre chercheurs et «sujets», entre minoritaires et intervenants de l'extérieur de la collectivité, et par là, diminuer les sentiments de discrimination raciale. Enfin, l a participation étroite de l a part de certains leaders des groupes ethniques ainsi que leur compréhension et leur appui au processus créent une dynamique intéressante, dynamique qui peut mener à une prise en charge du programme de prévention par la communauté elle-même.

Au cours de l a prochaine décennie, l a croissance de l a prévalence de l'infection au VIH et les cas de sida chez les hétérosexuels, parmi les minori-tés visibles du Canada et dans tous les pays de l'Occident obligera à s'intéresser à cette dimension de l'épidémie. Il reste à souhaiter que les approches choisies pour l a recherche et les interventions impliquant les communautés ethnocultuelles soient dorénavant inspirées par le désir de trouver les moyens les plus éclairés et les plus efficaces de le faire.

Dans ce sens, l'expérience canadienne indique des pistes intéressantes de recherche et d'interventions préventives pour les communautés ethnocultu-relles des autres pays. Il nous semble que les conditions fondamentales que les chercheurs doivent satisfaire à l'étranger seraient similaires à celles que nous venons d'exposer: un partenariat entre les chercheurs et les intervenants, et les collectivités étudiées; une méthodologie appropriée pour identifier les communautés à risque élevé dans un contexte où les statistiques de l'État ne tiennent pas compte de l'ethnicité; des modèles d'analyse qui, en combinant des approches qualitatives et quantitatives, donnent des résultats que les collectivités concernées peuvent s'approprier afin de créer leurs propres stratégies de prévention.

BIBLIOGRAPHIE

Adrien, A. *et al.* (1996). Overview of the Canadian study on the determinants of ethnoculturally specific behaviours related to HIV-AIDS. *Canadian Journal of Public Health*, 54-510, May-June 1996.

Alexius, B. *et al.* (1991). Psychiatric Symptoms and HIV: Patients with HIV-related psychiatric symptoms in a psychiatric outpatient clinic at a department of infectious disease in Stockholm, 1986-1990. *Nordik-Psykiatrisk-Tridskrift*, 45, 457-461.

Anderson, J.M. (1982). Culture and illness: parents perceptions of their child's long term illness. *Nursing Papers*, 14, 87-96.

Anderson, J.M. (1985). The relevance of the social sciences to health care delivery. *Social Sciences and Medicine*, 21, 307-308.

Anderson, J.M. (1986). Ethnicity and illness experience: ideological structures and the health care delivery system. *Social Sciences and Medicine*, 22, 1277-1283.

Anderson, J.M. (1990). Health care across cultures. *Nursing Outlook*, 38, 136-139.

Aruffo, J.F., Coverdale, J.H. & Valisona, C. (1991). AIDS knowledge in low-income and minority populations. *Public Health Report*, 106, 115-119.

Cappon, P. *et al.* (1995). HIV/AIDS in the context of culture: selection of ethnocultural communities for study in Canada. *Canadian Journal of Public Health*, 511-514, May-June 1996.

Davidson, A.R. *et al.* (1976). Cross-cultural testing: toward a solution of the etic-emic dilemna. *International Journal of Psychology*, 11, 1-13.

De Schryver, A. & Meheus, A. (1990). Epidemiology of sexually transmitted diseases: the global picture. *WHO Bulletin OMS*, 68, 639-653.

Des-Jarlais, D.C. & Friedman, S. R. (1988). HIV infection among persons who inject illicit drugs: problems and prospects. *Journal of Acquired Immune Deficiency Syndrome*, 1, 267-273.

Division de l'épidémiologie du VIH/sida; Bureau de d'épidémiologie des maladies transmissibles; Laboratoire de lutte contre la maladie; Santé Canada (1994). Mise à jour de surveillance: Le sida au Canada, octobre.

Ernst, F. et al. (1991). Racial differences in affirmation of personal habit change to prevent HIV infection. *Preventive Medicine,* 20, 529-33.

Frappier-Davignon et al. (1990). Anti-HIV antibodies and other serological and immunological parameters among normal Haitians in Montreal. *Journal of Acquired Immunodeficiency syndrome,* 3, 166-72.

Godin, G. et al. (1995). Understanding use of condoms among Canadian ethnocultural communities: methods and main findings of the survey. *Canadian Journal of Public Health,* 533-537, May-June 1996.

Gold. R. S. & Kelly, M.A. (1991). Cultural Sensitivity in AIDS education: a mis understood concept. *Evaluation and Program Planning,* 14, 221-231.

Haour-Knipe M. & Dubois-Arber F. (1993). Minorities, immigrants and HIV/AIDS epidemiology - Concerns about the use and quality of data. *European Journal of Public Health,* 3, 259-63.

Haour-Knipe, M. (1993). AIDS prevention, stigma and migrant status. *Innovation,* 6, 21-37.

Hobart, C.W. (1984). Changing profession and practice of sexual standards: a study of young Anglophone and Francophone Canadians. *Journal of Comparative Family Studies,* 15, 231-255.

Jacard, J. & Davidson, A.R. (1975). A comparison of two models of social behavior: results of a survey sample. *Sociometry,* 38, 497-517.

Jemmott, L.S. & Jemmott, J.B. (1990). Sexual knowledge, attitudes and risk sexual behaviour among inner-city black male adolescents. *Journal of Adolescent Research,* 5, 346-369.

Johnson, M. (1991) Health and social services: making space for ethnic minority need. *New Community,* 17, 624-632.

Karon, J.M. & Berkelman, R.L. (1991). The geographic and ethnic diversity of AIDS incidence trends in homosexual/bisexual men in the United States. *Journal of Acquired Immune Deficiency Syndromes,* 4, 1179-1189.

Kleinman, A. (1978a). Concepts and an model for the comparison of medical systems as cultural systems. *Social Sciences and Medicine,* 12, 85-93.

Kleinman, A. (1978b). Problems and prospects in comparative cross-cultural medical and psychiatric studies. Dans A. Kleinman et al., (dir.), *Culture and Healing in Asian Societies* (p. 121-139). Massachusetts: Schenkman Publishing Company.

Kleinman, A. (1980). *Patients and healers in the contex of culture: an exploration of the borderland between anthropology, medicine and psychiatry.* Los Angeles: University of California Press.

Kleinman, A., Eisenberg, L. & Good, B. (1978c). Culture, illness and care: clinical lessons from anthropologic and cross-cultural research. *Annal of International Medicine,* 88,

251-258.

Lebel, B. (1986). Les relations entre le membres des communautés culturelles et les services sociaux et de santé. *Canadian Ethnic Studies,* 18, 79-89.

Lévy, J., Maticka-Tyndale, E., Bicher, M. & Lew, V. (1990). Sexualité, adolescence et sida. *Canadian Journal of Obstetrics and Gynecology,* 32, 221-228.

Majumdar, B. & Carpio, B. (1988). Concept of health as viewed by selected ethnic canadian populations. *Canadian Journal of Public Health,* 79, 430-434.

Manson-Singer, S. et al. (1995). Many voices-sociocultural results of the ethnocultural communities facing AIDS study in Canada. *Canadian Journal of Public Health,* 526-532, May-June 1996.

Manson-Willms, S. & Bates, J. (1991). *Cross-cultural model for delivering effective primary care to the urban core disadvantaged patient,* Report to NHRDP.

Marin, B.V. & Marin, B. (1990). Effects of acculturation on knowledge of AIDS and HIV among Hispanics. *Hispanic Journal of Behavioural Science,* 12, 110-121.

Maticka-Tyndale, E. et al. (1995). Canadian ethnocultural communities facing AIDS: overview and summary of survey results. *Canadian Journal of Public Health,* 538-543, May-June 1996.

Maticka-Tyndale, E.M. & Levy, J. (1992). *Sexualité, contraception et sida chez les jeunes adultes. Variations Ethnoculturelles.* Montréal: Méridien.

Mittal, B. (1988). Achieving higher seat belt usage: the role of habit in bridging the attitude behavior gap. *Journal of Applied Social Psychology,* 18, 993-1016.

Montano, D.E. (1986). Predicting and understanding influenza vaccination behavior: alternatives to the health belief model. *Medical Care,* 24, 438-453.

Pradinaud, R. et al. (1989). Human Immunodeficiency virus (HIV) infection in mothers and infants in French Guyana. Epidemiologic study a propos of 44 women having conceived 55 children. *Medical Tropical. Mars.,* 49, 51-57.

Rajs, J. & Fugelstad, A. (1992). Suicide related to human immunodeficiency virus infection in Stockholm. *Acta Psychiatrica Scandinavica,* 85, 243-239.

Rapkin, A.J. & Erickson, P. I. (1990). Differences on knowledge of and risk factors for AIDS between Hispanic and non-Hispanic women attending an urban family planning clinic. *AIDS,* 4, 889-899.

Rashkkori, A. & Thompson, V.D. (1990). *Predictions of intention to take precautions against AIDS among black college students.* Reasearch report.

Remis, R.S. et al. (1990). Prevalence and determinants of HIV infections among women undergoing an abortion in Montreal, Quebec, Canada. Presented at the *International Conference on AIDS*, San Francisco, USA.

Rolfs, R.T. & Nakachima, A.K. (1990). Epidemiology of primary and secondary syphillis in the United States 1981 through 1989. *Journal of American Medical Association*, 264, 1432-1470.

Scrimshaw, S.C., Carballo, M., Ramos, L. & Blair, B.A. (1991). The AIDS rapid anthropological assessment procedures: a tool for health education planning and evaluation. *Health Education Quaterly*, 18, 111-123.

Selik, R.M., Castro, K.G., Pappaioanou, M. & Suehler, J.W. (1989). Birthplace and the risk of AIDS among Hispanics in the United States. *American Journal of Public Health*, 79, 836-839.

Setbon, M. (1991). La santé publique à l'épreuve de sida: une approche systémique des processus décisionnels. *Sociologie du travail*, 33, 403-428.

Siebold, D.R. & Roper R.E. (1979). Psychosocial determinants of health care intentions: test of the Triandis and Fishbein models. Dans, D. Nommo (dir.) *Communication Yearbook 3* (p. 625-643). New-Brunswick, NJ: Transaction Books.

Singer, M. (1991). Confronting the AIDS Epidemic among IV drug users: does ethnic culture matter? *AIDS Education and Prevention*, 3, 258-283.

Stewart, D. (1990). *Keynote address: On the subject of AIDS a consultation with ethnocultural communities*. Canadian Council on multicultural health.

Strunin, L. (1991). Adolescents' perceptions of risk for HIV infection: implications for future research. *Social Science Medicine*, 32, 221-228.

Taylor, C. (1990). AIDS and the pathogenesis of metaphor. Dans D. Feldman (dir.), *Culture and AIDS* (p. 79-95). New York: Praeger.

Thomas, S.B. & Holmes-Morgan, C. (1991). Evaluation of community-based aids education and risk reduction projects in ethnic and racial minority communities. *Evaluation and Program Planning*, 14, 247-255.

Triandis, H.C. (1979). Value, attitudes and interpersonal behavior. Dans H.E. Jr. Howe (dir.), *Nebraska Symposium on Motivation* (p.195-259). Lincoln/London: University of Nebraska Press.

Valois, P., Desharnais, R. & Godin G. (1988). A comparison of the Fishbein and Ajzen and the Triandis attitudinal models for the prediction of exercise intention and behavior. *Journal of Behavioral Medicine*, 11, 459-472.

Waxler-Morrison, N., Anderson, J. & Richardson, E. (dir.). (1990). *Cross-cultural Caring: a Handbook for Health Professionals in Western Canada*. Vancouver: University of British Columbia Press.

Weinberg, M.X. & Williams, C.J. (1988). Black sexuality: a test of two theories. *Journal of Sexe Research*, 25, 197-218.

Willms, D. *et al.* (1993). *HIV/AIDS in the context of culture Phase 2: national report of the ethnocultural communities facing AIDS study*.

Willms, D. *et al.* (1995). HIV/AIDS in the context of culture: the qualitative design of phase II of the «ethnocutultural communities facing AIDS study». *Canadian Journal of Public Health*, 515-525, May-June 1996.

LE VIH CHEZ L'ENFANT

Alice DESCLAUX

Le sida a longtemps été considéré comme une maladie d'adultes, d'abord transmise par des pratiques – usage de drogues intraveineuses, sexualité – ne concernant que des individus perçus comme responsables de leurs actes, et souvent de leur contamination. C'est avec l a prédominance progressive du mode de transmission hétérosexuel, en particulier dans les pays du Sud, et avec l a découverte de cas liés à l a transmission nosocomiale du VIH, que l'atteinte des enfants est apparue comme un réel problème de santé publique, inaugurant une deuxième période dans l'histoire du sida. En 1997, les caractéristiques épidémiologiques initiales restent prégnantes dans les représentations sociales, et le sida n'est pas encore pleinement considéré comme une maladie «de l a famille». Pourtant, l'importance épidémiologique du sida pédiatrique est croissante, au point que cette maladie représente dans plusieurs régions du monde l'une des principales menaces pour l'enfant, bouleversant les priorités en santé maternelle et infantile. L'atteinte des enfants pose les mêmes problèmes que celle des adultes, auxquels s'ajoutent des difficultés très spécifiques tant sur le plan médical que sur le plan social. Aussi l a prise en compte de l'atteinte des enfants est-elle encore marquée d'un retard de plusieurs années par rapport au traitement de l a maladie chez les adultes, malgré les efforts accomplis par les professionnels de l a santé et de l'action sociale en pédiatrie. Ce retard handicape plus particulièrement les pays du Sud, confrontés à des limites que ne connaissent pas les pays du Nord, ce qui oblige à distinguer leurs situations respectives encore davantage que pour les adultes.

LES ASPECTS ÉPIDÉMIOLOGIQUES DE L'INFECTION AU VIH CHEZ L'ENFANT

Le nombre d'enfants infectés par le VIH dans le monde est estimé en 1997 entre 830 000 (OMS) et deux millions et demi, selon les sources. Depuis les premiers cas pédiatriques, identifiés dès 1981 et rapportés dans des publications à partir de 1983, le sida chez l'enfant représente environ 2% des cas déclarés dans les pays développés (Lapointe & M'Pelé, 1995). Leur nombre, directement lié au nombre de femmes infectées, ne cesse d'augmenter dans les pays du Sud, et devrait atteindre, selon plusieurs institutions e t organismes internationaux, 5 à 10 millions à la fin du siècle (UNICEF, 1993). Environ 85% des enfants infectés dans le monde vivent actuellement en Afrique sub-saharienne (Mann & Petitgirard, 1993).

En Amérique du Nord, les données de décembre 1993 rapportaient un nombre de cas cumulés de 5 228 enfants atteints de sida. Ces enfants sont en majorité issus des minorités ethniques, le plus souvent nés de parents utilisateurs de drogues injectables, mais la contamination de la mère par la voie sexuelle occupe une place croissante. Au Canada, 113 enfants atteints de sida ont été notifiés en décembre 1994 dont un peu plus de la moitié (58) vivaient dans la province du Québec. Au Québec, 89% des enfants ont été infectés par transmission périnatale et 11% par des transfusions ou des produits sanguins (Lapointe & M'Pelé, 1995). En Europe, où près de 8 000 enfants sont atteints, c'est la Roumanie qui est le pays le plus touché (2 547 cas en 1994), suivi de l'Espagne (564) et de la France (505). La même année, le nombre d'enfants infectés était estimé à 100 000 dans le Sud Est asiatique, 55 000 en Amérique latine et dans les Caraïbes, et 1 000 000 en Afrique. En 1993, les deux tiers de ces enfants avaient dépassé le stade de la maladie; 90% parmi lesquels étaient déjà décédés (Lapointe & M'Pelé, 1995).

L'extension de l'épidémie chez les adultes jeunes, et notamment chez les femmes, a des implications non seulement pour les enfants atteints par le VIH mais aussi pour les autres enfants, vivant dans un foyer confronté à la maladie. Ainsi l'UNICEF estime à 2 millions le nombre d'enfants orphelins du fait du sida, et ce nombre devrait passer à 10 millions d'ici l'an 2000 (UNICEF, 1993). Selon cet organisme, entre 6 et 11% des enfants de dix pays d'Afrique centrale et d'Afrique de l'Est seraient alors orphelins. L'impact de l'épidémie pour les enfants est donc important tant sur le plan social que sur le plan médical (Nicoll et al., 1995).

Comment l'enfant est-il contaminé?

La grande majorité des cas de sida pédiatrique sont liés à la transmission mère-enfant (Adjorlolo-Johnson et al., 1994; Gillet et al., 1995). Les autres modes de transmission sont essentiellement en rapport avec la voie sanguine (atteinte des hémophiles dans les pays occidentaux, infections post-transfusionnelles attestées dans les pays occidentaux et suspectées dans les pays tropicaux où les fréquentes anémies pédiatriques liées au paludisme ou à la drépanocytose motivent les transfusions). Les effractions cutanées par du matériel souillé de sang contaminé, telles que les injections ou les scarifications pratiquées par des thérapeutes des secteurs traditionnel et informel (injectionnistes, docteurs-piqûres) représentent un risque théorique, dont l'importance épidémiologique n'est pas précisément connue – à l'exception des épidémies localisées dans des institutions sociosanitaires pour les enfants en Roumanie et en Russie – et pourrait être très variable selon les contextes.

La transmission mère-enfant a lieu pendant la grossesse (essentiellement dans les deux derniers mois), lors de l'accouchement et de l'allaitement, et repose sur plusieurs mécanismes dont les rôles respectifs n'ont pas encore été totalement élucidés (Gillet et al., 1995). Les taux de transmission de la mère à l'enfant sont très différents selon les pays, compris entre 20 et 42% dans les pays du Sud, entre 14 et 25% dans les pays industrialisés (Groupe international de travail sur la transmission mère-enfant du VIH, 1994). Cette différence serait essentiellement due au rôle de l'allaitement maternel, mais de nombreux facteurs maternels, viraux et immunologiques influent sur la transmission périnatale. Elle est encore accrue par l'emploi des antirétro-viraux qui permet de réduire ce taux à moins de 10%. La complexité de ces facteurs et leur intrication limitent les possibilités de prévision de la transmission dans une situation individuelle donnée.

Le taux de transmission du VIH par l'allaitement maternel est estimé depuis 1992 à 29% lorsque l a mère est infectée pendant l'allaitement, et à 16% lorsqu'elle est infectée pendant la grossesse (ce risque est alors surajouté aux risques de transmission materno-foetale et lors de l'accouchement) (Dunn et al., 1992; Laporte, 1994; Committee on Pediatric AIDS, 1995).

La plupart des études ont porté jusque là sur l a transmission du VIH-1; l a transmission mère-enfant du VIH-2 semble, d'après les premiers travaux, beaucoup plus rare (Adjorlolo-Johnson et al., 1994).

Les enfants les plus grands et les jeunes adolescents risquent, eux, d'être contaminés par voie sexuelle, et ce risque est sur l e plan biologique plus important que pour les adultes. En effet, la transmission par voie vaginale et par voie anale est plus «efficace» lorsque les tissus sont immatures, chez des enfants ou avant l a puberté. Les pratiques de prostitution impliquant des enfants – garçons et filles – ajoutent le risque de transmission du VIH aux abus sexuels.

ÉLÉMENTS CLINIQUES

La plupart des enfants nés de mère atteinte par le VIH sont normaux à l a naissance et on ne distingue pas cliniquement les enfants infectés de ceux qui ne l e sont pas (Abrams et al., 1995; Blanche & Kouzan, 1992). Au cours des mois suivants, quelques enfants présenteront des symptômes associés au VIH. Ces symptômes sont d'allure courante (infections respiratoires, diarrhées, infections cutanées), mais se signalent par leur répétition et leur résistance aux traitements. Par la suite, on distingue deux profils évolutifs: environ un enfant sur cinq est rapidement atteint de troubles sévères, débutant entre l'âge de quatre et huit mois et menant rapidement au décès, l e plus souvent avant deux ans. Quatre enfants sur cinq connaissent une évolution plus progressive vers l a maladie, dont l e profil est proche de celui qui a été décrit chez les adultes (Grubman et al., 1995; Turner et al., 1995).

Les aspects prédominants de l'atteinte clinique de l'enfant par le VIH concernent l a pathologie pulmonaire, neurologique, infectieuse, tumorale et nutritionnelle. La pathologie pulmonaire est dominée par l a pneumopathie à Pneumocystis carinii, l'infection opportuniste l a plus fréquemment rencontrée dans la maladie pédiatrique, prévenue et traitée essentiellement par l e clotrimoxazole (TMP-SMX), qui est aussi utilisé à titre préventif. La pneumopathie interstitielle lymphoïde, caractéristique de l'infection au VIH, peut être contrôlée par les corticostéroïdes. Dans les pays d'endémie, l a tuberculose est fréquente chez l'enfant atteint par le VIH. Le risque infectieux chez un enfant dont l e système immunitaire est atteint l'expose aux germes banals, qui provoquent chez lui des symptômes récidivants et graves (méningites, septicémies, abcès, etc.), et aux infections qui touchent aussi les adultes atteints par le VIH (candidose oro-pharyngée, cryptosporidiose, cytomégalovirus). L'atteinte neurologique, progressive, est caractéristique de la forme pédiatrique, où elle témoigne de l'atteinte par le virus d'un système nerveux en développement. D'apparition précoce (avant deux ans), cette encéphalite est d'abord marquée par l'existence de signes pyramidaux des membres inférieurs, par des difficultés d'acquisition qui évoluent vers un retard du développement psychomoteur, puis une perte des acquisitions menant au tableau classique d'encéphalopathie au VIH. Des formes cliniques mineures sont fréquentes (Lobato *et al.*, 1995). La pathologie tumorale est réduite, les lymphomes et le sarcome de Kaposi ayant été rarement décrits chez l'enfant.

L'atteinte sur le plan nutritionnel sous forme de retard staturo-pondéral, de marasme ou de kwashiorkor, est au premier plan dans les pays du Sud, mais plus rarement observée dans les pays du Nord où elle est prévenue par un suivi attentif et par l'administration de compléments nutritionnels.

Le pronostic de l'infection au VIH chez l'enfant est très différent selon la forme évolutive: la survie est très limitée pour la forme sévère (moins de 10% des enfants à l'âge de trois ans), plus favorable pour la forme progressive (plus de 80% à l'âge de six ans) chez des enfants dont le risque d'évolution vers le sida est de 5% par an, avec un délai moyen d'entrée dans la maladie de sept ou huit ans. Cependant, le pronostique de la maladie a été bouleversé par l'utilisation des trithérapies, dont les données épidémiologiques ne reflètent pas encore l'impact. Les profils observés dans les pays du Sud présentent les mêmes caractéristiques générales. Les premières données concernant l'atteinte par le VIH-2 laissent penser que l'évolution clinique pourrait être moins rapide que celle du VIH-1. Des recherches sont en cours pour tenter de préciser les déterminants de l'évolution vers une forme grave, qui peuvent être liés à des facteurs maternels immunitaires, à l'existence de souches virales particulièrement délétères, ou à des facteurs génétiques induisant une moins bonne réponse immunitaire de l'enfant (Wilfert *et al.*, 1994; Lapointe & M'Pelé, 1995).

Mais les enfants atteints par le VIH ne sont pas les seuls à être affectés sur le plan médical. En effet, dans les pays du Sud, les enfants nés de mère séropositive qui ne sont pas eux-mêmes atteints par le virus sont davantage que les autres enfants soumis aux risques de malnutrition, de tuberculose, de candidose du fait de l'intrication complexe des pathologies infectieuses contagieuses qui touchent leur mère et de la perte de ses capacités à s'occuper de l'enfant pour son alimentation, son développement et ses soins.

DIAGNOSTIQUER L'INFECTION À VIH CHEZ L'ENFANT

Le premier problème que pose l'atteinte de l'enfant par le VIH est celui de la difficulté du diagnostic (Courpotin & Lasfargues, 1993; Kernbaum, 1992; Veber, 1994). L'infection d'un enfant par le VIH doit être recherchée en présence de facteurs de risque épidémiologiques, notamment en présence de l'un des éléments suivants (Kernbaum, 1992; Courpotin & Lasfargues, 1993):

TABLEAU 1
Facteurs de risque d'une atteinte par le VIH chez l'enfant

- Séropositivité VIH ou antécédents médicaux de la mère.
- Enfant victime de viol ou d'abus sexuels.
- Antécédent de transfusion de sang ou de produits sanguins antérieure à 1985 dans les pays qui contrôlent ces produits, quelque soit la date de la transfusion dans les pays de séroprévalence élevée.
- Enfant provenant d'une région à forte prévalence de l'infection à VIH.
- Usage de seringues et d'aiguilles contaminées, d'instruments non stérilisés ou antécédents de scarification, tatouage, percement d'oreilles ou circoncision.

Le diagnostic biologique

La répétition tous les six mois de tests de type *Western Blot* (utilisation dite séquentielle), l a recherche directe du virus et de ses éléments par dosage de l'antigénémie, culture du virus («culture virale» ou «culture lymphocytaire») et recherche du génome viral par PCR (*Polymerase Chain Reaction*) permettent un diagnostic à trois mois pour l a majorité des enfants. Très onéreuses, ces techniques ne sont cependant disponibles que dans les pays développés et exigent un savoir-faire qui les réservent encore à quelques équipes. Dans les pays du sud, i l est nécessaire d'attendre quinze mois pour pouvoir affirmer l a séropositivité de l'enfant. Au delà de cet âge, les méthodes de diagnostic les plus fiables sont celles utilisées chez l'adulte.

Le diagnostic clinique

L'OMS a proposé d'établir le diagnostic clinique d'atteinte par le VIH en hiérarchisant les symptômes et syndromes observés selon leur spécificité (OMS, 1993). La présence de l'un des signes cardinaux, ou d'au moins deux signes caractéristiques, ou d'au moins un signe caractéristique et deux signes associés, ou d'au moins trois signes associés et un facteur de risque épidémiologique, permet d'établir l e diagnostic clinique d'infection symptomatique par le VIH. Dans ce cas, l e test sérologique, s'il est disponible, permettra de confirmer l e diagnostic clinique. En Europe, les pathologies inaugurales les plus fréquentes sont l'encéphalopathie au VIH et l a pneumopathie interstitielle lymphoïde (Veber, 1994).

TABLEAU 2
Les signes de l'atteinte par le VIH chez l'enfant

Signes cardinaux
• Pneumopathie interstitielle lymphoïde
• Candidose œsophagienne
• Pneumocystose
• Sarcome de Kaposi (rare chez l'enfant)
Signes caractéristiques
• Tuberculose miliaire, extrapulmonaire ou pulmonaire sans lésions cavitaires
• Infections bactériennes et/ou virales récidivantes
• Zona, présent ou passé, notamment plurimétamérique
• Atteinte neurologique (atteinte progressive, microcéphalie, anomalies à l'examen tomo-densitométrique, retard ou arrêt du développement psychomoteur)
• Infection systémique à cytomégalovirus
Signes associés
• Troubles de la croissance (retard staturo-pondéral, marasme)
• Muguet buccal continu ou intermittent, en l'absence d'antibiothérapie
• Diarrhée chronique, persistante ou intermittente
• Fièvre continue ou intermittente de durée supérieure à 1 mois
• Dermatite généralisée
• Adénopathie généralisée

Source: d'après OMS (1993).

Pour l'Afrique, l'OMS a proposé l a classification de Bangui, une grille qui ne nécessite pas d'investigations paracliniques complexes, et qui a pour but d'établir le diagnostic sur l a base des seuls signes cliniques et du statut sérologique de l a mère. Cette classification est cependant d'une valeur limitée du fait de sa mauvaise spécificité en zone d'endémie de l a malnutrition, et parce qu'elle nécessite la réalisation d'un diagnostic sérologique chez la mère, ce qui n'est pas encore possible dans toutes les régions d'Afrique.

La classification du sida pédiatrique

Les stades de l'atteinte par le VIH, depuis l'infection jusqu'à l a maladie, ont été systématisés dans une classification qui peut être utilisée dans les pays du Nord et du Sud et distingue l e stade P0: infection indéterminée (en absence de diagnostic biologique), l e stade P1: infection asymptomatique (avec une fonction immunitaire normale ou altérée), l e stade P2: infection symptomatique (CDC, 1994).

TABLEAU 3
Classification du sida pédiatrique: critères du CDC (1988)

P-0:	**Infection indéterminée**
P-1:	**Infection asymptomatique**
a.	Fonction immunitaire normale
b.	Fonction immunitaire anormale
c.	Fonction immunitaire non vérifiée
P-2:	**Infection symptomatique**
a.	Signes non spécifiques
b.	Atteinte neurologique
c.	Pneumopathie interstitielle lymphoïde
d.	Les facteurs secondaires:
	- infections secondaires spécifiques (opportunistes)
	- infections bactériennes récurrentes
	- autres infections
e.	Cancers
f.	Autres

L'infection indéterminée correspond à l a situation de l'enfant âgé de moins de quinze mois. L'atteinte de l a fonction immunitaire débute l e plus souvent par une neutropénie e t une hypogammaglobulinémie, apparaissant entre trois et six mois.

LA PRISE EN CHARGE DE L'ENFANT ATTEINT PAR LE VIH

Lorsque l'atteinte de la mère est connue avant ou pendant sa grossesse, l e suivi de l'enfant prend l e relais du suivi de l a femme enceinte (Courpotin, 1993; Courpotin & Veber, 1994; Dabis *et al.*, 1994; Hoernle & Reid, 1995; OMS-UNICEF, 1989, OMS, 1993). Les enfants infectés par l e VIH doivent être suivis sur l a base du calendrier habituel des consultations pour nourrissons pour voir si leur infection évolue et pour traiter précocément tout symptôme: tous les trois mois jusqu'à deux ans, puis tous les six mois. Ce suivi diffère selon le niveau d'équipement des pays (Lapointe & M'Pelé, 1995; Courpotin & Veber, 1994; Courpotin, 1993; OMS-UNICEF, 1989).

Les visites de suivi comprennent nécessairement un examen clinique détaillé, une surveillance staturopondérale, des investigations biologiques, la mise en œuvre des vaccinations, la mise en place d'une prophylaxie contre l a pneumocystose, l a surveillance et l e conseil alimentaire, une radiographie pulmonaire (tous les six mois, selon les signes cliniques), l'instauration d'un traitement des pathologies dépistées, et une consultation des parents avec un psychologue et/ou un travailleur social.

Au cours des cinq dernières années, la mise en place précoce de thérapeutiques préventives et curatives des infections opportunistes a modifié certains aspects cliniques de l'infection au VIH (Hoernle & Reid, 1995). Les critères d'inclusion pour un traitement par les antirétroviraux (AZT, ddI, ddC) sont complexes; l'atteinte neurologique ou l a détérioration clinique indiquent l'AZT en première intention, à condition que les critères biologiques et les critères d'âge soient respectés. L'équilibre nutritionnel de l'enfant atteint par le VIH est précaire, de nombreux facteurs étant susceptibles de le remettre en cause (diminution de l'apport du fait de la candidose buccale et des diarrhées, augmentation des dépenses du fait des infections); la prise en charge nutritionnelle doit être attentive. Les vaccinations sont moins efficaces lorsqu'elles sont faites chez des enfants infectés, mais n'ayant pas d'effets secondaires, elles restent indiquées. Chez l'enfant asymptomatique, les vaccinations sont effectuées selon le calendrier vaccinal adopté par le pays. On administre aux enfants supposés ou reconnus infectés par le VIH une dose supplémentaire de vaccin antirougeoleux à l'âge de six mois. On n'administre pas le BCG aux enfants symptomatiques, mais celui-ci sera effectué auprès de tous les enfants dans les pays où il est pratiqué à la naissance (Dabis et al., 1994; OMS-UNICEF, 1989).

Au Sud, des stratégies nationales de prise en charge de l'enfant atteint par le VIH proposent des protocoles adaptés aux différents niveaux du système de soin (centre de soin sans médecin, centre de soin médicalisé sans équipement de laboratoire, hôpital disposant de moyens techniques de diagnostic). Le suivi de l'enfant infecté par le VIH repose sur les mêmes bases de consultation trimestrielle avant deux ans, semestrielle ensuite, et d'instauration rapide d'un traitement lorsque l'enfant présente une pathologie, bien que les moyens diagnostiques et thérapeutiques soient restreints.

La proposition systématique du dépistage au cours de la grossesse est encore peu pratiquée dans les pays du Sud, où elle n'a lieu le plus souvent que dans le cadre d'enquêtes épidémiologiques. Aussi, une atteinte de l'enfant par le VIH n'est généralement suspectée qu'à l'apparition de symptômes évocateurs chez la mère ou l'enfant.

En zone d'endémie de la malnutrition, la prise en charge nutritionnelle est le plus souvent effectuée dans des centres de réhabilitation et d'éducation nutritionnelle, qui offrent, outre le traitement nutritionnel par une supplémentation alimentaire, une information individuelle et collective des mères. De fait, c'est souvent à partir de ces centres que le diagnostic d'atteinte de l'enfant par le VIH est établi chez des enfants malnutris qu'un traitement courant ne suffit pas à guérir. Mais un certain nombre d'enfants décèdent avant que le diagnostic étiologique ait pu être déterminé ou que les moyens d'instaurer un traitement aient pu être mobilisés (Desclaux, 1996).

Les consultations d'aide psychologique et sociale qui apportent un soutien aux parents dans les pays développés existent rarement dans les pays du Sud. De nombreux pays n'ont pas encore pu établir la disponibilité et la gratuité du test sérologique. Si dans les pays développés un enfant atteint par le VIH est suivi par une équipe pluridisciplinaire attentive aux parents et aux autres membres de la famille, dans les pays du Sud la suspicion d'une atteinte par le VIH d'un enfant ne conduit le plus souvent, faute de moyens et de précision du diagnostic, qu'à un suivi médical ou infirmier isolé de l'enfant, malgré le libellé de «Santé maternelle et infantile» de la plupart des services et consultations pédiatriques.

LA PRÉVENTION

La prévention du sida pédiatrique et de l'atteinte des enfants par le VIH repose sur des stratégies de nature et de niveau très différents (Delfraissy, 1994; Van de Perre & Meda, 1995).

1. La prévention de la transmission materno-fœtale passe par la planification des naissances: en effet, un enfant a moins de chance d'être contaminé lorsque la grossesse est menée par une mère asymptomatique que si la mère est en phase de sida. Cette prévention «en amont» de la grossesse suppose que le dépistage soit systématiquement proposé en consultation pré-nuptiale. Au début de l'année 1994, l'efficacité de la zidovudine sur la réduction de la transmission périnatale du VIH a été démontrée (Frenkel et al., 1995). Chez les femmes asymptomatiques (avec un taux de CD4 supérieur à 200/mm^3), le taux de transmission est réduit à moins de 10% par un traitement dès le 2e trimestre de la grossesse, ce qui a bouleversé le «conseil»: la réduction du risque rend davantage possible pour elles le fait d'avoir un enfant, d'autant plus qu'il est maintenant clairement démontré qu'une grossesse à ce stade n'accélère pas l'évolution clinique vers la maladie (Frenkel et al., 1995; Mandelbrot et al., 1993). Ce traitement est disponible dans les pays du Nord, et suppose un protocole assez complexe combinant les formes orale et parentérale pendant la grossesse et l'accouchement, puis auprès de l'enfant. Un protocole court et simplifié de réduction de la transmission mère-enfant par la zidovudine (administrée par voie orale) est en cours d'expérimentation en Afrique de l'Ouest (Côte-d'Ivoire, Burkina Faso) afin d'adapter ce traitement préventif aux pays du sud (Van de Perre & Meda, 1995). La supplémentation en vitamine A dans le but de diminuer le taux de transmission de la mère à l'enfant est en cours d'évaluation en Afrique.

2. La prévention de la transmission lors de l'accouchement repose sur le renforcement des précautions universelles d'asepsie, sur la prévention des complications ou des gestes traumatisants (forceps, par exemple); l'utilisation de désinfectants vaginaux est en cours d'évaluation.

3. La prévention de la transmission par transfusion repose d'abord sur la mise en œuvre de la sécurité transfusionnelle par criblage des dons de sang. Cependant, dans les pays où la séroprévalence en population générale est élevée, le risque résiduel dû à la fenêtre de séroconversion n'est pas négligeable et la fréquence des transfusions sanguines doit être réduite. Une nouvelle attention doit être apportée au traitement précoce des anémies de la femme enceinte et de l'enfant; les solutés macromoléculaires doivent être utilisés en remplacement du plasma, et le recours à l'autotransfusion est proposé en cas d'acte chirurgical programmé. L'utilisation de fractions de sang dans le cadre des déficits congénitaux en facteurs sanguins ne présente actuellement plus de risque.

4. La prévention de la transmission nosocomiale, ou transmission dans les milieux de soin, repose d'une part sur le respect des «précautions universelles» qui doit être général dans tous les services, d'autre part sur la réduction des traitements administrés par voie parentérale au profit des formes orales ou rectales.

5. La prévention de la transmission par effraction cutanée concerne des pratiques très diverses comprenant les injections effectuées par les praticiens

du secteur informel qui ne respectent pas les précautions d'asepsie (piqûristes, injectionnistes), les pratiques thérapeutiques du secteur traditionnel (scarifications, incisions), les effractions cutanées à visée autre que thérapeutique (percement d'oreilles, tatouages, circoncision et mutilations sexuelles). La prévention suppose l'information des personnes qui les pratiquent, d'autant plus difficile que ces personnes exercent dans le secteur informel et qu'ayant souvent été combattues par la biomédecine, elles ne sont pas toujours prêtes à en recevoir les messages. De plus, assurer l'asepsie de ces pratiques exigerait des moyens (aiguilles jetables, alcool, possibilités de désinfection, etc.) qui ne sont pas toujours à la portée de ceux qui en vivent. De nombreuses catégories professionnelles (barbiers africains, femmes qui pratiquent le tatouage des gencives au Mali, esthéticiennes et acupuncteurs non médicaux dans les pays du Nord) sont concernées par ce risque de transmission dont l'importance épidémiologique est très variable selon la réalité quotidienne des pratiques, difficilement appréciable.

6. Dans les pays du Nord, les enfants sont systématiquement nourris aux substituts de lait de femme. La prévention de la transmission par le lait maternel est un problème majeur dans les autres pays du Sud (Nicoll *et al.*, 1995). Par contre, dans les pays, l'utilisation du biberon représente un double risque, infectieux et nutritionnel, notamment lorsque les mères n'ont pas un pouvoir d'achat suffisant pour acheter les quantités de lait en poudre nécessaires et que l'eau potable et les moyens pour stériliser les biberons ne sont pas disponibles. Aussi, l'OMS et UNICEF. ont longtemps recommandé la poursuite de l'allaitement maternel (OMS-UNICEF, 1992). Depuis 1996, ONUSIDA recommande de permettre aux femmes séropositives de faire un «choix éclairé» en matière d'allaitement de leur enfant, ce qui suppose que l'accès au test VIH et au conseil soit assuré et que les femmes soient soutenues dans leur décision (ONUSIDA, 1996). Cette nouvelle orientation, soutenue par ONUSIDA, affirme le droit à l'information et à la confidentialité pour les femmes, les parents et les familles. Mais les difficultés pour définir des stratégies nationales qui soient économiquement réalistes et éthiquement acceptables sont telles que peu de pays du sud ont pris des mesures concrètes concernant l'allaitement maternel (Desclaux, 1994). Beaucoup d'études restent à mener dans ce domaine, tant sur le plan épidémiologique et pharmacologique que sur le plan des stratégies de santé publique.

7. La prévention de la contamination par voie sexuelle des enfants – garçons et filles – et des jeunes adolescents et adolescentes est d'autant plus difficile qu'elle concerne des pratiques illicites et cachées. Dans de nombreux pays, on a observé que les hommes recherchent maintenant des partenaires sexuels (hommes ou femmes) plus jeunes qu'ils pensent moins fréquemment contaminés que les adultes. Ce «mode de prévention populaire de la contamination par le VIH» provoque le développement de réseaux de prostitution d'enfants déjà observé en Thaïlande, de même qu'un abaissement de l'âge au mariage dans d'autres pays, qui exposent de plus en plus les enfants et les jeunes adolescents à la contamination par voie sexuelle. Seules une législation et une politique de répression sur le plan international, assorties de mesures sociales pour les enfants et de réformes économiques ayant un impact sur les causes de la prostitution enfantine permettraient de limiter ce mode de contamination.

8. La prévention de l'atteinte des femmes «en âge de procréer» demeure une stratégie fondamentale, d'autant plus que l'incidence du VIH chez les femmes jeunes est en augmentation dans l a plupart des pays du Nord et du Sud. La vulnérabilité spécifique des femmes tient notamment à leur moins bon accès à l'information, à leur statut social qui fait qu'elles ne sont pas toujours en position de décision pour ce qui concerne leur vie sexuelle, ni en position de négociation du port du préservatif et donc de leur protection.

De plus, les femmes sont physiquement et socialement vulnérables aux abus et aux violences sexuelles. Cette vulnérabilité sociale renforce leur vulnérabilité biologique. Dans de nombreuses régions et pour de nombreux groupes de population, le pouvoir de décision concernant la procréation comme l a protection contre le VIH n'appartient de fait qu'aux hommes. Les actions d'information menées jusque-là dans les pays du Sud apparaissent souvent, en dernière analyse, comme destinées essentiellement à la protection des hommes par le contenu de leur message comme par le support utilisé (documents écrits inaccessibles à des personnes non lettrées, représentations graphiques du danger de l a contamination sous les traits stéréotypés de prostituées, etc.) (Le Palec et al., 1997).

Aussi, des actions d'information et de prévention spécifiquement destinées aux femmes semblent désormais nécessaires, qui considèrent l a prévention du sida comme relevant de l a prévention des maladies maternelles et infantiles. Seule une modification radicale du statut social des femmes, qui leur permettrait d'accroître leur contrôle sur leur propre exposition au risque, serait pleinement efficace en termes de santé publique. Moins ambitieux que cette vaste réforme sociale, de nombreux programmes et actions d'information, de diffusion des moyens de prévention (marketing social des condoms, diffusion des préservatifs féminins, etc.), mais aussi d'alphabétisation, d'autosupport, ou d'activités génératrices de revenus, menés par des organismes publics ou privés et par des associations, permettent localement d'établir des jalons pour améliorer les capacités de protection des femmes par rapport au VIH (Berer & Ray, 1994).

L'IMPACT PSYCHOLOGIQUE DE L'ATTEINTE DE L'ENFANT PAR LE VIH

L'impact psychologique de l'atteinte de l'enfant par le VIH sur l'enfant et sa famille dépend d'une part de l'histoire du nouveau-né dans l a famille et de la nature du lien parents-enfants, d'autre part du contexte du diagnostic qui peut correspondre à quatre situations:
1. la mère se sait séropositive au moment de sa grossesse;
2. elle apprend sa séropositivité à l'occasion de la grossesse;
3. elle apprend sa séropositivité après l a naissance, à l'occasion de symptômes chez elle ou chez son enfant;
4. la mère n'est pas atteinte.

D'autres éléments interviennent dans l a manière dont l a famille répondra à l a séropositivité de l'enfant, tels que le mode de transmission du VIH (contamination maternelle par voie sanguine ou sexuelle), l'existence d'une fratrie contaminée ou non, la présence ou l'absence du père de l'enfant, le fait que l a grossesse ait été planifiée ou pas (Dumaret et al., 1995; Funck-Brentano, 1994; Ruffiot, 1989).

Le stress est le plus important lorsque l a future mère découvre sa séropositivité à l'occasion de sa grossesse: elle devra en assumer les conséquences à
la fois pour elle et pour son enfant. Comme pour tout autre individu, l a révélation de la séropositivité provoque une phase de déni, de refus, une révolte
face à ce qui est perçu comme une injustice, puis une phase de désespoir à un
moment où les autres femmes sont attentives à l'enfant qu'elles portent, qui
est investi de leurs espoirs. La révélation du statut sérologique provoque
souvent un bouleversement du rapport au père du futur enfant, remettant en
cause l a confiance mutuelle et introduisant l e soupçon sur l a vie actuelle ou
passée entre partenaires. Après l a révolte contre «l'Autre contaminant», l a
relation se rétablit dans le couple sur la négociation d'un équilibre qui se joue
souvent dans le silence, ou ne peut se reformuler et aboutit à une séparation,
parfois à un maintien de la vie à deux dans une double exclusion, où l'enfant
devra trouver une place (Niebhur *et al.*, 1994).

Les angoisses de la mère concernent aussi l e devenir de l'enfant. Elle est
ainsi confrontée à des affects contradictoires: l a perspective d'assurer
l'éducation et les soins de l'enfant peut l'aider à dépasser la phase de désespoir, mais l'idée de porter un enfant malade qui mourra peut-être est dévastatrice. Son attente est porteuse de remords, de culpabilité et d'une
anticipation anxieuse à propos de l a grossesse et de l a petite enfance,
puisque l a situation d'incertitude se prolonge souvent jusqu'à quinze mois
dans les pays du Sud. Enfin, l'angoisse par rapport au devenir d'un enfant qui
pourrait être orphelin est souvent doublée d'un sentiment ambivalent par
rapport à un fœtus sans lequel l'infection aurait pu ne pas être révélée jusqu'à
l'apparition des premiers symptômes chez l'un des parents atteints.

Dans cette situation de crise aiguë, les parents devront décider de
l'avenir de l a grossesse, ayant l a possibilité de choisir «l'interruption de
grossesse thérapeutique»[1]. Lorsque l a future mère est toxicomane, l a grossesse peut lui donner le courage d'un sevrage définitif, porté par l e fantasme
d'une autre vie possible et l e «mythe» de «l'enfant rédempteur».
L'avortement peut cependant être en contradiction avec les valeurs personnelles et les normes culturelles de l a mère. Enfin, l a perspective du possible
décès de l'enfant peut amener une mère à envisager dans cette éventualité de
porter une autre grossesse. Pour tous les parents, avoir des enfants contribue
au fantasme d'immortalité et leur permet d'accepter plus facilement l a
perspective de leur propre disparition.

Dans cette situation où le choix est soumis à des affects et des perceptions
contradictoires, à des éléments de connaissance dominés par l'incertitude, où
l a décision aura des conséquences très importantes pour l'avenir de l a
famille, le rôle du médecin consultant est extrêmement délicat: l'information
et le soutien qu'il apporte doit laisser au couple son libre choix, sous peine, en
cas de choix orienté, d'un remord et d'un rejet de l'enfant ou d'une culpabili-
sation de l a mère. La prise en charge par une équipe médico-psychologique
permet d'aider les parents à faire le point sur leur désir d'enfant, de maintenir la relation entre la mère et l'équipe soignante (y compris lorsque l a mère
prend une décision qu'elle perçoit comme opposée à l'attitude médicale
courante), et de soutenir l a femme dans son établissement d'une relation

---

[1]   En France, jusqu'à la 26e semaine d'aménorrhée.

harmonieuse avec son enfant, ou dans les suites de son interruption de grossesse. Du fait des précautions techniques supplémentaires nécessaires en cas de séropositivité, l'accouchement nécessite une bonne organisation afin de constituer pour la mère une expérience non traumatisante sur le plan psychologique. Si la mère se sentait coupable, si à l'occasion de «brèches» elle était critiquée ou réprouvée, elle risquerait de se désinvestir de sa relation avec son enfant.

L'impact psychologique de l'atteinte par le VIH chez l'enfant porte d'abord sur ses capacités développementales et cognitives; il est indissociable des atteintes neurologiques associées, observées chez la grande majorité des enfants (troubles du langage, de la mémoire, du comportement et les difficultés de conceptualisation) dont les traitements antirétroviraux permettent cependant de limiter les symptômes (Veber, 1994a).

Comme pour d'autres maladies chroniques de l'enfance, un niveau de détresse important est fréquemment présent dans le système familial (Taggart et al., 1992). L'incertitude initiale perturbe la relation mère-bébé, qui peut évoluer selon les cas vers une relation harmonieuse et différenciée ou symbiotique, désinvestie ou discontinue. L'enfant doit par la suite faire face aux traumatismes physiques liés à la surveillance médicale, aux épisodes infectieux et aux effets secondaires de traitements, à la détérioration progressive quand il entre dans la maladie, aux séparations du milieu familial pendant les hospitalisations, et souvent à la stigmatisation sociale ou à des attitudes d'évitement dues à la crainte irraisonnée de la contagion.

Le retentissement psychologique de cette situation se traduit par une fragilité qui peut prendre la forme d'une quête affective massive, d'une labilité de l'humeur sur fond d'anxiété. Cette anxiété est redoublée lorsque, par désir de protection, les parents ont caché sa maladie à l'enfant ou la cachent à leurs proches, s'enfermant dans le secret. En fonction de la dynamique qui s'établit dans le couple, le processus de réorganisation familiale mènera plutôt vers la maîtrise des difficultés et leur anticipation, les tentatives d'organisation et l'aménagement du quotidien pendant les périodes de maladie, ou au contraire à l'envahissement par la maladie au-delà de toute réorganisation. Lorsque l'enfant et sa mère sont atteints, une relation fusionnelle peut s'installer, d'autant plus que les autres membres de la famille sont séronégatifs. Les attitudes de «surprotection», traduisant leur sentiment de culpabilité, sont fréquentes chez les parents, qui maintiennent alors l'enfant dans une «bulle». Des études sociologiques ont montré le lien qui existe entre la difficulté de la famille à faire face et l'absence d'intégration des parents dans leur entourage social (Dumaret, 1995).

L'enfant confronté au décès de ses parents est traumatisé, et à long terme perd ses images parentales. La fréquence des complications psychologiques en raison des séparations importantes et durables et des deuils survenus avant l'âge de cinq ans est reconnue. Si l'enfant n'est pas entouré et soutenu par sa famille, il existe un risque de complications psychiatriques à long terme: toxicomanie, alcoolisme, tendances suicidaires, etc. Cet impact psychologique semble dépendre davantage des conditions de la séparation que de la séparation elle-même. Il est donc nécessaire d'établir un suivi psychologique de l'enfant aux différentes phases de la découverte de la séropositivité, de la période asymptomatique, en phase de maladie, au moment du décès et dans les suites pour les proches. Il est aussi important d'associer la famille étendue au soutien apporté à l'enfant, de prévenir les séparations familiales brutales en reconstituant si nécessaire une parentèle qui sera là quand la mère ne pourra plus faire face, et de définir au mieux les formules de placements (Veber, 1994b). Lorsque le placement est la seule solution, il importe que les familles d'accueil soient capables d'accepter le retard psychomoteur de l'enfant, et soient elles-mêmes inscrites dans un réseau de soutien suffisant. De plus, la mise en place d'un soutien pour la fratrie est souvent nécessaire (Rosset, 1994).

Les aspects psychologiques de l'atteinte de l'enfant par le VIH relèvent d'une prise en charge multidisciplinaire – et multiculturelle si nécessaire – par une équipe stable et disponible, qui peut être basée sur un suivi psychologique individuel pour l'enfant et les membres de son entourage ou sur leur participation à un groupe de parole (Welniarz, 1994; Weil-Halpern, 1994).

L'IMPACT DU SIDA SUR LES STRUCTURES SANITAIRES ET SOCIALES POUR L'ENFANT

L'impact de l'épidémie de sida sur les structures sanitaires et sociales associe des effets observés pour les adultes qui présentent des aspects légèrement différents lorsqu'ils touchent les enfants, et des implications propres à l'atteinte pédiatrique. Du fait de l'épidémie, les services et structures ont été l'objet de transformations et bouleversements subis, que l'on peut qualifier de modifications passives et de mesures planifiées mises en place en réaction à l'épidémie (Cooper, 1990; Tessier, 1993).

L'impact subi par les soignants

Les enfants atteints par le VIH sont accueillis par des services qui ont vu de ce fait leur fréquentation augmenter. Même si les données précises font souvent défaut sur ce point et si cette augmentation de la fréquentation n'entraîne une surcharge de travail réellement difficile à surmonter que dans les pays de forte prévalence, essentiellement l'Afrique sub-saharienne, différents services ont dû élargir et aménager leurs horaires de consultation et d'accueil pour faire face aux demandes. Les personnels de santé n'ont pas échappé aux attitudes observées dans l'ensemble de la société, associant vis-à-vis des malades la crainte de la contagion, la compassion envers des enfants considérés comme «victimes innocentes» et souvent, dans les pays développés, la critique de leurs parents lorsque ceux-ci ont été contaminés par l'usage de drogues intraveineuses. Dans les pays du Sud, c'est le sentiment d'impuissance thérapeutique qui domine, provoquant, associée à la peur de la contagion, une «disqualification» des paramédicaux et des attitudes d'évitement vis-à-vis des enfants atteints – ou supposés tels – qui amènent certains soignants à remettre en cause le sens de la prise en charge (Desclaux, 1996b). La surcharge de travail et surtout la forte implication émotionnelle du soin aux enfants sont souvent à l'origine d'un «syndrome d'épuisement professionnel», qui peut nécessiter, pour être prévenu, la mise en place d'un soutien psychologique pour les soignants.

Les mesures de protection contre la transmission nosocomiale

Comme pour les adultes, les services et structures pédiatriques ont adopté les «précautions universelles» pour limiter la transmission nosocomiale. Outre les précautions au moment de l'accouchement, de nouvelles règles ont été adoptées dans les lactariums (pasteurisation du VIH, autosélection des nourrices en fonction de l'existence de facteurs de risque). Les seringues à usage unique ont été adoptées dans les services de soin des pays du Nord et du Sud; dans ces derniers, les seringues réutilisables supportant l a stérilisation et les aiguilles réutilisables ou jetables ont remplacé les seringues à usage unique (qui étaient en pratique souvent réutilisées sans pouvoir être correctement stérilisées) et les injecteurs dans les campagnes du Programme élargi de vaccination. En Afrique sub-saharienne, outre le fait que les moyens matériels pour mettre en pratique les précautions universelles font souvent défaut, les accoucheuses traditionnelles qui ne disposent que d'un matériel sommaire et n'ont pas accès aux gants sont encore très exposées, sans en avoir toujours été informées.

L'impact sur les rapports entre soignants et parents

Du fait de l a médicalisation du diagnostic, de sa confidentialité et des difficultés à définir les modalités pratiques du partage du secret médical dans les équipes de soin, mais aussi les difficultés de sa gestion avec les couples, l a communication entre professionnels médicaux, paramédicaux et parents est complexe. Pour que cette communication puisse s'établir, chaque catégorie de soignants (infirmières, sages-femmes, psychologues, médecins, aides-soignantes, agents de service) doit avoir reçu une bonne information concernant l'infection par le VIH et l'atteinte des enfants, et connaître précisément le rôle professionnel qui lui revient dans l'équipe soignante. Ce rôle n'est pas toujours facile à préciser lorsqu'il montre une rupture d'avec le rôle antérieur: les infirmières qui jusque-là prévenaient les rechutes en enseignant des principes alimentaires simples aux mères africaines d'enfants malnutris savent désormais que ces principes ne sont plus suffisants pour un grand nombre de ces enfants (Desclaux, 1996a).

L'impact sur l'organisation des services et structures de soin

Dans les pays du Nord, l a nécessité d'un suivi multidisciplinaire pour les enfants atteints par le VIH a été démontrée. Après un bilan initial réalisé à l'hôpital, il fallait éviter le morcellement des interventions et l a surmédicalisation, notamment les hospitalisations trop fréquentes, tout en assurant l e recours à des professionnels de l a santé bien formés pour le suivi à domicile. Des équipes pluridisciplinaires hospitalières ou ambulatoires ont été créées pour réaliser ce suivi, le plus souvent à partir des services d'immuno-hématologie pédiatrique ou de maladies infectieuses. Dans certains cas, des réseaux ville-hôpital se sont mis en place spécifiquement pour les enfants ou en association avec les réseaux existant pour les adultes. Les associations ont complété le dispositif sanitaire et social, en investissant le soutien aux familles, en assurant la garantie éthique face aux institutions, en représentant les familles dans des programmes de recherche et des essais thérapeutiques.

Dans les pays du Sud, notamment en Afrique, l'épidémie de sida est survenue à un moment de transition, voire de crise du système de santé. En médicalisant le soin d'enfants de plus en plus nombreux, le sida remettait en question l a pertinence des programmes de santé communautaire et l'efficacité des niveaux les plus périphériques des services de soins de santé primaire. La récente réforme des services de santé (dite «Initiative de Bamako») qui a mis en place un système de gestion par le recouvrement des coûts suppose que les parents paient désormais les traitements; dans certaines régions, des programmes de mutualisation ont été créés pour permettre à des groupes de population de pouvoir faire face à leurs dépenses de santé. En nécessitant des traitements coûteux, le sida remet en cause les capacités des parents, des familles et des groupes mutualistes à assurer ces dépenses. Dans certains pays, un nombre restreint de médicaments pédiatriques nécessaires pour le traitement du sida ont été pris en compte dans les programmes de gestion des médicaments essentiels, et rendus accessibles à la population.

L'impact du sida sur les programmes préexistants

La lutte contre le sida a été organisée par agences spécialisées dans les pays du Nord, par programmes verticaux dans les pays du Sud. Ces programmes viennent s'ajouter à d'autres programmes préexistants tels que les programmes de lutte contre les maladies diarrhéiques, contre la tuberculose, contre la malnutrition, ou de promotion de l'allaitement maternel. Or, par les échecs thérapeutiques qu'il provoque, le sida peut décrédibiliser les programmes jusque-là bien acceptés par la population. La «pesée», qui fait partie de la surveillance staturopondérale des nourrissons et des enfants, pourrait être perçue par les mères comme un lieu où l'on risque de diagnostiquer un sida. De plus, il existe un risque de réallocation des ressources des programmes précédents au profit du programme de lutte contre le sida, dans une période de crise financière.

Les programmes verticaux, destinés à focaliser les efforts sur une pathologie, hiérarchisent leurs priorités en fonction de déterminants qui leurs sont propres. Il semble qu'en matière de sida, l'atteinte des adultes (hommes) ait d'abord été considérée comme prioritaire et le soit souvent restée. Ainsi, les professionnels de la santé chargés de la prise en charge des enfants sont encore rarement représentés dans les comités de lutte. La programmation verticale apparaît jusqu'à présent comme trop spécifique d'une pathologie pour que puissent être mises en place les coordinations entre programmes – avec les programmes de lutte contre les malnutritions infantiles et de promotion de l'allaitement maternel notamment – indispensables à une lutte efficiente. Or, un programme spécialisé n'est efficace que lorsque les mesures qu'il propose ont été intégrées au fonctionnement habituel des services et structures de soin (Desclaux, 1996b).

Le rôle du secteur associatif

C'est souvent pour pallier aux insuffisances des services sanitaires et sociaux existants que les associations ont mis en place leurs propres programmes concernant les enfants pour l'aide sociale, l'accueil et la garde, la coordination des interventions, le soutien et l'entraide des parents (Rosset, 1994). Des associations spécialisées en faveur des enfants atteints ont été créées dans les pays développés. Au Sud, en particulier dans les pays d'Afrique centrale les plus touchés par l'épidémie, quelques associations ont complété le dispositif sanitaire en mettant en place elles-mêmes les services de consultation et de soins à domicile qui faisaient défaut. Mais de manière générale, les associations ne pallient pas à toutes les carences des systèmes de soin, qui ne pourront être réellement efficaces que si le sida pédiatrique

est considéré comme une priorité et si les programmes sont établis en conséquence.

L'ENFANT SÉROPOSITIF ET LE SYSTÈME ÉDUCATIF

Les problèmes liés à l'accueil d'enfants séropositifs ou malades dans les
structures destinées à la garde et à l'éducation des enfants se sont posés
brutalement à travers des cas médiatisés. Depuis, les besoins des enfants
atteints ont été analysés, et les risques qu'ils encourent, les difficultés soulevées par leur prise en charge ainsi que les capacités des structures sociales et
éducatives à les accueillir ont été précisés (CDC, 1988; Verboud, 1994).

Si les enfants qui présentent une forme sévère de sida sont très vite
atteints de troubles neurologiques graves liés à l'encéphalopathie au VIH,
les enfants dont la maladie se déclare tardivement et prend une forme
progressive peuvent rester longtemps asymptomatiques ou ne présenter que
des symptômes légers tels qu'un retard cognitif limité, des troubles du
comportement et une vulnérabilité psychologique (Byers, 1989). Ces enfants
peuvent être scolarisés ou accueillis dans une crèche sans problème particulier (CDC, 1988).

Si l'utilité de l'éducation pour l'avenir pourrait être considérée comme
incertaine pour l'enfant, son importance pour le présent est essentielle. La
non-intégration ou l'exclusion d'une structure d'éducation ou de garde serait
une atteinte à ses droits. L'infection au VIH est une maladie transmissible et
non contagieuse, qui permet l'insertion en collectivité. Le seul risque potentiel de transmission consiste en l'exposition de lésions ou de muqueuses au
sang contaminé, qui peut être prévenue facilement par des mesures d'hygiène
simples. Les pays ont adopté sur ce point des textes législatifs qui diffèrent
(accès à l'école après examen au cas par cas aux États-Unis d'Amérique,
admission de tous les enfants en France), mais une unanimité se dégage en
faveur de l'intégration des enfants (et des adultes) porteurs du VIH (Jésu,
1994). De même, les politiques sont différentes selon les pays en matière de
secret concernant le statut sérologique de l'enfant: maintien de la confidentialité ou partage du secret avec les professionnels qui s'occupent de l'enfant.
Il appartient aux seuls parents de prendre sur ce point une décision difficile,
les conséquences pouvant en être, selon les cas, positives pour l'enfant
(possibilité de communication et de soutien) ou très négatives (risque de rejet
et d'évitement) (Jésu, 1944).

Dans les premières années de l'épidémie, la surprotection dont les
enfants atteints étaient l'objet, du fait notamment des limites des connaissances scientifiques sur la maladie, et de la crainte du rejet, a provoqué le
maintien de nombreux enfants à l'écart des structures de garde et de l'école,
renforçant le caractère fusionnel de la relation mère-enfant (Dumaret *et al.*,
1995). Au cours des dernières années, des actions d'information et de soutien
aux professionnels assurées par le personnel médical des structures éducatives ont permis d'améliorer et d'étendre les capacités de ces structures face
aux enfants atteints (Verboud, 1994). Parallèlement, des programmes
d'information sur le sida et de prévention ont été mis en place dans le milieu
scolaire; ces programmes restent principalement destinés aux grands enfants
et aux adolescents, mais des projets éducatifs ont été expérimentés pour
intégrer cette information dans les programmes scolaires et y associer les

parents (cf. projet de l'Association canadienne de santé publique). Les structures éducatives ont désormais dans de nombreux pays reconnu leur double rôle – qui reste à développer – d'accueil et d'intégration des enfants atteints et d'information pour la prévention.

L'IMPACT SOCIAL DE L'ÉPIDÉMIE AU VIH POUR L'ENFANT

Dans les pays développés où l a transmission du VIH par voie sexuelle concerne préférentiellement des personnes marginalisées ou appartenant aux minorités ethniques, le contexte social dans lequel vivent les enfants atteints par le VIH est souvent précaire. De plus, l'impact de la maladie a pu déstructurer l a cellule familiale. L'enfant atteint par le VIH est généralement un enfant vulnérable sur le plan familial et social. Les possibilités et les atouts dont dispose chaque famille pour y faire face sont très divers. De la structure sociale locale et du développement des institutions de protection de l'enfance dépendent les possibilités de placement pour l'enfant.

Dans les pays du Sud, l a majorité de l a population se trouve dans une situation de précarité économique (Barnett & Blaikie, 1992). Un enfant est alors affecté par la maladie d'un membre de sa famille de plusieurs manières. L'atteinte des adultes productifs diminue les revenus de l a famille, et les dépenses nécessaires à son traitement épuisent bien souvent les économies du foyer. La scolarité des enfants, qui demeure payante dans l a plupart des pays, est alors fréquemment interrompue pour pouvoir faire face à ces dépenses, l'alimentation de l'ensemble de l a famille est réduite au strict nécessaire, et les problèmes de santé courants ne sont plus traités. Les filles sont souvent retirées de l'école les premières, pour aider aux soins qui doivent être apportés au malade ou pour s'occuper des enfants plus jeunes en cas d'hospitalisation de l'un des parents. Les conséquences d'un cas de sida pour les enfants sont donc éducatives, nutritionnelles, sanitaires, s'ajoutant aux conséquences psychologiques du stress et de la dislocation de l a cellule familiale. Dans certaines régions d'Afrique centrale, la disparition des adultes a provoqué des bouleversements dans l e système agricole, les enfants n'ayant pu apprendre de leurs parents les techniques agricoles traditionnelles (Barnett & Blaikie, 1992). Les enfants les plus âgés courent peu de risque d'être eux-mêmes contaminés, mais leurs conditions de vie sont bouleversées, les obligeant à assurer très jeunes l a vie quotidienne d'un foyer dans une grande précarité (Pison, 1989).

Une des principales conséquences sociales de l'épidémie est l e nombre de plus en plus élevé d'orphelins (Foster et al., 1995; Ryder et al., 1994; Pison, 1989). Les «orphelins du sida» doivent-ils faire face à des problèmes spécifiques, qui justifient cette appellation? Il semble que ces enfants soient soumis aux mêmes difficultés que les autres orphelins, auxquelles s'ajoutent d'une part le risque d'exclusion et de discrimination dont sont encore victimes les personnes atteintes par le VIH et leurs proches dans de nombreux pays, et d'autre part le risque d'être eux-mêmes atteints et de développer la maladie à court ou à moyen terme (Cook, 1996). Dans les régions du Sud les plus touchées par l'épidémie, les enfants orphelins sont d'abord pris en charge par la famille élargie qui les «redistribue» dans les foyers des oncles, ou plus souvent des grands-parents, puis, lorsque ce mécanisme trouve ses limites, ces enfants restent dans leur foyer sous l a protection d'un aîné. La pauvreté, l a solitude et l'absence d'environnement affectif stable poussent ces enfants à s'exiler vers les grandes villes, pour trouver de quoi survivre dans l a rue, où ils sont exposés aux violences, y compris d'ordre sexuel. Dans certains pays, les filles sont vendues à des réseaux illégaux de prostitution. Le coût social de l'atteinte par le VIH est donc majeur pour les enfants (UNICEF, 1990, 1993). «Je me demande comment sera la prochaine génération de mon pays quand on voit des enfants devenir chefs de famille à douze ou treize ans, quand des enfants voient leur mère et leur père souffrir quotidiennement, ou encore lorsque des frères et sœurs doivent être séparés à l a mort de leurs parents et dispersés dans la famille» (Noerine Kaleeba, TASO, Ouganda).

Depuis le début des années 1990, des programmes de soutien aux enfants affectés et aux orphelins se sont progressivement mis en place (Chevallier & Floury, 1994). Dans les pays du Nord, les structures d'aide et de protection de l'enfance ont accueilli ces enfants et défini les modalités de placement lorsque la cellule familiale est détruite. L'augmentation des besoins a amené certains pays à prendre des mesures pour étendre et améliorer leurs capacités d'accueil (augmentation du salaire des assistantes maternelles, mise en place d'équipes de soutien psychologique pour les familles d'accueil). Les associations d'entraide ont mené des actions d'aide au domicile aux mères et aux enfants, et des réponses souples permettant d'éviter les ruptures (Dumaret et al., 1995).

Dans les pays du Sud, ce sont essentiellement des organisations non gouvernementales qui ont mis en place des mécanismes d'aide aux enfants affectés. Les bases théoriques de ces actions ont été définies dans l a «Déclaration de Lusaka pour l'enfant et la famille» en 1994 (Centre International de l'Enfance, 1994). Leurs caractéristiques communes sont:
• d'établir un soutien précoce à l'enfant, défini avec les parents;
• de maintenir autant que possible les enfants dans un milieu familial qui les supporte;
• de créer des «néo-foyers» là où le soutien aux structures familiales ne suffit pas;
• d'assurer un soutien matériel sur les points les plus vulnérables.

Au Zaïre, l'association AMO-Zaïre (Avenir meilleur pour les orphelins) propose un soutien aux enfants de parents atteints par le VIH pour qu'ils n'interrompent pas leur scolarité, amène l a famille à désigner pour l'enfant un tuteur et un foyer d'accueil qui prendra l e relais de ses parents, assure un soutien à l'enfant et à son nouveau foyer, et conduit un programme de soins à domicile. En 1993 au Rwanda (avant l a guerre), les capacités de l a famille élargie à accueillir des enfants sont souvent dépassées et beaucoup d'enfants se retrouvent seuls. L'association Caritas Rwanda soutient des maisons familiales dans lesquelles une nourrice s'occupe de huit à dix enfants, l'ensemble des maisons étant coordonné par une assistante sociale; l'association prend en charge les dépenses quotidiennes de ces maisons. Au Brésil, une association locale a créé à Belo Horizonte une clinique au service des enfants de l a rue qui leur apporte des soins médicaux accessibles, une information en matière de sexualité et de drogue, et propose un programme social aux jeunes filles enceintes ou ayant un enfant. De nombreuses autres associations définissent des formules d'accueil de ces enfants adaptées aux structures de l a parenté, aux structures sociales et aux systèmes de transfert et de placement en famille d'accueil des enfants existant localement (UNICEF, 1990).

Le coût social de l'atteinte des enfants en termes de mortalité, de souffrance, de surcharge des services sanitaires et sociaux et d'influence négative sur la croissance en général est inestimable dans les pays du Sud.

LES ASPECTS ANTHROPOLOGIQUES DE LA MALADIE DE L'ENFANT

Les sciences sociales se sont encore peu intéressées aux aspects pédiatriques de l'épidémie (Benoist & Desclaux, 1996; Dozon & Vidal, 1993). Ainsi, les représentations sociales concernant l'atteinte de l'enfant par le VIH et leur insertion dans les systèmes symboliques ont été rarement explorées. Une étude réalisée au Burkina Faso (Afrique de l'Ouest) montre comment l'atteinte de l'enfant est rarement associée au sida, considère comme une maladie d'adultes en rapport avec la sexualité. L'enfant est le plus souvent perçu comme souffrant de plusieurs syndromes traditionnels locaux qui associent amaigrissement et diarrhée, provoqués par les conduites de la mère qui n'a pas respecté l'interdit sexuel du post-partum et les interdictions de passer dans certains lieux chargés de «saleté», ou n'a pas écouté les prescriptions alimentaires des professionnels de la santé. Si l'enfant tombe malade avant l'un de ses parents atteint de sida, sa maladie sera le plus souvent considérée comme l'un de ces syndromes locaux mettant en cause la mère. Ces diagnostics traditionnels constituent des diagnostics «de repli», moins connotés que le sida par des représentations péjoratives, tant sur le plan de leur pronostic que par leur rapport avec la sexualité. L'insertion de la maladie sida dans les nosologies pédiatriques traditionnelles reste à analyser dans la plupart des contextes culturels.

L'épidémie de sida a ravivé dans certaines limites l'étude des représentations des «fluides corporels», notamment du sperme et plus rarement du lait (Oliviero, 1992). Toute une ethnophysiologie de la grossesse, et du développement de l'enfant reste à explorer dans la plupart des cultures, en complément de l'étude des représentations de la transmission du VIH de la mère à l'enfant, avant de préciser les variations culturelles des perceptions des pathologies du nouveau-né.

Les attitudes de la population vis-à-vis de l'atteinte des enfants sont souvent ambivalentes. L'enfant est d'abord considéré comme une «victime innocente», mais les perceptions peuvent induire une accusation de la mère, parfois simultanée à une certaine compassion. Des réactions de rejet conduisant quelquefois à des agressions, dont le cadre est souvent l'école, ont été largement médiatisées en Amérique du Nord. Ces réactions reflètent une méconnaissance des modes de transmission de la maladie et la crainte de sa contagiosité, mais révèlent aussi des tensions préexistantes, et parfois des représentations de la maternité et de la «bonne mère» différentes dans divers groupes sociaux.

Quelques travaux ont été menés avec une approche sociologique sur les stratégies déployées par les familles pour faire face à cette maladie grave. Ils ont montré une bonne adaptation des familles aux thérapeutiques lorsque les protocoles sont contraignants, mais à la condition que les indications de ces traitements soient perçues comme cohérentes et que la relation avec les équipes professionnelles soit stable. Les recours aux médecines «parallèles» ou aux «thérapeutes traditionnels» et le rôle qu'ils jouent pour les enfants n'ont pas été élucidés dans tous les contextes. Dans les pays développés, le soin aux enfants met souvent en jeu des situations interculturelles, et parfois des situations de migrations qui permettent la poursuite de l'itinéraire thérapeutique dans plusieurs pays et auprès de systèmes médicaux différents.

Peu d'études se sont attachées à explorer les représentations du sida chez les enfants eux-mêmes. Quelques recherches ont été effectuées auprès des enfants des rues; elles portent sur leurs connaissances et attitudes en matière de maladies sexuellement transmissibles et de sexualité, dans certains cas d'usage de toxiques, mais aussi sur leur organisation sociale. Aux Philippines, au Kenya, en Colombie, en Haïti et en Thaïlande, ces études montrent l'importance des relations sexuelles pour la survie, comme monnaie d'échange contre de la nourriture, un abri ou une protection, mais aussi comme marque de pouvoir, ou comme moyen d'établir une relation humaine, par exemple avec des prostituées (Bernier & Ascensio, 1995; UNICEF, 1993). Ces enfants de la rue ont eu une sexualité très précoce; ils ont une grande conscience du risque que représentent les maladies sexuellement transmissibles, bien que leurs connaissances soient souvent erronées, mais sont dans l'incapacité de changer leurs conditions d'existence (Bernier & Ascencio, 1995).

En Afrique, c'est surtout les limites des solidarités familiales et les capacités de la «famille élargie» à prendre en charge les orphelins qui ont été analysées, ravivant l'intérêt pour l'analyse des systèmes de transferts d'enfants (Cook, 1996; Preble, 1990). Certains de ces travaux ont été orientés par la volonté des organismes internationaux de mettre en place des aides qui soutiennent les mécanismes de solidarité préexistants. L'impact du sida sur les systèmes de santé, tant du côté des systèmes de soin biomédicaux que des institutions intervenant dans la prévention, que du côté des réaménagements professionnels des «néospécialistes du sida» apparus dans les secteurs biomédical, traditionnel et informel, reste à analyser avec une approche qui participe de l'anthropologie des systèmes de santé (Cooper, 1990).

LES ASPECTS ÉTHIQUES ET LÉGAUX DE L'ATTEINTE DE L'ENFANT

Les questions d'éthique se posent avec une complexité accrue dans le cas des enfants, notamment parce qu'elles mettent en jeu plusieurs acteurs, et qu'elles sont intriquées avec des enjeux de santé publique et des questions liées à la procréation (Chevallier, 1993). Elles concernent principalement trois aspects: le choix d'avoir un enfant pour un couple atteint par le VIH (Fontenay, 1994a, 1994b), la confidentialité dans le suivi d'un enfant infecté et l'insertion familiale d'un enfant affecté, les droits des enfants en tant que personnes (Jésu, 1994; Oppe, 1990; Neirinck, 1983).

Le choix d'avoir un enfant et le droit à la procréation

Le fait de se savoir séropositif n'exclut pas le désir d'enfant, et parfois le renforce. Avoir un enfant pose des problèmes complexes, différents selon la situation du couple au regard du VIH. Pour les couples discordants, la fécondation est indissociable du risque de transmission du virus au partenaire séronégatif. Lorsque l'homme est infecté, seul le recours au don de sperme par un tiers élimine totalement le risque de transmission (CDC, 1990; Jouannet &

Kunstmann., 1994). Lorsque l a femme est infectée, l e risque de transmission du virus à l'enfant peut être réduit mais ne peut pas être totalement éliminé. Socialement, l a maternité d'une femme séropositive est l'objet de représentations hostiles, qui mettent en avant l a souffrance d'un enfant atteint, condamné à mourir rapidement, sans toujours prendre en compte l a souffrance d'une femme qui serait privée de son droit à l a maternité. Face à ces risques, i l est indispensable que les soignants respectent l e libre choix des parents dûment informés, eux seuls étant à même d'interpréter pour eux-mêmes les risques statistiques et les probabilités qui leur sont annoncés, et de décider du niveau de risque acceptable. Le «conseil» objectif sans être indifférent, qui ne comporte ni tentative de persuader, ni manipulation, exige de l a part des soignants – l e plus souvent médecins gynécologues dans ce cas – une formation spécifique aux aspects éthiques, en complément de l a connaissance des aspects psychologiques précédemment évoqués.

Souvent, la séropositivité de la mère est établie au cours d'un dépistage prénatal. S i tous s'entendent sur l a nécessité d'un dépistage précoce, l a position des États sur les modalités de réalisation du dépistage est hétérogène, allant du respect de la liberté individuelle avec un dépistage proposé, à la pratique du dépistage obligatoire chez les femmes en âge de procréer, en consultation prénuptiale par exemple. Dans les pays développés et démocratiques, un consensus relatif s'est établi autour d'un dépistage systématiquement proposé aux femmes enceintes ou en désir de grossesse, à l a fois plus efficace sur le plan épidémiologique et plus acceptable sur le plan éthique que d'autres formes de dépistage telles que le dépistage ciblé (auprès des femmes qui présentent un risque important). Mais l e choix d'une politique en matière de dépistage est étroitement lié aux objectifs et aux suites du dépistage: les questions éthiques qui se posent alors concernent l'interruption de grossesse, considérée comme un droit et volontaire dans certains pays, interdite ou imposée dans d'autres pays (Berer & Ray, 1994; Fontenay, 1994a).

S'il existe une unanimité quasi générale sur le principe de l a proposition systématique du test avant ou en début de grossesse, l'application dans l a réalité est plus difficile et les attitudes ne respectent pas toujours les droits de la future mère; une position pleinement éthique supposerait de respecter la volonté d'une femme qui refuse d'effectuer le test; cette situation est rare dans les faits.

Le droit à l'information et à la confidentialité

Le principe de confidentialité suppose que l'information médicale concernant l'enfant ne soit partagée qu'avec des intervenants directement impliqués dans sa prise en charge et assujettis au secret médical ou professionnel. Les familles d'accueil pour un enfant en placement familial ou pour une adoption sont directement impliquées et doivent être informées du statut de l'enfant lorsqu'il est connu, pour qu'elles puissent lui assurer un meilleur soutien (Skinner, 1989).

Mais les dispositions réglementaires ne règlent pas toutes les difficultés liées au maintien de l a confidentialité. Les parents ont souvent été poussés par les établissements scolaires ou les structures de garde à fournir des renseignements médicaux confidentiels, et des parents peu informés ou peu soutenus peuvent être vulnérables vis-à-vis de ces demandes illicites mais fréquentes.

D'autre part, le statut sérologique de l'enfant renseigne avec une probabilité importante sur le statut de la mère. Dans les pays du Sud où l'enfant est souvent le premier membre de la famille dont l'atteinte est diagnostiquée, le médecin se trouve dans l'obligation d'en informer le père, qui a l'autorité légale sur l'enfant, ce qui amène celui-ci à suspecter l'atteinte de la mère. Lorsqu'il existe un risque d'accusation ou de rejet d'une femme séropositive hors du foyer, informer le père comporte un risque social pour la mère. Les professionnels de la santé doivent donc prendre de multiples précautions et temporiser, souvent en annonçant progressivement au père le statut de son enfant; ils doivent pour cela avoir acquis une bonne connaissance des relations au sein du couple et de la famille, ce qui est particulièrement difficile dans des contextes de surcharge des consultations et services où le temps consacré à chaque enfant ne peut être que très limité.

Le droit à l'information sur le statut sérologique et clinique d'un enfant se pose dans les mêmes termes que pour les adultes, à l'exception près qu'avant quinze mois, les incertitudes (en particulier dans les pays du Sud) ne permettent souvent que des suspicions. Faut-il informer les parents en cas de «simple» suspicion? Si les principes éthiques permettent de définir des limites et des attitudes générales, les professionnels de la santé, très souvent confrontés en pédiatrie à la complexité des situations réelles, peuvent avoir besoin de l'avis de comités d'éthique qui comprennent des représentants des personnes atteintes, des professionnels et de la «société civile».

Les droits des enfants en temps que personnes

Dans le contexte pédiatrique, la question du consentement éclairé préalable à un dépistage, à la participation à une enquête ou à un essai thérapeutique se pose avec une acuité particulière. Si les principes éthiques et parfois les directives officielles recommandent de rechercher le consentement de l'enfant dès qu'il est apte à s'exprimer, les textes juridiques stipulent que les parents ou le tuteur légal sont responsables pour l'enfant; ce sont les parents qui le plus souvent expriment l'avis de l'enfant, et leurs réticences sont importantes, quelle que soit la maladie en cause. La situation la plus complexe est celle où l'intérêt du fœtus ou de l'enfant et celui de ses parents entrent en conflit. Cette question s'est posée dans les années 1990, lors de l'étude de traitements pour la femme enceinte séropositive, qui pouvaient avoir des effets secondaires pour le fœtus (Jésu, 1994; Neirinck, 1983).

Pour les enfants plus âgés, le droit à l'information va dans le sens d'une généralisation des programmes d'Information, éducation, communication sur les modes de transmission du VIH et les mesures de prévention dès le plus jeune âge, pour toucher le plus grand nombre d'enfants. Dans plusieurs pays, les réticences des adultes à évoquer la sexualité avec les enfants limitent leur accès à cette information; pourtant, l'importance des abus sexuels dont les enfants sont victimes, souvent dans les mêmes pays, est connue de tous. Les réactions face à l'épidémie de sida permettent de prendre conscience de l'attitude ambivalente de la société envers les enfants. L'existence de comités d'éthique attentifs à leur sort est nécessaire pour que les enfants, particulièrement vulnérables, soient pleinement respectés et protégés face au sida (Oppe, 1990).

PERSPECTIVES DE RECHERCHE
Une recherche spécifique à la pédiatrie?

La recherche sur les aspects cliniques, biologiques et thérapeutiques est soumise à une question fondamentale: peut-on extrapoler chez l'enfant les connaissances acquises chez l'adulte? Au début de l'épidémie, on a considéré que la forme pédiatrique de la maladie était analogue à l'atteinte des adultes, et la recherche biomédicale sur l'infection par le VIH chez l'enfant s'est d'abord intéressée à des questions spécifiques: l'étude de la transmission mère-enfant, les recherches préalables à la mise au point de techniques de diagnostic précoce chez le nourrisson. Des études cliniques ont ensuite montré les particularités cliniques du sida pédiatrique, son profil évolutif bimodal et l'existence d'une forme sévère propre à l'enfant. Dans d'autres domaines tels que l'immunologie, des différences importantes entre l'adulte et l'enfant ont été progressivement mises en évidence. Dans le champ de la thérapeutique, les résultats observés chez l'adulte ne peuvent pas être directement transposés à l'enfant, et la nécessité d'essais chez l'enfant est maintenant reconnue; ils sont effectués lorsque les résultats d'essais préalables chez l'adulte ont été concluants. Encore peu d'essais ont été réalisés concernant les antirétroviraux, aussi leurs indications thérapeutiques en pédiatrie manquent-elles actuellement de précision. Compte tenu de ces spécificités de la pédiatrie, des recherches sont encore nécessaires dans de nombreux domaines (Pizzo & Wilfert, 1992; Chevallier, 1993).

Pour qui la recherche est-elle actuellement nécessaire?

L'écart entre les situations des pays développés et des pays du Sud au regard du sida pédiatrique s'élargit constamment. Sur le plan quantitatif, le nombre de cas estimés dans les pays du Sud est sans commune mesure avec le nombre de cas déclarés au Nord. Cette différence s'accroît d'autant plus rapidement que les pays du nord ont désormais à leur disposition des moyens de prévention de la transmission périnatale (usage de l'AZT, planification d'une grossesse «à moindre risque» au regard du VIH, allaitement au biberon systématique), les pays du Sud n'ayant pas accès à ces mesures ou ayant certaines difficultés à les mettre en œuvre. D'autre part, les femmes «en âge de procréer» sont plus nombreuses parmi les personnes infectées dans les pays du Sud que dans les pays développés (Berer & Ray, 1994). De plus, les différences entre les formes cliniques observées au Nord et au Sud s'amplifient: dans les pays développés, l'apparition des infections opportunistes est retardée par les traitements préventifs et les trithérapies modifient radicalement le pronostic de l'infection au VIH; le sida pédiatrique se présente de plus en plus comme une infection chronique à potentialité létale. Dans les pays du Sud, par contre, la forme sévère de la maladie reste fréquente. On pourrait parler de deux profils cliniques et épidémiques du sida pédiatrique. Au Sud, beaucoup de connaissances font encore défaut concernant les aspects biomédicaux de l'infection au VIH chez l'enfant (Lapointe & M'Pelé, 1995).

Les connaissances biomédicales nécessaires aux pays du sud

Sur le plan épidémiologique, les données de séroprévalence chez les enfants reposent sur des estimations, alors que des enquêtes de sérosurveillance ciblées permettraient de planifier plus précisément les interventions en santé publique. Les mécanismes et les taux de transmission par l'allaitement – notamment par le colostrum – n'ont pas encore été suffisamment précisés. Sur le plan clinique, on ignore si les différentes souches virales sont responsables de profils cliniques et évolutifs similaires ou distincts, et peuvent induire des taux de transmission mère-enfant différents. L'évolution clinique des enfants atteints par le VIH-2 est encore mal connue. Sur plusieurs points, l'évolution clinique des enfants atteints est partout considérée comme superposable à celle qui a été observée dans le cadre d'enquêtes franco-américaines, faute de données issues d'enquêtes réalisées en Afrique ou en Asie. Sur d'autres points, les profils cliniques africains ont été considérés comme spécifiques pendant plusieurs années, jusqu'à ce que l'utilisation de moyens diagnostiques sophistiqués montre que les infections opportunistes décrites dans les pays développés, telles que la pneumocystose, sont également présentes dans les pays du Sud. Enfin, sur le plan thérapeutique, de nombreuses études sont encore nécessaires pour valider des traitements – médicaments génériques, traitements nutritionnels – qui soient accessibles localement (Nicoll *et al.*, 1995).

Quelle recherche pour réduire l'écart Nord-Sud?

Le retard dans la mise en œuvre de programmes destinés aux enfants dans les pays du Sud tient aux limites matérielles et financières de ces pays, à l'absence de priorité accordée à l'atteinte des enfants, mais aussi à l'ampleur des difficultés rencontrées. La question de la transmission du VIH par l'allaitement maternel est au cœur de ces difficultés. Des recherches sur les stratégies possibles pour limiter la transmission du VIH par l'allaitement maternel sont urgentes, non seulement pour la prévention du sida pédiatrique, mais aussi pour permettre aux professionnels de la santé de maintenir la cohérence de leurs interventions.

Les recherches en santé publique et la place des sciences sociales

Tout un champ de recherche en santé publique concernant l'enfant doit être développé, avec une orientation appliquée qui amène à définir les thèmes d'étude en fonction des difficultés concrètes rencontrées, dans le champ de la prévention comme dans celui de la prise en charge (Ammann, 1994). Dix ans après le début de l'épidémie, les acquis et les insuffisances des programmes sanitaires mis en place jusque-là font partie des objets d'étude au même titre que les aspects concernant la population touchée ou le corps social (Benoist & Desclaux, 1996).

Dans le champ de la prévention, le premier thème serait celui des stratégies possibles de réduction de la transmission par l'allaitement maternel (Van de Perre & Meda, 1995). Dans toutes les sociétés, il existe des alternatives à l'allaitement maternel, telles que l'allaitement par nourrice, dont les usages, les capacités et l'acceptabilité pour les mères atteintes par le VIH restent à explorer dans chaque contexte culturel. Il faudrait aussi mieux connaître les représentations sociales de l'allaitement, les conceptions populaires concernant le pouvoir pathogène du lait maternel et les maladies de la lactation, ainsi que les aspects symboliques du lait dans chacun de ces contextes. Sur le versant des systèmes de soin, une analyse des systèmes décisionnels dans les institutions sanitaires au niveau local, national et international permettrait de comprendre quels sont les enjeux institutionnels qu'implique la réduction de la transmission du VIH par l'allaitement et les raisons du retard à prendre en compte cet aspect.

La prévention de la transmission mère-enfant nécessite un dépistage précoce. Ce dépistage est rarement proposé de manière systématique dans les structures sanitaires des pays du Sud. Les modalités du conseil pré et post-test et l'organisation du dépistage doivent encore être définies, ce qui est particulièrement difficile lorsque la conduite à tenir dans les suites de la découverte d'une séropositivité ne fait pas consensus. Sur le plan de la recherche en santé publique, il reste à explorer les diverses modalités du dépistage et du conseil qui soient à la fois acceptables pour les femmes et compatibles avec l'organisation et le fonctionnement des services de santé maternelle et infantile existants. Sur le plan de la recherche en sciences sociales, une analyse des différents discours contradictoires sur la prévention du sida et l'interruption de grossesse dans le système médical et dans la société permettrait de mieux définir les choix possibles pour les femmes séropositives et de situer les mesures nécessaires sur le plan juridique et éthique (Berer & Ray, 1994).

Sur le plan de la prise en charge des enfants atteints, une analyse des recours aux soins et de la place qu'y occupent les secteurs traditionnel et informel est d'autant plus nécessaire que compte tenu des obstacles rencontrés dans le système biomédical, de nombreux enfants atteints par le VIH, dont les parents connaissent ou ignorent le diagnostic, sont pris en charge dans ces secteurs alternatifs. Les discours et les pratiques des thérapeutes de ces secteurs restent à explorer. Des enquêtes économiques devraient permettre de mieux connaître ce qui est financièrement possible pour les familles sur le plan des traitements de l'enfant, afin d'adapter les programmes qui visent à améliorer l'accès aux soins. Enfin, des enquêtes auprès des soignants de différentes catégories professionnelles devraient permettre de redéfinir les rôles de chacun dans la prise en charge des enfants atteints, et de retrouver une «fonction positive» pour les soignants paramédicaux, disqualifiés par le sida.

Des recherches dans les pays du Nord

Dans les pays développés, les facteurs sociaux et culturels qui expliquent la prévalence importante de l'atteinte des enfants par le VIH dans des groupes sociaux minoritaires et souvent marginalisés, après une décennie de programmes d'information et de prévention du sida, restent à explorer. La prévalence de l'infection au VIH chez les enfants pourrait être considérée comme un indicateur de l'équité du système de santé envers des sous-groupes de population et des minorités.

La prise en charge des aspects psychologiques chez l'enfant a ouvert un champ dans lequel des connaissances font encore défaut: on manque de repères pour distinguer ce qui peut être constructif et ce qui est pathologique dans le comportement des enfants confrontés au deuil. Des travaux cliniques et théoriques sont encore nécessaires sur le travail de deuil chez l'enfant.

Comme dans les pays du Sud, les itinéraires de soin et la place qu'y occupent les thérapies «parallèles» pour l'enfant sont encore très mal connus. De même, les déterminants sociologiques et économiques de la prise en charge, et leur impact sur l'insertion familiale de l'enfant ont été peu explorés.

Un domaine où des travaux de recherche qualitative apporteraient des informations utiles pour comprendre les choix individuels et les soutiens à mettre en place est celui des références éthiques en matière de procréation et de filiation; l'étude des choix en matière de prévention doit s'articuler avec l'analyse des représentations de la maternité dans les sociétés contemporaines.

Des recherches sur les enfants des rues

Le phénomène des «enfants des rues», d'importance croissante, représente un problème majeur, où le sida n'est qu'un des risques qui menace ces enfants, tout en amplifiant ce phénomène par la destruction des familles que provoque la maladie. L'organisation sociale et la vie quotidienne des enfants des rues sont encore mal connus, et nécessiteraient des études de type ethnographique. Un courant de recherche est en cours de constitution dans ce domaine, qui rassemble des références théoriques, des objectifs et des approches méthodologiques très variées[2]. Ce domaine ne peut être envisagé qu'avec une approche compréhensive, intégrée dans une réflexion sur l'ensemble du système social et économique. Le même type de réflexion peut être appliqué aux enfants engagés dans la prostitution. Les enfants des rues appartiennent aux populations actuellement les plus vulnérables au sida, et devraient recevoir en priorité l'attention des chercheurs en sciences sociales, des professionnels de la santé publique et des responsables politiques.

Les limites méthodologiques en pédiatrie

La recherche biomédicale en pédiatrie a d'abord été limitée par des difficultés de recrutement, du fait du nombre relativement faible des enfants malades dans les pays susceptibles de mettre en place des essais thérapeutiques (Blanche & Mayaux, 1994). Un réseau a été créé récemment pour pouvoir constituer une cohorte multicentrique d'effectif suffisant (PENTA: *Paediatric European Network for Treatment in Aids*). Plusieurs études de suivi de nouveau-nés de mères séropositives sont en cours (trois en Europe, plus de dix aux États-Unis et au moins une dans chaque pays sévèrement touché: Côte-d'Ivoire, Congo, Haïti, Thaïlande...). Ces études devraient permettre de poursuivre les investigations cliniques et thérapeutiques à l'heure des traitements antirétroviraux. Elles représentent aussi un support pour des enquêtes complémentaires sur les plans biologique, immunologique ou psychosocial.

S'adressant essentiellement aux adultes qui sont leurs parents ou leurs soignants, les recherches en sciences sociales concernant le VIH chez l'enfant

---

[2]   cf. la coordination de ces recherches par le réseau «Espace public urbain et socialisation de l'enfant marginalisé», Centre international de l'enfance et de la famille (CIDEF), Château de Longchamp, 75016 Paris.

rencontrent les mêmes difficultés méthodologiques que pour l'adulte, auxquelles s'ajoutent deux limites:
• Dans les pays du Sud, l'absence de spécificité clinique de l a pathologie et l a période d'indétermination sur le plan biologique avant quinze mois introduisent une incertitude diagnostique qui empêche d'établir des protocoles d'enquête procédant par simple comparaison de malades et de témoins, à moins de construire une situation expérimentale, peu pertinente en sciences sociales.
• Les précautions nécessaires au maintien de l a confidentialité des informations concernant l'enfant, parfois au sein même de l a famille, entrent en conflit avec l a nécessité d'obtenir des informations de l a part de l'ensemble des «personnes signifiantes» pour l'enfant (Fontenay, 1994b).

Des difficultés méthodologiques sont propres aux recherches auprès des enfants des rues, liées à leur précarité et à leur exclusion du système social dominant. Ces difficultés sont cependant connues des chercheurs qui travaillent auprès de populations minoritaires et marginalisées.

CONCLUSION: POUR QUE LA LUTTE CONTRE L'ATTEINTE DES ENFANTS DEVIENNE PRIORITAIRE

En 1989, Jonathan Mann déclarait: «Il y a un énorme décalage entre l e discours officiel sur l'importance qu'il faut accorder à la santé des femmes et des enfants et les moyens qu'on y consacre réellement»[3]. Huit ans plus tard, cette observation reste d'actualité. On peut se demander si les retards actuels de la prise en compte du sida pédiatrique, particulièrement sensibles dans les pays du Sud, ne tiennent pas en grande partie au fait que ces questions se posent de manière radicalement différente dans les pays du Nord – encore davantage depuis les dernières avancées préventives et thérapeutiques.

BIBLIOGRAPHIE

Ammann, A.J. (1994). Human immunodeficiency virus infection/AIDS in children, the next decade. *Pediatrics*, 93, 930-935.

Barnett, T. & Blaikie, P. (1992). *AIDS in Africa, its Present and Future Impact*. London: Belhaven Press.

Benoist, J. & Desclaux, A. (1996). *Anthropologie et sida, bilans et perspectives*. Paris: Karthala.

Berer, M. & Ray, S. (dir.) (1994). *Les femmes et le VIH/sida*. Londres: Women & HIV/AIDS Book Project.

Bernier, M. & Ascensio, P. (1995). Enfants de la rue et sida en Haïti. *Cahiers Santé*, 5, 125-130.

Blanche, S. & Kouzan, S. (Ed.) (1992). *Infection par le VIH de la mère et de l'enfant*. New York: Éditions Laboratoires Wellcome.

Blanche, S. & Mayaux, M.J. (1994). Les cohortes, instruments clés pour le suivi de l'enfant. *Le Journal du sida*, 64-65, 18-20.

Byers, J. (1989). AIDS in children, effects on neurological development and implications for the future. *Journal Special Education*, 23, 5-16.

Centers for Disease Control and Prevention (1994). Revised classification system for human immunodeficiency virus infection in children less than 13 years of age. *MMWR*, 43, 1-10.

Centers for Diseases Control (1985). Education and foster care of children infected with human T lymphotropic virus type III/lymphadenopathy-associated virus. *MMWR*, 34, 517-521.

---

3 Mann J. La mère, l'enfant et la stratégie mondiale de lutte contre le sida. Actes de la Conférence Internationale «Implications du sida pour la Mère et l'Enfant». Paris, novembre 1989.

Centers for Diseases Control (1988). Guidelines for effective school health education to prevent the spread of AIDS. *MMWR,* 37, 1-14.

Centers for Diseases Control. (1990). HIV infection and artificial insemination with processed semen. *MMWR,* 39, 249-256.

Centre International de l'Enfance. (1994). Soutien aux enfants et aux familles affectées par l'infection à VIH/sida. *Atelier de Lusaka.* 1-4 février.

Chevallier, E. & Floury, D. (1994). Les mécanismes de soutien aux enfants et aux familles. *Le Journal du sida, 64-65,* 78-82.

Chevallier, E. (dir.) (1993). *Sida, enfant, famille. Les implications de l'infection à VIH pour l'enfant et la famille* (2e édition). Paris: Centre international de l'Enfance.

Committee on Pediatric AIDS (1995). Human milk, breastfeeding and transmission of human immunodeficiency virus in the United States. *Pediatrics,* 96, 977-979.

Cook, J. (1996). La prise en charge d'enfants orphelins du sida, transfert et soutien social. Dans J. Benoist & A. Desclaux (dir.), *Anthropologie et sida, bilan et perspectives.* (p. 239-262). Paris: Karthala.

Cooper, E.R. (1990). Caring for children with AIDS, new challenge for medicine and society. *Pediatrician,* 17, 118-123.

Courpotin, C. & Lasfargues, G. (1993). L'infection à VIH du nourrisson et de l'enfant. *Impact médecin. Sida, guide pratique,* numéro spécial, 55-60.

Courpotin, C. & Veber, F. (1994). Le suivi médical de l'enfant. *Le Journal du sida, 64-65,* 42-43.

Courpotin, C. (1993). Pédiatrie, du risque de transmission au suivi clinique. *Le Journal du Sida,* 27, 54-55.

Dabis, F., Lepage, P., Msellati, P., Van de Perre, P., Nsengumuremyi, F., Hitimana, D.G., Ladner, J. & Leroy, V. (1994). Vaccination de routine et infection par le VIH de l'enfant et de l'adulte. *Cahiers Santé,* 4, 173-182.

Delfraissy, J.F. (1994). Mécanismes et traitements préventifs de la transmission périnatale. *Le Journal du sida,* 64-65, 5-9.

Desclaux A. (1994). Le silence comme politique de santé publique? Allaitement maternel et transmission du VIH. *Sociétés d'Afrique et Sida,* 6, 2-4.

Desclaux, A. (1995). *L'impact du sida sur le traitement des diarrhées et malnutritions infantiles à Bobo Dioulasso, Burkina Faso.* Rapport de recherche, Laboratoire d'Ecologie Humaine et d'Anthropologie, Université d'Aix-Marseille.

Desclaux, A. (1996a). Le traitement biomédical de la malnutrition au temps du sida. *Sciences Sociales et Santé,* 14, 73-101.

Desclaux, A. (1996b). Prévention et prise en charge de l'atteinte de l'enfant par le VIH, analyses d'un ajournement. ANRS. *Les scien-*

ces sociales face au sida en Afrique, ouvrage collectif, Paris.

Dozon, J.P. & Vidal, L. (1993). *Les sciences sociales face au sida. Cas africains autour de l'exemple ivoirien.* Abidjan, GIDIS CI-ORSTOM.

Dumaret A.C., Boucher N., Rosset D., Donati R. & Torossian V. (1995). *Enfants nés de mère séropositive au VIH. Aspects psychosociaux et dynamiques familiales.* Paris: INSERM.

Dunn, D.T., Newell, M.L., Ades, A.E. & Peckham, C.S. (1992). Risk of HIV 1 transmission through breastfeeding. *Lancet,* 340, 585-588.

Fontenay, F. (1994a). Dépistage prénatal, les lois, les opinions et les pratiques. *Le Journal du sida,* 64-65, 16-17.

Fontenay, F. (1994b). Les essais pédiatriques freinés par des doutes scientifiques et le souci éthique. *Le Journal du sida,* 64-65, 46-47.

Foster, G., Drew, R. & Makufa, C. (1995). Am I my Brother's Keeper? Orphans, AIDS and the extended family's choice of caregiver. *Sociétés d'Afrique et Sida. Understanding and action,* 10, 14-16.

Funck-Brentano, I. (1994). Le couple parents-enfants face à la maladie. *Le Journal du sida,* 64-65, 48-52.

Groupe international de travail sur la transmission mère-enfant du VIH. (1994). Estimation du taux de transmission du VIH de la mère à l'enfant, problèmes méthodologiques et estimations actuelles. *Cahiers Santé,* 4, 73-86.

Jésu, F. (sous la dir. de) (1994). *Droit de l'enfant et infection à VIH.* Paris: Institut de l'Enfance et de la Famille.

Jouannet, P. & Kunstmann, J.M. (1994). Insémination avec sperme de donneur, une pratique soumise à conditions. *Le Journal du sida, 64-65,* 36-38.

Kernbaum, S. (1992). *Le praticien face au sida.* Paris: Flammarion.

L'enfance dans le monde. (1993). *Sida. Les enfants aussi,* numéro spécial, BICE 20, 2-3.

Lapointe N. & M'Pelé P. (1995). *L'infection au VIH de la mère et de l'enfant.* Paris: Ellipses, AUPELF/UREF.

Le Journal du Sida. (1994). *La femme et l'enfant face au VIH.* 64-65, Paris.

Le Lalec, A., Luxereau, A. & Marzouky, Y. (1997). Femmes et sida. *Le Journal des Anthropologues,* 68-69.

Lobato, M.N., Caldwell, M.B., Ng P., Oxtoby, M.J. & the Pediatric Spectrum of Disease Clinical Consortium (1995). Encephalopathy in children with perinatally acquired human immunodeficiency virus infection. *Journal of Pediatrics,* 126, 710-715.

Mandelbrot, L. & Henrion, R. (1993). Does pregnancy accelerate Disease progression in HIV-infected women? Dans M. Johnson & F.D. Johnstone (dir.), *HIV Infection in Women* (p. 277-302). Edinburgh: Churchill Livingstone.

Mann, J. & Petitgirard, A. (1993). Le sida et les enfants, dangers et perspectives. *L'enfance dans le monde*, 20, 4-8.

Neirinck, C. (1983). *Le droit de l'enfant après la Convention des Nations-Unies*. Paris: Delmas-Belfond.

Nicoll, A., Newell, M.L., Van Praag, E., Van de Perre, P. & Peckham, C. (1995). Infant feeding policy and practice in the presence of HIV 1 infection. *AIDS*, 9, 107-119.

Oliviero, P. (1992). Sida et représentations sociales des liquides du corps. *Rapport EHESS*, Paris: ANRS.

OMS. (1993). *Guide pour la prise en charge clinique de l'infection à VIH chez l'enfant*. Genève: WHO/GPA/IDS/HCS/93.3.

OMS. (1997). VIH / Sida: L'épidémie mondiale. *Weekly Epidemiological Record*, 24, 17-21.

OMS-UNICEF (1989). *Déclaration conjointe OMS/UNICEF sur la vaccination précoce des enfants infectés par le VIH*. GPA/INF/89.6.

OMS-UNICEF (1992). *Consensus Statement from the WHO/UNICEF Consultation on HIV Transmission and Breast-Feeding*, Geneva, 30 april - 1 may 1992. WHO/GPA/INF/92.1.

ONUSIDA (1996). *VIH et alimantation du jeune enfant*. Déclaration intérimaire. Juillet 1996.

Oppe, T. (1990). Ethical aspects of AIDS in childhood in England. *Pediatrician*, 17, 115-117.

Pison, G. (1989). Le sida en Afrique, aspects sociaux et perspectives démographiques. *Journal des Africanistes*, 59, 239-244.

Pizzo, P.A. & Wilfert, C.M. (1992). Perspectives on pediatric human immunodeficiency virus infections. *Pediatric Infections Diseases Journal*, 11, 558-568.

Preble, E.A. (1990). Impact of HIV/AIDS on african children. *Social Science and Medicine*, 31, 671-680.

Rosset, D. (1994). Entre institution, placement et adoption, l'avenir des enfants. *Le Journal du sida*, 64-65, 60-62.

Ruffiot, A. (dir.) (1989). *Psychologie du sida, approches psychanalytiques, psychosomatiques, et socio-éthiques*. Liège: Pierre Mardaga.

Ryder, R.W., Kamenga, M., Nkusu, M., Batter, V. & Heyward, W.L. (1994). AIDS orphans in kinshasa, zaïre , incidence and socioeconomic consequences. *AIDS*, 8, 673-679.

Scarlatti, G. & Jansson, M. (1995). Mother-to-child transmission of HIV1. *Current Opinion Infectious Diseases*, 8, 59-65.

Skinner, K. (1989). Counselling issues in the fostering and adoption of children at risk of HIV infection. *Counseling Psychologist Quarterly*, 2, 89-92.

Taggart, M.E., Reidy, M. & Asselin, L. (1992). Dimensions psychosociales de certains besoins fondamentaux de familles aux prises avec l'infection VIH. *Revue Canadienne de Santé Publique*, 83, 42-46.

Tessier, S. (1993). Epidémie à VIH, actions et programmes de santé dans les pays en développement, comment faut-il les repenser? *Cahiers Santé*, 3, 53-61.

Turner, B.J., Eppes, S., McKee, L.J., Cosler, L. & Markson, L.E. (1995). A population-based comparison of the clinical course of children and adults with AIDS. *AIDS*, 9, 65-72.

UNICEF (1990). *Les enfants et le sida, un désastre imminent*. New York: Genève.

UNICEF (1993). L'enfance dans le monde. Sida. *Les enfants aussi*. Numéro spécial, 20.

Van de Perre, P. & Meda, N. (1995). Interventions to reduce mother to child transmission of HIV. *AIDS*, 9, S59-S68.

Veber, F. (1994a). Les aspects médicaux de l'infection à VIH chez l'enfant. Dans Centre International de l'Enfance. Sida, enfant, famille. *Les implications de l'infection à VIH pour l'enfant et la famille* (p. 45-76). Paris.

Veber, F. (1994b). Fréquence et circonstances de la séparation mère-enfant. *Le Journal du sida*, 64-65, 61.

Verboud, M. (1994). Les conditions pratiques d'accueil de la crèche à l'école. *Le Journal du sida*, 64-65, 65-66.

Weil-Halpern, F. (1994). Au-delà de la parole, entendre la souffrance des enfants. *Le Journal du sida*, 64-65, 55-58.

Welniarz, B. (1994). Les équipes de pédopsychiatrie et le sida. *Information Psychiatrique*, 5, 463-465.

Wilfert, C.M., Wilson, C., Luzuriaga, K. & Epstein, L. (1994). Pathogenesis of pediatric human immunodeficiency virus type 1 infection. *Journal of Infectious Diseases*, 170, 286-292.

LES HOMMES GAIS, LE SIDA ET LA SCIENCE

Ken MORRISON et Anne VASSAL

Aucune maladie n'a suscité ces dernières années autant de réactions
d'angoisse et de fascination que le sida, brassant les craintes et les
tabous millénaires sur les épidémies, l'homosexualité et la mort.
(Pollak, 1988).

Une réflexion critique sur la recherche sociale menée auprès des hommes
ayant des relations sexuelles avec d'autres hommes (HARSAH)[1], en la situant
dans son contexte socio-politique, constitue l'objectif de ce chapitre. Il
s'applique à présenter un survol des préoccupations et des découvertes dans ce
secteur sans avoir aucunement la prétention d'être objectif ou exhaustif. Il
s'agit plutôt d'une mise en contexte historique des études socio-comportemen-
tales menées auprès des HARSAH. La première partie décrit les réalités
vécues par les HARSAH face au sida. Suit une section sur la recherche menée
auprès de ce groupe depuis le début de l'épidémie, essentiellement basée sur
les expériences canadiennes et québécoises, de façon à tracer, d'une part, un
portrait des données les plus significatives et, d'autre part, à en évaluer
l'évolution à la lumière des diverses méthodologies. Au fil de cette présentation, une réflexion sera amorcée quant aux écueils auxquels se heurte la
recherche actuelle dans ce domaine.

Du placard à la peste

Durant les quatre dernières décennies, le rôle et la place des hommes gais
dans la société moderne ont subi un changement fondamental. À présent, les
amours «in-nommables» font régulièrement la une des magazines. À cela, on
pourrait alléguer que cette identité existe depuis longtemps, dans un discret
non-dit, et qu'elle est, depuis peu, reconnue ouvertement, s'exprimant dans les
changements de vocabulaire et dans l'élaboration et l'usage de termes particuliers, notamment celui de «gai». On pourrait donc alléguer que la place des
hommes gais s'est simplement déplacée des coulisses vers l'avant-scène.
L'intolérance sociale vis-à-vis des HARSAH semble avoir subi, en Occident,
de ce point de vue, un changement qu'il s'agit cependant de bien cerner (ILGA,
1988). Historiquement, de nombreux mécanismes d'exclusion, souvent extrêmes, ont été utilisés contre les homosexuels: massacre, emprisonnement,
chantage, opprobre et autres formes de harcèlement socialement acceptables.
Dans le contexte contemporain, les homosexuels, associés aux Juifs et exter-

---

[1] L'expression HARSAH est une formule plus globale qui permet de considérer l'ensemble des
hommes ayant des relations sexuelles avec d'autres hommes. Parmi ces hommes, nombreux
revendiquent leur appartenance à la communauté gaie. L'expression hommes gais sera
également utilisée dans ce chapitre, selon le contexte.

minés pendant la seconde guerre mondiale, aux communistes pendant la guerre froide et le maccartisme, ont subi la haine et affronté son degré d'indulgence sociale (Lever, 1985; Plant, 1986). Dans les décennies qui suivent la fin de la guerre, l'homosexualité continuera d'être considérée comme un crime passible d'incarcération et ce, dans la plupart des pays du monde, y compris dans les sociétés occidentales. Des changements se sont cependant produits récemment et ils tendent à décriminaliser l'homosexualité. Ainsi l'Angleterre révoque, en 1967, la criminalisation des pratiques homosexuelles entre adultes consentants, suivie du Canada en 1969 où la loi Omnibus suspend les sanctions pénales s'appliquant aux pratiques homosexuelles entre adultes consentants âgés de plus de 21 ans. Cette limite ne sera réduite à 18 ans qu'en 1994. Au Québec, le changement s'est aussi opéré au plan légal. L'homosexualité est décriminalisée et l'orientation sexuelle devient, en 1977, un motif de discrimination dans la Charte des droits de la personne. Est-il nécessaire de rappeler que ce n'est pas encore le cas de nombre de pays en 1996? Aujourd'hui, l'homosexualité n'est donc plus officiellement synonyme d'hérésie en Occident et les pratiques sexuelles ont cessé d'être punies. L'application de lois n'endigue pas pour autant les préjugés et les attitudes discriminatoires, comme en témoigne le rapport de la Commission des droits de la personne paru au Québec en 1994 (Niemi et al., 1994).

Bien que la vigueur des idéologies religieuses se soit estompée, il reste cependant que, pour les religions dominantes en Occident, l'homosexualité constitue encore un péché. De même, dans la plupart des discours sociaux actuels, elle renvoie encore à une différence «contre-nature» par rapport à une norme hétérosexuelle. Par la force des choses, le droit d'exister pour les homosexuels et la définition de soi étaient, il n'y a pas si longtemps encore, inexorablement liés au sentiment de danger imminent, voire, souvent, de mort. C'est sur ce fond d'intolérance sociale que les HARSAH des sociétés occidentales ont vécu et ce, dans une atmosphère marquée par la feinte, le subterfuge, le secret. Se cacher, se leurrer, nier et mentir à la société sont devenus, pour un grand nombre, des comportements ordinaires, banals. Dans ce contexte répressif, les pratiques sexuelles dissimulées demeuraient les seuls moments éphémères d'intimité, les risques encourus par l'outrage et l'intolérance sociale n'en autorisant pas davantage. Les HARSAH, ou ceux qui voulaient l'être, ont donc été plongés dans un univers marqué par une marginalisation sociale et un déni omniprésents. Socialement, ils étaient déterminés par l'aversion et la déviance. Leur être était principalement relié à l'agir parce que défini à travers les relations avec ceux dont ils étaient intimes. Ces attitudes ne sont pas sans avoir des répercussions profondes sur leur psychisme et, pour reprendre des expressions courantes aujourd'hui et chères aux tenants de la promotion de la santé, sur le bien-être et la qualité de vie en général.

Les recherches scientifiques ont souvent contribué à perpétuer cette situation. La médecine avec d'autres disciplines, ne sont ainsi pas exemptes de préjugés quant à l'orientation et les pratiques sexuelles. Les connaissances qui en découlent ont contribué à la discrimination car nombreuses sont les recherches qui ont tenté de trouver la «cause» de l'homosexualité. Les études, dont l'approche est surtout pathologisante, se concentraient sur l'explication de la «déviance homosexuelle» par rapport à la norme hétérosexuelle en invoquant plusieurs facteurs parmi lesquels les différences hormonales, génétiques, sociobiologiques ou psychologiques. Elles visaient aussi à proposer des modalités d'intervention pour rectifier l'orientation homosexuelle ou bisexuelle, menant à des traitement expérimentaux tels la lobotomie, dans certains cas, les thérapies d'aversion, voire l'institutionnalisation. Il faudra attendre l'année 1973 pour que l'Association des psychiatres américains supprime l'homosexualité de la liste des maladies mentales, suivie plus tard, en 1991, par l'Organisation mondiale de la santé. À la fin des années 1960, le courant constructiviste ne s'attardera plus aux causes de l'homosexualité mais à celles de sa marginalisation. Considérant l'orientation sexuelle comme le fruit d'interactions entre de nombreux facteurs tant individuels que collectifs, ce courant révélera combien l'homosexualité est une réalité complexe qu'il est impossible de cerner par une simple définition sans courir le risque d'être réducteur.

Parallèlement à cette remise en cause des modèles scientifiques, on assiste à la montée des revendications sociopolitiques homosexuelles qui rejoignent celles d'autres groupes. Ainsi, dans les années soixante et soixante-dix, les femmes et les Noirs revendiquent l'égalité sociale, alors que les écologistes réclament un environnement plus propre. Certes, ces demandes n'étaient pas nouvelles mais les moyens de les réaliser se modifient. Le militantisme, longtemps confiné à des manifestations de rues se transforme avec la mise en place de formes d'organisation plus collectives et plus structurées qui font désormais partie d'un mode de vie urbain. À une réaction collective se substitue peu à peu une action collective. L'émancipation et la libération sexuelle sont aussi à l'ordre du jour, un mouvement accéléré par la diffusion des contraceptifs modernes. Même si le sexe demeure encore pour beaucoup un mot tabou de quatre lettres, il s'intègre dans une partie plus visible et dicible du discours social, devenant récurrent et prenant une place importante au plan du marketing social. Du discours philosophique (Foucault, 1976, 1984) aux émissions radiophoniques et télévisées, le sexe prend d'assaut les différentes sphères de la société, passant à une phase de surabondance.

Les HARSAH ne sont ni absents du processus de changement social, ni étrangers au discours environnant. Le 27 avril 1969 et pendant dix nuits consécutives, le Stonewall, un bar gai de New York devient le théâtre d'un événement marquant où s'affrontent forces de l'ordre et clients. Depuis lors, le *Gay Pride* est célébré chaque année. Berlin nommera, par la suite, une de ses rues «*Christopher Street Day Parade*» pour perpétuer la mémoire de cet événement. Peu à peu, les gais et les lesbiennes s'approprient l'espace urbain. Plusieurs éléments favorisent la visibilité de l'homosexualité dans des grandes villes du monde: la multiplication des lieux de socialisation, l'éclosion de la presse homosexuelle, la concentration de commerces gais dans les centres urbains et le développement de quartiers gais. La même époque voit aussi apparaître des sous-groupes, comme par exemple, celui des cuirs ou des «*Drag Queens*» qui construisent leurs propres espaces. Cette visibilité va de pair avec la naissance de nombreuses associations gaies. Par exemple, dans le courant des années 1980, on en compte une vingtaine au Québec dont plusieurs se donnent pour mandat de lutter pour les droits des personnes homosexuelles. Bien que dans les cours d'école et les ruelles on entende encore le terme «tapette» et autres sobriquets médisants et sarcastiques, le discours public évolue tranquillement, passant d'une conception clinique négative à une perspective sociologique plus tolérante, voire libératrice. À la notion d'homosexualité et de comportements homosexuels succède le terme gay/gai. Les attitudes évoluent face à des questions telles que le droit d'enseigner, la possibilité d'adopter des enfants et d'établir une union avec un conjoint de même sexe. On octroie aux HARSAH un statut social comparable à ceux d'autres sous-groupes et on reconnaît la spécificité de leur communauté. Les gais s'approprient leur identité, voire la revendiquent comme le montre l'usage, entre autres, du terme «Queer», en dépassant la stigmatisation sociale et l'association entre homosexualité et déviance, même si elle n'est pas complètement écartée. Néanmoins, si le discours en construction relatif aux gais et aux lesbiennes permettra, dans un premier temps, de rationaliser et de discuter des différences et des similarités dans l'identité et les conduites en prenant comme référence le code hétérosexuel, cette tentative de compréhension par rapport à une norme dominante aura des conséquences fâcheuses, notamment sur la conception de la recherche menée auprès des HARSAH.

Le sida à l'ère de la discrimination latente

C'est dans le contexte de cette vie communautaire et de cette reconnaissance sociale en émergence que le sida survient, touchant en premier lieu, en Europe et en Amérique du Nord, les hommes ayant des relations sexuelles avec d'autres hommes. Dans le monde occidental, le virus introduit d'abord parmi les HARSAH, se transmet rapidement entre eux. En l'espace d'une courte décennie, le sida est aussi devenu un facteur d'une extrême sensibilité au sein de la communauté gaie, en particulier dans les centres urbains. Dans plusieurs villes d'Amérique du Nord et d'Europe occidentale, le sida est rapidement devenu la première cause de mortalité parmi les hommes âgés de 20 à 49 ans. Pour beaucoup d'hommes gais l'existence s'est trouvée placée d'un coup sous le signe du désarroi, du deuil et du risque. On peut noter l'ampleur de ces phénomènes par leur présence, entre autres, dans la littérature gaie sur le sida (Lévy & Nouss, 1994). La maladie, le désespoir et la mort sont devenus une réalité quotidienne. L'intimité et le droit de vivre sa sexualité qui avaient fait l'objet de tant de batailles sociales, apparaissaient soudainement comme une source réelle de menace incessante. Après s'être réunis, avoir formulé des revendications sociopolitiques et créé des structures sociales appropriées, les gais voient se restreindre une liberté si chèrement et récemment acquise. L'arrivée du sida a également modifié leurs revendications sociales. Alors que dans les années 1970, les sociétés occidentales ont dû répondre à des demandes axées principalement sur le droit d'aimer le partenaire de son choix, le sida a réuni les hommes homosexuels autour de l'élargissement de leurs droits civils, à la mesure de ceux la population générale. Ce faisant, les revendications portant sur le sida ont conduit à redéfinir les solidarités du groupe, de même que les relations qu'il entretient avec la société (Pollak & Schiltz, 1991). C'est ainsi qu'un débat s'est engagé récemment au Québec sur la question de la reconnaissance juridique du partenaire de même sexe en particulier en ce qui a trait aux droits vis-à-vis d'un conjoint vivant avec le VIH par rapport à ceux exercés par la famille de sang.

L'épidémie a aussi provoqué de nouvelles solidarités et orienté les objectifs des luttes. Cette peur, de même que dans l'esprit de beaucoup, un sentiment sous-jacent de châtiment et de mort menaçante et inévitable ont conduit les soins et les services à ne pas être toujours prioritaires dans les systèmes sociaux et de santé déjà engorgés humainement et financièrement. C'est sur ces bases – la soudaineté des ravages causés par le sida, les expériences vécues et le manque ou la perception du manque de réactions sociales – que l'action communautaire face au sida, s'est développée. Celle-ci est devenue fondamentale, compte tenu des fortes contraintes que l'épidémie impose aux systèmes de santé et du peu d'espoir de trouver un remède définitif à la maladie. Les organismes communautaires, se sont alors multipliés dans le monde occidental, y compris au Canada – principalement grâce à l'implication des hommes gais, dont les amis et les connaissances disparaissaient. Cette prise en charge par une communauté constitue sans doute un exemple du genre. Leurs objectifs étaient de développer des services de soutien, des initiatives de prévention et d'éducation, de promouvoir les droits légaux et de lutter contre les formes de discrimination que le sida réactivait à la fois contre les personnes vivant avec le VIH/sida, les homosexuels, les groupes ethnoculturels et les utilisateurs de drogues. De ce fait, les alliances avec les mouvements féministes, les groupes ethnoculturels et les écologistes se voyaient renforcées. Les «patients» perdaient patience, questionnaient, organisaient des sessions d'information, exigeaient des réponses et s'impliquaient dans les décisions. Les gais ne sont pas les seuls à monter sur le front de la lutte contre le sida. Les professionnels de la santé, les familles, les amis et les autres groupes affectés par la maladie et souvent organisés en réseau se sont aussi mobilisés comme à Montréal c'est le cas des Haïtiens, des personnes ayant des activités de prostitution et de certaines communautés ethnoculturelles. On notera aussi, que, par delà le combat contre le sida, cette collaboration s'est établie pour lutter contre les stigmats sociaux en général, mais aussi intraculturels. Le sida n'est pas la seule cause de ce processus mais il l'a accéléré. En effet, durant la dernière décennie le discours social et les décisions politiques qui en découlent ont reflété l'évolution de la pensée concernant, d'une part, les liens entre environnement et santé, et d'autre part, les droits individuels touchant les questions entourant la vie et la mort. En troisième lieu, cette problématique a touché la promotion de la santé et de l'autodétermination quant au bien-être et à la qualité de vie.

Cette action communautaire a ainsi conduit à repenser le statut de la personne malade, à modifier les relations entre médecin et patient. Sans doute, le manque de connaissances sur l'évolution de la maladie et son issue, l'absence de réponses face à la multitude de questions soulevées et l'âge critique des personnes vivant avec le VIH – aujourd'hui, on estime que l'âge médian des nouvelles infections se situe à 23 ans – ont-ils amené les personnes vivant avec le VIH à réclamer un droit de parole jusqu'alors peu développé dans les systèmes de santé. S'il est vrai que la perspective adoptée par le secteur de la santé est longtemps demeurée plutôt curative que préventive, il est également vrai que le «Corps médical» bénéficiait d'un pouvoir sur l'objet de ses soins, le malade. En l'absence de cure à proprement parler et en présence de nouveaux malades – le plus souvent jeunes, souffrant d'une infection inconnue, proches de la mort et qui nécessitaient l'usage de services de santé plus souvent qu'autrement – la dynamique entre l'institution médicale et les malades s'est transformée, laissant une plus grande place au libre arbitre des principaux intéressés à décider pour eux-mêmes. Si l'action communautaire s'inscrivait dans la perspective plus globale de la promotion de la santé à laquelle la société était prête à adhérer, le sida et les revendications des individus affectés ont permis d'ouvrir un débat plus large permettant de faire passer le rôle du malade d'objet à contrôler à celui d'acteur principal. Il ne faudrait pourtant pas croire que ces exigences ont abouti à une situation parfaite. Certes, le discours social véhiculait, et véhicule encore, des revendications mais les décideurs, en l'occurrence scientifiques, résistent par trop souvent à en accepter l'ensemble des conséquences qui en découlent et à altérer l'ordre établi. Il faudrait également rappeler que les principes de promotion, qu'il s'agisse de la santé ou de droits fondamentaux, même reconnus à l'échelle mondiale, ne sont pas universels dans leur mise en application.

Une autre problématique dominante renvoie aux types d'association établie, dès les années 1980, entre le sida et l'homosexualité dans les pays occidentaux. La peste gaie, le cancer gai, GRID («Gay Related Immune Deficiency»), étaient autant de qualificatifs annexés aux HARSAH qui permettaient de «circonscrire» et de localiser socialement, du moins voulait-on le croire, la propagation de l'infection. Ce faisant, dès les débuts de l'épidémie, les populations occidentales ont associé, de façon significative et souvent irréversible, les hommes gais – la tranche «visible» des HARSAH – au sida. De fait, ce groupe, affublé de l'étiquette d'«hommes homosexuels et bisexuels» est devenu le premier «groupe à risque». Ce n'est que plus tard que cette tentative de catégorisation sociale mise en place sous le couvert de définir le profil épidémiologique a évolué: la notion de groupes à risque a fait place au concept d'activités à risque, puis de situations à risque pour finalement aboutir au concept de vulnérabilité sociale (Mann, 1993). La notion d'activités à risque a été introduite par des chercheurs, s'apercevant que ceux qui prenaient des risques et ne s'identifiaient pas toujours au groupe considéré comme tel, étaient, du même coup, absouts de leurs responsabilités individuelles et sociales quant à la transmission du VIH. Dans l'optique de la santé publique, le groupe à risque n'était donc pas suffisamment large pour englober l'ensemble des personnes qui contractaient, voire transmettaient l'infection.

L'association entre sida et homosexualité continue de se maintenir. Une enquête menée auprès de la jeunesse canadienne révélait que pour beaucoup des répondants, le sida était une maladie d'homosexuels (King et al., 1988). Dans une enquête subséquente menée au Canada (Ornstein et al., 1989), 60 % des répondants considéraient que les hommes homosexuels avaient plus de risque de contracter l'infection au VIH que les autres groupes. Leurs perceptions des personnes atteintes semblaient identiques à celles développées vis-à-vis des hommes homosexuels: «Les mythes largement répandus dans toute la société canadienne au sujet du sida sont très certainement responsables des craintes nombreuses et non fondées à l'égard de cette maladie ainsi que de l'intolérance dont sont victimes les personnes atteintes du sida, les utilisateurs de drogue intraveineuses et les homosexuels.» L'enquête canadienne, Au masculin menée auprès d'hommes homosexuels et bisexuels (Myers et al., 1993) montrait qu'un répondant sur quatre trouvait qu'être victime de discrimination à cause du sida constituait un problème sérieux. Une enquête menée au Québec montre que plus de deux répondants sur 10 ont subi dans leur vie des réactions négatives de leur entourage et ont été brimés dans leurs droits particulièrement par la police ou l'employeur (Godin *et al.*, 1993). L'inclusion de l'orientation sexuelle dans la Charte des droits de la personne ne semble pas pour autant avoir enrayé la discrimination ni les actes de violence à leur égard, comme l'indique le rapport de la Commission des droits de la personne (Niemi *et al.*, 1994). Cette homologie entre sida et homosexualité provoquera, par ailleurs, une situation paradoxale. Les militants de lutte contre le sida et les universitaires ont décrié le fait que les médias, les chercheurs et les travailleurs communautaires ont largement contribué à deshomosexualiser le sida de façon, d'une part, à être mieux entendus par la population générale et, d'autre part, à obtenir davantage de ressources financières. Cette stratégie était véhiculée parfois sous couvert d'éviter d'accroître ouvertement la discrimination (Altman, 1994; Patton, 1990; Watney, 1994). Les résultats de ces stratégies sont édifiants: aujourd'hui la recherche et l'éducation préventive concernant les HARSAH n'ont pas encore atteint des niveaux décents de financement que le taux d'infection dans cette population et le bassin de personnes infectées auraient exigé qu'ils fussent.

Il faut aussi noter les contraintes particulières qui interviennent au plan de la recherche auprès de ces groupes. La communauté homosexuelle est en effet composée de nombreuses sous-populations dont les membres, faisant l'objet de stigmatisation et de méfiance de la part des autorités sont souvent difficiles à rejoindre. Historiquement ostracisés par la communauté dominante et, par la force des choses, conduits au mensonge et au secret, il n'est pas étonnant que les connaissances sur ce groupe soient parcellaires, voire erronées. Dans une situation sociopolitique où la marginalisation se maintient, les tentatives de rejoindre les HARSAH par la recherche et la prévention deviennent d'autant plus complexes et s'ajoutent à la réticence fondamentale de s'en approcher.

Le sida, moteur d'une mutation sociale

Dès le début des années 1980, l'émergence du sida a amené le développement de réseaux d'influences entre des secteurs sociaux restés jusque là en marge les uns des autres. Ces interrelations ne se sont pas, au départ, fondées sur des bases constructives ou proactives car les enjeux soulevés par le sida se sont révélés dans des secteurs divers qui n'entretenaient, préalablement, que peu ou pas de relations entre eux. Toutefois, en influençant entre autre, les valeurs et les perceptions de la sexualité de la société occidentale et ce, comme aucune autre maladie dans l'histoire des temps modernes ne l'a fait, le sida a conduit à repenser les frontières sociales mais aussi les barrières idéologiques et les limites érigées par les univers scientifiques. Dans l'histoire contemporaine, nulle autre épidémie n'aura d'ailleurs suscité un intérêt à la fois chez les professionnels de la santé et les chercheurs et dans les communautés affectées.

Plusieurs disciplines scientifiques ont ainsi été obligées de s'adapter rapidement à de nouvelles conditions. Au plan fondamental, bien qu'à ce jour aucun traitement définitif, ni aucun vaccin efficace n'existent encore, la compréhension du fonctionnement du VIH – le virus déclencheur – aura entraîné un développement des connaissances générales en virologie et en immunologie. Les essais cliniques, quant à eux, à la suite des découvertes, entre autres, sur les antirétroviraux qui prolongent l'espérance de vie, se sont développés à un rythme précipité. Ce n'est pourtant pas dans une tour d'ivoire scientifique que ces recherches auront revêtu leur caractére exceptionnel. Il s'explique largement par l'influence qu'a exercé la communauté gaie sur le milieu scientifique (Altman, 1994, Patton, 1990; Pollak, 1988; Watney, 1994). Rarement, en effet, un groupe n'aura été si dynamique dans l a promotion des traitements et n'aura tant exigé au plan de transfert constant d'information sur les développements en cours. Plus rarement encore une action et une prise en charge collective d'une telle envergure n'auront été déployées par un milieu et ses malades (Defert, 1990).

Toutes proportions gardées, le domaine des sciences sociales a été plus lent à réagir à l'urgence de comprendre l'épidémie et ce, malgré l'abondance de recherches sur le sujet. Certes les modes de transmission du virus exhortaient à étudier les comportements sexuels mais la perspective adoptée par les études demeurait conservatrice, essentiellement épidémiologique. En effet, pendant longtemps les recherches ont mesuré, pour la plupart, les comportements plutôt que de tenter de comprendre les contextes dans lesquels ils s'exprimaient. Avec le temps, cependant considérer l'infection au VIH et le sida comme un problème de société est devenu incontournable (Mann, 1993). Ce faisant, l'intersectorialité et la pluridisciplinarité se sont imposées pour répondre à des besoins impérieux de compréhension, créant ainsi des rapprochements entre des disciplines aussi diverses que l'épidémiologie, la sociologie, la sexologie, l'anthropologie et la psychologie.

L'angle d'approche s'est ainsi élargi, intégrant différents aspects psychosociaux et dépassant les sphères du comportement individuel pour intégrer celles du comportement social. Les recherches ont davantage mis l'accent sur le comportement en termes d'interactions entre des systèmes dynamiques plutôt qu'isolé de l'individu et de la communauté. Ici encore, l a force de l'action communautaire s'est imposée, non seulement comme un moyen de contrer la transmission de l'infection au VIH, mais, également, comme une partie intégrante d'un processus de changement social, permettant ainsi à l a recherche comportementale de tendre vers des interventions préventives plus efficaces. De fait, les membres de la communauté gaie sont à présent de plus en plus intégrés et impliqués dans le déroulement des recherches (Godin e t al., 1993; Myers et al., 1993). Les recherches se sont rapprochées de l'action et du terrain tandis que le travail par les pairs a révélé sa capacité de changement social (Kelly et al., 1990b; 1992).

À l'heure actuelle, les objectifs et les résultats des recherches menées dans ce groupe demeurent louables mais timides. Même si la pensée et l'action ont évolué, le chemin qui mène à des recherches dont les paramètres correspondraient aux réalités vécues par les hommes gais reste encore ardu. Il ne saurait donc être question ici de considérer les recherches comportementales concernant les hommes ayant des relations sexuelles avec d'autres hommes sans tenter de comprendre comment le regard social posé sur les relations sexuelles entre hommes influencent les comportements. Par ailleurs, l'étendue des connaissances sur la problématique du sida et sur l'inscription sociale des individus qu'elle touche conduisent, aujourd'hui, plusieurs penseurs à considérer l'infection au VIH dans l'optique des droits de l a personne (Mann, 1995). Dans un tel contexte, il s'avérerait plus que nécessaire de repenser les postulats de la recherche et les méthodologies pour obtenir des données plus conformes à cette optique.

Prendre la mesure de l'épidémie

Selon les données du programme global de lutte contre le sida de l'Organisation mondiale de la santé (OMS), environ 15% de l'infection cumulative parmi les adultes dans le monde provient de la transmission homosexuelle, sur un total de plus de 10 millions. On constate beaucoup de variations selon les régions du globe, passant de 1% en Afrique sub-saharienne à 80% dans certains pays d'Europe de l'Est. Au Canada, comme dans la plupart des pays occidentaux, plus de 70% des cas de sida sont attribuables à la transmission homosexuelle. À l'occasion de la Xᵉ Conférence internationale sur le sida, Michael Tann (1994), unique conférencier invité à parler en plénière des HARSAH soulignait la prudence nécessaire dans l'interprétation des chiffres: «Il semble, par exemple, que les premiers états de situation des pays en développement relevaient les cas de sida chez les personnes qui revenaient dans leur pays après un séjour en pays industrialisé. Une fois l'épidémie devenue plus "locale", le nombre d'hommes homosexuels et bisexuels diminue alors que le nombre de cas de sida inconnus augmente. De toute évidence, i l faut accorder plus d'attention à l'expression 'hommes ayant des relations sexuelles avec d'autres hommes' plutôt qu'à celle qui englobe les hommes s'identifiant comme homosexuels ou bisexuels.» Si les avatars de la marginalisation sociale et leurs conséquences posent des difficultés quant à l'affirmation de l'orientation sexuelle et à son processus de socialisation dans les pays occidentaux, on peut comprendre la très grande crainte de divulguer l'orientation sexuelle auprès des autorités de santé publique, *a fortiori* dans les pays en développement.

Les premiers cas de sida et d'infection au VIH parmi les HARSAH ont été rapportés en Amérique du Nord, en Europe et en Australie. On estime que l'infection au VIH s'est propagée à l'échelle mondiale entre la moitié et l a fin des années 1970. Aujourd'hui, il n'y a pas un coin du monde qui ne soit épargné. Avec les années, l'épidémiologie du sida a changé de cap: se concentrant au départ sur la prévalence pour s'orienter vers l'incidence[2]. Très peu d'études épidémiologiques ont été menées en dehors des pays occidentaux concernant les HARSAH et, avant l'émergence du VIH, peu d'études, en général, avaient été menées auprès des HARSAH, dans le monde et au Canada en particulier. C'est pourquoi, les premières recherches portaient principalement sur des cohortes. Il faut noter ici que, malgré la prévalence importante dans ce groupe, le Québec a principalement mis en place des recherches épidémiologiques auprès de groupes moins affectés par le VIH. Cette carrence indéniable peut s'expliquer par la nécessité pour les décideurs en santé publique de mesurer la propagation de l'infection dans la population générale,

---

2   Par prévalence, on entend le taux d'infection dans une population donnée. Par incidence annuelle, on entend le nombre de nouveaux cas par an dans une population donnée. L'incidence cumulative, quant à elle, mesure le nombre de cas dans une population depuis le début de l'épidémie. L'incidence constitue un indicateur de la rapidité de la propagation du virus dans une population et à un temps donné.

parmi les femmes donnant naissance, mais le désintérêt des chercheurs n'est sans doute pas étranger à cette situation. Toutefois, l'étude de plusieurs cohortes menées auprès d'hommes ayant des relations sexuelles avec d'autres hommes, notamment aux États-Unis (Winkelstein *et al.*, 1988), et dans certaines villes canadiennes, à Toronto (Calzavara *et al.*, 1991) et à Vancouver (Schechter *et al.*, 1988), ont permis de tracer un portrait de la dynamique de l'épidémie et de déterminer certains facteurs liés aux risques qu'ont les individus de contracter l'infection au VIH.

En Europe et aux États-Unis, le nombre de cas de sida déclarés parmi les hommes homosexuels et bisexuels a graduellement diminué, bien qu'il demeure encore très élevé. Au Canada, les hommes homosexuels et bisexuels ont représenté jusqu'à 80% de l'ensemble des cas de sida déclarés jusqu'en 1993 (Santé Canada, 1995). Au Québec, selon le relevé du 30 septembre 1996, 3 296 cas de sida avaient été déclarés, depuis le début de l'épidémie, chez les hommes homosexuels et bisexuels; ce qui correspond à 70,9% des 4 646 cas de sida déclarés à cette date (MSSS, 1996). On note aussi une augmentation du nombre de cas de sida parmi les hommes homosexuels et bisexuels faisant usage de drogues injectables (UDI). D'ailleurs, le nombre de cas de sida diag-nostiqués dans cette catégorie est supérieur à celui des cas de sida déclarés parmi les UDI hétérosexuels (MSSS, 1996). Au Québec, le taux d'incidence cumulative parmi les hommes homosexuels et bisexuels est 5,5 fois plus élevé que dans l'ensemble des pays d'Europe où l'utilisation de drogues injectables est un facteur de risque particulièrement important (Remis *et al.*, 1996). En 1992, dans le centre-ville de Montréal, le sida représentait 36,5% des décès dans l'ensemble des décès chez les hommes, en général, âgés de 20 à 49 ans (Remis *et al.*, 1996). Dans cette tranche d'âge, le sida constitue la première cause de mortalité chez les hommes de la région de Montréal-Centre comme dans la plupart des grandes villes du monde.

La prévalence de l'infection au VIH est plus difficile à estimer. Selon les épidémiologistes, ce taux se situerait entre 10 et 20% parmi les HARSAH. En d'autres termes, environ 45 000 hommes seraient infectés par le VIH sur 300 000 hommes homosexuels et bisexuels au Canada. Au Québec, au 31 décembre 1992, on estimait à environ 9 980 le nombre de personnes vivant avec le VIH ou le sida (Remis *et al.*, 1996). De ce nombre, 6 400 seraient des hommes homo-sexuels et bisexuels, non-UDI et UDI, dont la majorité demeureraient sur l'île de Montréal. Certaines études spécifiques menées au Québec montrent égale-ment que la prévalence se situe autour de 20% (Alary & Castel, 1990; Myers *et al.*, 1993). Une évaluation récente d'un projet d'intervention dans les saunas montre que parmi les répondants ayant passé un test de dépistage, la proportion de ceux qui sont séropositifs s'élève également à près de 20 % (Morrison *et al.*, 1996).

L'incidence annuelle est une donnée plus difficile encore à estimer. Une étude menée au Québec dans le cadre d'un réseau de médecins sentinelles, de 1988 à 1991, révélait un taux d'incidence observé pour 100 personnes-années de 5,1 parmi les hommes homosexuels et bisexuels non-UDI et 18,2 chez les hommes homosexuels et bisexuels UDI (Alary & Parent, 1994). En se fondant, notamment sur quelques-unes des études précédentes, les modèles mathéma-tiques indiquent que le taux d'incidence annuel du VIH se situerait actuelle-ment au Québec entre 0,5 % et 2,5 % chez les hommes homosexuels et bisexuels (Remis *et al.*, 1996).

À l'heure actuelle, on estime que la moitié des nouvelles infections surviennent avant l'âge de 23 ans. En France, une enquête menée auprès d'environ 600 jeunes hommes homosexuels et bisexuels a montré une prévalence de 7,3% parmi ceux âgés de 21 à 25 ans (Schiltz, 1993). Aux États-Unis, une enquête menée auprès de 425 jeunes âgés de 17 à 22 ans révélait une prévalence de 9,4% (4,1% chez les 17-19 ans et 11,6% chez les 20-22 ans); dans cet échantillon, un jeune homosexuel sur 10 vit avec le VIH (Lemp *et al.*, 1994). Enfin, une étude encore plus récente, menée également aux États-Unis, parmi des jeunes âgés de 15 à 22 ans montrait une prévalence élevée qui atteignait 7,9% (Stoyanoff *et al.*, 1996). En 1994, à Yokohama, on constatait déjà que la baisse de nouvelles infections parmi les hommes homosexuels et bisexuels en Europe de l'Ouest et en Amérique du Nord était plus ou moins stable. Il y avait alors lieu de croire qu'il y aurait un rebond dans l'épidémie chez les gais dans les pays industrialisés et qu'il concernerait les jeunes hommes ayant des activités sexuelles avec d'autres hommes ainsi que les hommes gais des minorités ethniques (Merson, 1994). À Vancouver, en 1996, ces préoccupations étaient renforcées davantage, en particulier chez les jeunes canadiens âgés de 15 à 29 ans (Yan *et al.*, 1996).

Certes, l'épidémiologie est essentielle à la compréhension de la propagation d'une infection. Néanmoins, les estimés qui précèdent demeurent extrêmement conservateurs. Encore faut-il souligner la très grande incertitude concernant le dénominateur, c'est-à-dire le nombre d'hommes homosexuels et bisexuels. La controverse peut ici battre son plein. Très peu d'études d'envergure permettent de connaître les orientations sexuelles parmi la population. Si, d'un point de vue humaniste, «chiffrer» la proportion d'hommes ayant des relations sexuelles avec d'autres hommes semble non avenu, voire absurde; en revanche, dans une optique épidémiologique, cela revêt un caractère primordial. Aujourd'hui pour estimer cette proportion, on se fonde encore sur une étude menée à la fin des années 1940 sur un échantillon de plus de 5 000 personnes dans lequel 10% des hommes se définissaient comme homosexuels exclusifs (Kinsey *et al.*, 1950). Par la suite, des études subséquentes de moindre importance ont corroboré ces résultats (Hite, 1976; Janus & Janus, 1993). Toutefois, si l'on en croit l'enquête magistrale menée en France auprès de plus de 20 000 personnes, 4,1% des hommes ont eu dans leur vie un partenaire de même sexe. Cette proportion tombe à 1,1% pour les douze derniers mois (Spira *et al.*, 1993).

Ce décalage pour le moins déconcertant reste, pourtant, significatif. Il révèle tout d'abord un biais indéniable de la recherche en question. Dans un contexte où la marginalisation sévit encore - et la France n'en est certes pas exempte - comment les hommes ayant des relations sexuelles avec d'autres hommes et des partenaires féminines se définiraient-ils sans crainte comme bisexuels... par téléphone, le soir au moment du repas! Dans ces conditions, comment cette enquête rend-elle compte des jeunes, des usagers de drogue, des sans-abri, des hommes ayant des activités de prostitution, bref des hommes définis comme étant «à risque» de contracter et de transmettre l'infection au VIH et sur lesquels on ne dispose précisément pas d'information. Cette tentative ultime de minorisation de l'homosexualité dans la société fait le jeu de l'épidémiologie et, par là, de la santé publique. L'incidence de l'infection au

VIH dans le groupe des HARSAH se base, essentiellement, sur des calculs effectués à partir de la déclaration des cas de sida. Surgit alors un paradoxe:
l'incidence du VIH présumée reflète-t-elle fidèlement la proportion de
HARSAH dans la société – et dans ce cas cette proportion est faible – ou bien
est-ce le contraire, auquel cas l'incidence estimée est bien peu élevée par
rapport au nombre réel de HARSAH. Les promoteurs de l'un ou l'autre des
points de vue, que ce soit dans une perspective scientifique ou simplement
humaine, peuvent argumenter longtemps sur ces données compte tenu de ces
bases plus que floues. Science exacte par excellence, et de réputation infailli-
ble à en juger par le niveau de financement dont elle bénéficie, l'épidémiologie permet de mesurer, chiffres à l'appui, dans quelle partie du monde et vers
quel groupe l'infection se dirige. Les rétrocalculs et autres modélisations
permettent de croire que la science a le contrôle sur la propagation et, de
bonne foi, de diriger les interventions vers des groupes jugés plus susceptibles
de la contracter... voire de la transmettre. En réalité, toutefois, il existe peu
de liens entre la déclaration des cas de sida dans les groupes les plus atteints
et les ressources affectées à ces mêmes groupes, pas plus que ne s'est développée une perspective plus sociale.

La recherche comportementale à la remorque de l'épidémiologie
Depuis l'émergence du VIH, des recherches comportementales ont
commencé à se développer dont les premières, ancrées dans une perspective
épidémiologique, visaient à mesurer les changements de comportements.
Prenant appui sur des théories comportementales diverses comme le modèle
de «Health Belief» (Becker, 1974), en passant par la théorie de l'action
raisonnée (Ajzen & Fishbein, 1980) et celle de l'apprentissage sociocognitif
(Bandura, 1977), la plupart de ces recherches considéraient l'individu en soi
indépendamment de son environnement, mettant l'accent sur des actes isolés
sans tenir compte de l'ensemble des facteurs qui y préludent (Donovan et al.,
1994). Par la suite, des recherches subséquentes se sont interrogées sur les
déterminants sociaux des comportements; les modèles de réduction de risque
par rapport à la transmission du VIH, la compréhension des étapes de changements comportementaux (Prochaska et al., 1994) de même que des relations
entre l'individu et son environnement (Miller et al., 1990) se sont développés.
L'application de ces modèles théoriques a laissé des failles dans la compréhension de ce groupe et dans les connaissances. Arrêtons nous ici et tentons de
brosser un tableau des difficultés soulevées par les recherches menées jusqu'à
présent, qu'il s'agisse d'échantillon, de méthodologie, d'approche du groupe
ou d'informations recueillies. Rappelons que la recherche menée auprès de l a
population en général ne questionne à peu près pas l'orientation sexuelle,
prenant pour acquis, comme souvent du reste les services sociaux et de santé,
que la population est avant tout hétérosexuelle.
En ce qui concerne les recherches menées auprès des HARSAH, force est de
constater qu'elles ne sont pas nécessairement représentatives de ce groupe
dans la mesure où, par exemple, les diversités ethnoculturelles ne sont pas
toujours présentes et qu'elles montrent un niveau socio-économique moyen
supérieur à celui du reste de la population (Donovan et al., 1994). En outre,
bien que l'âge apparaisse dans la plupart des enquêtes comme étant un
facteur important dans l'adoption de comportements sécuritaires, la tranche

d'âge «jeune» varie entre 12 et 39 ans. Dans ces conditions, il semble difficile de poser le statut réel de l'âge dans la prévention du VIH chez les HARSAH. Par ailleurs, la recherche a tendance à considérer que les HARSAH forment un tout homogène dont les membres sont définis par l'unique paramètre de leur orientation sexuelle. Néanmoins de nombreuses enquêtes montrent que certains sous-groupes semblent particulièrement vulnérables face à l'infection au VIH: les jeunes, les hommes socioéconomiquement défavorisés, les hommes qui vivent en dehors des grands centres urbains et ceux qui ne s'identifient ni comme homosexuels, ni comme bisexuels (Weatherburn *et al.*, 1991). Ce sont précisément les sous-groupes sur lesquels peu d'information n'est disponible, puisqu'ils ne fréquentent pas nécessairement les lieux de socialisation gais, par absence de lieux dans le cas de ceux qui vivent dans les régions semi-urbaines ou rurales, ou ont des difficultés liées à l'affirmation de leur orientation sexuelle et ce, quel que soit l'âge. La sous-représentation est due, par ailleurs, à la construction de l'échantillon. Certaines recherches comportementales initiales se sont d'abord déroulées dans des cliniques MTS (Hunt *et al.*, 1991). Par la suite, les lieux de socialisation gais, dont les bars, ont été approchés, révélant, par voie de conséquence, des taux importants de consommation d'alcool et induisant, inévitablement des biais dans les résultats de recherche (Paul *et al.*, 1991).

Au fur et à mesure d'autres techniques de recrutement ont été mises en pratique, dont l'effet boule de neige, entre autres. Les revues gaies ont également été mises à contribution, ce qui, dans certains cas, a pu induire une sous-représentation des hommes qui ne s'identifient pas comme gais ou bisexuels (Bochow *et al.*, 1994). En Australie, pour contrecarrer cet effet et tenter précisément de rejoindre les jeunes, les hommes socioéconomiquement défavorisés et ceux qui ne s'identifient ni comme gais, ni comme bisexuels, des campagnes de communication ont été menées préalablement à l'implantation de recherches (Bartos *et al.*, 1993, Dowsett, 1990, Goggin & Sotiropoulos, 1994). L'usage conjoint de toutes ces techniques permet, d'une part, de limiter les biais de recherche et, d'autre part, favorisent les rapprochements avec la communauté et encouragent sa participation active (Godin *et al.*, 1991; Myers *et al.*, 1991).

La plupart des enquêtes qui tentent d'élaborer un profil des comportements à risque n'analysent pas en profondeur les motivations qui conduisent à ces comportements et ne les mettent pas en relation nécessairement avec les aspects sociodémographiques, collectifs et individuels. À date, par exemple, la recherche ne s'est pas encore attaquée à fond aux raisons et aux motifs qui, à l'inverse de ceux qui préludent aux comportements non sécuritaires, soustendent l'adoption de comportements sécuritaires. Plus encore, les recherches comportementales axées sur une perspective épidémiologique ont pour travers de mettre en évidence la déviance par rapport à une supposée norme plutôt que de comprendre le processus de construction des comportements. Le comportement est alors mesuré comme un risque vis-à-vis de la santé sans tenir compte de ses fondements (Donovan *et al.*, 1994). Néanmoins, plusieurs études ont tenté, assez rapidement après le début de l'épidémie, de passer outre la mesure du comportement pour comprendre ses fondements. Ainsi, le but d'une enquête menée en Australie, dès 1986, était de réunir davantage d'informations sur la vie sociale et sexuelle des hommes gais et bisexuels, sur leurs réponses à l'épidémie du sida et l'impact des stratégies visant à faire changer les pratiques sexuelles à risque en explorant, entre autres, l'environnement de communication de ces hommes (Connell et al., 1989). En Angleterre, le projet Sigma, dont les travaux ont débuté en 1987, visait à étudier les modèles de comportements sexuels des hommes gais et bisexuels en Angleterre dans le contexte du sida. Pour ce faire, cette cohorte prospective utilisait plusieurs méthodes dont le récit en détail de l'histoire sexuelle et des pratiques sexuelles courantes des répondants; leurs connaissances, attitudes et croyances sur le sida/VIH, le sexe sécuritaire et différents autres thèmes; la reconstruction de l'agenda sexuel au cours de la semaine précédente en indiquant le moment, l'endroit de la rencontre sexuelle, le(s) partenaire(s) impliqué(s), la séquence exacte des actes sexuels, l'usage de jouets ou d'autres matériels érotiques, etc., tout en portant une attention particulière à l'usage du condom. Cette étude de cohorte présentait l'insigne avantage de souligner sous un angle différent certains aspects des comportements sexuels des hommes ayant des relations sexuelles avec d'autres hommes (Weatherburn, 1992).

Au plan du contenu, il est très rarement question de l'impact psychologique des deuils répétés sur ce groupe social décimé par l'infection au VIH. Plus encore, peu ou pas de place n'est accordée aux relations sexuelles comme phénomènes sociaux, et non, uniquement comme des comportements, que les individus adoptent, animés par l'entièreté de leur histoire personnelle. Si la sexualité est socialement taboue, les relations entre hommes sont souvent, pour ne pas dire toujours, considérées sous un angle strictement sexuel, abstraction faite de la dimension affective, émotive et amoureuse. Dénuées d'émotion, les relations sexuelles sont considérées comme existant en elles-mêmes, indépendamment de la société où elles s'expriment, et, a fortiori, indépendamment des résistances de cette société à l'endroit des HARSAH. La sexualité des hommes gais se manifeste par des actes détachés de leurs racines sociales et qui se réduisent aux comportements. Ce faisant, ils peuvent aisément être transformés. Ainsi, il est peu question des difficultés éventuelles de la négociation de l'usage du condom entre partenaires, ni de la violence conjugale. À l'heure actuelle, rares sont les interventions qui utilisent les connaissances sur la sexualité humaine dans la prévention de l'infection au VIH (Kelly & Kalichman, 1995). En bref, ni les différences de statut, ni les relations de pouvoir, autant d'éléments qui influencent l'adoption et le maintien de comportements sécuritaires – autant que dans d'autres segments de la population – ne sont reconnus. Si des données sociales et psychologiques sont omises dans l'interprétation des résultats, à l'inverse, des unités de classement sont établies à partir des données obtenues. C'est ainsi qu'est apparue, au début des années 1990, la notion de relapse («rechute»), notamment. À la remorque de la santé publique, et d'une manière pernicieusement moralisatrice, cet outil de mesure met l'accent, non pas sur les raisons qui conduisent certains à ne pas maintenir toujours des comportements sécuritaires, non plus que sur la différence de comportements avec des partenaires réguliers ou occasionnels mais plutôt sur un retour en arrière vers des comportements à risque de transmission (Davies et al., 1992; Hart et al., 1992).

En revanche, certaines recherches qualitatives ont tenté de comprendre les comportements sexuels des HARSAH, bien que les résultats ne soient pas nécessairement pris en considération, entre autres dans les interventions préventives (Donovan *et al.*, 1994). Prieur (1990) et Bartos *et al.* (1993), notamment, montrent que chez les HARSAH dont l'identité est d'abord sexuelle et chez ceux qui n'ont pas accès à la communauté gaie, la pénétration anale est majeure dans l'affirmation de soi peu importe les risques d'infection au VIH. Dans ce sens, avoir des comportements non sécuritaires peut être associé à des valeurs positives telles que l'engagement vis-à-vis du partenaire. Orienter la recherche ou l'intervention sur l'individu exclut du même coup les relations entre partenaires et leur complexité (Davies & Weatherburn, 1991).

Enfin, et c'est sans doute là le reproche le plus important qui pourrait lui être imposé, la recherche ne tient pas compte de la discrimination vis-à-vis de l'homosexualité. La discrimination peut conduire des individus à ne pas accepter leur orientation sexuelle et d'autres à hésiter à l'affirmer. Selon une enquête d'envergure menée en Europe (Bochow *et al.*, 1994) par exemple, 15 % des répondants italiens ne se prononcent pas sur leur orientation sexuelle, ce qui peut être attribuable, dans ce cas, au climat de rejet. À l'inverse, un taux de refus de définir l'orientation sexuelle peut être également attribuable au fait d'avoir dépassé la nécessité de s'affirmer, comme cela se retrouve au Danemark, où, contrairement à l'Italie, le climat est respectueux. Ainsi, l'acceptation de l'orientation sexuelle est différente selon les législations et le discours social respectif des pays en question. Aux Pays-Bas et au Danemark, deux tiers des répondants pensent que leur orientation est acceptée par la famille, les collègues et les amis hétérosexuels (au Danemark, moins de la moitié des répondants se sentent agressés par la violence anti-gaie). Cette proportion tombe dans l'ensemble des autres pays pour atteindre 24% en France et 9% en Italie (Bochow *et al.*, 1994).

En conséquence, certains facteurs liés à la condition homosexuelle elle-même – la reconnaissance négative de l'orientation sexuelle, le rejet de l'environnement hétérosexuel, de même que les difficultés psychologiques qui en découlent – sont associés aux pratiques sexuelles non sécuritaires. Un environnement social, sinon délibérément hostile, du moins peu favorable à la reconnaissance positive de certains groupes sociaux, n'encourage pas l'affirmation de soi. Ce faisant, ces facteurs sociaux influencent également la prise en charge individuelle de la santé. En d'autres termes, l'appartenance à un groupe marginalisé réduit les capacités individuelles à s'approprier les moyens de se protéger contre l'infection au VIH (Mann, 1993). Ces facteurs sociaux forment la trame qui influence l'adoption ou non de comportements sécuritaires. De surcroît, pour certains, la marginalisation due à leur orientation sexuelle peut se joindre à d'autres types de marginalisation, notamment, la pauvreté, l'usage de drogues, les activités de prostitution. La représentation dans la société dominante de l'homosexualité et la discrimination qui en découle colorent les connaissances sur ce groupe et sa compréhension dans le contexte de l'infection au VIH.

Il est indéniable que l'approche adoptée tant par la recherche que par l'intervention et qui s'est attachée aux comportements individuels se heurte aujourd'hui à des limites inévitables puisque concentrée sur la personne et ses actes, ne tentant pas de comprendre les questions d'ordre social qui déterminent la vulnérabilité au VIH. Cette approche ignore également la lenteur du processus de réduction de risque, nécessitant des changements d'ordre tant personnels, interpersonnels que sociaux. Or, à l'aube de l'an 2000, on ne peut que reconnaître, sur les traces de Mann et de bien d'autres, que «ce sont les personnes qui, avant l'arrivée du sida, étaient marginalisées, dépréciées ou faisaient l'objet de discrimination, qui sont devenues avec le temps celles qui sont le plus à risque face à l'infection au VIH» (1995). À la lumière de l'évolution du VIH dans le monde, il est donc manifeste que la transmission de l'infection dans un groupe se fonde profondément sur ses caractéristiques particulières et que certaines conditions sociales - au rang desquelles figure la discrimination - intensifient la vulnérabilité des individus. S'attaquer à la vulnérabilité des HARSAH face à l'infection au VIH réclame de mettre à distance l'optique limitée des comportements sexuels et de comprendre que l'infection au VIH ne peut pas être considérée d'un strict point de vue de santé, isolée de l'ensemble des phénomènes sociaux. Si la santé publique adopte pas à pas l'approche de la promotion de la santé, la recherche, quant à elle, ne s'est pas encore suffisamment réorientée pour élargir son objet d'étude et ses analyses (Parker, 1996).

La compréhension des dimensions environnementale et collective de ce groupe contribue à rendre la communauté plus forte et plus dynamique. Pour ce faire, des milieux restés jusqu'ici indépendants et n'entretenant pas d'échange les uns avec les autres ont dû élaborer des collaborations, mettre en pratique le principe de transfert des connaissances, processus qui, avec le temps se sont avérés fructueux. C'est ainsi que la recherche action s'est développée, sous plusieurs formes, en tentant d'atteindre ses objectifs tout en influençant les comportements mais surtout en réunissant autour d'un but commun des acteurs de différents secteurs. À ce titre, les évaluations d'interventions, au demeurant fort peu nombreuses, montrent que le travail communautaire apparaît comme celui dont l'impact est le plus performant, par le biais de l'approche de milieu, du travail par les pairs (Kelly *et al.*, 1992, Kippax *et al.*, 1992). Tous s'entendent, théoriquement, sur la participation de la communauté à toutes les étapes depuis l'élaboration de protocole, en passant par la cueillette des données, leur interprétation puis, l'élaboration des interventions à implanter, la communauté étant sans aucun doute la mieux placée pour rendre compte de ses besoins. À ce chapitre, dès les années 1980, des études de besoins au sein de la communauté gaie ont été réalisées à travers le Canada (Marchand, 1989).

À Montréal, le Comité sida aide Montréal (C-SAM), organisme local de lutte contre le sida, a coordonné, en collaboration avec le département de Santé Communautaire de l'Hôpital général de Montréal, la campagne *Jouez sûr – Play safe*, qui s'est déroulée en 1986 (Adrien *et al.*, 1987). D'autres interventions ont été initiées par C-SAM et par d'autres groupes tels ACT-UP. Les journaux gais ont continuellement diffusé des articles et des publicités sur le sexe sécuritaire, *Image et Nation*, festival de films gais et lesbiens, a présenté des productions à ce sujet. C'est en 1990 que le projet Séro-Zéro est instauré mettant en oeuvre une collaboration entre organismes communautaires et agences de services sociaux et de santé. Sa mission principale est de prévenir la transmission du VIH dans la population des hommes gais et bisexuels de Montréal. Cet organisme intervient dans les bars et dans les saunas montréalais, démontrant un partenariat important et productif avec le milieu commercial. De surcroît, cet organisme contribue à favoriser une reconnaissance positive des HARSAH, notamment par le biais d'ateliers sur l'affirmation de soi et de campagnes de communication telles que «Le Droit d'aimer sans peur et sans reproche». Enfin, cet organisme a établi des collaborations avec le milieu universitaire, entre autres dans le cadre d'évaluation de quelques-uns de ses projets (Dupont *et al.*, 1996, Morrison *et al.*, 1996).

Au début des années 1990, sous l'égide de la Société canadienne du sida, plusieurs universitaires se réunissent afin de mettre en place la première recherche pan-canadienne d'envergure menée auprès de HARSAH, *Au masculin* (Myers *et al.*, 1993). Cette recherche allait rejoindre près de 5 000 hommes à travers le pays dans des bars, des saunas et des danses communautaires. Cette recherche a impliqué la participation active d'organismes communautaires de 35 villes à travers le Canada. Elle visait, entre autres, à étudier les connaissances, les attitudes et les comportements parmi les hommes gais et bisexuels, de même qu'à déterminer les facteurs sous-jacents des comportements non-sécuritaires. Parallèlement, se déroulait au Québec la recherche *Entre hommes*, qui, pour la première fois dans le cadre d'une enquête comportementale, abordait, non seulement les comportements sexuels des HARSAH mais également leur environnement social en les rejoignant dans les bars, par le biais des journaux de même que par «l'effet boule de neige» (Godin *et al.*, 1993). Le déroulement de ces deux recherches a été possible grâce aux collaborations étroites établies entre le milieu communautaire – chapeauté respectivement par la Société canadienne du sida et la Coalition des organismes communautaires québécois de lutte contre le sida – et le milieu universitaire, dont l'Université de Toronto et l'Université Laval. En cela, ces recherches adoptaient les mêmes stratégies que, notamment le projet conjoint communautaire universitaire mené en Australie avec, entre autres, l'Université Macquarie, débuté dès 1986 (Connell *et al.*, 1989).

Des liens semblables commencent à s'établir dans le secteur de l'épidémiologie. Les premières cohortes comportaient plusieurs biais, dont celui de s'attacher uniquement à l'évolution naturelle de l'infection; ne cibler que des individus identifiés à la communauté gaie; devenir de moins en moins représentatives avec le temps par le fait d'être fermées. De surcroît, peu des cohortes mises en place n'ont été développées de concert avec la communauté gaie (Kaslow *et al.*, 1987, Weatherburn *et al.*, 1992). Néanmoins, avec le temps, ces recherches ont évolué. À Montréal, par exemple, un groupe de chercheurs issus tant des milieux communautaire et universitaire que de la santé publique a mis en place, en 1996, la cohorte Oméga. Menée auprès de 2 000 hommes, cette recherche vise non seulement à estimer le nombre de nouveaux cas annuels de VIH parmi les participants mais également à comprendre les facteurs liés à la séroconversion de même que les contextes sociaux et les processus relationnels et psychologiques dans lesquels ils s'inscrivent. Cette recherche tentera de comprendre les rapports entre les répondants et leur entourage, de cerner leurs liens avec les communautés, les organisations de même que de déterminer leur inscription sociale, en analysant leur perception des systèmes, qu'il s'agisse des secteurs socio-sanitaire, juridique ou légal.

Où en sont les comportements des hommes gais?

Au fur et à mesure que des thèmes récurrents ont surgi dans la recherche comportementale, particulièrement en ce qui a trait aux influences et aux facteurs reliés aux activités sexuelles sécuritaires et non sécuritaires, l a nécessité d'inclure de multiples facteurs est devenue de plus en plus évidente. Ainsi, l'impact profond de l'environnement social sur la santé en général et la santé sexuelle en particulier, les influences sur les comportements, tels que celles de l'âge et du niveau de scolarité sont maintenant incontestables. De même, le statut de la relation dans les comportements et l'état physique de la personne au moment précis de la relation sont autant de facteurs qui ont un impact. Ainsi, se sentir bien individuellement et socialement, préserver son système immunitaire sont devenus des indices de comportements sécuritaires. Les études comportementales, plus particulièrement sur la transmission sexuelle du VIH, de même que les sciences s'attachant à la compréhension des comportements en vue de les influencer, ont commencé à intégrer l'impact de la vie d'un individu et de celle de la communauté sur les systèmes et leurs interactions.

En général, la plupart des recherches menées dans les pays occidentaux montrent que les hommes interrogés se sentent bien informés sur les modes de transmission de l'infection au VIH et les moyens de s'en prévenir. (Bochow *et al.*, 1994; Myers *et al.*, 1993; Weatherburn *et al.*, 1992). Toutefois le doute persiste pour nombre de répondants concernant les pratiques oro-génitales (Myers *et al.*, 1993). Le projet Sigma demeure un des rares à énoncer que les changements de comportements à risque sont complexes et ne peuvent pas s'expliquer par la stricte connaissance des modes de transmission du VIH et des moyens de protection. Entre 1987 et 1991, environ 75% des répondants ont maintenu ou réduit des pratiques à risque tandis que 25% ont maintenu ou augmenté leurs risques malgré un niveau de connaissance élevé dans l'ensemble (Weatherburn *et al.*, 1992). Les moyens de se tenir informés sur le sida varient selon certaines caractéristiques. *Entre Hommes* montre que plus de 70% des répondants utilisent la presse écrite régulière et la télévision comme source d'information, plus de 60% le font par la presse gaie (Godin *et al.*, 1993). Toutefois, un sondage mené par une revue québécoise gaie auprès de ses lecteurs indique que plus de 20% d'entre eux ne se sentent pas suffisamment informés (Fugues, 1995). Plus récemment, l'évaluation du projet *Au Sauna... on s'emballe* a montré que 79% des répondants se sentent plus informés sur les voies de transmission du VIH, depuis la mise en place des programmes de prévention de Séro-Zéro dans les saunas; toutefois, 56% aimeraient plus d'information sur le sécurisexe et 49% sur la négociation du sécurisexe (Morrison *et al.*, 1996).

Certaines données laissent pourtant perplexe quant au niveau de connaissances et à l'interprétation des informations. Une enquête menée en Australie auprès de répondants âgés de 15 à 21 ans indiquait que plus d'un sur 10 ne savait pas que la pénétration anale comportait des risques de transmission bien qu'ayant eu des pratiques sexuelles non sécuritaires. En revanche, parmi ceux ayant eu des pratiques sexuelles non sécuritaires et connaissant les modes de transmission, près d'un répondant sur trois pensait ne pas avoir pris de risque (Gold & Skinner, 1992). Par ailleurs, le sondage effectué dans l a revue *Fugues* (1995) révélait qu'un répondant sur deux ne croyait pas que le sida soit toujours une maladie mortelle tandis qu'un sur cinq pensait qu'il ne l'est jamais. Les résultats prometteurs des développements thérapeutiques et leur médiatisation massive ne sont certainement pas étrangers à ce phénomène et peuvent entraîner un impact négatif sur l'adoption et le maintien des comportements sexuels sécuritaires. Enfin, il faut rappeler que même si la grande majorité des hommes rejoints par les enquêtes ont un bon niveau de connaissances, on ignore encore le niveau des connaissances parmi les groupes plus difficilement rejoignables.

Les sources d'information privilégiées par les HARSAH interrogés dans la plupart des enquêtes sont diverses, le médecin, la presse gaie, les médias en général, les brochures, les amis (Godin *et al.*, 1993; Weatherburn *et al.*, 1992). Le choix des sources et l'intensité de leur usage varient selon plusieurs facteurs parmi lesquels le degré d'appartenance à la communauté gaie. Ainsi, selon Godin *et al.* (1993), les hommes engagés dans la communauté gaie se tiennent davantage informés en utilisant l'ensemble des sources d'information que ceux qui ne le sont pas. Les hommes qui ne s'identifient pas à la communauté gaie utilisent davantage la presse écrite régulière et des sources plus anonymes. Les hommes les plus scolarisés, quant à eux, ont plutôt recours aux modes d'information conventionnels que les moins scolarisés.

En termes de comportements, tant au Québec que dans la plupart des pays occidentaux, il est à noter une tendance vers la diminution de la proportion d'hommes ayant des relations anales non protégées et une progression se dessine dans la fréquence d'utilisation du condom. En revanche, une proportion d'environ 15 à 20% d'hommes pratiquent à l'occasion ou régulièrement la pénétration anale non protégée parmi ceux qui pratiquent la pénétration (Bochow *et al.*, 1994, Godin *et al.*, 1993; Gruet & Dubois-Arber, 1993; Morrison *et al.*, 1996; Myers *et al.*, 1993; Schiltz, 1993). Ce chiffre doit, néanmoins, être considéré avec précaution car on ignore si en réalité il correspond en partie à ceux qui ont des relations monogames, à ceux qui n'ont pas adopté du tout de comportements sécuritaires, à ceux qui ont des comportements non sécuritaires à l'intérieur du couple. Les données québécoises les plus récentes obtenues dans les saunas montréalais montrent que les niveaux de protection systématique des hommes qui pratiquent la pénétration anale active et passive sont respectivement de 75% et 83% (Morrison *et al.*, 1996).

De façon générale, l'adoption et le maintien les comportements sécuritaires varient avec certains facteurs qui peuvent se répartir en trois grandes catégories, les aspects socio-démographiques, les aspects d'ordre individuel et les aspects d'ordre collectif. En ce qui concerne les données socio-démographiques, le niveau d'utilisation du condom croît avec l'âge, le niveau de scolarité et de revenus, le lieu de résidence. Ainsi, les jeunes semblent avoir plus fréquemment des relations anales non protégées dans des proportions pouvant atteindre plus de 60% (Hays *et al.*, 1990; Kelly *et al.*, 1990a; Rotheram-Borus *et al.*, 1994; Rotheram-Borus & Koopmanm 1991). *Entre hommes* montre que les répondants les plus jeunes ont plus fréquemment des relations anales sans condom que les plus âgés: 32% des moins de 25 ans par rapport à une moyenne de 23% pour le reste de l'échantillon (Godin *et al.*, 1993). *Au masculin* présente la même tendance (Myers *et al.*, 1993). En revanche, certaines enquêtes européennes montrent une autre tendance: les hommes

de moins de 21 ans utilisent le condom de façon plus constante que les plus
âgés tout en ayant tendance à avoir plus de rapports sexuels que leurs aînés
(Davies *et al.*, 1992; Gruet & Dubois-Arber, 1993; Schiltz, 1993). Malgré
cela, les jeunes demeurent très vulnérables vis-à-vis de l'infection au VIH,
particulièrement au moment où ils commencent à avoir une vie sexuelle
active, à fréquenter davantage les lieux gais et à avoir un nombre important
de partenaires (Schiltz & Adam, 1996). Dans le même ordre d'idée, les
hommes qui ont commencé leur vie sexuelle bien avant l'arrivée du sida ont
plus de difficultés à utiliser le condom (Donovan *et al.*, 1994).

Un niveau de scolarité (Godin *et al.*, 1993; Kelly *et al.*, 1991; Myers *et
al.*, 1993) et de revenu plus bas (Godin *et al.*, 1993; Myers *et al.*, 1993) semble
également associé aux relations anales non protégées, y compris chez les
jeunes, parmi ceux qui pratiquent la pénétration (Hays *et al.*, 1990; Lemp *et
al.*, 1994). Au Québec, selon *Entre hommes,* parmi les répondants n'ayant pas
terminé leur secondaire, plus de la moitié n'utilisent le condom que rarement
ou jamais (Godin *et al.*, 1993). Il existe également des différences dans
l'usage du condom selon le lieu de résidence. Certaines enquêtes montrent que
les répondants des régions semi-urbaines et rurales protègent moins les relations anales que ceux des grandes villes (Kelly *et al.*, 1990a). À Montréal un
homme sur cinq utilise rarement ou jamais le condom, ce taux est de deux
hommes sur cinq dans les villes rurales ou semi-urbaines (Godin *et al.*, 1993).

Les aspects d'ordre individuel concernent l'usage d'alcool et de drogue,
bien que ses effets soient controversés. Parmi les répondants d'*Au masculin*
ayant consommé de l'alcool avant une relation sexuelle, un sur quatre n'utilise pas de condom tandis que parmi ceux qui ne consomment pas, ce taux est
d'un sur six (Myers *et al.*, 1993). En revanche, de nombreuses enquêtes n'associent pas la consommation d'alcool aux pratiques non sécuritaires
(Calzavara *et al.*, 1993; Hays *et al.*, 1990; McLean *et al.*, 1994; Myers *et al.*,
1992a; Weatherburn *et al.*, 1993). À ce chapitre, l'évaluation d'un projet
d'interventions dans les saunas montréalais a montré que parmi les répondants, le fait de percevoir la consommation d'alcool ou de drogue comme une
raison pouvant empêcher de pratiquer le sécurisexe n'est pas associé de façon
significative au port du condom à l'occasion de relations anales passives au
sauna, comme c'est le cas lors de relations actives (Morrison *et al.*, 1996).
Chez les jeunes, le lien entre l'usage d'alcool et les pratiques sexuelles non
sécuritaires est également controversé (Gold & Skinner, 1992; Remafedi,
1994) bien que diverses enquêtes rapportent que la grande majorité des jeunes
répondants consomment de l'alcool ou des drogues avant d'avoir des relations
sexuelles (Hays *et al.*, 1990; Gold & Skinner, 1992; Lemp *et al.*, 1994;
Remafedi, 1994). La consommation de drogue serait plus probablement associée à des pratiques sexuelles à risque (Nadeau *et al.*, 1993; Ostrow *et al.*,
1993). *Au masculin* montre que parmi les répondants ayant pris des *poppers* à
l'occasion d'une relation sexuelle, près d'un tiers n'ont pas utilisé de condom;
cette proportion ne s'élevant qu'à près de un sur cinq parmi ceux qui n'en ont
pas pris (Myers *et al.*, 1993).

Parmi les hommes qui utilisent des drogues injectables, le condom semble
moins fréquemment utilisé que parmi les autres hommes. Très peu de données
sont disponibles à ce sujet au Québec. On sait néanmoins qu'un tiers des
hommes ayant des activités de prostitution avec des clients masculins et

fréquentant le centre d'échange de seringues de Québec n'utilisent pas le condom systématiquement (Noël & Gagnon, 1993). Les activités de prostitution masculine sont très peu documentées bien que les liens avec l'usage de drogue puissent être établis. Permettant à ceux qui les pratiquent de répondre à leurs besoins financiers, elles peuvent aussi, pour certains prostitués et clients, représenter le seul moyen d'avoir des relations sexuelles avec un autre homme (Boyer, 1989). Diverses enquêtes menées auprès de jeunes montrent que les difficultés reliées à l'orientation sexuelle, l'isolement social, peuvent conduire certains à pratiquer des activités de prostitution (Boyer, 1989; Remafedi, 1994). Selon différentes études, la majorité des jeunes ayant des activités de prostitution semblent être des HARSAH dans des proportions allant de 50 à 75 % (Boyer, 1989; De Graaf *et al.*, 1994). Ceci s'avère être le lot de nombreux travestis et transsexuels dont la prostitution est l'unique moyen de subvenir à leurs besoins (Welzer-Lang, 1992) et dont les conditions de vie demeurent particulièrement défavorisées (Boles & Elifson, 1994).

La perception du risque est un aspect non négligeable dans la pratique de comportements sécuritaires. Chez les jeunes, certains ne s'identifient pas encore à leurs aînés et ne considèrent pas nécessairement qu'ils prennent des risques (Hays *et al.*, 1990, Fitzpatrick *et al.*, 1990). Par ailleurs, lorsque les jeunes HARSAH sont interrogés sur leur prise de risque, ils sont plus nombreux à ne pas avoir utilisé de condom tout en affirmant qu'ils n'ont pas pris de risque (Schiltz, 1993). Enfin, pour certains, le jeune âge est un facteur de protection. Certains hommes, jeunes ou non, se sentent protégés simplement en ayant des relations sexuelles avec d'autres jeunes. La perception du risque est également liée à la pratique de la pénétration. Ainsi, certains se perçoivent moins à risque s'ils pratiquent la pénétration active (Hays *et al.*, 1990). Les difficultés de modifier les comportements et les problèmes de communication contribuent également à l'adoption de comportements sécuritaires (Hays *et al.*, 1990). Une enquête française a montré, par exemple, qu'aucun des répondants de moins de 20 ans n'a su négocier l'usage du condom, ni imposer sa volonté lorsqu'il était en désaccord avec son partenaire (Schiltz, 1993). Il arrive aussi que les jeunes aient des partenaires plus âgés qu'eux, ce qui peut accroître les difficultés de négociation de l'usage du condom. Le fait qu'un partenaire ne veuille pas utiliser de condom peut signifier pour le jeune un sentiment de protection et une plus grande confiance du partenaire à son égard (Gruet & Dubois-Arber, 1993). Enfin, certains hommes montrent un besoin plus important d'intimité sexuelle dans leurs relations (Bartos *et al.*, 1993; Kelly *et al.*, 1991; Prieur, 1990). L'excitation du moment, la timidité et le manque de confiance en soi sont d'autres éléments à considérer dans la pratique du sécurisexe (Morrison *et al.*, 1996).

À l'inverse de la plupart des enquêtes mentionnées plus haut, à l'exception de recherches plus qualitatives (Bartos *et al.*, 1993; Prieur, 1990), le projet Sigma permet de remettre en question plusieurs présomptions qui tendent à expliquer pourquoi certains n'adoptent pas ou ne maintiennent pas des comportements sexuels sécuritaires en réaffirmant une évidence trop souvent occultée: d'une part, un acte sexuel se déroule entre deux individus – et pas un seul – dans un contexte particulier et, d'autre part, le même comportement ne comporte pas un degré de risque identique selon le contexte (Weatherburn *et al.*, 1993). C'est à partir des années 1990 que plusieurs enquêtes se sont interrogées sur le statut de la relation dans la pratique du sécurisexe (Myers *et al.*, 1992b, Stall *et al.*, 1992, Weatherburn *et al.*, 1993). Le projet Sigma, entre autres, a montré que parmi ses répondants, dans les relations régulières, surtout monogames, l'usage du condom est moins courant qu'avec les partenaires occasionnels. Parmi les hommes qui pratiquent la pénétration anale donnée ou reçue 50% et 46% respectivement n'utilisent jamais le condom. De façon générale, les relations anales sont plus souvent protégées avec les partenaires occasionnels qu'avec les partenaires stables et plus encore avec les clients, dans les activités de prostitution (Hankins *et al.*, 1993) sauf dans le cas des adolescents selon une enquête menée à Montréal qui montre un niveau de protection faible (Roy & Frappier, 1994).

Quelques résultats d'enquête sont ici intéressants à rapporter. En Europe, 40% des répondants évitent la pénétration anale avec les partenaires occasionnels et 20% avec les partenaires réguliers, exception faite des Pays-Bas (où les proportions s'élèvent respectivement à 70% et 50%), compte tenu, sans doute, d'une campagne de prévention axée sur l'abstinence (Bochow *et al.*, 1994). Cette tendance est corroborée par de nombreuses autres enquêtes (Fitzpatrick *et al.*, 1990; Fugues, 1995; Godin *et al.*, 1993; Myers *et al.*, 1993). *Au masculin* montre que la moitié des répondants disent ne pas utiliser le condom précisément parce que leur partenaire est régulier (Myers *et al.*, 1993). Cette tendance est également identique dans la plupart des enquêtes (Gruet & Dubois-Arber, 1993; Godin *et al.*, 1993; Schiltz, 1993). Néanmoins, la gestion du risque basée sur la fidélité dans une relation monogame peut s'avérer inefficace, en particulier chez les jeunes, qui présentent souvent un profil de monogamie sériée (Cloutier *et al.*, 1994).

L'usage du condom semble également augmenter avec le nombre de partenaires (Godin *et al.*, 1993). Compte tenu, notamment, de la proximité des lieux de socialisation, les HARSAH ont un nombre plus élevé de partenaires dans les grands centres urbains (Myers *et al.*, 1993). À ce chapitre, le projet Sigma insiste sur l'importance de distinguer entre partenaires sexuels pénétratifs (PSP) et partenaires sexuels en général, le nombre des premiers étant inférieur au nombre des seconds. Ainsi, quatre répondants sur 10 ont pratiqué la pénétration anale dans le mois précédant leur dernière entrevue. Les seuls facteurs ayant un effet significatif sur le nombre de partenaires sexuels sont l'âge, le lieu de résidence et le fait d'avoir ou non passé un test de dépistage anti-VIH. Les hommes plus âgés ont eu plus de partenaires sexuels et de PSP que les plus jeunes mais rien ne confirme leur niveau d'activités sexuelles dans leur jeunesse par rapport aux jeunes actuels (Weatherburn *et al.*, 1993). Plusieurs recherches menées en Australie rapportent que les hommes socio-économiquement défavorisés ont un plus grand nombre de partenaires et pratiquent plus fréquemment la pénétration anale (Bartos *et al.*, 1993; Dowsett *et al.*, 1992). Parmi ces hommes, nombre souhaiteraient vivre une relation à long terme bien que cette situation soit la plus inusitée compte tenu d'un environnement social plutôt conservateur (Connell *et al.*, 1993).

Les aspects d'ordre collectif qui influencent la pratique du sécurisexe concernent la condition homosexuelle elle-même et, par voie de conséquence, le sentiment et le degré d'appartenance, voire d'engagement, dans la communauté gaie. Les avatars de la discrimination – tels que des difficultés d'affirmation de soi, la non-reconnaissance de l'orientation sexuelle (Coates *et al.*, 1988; Dowsett, 1990; Gold & Skinner, 1992; Hays *et al.*, 1990; Perkins *et al.*, 1993, Schiltz, 1993) et les nombreux deuils auxquels la communauté gaie est confrontée depuis des années sont autant de facteurs prégnants. À l'inverse, le sentiment d'appartenance à la communauté gaie contribue à développer une meilleure image de soi, qui conduit à la pratique du sécurisexe (Kippax *et al.*, 1992). *Entre hommes* a identifié, à cet égard, un lien entre l'engagement dans la communauté gaie et l'utilisation du condom (Godin *et al.*, 1993). Plusieurs recherches montrent, par ailleurs, que l'intention d'utiliser le condom est influencée par la norme sociale perçue par l'entourage (Kelly *et al.*, 1990; Myers *et al.*, 1993). Pour les mêmes raisons, les comportements à risque semblent plus fréquents chez les hommes bisexuels que chez les hommes homosexuels (Heckman *et al.*, 1995; Messiah *et al.*, 1995, Weatherburn *et al.*, 1996) et plus encore chez les hommes qui ne s'identifient ni comme homosexuels, ni comme bisexuels (Bartos *et al.*, 1993). Enfin, il apparaît que l'utilisation du condom soit également liée à la perception de contrôle comportemental (Myers *et al.*, 1993). De façon générale, les meilleurs résultats obtenus par les pays en termes de stratégie de prévention sont visibles là où un réseau communautaire solide entretient des liens serrés avec les autorités gouvernementales. Les approches de prévention les plus fructueuses se déroulent dans les pays où l'homosexualité est mieux acceptée (Bochow *et al.*, 1994).

En résumé, depuis les débuts de l'épidémie, beaucoup de HARSAH ont modifié leurs comportements en adoptant des pratiques sexuelles sécuritaires. Ils ont développé plusieurs façons de gérer le risque de transmission de l'infection au VIH dont on sait aujourd'hui qu'elles ne dépendent pas uniquement de facteurs individuels mais aussi collectifs: les connaissances, la perception du risque, le degré d'appartenance à la communauté gaie, le support de l'environnement de même que la capacité d'affirmation et de négociation de l'individu. Deux types de stratégies semblent se dessiner, les unes sélectives et les autres protectives. Le volet français de l'enquête d'envergure menée en Europe révèle trois types d'individus qui maintiennent des comportements à risque: premièrement des urbains isolés, socialement défavorisés et rejetés par leur entourage; deuxièmement, ceux qui ne peuvent ou ne veulent pas modifier leur comportement sexuel. Plutôt jeunes, de milieux défavorisés, ils sont également rejetés par leur entourage. Ils ont de fréquents rapports sexuels avec des partenaires féminines et de nombreux partenaires masculins. Ils cumulent les marginalités, s'opposent à la prévention et s'estiment mal informés (Bochow *et al.*, 1994; Schiltz, 1993). Troisièmement, ceux qui ont eu une pénétration anale non protégée avec un partenaire de statut sérologique inconnu ou différent du leur. Ils sont fréquemment de classe défavorisée, utilisateurs irréguliers de condoms, moins souvent testés ou, le cas échéant, séropositifs. À l'inverse, le projet Sigma, en tentant de comprendre les comportements sexuels sous l'angle de la négociation entre deux individus, a vérifié, auprès de son échantillon, certaines variables – dont il est convenu d'assumer qu'elles ont un lien avec les comportements non sécuritaires – et a montré que ni le degré de connaissance, l'âge, le lieu de résidence, les facteurs psychologiques et sociologiques, ni l'usage de drogue et d'alcool ne peuvent conduire à un modèle type de comportements non sécuritaires (Weatherburn *et al.*, 1993).

Vers une ouverture des secteurs sociaux...

À la lecture des connaissances actuelles, force est de constater le hiatus existant entre ce qui est su, tant sur le plan comportemental, du point de vue de la recherche, que sur le plan social, du point de vue de quelques penseurs et du mouvement communautaire. On sait, sans conteste, que la santé sexuelle des gais est intimement liée à la condition sociale de l'homosexualité. Or, fort peu de recherches, comme en témoignent les données présentées précédemment, se sont penchées sur les liens entre l'environnement social et la propagation de l'infection au VIH. On aura noté, à ce chapitre, la rareté des connaissances sur les facteurs collectifs. On se trouve confronté à un phénomène peu commun dans l'évolution scientifique. D'ordinaire, la révélation d'un phénomène social se construit sur la base des acquis. Dans l'histoire du sida chez les gais, le processus est différent. Par la force des choses, les scientifiques ont dû s'intéresser aux HARSAH, compte tenu de l'importance de l'infection au VIH dans ce groupe. Se basant à la fois sur des modèles fermés et sur une absence de connaissances, les résultats des débuts n'ont fait que révéler des questions plutôt que de proposer des réponses. Aujourd'hui, on doit s'en remettre à l'évidence d'un impondérable: il faut s'attaquer à la question de l'environnement social et de son impact, ce que de nombreux chercheurs avaient cru pouvoir éviter.

Néanmoins, avec le temps, à la faveur de la force du mouvement communautaire, de ses revendications réitérées tant auprès des services sociaux et de santé, que des sphères universitaires, grâce à l'engagement de certains chercheurs dans la lutte contre le sida et également du milieu commercial, des recherches ont été initiées auprès des HARSAH. De plus, passant outre la perspective proprement épidémiologique, certaines recherches concourent à comprendre l'environnement social des HARSAH et son impact sur la santé en général et les comportements en particulier. La recherche est, par là, amenée à ne plus considérer l'objet d'étude figé en soi mais à redéfinir les modèles théoriques pour s'y adapter. Ce faisant, des collaborations ont commencé à s'établir entre différents champs de pensée et d'action, afin de comprendre globalement les comportements et les éléments de l'environnement social qui les sous-tendent. Aujourd'hui, il faut dépasser le cadre des discours – celui de la promotion de la santé –, des concepts – la vulnérabilité sociale, l'*empowerment* – et des approches – la multi et autres pluridisciplinarités – et permettre à la communauté des hommes ayant des relations sexuelles avec d'autres hommes, aux communautés, devrait-on dire, d'accroître leurs habiletés. Pour ce faire, il faut, d'une part, créer un véritable échange des connaissances entre les différentes disciplines. D'autre part, s'il est vrai aujourd'hui que le secteur de la recherche est capable de réunir des chercheurs communautaires et universitaires dont les expertises sont totalement différentes, il faut être en mesure de créer une expertise commune plutôt que de se contenter d'une juxtaposition des compétences des partenaires en présence. Ceci nécessite un respect mutuel tant des universitaires que de la communauté et des bailleurs de fonds; respect mutuel des connaissances mais également de la culture organisationnelle des uns et des autres. Ce dont il est question ici, c'est d'un partenariat véritable et non d'un mot élimé dont on abuse par grandeur d'âme.

BIBLIOGRAPHIE

Adrien, A., Carsley, J. & Ioannou, S. (1987). Promotion de pratiques sexuelles sûres chez la population homosexuelle de Montréal - Québec. *Rapport hebdomadaire des maladies au Canada, 13-3*, 9-12.

Ajzen, I. & Fishbein, M. (1980). *Understanding Attitudes and Predicting Social Behavior.* Englewood Cliffs NJ: Prentice Hall.

Alary, M. & Castel, J. (1990). Risk factors for seropositivity among people consulting for HIV antibody testing: A pilot surveillance study in Quebec. *Canadian Medical Association Journal, 143*, 25-31.

Alary, M. & Parent, R. (1994). Incidence of HIV infection among patients consulting a network of sentinel physicians in the province of Quebec. *Canadian Journal of Infectious Disease, 5*, suppl. D, 40D.

Altman, D. (1994). *Power and Community: Organizational and cultural responses to AIDS.* Londres: Taylor & Francis.

Bandura, A. (1977). Self- efficacy: Towards a unifiing theory of behavioral change. *Psychological Review, 84*, 191-215.

Bartos, M., McLeod, J. & Nott, P. (1993). *Meanings of Sex between Men.* Australie: Australian Federation of Aids Organisations.

Becker, M.H. (1974). The health belief model and personal health behavior. *Health Education Monographs, 2*, 324-473.

Bochow, M., Chiarotti, F., Davies, P. et al. (1994). Sexual behaviour of gay and bisexual men in eight European countries. *AIDS Care, 6*, 533-550.

Boles, J. & Elifson, K.W. (1994). The social organization of transvestite prostitution and Aids. *Social Science and Medecine, 39*, 85-93.

Boyer, D. (1989). Male prostitution and homosexual identity. *Journal of Homosexuality, 17*, 151-183.

Calzavara, L.M., Coates, R.A., Johnson, K. et al. (1991). Sexual behavior changes in a cohort of male sexual contacts of men with HIV disease: A three-year overview. *Canadian Journal of Public Health, 82*, 150-156.

Calzavara, L.M., Coates, R.A., Raboud, J.M. et al. (1993). Ongoing high-risk sexual behaviors in recreational drug use in sexual encounters. *Annals of Epidemiology, 3*, 272-280.

Cloutier, R. Champoux, L., Jacques, C. et al. (1994). *Ados, familles et milieux de vie - La parole aux ados.* Québec: Centre de recherche sur les services communautaires, Université Laval.

Coates, T.J., Stall, R.D., Catania, J.A. et al. (1988). Behavioral factors in the spread of HIV infection. *AIDS, 2*, S239-S246.

Connell, R.W., Crawford, J., Kippax, S. et al. (1989). Facing the epidemic: Dangers in the sexual life of gay and bisexual men in Australia and their implications for Aids prevention strategies. *Social Problems, 36*, 384-402.

Connell, R.W., Davis, M.D. & Dowsett, G.W. (1993). A bastard of a life: Homosexual desire and practice among men in working-class milieux. *Australian and New Zealand Journal of Sociology, 29*, 112-136.

Davies, P. & Weatherburn, P. (1991). Towards a general model of sexual negociation. Dans P. Aggleton, G. Hart & P. Davies (dir.), *AIDS: Responses, Interventions and Care.* Londres: Falmer Press.

Davies, P.M., Weatherburn, P., Hunt, A.J. et al. (1992). The sexual behaviour of young gay men in England and Wales. *AIDS Care, 4*, 259-273.

De Graaf, R., Vanwesenbeedk, I., van Zessen, G. et al. (1994). Male prostitutes and safe sex: Different settings, different risks. *AIDS Care, 6*, 277-288.

Defert, D. (1990). Un nouveau réformateur social: le malade. Colloque *«Communiquer pour agir»*, Paris.

Donovan, C., Mearns, C., McEwan, R. et al. (1994). A review of the HIV-related sexual behavior of gay men and men who have sex with men. *AIDS Care, 6*, 605-617.

Dowsett, G.W. (1990). Reaching men who have sex with men in Australia. An overview of Aids education: Community intervention and community attachment strategies. *Australian Journal of Social Issues, 25*, 186-198.

Dupont, M. & Otis, J. (1996). *Évaluation de Bar en bar: un programme de prévention du VIH dans les bars gais de Montréal.* Montréal: Séro-Zéro.

Fitzpatrick, R., McLean, J., Dawson, J. et al. (1990). Factors influencing condom use in a sample of homosexually active men. *Genitourinal Medecine, 66*, 346-350.

Foucault, M. (1976). *Histoire de la sexualité, 1. La volonté de savoir.* Paris: Gallimard.

Foucault, M. (1984). *Histoire de la sexualité, 2. L'usage des plaisirs.* Paris: Gallimard.

Fugues. (1995). *La sexualité.* Montréal.

Godin, G., Carsley, J., Morrison, K. et al. (1993). *Les comportements sexuels et l'environnement social des hommes ayant des relations sexuelles avec d'autres hommes (Enquête québécoise: Entre hommes 91-92).* Québec/Ottawa: Ministère de la Santé et des Services sociaux, Université Laval, Hôpital général de Montréal, COCQ-sida et Société canadienne du sida.

Goggin, M. & Sotiropoulos, J. (1994). Sex in silence: A national study of young gays. . *International Conference on AIDS, 10*, Yokohama, abstract PO.12.1001.

Gold, R.S. & Skinner, M.J. (1992). Situationnal factors and thought processes associated with unprotected intercourse in young gay men. *AIDS, 6*, 1021-1030.

Gruet, F. & Dubois-Arber, F. (1993). *Les homosexuels - Étude 1992.* Lausanne: Institut universitaire de médecine sociale et préventive, Unité d'évaluation des programmes de prévention.

Hankins, C., Gendron, S., Roy, É. *et al.* (1993). *Évaluation de Cactus-Montréal. Un programme d'intervention pour les utilisateurs de drogues injectables.* Montréal: Centre d'études sur le sida, Unité de santé publique, Hôpital général de Montréal.

Hart, G., Boulton, M., Fitzpatrick, R. *et al.* (1992). Relapse to unsafe sexual behaviour among gay men: A critique of recent behavioral HIV/AIDS research. *Sociology of Health and Illness, 14,* 216-232.

Hays, R.B., Kegeles, S.M. & T.J. Coates. (1990). High HIV risk taking among young gay men. *AIDS, 4,* 901-907.

Heckman, T.G., Kelly, J.A., Sikkema, K.J. *et al.* (1995). Differences in HIV risk characteristics between bisexual and exclusively gay men. *Aids Education and Prevention, 7,* 504-512.

Hite, S. (1976). *The Hite Report.* New York: Dell.

Hunt, A.J., Davis, P., Weatherburn, P. *et al.* (1991). Sexual partners, penetrative sexual partners and HIV risk. *AIDS, 5,* 723-728.

International Lesbian and Gay Association (ILGA). (1988). *Pink Book.* Amsterdam: Utrecht University.

Janus, S.S. & Janus, C.L. (1993). *The Janus Report on Sexual Behavior.* New York: John Wiley & sons.

Kaslow, R.A., Ostrow, D.G., Detels, R. *et al.* (1987). The multi centre AIDS Cohort study: Rationale, organization, and selected characteristics of the participants. *American Journal of Epidemiology, 126,* 10-18.

Kelly, J.A. & Kalichman, S.C. (1995). Increased attention to human sexuality can improve HIV-AIDS prevention efforts: Key research issues and directions. *Journal of Consulting and Clinical Psychology, 63,* 907-918.

Kelly, J.A., Kalichman, S.C., Kauth, M.R. *et al.* (1991). Situational factors associated with aids risk behavior lapses and coping strategies used by gay men who successfully avoid lapses. *American Journal of Public Health, 81,* 1335-1339.

Kelly, J.A., St-Lawrence, J.S., Brasfield, T.L. *et al.* (1990a). Aids risk behavior patterns among gay men in small Southern cities. *American Journal of Public Health, 80,* 416-419.

Kelly, J.A., St. Lawrence, J.S., R. Betts *et al.* (1990b). A skill-training group intervention model to assist persons in reducing risk behaviors for HIV infection. *Aids Education and Prevention, 21,* 24-35.

Kelly, J.A., St. Lawrence, J.S., Stevenson, L.Y. *et al.* (1992). Community Aids/HIV risk reduction: The effects of endorsements by popular people in three cities. *American Journal of Public Health, 82,* 1483-1489.

King, M.J.C., Beazley, R.P., Warren, W.K. *et al.* (1988). *Étude sur les jeunes canadiens face au sida.* Toronto : Runge Press.

Kinsey, A.C., Pomeroy W.B. & Martin, C.E. (1950). *Le comportement sexuel de l'homme.*

Paris: Édition du Pavois.

Kippax, S., Crawford, J., Connell, B. *et al.* (1992). The importance of gay community in the prevention of HIV transmission: A study of Australian men who have sex with men. Dans P. Aggleton, P. Davies & G. Hart (dir), *Aids: Rights, Risk and Reason.* Londres: The Falmer Press.

Lemp, G.F., Hirozama, A.M., Givertz, D. *et al.* (1994). Seroprevalence of HIV and risk behaviors among young homosexual and bisexual men. *Journal of the American Medical Association, 272,* 449-454.

Lever, M. (1985). *Les Bûchers de Sodome.* Paris: Fayard.

Lévy, J. & Nouss, A. (1994). *Sida-Fiction. Essai d'anthropologie romanesque.* Lyon: Presses universitaires de Lyon.

Mann, J.M. (1995). Prochaine étape: Le sida, les communautés et les droits de la personne. *2e Conférence internationale sur la prise en charge extra-hospitalière,* Montréal.

Mann, J.M. (1993). *Towards a New Strategy for Aids.* Cambridge: Global Aids Policy Coalition.

Marchand, R. (1989). *Fighting AIDS with Education. Report of the Gay Community Needs Assessment.* Vancouver: Aids Vancouver.

McLean, J., Boulton, M., Brookes, M. *et al.* (1994). Regular partners and risky behavior: Why do gay men have unprotected intercourse? *AIDS Care, 6,* 331-341.

Merson, M. (1994). Global status of HIV/AIDS epidemic and the response. . *International Conference on AIDS, 10,* Yokohama.

Messiah, A., Mouret-Fourme, E. *et al.* (1995). Sociodemographic characteristics and sexual behavior of bisexual men in France: Implications for HIV prevention, *American Journal of Public Health, 85,* 1543-1547.

Miller, T.E., Booraem, C., Flowers, J.V. *et al.* (1990). Changes in knowledge, attitude and behavior as a result of a community-based AIDS prevention program. *Aids Education and Prevention, 2,* 12-23.

Ministère de la Santé et des Services sociaux. (1996). *Programme de surveillance du sida du Québec. Surveillance des cas de sida.* Québec: Mise à jour 96-3.

Morrison, K., Otis, J. & Bernèche, R. (1996). *Au sauna.. on s'adapte. Évaluation du programme Au sauna... on s'emballe.* Montréal: Séro-Zéro.

Myers, T., Godin, G., Calzavara, L. *et al.* (1993). *L'enquête canadienne sur l'infection à VIH menée auprès des hommes gais et bisexuels: Au Masculin.* Ottawa: Société canadienne du sida.

Myers, T., Rowe, C.J., Tudiver, F.G. *et al.* (1992a). HIV, substance use and related behavior of gay and bisexual men; An examination of the Talking Sex Project Cohort. *British Journal of Addiction, 87,* 207-214.

Myers, T., Tudiver, F.G., Kurtz, R.G. *et al.* (1992b). The Talking Sex Project: Descriptions of the study population and correlates of sexual practice at baseline. *Canadian Journal of Public Health, 83*, 47-52.

Nadeau, D., Boyer, R., Fortin, C. *et al.* (1993). Facteurs associés aux relations anales à risque chez des hommes homosexuels séropositifs au VIH. *Revue épidémiologique en Santé publique, 41*, 228-234.

Niemi, F., Carpentier, D. Morin. M *et al.* (1994). *De l'illégalité à l'égalité. Rapport de la consultation publique sur la violence et la discrimination envers les gais et les lesbiennes.* Québec: Commission des droits de la personne du Québec.

Noël, L. & Gagnon, H. (1993). *Étude qualitative sur les risques de transmission du VIH chez les toxicomanes en milieu urbain et semi-urbain.* Québec: Centre de santé publique de Québec.

Ornstein, M. (1989). *Aids in Canada: Knowledge, behaviour and attitudes of adults.* Toronto: University of Toronto Press.

Ostrow, D.G., Beltran, E.D., Joseph, J.G. *et al.* (1993). Recreational drugs and sexual behavior in the Chicago MACS/CCS cohort of homosexually active men. *Journal of Substance Abuse, 5*, 311-325.

Parker, R.S. (1996). Empowerment, community mobilization and social change. *International Conference on AIDS*, 11, Vancouver.

Patton, C. (1990). *Inventing Aids.* Londres: Routledge.

Paul, J.P., Stall, R. & K.A. Bloomfield. (1991). Gay and alcoholism. Epidemiologic and clinical issues. *Alcohol Health and Research World, 15*, 151-160.

Perkins, D.O., Leserman, J., Murphy, C. *et al.* (1993). Psychosocial predictors of high-risk sexual behavior among HIV-negative homosexual men. *Aids Education and Prevention, 5*, 141-152.

Plant, R. (1986). *The Pink Triangle. The Nazi War against Homosexuals.* New York: H. Holt.

Pollak, M. (1988). *Les homosexuels et le sida. Sociologie d'une épidémie.* Paris: A.M. Métailié.

Pollak, M. & Schiltz, M.A. (1991). Les homosexuels français face au sida. Modifications des pratiques sexuelles et émergence de nouvelles valeurs. *Anthropologie et Sociétés, 15*, 53-65.

Prieur, A. (1990). Norwegian gay men: Reasons for continued practice of unsafe sex. *Aids Education and Prevention, 2*, 109-115.

Prochaska, J.O., Reeding, C.A., Harlow, L.L. *et al.* (1994). The transtheoretical mode of change and HIV prevention: A review. *Health Education Quaterly, 21*, 471-486.

Remafedi, G.J. (1994). Cognitive and behavorial adaptation to HIV/Aids among gays and bisexual adolescents. *Journal of Adolescent Health, 15*, 142-148.

Remis, R.S., Vandal, A.C. & Leclerc, P. (1996). *La situation du sida et de l'infection au VIH au Québec, 1994.* Québec: Ministère de la Santé et des Services sociaux.

Rotheram-Borus, M.J. & Koopman, C. (1991). Sexual risk behavior, Aids knowledge and beliefs about Aids among predominantly minority gay and bisexual male adolescents. *Aids Education and Prevention, 3*, 305-312.

Rotheram-Borus, M.J., Reid, H. & Rosario, M. (1994). Factors mediating changes in sexual HIV risk behaviors among gay and bisexual male adolescents. *American Journal of Public Health, 84*, 1938-1946.

Roy, É. & Frappier, J.Y. (1994). HIV-1 infection among adolescents in difficulty in metropolitan Montreal Adolescents engaged in prostitution activities. *Conférence canadienne annuelle de la recherche sur le VIH/sida, 4*, Toronto.

Santé Canada. (1995). *Surveillance des cas de sida.* Ottawa: Mise à jour septembre 1995.

Schechter, M.T., Craib, K.J.P., Willoughby, B. *et al.* (1988). Patterns of sexual behavior and condom use in a cohort of homosexual men. *American Journal of Public Health, 78*, 1535-1538.

Schiltz, M.A. & Adam, P. (1996). The influence of personal and generational factors on the incidence of HIV and STDs among young gay and bisexual men in France. . *International Conference on AIDS*, 11, Vancouver.

Schiltz, M.-A. (1993). *Les homosexuels masculins face au sida: Enquêtes 1991-1992.* Paris: Centre de mathématiques et d'analyse sociale, CNRS.

Spira, A., Bajos, N. et le groupe ACSF. (1993). *Les comportements sexuels en France.* Paris : La Documentation française (Coll. des Rapports officiels).

Stall, R., Barret, D., Bye, L. *et al.* (1992). A comparison of younger and older gay men's HIV risk-taking behaviours: The communication technologies 1989 cross-sectional survey. *Journal of Acquired Immune Deficiency Syndromes, 5*, 682-687.

Stoyanoff, S.R., Weber, M.D., Ford, W.L. *et al.* (1996). Sexual behaviors and non-injection drug use among young 15-22 years of age who have sex with men: Young men's survey Los Angeles. *International Conference on AIDS*, 11, Vancouver.

Tann, M. (1994). Recent HIV/AIDS developments among men who have sex with men. . *International Conference on AIDS*, 10, Yokohama.

Watney, S. (1994). *Practices of Freedom: Selected Writings on HIV-Aids.* Durham: Duke University Press.

Weatherburn P. *et al.* (1992). *The Sexual Lifestyles of Gay and Bisexual Men in England and Wales. Project Sigma.* Londres: HMSO.

Weatherburn, P., Davies, P.M., Hickson, F.C.I. *et al.* (1993). No connection between alcohol use and unsafe sex among gay and bisexual men. *Aids, 7*, 115-119.

Weatherburn, P., Hunt, A.J., Davies, P.M. *et al.* (1991). Condom use in a large cohort of homosexually active men in England and Wales. *Aids Care, 3*, 31-41.

Weatherburn, P., Reid, D.S. & Davies, P.M.

(1996). Behaviourally bisexual men in the U.K.: sexual practices, disclosures et implications. . *International Conference on AIDS*, 11, Vancouver.

Welzer-Lang, D. (1992). *Les nouveaux territoires de la prostitution lyonnaise*. Lyon: Groupe anthropologique des sexes et de la vie domestique, Centre de recherches et d'études anthropologiques en collaboration avec l'Agence française de lutte contre le sida.

Winkelstein Jr. W., Wiley, J.A., Padian, N.S. *et al.* (1988). The San Francisco HIV's health study: Continued decline in HIV seroconversion rates among homosexual/bisexual men. *American Journal of Public Health, 78,* 1472-1474.

Yan, P. Huntley, J. & Sutherland, D. (1996). Estimation of the historical age-specific HIV incidence in Canada. *International Conference on AIDS*, 11, Vancouver.

LES FEMMES, LE SIDA ET L'EXPRESSION DE LA SEXUALITÉ

Denise BADEAU, Josée S. LAFOND, Orkia LEFEBVRE et
Maria NENGEH MENSAH

Les données épidémiologiques sur l'épidémie du sida chez les femmes ne cessent d'inquiéter. Bien que le taux exact de la contamination féminine, à travers le monde et au Québec, soit difficile à évaluer, l'Organisation mondiale de la santé (OMS) estime à environ 3 000 000 le nombre total de femmes infectées par le VIH. En l'an 2000, le programme global sur le sida de l'OMS prévoit que 90% des nouveaux cas de sida dans le monde seront des personnes infectées à la suite d'une activité hétérosexuelle et qu'il y aura plus de femmes que d'hommes vivant avec le VIH. En Amérique du Nord, 140 femmes pour 100 000 personnes âgées entre 15 et 49 ans sont infectées (Hankins & Handley, 1992). Aux États-Unis, l'infection par le VIH constitue la sixième cause de décès chez les femmes âgées entre 25 et 45 ans, indépendamment de leur origine ethnique (Falutz, 1995). Il est aussi alarmant de constater que 70% des nouvelles infections sont décelées chez les femmes âgées de 15 à 24 ans (Madsen, 1996).

Des données québécoises, datant de mars 1997, répertorient 519 cas de sida déclarés chez des personnes de sexe féminin; de ces dernières, 477 sont âgées de plus de 15 ans. De ce nombre, 299 sont décédées. Les femmes représentent actuellement 10% de la population canadienne infectée (Direction de la Santé publique, 1997). Le Québec est la deuxième province du Canada la plus durement touchée par l'épidémie. Selon les données du Laboratoire de lutte contre la maladie (LLCM, 1995), le Québec regroupe 50% des cas de sida déclarés au Canada alors que sa population totale ne représente que le quart de la population canadienne. En fait, des 702 Canadiennes sidéennes connues, 343 vivent au Québec et la majorité d'entre elles sont regroupées dans la région urbaine de Montréal (Lapointe & Samson, 1995).

La contamination par transmission hétérosexuelle représente le type de transmission le plus fréquent chez les femmes canadiennes. Le llcm estime que près de 60% des femmes atteintes du sida ont contracté la maladie par contacts sexuels non protégés avec des hommes. De ce nombre, la majorité a été infectée par contacts sexuels avec une personne à risque ou avec une personne infectée. En second plan, avec 15% des cas, figure la contamination par échange de seringues contaminées. Enfin, les receveurs de sang comptent pour 8% de la population féminine sidéenne déclarée tandis que, pour le dernier 8%, aucun facteur de risque n'est identifié (Laboratoire de lutte contre la maladie, 1995). La situation canadienne est donc significativement différente de celle que révèlent les études américaines. En effet, globalement, 50% des femmes américaines ont été infectées par le VIH en raison de l'utilisation de drogues injectables tandis que seulement 35% l'ont contracté lors de relations hétérosexuelles non protégées (Falutz, 1995). Au Québec, les deux occasions principales de transmission du VIH chez les femmes adultes sont l'activité hétérosexuelle non protégée (59,7%) et le partage de seringues lors de l'utilisation de drogues (24,8%) (Centre québécois de coordination sur le sida, 1996).

L'inquiétude augmente lorsqu'on considère les résultats de l'étude de séroprévalence de Hankins *et al.* (1990) chez les femmes en âge d'avoir des enfants: celle-ci met en évidence la sous-estimation importante de l'épidémie de VIH dans cette population. En effet, cette étude démontre qu'en 1989, le nombre de femmes infectées par le VIH était de 559 alors que le nombre officiel de sidéennes déclarées n'était que de 177. Il faut donc tenir compte du fait que le nombre de femmes séropositives est au moins quatre fois plus élevé que ce que laissent entendre les estimations actuelles.

FEMMES À RISQUE, FEMMES À MOINDRE RISQUE OU SANS RISQUE

Parmi les clientèles dites à risque, nous nous sommes intéressées aux femmes à risque comparativement aux «autres femmes». Peut-on affirmer aujourd'hui que les femmes ne sont pas à risque, sont vraiment en situation de «non risque de contracter le VIH et les autres MTS (maladies transmissibles sexuellement)» dans le contexte social dans lequel nous vivons? Et comment expliquer que de nombreuses femmes séropositives que nous rencontrons jour après jour, ne se retrouvent pas dans ces catégories à risque? En parlant «des femmes à risque», on peut déduire que certaines femmes présentent des risques moindres face au VIH et que d'autres sont théoriquement «sans aucun risque». Nous savons pourtant que dans les pays industrialisés comme dans les pays en développement, la grande majorité des femmes qui courent le risque d'infection par le VIH ont rarement assez de contrôle sur leur vie sexuelle pour négocier les contacts sexuels sécuritaires.

Il faut se rappeler, par ailleurs, que la marginalisation des groupes à risque est, entre autres facteurs, responsable de l'isolement des femmes séropositives. Cet isolement fait en sorte qu'on ne connaît encore que très peu de choses à leur sujet et qu'on observe une absence importante de programmes de prévention spécifiquement axés sur leur santé sexuelle et sur celle des femmes en général (Lafond & Girard, 1995). De fait, il n'existe pratiquement aucune étude sur la sexualité des femmes séropositives au Québec (Lafond & Girard, 1995).

D'autre part, la prévention des MTS et du sida chez les femmes semble, dans notre société, peu privilégiée et souvent inadaptée. Les nombreuses campagnes de prévention sont principalement orientées vers la prévention pour des groupes marginalisés ou dits à risque de contracter le VIH, ce qui a pour conséquence que, trop souvent encore, elles ne touchent pas les personnes qui ne se sentent pas concernées par le sida ou qui n'ont pas les ressources personnelles pour se protéger: les femmes dont le mari est un homosexuel «non avoué» ou qui est bisexuel; les femmes dans la quarantaine ou la cinquantaine qui se retrouvent seules après un divorce ou une séparation; les femmes ayant une «faible estime de soi»; celles vivant en situation de violence ou de contrôle dans leur couple et toutes celles auxquelles l'on ne pense pas lors des actions de prévention.

Par conséquent, pour qu'une femme se sente interpellée par une publicité de sensibilisation ou par un programme de prévention, elle doit être catégorisée et par conséquent marginalisée et faire partie d'un des groupes identifiés à risque tels les prostituées ou les toxicomanes. Et encore, on note, que les travailleuses du sexe ont tendance à moins se protéger dans leurs relations sexuelles avec leur «partenaire ou ami de cœur». Selon Chang Chee (1990), l'origine de l'infection chez les travailleuses du sexe semble pour l'instant plus liée à des risques extra professionnels qu'à l'exercice de la prostitution. Elles n'utilisent pas ou peu le condom (Gariépy & Lafond, 1994). Nous pouvons en déduire que c'est dans les comportements de leur vie personnelle que les travailleuses du sexe sont le plus à risque de contracter le vih ou les autres mts.

Un autre élément important et essentiel, pour nous éclairer en vue de la planification future des programmes de prévention du VIH s'adressant aux femmes, est le peu de connaissances que nous avons encore sur les clients des travailleuses du sexe. Si les femmes prostituées ont été reconnues comme étant à risque, leurs clients ont aussi des pratiques sexuelles à risque. Nous savons que certains clients offrent de payer davantage pour éviter d'utiliser le préservatif et deviennent des agents multiplicateurs du virus dont ils peuvent être infectés (Gariépy & Lafond, 1994). Ces clients peuvent contribuer à la propagation du VIH dans la population générale et contaminer éventuellement leurs partenaires, autant leurs épouses que leurs maîtresses. Malheureusement, il existe très peu de données sur ces clients. Selon des conversations avec des travailleuses du sexe ou des intervenantes du milieu, ce sont des hommes de toute provenance et de tout statut économique, de notre société, souvent mariés, partenaires de femmes sans risque qui fréquentent des prostituées. Certains sont des utilisateurs de drogues injectables (UDI) et certains demandent de ne pas porter condom. Il existe aussi des clients qui fréquentent les parcs afin de combler un besoin de sexualité «avec un autre homme» mais ils ne se considèrent pas comme homosexuels. Ces clients sont des hommes hétérosexuels, bisexuels et homosexuels.

Les femmes prostituées proviennent de tous les milieux sociaux mais, majoritairement, de milieux sociaux économiquement faibles et on les retrouve dans la rue, dans les agences d'escortes, dans les bars, etc. La majorité d'entre elles travaillent avec le condom. Mais encore, il faut qu'elles acceptent que la relation qu'elles ont avec «le client» soit de la prostitution pour se percevoir comme prostituées. En effet, un problème majeur dans la prévention du VIH et des autres MTS est la non-acceptation par les femmes de leur identité de prostituées. Cette situation a pour conséquence de rendre beaucoup plus vulnérable la femme qui se livre à la prostitution sans se percevoir comme «prostituée». Les femmes qui s'adonnent à la prostitution de façon occasionnelle ou celles qui laissent des émotions s'introduire lors de la relation avec les clients, se placent dans une position de vulnérabilité qui les expose à être «plus à risque». Dès qu'il s'introduit un «semblant» de relation «normale», elles deviennent à risque et ceci est plus fréquent chez les prostituées qui fréquentent les agences d'escortes. Dès le moment où il existe un risque soit du côté de la prostituée ou de celui des clients, la partenaire du client – la femme «sans étiquette de risque» – devient à risque. Combien de femmes séropositives aujourd'hui ont contracté le sida par l'intermédiaire de leur époux ou partenaire régulier. Souvent, la femme qui vit en couple ne se sent pas concernée par le sida (malgré les infidélités de leur partenaire) ou malgré ses doutes, ne se protège pas ou ne possède pas les ressources personnelles pour se protéger. Un autre élément préoccupant dans la problématique du VIH chez les femmes, renvoie à la question de la bisexualité. Selon Dorais (1996), qui se base sur les travaux américains comme ceux de Kinsey, Hite et Janus, les bisexuels représenteraient entre 15% et 20% de la population masculine et entre 9% et 12% de la population féminine. Il y aurait donc presque deux fois plus de bisexuels que d'homosexuels.

Selon Dorais (1996), avec l'épidémie du sida, les personnes bisexuelles auraient tendance à se déclarer hétérosexuelles, ce qui augmente les risques de transmission du VIH. Comme le souligne Dorais (1996), «la vraie menace qui nous guette est l'ignorance et l'intolérance face à ce qui nous semble différent ou étrange». Actuellement, les femmes qui ne sont pas à risque ne se sentent pas concernées par la prévention des MTS et du VIH et sont complètement exclues des diverses activités de prévention qui ont été développées autour des clientèles à risque. La non-représentativité des femmes dans la question du sida a produit un cercle vicieux où leur absence crée leur invisibilité. Il en découle que la réalité de l'épidémie de l'infection au VIH chez les femmes est incomplète et biaisée.

L'invisibilité des femmes

Les connaissances actuelles sur le sida créent un cycle où les femmes sont invisibles et ne se perçoivent pas, à leur tour, comme vulnérables face à la maladie. Le VIH révèle les inégalités sociales que vivent les femmes; elles sont plus pauvres; ont moins accès aux soins et aux services; ont peu de support dans leur rôle d'aidantes naturelles ou de soignantes et possèdent moins de pouvoir de négociation dans leur relations interpersonnelles. Par conséquent, elles ne cherchent pas les soins ou le dépistage nécessaire à leur représentativité à l'intérieur de ce modèle. Toutes les personnes atteintes du VIH et de sida vivent énormément de rejet et d'isolement. Dans ce contexte, les femmes, par la place qu'elles occupent dans la société, sont davantage isolées (Sharf & Toole, 1992).

Généralement, les femmes occupent des emplois moins rémunérés, travaillent pour des salaires moins élevés et ont un revenu moyen plus faible que les hommes. Lorsqu'elles sont malades, elles se retrouvent de plus en plus démunies économiquement et socialement. L'étude de Hankins et al. (1990) réalisée auprès des mères porteuses du VIH vivant au Québec, a établi une corrélation entre la séropositivité et la pauvreté. Ainsi à Montréal, les femmes qui demeurent dans un quartier socioéconomiquement défavorisé, où le revenu médian est inférieur de 20% au revenu moyen, sont plus susceptibles d'être séropositives. Les auteurs de cette étude notent que, dans de telles conditions, une femme sur 216 risque d'être séropositive lors de son accouchement. Comme cette recherche a utilisé les indicateurs de revenu provenant des déclarations de revenus imposables, il est possible que le revenu moyen calculé soit surestimé puisque les personnes sans revenus ont tendance à ne pas remplir les formulaires.

Il se peut également que, à cause de leur pauvreté, ces femmes soient moins renseignées et aient moins recours aux soins et aux services de santé. Une fois porteuses du VIH, elles sont encore plus isolées et privées de soutien économique, familial et social. Contrairement aux hommes atteints, qui sont organisés et forment une communauté d'entraide assez visible à Montréal, peu de ressources en termes support, d'éducation et d'intervention ont été créées pour répondre aux besoins des femmes. D'une part, les femmes ne se reconnaissent pas dans les groupes d'hommes homosexuels et, d'autre part, elles semblent réticentes à utiliser les quelques services existants qui ont été mis sur pied pour elles spécifiquement.

On observe que les femmes sidéennes deviennent plus malades et meurent plus rapidement que les hommes à la suite de leur diagnostic (Kolata, 1987). Ceci n'est pas surprenant lorsque l'on considère les différents problèmes liés au diagnostic, qui sont spécifiques aux femmes, et la faible priorité accordée à la recherche sur les besoins de santé des femmes (Sharf & Toole, 1992). En général, les médecins ont de la difficulté à détecter chez elles le VIH , car il se manifeste par des affections fréquemment rencontrées chez les femmes en âge de procréer. La plupart des informations que les médecins possèdent sur les symptômes et les signes de l'infection par le VIH proviennent d'études effectuées auprès d'hommes homosexuels. Ainsi, on s'est longtemps basé sur des symptômes comme le sarcome de Kaposi, alors qu'il ne survient que chez 2,1% des femmes atteintes (Hankins, 1990). Les affections de candidose vaginale chronique, salpingite aiguë, anémie, fièvre, ou un prélèvement anormal au PAP-test, ne sont reconnus comme des symptômes de l'infection par le VIH que depuis peu.

Il existe aussi très peu de documentation sur le vécu médical des femmes séropositives. Elles peuvent avoir les mêmes symptômes que les hommes séropositifs, mais certains leur sont spécifiques. Par exemple, elles souffriront d'infections vaginales persistantes et difficiles à guérir, d'un changement du cycle menstruel et des sécrétions vaginales, de changements hormonaux, de pneumonies bactériennes, de cancer du col utérin, etc (Olivier & Thomas, 1990).

De plus, les médecins ne perçoivent pas l'infection par le vih comme une option de diagnostic chez une femme, à moins qu'elle ne soit une prostituée ou une udi (Stuntzner-Gibson, 1991). Le diagnostic se fait donc souvent par hasard ou à la suite de l'annonce du statut sérologique d'un ou d'une partenaire sexuel. Conséquemment, la majorité d'entre elles subissent un dépistage une fois que les symptômes sont apparents, et même après la deuxième ou troisième infection opportuniste (Stein et al., 1991). On peut donc comprendre que la maladie soit déjà avancée et que la durée de vie soit moins longue pour les femmes lorsque le diagnostic est posé.

Il reste cependant que l'histoire naturelle de l'infection par le vih chez les femmes n'a pas été approfondie. Il est encore impossible d'expliquer cliniquement pourquoi les femmes meurent plus rapidement. On ne sait pas comment les infections au vih affectent les femmes et peu de recherches se sont concentrées uniquement sur ce sujet.

Ce biais dans les recherches médicales a plusieurs implications. Il mène ene effet à l'exclusion quasi totale des femmes lors des essais cliniques. Les politiques d'exclusion des femmes susceptibles d'être enceintes ou en âge de procréer, sont injustes car elles présupposent que les conduites des femmes sont uniformes et qu'elles sont incapables de pratiques contraceptives fiables (Levine, 1990). Les femmes devraient, au même titre que les hommes, avoir droit de participer aux protocoles de recherches et la sélection des sujets de recherches devrait être plus équitable. De telles politiques accéléreraient notamment le développement des connaissances empiriques de l'infection par le VIH et des traitements spécifiques aux femmes. L'accessibilité aux traitements, aux soins et aux services, pourrait leur permettre d'avoir une meilleure santé, une meilleure qualité de vie, et ultimement de vivre plus longtemps.

En second lieu, ce biais fait que dans la littérature scientifique les femmes ne sont pas toujours reconnues comme une catégorie spécifique. D'une part, les données de surveillance de l'épidémie sont basées sur les cas de sida déclarés grâce à la collaboration des médecins et nous avons vu comment les médecins parviennent eux-mêmes difficilement à préciser les cas de sida féminin. D'autre part, les femmes sont souvent incluses dans la catégorie de risque «autres» dans les articles de journaux scientifiques. Les «catégories de risque» sont prétendument une classification de comportements à risque, lesquels favoriseraient la mise en contact de la personne avec le VIH. Les femmes sont encore souvent englobées dans les groupes tels que les homosexuels, les hémophiles, les personnes originaires d'un pays de modèle épidémiologique II ou III, les UDI, et les autres. De placer les femmes sous la rubrique «Autres» contribue non seulement à l'invisibilité des femmes en matière de sida mais encore les amalgame toutes. Cette stratégie suppose qu'elles ne constituent pas des groupes suffisamment importants pour permettre un traitement statistique spécifique. Malheureusement, tant et aussi longtemps que les femmes seront mises de côté, la réalité de l'infection au VIH dans la population générale sera faussée. Ces distorsions ont des conséquences sur les programmes de prévention, la direction future de la recherche sur le VIH et les besoins estimés en matière de santé publique (Sharf & Toole, 1992).

La littérature portant sur le VIH et le sida chez les femmes est encore peu développée. On retrouve ainsi, en moyenne, moins de deux cents articles par an sur les femmes et le sida sur quelques milliers de publications annuelles. De plus, la littérature spécifique à la problématique des femmes aborde rarement le sujet autrement que par les biais des rôles de reproductrice et de soignante. Ce faisant, elle néglige la diversité des femmes et leur droit légitime et nécessaire d'être protégées contre cette maladie. Le sida apparaît encore comme la maladie des femmes enceintes et celle des prostituées (Centre québécois de coordination sur le sida, 1991), alors qu'en fait, les femmes séropositives constituent un groupe très hétérogène. Elles proviennent de groupes culturels, d'ethnies et de classes sociales variées et présentent des configurations sociales et familiales très différentes.

L'expression de la sexualité chez les femmes

Pour plusieurs femmes, l'avènement du sida les a forcées à se questionner sur les activités sexuelles qu'elles pratiquent, sur la façon de se définir et de s'exprimer sexuellement. L'expression sexuelle ne recouvre pas seulement ici la position que l'on occupe sur le continuum de l'orientation sexuelle, mais aussi la capacité de parler, de penser et de vivre sa sexualité librement comme être sexué, sexuel et érotique. Par ailleurs, les stratégies qu'utilisent les femmes pour exprimer une sexualité épanouie et sécuritaire se développent dans un contexte social caractérisé par des relations de pouvoirs basées sur le sexe, une hiérarchie sexuelle et la dominance masculine.

Le sécuri-sexe

Les études sur les comportements à risque et les comportements sexuels sécuritaires (sécuri-sexe) associent la non-utilisation du condom, chez les femmes hétérosexuelles, à des facteurs psychologiques de type cognitif ou émotif. Par exemple, dans une étude portant sur un échantillon de jeunes femmes actives sexuellement, l'utilisation du condom comme moyen préventif de l'infection par le VIH, (Catania *et al.* , 1989) est associée de façon significative 1) au fait de trouver du plaisir dans une relation avec coït et avec condom et 2) à une grande facilité à demander au partenaire de mettre un condom, ce qui renvoie au développement des habiletés de communication sexuelle.

Les programmes de prévention devraient donc aider les femmes à érotiser le condom pour augmenter son utilisation comme moyen préventif à l'infection par le vih. Aux jeunes, comme aux plus âgées, on présente des techniques concrètes pour favoriser l'érotisation du condom (la masturbation, l'ajout de lubrifiants à saveurs variées, etc.).

Ce genre d'approche néglige les empêchements extérieurs et sociopolitiques qui entourent la question du sécuri-sexe pour les femmes. L'utilisation du condom est souvent imprévisible car elle se joue entre les pressions contradictoires qui entourent les rencontres sexuelles.

On sait que les femmes sont souvent dans l'impossibilité de revendiquer leur statut sexuel ou d'insister sur l'utilisation du condom à l'intérieur du couple hétérosexuel. Des pressions sociales et culturelles influencent leurs habiletés à se protéger contre le VIH et le sida, de même que leur volonté dans ce domaine.

Une étude qualitative effectuée auprès de femmes partenaires d'un UDI a tenté de découvrir pourquoi elles rejettent le condom lors d'activités sexuelles avec lui (Kane, 1990). L'analyse des entrevues a démontré que le rejet du condom est associé d'une part aux connotations de malpropreté et d'irresponsabilité qu'elles et/ou leur partenaire attribuent aux condoms. D'autre part, le besoin d'une relation affective intime stable et à la nécessité de survivre économiquement prennent le dessus pour la majorité des répondantes sur la volonté de négocier un comportement sexuel sécuritaire. L'auteure conclut que dans la vie de ces femmes, il y a d'autres inquiétudes que la santé et que celles-ci les préoccupent davantage.

La sexualité est perçue généralement comme un moyen de démontrer l'affection que l'on éprouve envers une autre personne. Plusieurs femmes indiquent qu'elles n'auraient pas de relations sexuelles coitales avec leur partenaire si elles n'avaient pas **confiance** en lui (Holland *et al.*, 1990; Otis, 1990). Or, plusieurs hommes misent sur la peur des femmes d'être rejetées ou abandonnées pour se permettre de ne pas porter de condom. D'ailleurs, il semble que les hommes répondent plus souvent que les femmes avoir menti sur leur histoire sexuelle et leurs antécédents de risque. Une recherche sur «le sexe, le mensonge et le VIH» rapporte que 60% des femmes disent qu'un partenaire leur a menti dans le but d'obtenir une relation sexuelle (Cochran & Mays, 1990).

Dans l'arène sexuelle, les femmes n'ont généralement pas un pouvoir égal dans leurs rapports avec les hommes. Les cas nombreux d'agressions sexuelles en témoignent clairement. La femme violentée, la femme qui a peu de connaissances du VIH et le sida, la femme qui croit que son partenaire n'est pas à risque, ou la femme qui n'ose pas détruire la spontanéité de la relation sexuelle, comment peut-elle, et pourquoi voudrait-elle négocier un comportement sexuel sécuritaire et exiger de son partenaire le port du condom?

La prévention est devenue une question d'intervention ponctuelle. L'éducation sexuelle préventive a tendance à illustrer les rencontres sexuelles comme une série d'actions, de comportements, qui aboutissent inévitablement à la pénétration, et où l'installation du condom doit être faite au bon moment. L'orientation actuelle des programmes d'interventions en matière de VIH et le sida chez les femmes, concernant le condom, renforce la compréhension des rapports sociaux de sexe et prône un retour vers la monogamie, l e mariage et les enfants (Levine, 1990).

La santé sexuelle

L'étude des populations atteintes du sida préoccupe les sexologues depuis quelques années. L'examen de la sexualité d'homosexuels masculins, par exemple, montre que la séropositivité au VIH produit des changements dans la vie sexuelle des porteurs (Dupras et al., 1991). D'autres chercheurs notent également des difficultés sexuelles chez des hommes homosexuels infectés par le VIH (Mayer-Bahlbury et al., 1989). Ils observent une diminution de l a satisfaction sexuelle, la présence d'un sentiment négatif durant l'activité sexuelle, une diminution du désir sexuel, des difficultés d'érection, des éjaculations précoces, ainsi qu'une image corporelle de mort et de salissure chez plusieurs sujets.

De Montigny (1995) suggère que le sida peut déclencher deux types de réaction sexuelle chez les personnes atteintes. D'une part, peut surgir le désir d'une sexualité très active où la personne aura tendance à multiplier les contacts humains, y compris les contacts sexuels. Cette première réaction constituerait en fait un défi à la maladie. L'abandon des relations sexuelles est une autre réaction possible. La personne peut aussi se désintéresser totalement de la sexualité face à la menace de mort.

Il est difficile de transposer aux femmes infectées du VIH les résultats obtenus auprès d'hommes sans s'aventurer vers des généralisations abusives. Les rares recherches portant sur la sexualité des femmes infectées au vih a stimulé la mise en œuvre d'une enquête sexologique qui porte spécifiquement sur les femmes séropositives afin de mieux connaitre et comprendre la sexualité des femmes qui vivent avec le vih et les multiples problématiques qui en découlent.

Les femmes séropositives, qu'elles aient été infectées par une relation sexuelle ou non, restent certainement préoccupées par les rapports sexuels qu'elles auront. Elles savent, pour la plupart, qu'une relation sexuelle avec pénétration et sans condom risque d'infecter son ou sa partenaire et en viennent à associer la sexualité à la mort (Badeau & Lévy, 1989). Des témoignages de femmes séropositives suggèrent que la séropositivité affecte aussi la vie sexuelle des porteuses:

> «I had sex with one guy since I've been positive. The longuer you go without sex, the less you think about it. I'm like a nun now. I haven't had none, and I don't want none.» Témoignage de Dazarea (Manthorne, 1990, p. 171)

Maladie, médicaments et sexualité

Selon Paradis & Lafond (1990) la maladie, quelle qu'elle soit, risque d'influencer la vie sexuelle de la personne atteinte. Les effets observables le sont à différents niveaux et selon les différences individuelles.

D'une part, il peut y avoir chez la personne malade un impact direct du problème organique. Par exemple, lorsque la maladie atteint la motricité, l a sensibilité ou des parties du corps impliquées dans l'activité sexuelle de l'individu, le déroulement habituel des relations sexuelles sera perturbé. La chronicité des affections vulvo-vaginales, muco-cutanées et d'autres infections opportunistes reconnues chez les femmes séropositives peuvent entraver la réponse sexuelle et causer des douleurs importantes lors de la pénétration.

D'autre part, la montée de certaines émotions anxiogènes, chez l a personne malade et dans son entourage, influence son vécu sexuel ainsi que les relations interpersonnelles qu'elle entretient. Pour la personne malade, l'impact le plus grand quant à l'expression de la sexualité se joue au niveau de l'image corporelle. Elle réalise que son corps se détruit. Elle peut, dès l'annonce du diagnostic de séropositivité, se sentir envahie, trahie par son corps. Et avec la progression de la maladie, avec les modifications à son poids, de sa forme, le sentiment d'être laide s'amplifie. L'image et l'identité corporelles sont modifiées, de sorte que la malade devra d'abord s'affliger au sujet de la perte de son image corporelle, d'en faire le deuil avant d'intégrer sa nouvelle image. Chez les femmes, à qui on a enseigné que la beauté et l'attrait physique sont essentiels pour être désirées sexuellement, ce processus est pénible et peut provoquer une dépression. Dans son entourage, les partenaires et les proches peuvent craindre de la toucher, d'«attraper l e virus» ou même de lui faire mal. Par conséquent, il est possible que la malade pense que son partenaire n'a plus envie d'elle et qu'elle n'ose plus exprimer son désir sexuel.

Néanmoins, peu de données existent sur les perturbations sexuelles des femmes malades, possiblement parce que les atteintes chez les femmes sont moins évidentes que celles chez les hommes. De plus, compte tenu de leur socialisation face à la sexualité, les femmes ont peut-être plus tendance à mettre de côté rapidement leur vie sexuelle au premier malaise ressenti.

Les mécanismes d'action des différents produits pharmaceutiques peuvent induire des perturbations de la réponse sexuelle proprement dite (Paradis & Lafond, 1990). Ces perturbations se regroupent autour de quatres pôles: l'empêchement de la fonction de neurotransmission, l'amplification ou le biais de la fonction hormonale, l'empêchement ou le blocage des fonctions basales concernant le système nerveux autonome, l'altération de la fonction psychique.

Il existe de nombreux médicaments dans le traitement du sida. Ces médicaments produisent des effets secondaires importants. Les patientes sous ces traitements doivent donc en général prendre d'autres médicaments pour contrer ces effets secondaires et s'assurer un fonctionnement optimal.

Certes, on ne connaît pas toutes les données cliniques, normalement exigées, de ces nouveaux médicaments et encore moins du nouveau médicament 3TC ayant moins d'effets secondaires. Selon Samson & Lapointe (1996), lors d'une conférence au Centre de Ressources et Interventions en Santé et Sexualité (criss), la thérapie combinée est commandée pour les patientes immunosupprimées et sans expérience antirétrovirale antérieure. Il semble important de donner également ce type de thérapie pour celles qui sont immunosupprimées et ayant une expérience antirétrovirale antérieure. Par ailleurs, il est recommandé de donner une triple thérapie pour les patientes en immunosuppression avancée ou pour les patientes qui en sont à leur primo-infection.

Le traitement de la femme enceinte a permis la réduction spectaculaire du taux de transmission mère-enfant mais nécessite une grande surveillance dans le contexte de la résistance. Le traitement aux antiviraux et aux immuno-modulateurs est régi par certaines contre indications. Cependant, un nouveau protocole de l'hôpital Sainte-Justine pour enfants implique l'utilisation de l'AZT chez les femmes enceintes. Ce protocole clinique a permis de réduire de 66,7% la transmission du virus de la mère à l'enfant.

En plus des médicaments déjà nommés et des interactions médicamenteuses possibles, les femmes symptomatiques doivent être soignées pour les diffé-rentes affections qui surviennent: les candidoses, les salpingites, etc. On prescrit donc une autre panoplie de traitements pharmaceutiques, comme des antifongiques, qui risquent aussi de produire des interactions médicamenteu-ses néfastes. Ces femmes peuvent en venir à se sentir comme une véritable «pharmacie ambulante» et voir se prolonger leurs émotions dépressives et anxiogènes.

La maladie et les médicaments reliés à la séropositivité ont de nombreux impacts sur l'image corporelle, le rapport au corps sexué et l'expression de la sexualité des femmes. Les femmes séropositives auront du mal a se reconnaî-tre comme désirables, aimables et aimées. Mais la sexualité peut prendre d'autres avenues et pour les aider à mieux vivre et exprimer leurs désirs, la compréhension de l'expression de leur vécu semble nécessaire.

FEMMES SIDÉENNES: UNE ÉTUDE DE CAS

Nos cas présentent des profils similaires à celui d'autres femmes attein-tes du sida et recensées dans les écrits. Cinq femmes atteintes du sida, vivant à Montréal, dont les âges varient entre 33 et 48 ans, qui ont contracté la maladie lors de contacts hétérosexuels sans protection et, pour quatre d'entre elles, dans le cadre d'une relation stable, ont été rencontrées. La majorité des femmes sidéennes au Québec ont de 20 à 39 ans au moment du diagnostic: c'est le cas pour quatre de nos répondantes. Pour trois femmes, la relation maritale a été interrompue par la maladie et le décès du conjoint L'une d'elles affir-mera que son conjoint l'a contaminée après avoir partagé, lors d'un voyage, les aiguilles et les seringues avec d'autres personnes atteintes sans qu'elles ne le sachent elles-mêmes ou qu'il en ait été informé. Quant aux deux autres, elles ne sauraient identifier la personne qui leur a transmis la maladie.

Les femmes atteintes sont considérées comme invisibles en raison de l'isolement, de la pauvreté, du peu d'accès qu'elles ont aux services, du manque de solidarité, de la peur du rejet (Sharf & Toole, 1992). C'est l a situation de quatre de nos répondantes qui vivent actuellement de l'aide sociale, dans des quartiers de la ville de Montréal où le niveau socioéconomique est qualifié de faible ou défavorisé. Les répondantes connaissent leur séropositivité depuis environ cinq ans, mais elles éprouvent des symptômes respectivement depuis quatre ans (pour deux d'entre elles), deux ans, un an et six mois. Ces symptômes vont des plus légers aux plus importants: fatigue, candidose, céphalées, herpès, troubles visuels, nausées, diarrhée, pneumonie, dépression, etc. Quatre femmes prennent de l'AZT au moment de l'entrevue. Elles ont accepté généreusement et en dépit de leur état de santé, de partager, lors d'une entrevue semi-structurée, leurs réactions, leurs appréhensions face à la maladie, de même que ses répercussions sur leur vie affective et sexuelle. Ces entrevues, d'une durée de 60 à 90 minutes, se sont déroulées dans leur lieu de vie, à domicile ou dans une maison d'hébergement pour personnes atteintes[1].

Les thèmes de l'entrevue touchaient plusieurs dimensions: 1) La durée de la maladie et les modalités d'infection; 2) Les réactions au moment du diagnostic et les réactions actuelles face à la maladie; 3) Les répercussions de la maladie (sur la vie de couple, la vie familiale, la vie personnelle, l'image corporelle et sur l'identité en tant que femme, amante, conjointe et mère); 4) Les répercussions de la séropositivité et de la maladie sur l'expression de la sexualité (les relations sexuelles, le type, la fréquence, le désir sexuel et l'imaginaire érotique); 5) Les moyens pris pour aider à supporter l a maladie. L'analyse du contenu de ces entrevues permet de dégager les vécus essentiels suivants.

Les réactions au diagnostic

Même quand le diagnostic est anticipé en raison de contacts sexuels que les répondantes savaient à risque ou parce que le partenaire ou un partenaire a été diagnostiqué le premier, ce diagnostic a produit chez elles l'effet d'une bombe qui les a profondément bouleversées:

> «La journée que j'ai appris que j'étais atteinte, en bon canadien, j'ai capoté [...] ça a été très difficile [...] j'ai été pognée pendant un an et demi...» [...] lorsque je sortais de travailler, je voulais pas entrer à l a maison parce que j'étais très angoissée, j'avais peur, j'avais peur de mourir j'avais peur, j'avais peur [...] » (Josée, 46 ans).

> «Ça été un choc, j'ai voulu mourir, j'ai crié à l'injustice.» (Maria, 3 4 ans).

À l'annonce du diagnostic, les personnes anticipent la mort à court terme et peuvent surinvestir dans les contacts, y compris les contacts sexuels ou bien, au contraire, se refermer sur elles-mêmes et se replier sur une stabilité sexuelle quasi instrumentale pour ne pas avoir à révéler à leur entourage l e diagnostic ou à recourir au sécuri-sexe. Par la suite, vivre avec la séropositivité ou la maladie reste un défi quotidien qui entraîne, chez les unes, un

---

[1] Ces femmes, pour sauvegarder l'anonymat, nous les prénommerons Aline, Josée, Caroline, Maria, Henriette.

certain détachement et, chez les autres, un refus de cette condition ou une ambivalence à son égard:

> «Avec les années, on apprend à apprivoiser bien des choses même le rejet.» (Josée)

> «Je suis très nerveuse, j'ai très peur, je n'ai pas accepté ma maladie. Je suis beaucoup enragée en-dedans de moi, puis je suis bien agressive.» (Aline)

> «Aujourd'hui, je me situe entre la mort et la vie et j'essaie de garder l'équilibre entre les deux. Le choc du début est toujours présent.» (Maria)

Les répercussions de la séropositivité

Les répercussions sur la vie de couple sont multiples. En ce qui concerne Caroline et Maria, leur ami ou conjoint est décédé avant qu'elles ne connaissent leur diagnostic. Pour l'une des répondantes, à l'annonce du diagnostic, le partenaire ne semble pas avoir été préoccupé, inquiet pour lui-même, ni empathique envers sa conjointe:

> «[...] je sais pas, il n'a rien dit, ça ne l'a pas dérangé; il est allé passé un test au début, puis lui il était négatif, puis on faisait attention; puis, lui, ça ne le dérangeait pas, il n'y pensait pas beaucoup.» (Henriette)

Quant à Josée, elle a dû interrompre une relation trop exigeante pour elle à cette étape de sa vie:

> «Je vivais avec le garçon qui était malade, quand il a su qu'il était HIV, il a abandonné, il a commencé à prendre de la drogue, il a commencé à boire, il ne mangeait pas, il dépérissait puis entre ça, j'attendais mon résultat, puis là j'ai pris la décision je lui ai dit: écoute, toi, tu veux mourir, moi je veux vivre, alors je ne peux pas t'aider, je n'peux pas prendre mon énergie pour te sauver, il faut que tu te sauves toi-même. Alors, c'est bien de valeur, toi, tu t'en vas. Je lui ai demandé de s'en aller».

Tout porte à croire que l'ami de Josée demeurait chez elle. Il en est de même de l'ami de deux autres répondantes. Aucune de ces femmes n'a pu compter sur le support compréhensif, chaleureux ou réconfortant de la personne qui, en principe, était la plus proche d'elles, et dans la plupart des cas, c'est cette personne qui leur a transmis le VIH.

La séropositivité entraîne une réorganisation au plan des relations familiales, que ce soit avec les enfants, la parenté immédiate et élargie, de même qu'avec le réseau amical. Même si la personne atteinte qui a intégré les tabous sociaux au sujet du sida et des personnes ou groupes à risque, éprouve une certaine gêne à annoncer le diagnostic de séropostivité à sa famille, une fois le choc de l'annonce passée, les relations se sont en général améliorées avec le temps, atteignant une qualité qu'elles n'avaient pas avant que la séropositivité ne soit découverte. La personne atteinte peut, dans certains cas, utiliser son état de santé pour attendrir ses parents et retirer certains bénéfices affectifs de la maladie.

Maria, dont les parents sont séparés, essaie, comme elle le dit de «faire la «guérison» sic avec eux». Avec une de ses soeurs, les relations sont bonnes et elle ira même demeurer avec elle et l'amie de sa soeur car elle n'a plus d'emploi et doit vivre des revenus de l'aide sociale. Les relations avec son autre soeur sont plus difficiles, cette dernière étant jalouse de l'attention accordée à Maria lors d'un séjour chez sa mère. Quant à son frère, elle le qualifie d'attentif à son égard.

Les parents de Josée, qui sont âgés, sont allés, quant à eux, chercher de l'information sur le sida. Elle souligne aussi que ses frères l'ont aidée à déménager et parle de la relation avec son fils en ces termes: «Au contraire, mon fils s'est rapproché. [...] depuis que je suis HIV, il s'est rapproché tranquillement mais depuis qu'il a les enfants, il s'est rapproché encore plus. [...] on se voit au moins deux, trois fois par semaine, quand c'est pas lui qui vient avec les enfants, c'est moi qui y va.»

Quant à la famille d'Aline, elle ne croit pas, ou refuse de croire qu'elle est séropositive:

> «Eux autres, ils ne croient pas que j'ai ça, c'est pas vrai. Puis, ils disent: t'as encore des années devant toi, tu devrais pas t'en faire avec ça parce que t'es pas malade».

Caroline a un fils dans la vingtaine, drogué, dont elle dit qu'il la dépouillera de tous ses biens avant qu'elle ne meure. Elle ne voulait pas inquiéter sa mère avec sa maladie mais son fils et sa belle-fille se sont chargés de la prévenir. Sa mère se montre compréhensive et la supporte à sa façon.

Henriette, quant à elle, a révélé à sa mère le diagnostic de séropositivité alors qu'elles visionnaient ensemble la dramatique de Jeannette Bertrand L'amour avec un grand A sur le sida:

> «Je regardais la dramatique, elle a bien vu que ça me bouleversait. [...] Mais ça a été bien, au début j'ai joué un peu avec eux autres, on s'en sert un petit peu, je pense, un moment donné; j'sais pas si tout le monde est comme ça. [...] j'ai joué à faire pitié au début, t'sais, ça pognait. Après ça, tout le monde se rend compte qu'on continue à vivre, fait que ça change.»

Quant aux autres relations avec la famille élargie, la tendance est de ne conserver que les relations dans lesquelles Henriette se sent bien: «Je me suis débarrassée de toutes les relations qui n'impliquaient pas un certain degré d'amour. J'ai gardé juste des gens qui m'étaient chers et pour qui j'étais importante».

La représentation de l'image du corps ne sont pas sans modifier aussi, même si ces changements sont exprimés en des termes différents selon les répondantes. Elles parleront ainsi de corps vieilli, peu fiable, empoisonné, «magané», etc. Ainsi, Henriette, sans préciser comment elle voit son corps aujourd'hui, note:

> «J'ai été longtemps que je me sentais comme empoisonnée, j'avais l'impression d'être, oui, empoisonnée en-dedans, d'avoir du sang empoisonné.»

Maria, quant à elle, regrette de ne plus pouvoir se fier à son corps, ce qu'elle traduit comme une perte de contrôle. Elle se sent parfois frustrée parce qu'elle planifie des activités que, pour des raisons de santé, elle ne peut respecter. Caroline s'est dit très fatiguée le jour de l'entrevue et ce, depuis les derniers traitements. Elle perçoit son corps comme «un vieux morceau de viande sur deux pattes». Aline, quant à elle, déclare dans une perspective semblable:

«[...] mon corps y est pas comme d'habitude, pas comme d'habitude. Je le verrais comme un peu magané parce que fatigué d'avoir mal, d'avoir mal à la tête, d'avoir mal partout, épuisé de ça».

Josée affirme de son côté que la perception qu'elle a de son corps n'a pas changé parce que la séropositivité n'a pas produit encore de symptômes extérieurs visibles. Pour elle, le mode de contamination aurait un lien avec une image corporelle positive ou négative:

«[...] j'ai pas honte, je ne me sens pas sale parce que j'ai jamais...: j'ai pris la maladie en faisant l'amour, ce qui est le le plus normal. (...) Personnellement, j'peux pas me dégoûter parce que, moi, j'ai fait la chose la plus naturelle: qui est-ce qui n'fait pas l'amour?»

Les perceptions des répondantes en tant que femmes atteintes du sida varient beaucoup. La maladie a ainsi contribué, pour Henriette et Josée à l'amélioration de la perception de soi:

«J'ne sais pas, j'ai appris beaucoup à me connaître depuis, beaucoup, beaucoup, j'ai appris à devenir plus fière de moi, tu sais; c'était drôle, c'était paradoxal, mon sang qui est du poison... Tranquillement, j'ai... La culpabilité est comme partie un moment donné [...].» (Henrielle)

«En tant que femme, j'ai appris à prendre soin de moi, à me respecter plus peut-être, avant j'étais le genre qui pensait plus pour les autres que pour moi, le genre encore mais moins.» (Josée)

Pour Maria et Caroline, la maladie a entraîné la mort de la femme en elles et, en tant qu'amantes, «y a plus rien de ce côté-là». Pour les trois autres, la maladie a modifié leurs perceptions de leur attraction sexuelle dans le sens d'une diminution de leurs capacités dans ce domaine:

«Je ne me suis jamais bien bien sentie, comme amante, non. J'avais une assez basse estime de moi-même. J'avais toujours été obèse, j'ai fait rire de moi en masse. Je me suis faite agresser aussi deux fois. J'ai été longtemps où je n'm'aimais pas du tout, du tout jusqu'à l'âge de 18-20 ans. Ça fait que là, je n'sais pas, je me sens, avec lui, je suis bien, bah!, je suis bien jusqu'à un certain point, sexuellement parlant. (Les initiatives) J'y pense des fois mais je ne l'ai jamais fait, je n'sais pas comment y réagirait, j'aurais peur... du rejet ou...» (Henriette).

«En tant qu'amante, je suis peut-être pas autant amante qu'avant, c'est peut-être parce que... le manque d'énergie. Je me sens très limitée avec le condom, je me sens... C'est sûr que je suis pas autant la maîtresse que j'étais avant avec un homme». (Josée).

Quant à Aline, elle se sent bien de ce côté-là: «je me sens fière, je me sens contente».

La relation de couple est aussi affectée. Si pour Maria et Caroline, la question ne se pose même pas, vivant seules, ou presque, depuis la mort de leur conjoint, pour Aline, dont le partenaire habite à Ottawa, la relation est plus problématique.

Quant à Josée, voici comment elle s'exprime sur le sujet:

«Moi, j'étais une femme très très très active, même du social, je sortais beaucoup, puis je travaillais, puis je tenais ma maison, puis j'étais une fille très frotteuse; aujourd'hui je n'suis plus capable d'être frotteuse. Non, j'étais vraiment une femme... Aujourd'hui, je suis capable de prendre le temps, j'n'ai pas le choix, j'ai appris, j'ai appris... j'ai été obligée d'apprendre...

À propos du conjoint, elle dira: Il va peut-être passer la balayeuse; ce qui m'aide beaucoup, c'est au niveau de la nourriture, il fait beaucoup à manger, puis il fait bien à manger, alors il m'fait manger sainement...»

Josée ajoute que sur le plan financier, son partenaire étant sans emploi et bénéficiaire de l'aide sociale, elle reste la «pourvoyeuse» puisqu'elle reçoit une légère pension de son employeur et recevra bientôt une rente anticipée du Québec. Henriette et son conjoint étudiant qui vivent de l'aide sociale avec deux enfants (l'un de son conjoint actuel et l'autre d'un conjoint précédent) ne partagent pas beaucoup les tâches domestiques:

«Oh! mon Dieu, on partage pas beaucoup. Je me ramasse avec une tâche assez lourde, je m'occupe d'à peu près tout, sauf la bouffe parce que je ne cuisine pas comme sa mère. Je lui dis: tu chiâleras pas, tu cuisineras toi-même, je fais à peu près tout pour les enfants, même que je l'aide dans ses devoirs.»

Le désir d'enfant ou la relation avec les enfants présents sont aussi affectés par la séropositivité. Les répondantes refusent ou mettent en doute l'argument que les femmes séropositives ne devraient pas procréer en raison de la possibilité de transmission verticale (Villeneuve, 1990). Cet argument, pensent-elles, nie la complexité et l'importance de la maternité dans la vie des femmes. Elles peuvent interpréter différemment le discours biomédical sur les taux de transmission mère-enfant. Elles peuvent aussi bien comprendre qu'il y a 50 à 80% de chance que l'enfant naisse en bonne santé. Les cinq répondantes s'expriment de façon poignante sur cette question. Henriette a su son diagnostic alors que son premier enfant était tout jeune. Elle s'est beaucoup inquiétée à son sujet au point d'en être presque «hystérique», dit-elle, quand elle se présentait avec lui dans un hôpital pour des tests, mais l'enfant n'est pas atteint. Elle rencontre ensuite son conjoint actuel. Le désir d'enfant s'est ravivé et elle a recours à une certaine pensée magique pour rationaliser son besoin: «tous les enfants des mères atteintes ne sont pas nécessairement atteints»:

«[...] On a été deux ans et demi à employer le condom, tout le temps, tout le temps, tout le temps, mais ensuite pendant une couple d'années, c'est arrivé deux, trois fois... en tous cas en cinq ans, peut-être quatre, cinq fois qu'on ne l'a pas mis et là-dessus, je suis tombée enceinte trois fois, je me suis fait avorter deux fois. [...] Après ça, je n'pouvais plus parce que je n'vois pas l'avortement comme un moyen contraceptif, ça vient bien gros en conflit avec ce que je crois, puis je suis devenue bien bien dépressive quand ça m'arrivait, mes T4 ont baissé beaucoup pendant ce temps-là. (Pour la dernière, ça ne s'est pas posé cette question de l'avortement). Non là, y en était pas question. Je lui ai dit, je veux garder le bébé, mais je me suis posé des questions tout le temps de la grossesse, c'est certain. Mais c'était clair qu'il fallait que je la garde.»

Si on se reporte au témoignage d'Henriette au sujet de l'attitude de son conjoint face à sa maladie, de la solitude qu'elle ressent, on peut penser qu'elle et son enfant également atteinte de la maladie s'accompagnent mutuellement à travers les dédales de ce long et douloureux chemin du sida. Peut-être espère-t-elle que l'enfant qu'elle veut voir grandir la maintiendra en vie? Dépasser la mort ou se convaincre de la vie par la maternité, quel choix en pareille situation!

«Je veux voir grandir mes enfants, je n'veux pas partir avant qu'ils aient de bons outils. Ce sont eux les plus importants.» (Henriette)

Pour Josée, la «seule chose en tant que mère de famille qui a changé» c'est qu'elle apprécie plus les valeurs familiales et qu'elle les respecte plus. Elle semble vivre une seconde et troisième maternités par l'intermédiaire de son fils et de sa brue, ce qui lui permet de s'accrocher à la vie, de repousser l a mort.

Caroline, elle, était enceinte quand elle a appris son diagnostic. Ne voulant pas mettre au monde un enfant malade qui n'aurait pas de mère pour en prendre soin, elle a donc pris la décision, même si c'était son rêve le plus cher d'avoir un dernier enfant à 40 ans, de recourir à un avortement qu'elle a encore du mal à accepter. Probablement voulait-elle se consoler de la rela-tion pénible qu'elle avait avec son fils, relation dont nous avons déjà parlé, ou se rassurer dans son rôle de mère. Aline, qui se dit heureuse de n'avoir pas d'enfant, compte tenu de sa maladie, ajoute cependant que «ça fait mal de penser de ne pas en avoir. Je vois ma belle-soeur qui est enceinte là, puis ça fait mal, je l'envie. J'ai été chanceuse de ne pas en avoir parce que je n'ai pas utilisé de capote pendant des années, j'ai jamais tombé enceinte.» Ambiva-lente face à cette question, elle ajoute: «C'est un rêve, un rêve...». Quant à Maria, elle affirme ne jamais avoir souhaité d'enfant car elle ne voulait pas se sentir prisonnière et son attitude n'a pas changé, malgré la maladie.

Les répercussions de la maladie sur l'expression de la sexualité

Le désir sexuel a été affecté par la maladie. Dans le cas de Maria et de Caroline, elles ne se permettent pas de l'exprimer ou le répriment, bien que Maria affirmera avoir un ami gai de longue date, avec qui elle souhaiterait avoir quelque intimité, mais elle s'interroge sur les limites de cette relation. Pour désirer, encore faut-il se poser comme sujet désirant et désirable, c'est-à-dire avoir une identité bien définie. Quand la perception que l'on a de soi comme femme est négative ou encore que la femme est morte en soi, peut-on désirer? Quant à Aline, elle désire surtout être désirée et attend l'appel de son ami. Elle a moins envie de faire l'amour depuis le début de sa maladie et une fois par semaine lui suffirait mais elle affirme qu'à ce moment là, elle «a juste ça dans la tête». Pour Josée et Henriette, le désir est là mais compromis par la nécessité d'utiliser le condom.

Les relations sexuelles, coïtales ou autres ont aussi été transformées par le statut de séropositivité et la maladie. Pour prévenir l'infection, les femmes doivent adopter des comportements sexuels protégés et sécuritaires. C'est du moins ce que les programmes d'information et d'éducation tentent de transmettre comme message (Catania *et al.*, 1989), mais il se heurte à plusieurs résistances. Toutes les répondantes sont d'avis que le préservatif gêne les contacts sexuels car l'installation intervient sur le déroulement de l'activité sexuelle, le contact pénis-vagin, l'intimité corporelle. De plus, l'achat de condoms entraîne des frais supplémentaires alors que pour toutes les revenus sont minces. Deux d'entre elles parlent aussi de confiance envers le partenaire alors que les partenaires, eux, misent, en ce qui concerne l'utili-sation ou non du préservatif, plutôt sur la crainte des femmes d'être rejetées ou abandonnées. À cette situation s'ajoutent les difficultés qui entourent l a négociation chez les femmes des éléments entourant la relation sexuelle (Holland *et al.*, 1990; Otis, 1990).

Ainsi pour Caroline, «les relations sexuelles avec condom, c'est pas pareil. La chaleur, le contact peau à peau, c'est important» et elle ne se masturbe pas non plus. Maria, depuis la mort de son conjoint, et surtout depuis qu'elle est malade, a peu de contacts sexuels et si elle en a, utilise une protection. Elle a «peur du rejet et de l'abandon», mais ne recourt pas à la masturbation. Aline, quant à elle, attend pleine d'espoir, le retour de son ami. Elle ne parle pas du tout de l'autoérotisme comme faisant partie de ses modes d'expression sexuels.

Pour les deux répondantes, Josée et Henriette, qui n'ont actuellement pas de symptômes visibles ou débilitants, les relations sexuelles avec leur conjoint se présentent sous un jour différent. Dans le discours de Josée, on perçoit une certaine confusion quant aux changements dans les relations sexuelles occasionnés par la maladie. Cette confusion est aussi perceptible dans le discours d'Henriette. Elles notent toutes deux les effets négatifs du préservatif sur leur vie sexuelle.

> «Personnellement, j'étais une fille qui n'utilisait pas toujours le condom, aujourd'hui, ça fait partie de ma vie, je le prends puis je le prendrai toujours mais personnellement, ça a coupé ma vie sexuelle beaucoup, beaucoup, beaucoup.» (Josée)

> «Tu n'peux quand même pas risquer la vie de la personne non plus, mais avec mon «chum» par contre, c'est moins facile, parce que quand ça va bien, qu'on est ensemble qu'on est juste ensemble, j'sais pas, on dirait que ça brise tellement l'intimité. Ah! c'est pénible, de temps en temps, on le prend; les journées où il a plus peur, où il y pense plus, on utilise le condom.» (Henriette)

En ce qui concerne la masturbation, Henriette affirme y recourir mais sans en parler avec son conjoint pour qui c'est un sujet tabou. Comme on l'a déjà noté, pour elle, les relations n'étaient pas nécessairement satisfaisantes, y compris les relations sexuelles. Des relations orales-génitales lui feraient plaisir mais son conjoint s'y oppose, les jugeant inadmissibles.

L'imaginaire érotique et sexuel n'est pas très élaboré. Maria et Caroline n'utilisent aucunement les fantasmes sexuels et Josée n'aborde pas cette question, alors qu' Henriette, sans les préciser, parle de fantasmes récurrents auxquels elle a recours lorsqu'elle se masturbe. Quant à Aline, son imaginaire érotique s'est affaibli à la suite d'une déception amoureuse: « je ne me donne pas d'espoir de rencontrer quelqu'un, je ne me fais pas d'illusion.»

Les moyens pris pour aider à supporter la maladie

Le recours à des thérapies parallèles (visualisation, imagerie mentale, relaxation, etc.) pour se maintenir en forme est assez répandu chez les répondantes. Ainsi, Aline utilise beaucoup la musique pour se préparer à la nuit, se calmer. Caroline apprécie l'effet relaxant du massage, alors que Josée affirme, quant à elle, avoir utilisé plusieurs moyens:

> «J'en ai fait beaucoup de la visualisation, de l'imagerie mentale, de la réflexologie, des massages. [...] de la relaxation, j'en ai fait avec un groupe mais maintenant, j'en fais seule. J'ai fait des ateliers. [...] Moi, je travaille beaucoup avec la lumière, je crois beaucoup à l'énergie cosmique, j'y crois fermement, alors, je travaille beaucoup avec les couleurs. Moi, c'est beaucoup la lumière, ça me calme.»

Pour les deux autres, ces traitements ne sont pas présents. Maria a toujours pensé que l'on pouvait avoir un contrôle sur son corps, a fait de la visualisation mais avec la maladie, elle a réalisé que ce contrôle sur son corps n'est pas toujours possible, aussi a-t-elle délaissé tous ces moyens dans lesquels elle avait jadis confiance et qu'elle recommandait aux autres. Henriette à ce sujet précise:

> «Pour me maintenir en santé je ne fais pas grand chose au fond; bien j'organise des petites choses et je me fais organiser des petites choses, j'écoute jamais les nouvelles, ça me déprime au plus haut point.»

Trois d'entre elles affirment cependant recourir à des services et être disposées à rencontrer d'autres personnes, à l'exclusion toutefois, pour deux d'entre elles, de partenaires sexuels. Quant aux groupes de support pour les femmes atteintes, mêmes s'ils existent, ils sont peu fréquentés. Une de nos répondantes affirme se retrouver parfois seule participante au groupe de support. Une telle situation serait liée, pour elle, au fait que les participantes sont toutes à des phases différentes de la maladie. Alors que certaines expriment leurs attitudes face à la mort, d'autres ne veulent pas du tout aborder cette question.

L'INTERVENTION PRÉVENTIVE, CLINIQUE ET SEXOLOGIQUE
L'intervention préventive
Les programmes de prévention pour éviter la transmission du VIH ont été surtout développés autour de clientèles cibles laissant peu de place à la prévention du VIH auprès des femmes. Les nombreuses campagnes de prévention ont été en effet structurées de telle façon qu'elles n'atteignent pas souvent les personnes qui ne se sentent pas concernées par le virus ou qui n'ont pas les ressources personnelles pour se protéger. Par conséquent, de nombreuses femmes sont absentes des diverses actions de prévention. Il est donc prioritaire que l'on réévalue la prévention du VIH afin qu'elles puissent, de façon autonome et responsable, prendre leur santé globale et leur santé sexuelle en main. La prévention doit tenir compte des valeurs personnelles, des fondements comportementaux et éducatifs des personnes concernées. À cet égard, il est important de travailler à transformer les conditions socio-économiques défavorables qui sous-tendent la vulnérabilité des femmes face à la transmission du VIH/sida, de même que les rapports de genre *gender* qui se fondent sur des rapports de pouvoir inégalitaires contribuant à placer les femmes en situation de risque, en particulier dans les négociations entourant l'usage du préservatif. Le développement des capacités d' empowerment (habilitation-responsabilisation), à travers des programmes d'éducation accès sur ces dimensions pourrait contribuer à améliorer la prise en charge personnelle nécessaire à la revalorisation de l'estime de soi et la capacité de s'autodéterminer.

L'intervention clinique et sexologique
Quant à l'intervention clinique et/ou sexologique s'adressant aux femmes atteintes du sida, elle s'inspire des observations , des témoignages recueillis et des approches utilisées dans des domaines connexes. Elle cherchera à combler les besoins tant sur le plan physique que psychologique, cognitif et sexuel.

Interventions concernant les symptômes physiques

Sur le plan physique, les femmes interrogées éprouvaient toutes des difficultés plus ou moins sévères, allant, erntre autres, de la migraine, à l'insomnie,
à la diarrhée, aux nausées, à la candidose, à la pneumonie et aux problèmes
visuels. Ces difficultés sont liées à l'invasion du virus mais aussi aux effets
des médicaments absorbés. Notre objectif sera en grande partie de restituer le
pouvoir du maintien des capacités physiques restantes, d'une rémission, et
peut-être d'une certaine guérison, aux malades elles-mêmes. Dans ce domaine
nous ne sommes en rien innovatrices puisque déjà face à d'autres maladies
incurables, voire terminales, des chercheurs comme les Simonton (Simonton
& Simonton, 1985) ou Anne Ancelin-Schûtzenberger (1993) ont amené les
malades à la relaxation et à la visualisation de leur maladie. Par exemple,
le malade atteint d'une pneumonie peut visualiser la bactérie responsable de
cette pneumonie la rejeté à chaque expiration. Ces approches ont amené les
malades à croire en leur pouvoir sur leur corps et sur les moyens de le défendre. Comme l'écrit Ancelin-Schûtzenberger (1993) à ce sujet il faut

> «Amener à faire de la visualisation active et dirigée. Essayer ainsi de
> renforcer les défenses immunologiques de la personne. Entretenir des
> images mentales positives d'espérance, se voir guéri et allant tout à
> fait bien. Il faut que la chose soit possible éventuellement, qu'on le
> désire réellement et pas seulement qu'on croie qu'on le désire et qu'on
> dise aux autres ou même à soi qu'on le veut. Visualiser le résultat déjà
> obtenu. Une aide efficace et toujours disponible peut venir du guide
> intérieur, que le nom de ce guide soit le sage, l'ange ou autre. Certaines
> forces de survie ne surgissent que quand on est acculé: on se bat pour
> la vie».

À ces moyens, il faut ajouter l'utilisation de l'hypnose et de l'autohyp-
nose. «…l'arrêt du flux sanguin que l'on obtient sous hypnose dans certaines
aires du corps entraîne la destruction des cellules cancéreuses comme cela se
voit lors du traitement des verrues. Par ailleurs, ils spéculent sur le fait que
l'hypnose pourrait, à travers un contrôle et une modification du flux sanguin,
permettre une concentration locale et une retention des substances utilisées en
chimiothérapie anticancéreuse, et augmenter par là-même leur efficacité».
Hoareau (1992, p. 192-193) ajoute «la relaxation, l'imagerie mentale, la
visualisation … leur technique fait appel à une relaxation progressive,
suivie de la représentation du sujet dans un endroit calme, agréable et la
visualisation du cancer et de sa destruction par le traitement et la mobilisation des défenses du corps et ce, afin de stimuler la guérison».

Intervention sur le plan psychologique

Sur le plan psychologique, l' identité de femme, d'épouse, de mère, a été
atteinte en même temps que l'image ou la représentation de leur corps se sont
modifiées; l'estime de soi comme l'équilibre ou la confiance en soi ont bien
souvent été menacés. Il s'agira d'amener les femmes à se redéfinir comme
femme, épouse ou conjointe et mère, leur permettre de clarifier les pensées et
sentiments en ce qui les concernent, de même que ce qui touche les relations
qu'elles établissent avec les autres, particulièrement les proches, de poser
des questions, de mettre leurs affaires en ordre (Hoffman, 1996). Il s'agira de
l'amener à s'approprier sa nouvelle image corporelle. Ici, l'utilisation de la
métaphore pourrait être d'un précieux secours puisque la métaphore est une

représentation symbolique, exempte de jugement. Elle permet à la personne de se reconnaître sans que ce ne soit menaçant pour elle. Par la métaphore, elle peut exprimer ses regrets, ses pertes, sa colère, sa culpabilité, effectuer les deuils nécessaires et le cas échéant restructurer son identité: «la métaphore, ou ce qui en tient lieu (histoires, anecdotes, etc.) est facilement acceptée par le patient parce qu'elle introduit une dissociation entre la réalité immédiate et un ailleurs lointain et autonome. En ce sens qu'elle n'est pas dangereuse et n'entraîne pas habituellement la résistance ou le refus du sujet». (Malarewicz, 1988, p. 62).

Ces situations permettent, comme le dit si bien Kerouac (1989, p.vii) «de mettre des images plutôt que des mots sur des situations de souffrance pour mieux les dénouer». Elles permettent de recadrer le contexte émotionnel où se trouvent les femmes atteintes du sida, de les impliquer dans leur traitement en leur restituant leur pouvoir d'ouvrir la communication sur l'incommunicable, de les amener à prendre des décisions par un moyen reconnu encore une fois comme non menaçant.

Intervention sur le plan affectif

Sur le plan affectif, les personnes vivent l'une ou l'autre des étapes du deuil passant du déni à la colère, à la peur, au désespoir, à la honte, à la tristesse, à l'acceptation, à la restructuration, et ce, tant dans l'ordre et le désordre. La maladie prend des sens divers depuis la punition, le questionnement, la perte des rêves et de la créativité, la perte de la confiance en soi et dans les autres, la trahison.L'expression de la sexualité dans ses différentes dimensions et particulièrement dans sa dimension affective variera selon les étapes du deuil que la personne vit et du sens qu'elle donne à sa maladie, à la vie... à la fin de la vie. Il convient de l'aider à découvrir ce sens, à le préciser, à remplir de vie ce sens, à choisir la vie au quotidien. À choisir de dire au fur et à mesure ce qu'elle a besoin de dire, à exprimer aux êtres chers ce qu'elle aurait voulu exprimer depuis longtemps et qu'elle n'a pas exprimé en mots ou autrement: «Permettre à la personne d'exprimer librement sa tristesse et l'encourager à participer à des rituels pouvant faciliter l'expérience émotionnelle.» (Ancelin-Schûtzenberger, 1993).

Intervention sur le plan cognitif

Sur le plan cognitif, des informations peuvent être manquantes ou, si elles ont été données, elles sont peut être mal intégrées. Elles concernent la maladie, ses symptômes, ses modes de contamination, son évolution, les ressources disponibles, le rôle possible de chacun dans sa rémission ou dans sa guérison ou dans l'absence des symptômes. Il faut donc vérifier avec la femme atteinte du sida les connaissances qu'elle possède sur sa maladie, ses modes de transmission y compris sur la transmission mère-enfant à naître, les symptômes les plus courants chez les femmes, les traitements, l'utilisation du sexe sécuritaire, les ressources disponibles, la responsabilité d'informer ses contacts; rectifier les connaissances erronées et compléter ainsi ses informations.

Intervention sur le plan sexuel

Sur le plan sexuel, la femme s'interroge sur son identité de femme, d'amante, sur la maternité possible, sur son désir d'enfant, sur sa possibilité de rencontrer un partenaire compte tenu de sa maladie, sur sa capacité de séduction, sur la possibilité de vivre de l'intimité ou des relations sexuelles avec quelqu'un sans constamment avoir en tête son diagnostic... elle s'interroge peut-être sur d'autres modalités d'expression de la sexualité que le coït, sur le sens de la sexualité quand on est atteinte du sida, sur l'intérêt à vivre lui-même.

Est-ce que la femme rencontre des problèmes sur ce plan? Peut-elle nommer ces problèmes? les définir? Que cherche-t-elle dans l'expression de la sexualité? À quels besoins veut-elle répondre particulièrement? Y a-t-il d'autres moyens de satisfaire ces besoins? Il faut donc amener les femmes à se percevoir encore et toujours comme une personnes sexuées, érotiques et sexuelles, qui le demeurent dans la maladie; il faut les amener à explorer différentes modalités d'expression de la sexualité, incluant la génitalité mais une génitalité protégée. Il faut aussi vérifier avec elles jusqu'à quel point elles veulent s'adapter à leur nouvel état, jusqu'à quel point elles sont prêtes à prendre la responsabilité de développer de nouvelles pratiques ou conduites sexuelles. il faut aussi voir avec elles quelles sont leurs stratégies d'apprentissage privilégiées, explorer leurs valeurs sexuelles. Comment les respectent-t-elles, comment parviennent-elle à les faire respecter par le ou les partenaires? Il faut aussi aider la personne à exprimer les sentiments qu'elle éprouve au regard de la maladie, des risques qu'elle a pris, de son avenir sur le plan sexuel. L'ensemble de ces interventions contribuera, de façon holistique, à redonner courage, sinon confiance aux personnes atteintes du sida dans la quête du maintien de leur dignité et de leur valeur personnelle.

CONCLUSIONS

Compte tenu de la progression du VIH/sida parmi les femmes et compte tenu du peu de connaissances des facteurs de transmission dans ce groupe, i l est important de développer des recherches prioritaires dans ce domaine. Ces recherches pourront permettre de préciser les modalités du risque chez ces dernières, de même que les approches d'intervention les plus susceptibles de contribuer à réduire leur vulnérabilité tant socioéconomique que psychosexuelle, en particulier dans le champ des rapports de pouvoir. Il faut donc de façon plus écologique, non seulement poursuivre les efforts de prévention, mais aussi les intensifier. Dans cette perspective, il est non seulement important de donner de plus en plus la parole aux femmes séropositives ou sidéennes afin de leur permettre d'exprimer leurs besoins, mais de les associer aussi au développement de programmes de prévention qui leur soient spécifiques. C'est à ces conditions qu'il sera possible de réduire la progression de cette épidémie dans les années à venir.

BIBLIOGRAPHIE

Ancelin-Schützenberger, A. (1993). *Vouloir guérir, l'aide au malade atteint d'un cancer.* Paris: Épi, la méridienne.

Badeau, D. & Lévy, J.J. (1989). Excommunication sexuelle de l'expression de la sexualité chez le sidéen et la personne déclarée séropositive. *Frontières, 2,* 46-47.

Catania J. *et al.* (1989). Predictors of condom use and multiple partenered sex among sexually active adolescent women: implications for AIDS-related health interventions. *Journal of Sex Research, 26,* 514-524.

Centre québecois de coordination sur le sida (CQCS) (1991). *Les femmes et le sida: les enjeux; compte-rendu du forum.* Ministère de la santé et des services sociaux (Gouvernement du Québec), Québec.

Centre quebecois de coordination sur le sida (CQCS) (1993). *Entre la science et le coeur: pour une approche thérapeutique adaptée, guide du participant.* Le Collège des Médecins de Famille du Canada, Section Québec, Ministère de la Santé et des Services sociaux (Gouvernement du Québec).

Centre québecois de coordination sur le sida (CQCS) (1996). Surveillance des cas de sida – Mise à jour no 96-4, 31 décembre, Montréal.

Chang Chee, C. (1990). Enquête sur la séropositivité et le sida chez les prostituées. *Centre collaborateur de L'OMS.*

Cochran, S.D. & Mays, V.M. (1990) Sex, lies and HIV. *The New England Journal of Medecine*, 322, 774.

De Montigny, J. (1995). Aspects psychosociaux. Dans C. Olivier & R. Thomas (dir.), *Le Sida: un nouveau défi médical* (p. 256-270). Montréal: Association des médecins de langue française du Québec.

Direction de la santé publique, Unités de Maladie infectieuses des Programmes de surveillance du sida du Québec (1997). Mise à jour no. 97-1, Québec.

Dorais, M. (1996). Homos ou hétéros? Quand ils ne savent plus... Interview dans *Femme Plus*, Avril 1996, 9.

Dupras, A. *et al.* (1991). La santé sexuelle des personnes séropositives: prolégomènes à une analyse des besoins sexuels. *Intervention*, 86, 42-48.

Falutz, J. (1995). Les effets du sida chez les femmes. Dans M. Reidy & M.E. Taggart (dir.), *VIH-sida: une approche multidisciplinaire* (p. 223-238). Montréal: Les Éditions Gaëtan Morin.

Gariepy, A. & Lafond, J.S. (1994). L'impact du sida dans la vie de femmes prostituées. Dans N. Chevalier, J. Otis et M-P. Desaulniers (dir.), *Éduquer pour prévenir* (p. 97-104). Québec: Éditions MNH.

Hankins, C.A. (1990). An overview of women and AIDS in Canada. Dans J. Manthorne (dir.), *Les femmes canadiennes et le sida: au-delà des statistiques* (p. 5-12). Montréal: Les éditions Communiqu'Elles.

Hankins, C.A. *et al.* (1990). HIV infection among Québec women giving birth to live infants. *C.M.J.A.*, 143, 885-893.

Hankins, C.A. & Handley., M.A. (1992). HIV disease ans AIDS in women: current knowledge and a research agenda. *Journal of acquired immune deficiency syndromes*, 5, 957-971.

Hoareau, J. (1992). *Hypnose clinique.* Paris: Masson.

Hoffman, M.A. (1996). *Counseling clients with HIV disease.* New York: The Guilford Press.

Holland, J. *et al.* (1990). Sex, gender, and power: young women's sexuality in the shadows of AIDS. *Sociology of Health and Illness*, 12, 336-350.

Kane, S. (1990). AIDS, addiciton and condom use: sources of sexual risk for heterosexual women. *Journal of Sex Research*, 27, 427-444.

Kerouac, M. (1989). *Métaphores, contes thérapeutiques.* Sherbrooke: éditions du troisième millénaire.

Kolata, M. (1987). Women with AIDS seen dying faster. *New York times*, 19octobre, A1-B9.

Laboratoire de lutte contre la maladie (LLCM)(1995). Le sida au Canada: Mise à jour de surveillance. *Santé et Bien-être social Canada, Bureau de l'épidémiologie des maladies transmissibles*, Division de l'épidémiologie du VIH-sida.

Lafond, J.S. *et al.* (1992). Réalité ou mythe: Le sida et les femmes. *Santé mentale au Canada*, 40, 26-28.

Lafond, J.S. & Girard, L. (1995). MTS: La prévention devrait-elle avoir un statut distinct pour les femmes au Québec? *Sans préjudice, Bulletin du Regroupement des centres de santé des femmes du Québec. 9, 6.*

Lapointe, N. & Samson, J. (1995). L'infection par le VIH chez l'enfants. Dans M. Reidy et M.E. Taggart (dir.), *HIV-sida: une approche multidisciplinaire* (p.333-348). Montréal: Les Éditions Gaëtan Morin.

Levine, C. (1990). Women and HIV/Aids research: the barriers to equity. *Evaluation Review*, 14, 447-1000.

Madsen, Janet. (1996). Doublement victimisées: Femmes, violence et VIH. *Vis-à-vis, Bulletin national sur la santé des femmes*, printemps, 13, 4-5.

Malarewicz, J.A. (1988). *La stratégie en thérapie ou l'hypnose sans hypnose de Milton H. Erikson.* Paris: ESF.

Manthorne, J. (1990). *Les femmes canadiennes et le sida: au-delà des statistiques.* Montréal: Les éditions Communiqu'Elles.

Mayer-Bahlbury, H. *et al.* (1989). *HIV positive men, sexual dysfunctions.* 5e Congrès international sur le sida, Montréal.

Olivier, C. & Thomas, R. (1990). *Le sida un nouveau défi médical.* 2e édition, L'Association des Médecins de langue française au Canada.

Otis, J. (1990). Différences cognitives et comportementales entre les adolescentes et les adolescents en ce qui concerne l'utilisation du condom: faits et réflexion. Dans J. Manthorne (dir.), *Les femmes canadiennes et le sida: au-delà des statistiques* (p. 88-95). Montréal: Les éditions Communiqu'Elles.

Paradis, A.-F. & Lafond, J.S. (1990). *La réponse sexuelle et ses perturbations.* Boucherville: Editions G. Vermette Inc.

Samson, J. & Lapointe, N. (1996). Les femmes enceintes et les différents traitements. *Conférence du comité PAFS* (Prévention, Action Femmes Sida de Montréal), 17 mai, au CRISS, UQAM.

Sharf, E. & Toole, S. (1992). HIV and the invisibility of women; is there a need to redefine Aids ? *Feministe Review*, 41, 64-67.

Simonton, C. & Simonton, S. (1985). *Guérir envers et contre tout.* Paris: épi.

Stein, M.D. *et al.* (1991). HIV positive women: reasons why they are tested for HIV and their clinical caracteristics on entry into the health care system. *Journal of General Internal Medecine*, 6, 286-289.

Stuntzner-Gibson, D. (1991). Women and HIV disease: an emerging social crisi. *Social Work*, 36, 22-28.

Villeneuve, T. (1990). L'intervention psychosociale au centre maternel et infantile sur le sida de l'Hôpital Sainte-Justine. Dans J. Manthorne (dir.), *Les femmes canadiennes et le sida: au-delà des statistiques* (p. 225-242). Montréal: Les éditions Communiqu'Elles.

LE SIDA ET SES RÉPERCUSSIONS CHEZ LES ADOLESCENTS

Joanne OTIS, Élise ROY, Rose BURELLE, Carole THABET

SANTÉ SEXUELLE ET DISCOURS PRÉVENTIF, DES RISQUES INDIVIDUELS À LA VULNÉRABILITÉ SOCIALE. La sexualité adolescente n'aura eu vraiment d'intérêt qu'à partir du moment où elle fut associée à certains problèmes de santé. Dans les années 1970 et 1980, elle a été abordée presque essentiellement, tant dans le domaine de la recherche que de l'intervention, sous l'angle de la prévention des grossessesce ce qui a contribué à la construction d'une image plutôt réduite et négative de l'adolescent lui-même et de sa sexualité. Avec l'avènement du sida et la recrudescence des MTS (maladies transmissibles sexuellement), nouvelles menaces contre la santé sexuelle des adolescents, cette conception réductrice s'est davantage ancrée et cristallisée. La sexualité devenait plus que jamais une série d'accidents de parcours à éviter: éviter de donner la vie, et paradoxalement, éviter de contracter la mort sinon de transmettre la maladie.

La prévention des MTS et du sida, comparativement à la prévention des grossesses, exigeait, en termes épidémiologiques, l'implication de chercheurs travaillant dans d'autres disciplines et un déplacement important des préoccupations de recherche puisque plusieurs facteurs de risque semblaient différents. L'exploration de nouvelles dimensions (fréquence des relations sexuelles non protégées et leur nature, orale, vaginale ou anale) en fonction du nombre et des caractéristiques des partenaires permettait, certes, de mieux dessiner le portrait des scénarios sexuels des adolescents, mais elle définissait toutefois leurs besoins en matière de sexualité seulement en termes de risques, oubliant les dimensions liés aux sentiments, au plaisir et à l'actualisation de soi.

Cette prédominance épidémiologique ainsi que la centration des travaux sur les relations sexuelles non protégées et par conséquent, sur l'usage du condom, ont teinté l'avancement des connaissances dans le domaine psychosocial et ont imposé une vision déterministe de la sexualité et de la prévention dans cette population. Pour expliquer ces conduites à risque, l'accent a d'abord été mis sur des caractéristiques individuelles (facteurs de cognition et de motivation) souvent proposées par diverses théories visant la prédiction du comportement. Les savoirs acquis sur ces facteurs individuels ont guidé l'élaboration et la mise en oeuvre de nombreux programmes d'éducation et de prévention, visant l'amélioration des connaissances, le développement d'attitudes plus responsables et l'acquisition d'habiletés spécifiques favorisant l'adoption de pratiques sécuritaires. Ces conditions semblaient nécessaires et suffisantes pour produire le changement souhaité, pour ne pas dire... prescrit!

Dans les années 1990, les succès mitigés de ces interventions et les critiques quant aux modèles théoriques utilisés, ont obligé chercheurs et intervenants à remettre en question leur façon d'approcher ces conduites et à insister davantage sur les dimensions émotives et circonstantielles entourant les rencontres amoureuses ou sexuelles. La définition du risque se nuançait, se complexifiait, incluant désormais l'idée d'une certaine modulation selon des émotions et des situations. L'attention centrée sur l'intimité de la rencontre sexuelle a permis de considérer celle-ci dans son contexte d'interaction entre deux personnes où la communication et la négociation s'élaborent à partir de stéréotypes associés au genre, de rapports sociaux pouvant être inégaux, voire même coercitifs. À partir de ce regard vers l'intérieur de la dyade sexuelle, la réflexion sur la prise de risque et la protection s'est aussi dirigée vers une perspective plus écologique situant la personne dans son milieu immédiat et dans son environnement socioculturel. Le risque n'était plus réduit au seul comportement, mais s'étendait à des situations elles-mêmes imbriquées dans un contexte social plus large. Au niveau épidémiologique, on reconnaissait enfin que la forme et le contour de l'épidémie du VIH se dessinent selon des circonstances sociales, culturelles, politiques et économiques où l'inégalité, la discrimination, l'exploitation, la violence placent certains individus, certains groupes, au delà de leurs pratiques, en situation de vulnérabilité accrue, en position de vulnérabilité sociale.

Ces nouvelles préoccupations ont réduit la prépondérance d'une position strictement déterministe pour accéder à une vision plus constructiviste de l a sexualité adolescente confrontée au phénomène du sida. En fournissant une compréhension plus dynamique, plus expérientielle de l'adolescent lui-même et de l'expression de sa sexualité, plusieurs travaux ont jeté un éclairage différent sur la prise de risque, aidant à situer la prévention des MTS et du sida, du moins au niveau théorique, dans un contexte plus large de promotion de la santé et du bien-être sexuels.

L'objet du présent chapitre est d'illustrer le difficile passage du discours préventif véhiculé à l'intention des adolescents d'une position centrée sur les risques individuels vers une position qui reconnaît leur vulnérabilité sociale. À l'heure actuelle, il n'est pas évident que les savoirs acquis grâce à l a recherche auprès de cette population permettent, de façon concrète et adéquate, en termes d'actions, d'aller au-delà des changements individuels visées par des stratégies éducatives, pour s'engager vers des changements interpersonnels et sociaux qui devraient être soutenus par des stratégies d'*empowerment*[1] et de mobilisation communautaire. C'est en faisant le bilan de ces savoirs acquis qu'il sera possible de dégager les pistes suffisamment développées pour orienter l'action et déterminer les zones encore nébuleuses qui mériteraient d'être explorées. Les résultats des travaux québécois serviront de point d'ancrage pour alimenter cette réflexion. Ils seront toutefois discutés à la lumière des résultats des travaux réalisés au Canada et à l'échelle internationale, dans les pays occidentaux principalement.

---

[1] *Empowerment*: accroissement des capacités individuelles à prendre en charge sa propre santé.

Le modèle écologique proposé par Green & Kreuter (PROCEED-PRECEDE) (1991) supportera les divers axes de cette réflexion. Ce modèle s'inscrit dans une approche de promotion de la santé qui propose simultanément un processus de changement individuel et de transformation sociale. Il privilégie une combinaison complexe d'interventions éducatives, organisationnelles, économiques et politiques dans le but d'atteindre des objectifs de santé spécifiques pour un groupe ou une population donnée. Le présent chapitre s'inspirera essentiellement des volets épidémiologique, comportemental et environnemental, éducatif et organisationnel (volets 2, 3 et 4) laissant de côté les volets 1 (social) et 5 (administratif et politique) moins pertinents. Ces volets sont utilisés ici comme appui pour illustrer à quel point la compréhension du phénomène du sida et de ses répercussions chez les adolescents exige qu'on déborde des cadres déterministes, notamment lorsqu'ils prétendent adopter un point de vue écologique.

La première section présentera les savoirs acquis supportant le diagnostic épidémiologique (volet 2). Ce diagnostic permet de décrire l'ampleur de l'infection par le VIH/sida chez les adolescents et les jeunes adultes, faisant ressortir la vulnérabilité de certains sous-groupes comparativement à d'autres.

En second lieu, l'accent sera mis sur le diagnostic comportemental (volet 3). Parce que les modes de transmission du VIH sont directement liés à certains comportements appelés facteurs de risque, la recherche s'est particulièrement attardée à décrire la prévalence des conduites à risque (augmentant la probabilité d'infection par le VIH) et des pratiques préventives. Or, au-delà de ces facteurs de risque, les adolescents et les jeunes adultes ont développé des stratégies de gestion du risque beaucoup plus complexes et variées que celles généralement considérées par les études épidémiologiques et comportementales.

Une troisième section sera consacrée aux facteurs individuels (facteurs qui prédisposent à l'action: connaissances, attitudes, motivations, etc.) qui semblent expliquer les conduites à risque ou les pratiques préventives des adolescents et des jeunes adultes. Cette section concentre donc l'épidémie de l'infection au VIH autour des vulnérabilités individuelles et correspond au diagnostic éducatif du volet 4 du modèle.

Dans la quatrième section, les savoirs acquis permettant de situer les conduites à risque dans un contexte d'interaction entre la personne et son environnement seront discutés. Cette section permet d'amorcer la réflexion sur les vulnérabilités sociales et correspond au diagnostic environnemental du volet 3 et au diagnostic organisationnel du volet 4 du modèle. Selon Green & Kreuter, les facteurs qui facilitent et renforcent les comportements sont davantage liés aux caractéristiques de l'environnement. Ces auteurs recommandent que l'accent soit mis en particulier sur l'environnement social plutôt que physique, sur les forces en interaction avec les comportements ayant un impact sur le problème de santé et sur les aspects qui peuvent être changés par l'action sociale ou politique. L'interaction entre la personne et son environnement peut se situer au niveau microsystémique (les membres de la famille, les pairs, les membres de groupes informels), mésosystémique (les groupes formels et les organisations plus complexes) ou macrosystémique (les communautés, la(les) société(s)). Cette terminologie sera utilisée pour discuter des savoirs acquis. Cette section laissera voir que la recherche auprès des adolescents, surtout lorsqu'elle s'inscrit dans un paradigme déterministe, a de la difficulté à rendre compte des processus complexes entourant ces inter-actions «personne-environnement». En ce sens, les travaux adoptant une vision plus constructiviste sont particulièrement utiles. Il a semblé pertinent de mettre en évidence la complémentarité de ces travaux plutôt que leur opposition reposant sur leur vision du monde profondément différente. Puisqu'il semble important que le discours préventif à l'intention des adolescents se renouvelle, favoriser la cohabitation de ces diverses visions ne peut être que constructif.

LE DIAGNOSTIC ÉPIDÉMIOLOGIQUE, LA DYNAMIQUE SOCIALE DE L'INFECTION PAR LE VIH.

Bien que le portrait épidémiologique de l'infection par le VIH et du sida chez les adolescents et les jeunes adultes semble, de prime abord peu alarmant, une lecture différente de ces nombreuses données et statistiques illustre à quel point tous n'ont pas la même probabilité d'être infectés par ce virus, malgré l'adoption de conduites à risque similaires. La dynamique sociale de l'infection par le VIH s'exprime à travers des variations culturelles et régionales, signe que l'appartenance même à une culture ou à un milieu géographique donné rapproche ou éloigne de la menace du VIH. L'appartenance à un genre plutôt qu'à un autre devient même une condition discriminante, soulignant la dépendance économique de certaines femmes et l'inégalité des rapports sociaux de genre dans la gestion de leur santé. De plus, l'appartenance à divers groupes sociaux vivant dans des conditions de vie précaires, marginalisés et exclus, est synonyme d'une vulnérabilité accrue.

Le bilan épidémiologique qui suit démontre surtout l'invisibilité du sida et de l'infection par le VIH chez les adolescents et les jeunes adultes, invisibilité qui a des répercussions majeures d'une part, sur leur perception de la menace et sur leur façon d'y faire face, d'autre part, sur l'intérêt politique et stratégique que les bailleurs de fonds, les décideurs et les intervenants directs accordent à ce phénomène.

Le sida chez les adolescents et les jeunes adultes

Dans les pays occidentaux, le sida est relativement peu fréquent chez les 15-19 ans. Ceci s'explique en partie par le fait que le temps nécessaire à l'évolution de l'infection par le VIH vers le stade de sida est assez long, d'une durée médiane d'environ dix ans. La plupart des individus qui s'infectent à l'adolescence, développe donc le sida entre l'âge de 20 et 29 ans. En Amérique du Nord et en Europe, les cas de sida chez les adolescents représentent moins de 1% des cas cumulatifs rapportés. Au Canada, au 1er janvier 1995, les 15-19 ans ne constituaient que 0,4% du total des cas canadiens adultes (quinze ans et plus), alors que les 20-29 ans représentaient près du cinquième des cas déclarés (18,4%). La distribution des cas de sida chez les 15-19 ans montre que la très grande majorité de ceux-ci se retrouve chez les garçons et que 68% sont reliés aux produits sanguins (coagulation) (tableau 1). Le deuxième facteur de risque en importance est la relation homo/bisexuelle, suivie du double risque relation homo/bisexuelle et usage de drogues par injection. Pour les 20-24 ans, le profil est très différent, avec plus de la moitié des cas reliés aux relations sexuelles entre hommes, suivie des relations hétérosexuelles et des relations sexuelles entre hommes combinées à l'usage de drogues par injection. Comparativement aux cas adultes, chez les 20-24 ans, la relation sexuelle entre hommes a une importance relative moins grande que la relation hétérosexuelle. Chez les filles, la relation hétérosexuelle est en cause dans les deux tiers des cas, suivie de l'usage de drogues par injection noté dans près du quart des cas. Chez les garçons, c'est la relation homosexuelle qui prédomine, suivie du même facteur de risque combiné à l'usage de drogues par injection.

TABLEAU 1

Catégories d'exposition parmi les cas de sida chez les adolescents, les jeunes adultes et tous les cas adolescents et adultes au Canada - Décembre 1994 *

	15-19 ans			20-24 ans			15 ans et plus		
	Homme % (n)	Femme % (n)	Tous % (n)	Homme % (n)	Femme % (n)	Tous % (n)	Homme % (n)	Femme % (n)	Tous % (n)
Contact homosexuel	18	–	16	65	–	56	81	–	77
Drogues par injection	0	0	0	6	23	8	3	14	3
Homo/injection	9	–	8	12	–	11	4	–	4
Coagulation	70	33	68	5	0	4	2	2	2
Contact hétérosexuel	3	33	5	6	63	14	5	64	9
Transfusion	0	33	3	2	4	2	1	13	2
Inconnu	0	0	0	4	10	5	4	6	4
TOTAL	100 (34)	100 (3)	100 (37)	100 (310)	100 (51)	100 (361)	100 (10000)	100 (576)	100 (10576)

* Certains pourcentages ne totalisent pas 100 à cause de l'arrondissement.
Source: Santé Canada, Division de l'épidémiologie du VIH/Sida, Laboratoire de lutte contre la maladie, 1995a.

Aux États Unis, le profil des cas de sida chez les 13-19 ans montre que la plupart de ceux-ci sont reliés aux produits sanguins (coagulation et transfusion), puis aux relations sexuelles entre hommes. Chez les filles, on note une prépondérance des cas reliés à la transmission hétérosexuelle, suivis des cas reliés à l'injection de drogues alors que chez les garçons, les cas reliés à la transmission due aux produits sanguins prédominent, suivis des cas reliés à la transmission sexuelle entre hommes. Il faut souligner qu'une forte proportion des cas (11%) se retrouvent dans la catégorie inconnu/autre. Cette catégorie inclut les cas de sida signalés chez les personnes nées ou ayant eu des relations sexuelles avec une personne née dans les pays où l'infection est endémique et où la transmission hétérosexuelle prédomine, alors qu'au Canada, ces cas se retrouvent dans la catégorie contact hétérosexuel. Pour les 20-24 ans, tout comme au Canada, comparativement aux adultes, la relation sexuelle entre hommes a une importance relative moins grande que la relation hétérosexuelle. Le *Center for Disease Control and Prevention* (1993) notait qu'en 1992, pour la première fois, le nombre de cas de sida rapportés chez les femmes infectées par contact hétérosexuel excédait le nombre de cas où l'infection était attribuable à l'usage de drogues par injection. Un bon nombre de ces cas était dû aux relations sexuelles avec un usager de drogues par injection (56,8%). Chez les 20-29 ans, la transmission hétérosexuelle était responsable d'une plus grande proportion de cas que chez les 30 ans et plus. Depuis 1988, le nombre annuel de cas diagnostiqués chez les 20-29 ans a augmenté de 15,5% et le nombre annuel de femmes âgées entre 20-29 ans avec un sida acquis par contact hétérosexuel a augmenté de 96,7%, cette augmentation étant observée principalement chez les femmes africaines-américaines plutôt que chez les femmes blanches ou hispaniques.

L'épidémiologie de l'infection par le VIH chez les adolescents et les jeunes adultes

Les études de prévalence offrent un meilleur éclairage que les statistiques sur les cas de sida déclarés. Elles ont permis de documenter les taux d'infection des différents types de populations adolescentes, identifiant ainsi les sous-groupes les plus vulnérables. Le regard porté sur ces données de séroprévalence est d'autant plus important qu'une analyse récente, réalisée par le Laboratoire de lutte contre la maladie du Canada (1995b), montre que l'âge médian d'acquisition du VIH est passé de 32 ans au début de l'épidémie (avant 1982) à 23 ans durant la période 1985-1990.

Les adolescents et les jeunes adultes de la population générale

Quelques études réalisées chez les jeunes de la population générale, c'est-à-dire tirés d'une population qui, a priori, n'est pas à haut risque d'infection, ont montré des taux généralement faibles. En Angleterre, dans une étude réalisée en 1990-1991 dans des cliniques prénatales, les taux de prévalence étaient de 0,11% et 0,02% respectivement chez les jeunes filles de Londres et de l'extérieur de Londres.

Aux États-Unis, de nombreuses études de séroprévalence ont été effectuées entre 1990 et 1992 grâce à un réseau sentinelle mis sur pied par le CDC. Chez les jeunes ayant consulté dans les cliniques pour adolescents, le taux médian de prévalence était de 0,2%, variant de 0,0% à 1,4% selon la ville. La majorité des jeunes recrutés dans le réseau était des filles Afro-américaines et la presque totalité des jeunes n'avait jamais eu de relations homosexuelles. Les taux de prévalence selon le sexe étaient en général semblables.

Au Québec, dans une étude réalisée entre 1990 et 1994 auprès de la clientèle des soins infirmiers d'un jour d'un réseau d'hôpitaux sentinelles, aucun jeune n'a été trouvé infecté parmi les 3 745 sujets âgés de quinze à dix-neuf ans. Dans une autre étude réalisée dans une clinique d'avortement de Montréal entre 1989 et 1993, chez 1129 femmes âgées de dix-neuf ans ou moins, la prévalence était de 0,0%.

Dans ces études, où une majorité de filles sont représentées, on constate que le taux d'infection est encore relativement bas chez celles-ci. Par ailleurs, la difficulté de recruter des garçons à travers ces cliniques et l'absence d'informations sur les facteurs de risque limitent les conclusions que l'on peut tirer pour la population adolescente dans son ensemble.

Les adolescents et les jeunes adultes possiblement à plus haut risque

Parmi les jeunes recrutés dans des sites où le niveau attendu d'infection est relativement élevé, par exemple, par l'intermédiaire des programmes s'adressant aux jeunes décrocheurs ou dans les cliniques de dépistage des MTS, les études montrent que le taux d'infection n'est pas systématiquement plus élevé, mais il varie selon le profil de conduites à risque de la clientèle, selon la région géographique considérée et selon le milieu de vie (urbain ou non).

Dans les cliniques MTS, selon les données du réseau sentinelle du CDC, le taux de prévalence médian était, entre 1990 et 1992, de 0,5%, variant de 0,0% à 3,5% selon la région. Chez les garçons, il était de 0,5% (variant de 0,0% à 3,6%) et chez les filles, de 0,5% (variant de 0,0% à 5,0%). En Angleterre, une étude a montré des taux d'infection différents chez les garçons selon qu'ils avaient eu des relations sexuelles avec des partenaires de même sexe ou non. À Londres, 9,5% des garçons ayant eu des relations homosexuelles étaient infectés alors qu'aucun garçon dont les pratiques étaient exclusivement hétérosexuelles ne l'était. La prévalence chez les filles était de 0,4%. Ainsi, parmi les garçons hétérosexuels et les filles, les taux d'infection étaient semblables et plutôt faibles.

En milieu de détention, selon les données du réseau sentinelle du CDC, le taux de prévalence chez les jeunes de treize à dix-neuf ans variait de 0,0% à 6,8% selon la région, avec un taux médian de 0,3% pour les huit centres participants. Chez les filles, le taux médian était de 1,2% (variant de 0,0 à 12,1%) et chez les garçons, il était de 0,2% (variant de 0,0 à 6,3%). Au Canada, dans une étude montréalaise réalisée par Frappier & Roy (1995) auprès de jeunes de 12 à 21 ans recrutés dans des centres de réadaptation entre 1991 et 1994, le taux de prévalence était de 0,06%. De plus, selon les données recueillies par le réseau sentinelle du CDC dans cinq cliniques auprès de 3844 jeunes fugueurs et sans abri, le taux de prévalence variait de 0,0% à 4,1% selon la ville, avec un taux médian de 1,1%. Chez les garçons, le taux était de 3,6% (variant de 0,0% à 6,6%) et chez les filles, il était de 0,9% (variant de 0,0% à 1,7%). Cette différence selon le sexe s'expliquait par le taux élevé d'infection chez les jeunes garçons rapportant des relations homosexuelles (16,7% à New York et 15,7% à San Francisco). D'autre part, selon les données comportementales disponibles, 9,4% des jeunes garçons rapportaient avoir eu des relations homosexuelles et 2,1% mentionnaient les relations homosexuelles et l'usage de drogues par injection. Au total, 3,7% des filles et 3,9% des garçons avaient des antécédents d'injection de drogues et 4,5% des filles et 1,5% des garçons avaient des antécédents de rapports sexuels avec des partenaires à haut risque.

Au Canada, une étude torontoise a trouvé un taux d'infection de 2,2% chez 695 jeunes de la rue, soit 0,8% chez les jeunes âgés de quatorze à vingt ans et 5,8% chez les 21 à 25 ans. Au total, quinze jeunes étaient infectés. Tous étaient des garçons, dont treize avaient eu des relations homosexuelles dans les derniers cinq ans et huit rapportaient avoir consommé des drogues par injection. À Montréal, une étude réalisée en 1995 auprès de 919 jeunes de la rue (âge moyen de dix-neuf ans) fait ressortir un taux de prévalence de 1,85%. Chez les moins de vingt ans, le taux de prévalence était de 0,4% et chez les plus de vingt ans, il était de 3,6%. Les analyses montrent que le risque d'infection chez les 12-25 ans est associé au fait d'avoir plus de vingt ans, d'avoir pratiqué la prostitution masculine, de s'être injecté des drogues, d'avoir eu des partenaires atteints du VIH et de façon très marginale, d'être né dans un pays où l'infection est endémique (Roy, Haley, Boivin, Frappier, Claessens & Lemire, 1996).

Une autre étude réalisée auprès de jeunes hommes âgés de 17 à 22 ans ayant eu des relations homosexuelles et recrutés dans des lieux de rendez-vous publics à San Francisco et à Berkeley a montré que le taux de prévalence était de 4,1% chez les 17-19 ans comparativement à 11,6% chez les 20-22 ans. Tous les sujets infectés rapportaient avoir eu des relations sexuelles anales. Parmi ces derniers, l'analyse multivariée par régression logistique a montré qu'un épisode de maladie transmissible sexuellement par le passé était le meilleur prédicteur de l'infection, suivi du nombre de partenaires de sexe masculin dans la vie, de l'appartenance au groupe afro-américain et de façon marginale, de l'âge et d'une histoire d'injection de drogues.

L'examen des statistiques sur l'infection par le VIH montre donc que les principaux facteurs de risque d'infection sont, chez les garçons, les relations sexuelles entre hommes et l'injection de drogues, et chez les filles, la relation hétérosexuelle et l'usage de drogues par injection. L'infection est encore circonscrite dans certains sous-groupes plus vulnérables, comme les garçons ayant des relations homosexuelles et chez les jeunes en difficulté, notamment ceux et celles qui s'injectent des drogues, qui se prostituent ou qui ont des partenaires à haut risque.

D'autres comportements contribuent également au risque d'infection comme les relations sexuelles non protégées avec de multiples partenaires et la consommation de drogues comme le *crack*. Concernant la prostitution, les garçons sont particulièrement vulnérables lorsqu'il s'agit de prostitution homo ou bisexuelle, étant donné la forte prévalence de l'infection par le VIH chez les hommes ayant des relations sexuelles avec d'autres hommes. Pour la prostitution féminine, bien qu'une association avec l'infection n'ait pas été démontrée clairement en Occident, il est possible que comparativement à son vis-à-vis adulte, l'adolescente soit dans une position plus précaire, en situation d'exploitation et sans contrôle sur les rapports sexuels qu'elle entretient avec les clients. Combinée à la consommation très importante de drogues chez les personnes qui se prostituent, il se pourrait que la prostitution devienne un facteur de risque relativement important chez la jeune fille d'autant plus que celle-ci présente une vulnérabilité physiologique aux MTS associée à l'immaturité du col de l'utérus.

Tous ces chiffres soulignent l'importance grandissante des efforts de prévention du VIH auprès des jeunes socialement plus vulnérables et la nécessité d'adapter les stratégies d'intervention à leurs besoins. Pour beaucoup de ces jeunes, le risque d'infection par le VIH est loin d'être le seul problème grave auquel ils doivent faire face. Décrochage scolaire ou chômage, stigmatisation, violence, suicide, toxicomanie, MTS à répétition et grossesse non désirée sont également au nombre des difficultés de leur vie courante et affectent leur qualité de vie. Dans ce contexte, il n'est pas évident que la prévention du VIH soit leur seule priorité.

LE DIAGNOSTIC COMPORTEMENTAL, D'UNE VISION PLUS ÉPIDÉMIOLOGIQUE À UNE VISION PLUS EXPÉRIENTIELLE.

Le diagnostic comportemental, permet d'établir la prévalence des comportements qui augmentent les probabilités d'être confronté au problème de santé visé (facteurs de risque, conduites à risque) et la fréquence des comportements permettant de l'éviter (facteurs de protection, pratiques préventives). C'est à partir de ce bilan qu'il est possible de dégager les comportements qui doivent faire l'objet des activités éducatives préventives. Ce choix doit se faire en fonction de deux critères: 1) leur impact sur le problème de santé et 2) la capacité, par des actions éducatives, de les modifier. Cette vision épidémiologique a largement influencé les modèles préventifs proposés aux adolescents, d'où la centration des efforts quasi exclusivement vers la promotion de l'usage du condom dans toutes les relations sexuelles avec une personne dont le statut VIH est inconnu. Solution épidémiologiquement optimale, mais combien peu réaliste et peu ancrée dans l'expérience des adolescents!

Les conduites sexuelles et les pratiques préventives
L'implication sexuelle
L'un des obstacles majeurs à la promotion de la santé et du bien-être sexuels chez les adolescents provient sans nul doute de la non-reconnaissance ou de la difficulté d'accepter leur implication sexuelle, tant de la part de leurs parents que des professionnels de la santé et des éducateurs ayant à œuvrer auprès d'eux. La sexualité elle-même, au même titre que les MTS, les grossesses et le sida, est perçue comme un problème à éviter. Or, les adolescents ont des relations sexuelles et pour la majorité d'entre eux, c'est un événement souhaité et heureux, exempt d'accidents de parcours majeurs et riche d'apprentissages personnel, interpersonnel et social. De plus, une fois engagés dans leur vie sexuelle active, la majorité d'entre eux vivent une sexualité régulière plutôt que sporadique.

Aux États-Unis, de 1970 à 1988, la proportion de jeunes actifs sexuellement a pour ainsi dire doublée (Seidman & Rieder, 1994), alors que les chiffres rapportés dans les enquêtes les plus récentes laissent croire à une stabilisation de ces proportions depuis 1988. Dans le contexte québécois, certains résultats laissent transparaître des tendances similaires. L'âge à la première relation chez les femmes nées avant 1964 est de dix-huit ans comparativement à quinze ans, chez les femmes nées après 1973, ce qui témoigne d'une plus forte proportion d'adolescentes actives sexuellement dans les dix dernières années (Otis, 1996). La proportion des jeunes québécois ayant déjà vécu au moins une relation sexuelle avec pénétration varie de 12 à 23% chez les élèves de douze et treize ans, atteignant 93% chez les jeunes adultes de 19 à 24 ans (Otis, 1996) (tableau 2). Sur cet aspect, le profil des jeunes Québécois semble relativement similaire au profil des jeunes du même âge recrutés dans des milieux semblables au Canada (Bowie, Warren, Fisher, MacDonald, Doherty & Wells, 1990; Langille, Brazley, Shoveller & Jonhston, 1994), aux États-Unis (Seidman & Rieder, 1994), en Angleterre et en France (Lagrange, Lhomond, Calvez, Darsch, Fovier, Fierro et al. 1995), mais il diffère du modèle italien ou irlandais. De plus, certaines variations socioculturelles transparaissent à l'intérieur d'un même pays. Aux États-Unis, les adolescents afro-américains sont proportionnellement plus nombreux à avoir déjà eu des relations sexuelles, alors qu'au Québec, les francophones sont sexuellement plus précoces que les anglophones .

Les contextes socioculturels jouent aussi sur les différences observées entre les garçons et les filles concernant le moment de leur implication sexuelle. S i la majorité des travaux recensés avancent que les filles débutent plus tard leur vie sexuelle que les garçons du même âge, des recherches réalisées dans le contexte québécois et canadiens démontrent pourtant le contraire (Langille et al., 1994; Lévy, Otis & Samson, 1996). Ces derniers résultats s'expliquent par des influences socioculturelles témoignant notamment d'une éventuelle réduction du double standard où la sexualité des garçons est favorisée.

Au-delà de ces influences socioculturelles, l'implication sexuelle des jeunes en difficulté suit un autre cheminement. Au Canada, Bowie et al. (1990) rapportent des proportions autour de 85% chez les décrocheurs et 94% chez les jeunes de la rue. Au Québec, comparativement à leurs pairs du même âge recrutés en milieu scolaire, les jeunes rejoints dans les centres-jeunesse ou dans les centres de réadaptation sont trois à quatre fois plus nombreux à être actifs sexuellement (70 à 93%) (Otis, 1996), ratio équivalent obtenu dans une étude américaine (DiClemente, Lanier, Horan & Lodico, 1991). L'implication sexuelle des jeunes en difficulté correspond, certes, à des besoins différents de ceux des adolescents et des jeunes adultes de la population générale. Ainsi, en termes de prévention des MTS et de l'infection par le VIH, c'est davantage à la notion de précocité des relations sexuelles qu'il faut s'intéresser. Or, bien que cette notion soit souvent considérée comme un facteur de risque, sa définition même fluctue d'une étude à l'autre et dépend, en fait, des habitudes et des pratiques du groupe de référence choisi. Au Québec, la précocité sexuelle est définie par certains auteurs, par le fait d'avoir eu au moins une relation sexuelle avec pénétration (vaginale ou anale) à l'âge de treize ans ou moins (Thériault & Tremblay, 1995). Compte tenu de cette définition et des statistiques présentées plus haut, c'est sans aucun doute chez les jeunes en difficulté d'adaptation que le taux de précocité sexuelle est le plus élevé, cela impliquant en termes d'actions, qu'on les rejoigne beaucoup plus tôt que leurs pairs du même âge.

De plus, si le délai dans l'implication sexuelle semble un choix valable à proposer aux adolescents, encore faudra-t-il comprendre les dimensions entourant ce passage d'une vie sexuelle latente à une vie sexuelle actualisée. L'étude longitudinale de Otis (1996) auprès de 1510 adolescents ayant été suivis pendant trois ans, illustre à quel point les attitudes et les normes face à la prévention changent dans le temps et ce, au moment même où le jeune devient actif sexuellement. Le passage d'une vie sexuelle non active à une vie sexuelle active ébranle les convictions personnelles acquises à travers un discours rationnel et confronte l'adolescent aux nouvelles émotions d'une relation amoureuse, émotions souvent difficiles à intégrer à la logique préventive. Ces résultats soulignent toute l'importance de rejoindre les adolescents au moment où ils vivent cette transition, mais peu d'études ont porté sur cette dimension. Il est donc difficile de dégager des facteurs favorisant le report de la vie sexuelle et par conséquent, d'orienter de façon appropriée les actions éducatives à ce niveau.

Les relations anales

L'implication sexuelle des adolescents et des jeunes adultes ne se réduit pas qu'aux relations vaginales. Pour une bonne proportion de jeunes, actifs sexuellement, leurs scénarios sexuels incluent aussi la pénétration anale. Les travaux québécois indiquent qu'entre 7 et 32% des adolescents et des jeunes adultes auraient eu des pratiques anales et les proportions rapportées semblent peu varier selon l'âge (Otis, 1996; Roy et al., 1996). À l'échelle nationale et internationale, les mêmes proportions sont observées, variant le plus fréquemment entre 10 et 20%, même chez les adolescents en difficulté (Ku,

Sonenstein & Pleck, 1993; Lagrange *et al.*, 1995; Langille *et al.*, 1994; Otis, 1996). Puisque la relation anale non protégée avec une personne infectée est un facteur de risque important dans la transmission du VIH, on doit comprendre qu'elle fait partie de l'exploration sexuelle habituelle de plusieurs adolescents et qu'à partir de ce constat, elle doit être abordée au même titre que les pratiques orales ou vaginales: la pratique anale est aussi une pratique hétérosexuelle!

TABLEAU 2
Conduites sexuelles et utilisation de drogues par injection chez les jeunes québécois*

Conduites sexuelles et utilisation de drogues par injection	Adolescents en milieu scolaire secondaire (12-17 ans) %		Adolescents en difficulté d'adaptation (12-17 ans) %		Jeunes adultes en milieu scolaire collégial ou autres (17-19 ans) %		Jeunes adultes en milieu scolaire universitaire ou autres (19-24 ans) %	
• Conduites sexuelles								
- Relations vaginales	sec. 1: 12,0 à 23,0 sec. 5: 47,0 à 69,0		70,0 à 93,0		47,0 à 84,0		86,0 à 93,0	
- Relations anales	7,0 à 24,0		10,0 à 20,0		9,0 à 13,0		18,0 à 31,0	
• Contacts de nature homosexuelle	1,0 à 8,0		2,2 à 3,8		6,3 à 8,0		—	
• Orientation sexuelle								
- homosexuelle	3,1		2,1		—		1,5 à 3,6	
- bisexuelle	—		0,9		—		0,9 à 1,8	
• Nombre de partenaires sexuels à vie	>6: 13,0 à 20,0		>6: 47,0 à 60,0		>4: 27,0 à 42,0		>4: 58,0 >5: 35,0 >6: 13,0	
• Partenaires sexuels à risque								
- HARSAH[1]	2,6		1,6 à 4,6		—		1,7	
- UDI[2]	2,0 à 6,4		9,6 à 28,9		—		3,4	
- prostitué(e)	0,8		4,0 à 10,0		—		—	
• Activités de prostitution	0,6 à 1,0		5,2 à 12,2		—		—	
• Utilisation de drogues par injection	0,4 à 0,5		4,9 à 12,5		—		0,5	
• Pratiques préventives								
- Condom lors de la première relation	50,0 à 76,0		49,0 à 52,0		47,0 à 69,0		31,0 à 43,0	
- Condom lors de la dernière relation	44,0 à 69,0		18,0		—		—	
- Utilisation constante du condom	13,0 à 48,0		9,0 à 36,0		34,0		7,0 à 21,0	
- Dépistage MTS	22,0 à 27,0		54,0 à 60,0		34,0		54,0	
- MTS traitée	2,3 à 11,0		12,0 à 14,0		6,0 à 9,0		10,0 à 22,0	
- Dépistage VIH	—		26,0		14,0		19,7 à 31,0	

*Source: Otis (1996). Ce document fait la synthèse de 68 études réalisées au Québec dans la dernière décennie auprès des adolescents et des jeunes adultes
[1] HARSAH: homme ayant des relations sexuelles avec d'autres hommes
[2] UDI: utilisateur de drogues par injection.

L'orientation sexuelle et les pratiques homosexuelles ou bisexuelles

Bien que l'orientation sexuelle en soi ne soit aucunement un facteur de risque, la haute prévalence de l'infection au VIH parmi les hommes ayant des relations sexuelles avec d'autres hommes rend les informations concernant l'orientation sexuelle et les pratiques homosexuelles ou bisexuelles intéressantes. À travers les études recensées au Québec, les adolescents et les jeunes adultes rapportent avoir eu des contacts sexuels avec des partenaires de même sexe dans des proportions variant de 1 à 8%, alors que 2 à 3,6% se définissent comme étant homosexuels et 0,7 à 1,8% comme étant bisexuels. Ces proportions semblent similaires chez les jeunes recrutés en milieu scolaire ou dans les centres de réadaptation, des plus jeunes aux plus âgés, aucun de ces groupes n'étant surreprésenté par des personnes d'orientation homosexuelle ou bisexuelle (Otis, 1996) (tableau 2). Par contre, chez les jeunes de la rue interrogés par Roy *et al.* (1996), 23,3% des filles et 18,8% des garçons rapportent avoir eu des relations avec des personnes de même sexe qu'eux. L'étude n'a toutefois pas décrit comment ces jeunes définissent leur orientation sexuelle.

Dans la majorité des travaux autres que québécois et effectués auprès de populations ayant les mêmes caractéristiques, des proportions similaires sont notées. C'est le cas au Canada, en France (Lagrange *et al.*, 1995), en Angleterre et aux États-Unis (Ku, Sonenstein et Pleck, 1993). Par contre, parmi les jeunes fugueurs ou sans abri, les pratiques homosexuelles sont présentes chez 11,5% d'entre eux et des comportements bisexuels, chez 6,6% de ces jeunes.

Cet écart entre l'affirmation claire de son orientation sexuelle et l'expérience de pratiques anales homosexuelles témoigne de la difficulté pour les chercheurs de saisir ces dimensions. Dans cet écart se cache sans doute une certaine proportion d'adolescents et de jeunes adultes qui se questionnent sur leur orientation, à la recherche de leur identité et incapables socialement de pouvoir l'exprimer. Mais il cache aussi, chez certains jeunes en difficulté par exemple, d'autres réalités davantage associées à leurs besoins économiques plutôt qu'à l'expression de leur orientation sexuelle. Dans tous les cas, en termes de prévention des MTS et du sida, c'est aux pratiques à risque non protégées qu'il faut s'attaquer, mais en les situant dans leur contexte social et culturel. En termes de promotion de la santé et de bien-être, c'est la personne et son environnement qui deviennent les points de mire. Or, lorsqu'on se questionne sur son orientation sexuelle et lorsqu'on vit des difficultés d'adaptation, l'image que renvoie la société en est une de marginalité, de déviance, d'anormalité et c'est à travers cette exclusion, cette marginalisation que se développe une plus grande vulnérabilité.

Les partenaires sexuels

Contribuant à l'image réductrice et négative de la sexualité adolescente, le concept de multiples partenaires fait toujours partie des préoccupations de recherche en prévention des MTS et du sida. La longueur de la période de vie qu'est l'adolescence et le contexte social actuel impliquent qu'avant 25 ou 30 ans, un projet de vie à deux n'est plus, ni une urgence, ni une nécessité. Aussi n'est-il pas surprenant que sur une période de dix ou quinze ans, quelqu'un puisse avoir eu dix ou quinze partenaires sexuels différents, même si chaque relation était significative et exclusive. En fait, le problème des multiples partenaires doit être posé différemment. En soi, le nombre important de partenaires sexuels ne représente pas un risque élevé, si toutes les relations sexuelles avec quelqu'un d'infecté ont été protégées. Dans le cas contraire, i l est évident qu'un plus grand nombre de partenaires sexuels dont le statut est inconnu augmente les probabilités d'infection. Or, la majorité des travaux réalisés auprès des adolescents considère le nombre de partenaires de façon isolée, sans tenir compte du type de pratiques ou du fait qu'elles aient été protégées ou non.

Dans le contexte québécois, les travaux réalisés auprès des adolescents et des jeunes adultes actifs sexuellement, indiquent qu'entre 13 à 20% ont eu six partenaires sexuels différents ou plus, depuis leur première relation, les proportions rapportées étant toujours plus élevées chez les garçons que chez les filles (Otis, 1996) (tableau 2). Pour leur part, Seidman & Rieder (1994) soulignent, à partir des études américaines recensées, qu'environ 25% des jeunes ont eu cinq partenaires sexuels différents ou plus depuis le début de leur vie sexuelle active. L'étude de Ku, Sonenstein & Pleck (1993) auprès d'adolescents masculins de quinze à dix-neuf ans indique qu'en 1988, 6,3% des actifs sexuellement disent avoir eu cinq partenaires ou plus dans les douze derniers mois, cette proportion étant de 10,7% en 1991. Ces résultats sont congruents avec ceux de Lagrange *et al.* (1995), ayant mesuré la même variable dans l e même contexte auprès d'adolescents français (12,5% chez les garçons et de 5,3% chez les filles). De plus, si le taux de jeunes actifs sexuellement semble avoir augmenté dans la dernière décennie, la majorité des travaux semble démontrer qu'aucun changement tangible ne se soit produit au niveau du nombre de partenaires sexuels, à risque ou non (Choi & Catania, 1996; Ku, Sonenstein & Pleck, 1993; Otis, 1996).

Le fait d'avoir de multiples partenaires n'est donc pas la caractéristique d'une majorité d'adolescents et de jeunes adultes et parmi ceux-ci, une très faible proportion rapporte avoir eu des partenaires à risque. Au Québec, cette proportion varie de 1,7 à 2,6% dans le cas d'un partenaire sexuel mascu-lin ayant eu des relations sexuelles avec d'autres hommes, de 2,0 à 6,4% dans le cas d'un partenaire ayant utilisé des drogues par injection (UDI) et attein-drait 0,8% dans le cas d'un partenaire ayant eu des activités de prostitution (Otis, 1996) (tableau 2). Bien que peu documentées auprès des jeunes en géné-ral à l'échelle internationale, ces proportions semblent du même ordre, comme le révèle une étude américaine (Choi & Catania, 1996).

Le portrait est toutefois plus sombre chez les jeunes en difficulté. Au Québec, comparativement à leurs pairs du même âge, ils seraient trois fois plus nombreux à avoir eu six partenaires sexuels différents ou plus depuis leur première relation et quatre fois plus nombreux à avoir eu au moins un parte-naire à risque (Otis, 1996) (tableau 2). Chez les jeunes de la rue de Montréal, Roy *et al.* (1996) mentionnent que 36,7% des filles et 24,1% des garçons ont eu au moins six partenaires hétérosexuels différents dans les six derniers mois. De plus, la majorité d'entre eux ont eu au moins un partenaire sexuel à risque dans leur vie, notamment un partenaire UDI (garçons: 39,1%; filles: 58,5%) (tableau 3). Cette situation se retrouve aux États-Unis et ailleurs (DiClemente *et al.*, 1991). Dans le cas de ces jeunes, avoir des partenaires multiples peut être considéré comme un facteur de risque majeur, d'une part, parce qu'ils se protègent moins, d'autre part parce que leur environnement social les exposent à davantage de personnes possiblement infectées.

TABLEAU 3
Types de partenaires à risque dans la vie chez des jeunes de la rue de Montréal*

Types de partenaires	Filles (n=270) %	Garçons (n=649) %
UDI	58,5	39,1
Homme homo / bisexuel	21,1	14,5
Homme prostitué	16,7	4,8
Femme prostituée	10,0	29,3
Personne VIH+	9,6	5,1

* Source: Roy et al. (1996)

Les activités de prostitution et l'utilisation de drogues par injection

Les activités de prostitution et l'utilisation de drogues par injection sont des comportements très peu fréquents chez les adolescents et les jeunes adultes de la population générale et ce, autant dans le contexte québécois qu'à l'échelle internationale. Un pour cent ou moins de ces jeunes auraient eu des contacts sexuels en échange de drogues, d'argent, de cadeaux ou de services (Otis, 1996), alors que l'utilisation de drogues par injection serait inférieure à 0,6% au Québec, variant entre 0,5 et 3,7% dans le contexte américain (DiClemente *et al.*, 1991; Ku, Sonenstein & Pleck, 1993).

C'est probablement au niveau de ces comportements que les jeunes en difficulté et certains jeunes gais ou bisexuels se démarquent le plus de leurs pairs du même âge en termes de vulnérabilité au VIH. Au Québec, les jeunes recrutés dans les centres de réadaptation seraient neuf à douze fois plus nombreux à s'être adonnés à des activités de prostitution et huit à vingt-quatre fois plus nombreux à avoir déjà utilisé des drogues par injection (Otis, 1996) (tableau 2). Ces chiffres sont plus alarmants encore chez les jeunes de la rue recrutés dans la région montréalaise: 37,4% des filles et 20,8% des garçons auraient déjà eu des contacts sexuels en échange de drogues, d'argent ou de services, alors que 35,7% feraient usage de drogues par injection (Roy *et al.*, 1996). Aux États-Unis, chez de jeunes fugueurs ou sans-abri, les proportions associées à la prostitution et à l'utilisation de drogues par injection sont respectivement de 19,0% et 24,2%. DiClemente *et al.* (1991) observent chez les jeunes en détention que 12,9% d'entre eux utilisent des drogues par injection. Chez les jeunes gais et bisexuels, ces proportions seraient plutôt autour de 5% et par conséquent, plus élevées que chez les adolescents en général. Ces chiffres ne font que mettre en relief le réseau inextricable de toutes ces conduites où le corps, le sexe, la vie elle-même ont peu de valeur, peu de sens, peu d'avenir.

L'usage du condom

L'usage du condom est sans aucun doute la mesure comportementale la plus documentée dans les travaux de recherche sur les adolescents et les jeunes adultes. Considéré trop souvent comme étant le seul critère distinguant les jeunes à faible risque des jeunes à haut risque pour l'infection par le VIH, le recours à l'usage du condom a été mesuré de multiples façons. Cependant, dans les enquêtes d'envergure nationale, on n'a pas beaucoup tenu compte de la nature des pratiques, du type de partenaires et des conditions d'abandon de cette pratique préventive. Cela donne un portrait sous-estimé de la proportion de jeunes ayant des pratiques sécuritaires.

Le taux d'utilisation du condom lors de la première relation semble varier, autant au Québec (tableau 4) qu'à l'échelle internationale, entre 35% à 79%, selon l'année et le pays de réalisation de l'étude, le groupe étudié et ses caractéristiques. Les taux les plus bas sont observés dans les études réalisées avant 1990 (Lagrange et al., 1995; Otis, 1996). Il semble donc que, depuis 1990, une majorité de jeunes se sont engagés dans leur vie sexuelle active de façon relativement planifiée et réfléchie, reflet peut-être d'un apprentissage de la sexualité s'actualisant dans un contexte où le sida est présent et perceptible dans le discours social. Toutefois, les jeunes en difficulté semblent avoir été moins perméables à ce discours.

L'usage rapporté du condom lors de la dernière relation fluctue entre 28 à 73%, se situant plus fréquemment entre 40 et 55%, ces proportions semblant avoir peu changé depuis 1988 (Ku, Sonenstein & Pleck, 1993; Lagrange et al., 1995; Otis, 1996). Toutefois, l'écart entre l'usage du condom au cours de la première et de la dernière relation se creuse davantage chez les filles (Lagrange et al., 1995) et chez les jeunes en difficulté (Otis, 1996). Chez les jeunes québécois recrutés en centre de réadaptation, seulement 18% ont utilisé le condom lors de leur dernière relation (Otis, 1996).

En termes de prévention, le message «prescrit» l'usage du condom pour toutes les relations sexuelles. Objectif peu réaliste, tout de même atteint par une certaine proportion de jeunes (souvent engagés depuis peu dans leur vie sexuelle active). Dans l'ensemble, chez les 12-17 ans, ces proportions sont plus souvent autour de 30 à 40%, plus faibles chez les filles que chez les garçons (Langille et al., 1994). De 18 à 29 ans, elles varient entre 16 et 33%, encore une fois plus faibles chez les filles que les garçons (Bowie et al., 1990; Choi & Catania, 1996). Chez les jeunes en difficulté, l'usage régulier du condom se situe entre 9 et 36%, proportions légèrement inférieures à celles observées auprès de leurs pairs du même âge (Bowie et al., 1990; DiClemente et al., 1991; Otis, 1996; Frappier & Roy, 1995; Roy et al., 1996). Malgré tout, en ce qui concerne ce comportement, le profil des jeunes en difficulté ne tranche pas de façon aussi drastique avec celui des jeunes du même âge recrutés en milieu scolaire. La proportion de leurs relations non protégées est légèrement plus élevée, sans plus. C'est en raison de leurs autres conduites à risque, de la fréquentation de milieux où le VIH est davantage présent et de leurs conditions de vie précaires, qu'ils deviennent significativement plus vulnérables. À chaque relation non protégée, la probabilité d'infection est multipliée. Ajoutons que leur exposition au risque débute plus tôt (précocité des relations sexuelles), qu'elle se répète de façon plus fréquente (multiples partenaires et avec des partenaires à risque) et s'actualise à travers divers modes de transmission (sexe et injection).

Le dépistage

Le test de dépistage est devenu pour certains adolescents et jeunes adultes, un substitut à l'usage du condom, un vaccin, une assurance, alors que pour d'autres, il représente la condition d'abandon temporaire ou circonstanciel de cette pratique. Malheureusement, peu de travaux ont clairement établi les proportions de jeunes pour lesquels le dépistage correspond, soit à un substitut, soit à une condition d'abandon. Il est possible qu'à l'avenir, les taux d'utilisation constante du condom chez les jeunes ne connaissent aucune amélioration, ceci n'étant pas nécessairement un indicateur d'échec de la prévention. Plusieurs jeunes utilisent le condom au début de leur relation pour l'abandonner ensuite après un test de dépistage négatif chez l'un et l'autre des partenaires. Or, dans les études, ces jeunes sont souvent regroupés parmi les utilisateurs occasionnels, donc, parmi les jeunes à plus haut risque. Cette mauvaise classification a certes affecté la valeur prévisionnelle de multiples études qui n'ont pas tenu compte de ce scénario dans leur explication de la prise de risque et des pratiques sécuritaires chez les jeunes.

TABLEAU 4
Pratiques préventives des jeunes québécois*

Pratiques préventives	Adolescents en milieu scolaire secondaire (12-17 ans) %			Adolescents en difficulté d'adaptation (12-17 ans) %			Jeunes adultes en milieu scolaire collégial et autres (17-19 ans) %			Jeunes adultes en milieu scolaire universitaire et autres (19-24 ans) %		
• Pratiques préventives												
- Condom lors de la première relation	50,0	à	76,0	49,0	à	52,0	47,0	à	69,0	31,0	à	43,0
- Condom lors de la dernière relation	44,0	à	69,0	18,0			—			—		
- Utilisation constante du condom	13,0	à	48,0	8,7	à	36,0	34,0			7,0	à	21,0
- Dépistage MTS	22,0	à	27,0	54,0	à	60,0	34,0			54,0		
- MTS traitée	2,3	à	11,0	12,0	à	14,0	6,0	à	9,0	10,0	à	22,0
- Dépistage VIH	—			26,0			14,0			19,7	à	31,0

*Source: Otis (1996). Ce document fait la synthèse de 68 études réalisées au Québec dans la dernière décennie auprès des adolescents et des jeunes adultes

Les données disponibles sur l'accès aux tests de dépistage (MTS et VIH) sont plutôt rares dans les enquêtes nationales. Aux États-Unis, Choi & Catania (1996) rapportent que 32 à 35% des jeunes adultes de 18 à 29 ans auraient passé un test de dépistage pour le VIH. Au Québec, tel qu'indiqué dans le tableau 4, chez les adolescents et les jeunes adultes recrutés en milieu scolaire, entre 22 à 54% auraient déjà passé un test de dépistage pour les MTS et 14,0 à 31,0%, pour le VIH, les proportions les plus élevées étant observées chez les plus âgés. Chez les adolescents recrutés en centre de réadaptation, ces proportions sont deux à trois fois plus élevées que chez les jeunes du même âge, ces résultats s'expliquant en partie, par un accès plus facile (sinon obligatoire), aux services cliniques à leur entrée en centre de réadaptation. De plus, peu importe la clientèle touchée, il est intéressant de noter que pour chaque MTS déclarée traitée, au moins trois tests de dépistage pour les MTS ont été demandés (Otis, 1996). Sans affirmer que deux fois sur trois, le test était d'abord perçu comme une mesure préventive, nous pouvons penser que ces résultats témoignent de l'inclusion de cette pratique dans les stratégies de protection de plusieurs jeunes. Comme condition d'abandon du condom, c'est une stratégie appropriée si les deux partenaires sont monogames ou utilisent le condom avec d'autres personnes; comme substitut au condom, c'est une stratégie douteuse. Les programmes de prévention à l'intention des jeunes n'ont pas été suffisamment explicites à ce sujet, axant leurs activités quasi

essentiellement sur la promotion de l'usage du condom dans toutes les relations. Face à un objectif jugé irréaliste en raison du contexte sexuel et amoureux dans lequel s'incrivent leurs relations, plusieurs adolescents ont opté
pour d'autres stratégies, sans en connaître toutefois les conditions optimales
d'efficacité. À titre d'exemple, plusieurs ne savent pas quand passer le test
de dépistage et souvent, le résultat négatif d'un seul des deux partenaires est
considéré comme une garantie du statut de l'autre.

L'interdépendance des conduites à risque ou des pratiques préventives
Les conduites à risque et les pratiques préventives forment un réseau complexe d'interrelations comportementales explorées dans de nombreux
travaux. L'implication sexuelle à un plus jeune âge est un premier indicateur
de l'engagement vers des pratiques à risque par la suite, qui s'exprime
notamment par le non-usage du condom lors de la première relation, un usage
subséquent moins régulier (Otis, 1996), davantage de partenaires sexuels,
davantage de relations sexuelles avec un partenaire à risque et une histoire
de MTS plus lourde.

Chez les adolescents actifs sexuellement, des habitudes de consommation
de tabac, d'alcool et de drogues semblent associées à un plus grand nombre de
partenaires sexuels et à un usage moins régulier du condom (Otis, 1996;
Walter, Vaughan & Cohall, 1991), alors que la consommation d'alcool et de
drogues avant les relations sexuelles a, dans la majorité des travaux, un effet
négatif sur son usage.

En contrepartie, les utilisateurs plus réguliers du condom auraient eu
moins de relations sexuelles, signe d'une activité sexuelle à ses débuts. Ils
seraient aussi proportionnellement plus nombreux à l'avoir utilisé au cours de
la première relation. Ce résultat confirme l'importance d'aborder la prévention avant que les jeunes s'engagent dans leur vie sexuelle active. Quant au
lien entre le nombre de partenaires sexuels et l'usage du condom, la majorité
des travaux indique qu'un plus grand nombre de partenaires est associé à un
plus faible usage du condom, surtout chez les garçons (Lévy, Otis & Samson,
1996). Ces faits justifient la thèse voulant que chez les adolescents, l'éducation à la sexualité et à la prévention doivent s'incrire dans un contexte plus
global de promotion de la santé, plusieurs conduites à risque étant interreliées. Jusqu'à maintenant, les jeunes ont été exposés à autant de programmes
que de problèmes de santé (contraception, MTS, suicide, toxicomanie). Or, à
la base, la majorité de ces problèmes s'expriment par le même réseau de
conduites à risque et sont engendrés par les mêmes facteurs définissant plus
qu'une vulnérabilité individuelle, mais laissant présumer «des vulnérabilités sociales». Tant que la santé des jeunes sera abordée de façon morcelée,
tant que l'éducation et la prévention ne s'attaqueront pas aux interactions
entre ces conduites et aux facteurs sociaux et environnementaux les renforçant,
les quelques gains obtenus à l'échelle individuelle en termes de modification
de comportements ne pourront se traduire par des gains significatifs sur l'état
de santé des adolescents et des jeunes adultes en général.

Centration des efforts de prévention sur l'usage du condom ou sur l'abstinence
Malgré ces savoirs acquis qui permettaient d'orienter l'éducation et la
prévention vers plusieurs choix au niveau du diagnostic comportemental
selon les besoins de l'adolescent (report de la vie sexuelle, relation sexuelle

sans pénétration, usage du condom et abandon après un test de dépistage, etc.), le discours préventif, en plus d'être prescriptif, a eu tendance à être exclusif. Du côté de la santé publique, la promotion de l'usage du condom pour toutes les relations est devenu le dogme, la vérité indiscutable. Les campagnes et les programmes ciblant les adolescents en ont fait le message central, affichant implicitement une norme de permissivité sexuelle acceptée ou du moins tolérée, sans toutefois intégrer de façon explicite ce message technique aux multiples contextes d'un apprentissage sain de la sexualité. Par opposition ou en réaction à ce dogme trop permissif, les mouvements d'extrême-droite ont fait resurgir auprès des adolescents, un message tout aussi dogmatique orienté vers l'abstinence et le rejet de toute sexualité hors du contexte du mariage. Dans cette perspective et dans le meilleur des cas, le condom était présenté comme l'ultime punition contre l'absence de contrôle de ses pulsions sexuelles ou contre l'absence de valeurs morales. D'un côté, la sexualité devenait banale et aseptique, de l'autre, culpabilisante et amorale. De plus, l'imposition de ces choix préventifs était un affront à l'intelligence même des adolescents, en faisant des êtres incapables de prendre des décisions, incapables de prendre en charge leur propre vie, leur sexualité, leurs émotions. Ces choix étant plus ou moins ancrés dans la culture adolescente et dans l'environnement social dans lequel elle se façonne et évolue, très peu d'adolescents ont pu y adhérer. Les activités éducatives et préventives les plus prometteuses s'ouvriront probablement à divers choix, misant davantage sur la reconnaissance par l'adolescent lui-même de ses propres besoins et de ses propres solutions préventives, à un moment donné, dans une situation donnée, l'aidant ainsi à développer les habiletés nécessaires pour assumer ses choix et créant autour de lui un environnement où règnent ouverture, bienveillance et esprit d'accueil.

Il serait important que toute intervention éducative à l'intention des adolescents et des jeunes adultes soit présentée dans un contexte où l'ensemble des scénarios de gestion du risque est considéré. Si plusieurs stratégies se substituent trop souvent à l'usage de condom, la résultante n'est pas nécessairement inappropriée comme trop de travaux le laissent entendre, oubliant que plusieurs contextes ne justifient pas l'usage de condom et que ces contextes sont tout à fait sécuritaires. Tant que le message préventif ne sera pas clair et nuancé sur les conditions d'efficacité de ces stratégies, plusieurs adolescents se doteront de critères leur procurant quelquefois une fausse sécurité. C'est là le danger de campagnes de prévention uniquement centrées sur une seule stratégie, le condom toujours, sans égard aux contextes.

Les stratégies de gestion du risque

Quoiqu'on en dise, les adolescents ont réagi à la menace du sida. Bien que de multiples études et les médias continuent d'avancer que les adolescents ne se protègent pas, en se servant comme seul indicateur de l'usage constant du condom, d'autres travaux plus nuancés élaborent davantage sur la diversité des stratégies de gestion du risque qu'ils ont développées, intégrant à leur façon le discours sur la prévention du sida.

Dans une étude d'approche mixte (qualitative et quantitative) auprès de 283 jeunes français de 16 à 25 ans, Morin & Joule (1995) discutent justement de l'adaptation des adolescents aux modèles préventifs qui leur sont proposés.

Cette adaptation découle de leurs représentations de l'amour et du sida et se caractérise par une sensibilité sélective aux diverses composantes du discours préventif. Au niveau sociocognitif, ces représentations s'élaborent autour de trois grands thèmes: l'amour «protégé», l'amour «information» et l'amour «confiance». L'amour «protégé» correspond à l'adaptation cohérente au message préventif qui associe amour, condom, plaisir et sexualité. L'amour «information» intègre la prévention, mais d'une façon moins appropriée, en s'accrochant à la peur de la mort, au doute et à la sécurité. Ce type d'amour se caractérise par une sensibilité particulière aux tabous et à la morale. L'amour «confiance» préfère reléguer le condom au contrôle médical et croire aux vertus de la discussion et de l'information en prenant bien soin de rejeter «la dramatisation et la récupération idéologique des médias». Ces organisations sociocognitives des représentations de l'amour et du sida se traduisent par divers styles préventifs: le style de «non protection vigilante», qui considère le sida comme étant contrôlable et tout de même compatible avec une vie sexuelle active, non entravée par des précautions exagérées; la «protection sécuritaire», qui s'appuie sur une image dramatique du sida supportant la nécessité de la prudence et de la fidélité; le «changement inquiet», qui se base sur l'incertitude face au sida, perçu comme non contrôlable, mais impliquant l'adoption de précautions dont on connaît toutefois mal l'efficacité; la «prévention abstinente», représente la solution défensive radicale face à une menace non contrôlable, mais surtout intolérable et finalement l'«évitement du sang», qui correspond à l'évitement de tout contact avec les situations où un risque d'exposition est perçu comme possible. Ces styles regroupent toute une panoplie de conduites ou de stratégies que quelques études ont explorées.

Au Québec, par l'analyse des données recueillies lors de quatre discussions de groupes avec des cégépiens francophones, Lévy, Otis & Samson (1996) ont dégagé les quatorze stratégies fréquemment citées par ces jeunes pour diminuer leur risque de contracter une MTS ou le VIH. Dans l'enquête provinciale qui a suivi, ces quatorze stratégies se regroupent sous trois facteurs: les stratégies basées sur la stabilité (chercher une relation qui dure; se promettre la fidélité, etc.), basées sur le choix du partenaire (choisir un partenaire de bonne réputation, du même milieu que soi, ayant eu peu de relations sexuelles) et basées sur le dépistage (demander au partenaire s'il a déjà passé un test de dépistage; condom d'abord et abandon après un test de dépistage; sans condom, mais test régulier de dépistage). Sur les quatorze stratégies présentées, le fait de toujours exiger le condom se classe en septième position en terme de fréquence et n'appartient à aucun de ces trois facteurs, indice que cette stratégie n'est pas la stratégie prédominante et qu'elle relève d'un autre univers. Les stratégies basées sur la stabilité sont privilégiées par la majorité des répondants, suivies des stratégies basées sur le choix du partenaire, alors que les stratégies basées sur le dépistage semblent moins utilisées. Les filles optent davantage pour les stratégies de stabilité et de dépistage, les garçons, pour les stratégies orientées sur le choix du partenaire.

Quelques études à l'échelle nationale ou internationale appuient ces résultats, démontrant que les stratégies orientées sur la stabilité et le choix du partenaire prévalent généralement sur l'usage du condom, alors que les stratégies basées sur des changements de pratiques ou sur l'interrogation du partenaire quant à son histoire sexuelle ou à sa consommation de drogues par injection demeurent peu fréquentes (Keller, 1993). Selon Gray & Saracino (1991) la majorité des stratégies impliquant la communication sont davantage utilisées par les filles plutôt que par les garçons et seulement 4% des jeunes adultes voient la possibilité de s'imposer, à l'un et à l'autre, un test de dépistage du VIH. En ce qui concerne l'abstinence, le célibat ou les pratiques sans pénétration, bien que ces stratégies sont mentionnées dans quelques études, elles n'obtiennent que peu de voix, confirmant qu'elles ne sont pas perçues comme des choix préventifs de premier ordre.

Ces études nourrissent la réflexion quant aux scénarios multiples d'autoprotection développés par les jeunes pour gérer leurs risques. Alors que les messages préventifs ont pour la plupart été orientés uniquement vers la promotion du condom dans toutes les relations, ces jeunes se sont appropriés l'information et l'ont adaptée à leur vécu (de façon plus ou moins appropriée), de manière à développer eux-mêmes leur façon de diagnostiquer leurs risques personnels, adoptant des stratégies à leurs yeux efficaces et qui souvent les impliquent moins que l'usage de condom. Il ne faut pas oublier que parmi ces stratégies, seul l'usage de condom demande la coopération du partenaire, la majorité des autres scénarios n'impliquant que l'individu lui-même. Réduire le nombre de ses partenaires ou procéder à un choix judicieux de ceux-ci est certes moins menaçant que de se sentir embarrassé, de perdre la face ou l'estime de l'autre en lui proposant le condom (Memon, 1991). De plus, tel qu'Apostolidis (1994) le précise, «les stratégies de protection face au risque du sida se développent dans le cadre de la construction amoureuse du modèle relationnel qui façonne les comportements sexuels». Les pratiques amoureuses deviennent elles-mêmes une prévention, ce qui sera discuté dans la prochaine section.

Les significations de la sexualité et des relations amoureuses

Sous un angle profondément épidémiologique, le discours préventif s'est figé autour de conduites à risque et de pratiques préventives alors que le vécu des jeunes s'inscrit d'abord dans des relations affectives et sexuelles et par conséquent, interpersonnelles et sociales (Apostolidis, 1994). Trop peu de travaux ont tenté de dégager ces enjeux, expliquant peut-être pourquoi à l'heure actuelle, une infime partie des interventions éducatives à l'intention des jeunes abordent les choix préventifs dans le contexte plus global de l'apprentissage à la sexualité.

Au Québec, Thériault (1992), dans une analyse qualitative auprès d'adolescents, aborde leurs perceptions de la sexualité et leurs représentations du «soi sexuel» et souligne les différences entre les préoccupations des filles et des garçons. Ces préoccupations sont davantage d'ordre altruiste chez les filles (désir de garder son «chum», l'amour en soi) et davantage axées sur la compétence personnelle chez les garçons (bien faire l'amour). Dans cette étude, les jeunes voient dans l'expérience de la sexualité une valeur instrumentale, une façon d'être mieux considérés par eux-mêmes et par les autres. Autrement dit, une façon de faire leur place et d'appartenir à un groupe social. Drolet, pour sa part (1994), lors de l'évaluation de l'impact d'un programme à l'intention des jeunes, a aussi fait face à des réponses différentielles selon le genre. À travers ses entrevues qualitatives, elle voit émerger des enjeux amoureux divergents et convergents chez les garçons et les filles. La convergence s'exprime à travers la valeur accordée au respect, les divergences s'expriment à travers l'importance accordée à l'amour véritable et à la responsabilité (davantage pour les filles) ou à la confiance et au plaisir (conditions essentielles pour les garçons). Une étude qualitative réalisée par Dubois & Dulude (1986) auprès de jeunes filles en centre de réadaptation, explore la signification qu'elles accordent à la relation sexuelle. L'affirmation des besoins sexuels est d'abord «une quête de l'autre, une manifestation de son besoin de dépendance, un désir de retrouver une forme de toute puissance qui masque un sentiment de vide et d'incomplétude». Ces jeunes filles cherchent donc, au delà de la gratification sexuelle, une gratification affective. Leurs préoccupations face au partenaire sont extrê-mement présentes; elles sont liées au bien-être de ce partenaire et sont centrées sur ses attentes; elles ressentent un désir profond d'en être aimées et une peur irrationnelle d'en être abandonnées. Durant la relation sexuelle, leurs préoccupations s'orientent d'abord vers leur bien-être physique et leur propre satisfaction, puis vers la crainte d'être agressées; ce désir d'être aimées est encore présent, elles veulent satisfaire leur partenaire et cher-chent à lui exprimer leurs sentiments. La grossesse est une préoccupation mineure et les MTS... quasi oubliées.

Sur le plan international, les travaux d'Apostolidis (1994) retiennent l'attention. À partir d'entretiens semi-directifs auprès de 79 jeunes français et grecs de 18 à 26 ans, il décrit leur rapport à la sexualité en mettant l'accent sur divers modèles émergents qui définissent l'amour ou tout autre forme d'affectivité entre partenaires. Ces modèles tournent autour des trois con-cepts suivants: «sexualité», «amour/sexualité» et «amour». La «sexualité» renvoie «au seul plaisir physique rapporté au corps et à ses besoins, lié à la nature animale ou instinctive de l'homme», l'«amour/sexualité» permet «le désir de satisfaction physique et affective, la satisfaction au niveau du cœur et de la chair», alors que l'«amour» accepte «l'échange sexuel privilégiant l'accomplissement mutuel avec une autre personne». À partir de ces modèles et de ces différentes formes d'affects qui caractérisent toujours la représenta-tion de l'échange sexuel, les adolescents et les jeunes adultes se construisent deux types distincts d'intimité, de vécu de la sexualité, de rapport à l'autre: les pratiques amoureuses et les conduites sexuelles. Les pratiques amoureuses se définissent de multiples façons: c'est un rapport à autrui avec qui l'on partage une sexualité; c'est un rapprochement, un échange mutuel, une réci-procité où l'on accorde un statut privilégié à l'autre; c'est une communion intellectuelle doublée de l'épanouissement charnel; il y a fusion, don de soi, confiance et abandon; c'est un état qui dure. Les conduites sexuelles sont réduites à des contacts, à un état éphémère, sans réciprocité; c'est une satis-faction égoïste où l'autre n'est qu'un moyen pour combler un déficit affectif.

Les travaux de Holland et al. (1990, 1992), inscrits dans une perspective féministe, reprennent ces arguments en démontrant à quel point la majorité des filles vivent une pression sociale leur imposant une définition de leurs relations qui s'apparente davantage au concept de pratiques amoureuses plutôt qu'à celui de conduites sexuelles, ce dernier concept étant négatif et allant à l'encontre de leur identité féminine. Pour ces filles, la relation amoureuse repose sur la confiance et l'amour, critères qui ont peu à voir avec la durée de la relation et encore moins avec le sexe sécuritaire.

Ces distinctions ont des répercussions majeures dans le domaine de la prévention des MTS et du VIH chez les adolescents, parce qu'elles permettent de mieux comprendre d'une part, leur répertoire de stratégies de gestion du risque (qui vont bien au delà de nos propositions épidémiologiques), d'autre part, leur construction du risque et la difficulté qu'ils ont à intégrer le condom, cette barrière plus que physique à leur besoin d'intimité.

LE DIAGNOSTIC ÉDUCATIF, CENTRATION SUR LES FACTEURS INDIVIDUELS

Selon Green & Kreuter, le diagnostic éducatif tente d'identifier les facteurs qui prédisposent à l'action. Ces facteurs, de nature individuelle, permettent de prédire ou d'expliquer l'intention d'adopter un comportement ou le comportement lui-même. Souvent proposés par divers modèles cognitifs largement utilisés en psychologie sociale, ces facteurs concernent les traits de personnalité, les connaissances, la perception du risque, les attitudes vis-à-vis de la sexualité et de la prévention, ainsi que la perception du contrôle dans la sphère sexuelle et face au sexe sécuritaire. Green & Kreuter proposent de retenir, parmi ces facteurs, ceux qui semblent jouer davantage sur le comportement et ceux qui peuvent être modifiés par des activités éducatives.

Le lien entre ces facteurs individuels et les conduites à risque ou les pratiques préventives a largement été vérifié auprès des adolescents, au point même où on semble avoir atteint un point de saturation au niveau des savoirs acquis. Cette saturation tient à plusieurs éléments. D'une part, la majorité des travaux ne se sont concentrés que sur un seul critère comportemental, soit l'usage du condom, alors que la gestion du risque chez les adolescents est davantage un amalgame de conduites en interaction et en synergie; d'autre part, les facteurs individuels choisis sont présentés de façon linéaire et isolée alors qu'eux aussi sont en interaction et en continuelle reconstruction, notamment en fonction des contextes et des environnements.

Si la recherche sur les facteurs individuels associés aux conduites à risque et aux pratiques préventives a toujours sa place, elle devra toutefois développer des modèles plus dynamiques, plus interactifs et réviser ses méthodologies pour privilégier les études qui renseignent davantage sur les processus de formation de ces facteurs individuels. En se sens, les efforts de Catania, Kegeles & Coates (1990) et de Prochaska et al. (1994) sont certes louables, mais ils ne sont qu'une réorganisation de modèles très linéaires à travers laquelle il est peu probable qu'on gagne beaucoup en termes de compréhension de la prise de risque chez les jeunes. Malgré tout, les savoirs acquis sur ces facteurs individuels méritent d'être résumés.

Les connaissances

Dans plusieurs modèles cognitifs, un niveau de connaissances suffisant est un préalable au processus décisionnel qui aboutit à l'adoption d'un comportement. Or, bien que les connaissances des jeunes concernant les MTS et le sida semblent relativement élevées, elles ne sont toutefois pas directement associées à des pratiques plus sécuritaires, la majorité des travaux soutenant l'absence de ce lien (Mickler, 1993; O'Leary et al., 1992; Otis, 1996). Seules quelques études font le lien entre des connaissances plus faibles, l'usage irrégulier du condom et davantage de pratiques à risque, notamment chez les filles. À l'heure actuelle, chez les jeunes, des connaissances plus générales ont été acquises. Par contre, l'application et l'intégration de ces connaissances aux pratiques personnelles laissent des zones nébuleuses, plusieurs croyances des jeunes en témoignant (le garçon n'a pas éjaculé, il n'y avait pas de risques; pénétrer un partenaire pour un jeune gai est moins à risque que de se faire pénétrer, etc.). Malgré ces résultats, plusieurs travaux soutiennent encore l a thèse que de bonnes connaissances sont un préalable quant à la reconnaissance du risque (Lear, 1995, 1996). Il faut donc maintenant être plus spécifique en termes d'informations à transmettre et faire le départage clair de ce qui est à risque élevé et à risque moindre et ce, en donnant des exemples concrets, plus près des situations vécues par les jeunes.

La perception du risque et certains traits de personnalité

La notion de perception du risque et son rôle sur la prise de risque ou sur les pratiques sécuritaires est probablement le domaine où il y a le plus de confusion dans les travaux, à l'heure actuelle. Pour certains auteurs, plus l'inquiétude pour le sida est élevée, plus la perception du risque est grande, plus l'adolescent adopte des pratiques sécuritaires ou a l'intention de le faire (Frigault, 1995; Otis, 1996). Pour d'autres, notamment chez les jeunes gais ou bisexuels, c'est l'association inverse qui est observée, les adolescents prenant plus de risques se sentant aussi davantage menacés. Cette confusion relève en majeure partie d'un problème de comparabilité des définitions opérationnelles des diverses mesures de la perception du risque et de la définition même de la prise de risque.

Au Québec, une étude de Otis (1996) comparant les jeunes évaluant être à risque élevé de contracter le VIH ou une MTS (soit 10% des jeunes actifs sexuellement) à ceux qui se perçoivent à moindre risque, montre que les premiers savent qu'ils prennent des risques et s'évaluent de façon adéquate. Ils sont quatre fois plus nombreux à avoir eu plus de quinze relations anales que les jeunes s'évaluant à risque moindre, plus nombreux à avoir déjà eu des symptômes de MTS par le passé, à avoir eu un partenaire occasionnel lors de l a dernière relation sexuelle, à consommer de l'alcool régulièrement, à avoir eu de multiples partenaires et presque deux fois moins nombreux à avoir utilisé le condom au cours de leur première relation.

À l'échelle internationale, l'étude australienne de Moore & Rosenthal (1991) ajoute à ce constat. Dans cette étude, 28% des étudiants interrogés ont eu des conduites à risque et se perçoivent à risque plus élevé alors que 29% ont eu des conduites à risque et nient leur vulnérabilité. Les jeunes qui reconnaissent leur risque se distinguent par un nombre plus élevé de partenaires dans les six derniers mois, par des stéréotypes moins ancrés quant aux caractéristiques des victimes du sida et par un doute plus élevé quant à leur capacité de contrôler leur exposition au VIH. Ils sont plus nombreux parmi les garçons. Les jeunes qui nient leur risque ont une confiance démesurée quant à leur capacité de contrôler leur exposition au VIH.

Plusieurs chercheurs avancent qu'un biais d'optimisme peut expliquer l e sentiment d'invulnérabilité personnelle de certains adolescents. Environ 75% des adolescents estiment leur propre niveau de risque inférieur au niveau moyen où ils situent leurs pairs du même âge, du même genre et du même groupe social, 5% qualifient leur risque de plus élevé et 20% le voient comme étant égal. Cette catégorisation un peu simpliste renforce la croyance en l'existence d'une pensée magique chez les jeunes, alors que dans les faits, comme l'ont démontré les travaux mentionnés précédemment, lorsqu'on fait une comparaison entre leur prise de risque et leur perception du risque, on réalise que plusieurs d'entre eux ont une estimation correcte de leur situation. Néanmoins, une certaine proportion a une réaction de négation face à sa prise de risque et c'est à cette proportion qu'il faut s'attarder.

Plusieurs hypothèses ont été formulées concernant ce phénomène, certaines défendant l'influence prédominante de traits de personnalité. Poppen (1993) soutient que la perception du risque fait d'abord partie des stratégies générales d'adaptation d'un individu à un événement dangereux, au lieu d'être une évaluation rationnelle de la probabilité de contracter une maladie spécifique. Dans son étude, les universitaires qui se classent parmi les optimistes (risque moins élevé que les autres) se démarquent par leur estime d'eux-mêmes plus élevée, de meilleures connaissances sur le sida et une personnalité plus manipulatrice dans leurs relations avec les autres. Ces travaux rejoignent toute la réflexion apportée par Zuckerman (1978) à propos de la quête de sensations fortes, trait de personnalité qui a d'ailleurs été fréquemment associé à la prise de risque dans le domaine de l'infection par le VIH. Dans l'enquête québécoise auprès des cégépiens, Lévy, Otis & Samson (1996) observent que chez les filles, une plus forte motivation à prendre des risques dans la vie en général (pour vivre pleinement sa vie, pour se défouler, etc.) est associée à un score plus fort sur leur indice de pratiques à risque, alors que chez les garçons, une quête de sensations fortes plus élevée est associée à une plus faible proportion de relations sexuelles protégées par le condom dans le contexte de leur dernière relation amoureuse.

Les résultats discutés dans cette section démontrent que le fait de caractériser la prise de risque chez les adolescents comme étant le simple résultat de leur croyance d'invulnérabilité est une simplification exagérée des multiples processus psychologiques et sociaux. Ils remettent aussi en question la notion de pensée magique comme étant une caractéristique de l'adolescence, cette remise en question étant appuyée par les travaux de Quadrel, Fischhoff & Davis (1993) qui ont comparé sur ce point des adolescents et des adultes. À l'heure actuelle, plusieurs de ceux qui prennent des risques semblent le faire en toute lucidité. Quels sont donc les enjeux entourant cette prise de risque consciente et calculée? Peu d'études réalisées auprès des jeunes nous apportent des explications crédibles à ce propos, la majorité d'entre elles s'étant attardées à ceux qui se croient invulnérables. Le discours préventif doit s'ajuster à la façon dont les jeunes construisent eux-mêmes leurs risques, ce que les travaux sur la perception du risque arrivent mal à saisir.

L'estime de soi

Le lien entre une meilleure estime de soi et des pratiques plus sécuritaires est loin d'être évident. Chez les garçons, l'implication sexuelle est synonyme d'une meilleure estime d'eux-mêmes, alors que certaines études montrent une association inverse chez les filles. Cet écart suggère que l'implication sexuelle n'a ni le même sens, ni les mêmes conséquences pour les garçons et pour les filles. Certaines recherches notent une association entre une estime de soi plus élevée et une intention plus forte d'utiliser le condom, mais seulement chez les garçons inactifs sexuellement (Pleck, Sonenstein & Ku, 1990). Pour leur part, Walter, Vaughan & Cohall (1991) rapportent que les élèves ayant une plus faible estime d'eux-mêmes sont deux fois plus enclins à adopter des pratiques à risque. Cependant, cette association n'est pas rapportée chez les étudiants universitaires, chez les élèves de niveau secondaire, chez les jeunes en difficultés d'adaptation (Otis, 1996) et même parmi les jeunes gais et bisexuels (Savin-Williams, 1994).

L'estime de soi est une dimension trop complexe pour être modifiée par une intervention éducative de quelques heures. Elle se construit à travers les interactions et les expériences de l'enfance, devenant plus vulnérable à l'adolescence, certes, mais étant déjà relativement ancrée. Si la prévention et l'éducation veulent renforcer l'estime de soi de certains jeunes, encore faudra-il qu'elles s'attaquent aux causes mêmes de ce manque d'estime de soi, causes étant tout autre qu'individuelles.

Les attitudes et la perception de contrôle face à la sexualité

En termes d'attitudes face aux rôles sexuels, il y a vingt ans, une perspective plus traditionnelle était associée au fait de retarder son implication sexuelle. Aujourd'hui, bien que dans l'ensemble la vision des adolescents quant aux rôles sexuels se soit libéralisée, devenant plus égalitaire, les jeunes qui favorisent cette égalité sont proportionnellement plus nombreux parmi les actifs sexuellement et ce, autant chez les garçons que chez les filles (Lévy, Otis & Samson, 1996).

De plus, alors qu'un plus haut niveau de culpabilité sexuelle est associé au report de la vie sexuelle ou à davantage de changements autorapportés vers des pratiques sécuritaires, des attitudes plus permissives sont synonymes de pratiques à risque plus élevé.

Quant à la perception du contrôle sur leur sexualité, les filles qui croient avoir un meilleur contrôle sur les façons d'obtenir leur plaisir sexuel ont davantage de pratiques à risque et ont moins de relations sexuelles protégées par le condom (Lévy, Otis & Samson, 1996). Plusieurs auteurs s'étant intéressés au concept de contrôle des pulsions sexuelles rapportent qu'un plus faible contrôle à ce niveau est associé à des pratiques à risque autant chez les garçons que chez les filles, au non-usage du condom et à davantage de résistances au changement vers des pratiques sécuritaires (Frigault, 1995; Lévy, Otis & Samson, 1996).

Les attitudes et les perceptions de contrôle plus générales vis-à-vis de la sexualité doivent donc être considérées dans toute intervention éducative, d'autant plus que les attitudes et les perceptions de contrôle plus spécifiques vis-à-vis du sexe sécuritaire y seraient intimement liées (Thabet, Otis & Dupras, 1995). La considération de ces liens renforce l'importance qu'il y a de parler de prévention dans un contexte plus global d'apprentissage à la sexualité.

Les attitudes vis-à-vis des pratiques préventives

Les attitudes vis-à-vis des pratiques préventives, notamment de l'usage du condom, représentent l'une des variables les plus étudiées chez les adolescents et les jeunes adultes. Sans être la meilleure prédictrice, elle contribue toutefois, dans nombre d'études, à la variation expliquée de l'intention d'utiliser le condom, de l'intention de réduire le nombre de ses partenaires sexuels et de l'intention de demander au partenaire d'utiliser le condom (Chan & Fishbein, 1993). Des attitudes plus favorables signifieraient davantage de changement en faveur de pratiques sécuritaires et d'un usage plus régulier du condom. Dans la majorité des travaux, des attitudes plus positives sont observées chez les inactifs sexuellement, les plus jeunes, les filles et dans les contextes suivants: lorsque la fille ne prend pas la pilule et lors de relations avec un partenaire occasionnel.

Dans la majorité des travaux, les attitudes vis-à-vis de l'usage du condom font référence à la perception de ses avantages et de ses désavantages. D'emblée, la majorité des adolescents perçoivent de manière incontestable tous les avantages de l'usage du condom (protection contre les MTS et l'infection par le VIH, comportement responsable et rassurant, preuve qu'on se soucie du partenaire), mais on lui reconnaît toutefois d'abord une valeur contraceptive. Conforme au discours préventif militant en faveur de l'usage du condom, moins de la moitié des jeunes perçoit des désavantages importants à son utilisation, ceux-ci se regroupant, pour la plupart, autour de trois types d'interférence. Le condom intervient sur l'atmosphère relationnelle (en affectant le déroulement de la relation et sa spontanéité), sur le plaisir ou l'intérêt érotique ou sur la confiance (signe de non confiance entre les partenaires; laisse croire à la présence de MTS ou à l'infidélité de la part de l'un ou l'autre des partenaires). Curieusement, l'interférence de confiance dans les études quantitatives est mentionnée par une faible proportion d'adolescents et de jeunes adultes. Ce qui pourrait donner l'impression d'une faible importance du facteur de confiance est réajusté par des travaux plus qualitatifs qui nuancent ce résultat. La réalisation de vingt-quatre groupes à l'échelle du Québec a permis de comprendre que la confiance existe a priori dans la relation et que, pour cette raison, on ne demande pas le condom. Par contre, lorsqu'il est demandé, il a rarement comme conséquence de briser cette confiance (Otis, 1996). En contrepartie, alors que les approches qualitatives laissent croire que la peur du bris du condom est un élément majeur (et en contradiction avec la haute valeur protectrice que les jeunes accordent à cette stratégie), des études quantitatives rapportent que cette croyance n'est pas un facteur déterminant du non usage de celui, les utilisateurs constants du condom craignant autant ce bris du condom, sinon plus, que les non-utilisateurs. Ces deux exemples ne font qu'illustrer la richesse, la complémentarité, voire même la nécessité d'utiliser des méthodes mixtes (qualitatives et quantitatives) pour mieux comprendre les dimensions entourant la prévention.

Considérant l'ensemble de ces croyances vis-à-vis de l'usage du condom, les avantages perçus s'associent pour la plupart à des dimensions plus rationnelles, alors que les désavantages viennent chercher des dimensions plus affectives. Dans une étude effectuée auprès d'étudiants universitaires, Galligan & Terry (1993) soulignent que les dimensions affectives touchent peu l'intention d'utiliser le condom, mais jouent davantage sur la prédiction de ce comportement, indépendamment du type de partenaires. Chan & Fishbein (1993) observent des résultats similaires en ce qui concerne la prédiction de l'intention de demander au partenaire d'utiliser le condom, les aspects rationnels expliquant davantage la variation que les aspects affectifs. D'autres auteurs donnent plus d'importance à l'influence des affects négatifs sur l'intention, alors que l'étude longitudinale de Otis (1996) démontre la stabilité dans le temps des aspects rationnels, alors que les aspects affectifs négatifs s'accentuent surtout au moment de l'entrée dans la vie sexuelle active. Ainsi, les travaux qui départagent l'importance des enjeux rationnels comparativement aux enjeux affectifs sont encore trop peu nombreux pour conclure quoi que ce soit. Par contre, cette piste de recherche semble intéressant à explorer.

Le développement d'une attitude positive face à l'usage du condom auprès des jeunes, reste une stratégie à privilégier, en renforçant d'une part les aspects de responsabilité et de sentiment de sécurité déjà existants, et en abordant d'autre part, les interférences dans l'atmosphère, le plaisir et la confiance, en les situant toujours dans les contextes moins propices à l'usage du condom. La notion de responsabilité semble particulièrement importante. En effet, lorsque certains auteurs ont considéré l'influence de la norme morale personnelle dans leur modèle (sentiment d'obligation morale à utiliser le condom), cette variable a obtenu un meilleur pouvoir prédictif que celle des attitudes. Il serait pertinent que certains chercheurs s'attardent à ces dimensions plus proches des valeurs que des attitudes. D'où cette norme morale vient-elle? Est-elle le reflet d'influences religieuses plus profondes ou la résultante d'un sens moral individuel et collectif plus accentué? D'où vient cette conscience?... du phénomène sida ou ...? À notre avis, il n'est pas tout de distinguer des «déterminants» de comportement, encore faut-il en comprendre le sens.

L'efficacité personnelle et la perception du contrôle vis-à-vis des pratiques préventives

Sans nul doute, la dimension individuelle qui semble obtenir la plus grande part de la variation expliquée des conduites à risque ou des pratiques préventives chez les adolescents et les jeunes adultes se traduit par les concepts suivants: leur croyance en leur efficacité personnelle (*self-efficacy*) et leur perception du contrôle comportemental. Ces deux concepts font référence à la perception que l'individu a de sa capacité à réaliser une ou plusieurs actions et ce, en dépit de la présence de certaines barrières ou au contraire, en présence de certaines conditions facilitantes.

Une plus forte croyance en son efficacité personnelle est associée à une intention plus forte d'utiliser le condom et à un usage plus régulier de cette méthode. En contrepartie, une croyance plus faible prédit un usage moins fréquent et davantage de pratiques à risque. De la même façon, plusieurs travaux soutiennent le rôle prépondérant de la perception du contrôle comportemental sur l'usage du condom ou sur son intention. Dans l'étude réalisée auprès des cégépiens québécois, Lévy et al. (1996) observent qu'une perception plus élevée de son contrôle sur l'usage du condom est directement associée à un usage plus régulier de celui-ci dans le contexte de la dernière relation amoureuse et ce, autant chez les garçons que chez les filles. Par contre, mais seulement chez les filles, une perception de contrôle plus faible est associée à un score plus élevé sur le CASH (indice de risque tenant compte à la fois du nombre de partenaires, de la fréquence et de la nature de diverses pratiques et de l'usage du condom). Une meilleure perception de contrôle (Frigault,

1995) est aussi associée à l'utilisation plus fréquente de plusieurs stratégies préventives (utiliser régulièrement le condom, chercher à connaître davantage son partenaire, limiter le nombre de partenaires sexuels, éviter certaines pratiques à risque et s'informer auprès du partenaire de son statut infectieux (dépistage) et d'une éventuelle consommation de drogues par injection). La perception de contrôle devient donc un concept clé favorisant l'acquisition d'habitudes saines et responsables. Cette perception de contrôle s'exprime aussi à travers l'influence plus tangible que le jeune adulte croit exercer dans la sphère sexuelle, en général. Plus il a l'impression d'avoir le pouvoir d'influencer certaines décisions dans cette sphère, plus il tente de bien connaître son partenaire, de lui demander s'il est un UDI et plus il évite certaines pratiques. En contrepartie, les jeunes universitaires consommant davantage drogues et alcool avant les relations sexuelles, facteurs de perte de contrôle, semblent avoir un répertoire de stratégies beaucoup plus pauvre, surtout concernant la connaissance du partenaire, l'interrogation sur son statut infectieux ou UDI et le fait d'éviter certaines pratiques à risque (Frigault, 1995).

Dans tous ces travaux, la richesse de ces deux concepts tient à la nature des énoncés qui permettent de les définir de façon opérationnelle. Bien qu'ils soient considérés comme étant une caractéristique individuelle, les énoncés qui les composent rejoignent des dimensions d'ordre personnel certes, mais aussi d'ordre interpersonnel, circonstanciel ou environnemental. Dans les études considérées, une certaine évolution apparaît, dans le temps, quant à l'importance de l'une ou l'autre des dimensions proposées par ces concepts. Alors que les obstacles individuels et environnementaux semblaient plus importants chez les jeunes selon les résultats des travaux réalisés dans les années 1989 à 1991, ils semblent s'être atténués par la suite et avoir laissé plus de place, dans les années 1991 à 1996, aux obstacles interpersonnels et circonstanciels. Ce déplacement s'explique peut-être par la plus grande familiarité des jeunes avec l'usage du condom, leur expérience plus directe avec ce comportement leur permettant d'être plus à l'aise avec son achat et son installation, mais aussi plus conscients des difficultés inhérentes à sa négociation et plus vulnérables aux contextes où il est possible de l'oublier, où on évalue (subjectivement ou non) qu'il n'est pas nécessaire.

L'intégration de ces deux concepts aux modèles explicatifs a permis aux résultats des études quantitatives de se rapprocher de ceux des travaux qualitatifs qui ont particulièrement exploré la construction du risque, telle qu'expliquée plus loin, celle-ci étant d'une part, basée sur l'évaluation subjective du risque que représente le partenaire ou le contexte de la relation et d'autre part, sur les affects, la confiance et le désir. Parmi l'ensemble des facteurs individuels étudiés, il semble vraiment que la croyance en l'efficacité personnelle et la perception du contrôle comportemental sont des facteurs clés à considérer dans le cadre des activités éducatives.

Les contextes et les émotions

Plusieurs travaux récents, sans avoir spécifiquement utilisé les notions de croyance dans l'efficacité personnelle ou de perception du contrôle comportemental comme variables d'intérêt, ont accordé une attention particulière aux situations (contextes) et aux émotions associées à la prise de risque chez les adolescents et les jeunes adultes. À ce propos, les travaux de Keller (1993) et de Gold *et al*. (1992) sont particulièrement intéressants puisqu'ils explorent les justifications que les jeunes donnent pour expliquer leur non-usage du condom. Dans plusieurs cas, ces justifications relèvent de la non-nécessité d'utiliser le condom parce que la relation sexuelle se déroule avec un partenaire régulier ou dans le contexte d'une relation amoureuse qui dure depuis longtemps, justifications amplement signalées par d'autres travaux auprès des adolescents, notamment auprès des jeunes gais et bisexuels. Cette non-nécessité est aussi perçue dans le contexte où la partenaire féminine prend déjà des anovulants ou toute autre forme de contraceptifs, signe encore une fois de la prédominance de la grossesse comme préoccupation centrale des jeunes, plutôt que les MTS ou le VIH, et confirmation du rôle de contraceptif accordé à l'usage du condom. Ces résultats concordent avec ceux de multiples études qui relèvent l'antagonisme entre l'usage du condom et la prise d'anovulants. Dans d'autres cas, le condom n'a pas été utilisé parce que le partenaire n'avait pas l'air à risque, cette évaluation reposant sur une série de critères liés à la personnalité ou à l'apparence. Pour sa part, Keller (1993) décrit des moments plus propices au non-usage du condom: après un party, en vacances ou après une rupture, chacun de ces moments s'éloignant de la routine ou des contextes habituels, marquant un état d'esprit particulier, à un moment donné. Pour plusieurs jeunes, le non-usage du condom s'excuse aussi par une perte de contrôle qu'on attribue à l'alcool ou à la drogue et à l'intensité de l'excitation sexuelle ressentie. Des états d'âme négatifs seraient une autre explication à la prise de risque.

Il semble maintenant clair que la protection chez les jeunes n'est plus seulement une question de connaissances ou d'attitudes, mais davantage une question d'habiletés individuelles, interpersonnelles et sociales, une question de contextes et d'émotions. Les propos d'un jeune résume très bien cette situation: «... moi, je me protège toujours, je ne prends jamais de risques, **sauf hier... parce que...**». Et c'est à cela que le discours préventif doit s'attarder.

LES DIAGNOSTICS ENVIRONNEMENTAL ET ORGANISATIONNEL, VERS LA VULNÉRABILITÉ SOCIALE?

Tel que suggéré par Green & Kreuter dans leur modèle écologique, certaines caractéristiques de l'environnement peuvent faciliter l'adoption d'un comportement et contribuer à son maintien, alors que d'autres peuvent l'entraver et expliquer son abandon. L'identification de ces caractéristiques permet d'établir les diagnostics organisationnel (volet 4) et environnemental (volet 3). Chez les adolescents et les jeunes adultes, qu'il s'agisse de leur entrée dans une vie sexuelle active ou de leur engagement dans des conduites à risque ou sécuritaires, ces actions semblent modulées par des dimensions environnementales interdépendantes. À l'échelle microsystémique, ces dimensions relèvent de leurs multiples interactions avec la famille, les pairs et leurs partenaires affectifs, tandis qu'à l'échelle méso et macrosystémique, elles s'inscrivent dans un environnement plus large où les valeurs, les influences culturelles, économiques, politiques et légales diffèrent, se côtoient et se confrontent. De plus, les facteurs individuels qui semblent influencer directement ces conduites, tels la perception du risque, les attitudes, la perception du contrôle, etc., sont eux aussi façonnés et construits à travers ces diverses interactions.

Bien que de plus en plus d'auteurs réfléchissent sur l'interaction «personne-environnement» et tentent d'inclure cette préoccupation dans le développement d'interventions en promotion de la santé, dans le domaine de la prévention de l'infection par le VIH, ces efforts restent à l'état de voeux pieux, les actions étant encore centrées d'abord sur les facteurs individuels, plutôt qu'interpersonnels, organisationnels, sociaux, voire même politiques et légaux. Si les interactions microsystémiques (famille, pairs, partenaires amoureux et sexuels) ont été quelque peu documentées, les savoirs acquis quant aux interactions méso et macrosystémiques sont rarissimes. Si la dynamique sociale de l'infection par le VIH est maintenant acceptée et que l'*empowerment* et la mobilisation communautaire sont des stratégies à valoriser, sur quels facteurs sociaux devons-nous agir, dans quel ordre et de quelles façons? De plus, il semble que les travaux d'approche déterministe ont davantage de difficultés à saisir ces interactions «personne-environne-ment», alors que ces dynamiques sont mieux décrites dans les travaux plus constructivistes.

Les interactions à l'échelle microsystémique

À l'échelle microsystémique, l'environnement social immédiat est porteur de normes qui modulent et influencent les conduites des individus. Ainsi, lorsque les adolescents ressentent davantage l'approbation de leur entourage immédiat en ce qui concerne les pratiques préventives, ils sont plus enclins à les adopter ou à les maintenir (Chan & Fishbein, 1993; Galligan & Terry, 1993; Otis, 1996). Cette approbation vient de sources différentes: des figures d'autorités (parents, médecins, professeurs), des pairs de même sexe et de sexe opposé, mais aussi du partenaire amoureux ou sexuel. Dans les travaux quantitatifs consultés, lorsque les normes sociales sont définies à partir de la perception de l'accord ou du désaccord des personnes significati-ves, leur influence sur les conduites à risque ou sécuritaires est rarement prédominante, sauf chez les moins âgés ou chez les jeunes en difficulté d'adaptation. En fait, chez les moins âgés, surtout chez les filles, les pres-sions venant des figures d'autorité semblent plus présentes alors que les jeunes en difficulté d'adaptation paraissent plus sensibles aux pressions des pairs, ces pressions étant souvent défavorables aux pratiques sécuritaires.

Les prochaines sections portent sur l'interaction avec la famille, les pairs et le partenaire amoureux ou sexuel.

L'interaction avec la famille

Les travaux ayant exploré l'interaction avec la famille se sont davan-tage intéressés à l'implication sexuelle plutôt qu'aux autres pratiques pré-ventives. Comme le montrent plusieurs études, la famille biparentale favorise le report de la vie sexuelle (Lévy, Otis & Samson, 1996), alors que le fait de vivre ailleurs que chez les deux parents est davantage l'indicateur d'une vie sexuelle active (Langille *et al.*, 1994). La qualité des relations familiales est un autre facteur à considérer, mais il joue un rôle différent selon le genre. Chez les garçons, une insatisfaction à ce niveau les pousserait davantage à adopter diverses conduites à risque, autres que sexuelles (alcool et drogues, par exemple) de manière à s'extraire des contraintes familiales, alors que chez les filles, cette insatisfaction les orienterait davantage vers des relations affectives sexuelles. Dans le contexte québécois, Cloutier, Champoux & Jacques (1994) observent qu'une cohésion familiale moins satisfaisante est davantage présente chez les actifs sexuellement et ce, autant chez les élèves de niveau secondaire que chez les jeunes recrutés dans des centres de réadaptation (Cloutier, Champoux & Jacques, 1994). Pour leur part, Thériault *et al.* (1995) lient de façon claire la précocité des relations sexuelles chez des adolescents de milieux défavorisés, à des émotions et à une affirmation de soi négatives face à la mère. Lorsque la communication mère-fille est bonne, les filles sont moins enclines à devenir sexuellement actives, alors que chez les garçons, une meilleure communication avec leur père augmente les probabilités d'avoir des relations sexuelles. Ces résultats n'ont toutefois pas été rapportés dans tous les travaux. La précocité des relations sexuelles étant intimement liée à l'adoption subséquente de conduites à risque qui favorisent l'infection au VIH, l'interaction familiale et la façon dont elle se manifeste doivent être considérées.

L'interaction avec les pairs

Plusieurs auteurs soutiennent qu'au-delà de la perception de l'approbation ou non des personnes significatives ou du groupe social d'appartenance, l'affiliation aux pairs et la perception que l'adolescent a de leurs conduites sont des facteurs plus déterminants de l'adoption de pratiques à risque ou sécuritaires. Les adolescents qui débute leur vie sexuelle de façon précoce croient davantage que la majorité de leurs amis proches sont actifs sexuellement. De plus, chez les actifs sexuellement le lien entre des pratiques plus sécuritaires et la perception que les ami(e)s proches se protègent est amplement soutenu. Pour leur part, Thériault & Tremblay (1995) soulignent que les adolescents qui s'engagent de façon précoce dans leur vie sexuelle active développent une forte dépendance à l'égard des pairs, dans un rapport d'intimité passive, ce rapport s'accompagnant d'une séparation inappro-priée d'avec les parents. Supportant ces résultats, Di Blasio & Benda (1994) rapportent que l'association aux pairs sexuellement actifs est d'abord basée sur des relations de nature coercitive plutôt que sur l'atteinte d'une réelle proximité émotive avec les pairs. Ces constats soulignent la vulnérabilité de ces adolescents et leur exposition marquée à la dépendance et au pouvoir.

Un autre aspect majeur lié à l'interaction avec les pairs tient à la façon dont les adolescents construisent leur risque. Cette construction du risque relève de divers processus décrits par certains auteurs et apportent une meilleure compréhension aux travaux ayant parlé du biais d'optimisme et du sentiment d'invulnérabilité des adolescents. En ce sens, Memon (1991) avance que la sous-estimation par les adolescents de leur risque, comparativement à celui des autres, peut être le résultat de processus d'attributions. Ils font appel aux notions d'identité sociale et de comparaison sociale. Par ces pro-cessus, le jeune s'identifie à un groupe qui n'est pas à risque et se convainc que plus une personne est près de lui émotivement, plus elle est invulnérable. Une autre explication fait référence à la notion de faux consensus, croyance que le jeune entretient lorsqu'il pense que les autres sont plus irresponsables que lui-même. De son côté, Maticka-Tyndale (1992) parle de deux formes d'évaluation dans la construction du risque propre à l'adolescent. L'évalua-

tion de son risque personnel se base d'une part, sur l'invisibilité de l'infection
parmi ses amis (ayant les mêmes comportements qu'eux, il ne peut être infecté), d'autre part, sur la comparaison qu'il effectue entre le risque d'infection possible dans sa ville par opposition aux autres villes, parmi les
personnes qu'il côtoie par opposition à celles qu'il ne fréquente pas. Les
travaux de Woodcock, Stenner & Ingham (1992) avancent des explications
similaires, tout comme ceux de Kimble *et al.* (1992) et Mickler (1993).

L'ensemble des travaux qui ont porté sur la construction du risque fournit
une meilleure compréhension de la prise de risque chez les adolescents,
amenuisant la confusion observée dans les recherches explicatives en ce qui
concerne le lien entre la perception du risque et les conduites. Ces travaux
plus qualitatifs redonnent aux normes associées aux pairs le rôle que plusieurs
études quantitatives n'ont pu préciser.

L'interaction avec le partenaire amoureux ou sexuel
    S'articulant davantage autour du contexte des relations interpersonnel-
les et amoureuses, plusieurs travaux apportent un éclairage sur la construction du risque et l'impression d'invulnérabilité des adolescents, cette
invulnérabilité étant plus contingente puisqu'elle est orientée vers
l'évaluation du risque que le partenaire représente. Maticka-Tyndale (1992)
résume en quelques mots l'ensemble de ces travaux: **La source du risque pour
les jeunes n'est pas un virus, mais plutôt l'individu.** Cette phrase à elle-seule
fait le pont entre les significations que les adolescents donnent au sida, à
l'amour, à la sexualité, leur façon de construire le risque et les stratégies de
gestion du risque dont ils se dotent. Selon cette auteure, partant de cette
croyance, les jeunes s'orientent alors vers la sélection d'un partenaire non
infecté et ont des relations sexuelles uniquement avec des partenaires amoureux, la confiance et la communication devenant une garantie. Elle donne
même une explication au fait que les garçons sont moins portés que les filles à
poser des questions à leur partenaire en ce qui concerne leur passé sexuel ou
leurs conduites à risque. Elle avance que les garçons font confiance parce qu'ils
sont convaincus que la partenaire n'a rien à dévoiler: elle n'est pas infectée.
Du côté des filles, elles ont confiance a priori que le partenaire se dévoilera,
mais elles croient que le condom viole la confiance, la règle du partenaire non
infecté. Les travaux de Lear (1995, 1996) rapportent des résultats similaires
et enrichissent ces arguments, parlant d'une co-construction du risque et de la
confiance. Cette co-construction s'actualise dans le processus du choix du
partenaire et des démarches entreprises pour le connaître. Elle ajoute que la
confiance est initialement construite au moment de l'évaluation du partenaire, avant même que s'établisse un mode de relation particulier, celui-ci ne
venant par la suite que confirmer et renforcer cette confiance et éloigner le
risque.

    Les théories de personnalité implicite peuvent aussi aider à la compré-
hension de l'évaluation du risque représenté par le partenaire sexuel
(Kimble *et al.*,1992). Ainsi, un partenaire sans risque est un partenaire connu,
qu'on aime, qui cesse d'être à risque dès qu'on lui fait confiance. Un partenaire à risque s'habille de façon provocante, semble pressé d'avoir une
relation sexuelle, a été rencontré dans un bar, est plus âgé et vient d'une
grande ville. Plusieurs autres études observent des résultats similaires

lorsque l'intérêt porte sur les raisons de non-usage du condom. La plupart du temps, ces raisons font référence à l'évaluation que l'individu avait fait du risque représenté par le partenaire, quelquefois à partir de critères plus objectifs (le partenaire était vierge), mais plus souvent à partir de critères très subjectifs (Gold *et al.*, 1992; Keller, 1993; Woodcock, Stenner & Ingham, 1992). L'une des croyances notamment entretenue par de jeunes gais et bisexuels est de penser qu'un partenaire moins âgé est moins à risque (Gold & Skinner, 1992).

Au-delà des travaux sur la construction du risque, l'étude des conduites à risque et des pratiques préventives dans le contexte des interactions présentes dans la dyade sexuelle a rapidement orienté le discours préventif vers la notion de négociation du «sexe sécuritaire», sans que les enjeux entourant cette négociation ne soient toutefois vraiment compris. Quelques tentatives ont été faites pour préciser les stratégies de communication dans la dyade sexuelle, mais presque exclusivement dans le cadre de relations hétérosexuelles. Les travaux s'y étant intéressés ont, par conséquent, mis l'accent sur les rôles sexuels, les différences de genre et les interactions sexuelles dans un contexte de relation de pouvoir basée sur le genre.

a) La négociation du sexe sécuritaire

Si certains travaux soutiennent que la communication avec le partenaire sexuel à propos du sida est un facteur favorisant l'usage du condom, d'autres démontrent que ce genre de discussion peut, au contraire, encourager les conduites à risque (Cline, Johnson & Freeman, 1992). Ces derniers résultats soulignent toute la précarité et la fragilité des activités éducatives portant sur la négociation du sexe sécuritaire si ces activités sont mal orientées. Waldron, Caughlin & Jackson (1995) apportent quelques pistes intéressantes à ce propos, soulignant l'importance de la spécificité de cette discussion. En fait, lorsque la communication est axée uniquement sur les inquiétudes face au sida, l'histoire sexuelle passée et les conduites à risque de l'un et de l'autre des partenaires, elle contribue davantage au processus d'évaluation du risque que chacun représente, processus qui, le plus souvent, contribue au développement d'une confiance mutuelle où la nécessité de se protéger perd de sa légitimité. Ces auteurs soutiennent donc que l'objet central de la discussion doit porter sur les pratiques sécuritaires, autrement dit, sur l'exploration systématique de ce que l'on envisage pour se protéger et sur le choix d'une stratégie sécuritaire.

De plus, la communication entourant le «sexe sécuritaire» est un processus complexe qui dépend des caractéristiques même de l'un ou l'autre des partenaires (convictions personnelles, capacité de s'affirmer, attitudes quant aux rôles sexuels, etc.), mais plus encore, du type d'engagement affectif, de son intensité, de sa durée ou de la facilité de l'un ou de l'autre à reconnaître ses intentions sexuelles (Lear, 1995, 1996). À chaque nouvelle relation, tout est remis en cause, tout est à recommencer. Si le thème du «sexe sécuritaire» n'est pas explicitement abordé avant la relation sexuelle, la probabilité qu'il le soit pendant la relation sexuelle est faible. Les enjeux sont plus complexes et s'expriment davantage à travers des efforts de communication non verbaux, codés, implicites et fragiles, soumis à la passion du moment, au besoin d'intimité et à la confiance, émotions toutes incompatibles avec l'introduction (intrusion) du condom (Lear, 1995, 1996).

Pour faire comprendre à l'autre leur point de vue sur le «sexe sécuritaire», les adolescents et les jeunes adultes privilégient divers styles de communication: la manipulation, la séduction et le charme, la négociation et l'affirmation, le retrait, la soumission, l'abandon ou la passivité, l'agressivité ou la persistance. Les moyens qu'ils développent sont à la fois verbaux et non verbaux: on essaie de deviner l'opinion et le point de vue de l'autre et on agit en conséquences (moyens indirects), on aborde directement le sujet (moyens directs) ou sans en parler, on impose le condom (moyens factuels). Lorsque l'usage du condom est abordé explicitement, les adolescents utilisent des arguments de tous ordres pour persuader l'autre de l'utiliser (des arguments moraux, des arguments basés sur la culpabilité et les regrets ou valorisant la santé et la protection, des arguments plus personnels et rationnels) ou pour en refuser l'usage (arguments soulevant l'interférence érotique, la confiance ou marquant une attitude fataliste et d'évitement). Ces styles, moyens et arguments, varient selon le genre, tout comme leur impact sur l'adoption de pratiques sécuritaires (Lévy, Otis & Samson, 1996; Yesmont, 1992). L'étude réalisée dans les cégeps francophones du Québec indique qu'une plus forte proportion de relations sexuelles protégées par le condom dans le contexte de la dernière relation amoureuse est prédite par l'utilisation plus fréquente de moyens factuels, d'arguments affirmatifs et personnels liés à des préoccupations de santé et d'arguments invoquant la culpabilité et les regrets et ce, autant chez les garçons que chez les filles. Par contre, les filles doivent en plus, utiliser les moyens directs, ce qui souligne leur dépendance vis-à-vis de la coopération du partenaire. Les meilleurs utilisateurs, chez les garçons, ont un style de communication moins axé sur la négociation. En contrepartie, un plus faible usage du condom est associé à l'utilisation plus fréquente d'arguments invoquant l'interférence érotique (influence aussi grande chez les filles que chez les garçons). Les travaux de Yesmont (1992) et de Frigault (1995), démontrent eux aussi que les styles de communication plus affirmatif, plus agressif ou moins passif sont associés à la prise de précautions et à une demande plus marquée d'informations auprès du partenaire (surtout chez les filles), alors que l'usage du condom est associé, non pas à un style agressif, mais à des styles plus affirmatif et moins passif.

Ces quelques résultats commandent que la recherche sur ces dimensions se poursuive. Il semble que la communication sur le «sexe sécuritaire» est plus complexe chez les filles et contribue, au-delà des facteurs cognitifs tels les attitudes et la croyance en l'efficacité personnelle, à expliquer, qu'à un moment donné, dans un contexte affectif donné, il y aura prise de risque ou non.

b) Les rôles sexuels

Dans le cadre des relations hétérosexuelles, la communication sur le sexe sécuritaire repose en partie sur les rôles attendus de l'un et l'autre des partenaires, ces rôles étant construits socialement et fortement ancrés dans l'esprit des garçons et des filles. Plusieurs travaux québécois soulignent le consensus qui semble exister entre les garçons et les filles sur la répartition des responsabilités préventives. Tous s'accordent pour dire que c'est au garçon d'acheter et d'installer le condom, alors que c'est à la fille de le proposer et de décider, lors de la relation sexuelle, du moment où il est propice de le mettre (Otis, 1996). L'étude auprès des cégépiens francophones renforce ces faits, puisque les filles qui adoptent des pratiques à risque sont moins portées à prendre l'initiative quand il s'agit de proposer le condom, alors que les filles rapportant un plus haut taux de relations sexuelles protégées par le condom laissent davantage l'initiative à leur partenaire en ce qui concerne l'achat du condom et son installation (Lévy, Otis & Samson, 1996).

Plusieurs travaux soulignent que le traditionnalisme qui touche aux rôles sexuels, surtout chez les garçons, est associé à des pratiques plus à risque. L'étude auprès des cégépiens montre que les garçons moins traditionnels s'engagent moins fréquemment dans des pratiques à risque. Ces résultats doivent toutefois être approfondis. D'une part, l'égalitarisme dans les rôles sexuels semble un facteur favorisant le «sexe sécuritaire» chez les garçons; d'autre part, les rôles des garçons et des filles ont besoin d'être clairs (qui doit faire quoi et quand), une confusion dans ces rôles semblant défavorable à l'usage du condom. La transition actuellement observée dans la répartition des rôles et des responsabilités sexuels crée cette confusion où par souci d'être égalitaires et respectueux, ni les filles, ni les garçons, ne savent où donner de la tête. Il semble pourtant que la clarté au niveau de ces rôles soit favorable au sexe sécuritaire. Il est difficile à l'heure actuelle de faire le point sur ces dimensions et elles méritent d'être mieux comprises. De plus, si la communication est assujettie à la définition de ces rôles, comment la comprendre et aider les jeunes qui doivent négocier le sexe sécuritaire dans le cadre de relations homosexuelles?

c) Les relations de pouvoir basées sur le genre

La communication dans la dyade sexuelle est soumise à des jeux d'influence, de pression et de pouvoir, ces jeux n'étant pas indépendants de la construction de l'identité de genre. Selon Holland *et al.* (1990, 1992), la construction de la féminité et de la masculinité, néanmoins fragile, contestée et instable, privilégie systématiquement les besoins sexuels des hommes au détriment de la sécurité des femmes. Cette construction présuppose que les hommes sont aventureux et ont de la difficulté à contrôler leurs pulsions sexuelles, alors que les femmes sont assujetties à des schémas sociaux axés sur la passivité, sur le renoncement au plaisir et sur le devoir sexuel. Ainsi, pour un homme, l'exercice du pouvoir dans la sphère sexuelle devient une façon de répondre aux exigences nécessaires pour se conformer aux styles de masculinité prônés par la société, alors que le refus de ce pouvoir remet en question cette masculinité. Pour une femme, l'exercice du pouvoir au niveau sexuel va à l'encontre de ce qui est socialement défini comme étant un comportement féminin approprié. Cette tension identitaire ressentie autant par les hommes que par les femmes place toutefois les femmes en position de plus grande vulnérabilité face aux risques sexuels, rendant la négociation sur leur sécurité beaucoup plus difficile. Néanmoins, l'intensité de ces tensions identitaires dépend en grande partie du contexte social et culturel dans lequel elles se construisent (Amaro, 1995).

Les interactions à l'échelle méso et macrosystémique

L'interaction avec le milieu géographique

Le fait de vivre en milieu urbain, plutôt qu'en banlieue ou dans un milieu plus rural est une condition de vie plus favorable à l'implication sexuelle. En fait, sous ce résultat se combinent de multiples facteurs inhérents aux caractéristiques mêmes du milieu urbain (socialisation plus facile, plus étendue, conditions d'anonymat davantage préservées, proximité, ou accessibilité aux lieux de rencontres, etc.).

Si l'urbanisation favorise une implication sexuelle plus précoce, elle est aussi liée dans de nombreuses études, à des pratiques préventives plus fréquentes (Lévy, Otis & Samson, 1996; Otis, 1996; Pleck, Sonenstein & Ku, 1990). Plus encore, les caractéristiques d'un environnement urbain pourraient avoir une influence sur le choix des stratégies de gestion du risque adoptées par les jeunes. L'enquête provinciale dans les cégeps québécois francophones illustre ce fait. Dans cette étude, les étudiants montréalais plutôt que ceux de Québec ou des régions périphériques, utilisent moins souvent les stratégies basées sur la stabilité (limiter le nombre de partenaires, connaître davantage leur partenaire ou se promettre la fidélité) ou sur le choix du partenaire (avoir des relations uniquement avec un partenaire de bonne réputation ou ayant eu peu de relations), pour privilégier les stratégies basées sur le dépistage (condom d'abord, arrêt après un test; demande au partenaire s'il a passé un test; sans condom, passer régulièrement un test de dépistage). Il est possible que dans un environnement urbain comme Montréal, l'accès à l'information et aux ressources ou la plus grande visibilité de l'infection par le VIH contribuent à certaines divergences dans la construction du risque par les jeunes et dans leur façon d'envisager des solutions à la menace.

L'interaction avec le milieu socioéconomique

Nombre d'auteurs avancent que les adolescents issus d'un milieu socioéconomique défavorisé amorcent leur vie sexuelle de façon plus précoce (Thériault & Tremblay, 1995). L'indicateur privilégié est souvent le niveau de scolarité des parents, surtout celui de la mère. Langille *et al.* (1994) rapportent que les actifs sexuellement sont proportionnellement plus nombreux chez les élèves dont aucun des parents n'a de formation universitaire, alors qu'Harvey & Spigner (1995) précisent que les filles actives sexuellement ont souvent un père moins éduqué et les garçons actifs sexuellement, une mère moins éduquée. Dans le contexte économique actuel, il nous semble que cet indicateur soit quelque peu insuffisant; par contre, l'association entre un plus haut niveau d'implication sexuelle et des conditions socioéconomiques précaires perdure, d'autant plus que ces conditions ont souvent un impact sur le contexte familial lui-même. Les conduites à risque, tout comme l'implication sexuelle plus précoce, sont aussi associées à un statut socioéconomique plus faible. Si ces liens entre de pauvres conditions socioéconomiques et la prise de risque sont maintenant acceptés, encore faut-il réaliser que les efforts de prévention n'ont pas osé s'y attaquer. Aura-t-on le courage de dénoncer ces conditions et oser mettre en œuvre des stratégies qui touchent les politiques sociales?

L'interaction avec le milieu culturel

L'identité ethnoculturelle serait un autre élément majeur marquant l'implication sexuelle et les pratiques à risque. Au Québec, les francophones québécois comparativement aux anglophones ou aux Néo-canadiens s'engagent plus tôt dans leur vie sexuelle et ont davantage de pratiques à risque. Aux États-Unis, les Afro-Américains se démarquent des Caucasiens ou des Hispano-Américains du même âge quant à la précocité de leurs relations sexuelles, bien que l'écart entre ces sous-groupes semble s'être réduit dans les dernières années. Il semble aussi que les caucasiens se protègent davantage que les Afro-Américains et ceux-ci, davantage que les Hispano-Américains. Parmi ces derniers, les adolescents davantage acculturés ont des pratiques plus sécuritaires que les jeunes ayant conservé un lien étroit avec leur culture d'origine. Encore là, ces résultats soulignent l'importance des diverses appartenances culturelles des adolescents, ces appartenances étant par contre, quasiment inconnues. Elles impliquent des valeurs sexuelles différentes, des tabous et des stéréotypes différents, des rôles sociosexuels s'exprimant autrement, plusieurs de ces éléments étant d'abord construits par l'interaction avec le milieu familial, puis renforcés par l'environnement social immédiat, les médias, etc.

L'interaction entre les facteurs individuels et les facteurs environnementaux.

Dans la recherche sur les facteurs explicatifs des conduites à risque et des pratiques préventives des adolescents et des jeunes adultes, on note une nette disproportion entre l'importance accordée aux caractéristiques individuelles et celle donnée aux dimensions interpersonnelles, socioculturelles ou environnementales. Or, ces facteurs sont en interaction, ce que trop peu de recherches ont tenté d'explorer. En ce sens, les travaux de Stiffman *et al.* (1995) sont particulièrement éloquents, puisqu'ils démontrent à quel point la vulnérabilité individuelle se conjugue à la vulnérabilité sociale. Dans leur étude, 31% de la variation dans la prise de risque en tant que jeune adulte est expliqué par une combinaison de facteurs individuels: idéations suicidaires, abus d'alcool et de drogues, comportements antisociaux et de facteurs environnementaux présents à l'adolescence au niveau familial (abus sexuels, difficultés avec les parents), social (maladie, pauvreté, chômage et criminalité dans le voisinage, violence, séparation, réseau d'amis mésadaptés; etc.) et communautaire (nombre de sources d'information sur le VIH auxquelles le jeune a été exposé). Cette étude appuie à la fois les perspectives sociocognitives et écologiques, soulignant l'importance de l'interaction entre la personne et son environnement, mettant l'accent sur des indicateurs de santé mentale et de conditions socio-économiques (violence et chômage). Ces constats ont un impact sur les stratégies de prévention, obligeant qu'on ne parle plus seulement de vulnérabilité individuelle, mais aussi de vulnérabilité sociale. Sans aller aussi loin que Stiffman *et al.* (1995), d'autres auteurs renforcent l'idée relative à l'importance d'avoir une vision plus écologique, notamment lorsqu'on veut mieux comprendre la prise de risque chez les adolescents en difficulté d'adaptation ou chez les jeunes gais et bisexuels, souvent victimes de rejet, d'abus de toutes sortes et de marginalisation (Savin-Williams, 1994).

Ainsi que nous l'avons déjà noté, cette perspective plus écologique est encore en émergence, partiellement documentée et souvent mal comprise. Pour ces raisons, bien des études et bien des programmes se disant écologiques ne sont en fait que des travestissements étriqués de notre impuissance à penser et à gérer la complexité!

CONCLUSION

Ce présent chapitre a tenté d'illustrer le difficile passage du discours préventif diffusé à l'intention des adolescents d'une position centrée sur les risques individuels vers une position qui devrait reconnaître la vulnérabilité sociale. Si la dynamique sociale de l'infection par le VIH semble maintenant acceptée et conduire à des stratégies d'*empowerment* et de mobilisation communautaire, dans les faits, les savoirs acquis ne permettent pas qu'on s'engage de façon assurée vers ces stratégies. La promotion de la santé sexuelle des adolescents et des jeunes adultes restera une utopie tant qu'on prétendra adhérer à une approche écologique, alors qu'il n'en est rien.

La recherche persiste à se donner comme seule unité d'analyse, l'individu lui-même et on ose parler d'interaction entre la personne et son environnement lorsqu'on découvre, par exemple, une association entre la cohésion familiale, le statut socioéconomique et la prise de risque. Pour être cohérent avec le discours qui dénonce l'importance de la vulnérabilité sociale, les chercheurs devront choisir comme unité d'analyse, les écosystèmes eux-mêmes et leur objet d'étude devra se centrer sur la dynamique des interactions entre la personne et ses environnements. Ces efforts devraient ouvrir de nouvelles voies, de nouveaux défis méthodologiques, voire même l'obligation que les diverses visions du monde, que les multiples paradigmes, se confrontent, se côtoient, acceptent de cohabiter et d'échanger.

En terme d'action, cette perspective oblige aussi le discours préventif à remettre en question ses stratégies, ses méthodes, ses approches et ce, dans un contexte socioéconomique où l'amélioration des milieux et des conditions de vie devient un objectif difficile à atteindre.

Le décloisonnement des programmes et le développement d'interventions reposant sur le mélange des expertises et la multidisciplinarité semblent maintenant essentiels au succès des efforts de prévention. La réorientation des services pour une meilleure complémentarité est l'une des pierres angulaires d'un programme de promotion efficace. Partant de la reconnaissance d'un continuum temporel dans la prise de risque chez les jeunes, tous les réseaux impliqués auprès d'eux doivent se concerter pour un meilleur maillage et une continuité des interventions. Ces réseaux définissent en fait, les contours de l'écosystème auquel il faudra s'attarder.

Le milieu scolaire est sans doute l'un des piliers d'une stratégie de prévention visant les jeunes à risque, ceci dans une perspective d'intervention précoce auprès des plus vulnérables et de ceux qui ont déjà débuté certaines conduites à risque. L'implication d'autres milieux est également cruciale, notamment celle des services médicaux et psychosociaux de première ligne et celle des services communautaires et de loisirs. Comme l'école, ces réseaux sont en mesure de dépister précocement les jeunes les plus vulnérables, mais également de leur offrir du support et des alternatives à la prise de risque. Tous ces réseaux sont également en mesure de contribuer aux efforts de réhabilitation chez les jeunes déjà aux prises avec le décrochage, la toxicomanie ou autres difficultés, en travaillant de concert avec les services de réadaptation. Par ailleurs, ce travail de réorientation doit s'inscrire dans une démarche plus globale de renforcement des milieux sociaux et d'amélioration des conditions de vie. Dans cette perspective, l'action communautaire visant l'*empowerment* des milieux et des individus et l'action politique en vue de l a *démarginalisation* de certains groupes par la sensibilisation de la population générale aux différences sont des voies d'actions importantes. En s'engageant dans ces voies, l'action contribue elle-même à définir l'écosystème qui devrait être l'unité d'analyse des chercheurs. Si la recherche auprès des adolescents a jusqu'à maintenant précédé l'action, il est peut-être temps qu'elle accepte d'apprendre par et dans l'action, puisque celle-ci participe déjà au processus d'interaction entre la personne et ses environnements.

BIBLIOGRAPHIE

Amaro, H. (1995). Love, sex and power. Considering women's realities in HIV Prevention. *American Psychologist, 50,* 437-449.

Apostolidis, T. (1994). Représentations sociales de la sexualité et du lieu affectif: la logique relationnelle des comportements sexuels. Dans *Connaissances, Représentations, Comportements. Sciences Sociales et Prévention du Sida* (p. 77-85). Paris: Agence Nationale de Recherches sur le Sida.

Bowie, W.R., Warren, W.K., Fisher, W.A., MacDonald, N.E., Doherty, J.-A. & Wells, G.A. (1990). Implications of the Canada Youth and AIDS Study for health care providers. *Canadian Medical Association Journal, 143,* 713-716.

Catania, J., Kegeles, S.M. & Coates, T.J. (1990). Towards an understanding of risk behavior: An AIDS Risk Reduction Model. *Health Education Quartely, 17,* 53-72.

Center for Disease Control and Prevention (1993). Update: acquired immunodeficiency syndrome, United States, 1992. *Morbidity and Mortality Weekly Report, 42,* 547-57.

Chan, D.K.S. & Fishbein, M. (1993). Determinants of college women's intentions to tell their partners to use condoms. *Journal of Applied Social Psychology, 23,* 1455-1470.

Choi, K.-H. & Catania, J.A. (1996). Changes in multiple sexual partnership, HIV testing, and condom use among US heterosexuals 18 to 49 years of age, 1990 and 1992. *American Journal of Public Health, 86,* 554-556.

Cline, R.J.W., Johnson, S. & Freeman, K. (1992). Talk among sexual partners about AIDS: interpersonal communication for risk reduction or risk enhancement? *Health Communication, 4,* 39-56.

Cloutier, R., Champoux, L. & Jacques, C. (1994). *Ados, familles et milieu de vie. La parole aux ados.* Québec: Centre de recherche sur les services communautaires, Université Laval.

DiBlasio, F.A. & Benda, B.B. (1994). A conceptuel model of sexually active peer association. *Youth et Society, 25,* 351-367.

DiClemente, R.J., Lanier, M.M., Horan, P.F. & Lodico, M. (1991). Comparaison of AIDS knowledge, attitudes, and behaviors among incarcerated adolescents and a public school sample in San Francisco. *American Journal of Public Health, 81,* 628-630.

Drolet, M. (1994). *Évaluation des effets, différenciés selon le genre, d'une intervention préventive en matière de MTS-sida auprès d'adolescentes et d'adolescents.* Thèse de doctorat, Université Laval.

Dubois, R. & Dulude, D. (1986). La perception de la relation sexuelle par des adolescentes dites mésadaptées socio-affectives. *Revue Québécoise de Psychologie, 7,* 21-32.

Frappier, J.Y. & Roy, É. (1995). *HIV seroprevalence and risk behaviors study among adolescents with maladaptive and social problems in Montréal.* Montréal: Unité de maladies infectieuses, rapport de recherche - projet #5505-3744-Aids, PNRDS.

Frigault, L.R. (1995). *Rapports de pouvoir, styles de communication et stratégies de protection face au sida parmi des étudiants et étudiantes universitaires de Montréal.* Mémoire de maîtrise, département de sexologie, UQAM.

Galligan, R.F. & Terry, D.J. (1993). Romantic ideals, fear of negative implications, and the practice of safe sex. *Journal of Applied Social Psychology, 23,* 1685-1711.

Gold, R.S. & Skinner, M.J. (1992). Situational factors and thought processus associated with unprotected intercourse in young gay men, *AIDS, 6,* 1021-1030.

Gold, R.S., Karmitoff-Smith, A., Skinner, M.J. & Morton, J. (1992). Situational factors and thought processes associated with unprotected intercourse in heterosexual students. *AIDS Care, 4,* 305-323.

Gray, L.A. & Saracino, M. (1991). College students' attitudes, beliefs, and behaviors about AIDS: implications for family life educators. *Family Relations, 40,* 258-263.

Green, L.W. & Kreuter, M.W. (1991). *Health promotion planning. An educational and environnemental approach*, Mountain View: Mayfield Publishing Company.

Harvey, S.M. & Spigner, C. (1995). Factors associated with sexual behavior among adolescents: a multivariate analysis. *Adolescence*, 30, 253-264.

Holland, J., Romazanoglu, C., Scott, S., Sharper, S. & Thomson, R. (1992). Risk, power and the possibility of pleasure: young women and safer sex. *AIDS Care*, 4, 273-283.

Holland, J., Romazanoglu, C., Scott, S., Sharper, S. & Thomson, R. (1990). Sex gender and power: young women's sexuality in the shadow of Aids. *Sociology of Health et Illness*, 12, 336-350.

Keller, M.L. (1993). Why don't young adults protect themselves against sexual transmission of HIV? Possible answers to a complex question. *AIDS Education and Prevention*, 5, 220-233.

Kimble, D.L., Covell, N.H., Weiss, L.H., Newton, K.J., Fisher, J.D. & Fisher, W.A. (1992). College students use implicit personality theory instead of safer sex. *Journal of Applied Social Psychology*, 22, 921-933.

Ku, L.C., Sonenstein, F.L. & Pleck, J.H. (1993). Young men's risk behaviors for HIV infection and sexually transmitted diseases, 1988 through 1991. *American Journal of Public Health*, 83, 1609-1615.

Laboratoire de lutte contre la maladie du Canada (1995a). Mise à jour de surveillance: *Le sida au Canada*, Janvier.

Laboratoire de lutte contre la maladie du Canada (1995b). Bulletin de la Direction générale de la protection de la santé.

Lagrange, H., Lhomond, B., Calvez, M., Darsch, C., Fovier, C., Fierro, F. *et al.* (1995). *Les comportements sexuels des jeunes de 15 à 18 ans*. Paris: Agence Nationale de Recherches sur le Sida. Dossier de Presse.

Langille, D.B., Brazley, R., Shoveller, J. & Johnston, G. (1994). Prevalence of high risk sexual behaviour in adolescents attending school in a County in Nova Scotia. *Canadian Journal of Public Health*, 85, 227-230.

Lear, D. (1995). Sexual communication in the age of AIDS: the construction of risk and trust among young adults. *Social Sciences and Medecine*, 41, 1311-1323.

Lear, D. (1996). «You're gonna be naked anyway». College students negociating safer sex. *Qualitative Health Research*, 6, 112-134.

Lévy, J.J., Otis, J. & Samson, J-M. (1996). *Risque face au sida, relations de pouvoir et styles de communication sexuelle chez les étudiants des cegeps francophones*. Rapport de recherche présenté au PNRDS. Montréal: département de sexologie, Université du Québec à Montréal. Dépot légal: 2ᵉ trimestre. Bibliothèque nationale du Canada, Bibliothèque nationale du Québec, ISBN-2-9803069-4-0, 18p.

Maticka-Tyndale, E. (1992). Social construction of HIV transmission and prevention among heterosexual young adults. *Social Problems*, 39, 238-252.

Memon, A. (1991). Perceptions of Aids vulnerability: The role of attributions and social context. Dans P. Aggleton, G. Hart & P. Davies (dir.), *Aids: Responses, Interventions and Care* (p. 157-168). London: Falmer Press.

Mickler, S.E. (1993). Perceptions of vulnerability: impact on Aids - preventive behavior among college adolescents. *AIDS Education and Prevention*, 5, 43-53.

Moore, S.M. & Rosenthal, D.A. (1991). Adolescent invulnerability and perceptions of Aids risk. *Journal of Adolescent Research*, 6, 164-180.

Morin, M. & Joule, R.V. (1995). Représentations sociales et engagement: recherches psychosociales en milieu scolaire sur les modifications de conduites des jeunes en relation au sida. Dans *Sexualité et Sida. Recherches en Sciences Sociales* (p. 299-304). Paris: Agence Nationale de Recherches sur le Sida.

O'Leary, A., Goodhart, F., Jemmott, L.S. & Boccher-Lattimore, D. (1992). Predictors of safer sex on the college campus: a social cognitive theory analysis. *Journal of American College and Health*, 40, 254-262.

Otis, J. (1996). *Santé sexuelle et prévention des MTS et de l'infection au VIH. Bilan d'une décennie de recherche au Québec auprès des adolescents et adolescentes et des jeunes adultes*. Bibliothèques nationales du Canada et du Québec, dépot légal 2ième trimestre 1996, ISBN 2-550-30057-2, 164 p.

Pleck, J.H., Sonenstein, F.L. & Ku, L.C. (1990). Contraceptive attitudes and intention to use condoms in sexually experienced and inexperienced adolescent males. *Journal of Family Issues*, 11, 294-312.

Poppen, P.J. (1993). Unrealistic optimism and pessimism in perception of AIDS risk. *101st Annual Convention of the American Psychological Association*, Toronto, Canada.

Prochaska, J.O., Reeding, C.A., Harlow, L.L., Rossi, J.S. & Velicer, W.F. (1994). The transtheoretical model of change and HIV prevention: a review. *Health Education Quarterly*, 21, 471-486.

Quadrel, M.J., Fischhoff, B. & Davis, W. (1993). Adolescent (In) vulnerability. *American Psychologist*, 48, 102-116.

Roy, É., Haley, N., Boivin, J.-F., Frappier, J.-Y., Claessens, C. & Lemire, N. (1996). *L'infection chez les jeunes de la rue de Montréal*. Rapport final. Montréal: Groupe de recherche sur les jeunes de la rue et l'infection au VIH, Unité de santé publique, Division des maladies infectieuses.

Savin-Williams, R.C. (1994). Verbal and physical abuse as stressors in the lives of lesbian, gay males, and bisexual youths: association with school problems, running away, substance abuse, prostitution and suicide. *Journal of Homosexuality*, 26, 41-56.

Seidman, S.N. & Rieder, R.O. (1994). A review of sexual behavior in the United States. *American Journal of Psychiatry*, 151, 330-341.

Stiffman, A.R., Dore, P., Cunningham, R.M. & Earls, F. (1995). Person and environment in HIV risk behavior change between adolescence and adulthood. *Health Education Quarterly*, 22, 211-226.

Thabet, C., Otis, J. & Dupras, A. (1995). Les croyances des jeunes à l'égard de l'utilisation d'un distributeur de condoms à l'école: utilité de la théorie sociale cognitive. *Revue Sexologique*, 3, 143-167.

Thériault, J. & Tremblay, R.E. (1995). Taux de précocité sexuelle chez les adolescents de milieux socio-économiques défavorisés. *Contraception, Fertilité, Sexualité*, 23, 545-551.

Thériault, J. (1992). Transition allosexuelle à l'adolescence: perceptions et représentations des 12-15 ans. *Cahiers de Sexologie Clinique*, 18, 44-48.

Waldron, V.R., Caughlin, J. & Jackson, D. (1995). Talking specifics: facilitating effects of planning on AIDS talk in peer dyads. *Health Communication*, 7, 249-266.

Walter, H.J., Vaughan, R.D. & Cohall. A.T. (1991). Psychosocial influences on acquired immunodeficiency syndrome-risk behaviors among high school students. *Pediatrics*, 88, 846-852.

Woodcock, A.J., Stenner, K. & Ingham, R. (1992). Young people talking about HIV and AIDS: interpretations of personal risk of infection. *Health Education Research*, 7, 229-247.

Yesmont, G.A. (1992). The relationship of assertiveness to college students' safer sex behaviors. *Adolescence*, 27, 253-272.

Zuckerman, M. (1978). Sensation-Seeking. Dans H. London & J. H. Exner (dir.), *Dimensions of Personality* (p. 487-560). New-York: John Wiley et Sons.

LE SIDA ET LES COMPORTEMENTS SEXUELS À RISQUE: TOXICOMANIE, INCARCÉRATION ET PROSTITUTION

Catherine HANKINS

Les utilisateurs de drogues injectables (UDI), les prostituées et les prisonniers ont en commun le fait d'être marginalisés et d'être fréquemment la cible de discrimination et de négligence. De plus, les UDI et les travailleurs du sexe sont généralement traités de façon punitive. Cette situation ne favorise aucunement la prise en charge individuelle ou collective du changement social nécessaire à la prévention du VIH. Ce chapitre traite de l'épidémiologie des situations et des comportements à risque propices à l'acquisition du VIH chez les UDI, les prostituées et les détenus. On y présente aussi plusieurs initiatives prises en vue de ralentir la transmission de VIH dans ces populations.

L'UTILISATION DE DROGUES INJECTABLES
L'épidémiologie du VIH chez les UDI

De nombreuses données existent sur l'évolution de la prévalence du VIH dans plusieurs pays. En Malaisie, sur une période de quatre ans, la prévalence du VIH chez les UDI était inférieure à 1% en 1988 et a atteint près de 7% en 1991. En Nouvelle-Zélande, ainsi que dans deux villes australiennes (Melbourne et Sidney), la prévalence s'est maintenue à un bas niveau (voir tableau 1).

TABLEAU 1
Prévalence du VIH chez les UDI (hommes et femmes combinés)

Site géographique	Année	Taille de l'échantillon	Taux (%)
Argentine			
Buenos Aires	1985-1987	421	39.9
	1988-1989	660	48.3
	1987-1990	1631	44.3
	1993	541	51.9
Australie			
Melbourne	1986	875	1.2
	1987		0.6
	1988		0.9
	1989		0.0
Sydney	1986	666	1.3
	1987		1.2
	1988		2.0
	1989		2.6
Bahamas	1990-1991	224	13.4
Brésil			
Sao Paulo & Rio de Janeiro	1986-1987	188	16.0
Sao Paulo	1991-1992	306	23.0
Rio de Janeiro	1990-1992	123	34.2
	1994-1995	132	14.4

TABLEAU 1 (suite)
Prévalence du VIH chez les UDI

Site géographique	Année	Taille de l'échantillon	Taux (%)
Chine			
continentale	1989	1167	12.5
	1990	2567	14.2
	1992	166	44.6
Hong Kong	1985-1992	7188	0.01
Inde			
État du Manipour	1986-1988	500	0.0
	1989-1990	1412	54.2
	1991	2820	44.8
	1992	250	67.2
Japon	1988-1990	7160	0.04
	1993	2111	0.0
Israël			
Tel Aviv	1986	400	2.0
	1986-1988	173	3.5
	1990	331	3.3
Malaisie	1988	697	0.14
	1989	4317	2.6
	1990	9094	5.1
	1991	5123	6.9
Nepal	1992	127	1.6
	1993	141	0.0
Nouvelle-Zélande	1992	591	0.5
Puerto Rico			
San Juan	1989-1990	1637	47.5
	1990-1991	342	29.5
Afrique du sud			
UDI blancs	1986	176	0.57
Thailande			
Bangkok	1987	3279	1.0
	1988, Jan	768	1.2
	1988, Avr	650	14.8
	1988, Juin	822	24.0
	1988, Août	868	32.3
	1989	1811	44.0
	1990, Juin	878	44.2
	1991, Juin	200	45.0
	1992, Juin	200	41.0
	1993, Juin	772	23.1
	1995, Juin	523	31.4
Trinidad & Tobago	1987	150	2.0
	1988-1989	318	4.7
Uruguay			
Montevideo	1991	328	21.2
	1992	46	41.8
	1993	60	46.0
	1994	236	15.5
	1995	237	20.8
	1996	216	9.8
Vietnam:			
Régions non spécifiées	1989-1992	2008	0.2
	1993	1061	8.7
Ho Chi Minh City	1992	250	1.0
	1993	1733	25.0
	1994	2136	34.0
	1995	1404	42.0

Source: U.S. Bureau of the Census, 1997.

Au Canada, jusqu'en 1995, on constate que la prévalence du VIH dans cette catégorie de population croît, en général, au fur et à mesure qu'on se déplace de l'Ouest vers l'Est et atteint un sommet de 19,7% à Montréal, comme le montre le tableau 2 (Hankins, Tran, Desmarais et al., 1997). Depuis, une épidémie explosive à Vancouver a fait augmenté le taux de séroprévalence à 25% (Groupe de travail, Plan d'action national sur le VIH/sida et l'usage de drogues par injection, 1997).

TABLEAU 2
Variations géographiques dans la prevalence du VIH parmi les UDI au Canada

	Année	Taux %	95% IC	N
Montréal	1995-1996	11.1*	7.6-15.9	225
	1996	19.7	16.7-23.1	624
Ottawa	1992-1993	8.4	6.1-10.7	580
Toronto	1993	9.0*	6.0-12.0	370
Winnipeg	1991-1992	1.2	--	168
Edmonton/ Calgary	1994-1995	5.0	--	401
Vancouver	1996	23.2	20.6-25.8	1006
* UDI qui ne sont pas en traitement				

Source: Bureau of HIV/AIDS and STD, Laboratory Centre for Disease Control, Health Canada, 1997.

On constate également d'importantes variations géographiques de prévalence du VIH à l'intérieur des États-Unis. La prévalence la plus élevée se trouve chez les UDI vivant dans les villes de la côte Est, notamment à New York et à Newark dans le New Jersey, ainsi que dans le sud-est des États-Unis, principalement à Miami (Des Jarlais et al., 1992). En Europe, la prévalence du VIH tend à augmenter à mesure qu'on se dirige vers le sud. La prévalence du VIH chez les UDI est particulièrement élevée en Espagne où elle atteint 41,3% (Merino, Aizpiri, Esparza, San Cristobal & Perez, 1990). En Italie, on constate aussi des taux de prévalence élevés de 45,5% (Peroni et al., 1990) et 67,9% (Zerboni, Cusini, Carminati & Alessi, 1988). Dans certaines villes, telles Édimbourg, New York, Amsterdam, Genève et Milan, la prévalence a tendance à se stabiliser (Bath et al., 1993; Friedman & Des Jarlais, 1991; Nicolosi et al., 1992; Robert et al., 1990; Van Haastrecht, Van Den Hoek, Bardoux, Leentvar-Kuypers & Coutinho, 1991).

Pour avoir une image plus juste de la dynamique de la transmission de ce virus, les données relatives à l'incidence du VIH sont utiles puisqu'elles donnent une idée du nombre de gens qui acquièrent le VIH au cours d'une période de temps donnée. En Italie, l'incidence a légèrement diminué au cours d'une période de quatre ans, passant de 6,3 par 100 personnes-années en 1987 à 4,3 par 100 personnes-années en 1991 (Leite et al., 1995; Nicolosi et al., 1992). À Montréal, parmi les personnes qui participent régulièrement à un programme d'échange de seringues, l'incidence a diminué de 9,5 par 100 personnes-années en 1990 à 6,8 par 100 personnes-années en 1994 (Hankins, Gendron & Tran, 1995). À Los Angeles, la transmission du VIH, parmi les UDI en traitement, semble diminuer très lentement. passant 0,14 par 100 personnes-années de 1989 à 1991 à 0,17 personnes-années de 1991 à 1993 (Longshore & Anglin, 1994).

Plusieurs chercheurs ont fait appel à des méthodes de capture/recapture pour évaluer le nombre d'UDI infectés par le VIH à Amsterdam (van

Haastrecht, van den Hoek, Bardoux, Leentvaar-Kuypers & Coutinho, 1991),
à Londres (Hartnoll, Lewis, Mitcheson & Bryer, 1985), à Rome (Davoli *et
al.*, 1992) et à Glasgow (Frischer, 1992). À Bangkok, en Thaïlande une étude
de type *capture/recapture* faite à partir de deux échantillons a permis
d'évaluer à 36000 le nombre d'utilisateurs d'opiacés actifs en 1991 parmi
lesquels 12000 étaient infectés par le VIH (Mastro *et al.*, 1994). De telles
évaluations sont d'une importance cruciale dans la préparation de plans
d'action et de programmes en matière de services de santé relatifs au VIH
pour les années futures.

Étant donné que plus de cent pays affirment avoir des UDI et que plus de
60 d'entre eux estiment que l'infection attribuable au VIH constitue un
problème de santé publique chez cette population (Des Jarlais *et al.*, 1995), il
devient impératif de comprendre les facteurs qui alimentent cette épidémie.

**Les comportements qui représentent des risques d'infection au VIH chez les
UDI**

À travers le monde, de nombreuses études ont démontré qu'il y avait une
relation directe entre la séropositivité au VIH, la fréquence des injections, la
propension au partage des seringues et le nombre de partenaires qui partagent ces seringues. Il est connu que l'utilisation de seringues non stériles
augmente le risque de contracter l'hépatite B et C, le HTLV II (*Human T-cell
leukemia virus II*) et d'autres agents infectieux transmissibles par le sang.
Depuis l'apparition de l'infection au VIH, les UDI vivant dans de nombreuses
villes ont intégré diverses stratégies de réduction de risque liées à leurs
habitudes d'utilisation de seringues. Ces changements ont été encouragés par
des campagnes de publicité menées en faveur de l'utilisation de matériel
d'injection propre, par des programmes d'éducation et par la distribution de
matériel d'injection stérile (Harris *et al.*, 1990; Nicolosi *et al.*, 1991;
Stimson, Dolan, Donoghoe & Jones, 1991). Les stratégies proposées comprennent l'utilisation de seringues stériles, la réduction du partage des seringues,
l'utilisation d'eau de Javel pour stériliser le matériel d'injection, la réduction de la fréquence d'injection et l'adoption de modes de consommation de
drogues plus sécuritaires soit en fumant ou par ingestion.

On a évoqué trois raisons pour expliquer pourquoi les gens partagent des
seringues: une coutume bien implantée dans la culture de la drogue de se
retrouver ensemble pour s'injecter et pour partager des seringues; le manque
d'habiletés à s'injecter soi-même qui résulte en une dépendance par rapport
aux autres pour l'administration de la drogue et enfin, le manque d'accès à
une seringue personnelle (Mann, Tarantola & Netter, 1992). À l'intérieur de
la sous-culture de l'injection de drogue, le partage représente une valeur
importante et fréquente: le partage de la nourriture, des vêtements, des
cigarettes et d'un endroit pour loger. Il est extrêmement difficile d'évaluer la
contribution relative de facteurs culturels au phénomène du partage des
seringues dans un contexte où il est presque impossible de se procurer des
seringues propres. Toutefois, plusieurs études ont montré que les UDI réduisent
leurs comportements à risques quand on les informe des risques de contracter le
sida, avant même que des programmes formels ne débutent (Des Jarlais,
Friedman & Hopkins, 1985; Friedman, Des Jarlais & Sotheran, 1987;
Selwyn, Feiner, Cox, Lipshutz & Cohen, 1987).

Il est clair que la pénurie d'aiguilles et de seringues stériles favorise le partage. Il s'avère également difficile d'introduire l'arrêt du partage des seringues auprès des partenaires sexuels qui ne prennent habituellement pas la peine d'avoir des relations sexuelles protégées ou chez des amis qui ont établi depuis longtemps une relation de confiance mutuelle. On sait aussi que, lorsque les grands utilisateurs de cocaïne sont pris de frénésies de consommation caractéristiques de leur état, ils abandonnent souvent aux rancarts leurs bonnes intentions de s'en tenir à l'utilisation d'une seringue personnelle après quelques injections. De plus, lorsque des utilisateurs bien intentionnés entrent en possession de drogue sans avoir de seringue propre, ils ont tendance à oublier leurs résolutions de s'en tenir à des injections sûres. En outre, ceux qui s'injectent pour la première fois ont besoin d'assistance pour s'injecter et doivent compter sur les autres pour se faire administrer de la drogue. Les non-utilisateurs de drogue ne portent en fait pas de seringues sur eux au cas où ils voudraient consommer de la drogue, contrairement à ce qui se passe pour les préservatifs. Conséquemment, ceux qui se piquent pour la première fois utilisent généralement les seringues des autres. Le fait de ne pas avoir accès à sa propre seringue peut constituer un problème aigu ou chronique. Enfin, le manque ponctuel de seringue en période de sevrage tend à augmenter le risque d'utiliser la première seringue disponible, qu'elle soit propre ou sale.

Différences de comportement entre les hommes et les femmes

Les femmes sont vulnérables à l'infection par le VIH, soit directement par l'utilisation de drogues injectables, soit indirectement via les comportements sexuels associés à leur utilisation de drogue et d'alcool. Les femmes qui ont commencé à s'injecter avec leurs partenaires sexuels peuvent continuer à se faire injecter par eux pendant des années, ce qui les rend particulièrement vulnérables au surdosage ou à l'infection au VIH lorsque leurs partenaires les quitte ou meurt.

Bien que les premières études transversales menées auprès d'UDI n'établissaient pas de différence entre les hommes et les femmes au niveau des taux d'infection, les études prospectives sur l'incidence de l'infection démontrent une nette différence dans les taux d'acquisition de l'infection au VIH chez les femmes utilisatrices de drogues injectables. Ces études suggèrent également que les relations hétérosexuelles sont un facteur de risque contribuant à la transmission du VIH chez ces femmes (Solomon et al., 1993). Malgré tout, plusieurs études continuent à rapporter qu'il n'y a pas de différence dans la prévalence du VIH entre les femmes utilisatrices de drogues injectables qui pratiquent la prostitution et celles qui ne la pratiquent pas (Hankins et al., 1994; Rhodes, Donoghoe, Hunter & Stimson, 1994). Selon ces recherches, la prostitution, en tant que telle, ne contribue pas à l'augmentation de l'exposition au VIH chez ces femmes.

On rapporte que les femmes qui s'injectent ont, plus souvent que les hommes UDI, des comportements sexuels à risque élevé. Elles ont, plus souvent qu'eux, des rapports sexuels avec des injecteurs et des rapports sexuels anaux non protégés où elles sont pénétrées (Anderson et al., 1990). En fait, les hommes qui s'injectent ont tendance à avoir des relations sexuelles avec des femmes qui ne s'injectent pas tandis qu'au contraire, les femmes qui s'injectent rapportent que la majorité de leurs partenaires sexuels sont des UDI (Booth,

Koester, Brewster, Weibel & Fritz, 1991). Les trois quarts des femmes impliquées dans le milieu de la rue, et ayant participé à l'étude de McKeganey et Barnard (1992) à Glasgow, avaient un partenaire UDI, qu'elles soient elles-mêmes des utilisatrices de drogues injectables ou non.

Situations à risque pour les UDI

Parmi les facteurs sociaux et culturels qui augmentent les probabilités de partage des seringues entre UDI, il faut compter les programmes de lutte contre les drogues qui visent à limiter l'approvisionnement en matériel d'injection stérile et qui restreignent la capacité des utilisateurs de drogue d'adopter et de maintenir des comportements préventifs. On a vu un exemple classique de ce genre de mesures à Édimbourg, ville écossaise où la police et les pharmaciens ont uni leurs efforts en vue de restreindre l'accès aux seringues aux UDI. Cette ligne de conduite a eu pour résultat une épidémie explosive où le taux de séroprévalence au VIH chez les UDI est passé de 5 à 57% entre 1983 et 1985 (Robertson et al., 1986). À Bangkok, les détenus pouvaient se procurer facilement de la drogue sans avoir de seringues à leur disposition et cette situation a créé un environnement propice au partage des seringues et à la propagation du VIH. Une amnistie accordée en décembre 1987 a permis la libération de centaines de ces UDI infectés par le VIH. Les conséquences de cette opération ont été dramatiques: les enquêtes de séropositivité menées entre 1987 et 1988 chez les UDI à Bangkok ont révélé que la prévalence du VIH est passée, chez cette population, de 1 à 43% (Berkelman, Heyward, Stehr-Gren & Curran, 1989). Ces taux ont été confirmés par une étude faite dans une clinique externe traitant des utilisateurs de narcotiques. Cette étude a permis de constater une augmentation de 16% à 45% de la prévalence du VIH chez cette population entre 1987 et 1989 (Vanichseni et al., 1990).

Les questions d'accessibilité et de coût des seringues sont géographiquement liées aux politiques spécifiques de lutte contre la drogue et aux lois et aux règlements qui en découlent. Il existe des lois et règlements pour régir la prescription de seringues et de matériel utilisé pour la consommation de drogue. Cette législation constitue un obstacle important aux programmes de santé publique visant à réduire la transmission du VIH par l'obtention d'un changement de comportement chez les UDI. Dans plusieurs endroits, ces lois ont même servi à poursuivre en justice, toutefois sans succès jusqu'à maintenant, des bénévoles travaillant dans les services d'échange de seringues. Plusieurs juridictions permettent d'arrêter des UDI transportant sur eux une seringue souillée et de les accuser de possession de narcotiques parce que la seringue contient des résidus de drogues. Non seulement cette pratique nuit aux programmes d'échange de seringues mais elle encourage également le booting . Le booting consiste à faire remonter le sang dans la seringue après l'injection et à l'injecter de nouveau pour tirer un effet maximal de la drogue tout en réduisant la quantité de résidus laissés dans la seringue. Cette pratique constitue un risque additionnel de contracter le VIH en situation de partage de seringues.

Les lois punitives et l'application stricte de mesures policières encouragent les UDI à se déplacer sans leur matériel d'injection ou sans la drogue et créent des situations où il devient nécessaire de recourir au partage des seringues pour l'injection de drogue. Les piqueries où les UDI peuvent non seulement acheter leur drogue, mais aussi louer ou emprunter du matériel pour les injections, matériel qu'ils redonnent ensuite à ceux qui exploitent ces commerces, constituent un lieu idéal du point de vue épidémiologique pour l a transmission du VIH. L'injection fréquente de drogue ainsi que la frénésie de consommation, qui s'empare d'ailleurs plus souvent des utilisateurs de cocaïne que des utilisateurs d'héroïne, augmentent le risque d'exposition au VIH. Sous l'effet de la drogue, les habitudes sécuritaires d'utilisation des seringues risquent en effet d'être facilement abandonnées, de la même manière que la protection des relations sexuelles risque d'être négligée sous l'effet de l'alcool. Quand l'accès aux seringues est restreint, les UDI parta-gent leur matériel avec d'autres. Certains d'entre eux vont même jusqu'à fouiller dans des poubelles où sont jetés les déchets médicaux tandis que d'autres sont capables de faire le tour des discothèques et des clubs de nuit à la recherche d'un parfait étranger prêt à partager sa seringue si on lui donne de la drogue.

Les personnes qui s'injectent de la drogue sont particulièrement vulnéra-bles aux risques de transmission du VIH parce que la condamnation sociale qui frappe les drogues illégales a un impact direct et puissant sur les conditions d'injection. Les facteurs économiques et légaux encouragent les toxicomanes à s'injecter pour se droguer plutôt que de l'ingérer ou la fumer. Ces facteurs augmentent, de plus, les possibilités de partage de seringues entre ceux qui se font des injections. Il est maintenant évident que les pressions en faveur de l'application de lois répressives stimulent les consommateurs et les distribu-teurs à faire preuve de plus d'efficacité, tant sur le plan local qu'international (Des Jarlais, Friedman, Choopanya, Vanichseni & Ward, 1992). Les drogues obtenues par des procédés très élaborés, comme l'héroïne e t le chlorhydrate de cocaïne, sont plus faciles à cacher que leurs précurseurs, comme l'opium et la pâte de coca. Par conséquent, les sites de traitement de la drogue se sont déplacés vers les régions géographiques où les pavots et les feuilles de coca sont cultivés, ce qui a même pour effet de changer les métho-des de consommation usuelles des habitants de ces régions. Plus les lois sont durement appliquées, plus les méthodes de consommation de drogue qui s'avèrent moins dangereuses, comme celle qui consiste à fumer la drogue, sont abandonnées de peur, par exemple, que l'odeur de la fumée ne soit décelable. L'augmentation du coût de la drogue amène aussi les gens à se piquer, plutôt qu'à utiliser d'autres méthodes, de façon à obtenir l'effet maximal pour l e prix payé. Entre autres, l'injection d'héroïne a remplacé la coutume de fumer l'opium en raison du durcissement de la loi qui s'est produit à la fois dans les pays de consommation et dans les pays de production (Westermeyer, 1976). On estime actuellement que, à prix égal, l'effet obtenu par injection d'héroïne est trois fois plus fort que l'effet obtenu lorsque l'héroïne est fumée (Des Jarlais, communication personnelle, décembre 1994).

Interventions

Choi & Coates (1994) ont récemment passé en revue les études portant sur l'évaluation de l'efficacité des programmes de prévention du sida destinés aux UDI. Ces programmes comprennent, notamment, des sessions éducatives, des cures de désintoxication, du counselling au sujet du VIH et des tests de dépistage. Seize études se sont penchées sur l'impact des programmes d'échange de seringues chez les UDI. Cinq autres études ont évalué, auprès d'utilisateurs de drogues en traitement ou non en traitement, l'efficacité du travail de rue et de campagnes de promotion dans les médias. Les auteurs de cette revue de travaux ont conclu que la mise sur pied de programmes de prévention du VIH auprès d'UDI entraîne des changements bénéfiques de comportement en ce qui a trait aux pratiques d'injection qui ont cours dans cette population à risque; par contre, il semble beaucoup plus difficile de modifier le comportement sexuel de cette population. Les modèles mathématiques montrent que le risque de transmission du VIH est plus grand lors de l'exposition par injection que lors de l'exposition par contact sexuel. Ces modèles laissent toutefois entendre aussi que l'impact relatif des mesures visant à encourager le port de préservatifs serait équivalent à celui que l'on obtiendrait par des mesures visant à faire cesser le partage des seringues (Leite *et al.*, 1995). Mais les changements de comportements sexuels à risque risquent d'être influencés à la fois par la perception qu'ont les utilisateurs de drogue d'eux-mêmes et par leur façon de concevoir leurs relations sexuelles, conceptions qui sont elles-mêmes marquées par des événements traumatisants vécus dans le passé et par le mode de vie actuel (Singer, 1995).

Une étude menée auprès de 4500 UDI dans des villes aussi variées que Bangkok en Thaïlande, Glasgow en Écosse, New York aux États-Unis et Rio de Janeiro au Brésil a montré que le fait de parler du sida à des amis qui s'injectent de la drogue était significativement associée à des changements de comportements dans ces quatre agglomérations. Éduquer les partenaires sexuels sur la question du sida, leur faire savoir qu'une personne peut être infectée par le VIH tout en ayant l'air en santé et avoir déjà subi des tests pour le VIH étaient également des variables associées à des changements de comportement important dans trois de ces quatre villes. Les auteurs de l'étude en ont conclu que la réduction des risques semble plus grande lorsqu'on fait appel à des processus sociaux que lorsqu'on s'attaque à des changements d'attitude individuels et que, par conséquent, les programmes de prévention du VIH doivent viser explicitement les processus sociaux (Des Jarlais *et al.*, 1995).

Deux grandes stratégies sous-tendent les messages éducatifs destinés de nos jours aux UDI. La première de ces stratégies consiste à demander une réduction de consommation. Cette exigence est illustrée par le message impératif suivant: «Ne consommez pas de drogue». La deuxième stratégie consiste à demander une réduction des méfaits causés par la consommation et se traduit par les messages: «Ne vous injectez pas de drogues. Si vous vous injectez, faites-le de façon sécuritaire.» Dans la plupart des pays qui ont conçu des programmes de prévention, l'attention s'est fixée sur deux de ces trois messages, à savoir «Ne consommez pas de drogues» et «Si vous vous injectez, faites-le de manière sécuritaire.»

On connaît mal les conditions sociales qui nuisent à l'efficacité du message consistant à demander aux consommateurs de drogue de ne pas se faire d'injections. Que faire pour que ce message devienne efficace dans le cadre d'une stratégie globale de prévention du VIH? Comme nous l'avons déjà dit, les conditions socio-économiques, combinées au durcissement de l'application de la loi, ont favorisé l'utilisation de drogues injectables au détriment de méthodes de consommation de drogue représentant un risque plus faible pour la transmission du VIH. La facilité de transport, la diminution des risques de détection et, du point de vue de l'utilisateur de drogue, le rapport effet-coût sont autant de facteurs qui militent en faveur de la consommation de drogues injectables. Il est clair que les politiques actuelles en matière de drogue vont à l'encontre des activités de prévention du VIH et créent un marché illicite. Le durcissement de l'application de la loi favorise le recours à la ruse et à l'audace. Plus les prix augmentent, plus il devient avantageux de s'injecter de la drogue plutôt que de la fumer ou de l'ingérer. Comme les utilisateurs de drogue sont obligés d'entrer en relation avec des criminels pour s'approvisionner en drogue, l'usage de drogues multiples se répand, car les vendeurs de drogue encouragent leurs clients à essayer de nouveaux produits. En réponse à cette incitation, les clients finissent souvent par acheter plus de drogue qu'ils n'en ont besoin, quitte à en revendre à profit en recrutant de nouveaux utilisateurs et ils deviennent ainsi de nouveaux fournisseurs.

Un éditorialiste de la publication *The Economist* (1988) estime que le prix du pavot et des feuilles de coca est 5000 fois plus élevé après avoir été traités. On estime aussi que l'argent provenant du commerce de la drogue, et blanchi par de grandes organisations qui corrompent les gouvernements au passage, s'élève à 100 milliards de dollars non taxés, somme plus élevée que le produit national brut de 150 des 170 nations du monde. Sur le plan social, la facilité de se procurer de l'argent grâce au trafic de la drogue, et aussi l'exemple que représentent les trafiquants de drogue pour les enfants défavorisés, mine l'éthique du travail. Les prix des drogues légales, telles l'alcool et le tabac, n'ont pas été gonflés par la criminalisation et ils n'incitent pas les gens à perpétrer des crimes, comme le vol à l'étalage et le vol par effraction, afin d'être en mesure d'acheter ces drogues. Les programmes de lutte contre la drogue, actuellement en vigueur, ne résolvent en rien le problème: ils servent plutôt à jeter le blâme sur le dos de quelqu'un. De plus, ils engendrent de nombreux problèmes sociaux.

La question de l'illégalité des drogues doit être hissée au rang d'enjeu en matière de santé publique et non plus être perçue comme un obstacle qu'il faut contourner. Il s'avère urgent d'explorer la légalisation des drogues, non pas leur distribution et leur utilisation sans restriction, mais une légalisation sous forme de réglementation permettant un contrôle gouvernemental de la qualité et de la distribution des substances, analogue à celui déjà en place pour l'alcool et le tabac. En Hollande, la décriminalisation des drogues ne s'est pas traduite par une augmentation de la consommation. Le taux de crimes liés à la drogue a même chuté dans ce pays (*The Economist*, 1993). Si la légalisation était accompagnée par des pénalités strictes et lourdes, celles-ci permettraient de percevoir des revenus qui pourraient être réinvestis dans des activités thérapeutiques et éducatives tout en réduisant les dépenses faramineuses que l'on consacre actuellement à contrôler le trafic de la drogue et à essayer d'appréhender les criminels associés à ce trafic. La contrebande de drogue représente maintenant l'activité commerciale la plus profitable qui soit à l'échelle mondiale. La réaction de nos sociétés à ce phénomène, fondée sur la peur et la discrimination, ne nous permet pas d'élaborer de véritables plans de prévention du sida qui soient capables de freiner la propagation du VIH et de limiter les effets négatifs de l'épidémie de sida.

Pour bâtir une stratégie globale, il faudrait continuer à faire de l'éducation en vue de réduire la demande de drogues. Il serait aussi nécessaire de connaître et d'éliminer les barrières légales et sociales qui favorisent les risques de transmission du VIH. Il s'agirait également d'aider les UDI à se mobiliser et à sortir de leur marginalisation et de leur exclusion sociale. Il faudrait enfin augmenter l'accès aux traitements visant à réduire la dépendance à la drogue, entre autres les traitements sur demande et les cures de méthadone à faibles doses, qui ont pour effet de réduire le nombre d'injections quotidiennes et, par là même, le risque de contracter le VIH (Bellis, 1993). Il est toutefois de plus en plus évident que, partout dans le monde, les conditions sociales dans lesquelles les UDI s'injectent ne favorisent pas l'arrêt de la transmission du VIH. Il est temps de voir plus loin et d'analyser les conséquences, en termes de santé et de droits de la personne, des programmes actuels de lutte contre la drogue, à la fois dans le contexte de l'épidémie de VIH et dans celui de la qualité de vie de nos communautés et de nos sociétés.

Les priorités de recherche

Même si on a amassé une importante quantité de données au sujet de la prévalence de l'infection au VIH chez les UDI et les facteurs de risque associés à l'acquisition du virus, on connaît encore très peu les facteurs qui déterminent leurs comportements. Actuellement, les chercheurs investissent des efforts considérables dans la compréhension du contexte dans lequel se produit le partage du matériel servant aux injections. Ils portent également une attention particulière aux facteurs (personnels, interpersonnels et environnementaux) qui influencent les décisions de se faire des injections ne répondant pas aux normes de sécurité (Johnson & Williams, 1993; Neaigus et al., 1994).

À part les pratiques d'application de la loi, plusieurs autres facteurs favorisent le choix de l'injection comme technique de consommation de drogue, par opposition aux techniques qui consistent à fumer, à ingérer ou à aspirer la drogue par le nez. Il serait utile de mener des recherches afin d'expliquer les variations d'ampleur de l'utilisation des injections de drogue, non seulement entre pays, mais aussi à l'intérieur d'un même pays au cours des ans. Friedman, Stepherson, Woods, Des Jarlais & Ward (1992) laissent entendre que les structures du pouvoir social et économique et du manque de ce pouvoir, de même que l'aliénation, le manque de respect et le désespoir qu'elles entraînent, constituent un point de départ important pour la formulation de théories et d'hypothèses sur les causes sociales des variations d'habitudes de consommation entre les pays, les villes et les individus. Par exemple, la politique de normalisation hollandaise, qui se définit en termes de promotion d'un processus graduel d'intégration culturelle et sociale des problèmes liés à la drogue, s'intéresse peu à la détection et aux poursuites en justice d'individus possédant de la drogue pour usage personnel. Elle permet de plus l'application de programmes d'administration de méthadone dans toutes les villes qui comportent cent utilisateurs d'héroïne ou plus (De Jong, 1991). Ces orientations en matière de politiques sociales ont pour conséquences qu'environ 20% des consommateurs actuels d'héroïne aux Pays-Bas procèdent par injection, comparativement à 50% aux États-Unis (Friedman,

Stepherson, Woods, Des Jarlais & Ward, 1992). Cette constatation illustre l'intérêt qu'il y aurait à entreprendre des études comparatives internationales pour alimenter les discussions en vue de l'adoption de politiques sociales. Le contraste existant entre les UDI à Bangkok, qui ont été capables d'adopter rapidement des comportements de réduction de risques après avoir constaté que le virus se propageait parmi eux, et les UDI new-yorkais, qui ont réagi avec beaucoup plus de lenteur, souligne l'importance de l'intégration sociale des UDI (Des Jarlais *et al.*, 1992). À New York, la majorité des personnes qui se font des injections depuis longtemps et qui sont de gros consommateurs de drogue n'ont pas d'emploi et appartiennent à des minorités ethniques ou raciales. Par contre, à Bangkok, 70% des UDI ont un emploi et appartiennent presque tous à la majorité ethnique (Des Jarlais *et al.*, 1992). Un grand nombre d'études ont en effet montré qu'il y avait une relation entre le manque d'intégration dans la société conventionnelle et les hauts taux de comportements à risque et d'infection au VIH (Des Jarlais *et al.*, 1992). Par ailleurs, les personnes sans-abri manquent probablement de place pour entreposer leur propre matériel d'injection. De plus, l'achat illicite de matériel d'injection stérile représente un coût important pour les UDI appauvris. Enfin, la marginalisation risque de mener à un certain fatalisme à l'égard du sida. Il est donc important de faire des recherches et d'explorer le lien qui existe entre le manque d'intégration sociale et la vulnérabilité au VIH afin de comprendre ce qu'il faut faire en vue de faciliter la prise de pouvoir personnelle et collective requise pour la modification du risque d'exposition au VIH.

Les Pays-Bas, l'Allemagne et l'Australie ont adopté une ligne de conduite qui favorise la cohésion sociale et ont accordé un appui financier aux organismes composés d'utilisateurs de drogue qui entreprennent des actions collectives pour lutter contre le sida. Cette ligne de conduite s'est avérée efficace. Friedman, Stepherson, Woods, Des Jarlais & Ward (1992) laissent entendre que la répression policière, de même que la stigmatisation, le moralisme, la pauvreté extrême et l'absence d'un toit nuisent à l'existence d'organisations d'UDI similaires en d'autres lieux, entre autres aux États-Unis, et convainquent de nombreux utilisateurs qu'ils n'ont aucuns droits et ne méritent aucun respect. Des projets de recherche-action seraient utiles afin d'évaluer la mise en place de modèles de cohésion sociale dans divers contextes socioculturels.

Le comportement individuel ne se manifeste pas dans le vide: il se produit et est influencé par un environnement social qui lui fournit son contexte. Le *National Research Council* des États-Unis (Turner, Miller & Moses, 1989) a déclaré que les UDI, ainsi que les autres groupes à risque pour le VIH, réagissent favorablement aux conditions auxquelles l'ensemble des gens réagissent bien, à savoir des conditions qui leur offrent un soutien économique, politique et social. En fait, l'encouragement au changement de comportement chez l'individu UDI est voué à n'avoir qu'un impact limité s'il ne s'accompagne pas de stratégies qui tiennent compte des conditions environnementales dans lesquelles on peut s'attendre à ce qu'un changement de comportement puisse se produire. Il est donc nécessaire non seulement de bien comprendre les racines sociales de l'injection de drogue ainsi que l'impact de la marginalisation et de la stigmatisation sur les UDI, mais aussi toute la construction sociale menant à la toxicomanie, à l'utilisation de drogue, au partage des seringues, que ce soit dans la population toxicomane ou dans l'ensemble de la société.

LA PROSTITUTION HÉTÉROSEXUELLE
Définition

Les termes «travailleuses du sexe» et «femmes pratiquant le commerce du sexe» sont de plus en plus utilisés pour désigner les prostituées. Les gens en faveur de ces nouveaux termes affirment qu'ils sont moins péjoratifs que le terme prostituées et mettent l'accent sur le travail effectué dans le cadre de la prostitution. D'autres, y compris des collectifs de prostituées de plusieurs pays, affirment que le terme «commerce du sexe» désigne un trop grand éventail de travailleuses, allant de la prostituée à la *call-girl* et au *call-boy*, en passant par les femmes qui rendent des services d'escorte, les masseurs et masseuses sexuels, les danseuses, les acteurs et actrices de films pornographiques, les préposées aux appels téléphoniques à caractère sexuel, ainsi de suite. En ce qui nous concerne, nous utiliserons les termes «prostituées», «travailleuses du sexe» et «femmes pratiquant le commerce du sexe» de manière interchangeable pour désigner les femmes effectuant des transactions sexuelles commerciales au cours desquelles s'établit un contact génital.

L'épidémiologie du VIH chez les travailleuses du sexe

La population de prostituées sert souvent de population sentinelle pour déceler le début de la pénétration du VIH dans une communauté où les mesures jugées efficaces pour augmenter la protection des relations sexuelles n'ont pas été mises en application et où les mesures de prévention de la transmission du VIH n'ont pas été rendues accessibles. Des évaluations successives peuvent aussi s'avérer utiles pour la détection de signes précurseurs d'échec des interventions de prévention et pour stimuler des efforts concertés afin de prévenir d'autres transmissions. On observe d'importantes variations géographiques en ce qui concerne les niveaux d'infection au VIH chez les populations de personnes qui pratiquent le commerce du sexe, que ce soit à l'intérieur d'un même pays ou entre divers pays, comme l'indique le tableau 3.

Au nombre des pays qui n'ont toujours pas établi de façon fiable le niveau d'infection au VIH chez leurs prostituées, on trouve la Chine, Taïwan, le Sri Lanka, le Japon et Hong Kong. Ces pays, ni aucun autre ayant des résultats négatifs ou ne possédant pas encore de données, ne peuvent se permettre d'être complaisants. Les taux les plus élevés se retrouvent encore chez les travailleuses du sexe de l'Afrique sub-saharienne où la prévalence du VIH augmente de façon dramatique, notamment dans des villes comme Nairobi, au Kenya. La prévalence du VIH y est passée, chez les prostituées, de 60,8% en 1985 (Piot *et al.*, 1987) à 85,5% en 1992 (Mungai *et al.*, 1992). La Banque mondiale (Over & Piot, 1992) a noté qu'il y avait une forte corrélation entre le rapport qui existe entre le nombre de jeunes filles et le nombre de jeunes garçons inscrits à l'école secondaire et la séropositivité au VIH dans l'ensemble de la population adulte et chez les prostituées.

TABLEAU 3
Prévalence du VIH chez les travailleuses du sexe commerciales

REGION	Ville	Année	Prévalence (%) du VIH	Grandeur de l'échantillon

AFRIQUE				
Cameroun	Yaounde	1988	7.1	168
		1990	8.6	303
		1992	26.6	262
		1994	21.2	297
Côte d'Ivoire	Abidjan	1986	19.8	101
		1993	50.0	465
		1994	67.6	775
Ethiopie	Nazareth	1991	65.6	328
	Bahir Dar	1991	69.4	366
Kenya	Nairobi	1989	67.2	656
		1991	78.0	525
		1992	85.5	386
Nigeria	État du Benue	1992	35.0	289
		1993	46.4	187
	Lagos State	1992	12.9	885
		1994	15.2	845
Sénégal	Ville de Ziguinchor	1991	0.3	331
		1992	2.4	1342
		1995	18.0	326
	Dakar	1992	7.2	276
Somalie	Mogadishu	1990	2.4	246
Tanzanie	Dar es Salaam	1991	42.9	336
		1993	49.5	926
ASIE				
Birmanie	Rangoon	1995	18.0	194
	& Mandalay	1994	16.8	191
		1993	9.0	201
Chine	Province de Sichuan	1992	0	3610
Hong Kong	–	1991	0	12192
Inde	Bombay	1993	50.2	524
		1992	24.1	568
	Calcutta	1993	1.4	1564
		1992	0.7	968
	Pune	1993-5	47.4	409
		1992	36.5	373
		1990	21.2	364
Japon	Tokyo	1992	0	191
Sri Lanka	Colombo	1991	0	253
Taiwan		1992	0	81
		1990	0	4079
Thailande	Bangkok	1994	22.2	387
		1993	20.5	215
AMÉRIQUE LATINE & ANTILLES				
Argentine	Buenos Aires	1991	6.3	237
Brésil	Rio de Janeiro	1992	11.2	143
	3 zones urbaines	1991	*17.0	600
Colombie	Cartagena	1994	1.1	180
Costa Rica	–	1990	2.0	765
Salvador	San Salvador	1994	2.5	850
Mexico	Ville de Mexico	1995	0.1	1389
* VIH-1 et/ou VIH-2				

Source: U.S. Bureau of the Census, 1997.

Situations à risque pour travailleurs qui se livrent au commerce du sexe

Des différences d'organisation du travail et de conditions d'exercice de la profession peuvent également avoir une influence sur les risques auxquels sont exposées les travailleuses (Jackson, Highcrest & Coates, 1992). Des études menées en Thaïlande ont montré que les prostituées qui rencontrent leurs clients dans des cafés, des clubs de nuit et des salons de massage et qui sont relativement bien payées ont un taux de séroprévalence moindre que les femmes qui travaillent dans des bordels (Siraprapasiri *et al.*, 1991). En revanche, une autre étude a montré que les travailleuses du sexe qui œuvrent dans des établissements où les clients sont des étrangers qui paient chers étaient moins portées à négocier le port de préservatifs avec leur partenaire (Chongvatana *et al.*, 1993). À Singapour, on a trouvé une prévalence plus élevée de gonorrhée dans les bordels où les travailleuses du sexe doivent payer une commission pour chaque client qu'elles reçoivent comparativement aux bordels où il existe un taux fixe pour la location de la chambre (Archibald, Chan, Yap & Coh, 1994).

La plupart des prostituées se sont lancées dans le commerce du sexe pour des raisons économiques (Gathaqi *et al.*, 1993). Ces raisons économiques jouent aussi sur la capacité qu'ont les travailleuses du sexe de refuser les relations non protégées. Au Népal, il existe trois groupes distincts de prostituées: les prostituées de castes, les prostituées de temples et les travailleuses du sexe itinérantes. Chacune de ces catégories est caractérisée par un niveau de pauvreté et par des habitudes différentes d'utilisation des préservatifs (Bhatta, 1993). Partout dans le monde et dans divers contextes, les prostituées affirment être confrontées à des offres de récompenses financières en échange de relations non protégées. Dans les sociétés occidentales, la tentation d'accepter des incitations financières en échange de relations non protégées semble particulièrement grande pour les femmes utilisatrices de drogues injectables. En fait, l'appât du gain est d'autant plus fort quand les femmes doivent financer non seulement leur consommation de drogue mais aussi celles de leur partenaire, comme c'est le cas à Glasgow où la moitié des travailleuses du sexe étudiées travaillaient pour soutenir les habitudes du couple (McKeganey & Barnard, 1992). Dans de nombreux pays en voie de développement, l'impossibilité de se procurer des préservatifs est sans doute ce qui explique le plus souvent l'absence d'utilisation de préservatifs chez les femmes qui se prostituent.

Si l'on considère le risque d'un point de vue purement biologique, il faut prendre en considération aussi le fait que la vente de services sexuels n'est pas propice aux préludes amoureux, puisque les clients sont principalement préoccupés par leur propre plaisir. Par conséquent, les travailleuses du sexe sont fréquemment obligées d'avoir des relations quand leur vagin est encore relativement sec, situation qui augmente la vulnérabilité biologique au VIH (Taylor, 1990). Le haut taux de maladies transmises sexuellement retrouvé chez quelques populations de travailleuses du sexe augmente probablement aussi le risque de contracter le VIH.

Profils d'utilisation de services sexuels commerciaux par les hommes
Dans certains pays, le recours à des services sexuels commerciaux par les hommes est souvent limité aux hommes qui ne sont pas mariés ou qui ne le sont plus, tandis que dans d'autres pays, il est également répandu chez les hommes mariés. En Thaïlande, des chercheurs ont trouvé que ce sont les hommes dont le statut économique est le plus faible, ceux qui en sont à leurs premières relations sexuelles ainsi que ceux qui consomment de l'alcool, des drogues et des cigarettes, ou qui ont eu des rapports avec les travailleuses du sexe (Celentano *et al.*, 1993). En France, on a constaté un déclin marqué de la fréquence du recours aux prostituées pour l'initiation sexuelle: de 1922 à 1972,

le pourcentage de Français ayant eu leur première expérience sexuelle avec une prostituée est passé de 21 à 0%. En 1992, on observait une différence de comportements qui variait en fonction de la classe sociale: 16% de tous les professionnels et des hommes occupant des postes de gestion âgés de 40 ans et plus au moment de l'entrevue avaient eu leur première expérience sexuelle avec une prostituée, comparativement à 5% chez les cols bleus d'un âge correspondant (Bozon, 1993).

En plusieurs endroits, la définition même de la transaction commerciale sexuelle est plutôt vaste. Elle peut comprendre, par exemple, des situations dans lesquelles des femmes obtiennent, non pas de l'argent mais de la nourriture, des vêtements, un abri temporaire, le paiement de leurs frais de scolarité et d'autres biens en échange des services sexuels. Bien qu'il semble que le volume des clients ait diminué dans certaines communautés particulièrement affectées par le VIH (Obbo, 1993), l'échange de services sexuels en vue d'obtenir de la nourriture, de l'argent et d'autres faveurs demeure un impératif de survie pour de nombreuses femmes qui se heurtent à la pauvreté. En plus du pourcentage d'hommes qui visitent les travailleuses du sexe et de la fréquence de leurs rencontres, l'utilisation de préservatifs par le partenaire masculin prend une grande importance dans la dynamique de la transmission sexuelle du VIH aux prostituées et aux partenaires féminines régulières de leurs clients. Dans ce contexte, l'utilisation de préservatifs peut grandement contribuer à la limitation de la propagation du VIH dans les sociétés où les activités extramaritales chez les hommes se font principalement avec des travailleuses du sexe et où les liaisons non maritales et non commerciales sont peu courantes pour les deux sexes (Anderson, May, Boily, Garnett & Rowley, 1991).

La prostitution et l'utilisation de drogue

Comme nous l'avons noté précédemment, dans les pays en voie de développement, les raisons qu'ont les femmes de pratiquer le commerce du sexe sont principalement économiques. Elles le font pour subvenir aux besoins de leur famille immédiate ou de leur famille étendue (Wilson, 1993). En revanche, dans de nombreux pays industrialisés, le lien entre la prostitution de rue et l'injection de drogue est clairement démontré; il est même peut-être exclusif. Par exemple, plus de 50% des prostituées de la rue, qui représenteraient seulement 20% des travailleuses du sexe aux États-Unis, sont impliquées dans l'utilisation de drogues par injection (Lyons & Fahrner, 1990). En fait, ces femmes ont sans doute recours à la prostitution pour soutenir leurs consommations ou celle de leurs partenaires réguliers (McKeganey & Barnard, 1992). D'autres prostituées, celles qui travaillent dans des bordels, pour des services de *call-girl* et d'escortes, dans des bars, des cafés ou des salons de massage sont peut-être moins impliquées dans l'utilisation de drogues injectables (Cohen, Alexander & Woofsy, 1988).

L'infection par le VIH chez les femmes pratiquant le commerce du sexe dans les pays industrialisés est principalement associée à l'utilisation de drogues injectables (Plant, 1990). Dans une étude menée auprès de 1396 prostituées en divers endroits des États-Unis, on a constaté que l'utilisation de drogues injectables était un prédicteur sûr de séropositivité (Darrow *et al.*, 1990). Dans une étude transversale à laquelle des travailleuses du sexe issues de neuf sociétés européennes ont participé, les chercheurs ont établi que le taux global de séroprévalence du VIH s'établissait à 5,3%. Il était toutefois de 1,5% chez les non-utilisatrices de drogues injectables par comparaison à 31,8% chez les utilisatrices. Cette étude a aussi conclu que même si 80% des travailleuses du sexe européennes utilisent toujours des condoms avec leurs clients, les lubrifiants à base de pétrole que 10% d'entre elles utilisent affaiblissent le latex des préservatifs et cela constitue sans doute un facteur de risque pour contracter le VIH pour elles (European Working Group on HIV Infection in Female Prostitutes, 1993).

À Montréal, 10,0% des 422 travailleuses du sexe qui se sont présentées à CACTUS-Montréal entre 1990 et 1995 pour obtenir des seringues stériles ou des préservatifs et qui ont affirmé avoir eu des clients au cours des sept jours précédents étaient infectées par le VIH. La prévalence du VIH s'élevait à 13,3% chez les 300 femmes qui consommaient de la drogue alors qu'elle n'était que de 1,6% chez les 122 travailleuses du sexe qui ne faisaient pas usage de drogues injectables (Hankins, Gendron & Tran, 1995).

L'utilisation des préservatifs pendant les transactions sexuelles

Les travailleuses du sexe utilisent des préservatifs quand elles peuvent s'en procurer facilement et quand leur usage est encouragé par les conventions sociales. Les conditions de travail et les attentes des clients influencent de toute évidence l'utilisation des préservatifs. Seulement 4% des 401 clients de travailleuses du sexe à bon marché interrogées à Bali, en Indonésie, estimaient que la plupart des travailleuses du sexe désiraient qu'ils utilisent des préservatifs et seulement 12% d'entre eux s'étaient fait demander d'en porter un par une travailleuse du sexe (Wirawan, Fajans, Ford & Thorpe, 1994). Par comparaison, des entrevues effectuées auprès de 80 travailleuses du sexe qui n'avaient pas de clients indonésiens et auprès de 100 de leurs clients de langue anglaise ont révélé que 68% de ces femmes ont toujours des réserves de préservatifs et que 92% de celles qui ont toujours ou souvent des préservatifs avec elles affirmaient être approvisionnées par leurs clients (Thorpe, Wirawan, Ford & Fajans, 1994).

Paradoxalement, l'augmentation de l'utilisation de préservatifs pour les relations sexuelles commerciales au cours des dernières années a rendu plus difficile la promotion des préservatifs dans les relations non commerciales des prostituées (Ward et al., 1993; McKeganey & Barnard, 1992). Dans plusieurs endroits, on a recueilli de l'information sur les habitudes d'utilisation des préservatifs chez les prostituées prenant des drogues injectables pour trouver que leur taux d'utilisation est relativement plus élevé quand elles ont des relations sexuelles avec leurs clients que quand elles ont des relations sexuelles avec leurs partenaires réguliers (Hankins, Gendron & Tran, 1994; Jen, Lan, Lin & Chen, 1993).

Des entrevues en profondeur avec des prostituées ont révélé l'existence d'obstacles à l'utilisation de préservatifs, obstacles qui sont très similaires à ceux auxquels font face les autres femmes hétérosexuelles. Mais, en outre, ces femmes font une distinction claire entre leur contexte de travail, associé à l'utilisation de préservatifs, et le contexte de relations intimes avec un partenaire privé, qui exclut l'utilisation des préservatifs. Les commentaires suivants illustrent bien leurs réactions typiques: «Je ne veux pas le traiter comme un client» ou «c'est ce qui fait la différence entre la sexualité pour des fins de plaisir et la sexualité pour des fins de travail» (Gates, Gendron & Hankins, 1994). Les normes et les stéréotypes sexuels courants amènent ainsi les travailleuses du sexe à établir des différences entre leurs comportements publics et leurs comportements privés. Par conséquent, la sexualité amoureuse, encore plus influencée par les normes des rapports entre les hommes et les femmes que la sexualité commerciale, est une sexualité où les relations ne sont pas protégées (Osmond *et al.*, 1993).

Interventions

Partout dans le monde, on a mis en application divers programmes d'intervention pour s'attaquer à la question de la transmission hétérosexuelle du VIH des travailleuses du sexe à leurs clients et des clients vers des travailleuses du sexe. La principale stratégie qui sous-tend les deux tiers des 45 programmes d'intervention passés en revue par Ferencic, Alexander, Lamptey et Slutkin (1991) consiste en une forme d'éducation par des pairs. Dans ces programmes, des travailleuses du sexe reçoivent une formation en techniques éducatives et sont approvisionnées en ressources et en préservatifs. Ainsi, des travailleuses du sexe ont, entre autres, donné des ateliers à l'intention d'autres travailleuses du sexe dans de nombreuses villes, notamment à Mexico (Colimoro, 1993), à Rio de Janeiro au Brésil (Coelho Reis & van Buuren, 1993), à Zanzibar (Nassor, Wazir, Cyonthias & Krutzer, 1993), à Nairobi, au Kenya (Ngugi *et al.*, 1993) et au Cameroun (Boupda, Engome, Manchester & Monny-Lobe, 1993; Voudi, 1993).

Aux Philippines, Castillo, Tayag, Simbulan, Silva & Dominguez (1993) ont conçu un programme consistant à entraîner des travailleuses du sexe comme pairs aidantes et visant à augmenter l'estime et la confiance en soi de celles-ci. En Indonésie, la participation des souteneurs et des clients à cet effort éducatif en vue d'encourager le port des préservatifs lors des rencontres sexuelles avec les travailleuses du sexe a constitué un élément essentiel et efficace d'un programme d'intervention auprès des prostituées (Merati *et al.*, 1993). D'autres stratégies ont consisté à produire des vidéos essayant d'érotiser l'utilisation des préservatifs dans un contexte où la prostitution est présentée comme une profession (Lopes *et al.*, 1993). La participation des prostituées et des clients à la conception et à la production de ces vidéos présente un intérêt certain. Au Cameroun, des prostituées ont été recrutées en vue d'organiser la vente des préservatifs à leurs collègues (Tchupo, Manchester, Monny Lobe & Buschel, 1993). À Madras, en Inde, un projet d'intervention a mis à contribution tout le monde, des travailleuses du sexe aux clients, des intermédiaires et des tenancières de maisons de prostitution aux agents de police et ce, afin d'augmenter l'utilisation des préservatifs et sensibiliser ces acteurs au sujet des MTS (maladies transmissibles sexuellement) et du sida (Pradeep, Oostvogels, Khodakevich, Radhakrishnan & Senthil, 1993). Aux Philippines, plusieurs interventions réunissent trois conditions qui contribuent à leur succès (Tayag, Dominguez & Carpenter, 1994), à savoir un suivi fréquent, du soutien et des occasions de gagner sa vie autrement qu'en se prostituant, entre autres, en étant payé pour donner des allocutions, ainsi que l'établissement de rapports fondés sur un souci réel du bien-être des pairs aidantes.

C'est principalement dans les pays industrialisés, ainsi qu'en Afrique et en Asie, que l'on trouve des programmes visant à permettre aux travailleuses du sexe de prendre la décision éclairée de quitter la prostitution et de faire d'autres projets d'avenir, ou de rester dans la profession en prenant des précautions pour se protéger des MTS et du sida (Esu-Williams, Asuquo & Oku, 1994; Kiruhi, Ngugi, Kamau, Nyambola & Ronald, 1994; Lamsam & Viravaidya, 1994; Machu, Ali, Muh'd & Seif, 1994; Nwashili, Nwabuko, Olukoya & Kanem, 1994). Un des meilleurs exemples de la pertinence qu'il y a à faire participer les populations cibles à la conception d'outils de communication vient du Brésil où l'on a fait la collecte, sur une période de deux ans, de 1500 questions posées par des prostituées à faibles revenus travaillant dans quatre institutions. Ces questions ont été refondues en 120 questions clés et publiées dans un manuel, en même temps que les réponses à ces questions qui ont été données par des spécialistes et rédigées dans des mots simples. Ce manuel est actuellement utilisé dans le cadre de projets d'intervention dans quatre grandes régions urbaines brésiliennes (Linhares *et al.*, 1994). Divers autres projets centrés à la fois sur l'amélioration de la santé générale et sur l'amélioration de la santé sexuelle semblent connaître un certain succès, entre autres en République Dominicaine (Moreno, Bello, Ferreira & Rosario, 1994; Rosario, Moreno, Gomez, De Moya & Fox, 1994). Il en va de même pour les projets entrepris en collaboration étroite avec des organisations communautaires qui assurent, entre autres, des services de diagnostic et de traitement des MTS et la distribution de préservatifs, comme c'est le cas à Calcutta (Jana, Khodakevich, Larivee, Dey & Sarder, 1994).

Les preuves de l'efficacité des interventions visant à réduire la transmission VIH des clients vers les prostituées ou des prostituées vers leurs clients sont limitées. Dans de nombreux pays industrialisés, le fait que les prostituées aient éduqué leurs clients et aient fait la promotion de l'utilisation des préservatifs semble avoir joué un rôle important pour freiner la transmission du VIH chez les hétérosexuels. En Afrique, plusieurs projets de prévention ont connu un certain succès, notamment à Nairobi, au Kenya (Moses, *et al.*, 1991; Ngugi *et al.*, 1988;) et à Kinshasa, au Zaïre (Laga *et al.*, 1992), même s'il n'est pas sûr que ces interventions intensives puissent être soutenues ni qu'elles puissent être appliquées à d'autres populations de prostituées. En général, les projets d'intervention se heurtent à de nombreux obstacles, notamment au manque de soutien financier à long terme, au nombre inadéquat de préservatifs de bonne qualité et aux problèmes créés par l'application de lois punitives (Ferencic, Alexander, Lamptey & Slutkin, 1991). Seuls des pays comme la Thaïlande, où le ministère de la Santé publique a lancé, en 1990, une «Campagne d'utilisation des préservatifs dans 100% des cas» impliquant la distribution de préservatifs gratuits dans les bordels, ont reconnu publiquement le rôle que pouvaient jouer les agences de santé publique pour aider les travailleuses de sexe à réduire la transmission du VIH. Toutefois, les établissements ruraux paraissent avoir été moins vigilants que les établissements urbains dans la promotion des préservatifs. Cette constatation met en évidence le besoin de poursuivre les efforts faits pour faire mettre en application la «Campagne d'utilisation de préservatifs dans 100% des cas» dans les établissements où se fait le commerce du sexe en Thaïlande (Celentano *et al.*, 1994).

Dans plusieurs pays, les lois punitives concernant les prostituées ainsi que l'application de ces lois par la police minent les efforts faits pour introduire des stratégies d'intervention efficaces. Il est difficile de rejoindre les travailleuses du sexe sujettes au harcèlement et aux arrestations dans l'exercice de leurs activités professionnelles. C'est aussi une tâche d'envergure que de favoriser l'activisme communautaire ainsi que le sentiment d'appartenance, l'implication et la responsabilité essentiels au développement de campagnes dont les prostituées peuvent s'approprier (Wilson, 1993). En Australie, où la prostitution a été légalisée, les prostituées ont organisé des collectifs semblables à des syndicats et ont été subventionnées par des fonds publics alloués aux initiatives communautaires. Les dirigeants et les employés de ces collectifs sont des prostituées qui sont elles-mêmes choisies par les membres du collectif qui sont des prostituées et à qui elles doivent rendre des comptes. Les programmes mis sur pied par le collectif de prostituées de Victoria comprennent, entre autres, un plan d'accession à des logements sûrs, des débats sur l'industrie du sexe et le sida, un programme de lutte contre la pauvreté, la prestation de services à l'intention des travailleuses du sexe, un vidéo éducatif sur le travail du sexe sécuritaire, un service d'éducation et d'information pour les marins en visite, une description de clients dangereux imprimée sur des tasses, un centre d'accueil et d'information sur le sida pour les UDI et de l'éducation concernant le sida pour les hommes travailleurs du sexe (Overs & Hunter, 1989).

Dernièrement, les autorités ont sérieusement commencé à envisager la possibilité de décriminaliser et de légaliser la prostitution pour donner suite à la requête de la ville de Toronto qui veut que la sollicitation soit retirée du Code criminel du Canada. Les tenants de la décriminalisation affirment que les prostituées ne peuvent pas travailler en sécurité et garder leur estime de soi et leur dignité dans le contexte actuel d'application de la loi au Canada. La décriminalisation laisserait les gouvernements provinciaux et municipaux libres d'adopter un vaste éventail de mesures allant de l'application de lois et règlements contrôlants jusqu'au financement d'organisations communautaires administrées pour et par des prostituées. L'activisme communautaire local déterminera sans doute la nature et l'étendue des réponses des gouvernements locaux à la décriminalisation. Le projet Stella, qui vise à redonner aux prostituées un certain contrôle sur leurs conditions de vie, a été mis sur pied en 1995 et est subventionné par la communauté à même les fonds versés par les gouvernements local, provincial et fédéral pour la prévention du VIH. Les responsables de ce projet examinent actuellement l'impact potentiel des politiques et des lois sur les activités de prévention du VIH parmi les prostituées de la rue du centre-ville de Montréal. Comme Scambler & Scambler (1995) l'affirment de façon convaincante, il est irrationnel et inacceptable d'ignorer l'importance, pour la promotion de la santé et la prévention du VIH chez les travailleuses du sexe, des changements politiques à effectuer via la décriminalisation du commerce du sexe ni l'importance des changements structurels nécessaires tel que la réduction des inégalités de sexe.

Les priorités de recherche

Il serait pertinent d'entreprendre de nouvelles recherches sur le travail du sexe afin de déterminer comment les différences d'organisation et de conditions de travail peuvent influencer les pratiques qui comportent des risques (Jackson, Highcrest & Coates, 1992). Il s'avère aussi nécessaire de comprendre dans quelle mesure la récession économique et l'augmentation des interventions policières contribuent à créer des difficultés financières à vendre les femmes plus vulnérables face aux clients qui exigent d'elles des relations sexuelles non protégées.

Il est aussi particulièrement important de procéder à l'évaluation des projets de prévention du VIH si l'on veut être en mesure d'y apporter les améliorations et les modifications qui s'imposent. Par exemple, en Bolivie, un rapport d'évaluation a permis de constater que les travailleuses du sexe participant à un programme de prévention étaient confuses et peu sûres de leurs connaissances. Ce rapport a mis en évidence l'importance du respect du niveau d'éducation des participants et de l'application de méthodes adaptées à leur culture (Quiton & Gisbert, 1994). Il est aussi nécessaire de faire participer les prostituées à l'évaluation d'initiatives dont le but est de donner du pouvoir aux prostituées de rues afin qu'elles aient un contrôle accru sur leur travail et leur vie personnelle. Ces évaluations seraient utiles pour orienter de futurs politiques et programmes.

Il serait également opportun de mener, dans plusieurs pays, des recherches portant sur l'impact de la décriminalisation sur la capacité des travailleuses du sexe à se protéger de la violence, de la coercition et des relations sexuelles non protégées. Ces informations aideraient les activistes à étoffer leurs revendications en vue de changements législatifs. De la même façon, il serait utile de faire des analyses comparatives de l'environnement législatif qui prévaut dans les pays où les taux de prévalence du VIH demeurent faibles. Ces analyses pourraient aider les décideurs à préparer des arguments dans le but de tenir un débat public à propos des différentes options législatives.

INCARCÉRATION
Épidémiologie

Un grand nombre de détenus des deux sexes incarcérés dans des institutions correctionnelles ont déjà été exposés à de forts risques de contracter l'infection du VIH en raison de leurs activités antérieures en termes d'utilisation non sécuritaire de drogues injectables ou de relations sexuelles non protégées (Canadian Correctional Services, 1988; World Health Organization, 1987). Les données concernant les cas de sida en provenance de plusieurs pays révèlent que l'injection de drogues antérieure à l'incarcération est le comportement à risque le plus fréquent chez les détenus sidéens. Aux États-Unis, les deux tiers de tous les cas de sida chez les détenus (Hammet, 1988) et plus de 85% des cas similaires en France (Bouchard et al., 1989; Espinoza, Bouchard, Polo-Devoto & Atkhen, 1989) sont attribuables à la transmission du VIH lors de l'utilisation de drogues injectables.

Dans plusieurs pays du monde, la prévalence du VIH chez les détenus dans les prisons et dans les institutions correctionnelles est directement liée à deux facteurs. La prévalence du VIH observée chez les UDI dans la communauté et l'étendue de la pratique qui consiste à incarcérer les UDI. Il faut être prudent quand on fait des comparaisons entre ces pays parce que les méthodologies servant à mesurer la prévalence ainsi que les techniques d'échantillonnage et de tests peuvent varier. Parmi les méthodologies utilisées, il faut mentionner les tests volontaires (tests nominaux utilisant les noms des détenus, ou tests non nominaux utilisant des chiffres codés au hasard), la sélection exclusive des détenus qu'on estime avoir des comportements à risque élevé, les tests obligatoires de tous les prisonniers ainsi que les tests anonymes. De plus, les types de prélèvements, qu'il s'agisse de salive, de sang ou d'urine, ainsi que les techniques de laboratoires correspondant à ces types de prélèvements, ont des caractéristiques de performance différentes qui peuvent affecter les estimations.

La prévalence du VIH dans les prisons se situerait entre 4,5% et 28,1% d'après plusieurs enquêtes épidémiologiques menées à l'aide de diverses méthodologies de recherches en Écosse (Bird, Gore, Jolliffe & Burns, 1992), en Autriche (Sperner-Unterweger et al., 1991), au Brésil (Lorenço et al., 1992), en Italie (Icardi et al., 1992) et en Zambie (Simooya, Maboshe, Hira & Mukunyandela, 1992). En général, les taux de prévalence qu'on estime élevés, à savoir ceux qui vont de 17% à plus de 20% proviennent d'Espagne, d'Italie et de l'état de New York (Harding, 1987; Harding & Schaller, 1992a). Environ 10% des détenus en France, en Suisse et dans les Pays-Bas sont infectés par le VIH. Pour ce qui est de la Belgique, de la Finlande, de l'Islande et de certaines régions de l'Allemagne, la prévalence du VIH dans les prisons y serait faible (Harding & Schaller, 1992b). Dans une étude menée dans l'ensemble du système carcéral espagnol (à l'exclusion de l a Catalogne), 19946 individus se sont porté volontaires sur un total de 27023 détenus pour subir un test de sang et participer à une entrevue portant sur les facteurs de risque (Granadose, Miranda & Martin, 1990). Le taux d'infection au VIH-1 était de 30% pour les hommes et de 26% pour les femmes. La prévalence du VIH-1 était associée à un revenu peu élevé, au chômage (41% de chômeurs comparativement à 21% de travailleurs), à la récidive, au jeune âge au moment du premier emprisonnement et à l'utilisation de drogues injectables. En effectuant une analyse indépendante des données précédentes, Martin, Miranda et Granados (1990) ont établi des évaluations de risques relatifs qui se sont avérées significatives sur le plan statistique (p<0,05) en ce qui concerne les variables suivantes: utilisation de seringues (6,3), tatouage (2,0), plus de deux partenaires sexuels par année (1,5) et acupuncture (1,2). Parmi les autres facteurs observés, il faut mentionner l e fait d'être un homme (1,2), d'être âgé de moins de 30 ans (2,6) et d'avoir déjà eu la gonorrhée (1,2).

Jusqu'à maintenant, la plupart des recherches se sont intéressées aux détenus de sexe masculin (Andrus et al., 1989; Bird, Gore, Jolliffe & Burns, 1992; Bouchard et al., 1989; Espinoza, Bouchard, Polo-Devoto & Atkhen, 1989; Gaughwin et al., 1991; Hoxie et al., 1990; Power et al., 1992). Peu d'études descriptives ou analytiques se sont penchées sur les comportements à risque des femmes incarcérées (De Paula et al., 1991; Granados, Miranda & Martin, 1990; Patel, Hutchinson & Sienko, 1990; Smith et al., 1991). On en connaît moins aussi sur la séroprévalence du VIH chez les femmes que chez les hommes, en partie parce que les femmes représentent un pourcentage disproportionné par sa petitesse par rapport à l'ensemble de la population des détenus et, en partie aussi, à cause des hauts taux de renouvellement de la population des détenues. Dans neuf des dix institutions représentatives des plus importantes régions géographiques des États-Unis, on a constaté que les femmes présentaient des taux d'infection au VIH plus élevés (qui allaient de 2,5 à 14,7%) que les hommes (qui allaient de 2,1 à 7,6%), et ces différences atteignaient une signification statistique chez les femmes de moins de 25 ans (Vlahov *et al.*, 1991). Des études menées auprès de femmes détenues au Brésil (De Paula *et al.*, 1991) et en Espagne (Granados, Miranda & Martin, 1990) estimant la prévalence de l'infection du VIH à plus de 25% chez les femmes corroborent le lien entre l'infection par le VIH et les antécédents d'utilisation de drogues injectables ou d'activités sexuelles non protégées.

Au Canada, la prévalence globale du VIH parmi les détenus est basse. Les plus hauts taux se retrouvent au Québec où la prévalence du VIH chez les UDI dans la communauté est aussi la plus élevée au pays. Chez les détenus masculins, des taux de 1,0% en Colombie Britannique (Rothon, Mathias & Schechter, 1994) et en Ontario (Calzavara, Major, Millson *et al.*, 1994; Calzavara, Major, Myers *et al.*, 1994; Ford, Alifo, Connop *et al.*, 1994) contrastent avec le taux de 3,6% obtenu dans les institutions correctionnelles du Québec (Hankins, Gendron, Handley, Rouah & O'Shaughnessy, 1991). Chez les femmes détenues, les taux sont généralement plus élevés: 3,3% en Colombie Britannique (Rothon, Mathias & Schechter, 1994), 1,2% (Calzavara, Major, Millson *et al.*, 1994; Calzavara, Major, Myers *et al.*, 1994) et 0,9% (Ford, White, Kaufmann *et al.*, 1995) en Ontario et 7,7% au Québec (Hankins, Gendron, Richard & O'Shaughnessy, 1989). Ces mêmes études montrent que les taux de prévalence chez les détenus qui ont des antécédents d'utilisation de drogues injectables sont particulièrement élevés: 2,4% en Colombie Britannique, 3,7% en Ontario et 10,0% au Québec.

L'étude séroépidémiologique menée au Québec auprès d'hommes et de femmes détenus dans des institutions provinciales à sécurité moyenne a montré que la séropositivité au VIH chez les hommes qui avaient des antécédents d'utilisation de drogues injectables était associée à la fréquence des injections au cours des six derniers mois et soit à un passé de partage de seringues ou à des activités sexuelles avec une personne infectée par le VIH. En appliquant une équation de régression logistique, on a pu constater, chez les femmes ayant des antécédents d'utilisation de drogues injectables, que l'infection par le VIH était associée à la perception d'être à risque plus élevé que l'ensemble de la population, à une expérience d'utilisation de préservatifs excédant quatre ans, au partage d'aiguilles avec une personne infectée par le VIH et à l'utilisation irrégulière d'eau de Javel ou d'alcool pour nettoyer les aiguilles et les seringues (Hankins & Gendron, 1995a).

Risques d'acquisition du VIH pendant l'incarcération

Dans un milieu correctionnel, le potentiel de transmission du VIH-1 est réel, que ce soit à partir d'activités sexuelles non protégées de nature consensuelle, quasi consensuelle ou non consensuelle ou soit via l'utilisation de drogues injectables et le tatouage sans aiguilles propres et sans accès à du matériel pour les décontaminer. Dans plusieurs études on a eu recours à des questionnaires pour tenter d'obtenir de l'information sur les comportements à risque en prison (Carvell & Hart, 1990; Decker, Vaughn, Brodie, Hutcheson Jr. & Schaffner, 1985; Douglas *et al.*, 1989; Espinoza, Bouchard, Polo-Devoto & Atkhen, 1989). On s'est également servi de preuves indirectes, telles que la prévalence de marqueurs d'hépatite B ou l'occurrence d'éclosions de MTS (Anda, Perlman, D'Allessio, Davis & Dodson, 1985; Decker, Vaughn, Brodie, Hutcheson Jr. & Schaffner, 1985; Hammett, 1988; Hull *et al.*, 1985;). En Italie, une étude portant sur des UDI non incarcérés qui avaient déjà fait de la prison a montré que 9% d'entre eux avaient emprunté ou prêté des seringues en prison et que 2% y avaient eu des relations homosexuelles (Serraino *et al.*, 1989).

D'autres études, menées à l'intérieur et à l'extérieur des prisons, laissent entendre que non seulement l'emprunt et le prêt de seringues peuvent se produire dans le milieu carcéral (Bird, Gore, Jolliffe & Burns, 1992; Carvell & Hart, 1990; Gaughwin *et al.*, 1991; Power *et al.*, 1992; Turnbull, Donal & Stimson, 1992), mais aussi que, dans certains cas, ces emprunts et ces prêts sont plus fréquents quand la personne est en prison (Power *et al.*, 1992; Turnbull, Donal & Stimson, 1992). Des cas de transmission du VIH et d'autres MTS en milieu carcéral ont été rapportés (Brewer *et al.*, 1988; Castro *et al.*, 1991; Douglas *et al.*, 1989; Horsburgh, Jarvis, McArthur, Ignacio & Stock, 1990; van Hoeven, Rooney & Joseph, 1990). Ces constatations militent en faveur de l'accès à des moyens de prévention dans les prisons. Une étude québécoise portant sur les comportements à risque pendant l'incarcération a montré que 13,1% des hommes incarcérés qui avaient consommé des drogues injectables au cours des six mois précédant leur emprisonnement continuaient à s'injecter en prison (Hankins, Gendron, Tran *et al.*, 1997, en préparation). De la même façon, une étude transversale menée dans six centres correctionnels en Ontario révèle que 64% des répondants utilisent de la drogue à l'intérieur de la prison et, parmi eux, 7% rapportent s'être injectés pendant leur incarcération (Schlossberg, Calzavara, Burchell *et al.*, 1997). En tout, 6,2% des 965 hommes détenus et 6,8% des 459 femmes avaient eu des activités sexuelles en prison. En se servant d'une équation de régression logistique, on a trouvé que l'activité sexuelle entre hommes était associée à des antécédents d'utilisation de drogues injectables, à un niveau de scolarité primaire, au fait d'avoir eu des clients au cours des 6 mois précédant l'incarcération et au fait de s'être injecté de la drogue en prison pendant la période où l'étude était menée (Hankins, Gendron & Tran, 1995). Un sondage national réalisé pour Service Correctionnel Canada en 1995 révèle que 6 % des détenus québécois incarcérés dans des établissement fédéraux disent s'être déjà injecté des drogues depuis le début de leur séjour en prison, 7 % affirment avoir déjà eu des relations sexuelles avec un autre détenu; 50 % se sont déjà fait tatouer en prison et 13 % se sont déjà fait percer une oreille, le nez ou une autre partie du corps depuis leur incarcération. Les résultats de ces études et de plusieurs autres suggèrent que le nombre d'individus qui risquent d'attraper le VIH en milieu carcéral ira en croissant au cours des prochaines années.

Les données obtenues jusqu'ici à l'aide d'études d'incidence laissent croire que les taux de transmission du VIH-1 en milieu carcéral nord-américain et européen sont faibles. Au Maryland, une étude faite auprès de volontaires de sexe masculin évalue l'incidence du VIH à 0,41% par année pour la totalité des détenus de cet état. Des recherches qui avaient été menées auparavant dans cet état et qui avaient donné la possibilité aux détenus incarcérés depuis plus de sept ans de se soumettre à des tests n'ont trouvé que deux cas présumés de transmission à l'intérieur de la prison (Hammett, 1988). Au Nevada, une étude portant sur la séroconversion chez des détenus, tous obligatoirement soumis à des tests, a établi que le taux global de séroconversion s'élevait à un cas par 604 personnes/année dans une population ayant une prévalence initiale de 2,4%. Toutefois, il n'a pas été possible d'exclure la possibilité que l'exposition au VIH-1 se soit produite avant l'incarcération (Horsburgh et al., 1990). Par ailleurs, une étude prospective conduite dans une prison militaire n'a identifié aucun cas de transmission (Kelley et al., 1986).

En France, Espinoza, Bouchard, Polo-Devoto & Atkhen (1989) n'ont trouvé aucun indice de séroconversion après douze mois d'incarcération chez des détenus présentant une prévalence initiale de 6%, bien qu'on ait rapporté des activités à risque à l'intérieur de la prison. L'analyse de cas de sida parmi des prisonniers incarcérés sans interruption (Hammett, 1988) ainsi que des évaluations de périodes d'incubation (Hanrahan et al., 1984) laisse croire que seul un petit pourcentage de détenus a contracté le virus au cours de sa détention. Toutefois, comme nous l'avons mentionné précédemment, en 1987 on a constaté dans les prisons thaïlandaises des niveaux de transmission du VIH dramatiquement élevés qui ont donné lieu, en 1988, à une propagation inquiétante du VIH parmi les UDI dans la communauté. Mais en général, les travaux qui cherchent à faire la lumière sur l'incidence de la transmission du VIH-1 entre les murs des prisons sont peu nombreux.

Il est évident, toutefois, que les UDI qui ont adopté des méthodes d'injection plus sécuritaires à l'extérieur, qui se servent de matériel stérile et qui nettoient leurs seringues usagées avec efficacité, ne disposent d'aucun moyen pour continuer à appliquer ces méthodes préventives quand ils sont en prison. La pénurie de matériel d'injection mène à la fabrication artisanale de dispositifs d'injection et à la multiplication de l'usage des seringues disponibles. Les habitudes sociales d'échange et de partage qui en résultent font que les détenus sont exposés à un nombre beaucoup plus grand de réseaux de partage à l'intérieur de la prison que lorsqu'ils sont à l'extérieur (Turnbull & Stimson, 1993). Ces habitudes ont des implications évidentes pour la transmission du VIH et de toutes les autres infections transmissibles par le sang. De plus, le manque d'accès à des préservatifs et à de la gelée lubrifiante crée des conditions fertiles pour la transmission sexuelle du VIH dans des milieux où jusqu'à 20% des hommes se livrent à des relations sexuelles avec d'autres hommes pendant leur incarcération (Nacci & Kane, 1983) et où les niveaux de prévalence du VIH sont déjà élevés.

Interventions

Les interventions en milieu carcéral consistent à fournir de l'information et de la formation sur le VIH, à offrir aux détenus l'accès à des services de counselling et de dépistage ainsi qu'à des moyens de prévention et, enfin, à offrir aux détenus infectés par le VIH la possibilité de traitement et de prophylaxie. La détention représente une occasion unique de dispenser des programmes de prévention et d'éducation à des prisonniers à risque élevé qui ne cherchent pas, quand ils sont hors de prison, à passer des tests d'anticorps du VIH, ni à recevoir du counselling ou des soins. De plus, au moment de leur libération, les anciens détenus peuvent devenir des multiplicateurs efficaces du message de prévention de l'infection par le VIH et aider à créer de nouvelles normes sociales chez leurs pairs. Les UDI, en particulier, retournent souvent aux réseaux d'échanges qu'ils avaient et à leurs partenaires sexuels, dont un grand nombre ne prennent pas de drogues injectables (Donoghoe, 1992). Enfin, 99 % des personnes emprisonnées sont relâchées dans la société (Anno, 1993) et, idéalement, elles peuvent devenir des agents de changement qui encouragent l'adoption de comportements sexuels et d'habitudes d'injection plus sécuritaires au sein des communautés dans lesquelles elles retournent.

Le fait d'offrir des services de counselling et de tests sur une base volontaire peut être rentable et simplifier la planification des ressources. Puisque le but des tests ne consiste pas à identifier les détenus infectés et à les discriminer, mais plutôt à informer les détenus, qu'ils soient infectés ou non, des résultats de leur test de manière à les aider à adopter des comportements sécuritaires, le programme le plus approprié est celui qui encourage les détenus à se soumettre à des tests. Au Québec, un service de tests non nominaux fondé sur le principe que le contrôle de l'information relative à la condition sérologique et que la décision d'entreprendre des suivis médicaux et psychologiques revient aux détenus, qu'ils soient hommes ou femmes, a été mis en place. L'option des tests non nominaux, qui a fait ses preuves au Québec, ne permet l'identification des résultats que par numéros de code. Sur présentation de leur numéro de code, les détenus qui le veulent peuvent prendre connaissance de leurs résultats. Toutefois, aucune information concernant leurs comportements à risque ou leur condition de séropositivité n'est transmise aux services de santé ou à l'administration de la prison, à moins que le détenu n'en fasse la demande. Les prisonniers peuvent connaître leurs résultats pendant qu'ils sont en prison, juste avant d'être relâchés, ou ils peuvent ne pas le connaître du tout. Lors des sessions de counselling dispensées après le test, les détenus peuvent discuter des options médicales et psychologiques qui s'offrent à eux et obtenir, sur demande, d'être dirigés vers les personnes appropriées.

Quelques gouvernements à travers le monde ont voté des lois obligeant les détenus à passer le test de dépistage malgré le fait que les tests passés sur une base volontaire peuvent permettre d'obtenir une information équivalente sur les populations de prisonniers tout en atteignant les buts visés, à savoir la promotion de la santé grâce aux services de counselling offerts avant et après les tests. Aux États-Unis et en Angleterre, des études dont le but était de comparer la séroprévalence des nouveaux venus, selon qu'ils étaient testés au hasard ou qu'ils se portaient volontaires, n'ont trouvé aucune différence entre ces groupes (Bird, Gore, Jolliffe & Burns, 1992; Hoxie *et al.*, 1990). Depuis que les prisons du Maryland ont introduit un programme de tests volontaires pour tous les nouveaux venus, elles ont connu une augmentation de 300% de l a détection des détenus infectés par le VIH au cours d'une période d'un an. Cette mesure a permis la détection rapide de cas d'infection et l'application de traitements et des mesures de prévention opportunes (Kendig *et al.*, 1992). Une autre étude visant à comparer l'efficacité des tests obligatoires à celle des tests volontaires pour identifier les détenus infectés par le VIH a montré que six des douze détenus ayant obtenu des résultats positifs lors de tests obligatoires de détection du VIH s'étaient portés volontaires pour passer ces tests de façon confidentielle et pour se présenter à des séances de counselling (Andrus *et al.*, 1989). Parmi les six autres détenus infectés par le VIH, quatre d'entre eux auraient envisagé de se soumettre à des tests non nominaux si on leur en avait donné le choix. Les bienfaits potentiels que comporte l a possibilité de passer des tests non nominaux justifient la poursuite d'études visant à déterminer dans quelle mesure les détenus sont désireux de prendre conscience de leurs comportements à risque et d'utiliser sur une base volontaire les services de tests non nominaux. On ne sait pas s'il en est de même pour les services de tests nominaux quoique Andrus, de même que ses collègues (1989), estiment que les tests nominaux, mêmes confidentiels, risquent de refroidir la motivation des personnes qui voudraient éventuellement se faire tester.

Les débats accusant les programmes de prévention de l'infection au VIH de fermer les yeux sur les comportements illégaux se sont tus dans de nombreuses communautés. Ils demeurent toutefois très présents lorsqu'il s'agit des milieux carcéraux. En prison, l'activité sexuelle et la contrebande de drogue sont généralement traitées comme des infractions passibles de mesures disciplinaires. En dépit de cela, au Canada, les détenus peuvent maintenant se procurer des préservatifs dans les pénitenciers fédéraux sans que le statut disciplinaire de l'activité sexuelle ait été modifié. L'utilisation de drogues injectables en milieu carcéral devrait être traitée de la même façon. Admettre que les efforts investis pour empêcher l'introduction de drogue dans les prisons représentent un premier pas même si celle-ci continue de circuler dans certaines prisons. La mise en application de programmes conçus pour réduire les méfaits associés à l'utilisation de drogues injectables en prison ainsi que l'évaluation attentive de leur efficacité constituent quelques pas supplémentaires dans la bonne direction. À la lumière des préoccupations récentes concernant l'efficacité du lavage des seringues à l'eau de Javel (Centers for Disease Control, 1993), il apparaît pertinent d'envisager sérieusement la mise sur pied d'un projet pilote d'échange de seringues souillées contre des seringues stériles de façon à améliorer les conditions d'injection dans les prisons. En Suisse, un programme pilote de ce genre a été mené initialement dans une prison pour femmes puis étendu à une prison pour hommes. (Bernasconi, Büechi & Stutz Steiger, 1994). Plusieurs prisons suisses envisagent de mettre en place des programmes d'échange de seringues pour faire suite aux premiers essais qui semblent concluants (Prisoners and HIV/AIDS, 1995).

Les soins psychosociaux et médicaux dispensés aux personnes détenues méritent aussi d'être examinés de près. Les détenus ne peuvent choisir leurs soins médicaux et, parfois, l'impression qu'il ne peut y avoir de confidentialité en milieu carcéral risque d'empêcher les détenus d'avouer qu'ils utilisent de la drogue. Il pourrait être possible d'améliorer les options de traitements disponibles en prison pour les UDI, entre autres, en facilitant l'accès à des traitements acceptables, fournis sur demande et dispensés de manière non coercitive et encourageante (Turnbull & Stimson, 1993). Dans les milieux carcéraux, ces traitements pourraient englober des programmes de désintoxication ou des cures d'entretien à la méthadone pour diminuer la fréquence des injections et le partage des seringues.

Parmi les populations de détenus des deux sexes se trouvent quelques uns des individus les plus à risque en provenance des communautés environnantes et qui sont susceptibles de bénéficier de services médicaux et psychosociaux appropriés pendant leur incarcération. Le milieu carcéral fournit une occasion unique d'offrir des traitements et de donner accès à des mesures de prévention à des individus qui risquent autrement de ne pas s'adresser à des services communautaires pour gérer leur maladie ou qui n'ont pas accès à ces services. Une étude portant sur des femmes incarcérées atteintes par le VIH a montré que 70% de celles à qui ont avait offert la possibilité de se prévaloir d'un traitement à la zidovudine ont accepté de le suivre (Altice, Tanguay, Hunt, Blanchette & Selwyn, 1992). Les détenues qui ont pris ce médicament ont, en général, fréquenté relativement souvent les services médicaux de la prison. Toutefois, elles ont moins eu besoin d'être traitées dans des hôpitaux extérieurs que les détenues qui ont refusé le traitement. Une autre recherche, qui visait à comparer les coûts engendrés par le traitement de la pneumonie *Pneumocystis carinii* aux coûts des mesures de prophylaxie offertes aux détenues dont le nombre de CD4$^+$ était inférieure à 200/ml, a montré que l'approche prophylactique permettait de réaliser des économies substantielles (Price, 1992).

Le milieu carcéral peut également exposer les détenus qui sont infectés par le VIH à d'autres risques d'infection. Une étude a en fait révélé que la prévalence de tuberculose était plus élevée chez les détenues infectées par le VIH que chez un groupe comparable de femmes non incarcérées (Ross, 1991). On reconnaît aussi que le potentiel de transmission de tuberculose résistant à de nombreux médicaments est plus fort dans les milieux carcéraux (Center for Diseases Control, 1992). Il faut envisager la mise en application rapide de lignes de conduite adaptées aux prisons si l'on veut créer un environnement qui encourage les détenus infectés par le VIH à se prévaloir de services médicaux et psychosociaux confidentiels et où les prisonniers à risque pour l'infection par le VIH peuvent accéder à des services de tests et de counselling.

Pour que les programmes aient un impact positif sur la réduction du risque de transmission du VIH, il est également nécessaire de soulever des questions plus vastes susceptibles d'avoir des répercussions sur les politiques officielles. Nous devons, entre autres, être prêts à remettre en question les stratégies globales appliquées aux drogues. La Commission américaine sur le sida a déclaré que: «En choisissant d'emprisonner un très grand nombre de consommateurs de drogue, le gouvernement fédéral ainsi que les gouvernements des états américains ont, de fait, créé un régime d'emprisonnement pour un nombre toujours croissant d'individus affectés par le VIH » (U.S. National Commission on AIDS, 1990).

Les politiques en matière de justice criminelle de la plupart des pays consommateurs, ainsi que de plusieurs pays producteurs de drogues, calquées sur les pratiques américaines, ont des implications similaires, c'est-à-dire qu'elles font d'une «Guerre contre la drogue» une «Guerre contre les utilisateurs de drogue».

Les priorités de recherche

Il est essentiel de continuer à mener des études ayant pour objectif de procéder à un examen détaillé des comportements à risque passés et actuels si l'on veut suivre l'évolution de la propagation de l'infection par le VIH, concevoir des services appropriés à l'intention autant de ceux qui cherchent à recevoir du counselling et à passer des tests, que de ceux que l'on sait être infectés, et élaborer des interventions susceptibles de réduire la transmission du VIH en milieu carcéral. Les données relatives à la prévalence du VIH peuvent favoriser la prise de conscience par rapport au sida et au VIH chez les détenus et le personnel des prisons et justifier l'adoption de budgets pour mettre sur pied des programmes d'éducation et de prévention. Les évaluations de programmes de prévention en milieu carcéral, dont l'objectif est de modifier les facteurs susceptibles d'influencer les intentions de changement de comportements ou le changement et le maintien de ces comportements, permettent d'effectuer les ajustements requis pour améliorer l'efficacité des programmes. Une fois publiés et disséminés, les résultats de telles évaluations peuvent servir de modèles pour d'autres institutions correctionnelles et pour d'autres gouvernements. Il est enfin important d'entreprendre des projets-pilotes pour tester des programmes controversés, notamment ceux qui prévoient augmenter l'accès à des préservatifs et à de l'eau de Javel pour les détenus ou qui prévoient des mécanismes d'échange de seringues. Ces projets permettraient de trouver des réponses aux questions cruciales concernant la sécurité du personnel carcéral, l'adhérence aux règles du jeu par les détenus et la réduction potentielle des risques.

CONCLUSION

Le contexte législatif qui entoure l'utilisation des drogues devrait être réexaminé à la lumière de son incapacité à répondre aux problèmes individuels et sociaux associés à la drogue, en particulier au problème de l'infection par le VIH. Il en va de même pour le contexte légal et social dans lequel se déroule la prostitution dans la majorité des pays du monde. Pour être efficaces, les réponses données par les responsables de la santé publique en réaction à l'épidémie de VIH chez les UDI, les prostituées et les prisonniers ne doivent pas se limiter à encourager la réduction des risques chez les individus. Elles doivent aussi stimuler le débat et le changement social et préconiser que les conditions favorisant la transmission du VIH fassent l'objet de changements structurels, politiques et légaux. L'incapacité de faire face à ces conditions sous-jacentes se traduira, en fin de compte, par l'éclosion d'un nombre incalculable d'infections au VIH qu'il aurait été possible de prévenir et qui s'ajouteront à la myriade de problèmes sociaux déjà engendrés par une inaction dénotant une absence de vision.

BIBLIOGRAPHIE

Altice, F.L., Tanguay, S., Hunt, D., Blanchette, E A. & Selwyn, P.A. (1992). Demographics of HIV infection and utilisation of medical services among IDU's in a women's prison. *International Conférence on AIDS*, 8, Amsterdam, abstract PoC 4358.

Anda, R.F., Perlman, S.B., D'Allessio, D.J., Davis, J.P. & Dodson, V.N. (1985). Hepatitis B in Wisconsin male prisoners: considerations for serologic screening and vaccination. *American Journal of Public Health*, 75, 1182-1185.

Anderson, R.M., May, R.M., Boily, M.C., Garnett, G.P. & Rowley, J.T. (1991). The spread of HIV-1 in Africa: sexual contact patterns and the predicted demographic impact of AIDS. *Nature*, 352, 581-589.

Anderson, R., Jain, S., Flynn, N., Bailey, V., Sweha, A. & Wicks, A. (1990). Differences in stated behaviour of female and male IVDUs. *International Conférence on AIDS*, 6, San Francisco, abstract 3001.

Andrus, J.K., Fleming, D.W., Knox, C., McAlister, R.O., Skeels, M.R., Conrad, R.E., Horan, J.M. & Foster, L.R. (1989). HIV testing in prisoners: Is mandatory testing mandatory? *American Journal of Public Health*, 79, 840-842.

Anno, B.J. (1993). Health care for prisoners: How soon is soon enough? *Journal of the American Medical Association*, 269, 633-634.

Archibald, C.P., Chan, R.K. W., Yap, C.K. & Coh, C.L. (1994). Gonorrhoea prevalence among Singapore sex workers is associated with method of brothel reimbursement. *International Conférence on AIDS*, 10, Yokohama, abstract PCO364.

Bath, G.E., Burns, S.M., Davies, A.G., Dominy, N., Peters, A. & Richardson, A.M. (1993). Fewer drug users share needles [letter]. *British Medical Journal*, 306, 1414.

Bellis, D.J. (1993). Reduction of AIDS risk among 41 heroin addicted female street prostitutes: Effects of free methadone maintenance. *Journal of Addictive Diseases*, 12, 7-23.

Bernasconi, S., Büechi, M. & Stutz Steiger, T. (1994). AIDS prevention in a Swiss prison: a pilot project including the distribution of sterile injection equipment. *International Conférence on AIDS*, 10, Yokohama, abstract PD0523.

Berkelman, R.L., Heyward, W.L., Stehr-Green, J.K. & Curran, J.W. (1989). Epidemiology of human immunodeficiency virus infection and acquired immunodeficiency syndrome. *American Journal of Medicine*, 86, 761-770.

Bhatta, P. (1993). Prostitutes in Nepal: implications for aids. *International Conférence on AIDS*, 9, Berlin, abstract PO-D09-3646.

Bird, A.G., Gore, S.M., Jolliffe, D.W. & Burns, S.M. (1992). Anonymous HIV surveillance in Saughton Prison, Edinburgh. *AIDS*, 6, 725-733.

Booth, R.E., Koester, S., Brewster, J.T., Weibel, W.W. & Fritz, R.B. (1991). Intravenous drug users and AIDS: risk behaviors. *American Journal of Drug and Alcohol Abuse*, 17, 337-353.

Bouchard, I., Espinoza, P., Stein, S., Polo-Devoto, J., D'Havillivillée, P. & Benamouzig, R. (1989). Fréquentation hospitalière et infection par le VIH en milieu carcéral. *International Conférence on AIDS*, 5, Montréal, abstract M.A.P.24.

Boupda, A., Engome, S., Mancgester, T. & Monny-Lobe, A. (1993). Prostitutes as condoms distributors among their peers and clients in Cameroon. *International Conférence on AIDS*, 9, Berlin, abstract PO-D09-3666.

Bozon, M. (1993). L'entrée dans la sexualité adulte: le premier rapport et ses suites. *Population*, 5, 1317-1352.

Brewer, T.F., Vlahov, D., Taylor, E., Hall, D., Muñoz, A. & Polk, B. (1988). Transmission of HIV-1 within a statewide prison system. *AIDS*, 2, 363-367.

Bring drugs within the law (1993). *The Economist*, 13-14.

Bureau of HIV/AIDS and STD, Laboratory Centre for Disease Control, Health Canada. (1997). Inventory of HIV Incidence and Prevalence Studies in Canada. Ottawa: Health Canada.

Calzavara, L., Major, C., Millson, M. et al. (1994). *The Study of HIV Prevalence in Ontario Jails, Detention and Youth Centres: Final Report*. Department of Preventive Medicine and Biostatistics, University of Toronto, Toronto.

Calzavara, L., Major, C., Myers, T., Schlossberg, J., Millson, M., Wallace, E., Fearon, M. & Rankin, J. (1994). Regional variations in rates of HIV among Ontario prisoners. *Canadian Journal of Infectious Diseases*, 5 suppl. D, 39D.

Canadian Correctional Services (1988). *Commissioner's Directive Number 821*. January1.

Carvell, A.L.M. &Hart, G.J. (1990). Risk behaviours for HIV infection among injection drug users in prison. *British Medical Journal*, 300, 1383-1384.

Castillo, F., Tayag, J., Simbulan, N., Silva, L. & Dominguez, C. (1993). Training female prostitutes to be peer educators for AIDS prevention. *International Conférence on AIDS*, 9, Berlin, abstract PO-D14-3858.

Castro, K., Shansky, R., Scardino, V., Narkunas, J., Coe, J. & Hammett, T. (1991). HIV transmission in correctional facilities. *International Conférence on AIDS*, 7, Florence, abstract M.C.3067.

Celentano, D.D., Akarasewi, P., Sussman, L., Suprasert, S., Matanasarawoot, A., Wright, N.H., Theetranont, C. & Nelson, K.E. (1994). HIV-1 infection among lower class commercial sex workers in Chiang Mai,

Thailand. *AIDS*, *8*, 533-537.

Celentano, D.D., Nelson, K.E., Suprasert, S., Wright, N., Matanasarawoot, A., Eiumtrakul, S., Romyen, S., Tulvatana, S., Kuntolbutra, S., Sirisopana, N., Akarasewi, P. & Theetranont, C. (1993). Behavioral and sociodemographic risks for frequent visits to commercial sex workers among northern Thai men. *AIDS*, *7*, 1647-1652.

Centre canadian de lutte contre l'alcoolisme et les toxicomanies (1997). *Le VIH, le sida et l'usage de drogues par injection: Un plan d'action national*. Ottawa: Health Canada.

Centre de contrôle des maladies (1992). Transmission of multidrug-resistant tuberculosis among immunocompromised persons in a correctional system - New York, 1991. *Morbidity and Mortality Weekly Report*, *41*, 507-509.

Centre de contrôle des maladies (19 avril 1993). Center for Substance Abuse Treatment, National Institute on Drug Abuse. *HIV/AIDS Prevention Bulletin*. Atlanta, GA: U.S. Department of Health et Human Services, Public Health Service.

Choi, K.-H. & Coates, T.J. (1994). Prevention of HIV infection. *AIDS*, *8*, 1371-1389.

Chongvatana, N., van Griensven, G., Nartpratarn, C., Likhityingvara, C., Ngaokaew, S. & Absornthanasombat, T. (1993). *International Conférence on AIDS*, *9*, Berlin, abstract WS-D10-5.

Coelho Reis, E.F. & van Buuren, N.G. (1993). AIDS prevention by alternative activities. *International Conférence on AIDS*, *9*, Berlin, abstract PO-D09-3659.

Cohen J., Alexander, P. & Wofsy, C. (1988). Prostitutes and AIDS: public policy issues. *AIDS and Public Policy Journal*, *3*, 16-22.

Colimoro, C. (1993). Educative intervention to stop HIV transmission in sex workers. *International Conférence on AIDS*, *9*, Berlin, abstract PO-D09-3655.

Darrow, W., Deppe, D., Schable, C., Hadler, S., Larsen, S., Khabbaz, R., Jaffe, H., Cohen, J., Wofsy, C., French , H., Gill, P., Potterat, J., Ravenholtd, O., Sikes, R. & Witte, J. (1990). Prostitution, intravenous drug use and HIV-1 in the United States. Dans M. Plant (dir.), *AIDS, drugs and prostitution* (p. 120-147). London: Tavistock.

Davoli, M., Arca, M., Spadea, T., Abeni, D.D., Forastiere, F. & Perrucci, C.A. (1992). Estimating the number of drug injectors, a crucial step in predicting HIV/AIDS incidence. *International Conférence on AIDS*, *8*, Amsterdam, abstract PoC 4774.

De Jong, W.M. (1991). Policy on AIDS and drug users: the state of affairs in The Netherlands. *Health Promotion International*, *6*, 257-261.

De Paula, M.D.N., Lorenço, R., Queiroz, W., Hughes, V., Schechtmann, M., Castilho, E. & Johnson Jr., W. (1991). Prevalence of HIV seropositivity and potential risk of vertical transmission at the Sao Paulo female state

prison. *International Conférence on AIDS*, *8*, Florence, abstract M.C.3002.

Decker, M.D., Vaughn, W.K., Brodie, J.S., Hutcheson Jr., R.H. & Schaffner, W. (1985). The incidence of Hepatitis B in Tennessee prisoners. *Journal of Infectious Diseases*, *152*, 213-217.

Des Jarlais, D.C., Choopanya, K., Wenston, J. et al. (1992). Risk reduction and stabilization of seroprevalence among drug injectors in New York City and Bangkok, Thailand. Dans G.B. Rossi, E. Beth-Giraldo, L. Chieco-Bianchi, F. Dianzani, G. Giraldo & P. Verani (dir.), *Science Challenging AIDS* (p. 207-213). Italie: Basel & Karger.

Des Jarlais, D.C., Friedman, S.R., Choopanya, K., Vanichseni, S. & Ward, T.P. (1992). International epidemiology of HIV and AIDS among injecting drug users. *AIDS*, *6*, 1053-1068.

Des Jarlais, D.C., Friedman, S.R., Friedmann, P., Wenston, J., Sotheran, J.L., Choopanya, K., Vanichseni, S., Raktham, S., Goldberg, D., Frischer, M., Green, S., Lima, E.S., Bastos, F. I. & Telles, P.R. (1995). HIV/AIDS-related behaviour change among injecting drug users in different national settings. *AIDS*, *9*, 611-617.

Des Jarlais, D.C., Friedman, S.R. & Hopkins, W. (1985). Risk reduction for the acquired immunodeficiency syndrome among intravenous drug users. *Annals of Internal Medicine*, *103*, 755-759.

Donoghoe, M.C. (1992). Sex, HIV and the injecting drug user. *British Journal of Addiction*, *87*, 405-416.

Douglas, R.M., Gaughwin, M.D., Ali, R.L., Davies, L.M., Mylvaganam, A. & Liew, C.Y. (1989). Risk of transmission of the Human Immunodeficiency Virus in the prison setting (letter). *Medical Journal of Australia*, *150*, 722.

Espinoza, P., Bouchard, I., Polo-Devoto, J. & Atkhen, P. (1989). Epidémiologie du sida en milieu carcéral. *International Conférence on AIDS*, *5*, Montréal, abstract M.A.P.25.

Esu-Williams, E., Asuquo, A. & Oku, O. (1994). Retraining CSWS: experience from Calabar. *International Conférence on AIDS*, *10*, Yokohama, abstract PD0465.

European Working Group on HIV Infection in Female Prostitutes (EWHGFP). (1993). HIV infection in European female sex workers: epidemiological link with use of petroleum-based lubricants. *AIDS*, *7*, 401-408.

Ferencic, N., Alexander, P., Lamptey, P. & Slutkin, G. (1991). Review of coverage and effectiveness of current sex-work interventions in developing countries. *International Conférence on AIDS*, *7*, Florence, abstract TU.C.56.

Friedman, S.R. & Des Jarlais, D.C. (1991). HIV among injecting drug users: the epidemic and the response. *AIDS Care*, *3*, 239-250.

Friedman, S.R., Des Jarlais, D.C., Sotheran, J.L. et al. (1987). AIDS and self-organization among intravenous drug users. *International Journal of Addiction, 22,* 201-219.

Friedman, S.R., Stepherson, B., Woods, J., Des Jarlais, D.C. & Ward, T.P. (1992). Society, Drug Injectors, and AIDS. *Journal of Health Care for the Poor and Underserved, 3,* 73-89.

Frischer, M. (1992). Estimating prevalence of injecting drug use in Glasgow. *British Journal of Addiction, 87,* 235-243.

Gates, S., Gendron, S. & Hankins, C. (1994). Factors mitigating against partner condom use among women sex workers visiting Montreal's needle exchange. *Canadian Journal of Infectious Diseases, 5,* suppl. D, 37D.

Gathaqi, H.W., Bwayo, J., Karuga, P.M., Kihara, A.N., Omari, M.A. & Plummer, F.A. (1993). The socio-economic status of prostitutes at a truck drivers' stop and their interaction with male clients. *International Conférence on AIDS, 9,* Berlin, abstract PO-D09-3672.

Gaughwin, M.D., Douglas, R.M., Liew, C., Davies, L., Mylvaganam, A., Treffke, H., Edwards, J. & Ali, R. (1991). HIV prevalence and risk behaviours for HIV transmission in South Australian prisons. *AIDS, 5,* 845-851.

Getting gangsters out of drugs (1988). *The Economist,* 11-12.

Granados, A., Miranda, M.J. & Martin, L. (1990). HIV seropositivity in Spanish prisons. *International Conférence on AIDS, 6,* San Francisco, abstract Th.D.116.

Hammett, T.M. (1988). National Institute of Justice, U.S. Department of Justice. *AIDS in Correctional Facilities: Issues and Options.* Third edition, p.26.

Hankins, C. & Gendron, S. (1995a). *Risk Factors For Human Immunodeficiency Virus Infection In Inmates Of Medium Security Correctional Institutions, Montréal 1990-1992.* Final Report to the National Health Research and Development Programme, September.

Hankins, C. & Gendron, S. (1995b). *Bilan des connaissances sur la prostitution au Québec.* Document de travail commandé par le Centre de coordination sur le sida, Ministère de la santé et des services sociaux du Québec.

Hankins, C., Gendron, S., Handley, M.A., Richard, C., Lai Tung, M.T. & O'Shaughnessy, M. (1994). HIV infection among women in prison: an assessment of risk factors using a nonnominal methodology. *American Journal of Public Health, 84,* 1637-1640.

Hankins, C., Gendron, S., Handley, M., Rouah, F. & O'Shaughnessy, M. (1991). HIV-1 infection among incarcerated men - Quebec. *Canadian Diseases Weekly Report, 17,* 233-235.

Hankins, C., Gendron, S., Richard, C. & O'Shaughnessy, M. (1989). HIV-1 infection in a medium security prison for women - Quebec. *Canadian Diseases Weekly Report, 15,* 168-170.

Hankins, C., Gendron, S., Tran, T., & Hum, L.

(sous presse). *Risk Factors for Human Immunodeficiency Virus Infection in Inmates of Medium Security Correctional Institutions, Montréal 1990-1992.* Final Report to the National Health Research and Development Programme.

Hankins, C., Tran, T., Desmarais, D., & the CACTUS-Montreal Evaluation Team. (1997). Moving from surveillance to the measurement of programme impact: CACTUS-Montreal Needle exchange programme (NEP). *Canadian Journal of Infectious Diseases,* 8, suppl. A, 28A.

Hankins, C., Gendron, S. & Tran, T. (1994). *CACTUS-Montréal: profil comportemental de la clientèle et prévalence de l'infection par le VIH (1 avril-30 septembre 1994).* Rapport semestriel numéro 5.

Hanrahan, J.P., Wormser, G.P., Reilly, A.A., Maguire, B.H., Gavis, G. & Morse, D.L. (1984). Prolonged incubation period of AIDS in intravenous drug abusers: Epidemiological evidence in prison inmates. *Journal of Infectious Diseases, 150,* 263-266.

Harding, T.W. (1987). AIDS in Prison. *The Lancet, 2,* 1260-1263.

Harding, T.W. & Schaller, G. (1992a). HIV/AIDS Policy for Prisons or for Prisoners? Dans J.M. Mann, D.J.M. Tarantola & T.W. Netter (dir.), *AIDS in the World* (p. 761-769). Cambridge, MA: Harvard University Press.

Harding, T.W. & Schaller, G. (1992b). *HIV/AIDS and Prisons: Updating and Policy Review. A survey covering 55 prison systems in 31 countries.* Geneva : WHO Global Programme on AIDS.

Harris, R.E., Langrod, J., Herbert, J., Lowinson, J., Zang, E. & Wynder, E. (1990). Changes in AIDS risk behavior among IVDUs in NY city. *NY State Journal of Medicine, 90,* 123-126.

Hartnoll, R., Lewis, R., Mitcheson, M. & Bryer, S. (1985). Estimating the prevalence of opioid dependence. *Lancet, I,* 203-205.

Horsburgh, C.R., Jarvis, J.Q., McArthur, T., Ignacio, T. & Stock, P. (1990). Seroconversion to human imunodeficiency virus in prison inmates. *American Journal of Public Health, 80,* 209-210.

Hoxie, N.J., Vergeront, J.M., Frisby, H.R., Pfister, J.R., Golubjatnikov, R. & Davis, J.P. (1990). HIV seroprevalence and the acceptance of voluntary HIV testing among newly incarcerated male prison inmates in Wisconsin. *American Journal of Public Health,* 80, 1129-1131.

Hull, H.F., Lyons, L.H., Mann, J.M., Hadler, S.C., Steece, R. & Skells, M.R. (1985). Incidence of Hepatitis B in the penitentiary of New Mexico. *American Journal of Public Health, 75,* 1213-1214.

Icardi, G.C., Avenoso, D., Cardona, E., Lai, F., Orofino, G.C. & Robello, R. (1992.). HIV infection surveillance in Italian prisoners: A 5-year study. *International Conférence on AIDS,* 8, Amsterdam, abstract PoC 4710.

Jackson, L., Highcrest, A. & Coates, R.A.

(1992). Varied potential risks of HIV infection among prostitutes. *Social Sciences and Medicine, 35,* 281-286.

Jana, S., Khodakevich, L., Larivee, C., Dey, I. & Sarder, N. (1994). Changes in sexual behaviour of prostitutes in Calcutta. *International Conference on aids, 9,* Yokohama, abstract 346D.

Johnson, J. & Williams, M.L. (1993). A preliminary ethnographic decision tree model of injection drug users' (IDUs) needle sharing. *The International Journal of the Addictions, 28,* 997-1014.

Kelley, P.W., Redfield, R.R., Ward, D.L., Burke, D.S. & Miller, R.N. (1986). Prevalence and incidence of HTLV-III in a prison [letter]. *JAMA, 256,* 2198-2199.

Kendig, N., Behrendt, C., Swetz, A., Stough, T., Coplin, M. & Vlahov, D. (1992). Profile of seropositive inmates diagnosed in Maryland prisons. *International Conference on AIDS, 8,* Amsterdam, abstract PoD 5062.

Kiruhi, M., Ngugi, E. N., Kamau, P., Nyambola, L. & Ronald, A. (1994). The impact of social, economic and sexual empowerment: commercial sex workers (CSW). *International Conference on AIDS, 10,* Yokohama, abstract 447D.

Laga, M., Nzila, N., Goeman, J., Tuliza, M., Manoka, A., Kivuvu, M. *et al.* (1992). Condom promotion and STD diagnosis and treatment among female prostitutes in Kinshasa, Zaire. *World Health Organization Meeting on Strategies for Effective Intervention.*

Lamsam, S. & Viravaidya, M. (1994). Thai prostitution: Economic, social and cultural factors. *International Conference on AIDS, 10,* Yokohama, abstract 445D.

Leite, M.L.C., Nicolosi, A., Osella, A.R., Molinari, S., Cozzolino, E., Velati, C. & Lazzarin, A. (1995). Modeling incidence rate ratio and rate difference: additivity or multiplicativity of human immunodeficiency virus parenteral and sexual transmission among intravenous drug users. *American Journal of Epidemiology, 141,* 16-24.

Linhares, I.M., Miranda, S.D., Hughes, V., Santos, M.F.Q., Pinel, A. & Fernandes, M.E.L. (1994). AIDS, sexuality, sexually transmitted diseases... everything you have always wanted to know and had the courage to ask: a book for commercial sex workers (csw). *International Conference on AIDS, 10,* Yokohama, abstract PD0448.

Longshore, D. & Anglin, M.D. (1994). HIV prevalence and incidence among injection drug users in Los Angeles [letter]. *Journal of Acquired Immune Deficiency Syndrom, 7,* 738.

Lopes, V., Fawcett, F., Szterenfeld, C., Carvalho dos Santos, C., Santos da Rocha, D.L. & Santos de Souza, C. (1993). Production of «venus fire» video on AIDS prevention among prostitutes in Rio de Janeiro. *International Conference on AIDS, 9,* Berlin, abstract PO-D09-3663.

Lorenço, R., Minkovia, R., Schechtmann, M.,

Piovezano, M., Ayrosa Galvao, P., Badaro, R. & Johnson Jr., W. D. (1992). Prospective study of the epidemiology of HIV-1 infection in male prison inmates in Sao Paulo, Brazil. *International Conference on AIDS, 8,* Amsterdam, abstract PoC 4319.

Lyons, C. & Fahrner, R. (1990). HIV in women in the sex industry and/or injection drug users. *NAACOGS Clinical Issues of Perinatal Womens Health Nursing, 1,* 33-40.

Machu, M.M., Ali, M.S., Muh'd, Z.M. & Seif, M.J. (1994). Impact, societal response, and education. *International Conference on AIDS, 10,* Yokohama, abstract PD0452.

Mann, J., Tarantola, D.J.M. & Netter, T.W. (Dirs.). (1992). *AIDS in the World.* Cambridge, MA: Harvard University Press.

Martin, L., Miranda, M.J. & Granados, A. (1990). Risk factors of HIV infection in Spanish prisons. *International Conference on AIDS, 6,* San Francisco, abstract Th.C.593.

Mastro, T.D., Kitayaporn, D., Weniger B.G., Vanichseni, S., Laosunthorn, V., Uneklabh, T., Uneklabh, C., Choopanya, K. & Limpakarnjanarat, K. (1994). Estimating the number of HIV-infected injection drug users in Bangkok: a capture-recapture method. *American Journal of Public Health, 84,* 1094-1099.

McKeganey, N. & Barnard, M. (1992). Selling sex: female street prostitution and HIV risk behaviour in Glasgow. *AIDS Care, 4,* 395-407.

Merati, K.T., Yuliana, F., Widarsa, T., Ruddick, A.C., Mandel, J. & Hearst, N. (1993). AIDS education among female commercial sex workers in Bali, Indonesia: A pilot intervention study. *International Conference on AIDS, 9,* Berlin, abstract PO-D09-3661.

Merino, F., Aizpiri, J., Esparza, B., San Cristobal, E. & Perez, B. (1990). HIV-1 infection in a drug control center in the Basque country, Northern Spain, 1984-1989. *International Conference on AIDS, 6,* San Francisco, abstract FC644.

Moreno, L., Bello, A., Ferreira, F. & Rosario, S. (1994). Monitoring AIDS preventive action in the sex industry. *International Conference on AIDS, 10,* Yokohama, abstract PD0483.

Moses, S., Plummer, F.A., Ngugi, E.N., Nagelkerke, N.J.D., Anzala, A. & Ndinya-Achola, J. (1991). Controlling HIV in Africa: Effectiveness and cost of an intervention in a high-frequency STD transmitter core group. *AIDS, 5,* 407-411.

Mungai, J.N., Ombette, J., Kimani, J. *et al.* (1992). Laboratory findings for the prevalence of HIV, neisseria gonorrhoea and chlamydia trachomatis infections among prostitutes. *International Conference on AIDS, 7,* Yaounde, abstract W.P.189.

Nacci, P.L. & Kane, T.R. (1983). The incidence of sex and sexual aggression in fenderal prisons. *Federal Probation, 47,* 31-36.

Nassor, H.S., Wazir, A.A., Cyonthias, E. & Krutzer, D. (1993). Sex-workers peer education in Zanzibar. *International Conference on*

AIDS, 9, Berlin, abstract PO-C14-2907.

Neaigus, A., Friedman, S.R., Cusris, R., DesJarlais, D.C., Furst, R.T., Jose, B., Mota, P., Stepherson, B., Sufian, M., Ward, T. & Wright, J.W. (1994). The relevance of drug injectors' social and risk networks for understanding and preventing HIV infection. *Social Sciences and Medicine*, 38, 67-78.

Ngugi, E.N., Njeru, E.K., Kariuki, B.K., Muchunga, E.K., Moses, S. & Plummer, F. (1993). Effect of education/counselling in the behaviour of women in sex industry. *International Conférence on AIDS*, 9, Berlin, abstract PO-C14-2912.

Ngugi, E.N., Plummer, F.A., Simonsen, J.N., Cameron, D.W., Bosire, M., Waiyaki, P., Ronald, A. & Ndinya-Achola, J. (1988). Prevention of human deficiency immunodeficiency virus in Africa: Effectiveness of condom promotion and health education among prostitutes. *Lancet*, 2, 887-890.

Nicolosi, A., Leite, M.L., Molinari, S., Musicco, M., Saracco, A. & Lazzarin, A. (1992). Incidence and prevalence trends of HIV infection in intravenous drug users attending treatment centers in Milan and northern Italy, 1986-1990. *Journal of Acquired Immune Deficiency Syndromes*, 5, 365-373.

Nicolosi, A., Molinari, S., Musicco, M., Saracco, A., Ziliani, N. & Lazzarin, A. (1991). Positive modification of injecting behavior among IV heroin users from Milan and Northern Italy, 1987-1989. *British Journal of Addiction*, 86, 91-102.

Nwashili, P., Nwabuko, B., Olukoya, P. & Kanem, N. (1994). Mobilizing grassroot women working at 3 major interstate/international motor parks for AIDS and STD prevention in Nigeria. *International Conférence on AIDS*, 10, Yokohama, abstract PC0449.

Obbo, C. (1993). HIV transmission: men are the solution. *Population and environment*, 14, 211-243.

Osmond, M.W., Wambach, K.G., Harrison, D.F., Byers, J., Levine, P., Imershein, A. & Quadagno, D.M. (1993). The multiple jeopardy of race, class, and gender for AIDS risk among women. *Gender and Society*, 7, 99-20

Over, M. & Piot, P. (1992). HIV infection and sexually transmitted diseases. The World Bank health sectors priorities review. Dans D.T. Jamison & W.H. Mosley (dir.), *Disease Control Priorities in Developing Countries*. New York: Oxford University Press for the World Bank.

Overs, C. & Hunter, A. (1989). AIDS prevention in the legalized sex industry. *International Conférence on AIDS*, 5, Montréal, abstract TH.D.P.91.

Patel, K.K, Hutchinson, C. & Sienko, D.G. (1990). Sentinel surveillance of HIV infection among new inmates and implications for policies of correctional facilities. *Public*

Health Reports, 105, 510-514.

Perroni, L., Albertoni, F., Coluzzi, T., Corsi, T., Perucci, C.A. & Soscia, F. (1990). HIV prevalence in intravenous drug addicts from central Italy. *International Conférence on AIDS*, 6, San Francisco, abstract 3162.

Piot, P., Plummer, F.A., Rey, M.A. *et al.* (1987). Retrospective seroepidemiology of AIDS virus infection in Nairobi populations. *Journal of Infectious Diseases*, 155, 1108-1112.

Plant, M.L. (1990). Sex work, alcohol, drugs and AIDS. Dans M. Plant (dir.), *AIDS, Drugs and Prostitution*. London: Tavistock.

Power, K.G., Markova, I., Rowlands, A., McKee, K.J., Anslow, P.J. & Kilfedder, C. (1992). Comparison of sexual behaviour and risk of HIV transmission of Scottish inmates, with or without a history of intravenous drug use. *AIDS Care*, 4, 53-67.

Pradeep, K., Oostvogels, R., Khodakevich, L., Radhakrishnan, K.M. & Senthil, K. (1993). Condom promotion and education of sex workers through sex brokers and clients in Madras, India. *International Conférence on AIDS*, 9, Berlin, abstract PO-C11-2829.

Price, W. (1992). Predicted incidence and cost of Pneumocystis carinii pneumonia in a state prison population with and without prophylaxis. *International Conférence on AIDS*, 8, Amsterdam, abstract PoB 3317.

Prisoners and HIV/AIDS (1995, July). *Canadian HIV/AIDS Policy and Law Newletter*, 2-3.

Quiton, M. & Gisbert, M. (1994). Training impact in STD/AIDS among female sex workers in a third world country: Bolivia. *International Conférence on AIDS*, 10, Yokohama, abstract PB0863.

Rhodes, T., Donoghoe, M., Hunter, G. & Stimson, G. V. (1994). HIV prevalence no higher among female drug injecters also involved in prostitution. *AIDS Care*, 6, 269-276.

Robert, C.F., Deglon, J.J., Wintsch, J., Martin, J.L., Perrin, L., Bourquin, M., Gabriel, V. & Hirschel, B. (1990). Behavioural changes in intravenous drug users in Geneva: rise and fall of HIV infection, 1980-1989. *AIDS*, 4, 657-660.

Robertson, J.R., Bucknall, A.B.V., Welsby, P.D., Roberts, J.J.K., Inglis, J.M., Pentherer, J.R. & Brettle, R.P. (1986). Education of AIDS-related virus (HTLV-III/LAV) infection among intravenous drug users. *British Medical Journal*, 292, 527-529.

Rosario, S., Moreno, L., Gomez, B., De Moya, E.A. & Fox, L. (1994). Changes in condom use among Dominican sex workers. *International Conférence on AIDS*, 10, Yokohama, abstract PD0449.

Ross, T. (1991). Imprisonment and tuberculosis in HIV-infected women. *JANAC*, 2, 9-15.

Rothon, D.A., Mathias, R.G. & Schechter, M.T. (1994). Prevalence of HIV infection in provincial prisons in British Columbia. *Canadian Medical Association Journal*, 151,

781-787.

Scambler, G. & Scambler, A. (1995). Social change and health promotion among women sex workers in London. *Health Promotion International, 10*, 17-24.

Schlossberg, J., Calzavara, L., Burchell, A., Myers, T., et al. (1997). Prison drug use: An examination of social support and criminal history among incarcerated ISUs. *Canadian Journal of Infectious Diseases, 8*, suppl. A, 10A.

Selwyn, P.A., Feiner, C., Cox, C.P., Lipshutz, C. & Cohen, R.I. (1987). Knowledge about AIDS and high risk behavior among intravenous drug users in New York City. *AIDS, 1*, 247-254.

Serraino, D., Franceschi, S., Vaccher, E., Bullian, P., Gerdol, D. & Tirelli, U. (1989). HIV infection spread in Northern Italian prisons. *International Conférence on AIDS, 5*, Montréal, abstract M.A.O.38.

Service correctionnel Canada (Recherche et développement correctionnels). Sondage national auprès des détenus: Rapport final - 1995. Mars 1996.

Simooya, O.O., Maboshe, M.N., Hira, S. K. & Mukunyandela, M.N. (1992). A strategy for the control of HIV infection in African prison establishments. *International Conférence on AIDS, 8*, Amsterdam, abstract MOD 0041.

Singer, N. (1995). Understanding sexual risk behavior from drug users' accounts of their life experiences. *Qualitative Health Research, 5*, 237-249.

Siraprapasiri, T., Thanprasertsuk, S., Rodklay, A., Srivanichakorn, S., Sawanpanyalert, P. & Temtanarak, J. (1991). Risk factors for HIV among prostitutes in Chiangmai, Thailand. *AIDS, 5*, 579-582.

Smith, P.F., Mikl, J., Truman, B.I. *et al.* (1991). HIV infection among women entering the New York State correctional system. *American Journal of Public Health, 81*, 35-40.

Solomon, L., Astemborski, J., Warren, D., Muñoz, A., Cohn, S., Vlahov, D. & Nelson, K.E. (1993). Differences in risk factors for human immunodeficiency virus type 1 seroconversion among male and female intravenous drug users. *American Journal of Epidemiology, 137*, 892-898.

Sperner-Unterweger, B., Fuchs, D., Fleischhacker, W.W. *et al.* (1991). Change in HIV-antibody seroprevalence rates in I.V. drug dependent prisoners. *British Journal of Addiction, 86*, 225-232.

Stimson, G., Dolan, K., Donoghoe, M. & Jones, S. (1991). Decreased levels of syringe sharing, low HIV rates for syringe exchange clients and other UK injectors. *International Conférence on AIDS, 7*, Florence, abstract TU.C.54.

Tayag, J.G., Dominguez, C.E. & Carpenter, C.C.J. (1994). Training of female sex workers to become change agents for HIV/AIDS prevention (phase 4). *International Conférence on AIDS, 10*, Yokohama, abstract

PD0445.

Taylor, C.C. (1990). Condoms and cosmology: The 'fractal' person and sexual risk in Rwanda. *Social Science and Medicine, 31*, 1023-1028.

Tchupo, J.P., Manchester, T., Monny Lobe, M. & Buschel, R. (1993). The importance of peer distribution of condoms to prostitutes. *International Conférence on AIDS, 9*, Berlin, abstract WS-D10-4.

Thorpe, L., Wirawan, D.N., Ford, K. & Fajans, P. (1994). Condom use and its determinants among female sex workers with tourist clients in Bali, Indonesia. *International Conférence on AIDS, 10*, Yokohama, abstract PC0624.

Turnbull, P.J. & Stimson, G. V. (1993). Prisons: Heterosexuals in a risk environment. Dans L. Sherr (dir.), *AIDS and the Heterosexual Population* (p. 167-177). Chur, Switzerland: Harwood Academic Publishers.

Turnbull, P.J., Donal, K.A. & Stimson, G.V. (1992). Prison decreases the prevalence of behaviours but increases the risks. *International Conference on AIDS, 9*, Amsterdam, abstract POC 4321.

Turner, C., Miller, H. & Moses, L. (Dirs.). (1989). *AIDS: Sexual Behavior and Intravenous Drug Use*. Washington, D.C.: National Academy of Sciences.

U.S. Bureau of the Census. Center for International Research. (1997, January). *HIV/AIDS Surveillance Database*. Washington, D.C.

U.S. National Commission on AIDS. (1990). *Report: HIV Disease in Correctional Facilities*. Washington DC: National Institute of Justice.

van Haastrecht, H.J.A., van den Hoek, J.A.R., Bardoux, C., Leentvaar-Kuypers, A. & Coutinho, R.A. (1991). The course of the HIV epidemic among intravenous drug users in Amsterdam, the Netherlands. *American Journal of Public Health, 81*, 59-62.

van Hoeven, K.H., Rooney, W.C. & Joseph, S.C. (1990). Evidence for gonococcal transmission within a correctional system. *American Journal of Public Health, 80*, 1505-1506.

Vanichseni, S., Sakuntanaga, P. *et al.* (1990). Results of three seroprevalence surveys for HIV in IVDU in Bangkok. *International Conférence on AIDS, 6*, San Francisco, abstract FC 105.

Vlahov, D., Brewer, T.F., Castro, K G., Narkunas, J.P., Salive, M.E., Ullrich, J. & Muñoz, A. (1991). Prevalence of Antibody to HIV-1 among entrants to US correctional facilities. *Journal of the American Medical Association, 265*, 1129-1132.

Voundi (1993). Video cassette of a film on the fight against AIDS produced by free girls of popular quarters of Yaounde. *International Conférence on AIDS, 9*, Berlin, abstract PO-D09-3665.

Ward, H., Day, S., Mezzone, J., Dunlop, L., Donegan, C., Farrar, S., Whitaker, L., Harris, J.R.W. & Miller, D.L. (1993). Prostitution and risk of HIV: female prostitutes in London. *British Medical Journal, 307,* 356-358.

Westermeyer, J. (1976). The pro-heroin effects of anti-opium laws in Asia. *Archives of General Psychiatry, 33,* 1135-1139.

Wilson, D. (1993). Preventing transmission of HIV in heterosexual prostitution. Dans L. Sherr (dir.), *AIDS and the Heterosexual Population* (p. 67-81). Chur, Switzerland: Harwood Academic Publishers.

Wirawan, D.N., Fajans, P., Ford, K. & Thorpe, L. (1994). STD knowledge, beliefs and practices among female sex workers in Bali, Indonesia. *International Conférence on AIDS,* 10, Yokohama, abstract PD0444.

World Health Organization (1987). *Statement from the Consultation on Prevention and Control of AIDS in Prisons.* Geneva, November 16-18.

Zerboni, R., Cusini, M., Carminati, G. & Alessi, E. (1988). Trend of sexuality transmitted HIV infection in Milan, Italy. *International Conférence on AIDS,* 4, Stockholm, abstract 4174.

LE SIDA DANS LES POPULATIONS PSYCHIATRIQUES

Marie Josée DROUIN, Viviane LEW, Joseph J. LÉVY, André DUPRAS

Parmi les grands problèmes de santé publique contemporains qui préoccupent les instances gouvernementales et sociomédicales, le sida se situe, sans aucun doute, parmi l'un des plus importants. En l'absence de traitements et de vaccin efficaces qui pourraient juguler l'épidémie, il est nécessaire de dégager les modèles des pratiques à risque qui ont cours dans les diverses populations afin de mettre en place des programmes d'intervention adaptés à leurs profils particuliers.

Cette problématique se pose de façon aiguë dans le cas des personnes qui sont atteintes de troubles mentaux et qui, à cause de leur maladie et de ses effets sur leurs comportements quotidiens et interpersonnels, peuvent être particulièrement vulnérables à la transmission du VIH (Menon *et al.*, 1994). À cause des conceptions stéréotypées et erronées qui entourent la perception qu'a le public des patients psychiatriques, ceux-ci ont, jusqu'à tout récemment, été considérés comme asexués ou enclins à l'abstinence sexuelle, ce qui a freiné l a mise en place de programmes d'information ou d'éducation sexuelle à leur endroit (Carmen & Brady, 1990; Menon *et al.*, 1994).

Cette carence est particulièrement marquée au Canada et au Québec où l'on constate qu'il existe très peu de recherches, à la fois sur les plans théorique et pratique à propos de cette question. Aux États-Unis, les études, plus nombreuses, suggèrent que cette question est d'une grande complexité puisque, aux facteurs de risque généraux, s'ajoutent ceux qui portent sur la classification des maladies mentales, leurs symptômes, leur diagnostic, leurs traitements et leurs effets. Les conditions de vie des patients, leurs connaissances sur le sida et leur degré d'insertion dans le milieu hospitalier, tout comme les relations avec le personnel psychomédical sont aussi à considérer dans l'analyse.

Nous ne traiterons pas ici des conséquences neuropsychiatriques liées au sida mais nous tracerons plutôt un portrait des personnes qui, à cause d'atteintes psychiatriques, ont des pratiques de vie qui les mettent en danger de contracter ou de transmettre le virus. Nous considérerons tout d'abord les approches méthodologiques utilisées. Par la suite, nous cernerons les différentes caractéristiques sociopsychologiques propres à cette population, les connaissances qu'ils ont du VIH et du sida, les profils globaux de conduites à risque et selon les diagnostics. Nous brosserons ensuite l'état de la situation quant l'incidence et la séroprévalence du VIH et du sida dans ces groupes.

Nous envisagerons ensuite les perceptions du personnel soignant quant à la problématique du sida au sein de cette population. Nous terminerons par la présentation des programmes d'intervention qui ont été réalisés et de quelques pistes d'intervention et de recherches à mener en milieu québécois. À partir de ces différentes analyses, il sera possible de situer plus clairement les enjeux et les défis qui sont engendrés par cette problématique.

APPROCHES MÉTHODOLOGIQUES

Dans la plupart des études, les sujets ont été recrutés auprès des clientèles des cliniciens qui travaillent en milieu hospitalier, à l'interne ou à l'externe, (Kalichman *et al.*, 1994; Cournos *et al.*, 1993) ou auprès de volontaires qui ont répondu à une invitation à participer à une recherche. Dans tous les cas, cependant, la représentativité de ces populations reste sujette à caution. De plus, les sujets qui y participent sont généralement dans une période stable de leur maladie (McKinnon *et al.*, 1993), ce qui permet sans doute d'optimiser la passation des questionnaires ou des entrevues, mais aux dépends de l'évaluation des conduites quotidiennes réelles des répondants.

Afin de procéder à la collecte des données, plusieurs stratégies ont été utilisées. Certains ont eu recours à des entrevues individuelles (Kalichman *et al.*, 1994; Cournos *et al.*, 1993; Volavka *et al.*, 1991) et, dans la plupart des cas, ces entrevues structurées (Kalichman *et al.*, 1994). Elles durent entre 45 minutes (McKinnon *et al.*, 1993) et 90 minutes (Kalichman *et al.*, 1994). Les données sociodémographiques qui proviennent des dossiers médicaux des patients (Empfield *et al.*, 1993; Cournos *et al.*, 1991b) aident à cerner le profil psychiatrique (nombre d'hospitalisations, diagnostic, etc.) et d'autres dimensions qui peuvent affecter la transmission du VIH et du sida. L'évaluation clinique sert à recueillir des informations sur les activités homosexuelles ou bisexuelles, sur l'utilisation de drogues injectables ou sur les partenaires sexuels et le statut de séropositivité, etc. (Hellerstein & Prager, 1992). Il est nécessaire, le plus souvent, d'offrir une assistance aux patients afin de s'assurer qu'ils aient une bonne compréhension des questions posées.

Pour dégager le profil des conduites à risque des patients, plusieurs questionnaires sont disponibles. Le *Sexual Risk Behavior Assessment Schedule*, développé par Meyer-Bahlburg *et al.* (1990), d'abord utilisé pour une clientèle consommatrice de drogues injectables, a été par la suite adapté à une population psychiatrique. Ce questionnaire permet de colliger des informations sur l'histoire sexuelle des patients, leurs comportements sexuels (choix des partenaires sexuels, types de relations sexuelles, usage du préservatif, vocabulaire propre au patient) et cela, pour les six mois précédant l'entrevue (McKinnon *et al.*, 1993).

Un autre questionnaire souvent utilisé, le *Risk-Behavior Questionnaire (RBQ)*, conçu par l'équipe de Volavka (1991) afin d'évaluer les facteurs de risque porte spécifiquement sur la population psychiatrique. Ce questionnaire, qui comprend treize questions, couvre des thèmes qui touchent les facteurs de risque les plus importants (usage de drogues, transfusions sanguines, partenaires et comportements sexuels, recours à des prostituées, etc. au cours des dix dernières années). Certaines des questions s'adressent spécifiquement aux hommes et d'autres aux femmes (McKinnon *et al.*, 1993; Volavka *et al.*, 1992).

Pour classer un sujet dans une catégorie à risque, les personnes doivent avoir adopté au moins un comportement à risque avant l'entrevue ou la passation du questionnaire d'évaluation (Kalichman *et al.*, 1994). Pour recueillir les informations sur l'utilisation des drogues injectables, le protocole d'entrevue basé sur le *Parenteral Drug Use High-risk Questionnaire* conçu par Williams *et al.* (1989) a l'avantage de cerner les habitudes de consommation de drogues et les conduites qui découlent de ces comportements (voir par exemple, Cournos *et al.*, 1993). Sacks et son équipe (1990b) se basent, quant à eux, sur un questionnaire afin de mener les entrevues et d'enregistrer des informations sur les patients relativement aux comportements sexuels, à la consommation de drogues au cours des cinq dernières années, ainsi que sur leur statut de séropositivité et l'évaluation qu'ils font de leurs comportements à risque.

CARACTÉRISTIQUES DE LA POPULATION

Les recherches ont été menées essentiellement auprès de trois groupes: les patients hospitalisés en psychiatrie (*inpatients*) et pour lesquels les données sont les plus nombreuses, ceux qui reçoivent des soins à l'externe (*outpatients*). Puis, finalement, les personnes qui ont des atteintes psychiatriques et qui sont sans foyer (*homeless*).

Pour sélectionner ces sujets, les différentes équipes de recherche avaient comme tout premier critère l'absence d'un diagnostic primaire de dépendance à l'alcool et/ou à une drogue quelconque (Cournos *et al.*, 1994b; Menon *et al.*, 1994; Meyer *et al.*, 1993). Ceux qui avaient un diagnostic de retard mental ou de syndromes organiques susceptibles d'affecter significativement la mémoire et la capacité de comprendre l'information (Hanson *et al.*, 1992) n'étaient pas inclus dans les recherches. Le diagnostic, qu'il soit primaire ou secondaire, est toujours effectué en fonction des critères du DSM-III ou du DSM-III-. Le plus commun est celui de schizophrénie (Empfeild, 1993) et pour le quart des patients il est possible d'identifier un double ou un triple diagnostic (Naber *et al.*, 1994). Le statut de séropositivité des sujets est négatif ou inconnu dans la plupart des recherches, en particulier dans le cas des répondants qui participent à une intervention dans un cadre structuré.

La distribution de ces populations varie selon les groupes ethniques. Le tableau 1 montre que les Afro-Américains sont majoritaires dans la population hospitalisée, suivis des caucasiens et des hispaniques. Les Caucasiens sont majoritaires dans les populations traitées à l'externe ou sans foyer.

TABLEAU 1
Origine ethnique des patients psychiatriques

Groupes ethniques	Populations		
	Hospitalisées	Traitées à l'externe	Sans foyer
–Afro-Américains	52[1]	39%[3]	39%[4]
– Caucasiens	21%[2]-39[1]	52%[3]	46%[4]
– Hispaniques	22%[2]	6%[3]	12%[4]
– Autres	5%[2]	3%[3]	3%[4]

Sources: [1] Schindler & Ferguson, 1994; [2] Volavka *et al.*, 1992; [3] Kalischman *et al.*, 1994; [4] Empfield *et al.*, 1990.

Comme le montre le tableau 2, c'est le diagnostic de schizophrénie qui est le plus souvent relevé dans les études recensées, que les patients soient hospitalisés ou non.

TABLEAU 2
Type de diagnostic psychiatriques

Diagnostic	Population		
	Hospitalisées	Traitées à l'externe	Sans foyer
– schizophrénie	34%[1]-70%[2]	50%[3]-54%[4]	80%[5, 6]
–désordre schizoaffectif	6%[2]-14%[7]	11%[8]-28%[4]	n. d.
–désordre psychotique	4%[2]-14%[9]	n. d.	n. d.
– désordre affectif	8,7%7	18%4-28%3	7.7%[5]
–désordre de l'humeur	8,6%[2]	13%[4]	n. d.
–désordre organique	4%[2]	n. d.	5,4%[5]
– autre	7%[2]	n. d.	6,7%[5]

Sources: [1] Naber et al., 1994; [2] Meyer et al., 1993; [3] Aruffo et al., 1990; [4] Kalischman et al., 1994; [5] Marcos et al., 1990; [6] Susser et al., 1993; [7] Cournos et al., 1991b; [8] Kelly et al., 1992; [9] Schindler & Ferguson, 1994.

Parmi les personnes psychiatriques hospitalisées on peut dégager les profils qui suivent. Dans le cas de populations mixtes, on retrouve un rapport hommes/femmes inégal, soit environ quatre hommes pour trois femmes (Cournos et al., 1993). La moyenne d'âge varie entre 34 ans (Naber et al., 1994) et 35,4 ans (Cournos et al., 1993). La durée moyenne de la maladie est d'environ 13,8 ans (Volavka et al., 1992) et celle du séjour à l'hôpital se situe entre 3 ans (Meyer et al., 1993) et 7,6 ans (Volavka et al., 1992). La majorité a été hospitalisée plus d'une fois: 80% entre deux et cinq fois (Meyer et al., 1993; Empfeild et al., 1993), 15% plus de cinq fois et 5% seulement, une fois (Meyer et al., 1993).

De ceux qui reçoivent des soins à l'externe, les hommes représentent une majorité, soit entre 50% (Kalichman et al., 1995; 1994) et 75% (Hanson et al., 1992) et la moyenne d'âge se situe entre 33 ans (Hanson et al., 1992) et 39 ans (Kalichman et al., 1995). La très grande majorité, 94%, a une histoire d'hospitalisation psychiatrique (Kalichman et al., 1995) dont la fréquence moyenne est de 9,1 pour les hommes et de 7,3 pour les femmes (Kalichman et al., 1994). Les données sur l'état-civil sont éparses et, selon une étude, 63% des sujets ne sont pas mariés, alors que 56% ont au moins un enfant (Kalichman et al., 1995). Pour la scolarité, la moyenne se situe à près de 11 ans (Kalichman et al., 1995; Hanson et al., 1992) mais aucun patient n'a d'emploi à temps plein et entre 75% (Kalichman et al., 1995) et 95% sont sans emploi (Hanson et al., 1992). Le revenu annuel se situe à moins de 8 000$ pour 75% d'entre eux (Kalichman et al., 1995). Dans 82% des cas, il existe une histoire de médication non adaptée (Kalichman et al., 1994). L'adaptation globale est plus faible que dans la population en général (Kalichman et al., 1994; 1995) et près de 20% utilisent des drogues injectables (Hanson et al., 1992).

Parmi les sans foyer (homeless), la majorité est de sexe masculin (65% à 70%) et célibataire (66%; Empfeild et al., 1990; Marcos et al., 1990). On estime que 33% d'entre eux sont sans foyer depuis plus de cinq ans et 66% le sont depuis plus d'un an (Marcos et al., 1990), alors que 92% ont une histoire d'hospitalisation psychiatrique (Marcos et al., 1990). Il est également possible de déceler une consommation abusive d'alcool et de substances illicites chez 30% d'entre eux (Empfield et al., 1990).

CONNAISSANCES DES POPULATIONS PSYCHIATRIQUES FACE AU VIH ET DU SIDA

Même si les connaissances face au sida ne constituent pas un déterminant crucial des conduites à risque, elles sont un indice de la compréhension de l'épidémie et de ses processus de transmission, ce qui peut aider dans le développement de l'acquisition des habiletés sociosexuelles (Cournos et al., 1991b; Empfiels et al., 1993).

Les déficits émotionnels et cognitifs des patients psychiatriques, qui varient selon le type de diagnostic et la chronicité de la maladie semblent contribuer à diminuer leurs habiletés à comprendre et à utiliser l'information sur le sida (Aruffo et al. 1990). Ainsi, chez les schizophrènes, des problèmes d'attention, de perception et de traitement de l'information sont observables (Mirsky & Duncan, 1986; Corbette, 1976).

Les maladies affectives ont aussi des répercussions multiples: fatigue rapide qui diminue la capacité de travail, atteintes sur le plan de la pensée et de la sphère cognitive, réduction de la capacité de concentration, d'abstraction et perturbations de la mémoire. Certains patients sont également moins alertes sur le plan intellectuel et peuvent avoir des difficultés à lire ou à suivre une conversation (Cournoyer & De Montigny, 1988).

Pour ceux qui présentent un état maniaque, des symptômes comme une accélération du débit verbal peuvent contribuer à exacerber les difficultés d'expression. La concentration est limitée et le patient est facilement distrait par des stimuli externes ou se comporte de façon agitée ou désordonnée (Cournoyer & De Montigny, 1988). On retrouve aussi une désinhibition du comportement et une atteinte du jugement, ce qui expose les personnes atteintes à des situations potentiellement risquées au regard de la contagion du virus du sida. La consommation de drogues (qui peuvent avoir des propriétés dépressives ou stimulantes) engendre aussi certains des effets plus haut mentionné, amplifiant les conduites à risque.

Une évaluation des connaissances en ce qui concerne les dangers reliés au sida révèle des failles importantes dans les informations de base que détiennent les patients sur le sida et ses modes de transmission (Checkley et al., 1996; Kelly et al., 1992; Sacks et al., 1990a; 1992b). Alors que 53% des patients savent que le condom aide à prévenir la transmission du VIH et du sida (Aruffo et al., 1990), on constate, comme le montre le tableau 3, que les connaissances sont peu exactes quant aux modalités de transmission du virus, à la dangerosité des drogues, aux choix des partenaires (Aruffo et al., 1990) et à l'importance du préservatif (Katz et al., 1994). La compréhension des pratiques qui sont considérées à risque et des mesures pour les réduire (Kelly et al., 1992) est aussi limitée.

TABLEAU 3
Croyances face au sida

Croyances	Prévalence
– Croient qu'il est acceptable d'utiliser des drogues injectables.	36%[2]
– Ne sont pas convaincus que le condom protège du VIH.	32%[2] & 47%[1]
– Le sida n'affecte pas le choix du partenaire.	28%[1]
– Croient que ce sont les homosexuels et les utilisateurs de drogues injectables qui sont à risque face au VIH.	32%[1] & 51%[2]
– Croient que le sida peut être transmis par un baiser et/ou de la nourriture.	50%[1]

Sources: [1] Aruffo et al., 1990; [2] Katz et al., 1994.

Le degré d'éducation des patients ne semble pas jouer au niveau des connaissances relatives au sida (Steiner *et al.*, 1992), mais il existerait une dissemblance selon les différents diagnostics psychiatriques des patients (McDermott *et al.*, 1994). Ainsi, les schizophrènes semblent représenter le groupe le moins informé à cet égard (Aruffo *et al.*, 1990). Par contre, les hommes et les femmes ne différeraient pas à ce niveau (Katz *et al.*, 1994; Steiner *et al.*, 1992). Les patientes psychiatriques qui reçoivent des soins à l'externe auraient un niveau de connaissances inférieur à celui d'un groupe de patientes traitées à l'externe pour une raison médicale non psychiatrique (Aruffo *et al.*, 1990). Les répondantes afro-américaines ou hispaniques (Aruffo *et al.*, 1990) seraient aussi moins informées que les caucasiennes.

Ce manque de connaissances générales sur le VIH et le sida aurait, selon certains, des effets non négligeables sur l'augmentation des comportements à risque (Kelly *et al.*, 1992) et la prise de conscience du niveau de dangerosité de leurs propres comportements (Kalichman *et al.*, 1994). Pour plusieurs chercheurs, il est possible d'observer une corrélation significative entre le manque d'information sur le VIH et le sida et la fréquence élevée de comportements à haut risque et, dans bien des cas, les patients ne se sentent pas réellement concernés par la transmission du VIH et du sida (Katz *et al.*, 1994).

Ces données indiquent que les personnes atteintes de maladies mentales nécessiteraient des interventions adaptées à leurs besoins afin d'acquérir certaines informations concernant les conduites plus sécuritaires à adopter face au VIH et au sida, les comportements à risque, ainsi que sur les modes de transmission de la maladie (Schindler & Ferguson, 1994).

CONDUITES À RISQUES

Ce manque de connaissances s'accompagne de conduites à risque qui semblent plus élevées, en raison des effets engendrés par les différentes maladies mentales, chez les patients que dans la population en général (Volavka *et al.*, 1991; Gerwirtz *et al.*, 1988). Pour près de la majorité des patients considérés à risque, face au VIH, soit autour de 42%, le manque de connaissances est associé au fait d'adopter des comportements non sécuritaires (Sacks *et al.*, 1990a), en particulier dans la sphère sexuelle. Pourtant, les stéréotypes à l'égard des personnes qui sont atteintes de maladies mentales, plus particulièrement lorsqu'elles sont institutionnalisées, véhiculent, à tort, la conception que ces personnes sont asexuées ou qu'elles accordent très peu d'importance aux activités sexuelles. Or, il est possible d'estimer que plus de la moitié des patients psychiatriques sont sexuellement actifs (McDermott *et al.*, 1994; Carmen & Brady, 1990), et ce indépendamment du type de population que nous avons défini ci-dessus (Kelly *et al.*, 1992; Valencia *et al.*, 1992).

Les atteintes psychiatriques et cognitives sévères peuvent aussi affecter la capacité qu'ont les patients d'adopter de nouveaux comportements sexuels avec une partenaire et, par le fait même, de réduire les risques de contraction et de contagion au VIH, et ce indistinctement pour les groupes traités à l'interne, à l'externe ainsi que pour ceux qui vivent dans une situation où ils sont sans foyer (Susser *et al.*, 1993; Volavka *et al.*, 1992; Cournos *et al.*, 1991a. On observe une tendance à sous-estimer ou bien à surestimer les risques (Sacks *et al.*, 1990b). Par exemple, 5,9% se considèrent à haut risque, 10.1% à moyen risque, 28,7% à faible risque, alors que 44,7% croient qu'ils n'ont

aucune chance de contracter de virus; 10,5% n'ont aucune opinion sur le sujet
(Menon et al., 1994). Les rencontres sexuelles avec des patients de la clinique
ou des partenaires rencontrés dans les bars, l'usage fréquent de drogues illicites et/ou d'alcool constituent une grande partie des causes relatives à l'adoption de comportements à risque les plus prédictifs en ce qui concerne la
contraction ou la transmission du VIH et du sida (Kalichman et al., 1994).

La prévalence des comportements à risque pour des personnes hospitalisées avec des maladies mentales sévères varie selon les recherches pour se
situer entre 18% et 22% (Sacks et al., 1990a; 1990b). Parmi les patients qui
adoptent des comportements à risque, l'équipe de Sacks estime qu'environ
68% des hommes et 20% des femmes hospitalisées en psychiatrie ont des
comportements que l'on peut qualifier à haut risque (Sacks et al., 1990b),
mais ces mêmes auteurs croient que les chiffres pourraient être en fait plus
élevés. Une étude menée auprès d'une clientèle également hospitalisée, par
Volavka et al. (1992), a déterminé que la prévalence des comportements à
risque s'estime plutôt à 50%. Selon Vittori (1989), 8% des personnes hospitalisées sont toxicomanes, 11% sont homosexuels ou bisexuels alors que 5%
s'adonnent à la prostitution.

Pour les patients psychiatriques chroniques traités à l'externe, les pourcentages de ceux qui ont des comportements à haut risque d'exposition au VIH
et au sida, comme par exemple les patients à partenaires multiples, ceux qui
ont des pratiques homosexuelles et bisexuelles, ou font l'usage de drogues
injectables varient entre 16,8% (Hellerstein & Prager, 1992) et 21% (Sacks et
al., 1990a). L'origine ethnique des patients semblerait néanmoins intervenir
sur le niveau d'adoption de comportements à risque (Menon et al., 1994). Les
Afro-Américaines et les Hispaniques seraient plus à risque que les
Caucasiennes (Aruffo et al., 1990), mais d'autres recherches n'ont pas observé
de différences significatives à ce niveau (Cournos et al., 1991b; Sacks et al.,
1990a).

Les études sur la fréquence et la nature des activités sexuelles des personnes qui ont des atteintes psychiatriques, ainsi que sur le lien possible entre les
désordres psychiatriques et les activités sexuelles ont donné, jusqu'à ce jour,
des résultats qui n'apparaissent pas toujours comme cohérents (McKinnon et
al., 1993). Elles remettent néanmoins en cause les croyances populaires qui
véhiculent des conceptionsselon lesquelles les patients hospitalisés à long
terme se trouveraient moins exposés à la contagion au VIH que les patients
soignés à l'extérieur. Ainsi, le pourcentage de comportements à risque et la
séropositivité seraient peu élevés, ce qui s'expliquerait par leur état mental
et par les rares occasions d'avoir des contacts sexuels en institution ou d'avoir
accès à des drogues ou à de l'alcool. Les données démontrent que la réalité est
toute autre. Même l'hospitalisation à long-terme ne constitue aucunement un
facteur atténuant dans la prise de risque face à la contagion au VIH et au sida
(Carey et al., 1995).

On constate d'ailleurs une similarité entre les comportements à risque des
patients nouvellement admis et ceux qui sont hospitalisés à long terme
(Meyer et al., 1993). La sévérité de la maladie psychiatrique des patients
hospitalisés ne semble pas cependant amplifier la présence de conduites
sexuelles non sécuritaires (Dermatis et al., 1992; Sacks et al., 1993) et il
n'existerait pas non plus de relations entre le diagnostic et le nombre de

facteurs de risque adoptés par un sujet (Steiner *et al.*, 1992). En ce qui concerne la nature des comportements à risque, le statut des patients semble intervenir. Les patients psychiatriques sans foyer consommeraient cependant plus de drogues et auraient plus d'activités sexuelles à risque, comparativement aux patients qui appartiennent aux autres catégories (Empfeild *et al.*, 1990). Dans plusieurs cas, de multiples comportements à risque se retrouvent chez un même patient. Ainsi, 32% rapportent avoir adopté un comportement à risque, 14%, deux et 10%, trois ou plus. Tous les patients séropositifs rapportent avoir adopté au moins deux facteurs de risque (Steiner *et al.*, 1992).

Dans la population des personnes atteintes de maladies psychiatriques, beaucoup ont des difficultés à établir des relations interpersonnelles durables, ce qui, dans maints cas, les entraînent à avoir des relations sporadiques et plutôt non discriminées sur le plan sexuel (Kelly *et al.*, 1992). Ainsi, parmi une population de patients recevant des soins à l'externe pour une maladie psychiatrique chronique, on estime que 20% ont rencontré leur partenaire sexuel dans un bar, dans la rue ou dans un endroit public (Kelly *et al.*, 1992). Une étude menée auprès d'un échantillon féminin, montre aussi qu'un nombre significatif de patientes, vivant à l'externe et souffrant de maladies psychiatriques chroniques, ont eu une grossesse non désirée (le pourcentage n'est pas spécifié), ont confié leur enfant en adoption puis se sont engagées dans des relations sexuelles protégées (Coverdale & Aruffo, , 92).

La présence de partenaires sexuels transitoires ou accidentels, ou la coercition exercée dans le cadre des activités sexuelles (Kelly *et al.* 1992) chez certains patients chroniques, peuvent accroître leur vulnérabilité face au VIH. Carmen & Brady (1990) soulignent à cet égard que, dans le cas des patients psychiatriques chroniques, il est relativement commun de répertorier la présence d'une histoire d'abus sexuel durant leur jeunesse, sans cependant être en mesure de définir l'ampleur de ce phénomène. Suite à ces abus, on peut noter comme séquelles, une des comportements de victime et de la promiscuité sexuelle, une certaine impulsivité et l'adoption de comportements dangereux à l'âge adulte, et ce dans des proportions qui n'ont pas été précisées (Rieker & Carmen, 1986).

L'échange de faveurs sexuelles pour de l'argent ou pour obtenir certains éléments matériels (drogue, logement, nourriture, etc) sont fréquemment rapportées pour les populations traitées à l'externe et sans foyer (Cournos *et al.*, 1990), mais les chiffres varient selon les recherches. Ainsi, selon Steiner *et al.* (1992) entre 13% et 18% des patients ont eu des contacts sexuels en échange de faveurs (argent, drogue, logement, etc) dans les six derniers mois précédant l'enquête, ce qui est moindre que le pourcentage obtenu par McKinnon *et al.* (1996), soit 29,7% des patients traités à l'externe. Satriano *et al.* (1993) estiment, par contre, que 50% des patients, indépendamment du fait qu'ils soient hospitalisés ou non, auraient eu des relations sexuelles en échange de drogue ou d'argent; 19% ont eu une relation sexuelle avec un partenaire qu'ils connaissaient depuis moins d'un jour, 15% ont subi des pressions afin d'avoir des contacts sexuels et un pourcentage semblable ont eu des contacts sexuels après avoir consommé de la drogue ou de l'alcool (Steiner *et al.*, 1992), alors que 7% ont eu des relations sexuelles avec un partenaire qui consommait des drogues injectables (Katz *et al.*, 1994). On estime également que 25% à 27% des patients psychiatriques traités à l'externe à l'instar des patients sans foyer ont eu de un à deux partenaires sexuels au cours de cette même période (Kalichman *et al.*, 1994; Satriano *et al.*, 1993), 62% en ont eu plus de deux au cours des trois dernières années et 29% ont eu un partenaire sexuel séropositif (Satriano *et al.*, 1993). Ce sont les patients psychiatriques non hospitalisés, actifs sexuellement et âgés de 40 ans et moins qui semblent les plus susceptibles d'avoir des partenaires multiples (Cournos *et al.*, 1993). Entre 12% et 17% auraient eu des relations anales (Steiner *et al.*, 1992) et cette pratique sexuelle considérée à risque serait d'ailleurs plus fréquente chez les femmes (Menon *et al.*, 1994).

Les relations sexuelles non protégées, plus particulièrement avec un ou une partenaire qui s'injecte des drogues, est également un comportement fréquent et qui augmente de façon considérable les risques de contracter le VIH ou le sida (McKinnon *et al.*, 1996; Sacks *et al.*, 1992b; Cournos *et al.*, 1990; Horwath *et al.*, 1989). Contrairement aux croyances véhiculées, les relations sexuelles non protégées représentent le comportement à risque le plus commun et le plus courant, et ce, davantage que les relations homosexuelles ou l'usage de drogues injectables (McKinnon *et al.*, 1993, 1996; Cournos *et al.*, 1993). Ainsi, Empfeild *et al.* (1993) considèrent, sans toutefois donner de précisions statistiques, que dans une grande proportion, il semble que ce soit les femmes avec des maladies mentales sévères qui ont des relations sexuelles sans protection.

Le condom reste utilisé de façon sporadique (Kelly *et al.*, 1992) et, comme l'ont montré Satriano *et al.* (1993), 90% des patients psychiatriques, hospitalisés ou non, ne l'utilisent qu'occasionnellement ou jamais. Il semble cependant que ce soit les patients plus jeunes qui utilisent le plus le préservatif (Cournos *et al.*, 1994a). Le tableau 4 résume les données portant sur la prévalence des comportements à risque.

Un pourcentage important de personnes atteintes de troubles mentaux graves ont aussi fait usage, récemment ou dans le passé, de drogues, ce qui augmente leur vulnérabilité face au VIH et au sida (Horwath *et al.*, 1996; Way & McCormick, 1990). Ainsi, des patients hospitalisés à long terme ayant une histoire d'utilisation de drogues injectables seraient dix fois plus à risque d'être séropositif que ceux qui n'en ont jamais fait usage (Meyer *et al.*, 1993). Cette association reste forte même lorsqu'on a tenu compte d'autres variables telles que l'âge, l'ethnicité et le sexe. Quelques substances (drogues, alcool) peuvent, dans certains cas, précipiter, voir le même exacerber une psychose (Safer, 1987), ce qui peut engendrer des conséquences graves en ce qui concerne l'adoption de comportements à risque.

Parmi les substances utilisées par les patients psychiatriques on retrouve tout particulièrement l'inhalation et l'injection de cocaïne (*crack*) (Menon *et al.*, 1994; Hasbrouck *et al.*, 1990). Il est possible que ces drogues soient utilisées par certains patients psychiatriques pour leurs propriétés aphrodisiaques afin de pallier aux effets secondaires que leur médication à base de psychotropes engendre sur leur fonction sexuelle (Menon *et al.*, 1994).

TABLEAU 4
Prévalence des comportements à risque chez les patients psychiatriques

Comportements à risque	Prévalence (%)	Femme	Homme
– Adoption de comportements à risque		20%[2]	54%[3]
• 1 ou 2 comportements à risque	32%[1]	35%[3]	68%[2]
• 3 comportements à risque ou plus	10%[1]	n. d.	n. d.
– Contraints d'avoir une relation sexuelle	15%[1]	n. d.	n. d.
– Utilisation de drogue injectable	51,7%[3]-70,8%[4]	n. d.	n. d.
– Utilisation du condom (jamais ou à l'occasion)	90%[5]	n. d.	n. d.
• jamais	39,3%[6]	n. d.	n. d.
• de façon inconstante	53,6%[6]	n. d.	n. d.
• de façon constante	7,1%[6]	n. d.	n. d.
– Relation sexuelle sous l'effet de drogue et/ou d'alcool	15%[5]- 29,7%[11]	25%[4]	60%[4]
– Pénétration anale	12%[1]-17%[5]	12%[7]	2,1%[7]
– Relation homosexuelle	2%[7]	8%[8]	n. d.
– Relation sexuelle en échange de faveur (drogue, argent, etc)	13%[5]-50%[9]	2,9%[7]	13.7%[7]
Partenaires:			
– Minimum 1 à 2 partenaires sexuels	27%[4]	n. d.	n. d.
– Plus de 2 partenaires sexuels au cours des 3 dernières années	62%[9]	n. d.	n. d.
– Partenaire sexuel séropositif	29%9	n. d.	n. d.
– Rencontre du partenaire dans un bar ou un lieu public	20%10	n. d.	n. d.
– Relation sexuelle avec un partenaire connu depuis moins de 2 jours	19%1	n. d.	n. d.
– Relation sexuelle avec un partenaire qui consomme des drogues injectables	7%[5]	n. d.	n. d.

Source: [1] Steiner et al., 1992; [2] Sacks et al., 1990a; [3] Volavka et al., 1992; [4] McKinnon et al., 1993; [5] Katz et al., 1994; [6] Cournos et al., 1993; [7] Menon et al., 1994; [8] McDermott et al., 1994; [9] Satriano et al., 1993; [10] Kelly et al., 1992; [11] McKinnon et al., 1996.

TYPES DE COMPORTEMENTS À RISQUE SELON LE DIAGNOSTIC PSYCHIATRIQUE

Les patients, selon leur diagnostic, semblent s'engager dans des comportements à risque de nature différente (McDermott et al., 1994; Cournos et al. 1991a). Ainsi, les personnes ayant un diagnostic de dépression majeure auraient tendance à consommer plus de drogues injectables (McLellan et al., 1979) que celles qui ont des diagnostics de schizophrénie ou de désordre bipolaire (McDermott et al., 1994).

Ceux qui ont un désordre bipolaire auraient une sexualité plutôt instable et à certaines périodes de leur maladie, ils peuvent avoir des épisodes récurrents de désinhibition sexuelle associée à une sociabilité accrue et à un manque de jugement. Au cours d'un épisode maniaque, les femmes seraient plus à risque d'avoir des rapports sexuels avec un partenaire qui fait usage de drogue ou qui est atteint du sida (Volavka et al., 1991). Les épisodes d'hypersexualité accroissent considérablement le danger d'adopter des attitudes qui les exposent à la contagion ou à la transmission du VIH (Menon et al., 1994). Les patients bipolaires sembleraient aussi avoir une plus forte propension à des relations sexuelles avec des prostituées (McDermott et al., 1994).

Lorsque les personnes qui sont atteintes de schizophrénie ont des symptômes chroniques, elles ont tendance a diminuer la fréquence de leur activité sexuelle (Lyketsos *et al.*, 1983), ainsi que la consommation de narcotiques (Kay *et al.*, 1989). Des recherches démontrent, sans toutefois citer de chiffres, qu'un grand nombre de schizophrènes sont actifs sexuellement, ce qui va à l'encontre des croyances populaires qui considèrent cette population comme hyposexuée (Miller & Fiennerty, 1996). Lorsqu'il y a activité sexuelle celle-ci est pratiquement toujours accompagnée de comportements à risque, tout particulièrement le choix de partenaires multiples, et ce surtout lorsque le malade est dans une période d'instabilité (Cournos *et al.*, 1994a). Une recherche menée auprès de patients utilisant des services psychiatriques à l'interne et à l'externe montre que ces patients tendent à adopter des comportements à risque dans des proportions assez importantes: 93% n'utilisent pas le condom ou en font un usage aléatoire lors de pénétrations vaginales et ou anales; 62% ont de nombreux partenaires sexuels, 50% participent à des échanges sexuels, 12% ont un ou une partenaire sexuel que l'on considère à risque et 45% des patients actifs sexuellement consomment également des drogues et de l'alcool (Cournos *et al.*, 1994a). On peut aussi noter la présence de comportements homosexuels chez ceux qui ont eu des diagnostics de maladie bipolaire (Taylor & Abrams, 1973), mais également de schizophrénie chez des patients masculins (Verhulst & Schneidman, 1981). L'incidence de comportements homosexuels et bisexuels serait d'environ 51% chez les patients qui ont des désordres de personnalité *borderline* (Zabenko *et al.*, 1987) et de 14% pour des patients qui souffrent de manie (Taylor *et al.*, 1973), mais les comparaisons restent néanmoins sujettes à caution (Sacks *et al.*, 1990b).

Il faut également prendre note que le contexte sociomédical peut contribuer à l'usage de conduites risquées et compliquer la prévention du sida. Parmi les plus importants, on peut citer la présence de soins médicaux inadéquats ou non adaptés aux besoins de cette population (Schwab *et al.*, 1988), un pourcentage élevé de maladies non traitées, sans toutefois préciser lesquelles (Brugha *et al.*, 1989), des problèmes d'aménagement des institutions psychiatriques (Mayer, 1990), ainsi qu'une médication mal ajustée qui peut causer une augmentation au niveau de l'adoption de comportements à risque (Kalichman *et al.*, 1994). Le fait que certains malades mentaux soient isolés des services sociaux (Cohen *et al.*, 1984) et des systèmes organisés de soins mentaux (Fischer & Breaky, 1986), en particulier ceux liés à des services offerts à l'externe (Susser, 1990) peuvent aussi intervenir dans le maintien d'une situation problématique.

PRÉVALENCE ET INCIDENCE DU SIDA DANS LES POPULATIONS PSYCHIATRIQUES

Dans plusieurs des recherches, afin de déterminer les taux de séropositivité, on a eu recours à des échantillons sanguins qui sont habituellement recueillis de façon anonyme à partir des prélèvements effectués lors de l'examen médical de routine. Ceci implique que, dans certains cas, il n'est pas possible d'obtenir un autre échantillon sanguin afin de recommencer un test qui ne serait pas concluant (Empfield *et al.*, 1993; Cournos *et al.*, 1991b). Dans le but d'assurer une certaine fiabilité aux résultats, dans la quasi totalité des recherches on a recours à l'un des deux tests *Western blot* ou *Elisa*, puis à un deuxième, si le premier résultat s'est révélé positif ou indéterminé (Susser *et al.*, 1993; Sacks *et al.*, 1992b). Dans certains cas, les résultats sont communiqués au clinicien traitant qui en fera l'annonce au client. Dans d'autres, il est directement annoncé au patient qui en fait la demande. Les règles déontologiques classiques qui permettent le maintien du caractère anonyme et confidentiel des informations et ce, autant pour les entrevues que pour les prélèvements sanguins (Kalichman *et al.*, 1994; Volavka *et al.*, 1991), sont suivies. L'utilisation d'un code peut être employé afin de permettre d'établir un lien entre le dossier et le résultat du test de dépistage.

Seule une infime partie des patients psychiatriques sont testés afin de dépister la présence de VIH ou de sida, autant pour la ville de New York, le centre urbain où se se sont déroulées la majorité des recherches, que dans d'autres pays. Une étude allemande révèle que le dépistage du VIH est réalisé dans 4,9% des cas (Naber *et al.*, 1994), alors que pour la population américaine la proportion est d'environ 10% (Schindler & Ferguson, 1994).

Des études ont tenté d'établir un lien entre l'adoption de comportements à risque et le statut de séropositivité des patients psychiatriques. Une histoire de comportements à risque serait ainsi fortement associée à la séropositivité (Cournos *et al.*, 1991a). On estime ainsi qu'environ 36% des patients qui adoptent des comportements à risque ont un statut de séropositivité (Cournos *et al.*, 1991b; Sacks *et al.*, 1990b). À l'inverse, pour Volavka *et al.* (1992), l'adoption de comportements à risque se situe plutôt à 96% chez la population de patients psychiatriques séropositifs. Tous les patients séropositifs rapportent avoir adopté au moins deux des facteurs de risque (Steiner *et al.*, 1992) et Cournos *et al.* (1994b) ont montré que dans 41,4% des cas de séropositivité chez les patients psychiatriques, il est possible de repérer des épisodes de comportements à risque dont les plus fréquents sont liés à l'usage des drogues injectables et les activités homosexuelles (Empfield *et al.*, 1990; Cournos *et al.*, 1991b). Selon Volavka *et al.* (1992), ces écarts s'expliquent par le fait que l'équipe de Cournos a recueilli ses informations dans des dossiers incomplets, alors que leurs propres informations proviennent directement des patients à la suite de la passation d'un questionnaire (RBQ).

Les recherches ont aussi établi la fréquence importante des maladies transmises sexuellement dans ces populations, comme étant l'un des facteurs de transmission du VIH. Ainsi, une étude sur la répartition des MTS (maladies transmissibles sexuellement) parmi les patients psychiatriques montre la distribution suivante: 36% ont été traités pour la syphilis, 29% pour la gonorrhée, 21% pour le chlamydia et 14% pour un herpès génital (Katz *et al.*, 1994). Une recherche menée auprès de patients traités à l'externe montre que pour le tiers de cette population on retrouve des antécédents de MTS autres que le sida (Kelly *et al.*, 1992). L'incidence du VIH et du sida serait d'ailleurs plus élevée, 6,84%, que celle de certaines MTS, plus précisément la syphilis, 4,16% (Sacks *et al.*, 1991). Chez des personnes qui adoptent des comportements à risque, la présence de MTS peut être associée à la présence de VIH ou de sida puisque les modes de transmission sont similaires (Rosenbaum, 1994).

Les études consultées indiquent une prévalence du sida qui se situe entre 4,0% et 8,9% pour des patients hospitalisés en psychiatrie dans la ville de

New York (Empfeild *et al.*, 1993; Meyer *et al.*, 1993; Sacks *et al.*, 1992b; Cournos *et al.* 1991b; Volavka *et al.* 1991; Zamperetti, 1990). Pour une clientèle de patients psychiatriques admis à long terme, la séroprévalence serait tout aussi élevée que pour des patients récemment admis (Meyer *et al.*, 1993) mais on ne dispose pas de chiffres.

Des enquêtes européennes, plus rares, en milieu institutionnel psychiatrique permettent aussi de préciser l'incidence des cas de séropositivité. Ainsi selon Vittori (1989), en France l'incidence est de 3,3 % et elle serait légèrement plus élevée que dans la population en général. Une recherche sur la population psychiatrique de Milan estime la prévalence de VIH et de sida à 6,5% (Zamperetti *et al.*, 1990), tandis que dans un centre hospitalier psychiatrique de Munich, en Allemagne, elle se situerait autour de 5% (Naber *et al.*, 1994).

Quelques études ont aussi porté sur les variations dans la séropositivité en fonction du type de population. Les résultats d'une recherche comparative (Cournos *et al.*, 1994b) démontrent aussi qu'il n'y a pas de différence très marquée entre un groupe de patients psychiatriques hospitalisés à long terme (4,4%) et un autre composé de patients hospitalisés dans l'unité réservée aux patients qui sont sans foyer (6,8%). D'autres chiffres fournissent des pourcentages plus élevés. Dans le cas d'un groupe de patients qui reçoivent des soins à l'externe, la prévalence de VIH tourne autour de 17% (Hellerstein & Prager, 1992), alors que dans le cas de ceux qui sont sans foyer, la prévalence varie entre 8% (Empfield *et al.*, 1990) et 19,4% (Susser *et al.*, 1993). Ces données sont cependant sujettes à caution. En effet, la détermination de la prévalence du VIH pour une population de patients psychiatriques qui sont sans foyer se heurte au fait que ces derniers sont difficiles à joindre (Susser *et al.*, 1990).

Cette situation est, entre autres, causée par la politique de désinstitutionnalisation mise en vigueur il y a quelques années aux États-Unis. Elle a contribué à augmenter le nombre d'individus atteints de maladies psychiatriques chroniques qui sont sans foyer ou qui vivent éloignés des services que requiert leur état de santé (Marcos *et al.*, 1990). Il faut également tenir compte du fait que les individus atteints de troubles mentaux bénéficient d'une loi qui leur octroie le choix d'adhérer ou non aux différents traitements psychiatriques, ce qui peut jouer sur l'adoption de conduites non sécuritaires.

On peut aussi observer une variabilité quant à la prévalence du VIH et du sida selon les groupes ethnoculturels. Ainsi, on estime que la séroprévalence des patients afro-américains d'un hôpital psychiatrique de New York est de 11,1%, ce qui représente le double de la prévalence pour la population psychiatrique en général. Ceci serait plus particulièrement vrai pour les femmes de ce groupe puisque celles-ci seraient 2,4 fois plus enclines à être séropositives que les femmes des autres groupes (Cournos *et al.*, 1994b; 1991b). Elles auraient davantage de contacts hétérosexuels non protégés avec un partenaire infecté et/ou qui est bisexuel et/ou qui fait usage de drogues injectables (Selik *et al.*, 1988). Dans le cas des échantillons masculins, il semble que ce sont les hommes hispaniques qui sont légèrement plus enclins à être séropositifs (Susser & Conover, 1993; Empfeild *et al.*, 1993), mais les statistiques pour les Caucasiens et les Asiatiques manquent. Le lien entre l'ethnicité et la séroprévalence n'est cependant pas toujours évident (Meyer *et al.*, 1993) et d'autres études sur des échantillons plus homogènes quant à la répartition ethnique et semblent établir qu'il n'existe aucune différence significative entre les groupes quant au nombre de cas d'infection (Sacks e t al., 1992b).

Les études ne sont pas non plus unanimes quant à l'effet du sexe sur l a séropositivité. Certaines démontrent que ce sont les hommes qui ont un taux de séropositivité plus élevé (Sacks et al., 1992b), alors que d'autres semblent établir que le sexe n'intervient pas sur la prévalence (Steiner et al., 1992) puisque celle-ci est de 5,2% pour les hommes et de 5,3% pour les femmes (Cournos et al., 1994b). Cependant, si l'on tient compte d'autres études qui portaient strictement sur une population de patients psychiatriques sans foyer, c'est le groupe des femmes qui a le plus haut pourcentage de séropositivité (Empfeild et al., 1993). À la lumière des données recueillies, il semble que les femmes constitueraient un groupe dans lequel le pourcentage d'infections augmente relativement rapidement, ce qui implique un risque plus élevé de transmission du virus, tout particulièrement envers les enfants (Hellerstein & Prager, 1992). Pour les sujets masculins qui adoptent des comportements homosexuels et font usage de drogues injectables, les probabilités d'être séropositif seraient quatre fois plus grandes que pour ceux qui n'adoptent pas de tels comportements (Cournos et al., 1994b).

L'âge ne semble pas un prédicteur de séropositivité pour des patients psychiatriques considérés dans leur ensemble (Cournos et al., 1994b) mais on note une légère différence entre les groupes d'âge. La prévalence est d'environ 5,9% pour les patients âgés entre 18 et 39 ans, alors qu'elle est de 3,6% pour ceux de 40 à 59 ans (Cournos et al., 1994b). Le fait d'être âgé de moins de 40 ans est considéré par certains comme un facteur de risque pour une population de patients sans foyer (Empfield et al., 1993). Aucune des autres variables démographiques ne semble intervenir comme facteur de risque (Sacks e t al., 1992b).

Les chercheurs ne sont pas d'accord sur les stratégies à adopter quant à l a passation du test. Pour certains, il semble essentiel de procéder d'emblée à un test de dépistage du VIH pour les patients qui sont nouvellement admis dans un hôpital psychiatrique. Cette stratégie a pour objectif d'orienter de façon efficace les mesures prophylactiques vis-à-vis des patients séronégatifs ainsi que les interventions de prévention auprès des personnes infectées. I l arrive en effet que des patients atteints de maladies mentales sévères et qui sont séropositifs au moment de leur admission n'ont pas été détectés et enregistrés au cours de cette même hospitalisation. Comme le révèle une étude réalisée auprès de 350 patients traités à l'interne pour une maladie mentale sévère, huit des dix personnes qui étaient séropositives au moment de leur admission n'avaient pas été identifiées et enregistrées comme telles (Sacks et al., 1992a). Dans une autre recherche menée auprès de 77 patients hospitalisés qui avaient une histoire de comportements à risque, 51% reçurent leur congé de l'hôpital sans jamais avoir subi de test de dépistage anti-VIH (Sacks et al., 1992a). La première hospitalisation psychiatrique n'est donc pas associée au dépistage du VIH puisqu'aucun test n'est pratiqué d'emblée lors de l'admission (Sacks et al., 1992a). Une autre étude américaine, échelonnée sur deux ans, a aussi permis d'observer une augmentation du nombre de patients admis et pour lesquels le statut de séropositivité a été détecté à l'hôpital psychiatrique même (Sacks et al., 1992b). Ce phénomène peut s'expliquer par le fait que les patients hospitalisés sont davantage intéressés à connaître leur statut sanguin puisque le test de dépistage est réalisé de façon volontaire. Il se peut aussi que les médecins soient plus sensibles à cette problématique ou soient plus habiles à faire ressortir cette information lors de l'admission (Sacks et al., 1992c). Il semble qu'il y ait une faille dans le dépistage des anticorps lors de l'admission à l'hôpital psychiatrique. Il serait important d'entamer de telles procédures à ce moment-là, d'autant plus que l'hospitalisation semble être un moment privilégié pour la sensibilisation et la prévention du VIH et du sida, étant donné les fluctuations de leur état mental qui les expose à des comportements à risque, ce qui accroît leur vulnérabilité face à la transmission du virus (Perry, 1990).

Pour d'autres, il semblerait plus approprié de faire subir le test de dépistage à tous les patients psychiatriques et ce, dans le but d'informer les patients sur leur statut de VIH, de veiller à ce qu'ils ne transmettent pas le virus, de procéder à un traitement antiviral, et d'offrir des programmes d'éducation et d'information sur les comportements à risque (Strain, 1991). Volavka et al. (1991) suggèrent que le test de dépistage du VIH devrait faire partie intégrante des procédures de routine et ce, particulièrement pour le groupe des patients psychiatriques qui abusent de drogues (Ostrow, 1992). Il serait important, à leurs yeux, de procéder en particulier au dépistage du VIH et du sida pour les groupes qui ont préalablement été identifiés, par des questionnaires ou des entrevues, comme constituant un groupe à risque de contracter cette infection. La séroprévalence serait alors 24 fois plus élevée que dans le groupe qui est reconnu comme étant à faible risque (Volavka et al., 1992). Dans le même ordre d'idées, Naber et al. (1994) indiquent qu'il serait raisonnable de procéder à un dépistage seulement pour les patients qui présentent des variables cliniques qui permettent de les identifier comme faisant partie d'un groupe à risque. Pour les patients hospitalisés, un résultat positif pourrait engendrer des conséquences émotives désastreuses, dont la stigmatisation, nonobstant les conséquences financières et les autres problèmes qui demandent une attention particulière (Naber et al., 1994), ce qui peut nécessiter un counselling adapté à ces populations.

PERCEPTIONS ET ATTITUDES DU PERSONNEL SOIGNANT

Il existe encore peu de recherches sur les perceptions et les attitudes du personnel soignant à l'égard de la question du sida chez les patients psychiatriques. Il semble que les cliniciens qui travaillent dans le domaine de la psychiatrie interviennent peu lorsqu'il est question du VIH et du sida. Ils ont plutôt tendance à ne pas considérer ces patients comme étant une population à risque et cette position semble être davantage ancrée lorsque les patients sont hospitalisés depuis plusieurs années (Hellerstein & Prager, 1992). Ceci s'explique probablement par une conception du milieu hospitalier comme peu sexué, sinon asexué, ce qui recoupe les stéréotypes qui véhiculent, comme nous l'avons déjà vu, l'idée que les personnes qui ont des maladies mentales ne sont pas enclines à avoir des activités de ce type (Carmen & Brady, 1990; Menon et al., 1994), d'où la carence dans les informations qui leur sont communiquées. Seulement 40% des patients hospitalisés auraient reçu des informations sur le sida de la part d'un membre du personnel soignant (Coverdale & Aruffo, 1992; Baer et al., 1988). Une autre étude, menée dans une population féminine, sur les attitudes des professionnels, incluant les psychiatres, indique que près de 19% des patientes ont été informées des risques liés au sida, ce qui est inférieur au pourcentage de celles qui ont été sensibilisées à la planification des naissances et qui atteint 25% (Coverdale & Aruffo, 1992). Cet écart s'expliquerait en partie par le fait que les femmes professionnelles seraient plus sensibles que les hommes à la question du contrôle des naissances et se sentent plus à l'aise pour en parler, d'où la multiplication des occasions de soulever cette problématique. Aucune étude ne semble avoir été menée auprès d'un échantillonnage de patients masculins sur ce même sujet.

Les réactions des professionnels sont aussi influencées par leur conception de la sexualité et du sida, leurs valeurs, leur ouverture d'esprit, leur tolérance et leur aisance face aux sujets qu'ils abordent avec les personnes qui les consultent. Certaines options idéologiques adoptées par les intervenants peuvent orienter, voire même freiner les processus de connaissance de la vie sexuelle des patients psychiatriques, comme le fait de réduire la sexualité à ses composantes neurophysiologiques, constituent des attitudes qui ne sont pas propices au développement des connaissances sur la sexualité des patients psychiatriques (voir Lilleleht & Leiblum, 1993). Les membres du personnel se réfèrent davantage à des critères normatifs (par exemple, l'intimité et l'hétérosexualité) qu'à des critères personnalisés (par exemple, la compétence et le consentement) pour évaluer les activités sexuelles des patients (Commons et al., 1992), ce qui ne contribue pas à aider les personnes à approfondir leurs connaissances. L'évitement des échanges avec les patients à propos de leur vie sexuelle prive aussi les intervenants d'une connaissance de la dynamique sexuelle de ces personnes.

Les recherches menées au Québec sur les perceptions et les réactions des professionnels de la santé et des services sociaux à l'égard du sida ont fait l'objet de quelques études psychosociologiques, sans toutefois traiter directement du personnel psychiatrique, et les résultats obtenus confirment les conclusions américaines. Les connaissances factuelles générales sur le VIH, sont souvent insuffisantes et s'accompagnent d'une vision négative de la sexualité qui se reflète dans la difficulté de certains professionnels de la santé à poser directement des questions sur la sexualité à leurs patients. Une étude québécoise (rapportée dans le *Sida-Presse* de juin 1995), réalisée auprès de jeunes diplômés en médecine en 1991, témoigne de leur malaise à se renseigner sur la vie sexuelle de leurs patients: ils ne les questionnent guère sur leurs pratiques sexuelles à risque et trouvent plus difficile d'interroger les hommes et les femmes d'orientation homosexuelle sur leur vie sexuelle que les personnes hétérosexuelles. Dans le cadre d'un hôpital psychiatrique québécois, on estime que seulement 6% du personnel a fréquemment donné de l'information sur la sexualité aux patients et 37% affirment ne jamais le faire (Jacob & Dumais, 1984). Ces attitudes, de la part des professionnels, empêchent l'application les dispositions nécessaires afin de combler les besoins d'éducation sur le VIH et le sida que requiert cette clientèle. Cette dernière attribue au personnel médical la responsabilité de ne pas être suffisament bien préparés pour remplir cette tâche qui leur incombe (Coverdale & Aruffo, 1992). Les intervenants en santé mentale indiquent d'ailleurs qu'ils ne sont pas satisfaits du niveau de leurs connaissances sur le sida et soulignent que l'acquisition de connaissances sur le sida est au premier rang des thèmes devant faire l'objet d'une formation éventuelle sur la sexualité des patients, le second portant sur l'apprentissage des habiletés pour parler de ces questions avec les patients psychiatriques (Civic *et al.*, 1993). On retrouve des aspirations semblables chez 80% des médecins québécois interrogés (Fortin *et al.*, 1994) et du personnel soignant (Duval, 1990) qui sont intéressés à accroître leurs connaissances relatives au sida.

Il n'est pas non plus évident que les intervenants dans le domaine de l a santé aient développé le savoir-faire clinique et les habilités d'intervention des professionnels qui permettent de planifier, mettre en application et évaluer des activités d'information, d'éducation, de consultation ou de thérapie se rapportant à la sexualité et au sida. L'étude réalisée auprès des jeunes diplômés en médecine rapporte qu'un répondant sur cinq estime avoir été préparé à questionner la vie sexuelle des patients (*Sida-Presse*, juin 1995).

L'étude des réactions des intervenants demeure incomplète si on n'aborde pas les facteurs qui peuvent influencer leurs attitudes et leurs pratiques. Au Québec, Trudel et Desjardins ont constaté à ce sujet que «les gens âgés, les gens les moins scolarisés, les gens les plus pratiquants sur le plan religieux, de même que ceux exerçant certaines catégories d'emplois (par exemple: les employés de soutien et les préposés aux malades) se caractérisent par une attitude moins permissive par rapport à la sexualité des bénéficiaires» (1994, p. 426). Un second facteur se rapporte aux caractéristiques des attitudes sexuelles. Jacob & Dumais (1984) ainsi que Trudel & Desjardins (1994) rapportent à ce sujet que les membres du personnel sont davantage permissifs à l'égard de la masturbation que de la relation sexuelle. Les réactions des intervenants peuvent être aussi influencées par les normes de leur milieu de travail, comme le rapportent Godin *et al.* (1992) qui ont constaté que la norme perçue constituait le prédicteur le plus important de la décision des médecins à pratiquer un examen clinique chez des patients séropositifs au VIH.

Pour mener a bien une intervention sur le VIH et le sida, il est nécessaire, certes, de mettre en place des programmes adéquats, mais également d'intervenir en ce qui concerne les attitudes des professionnels, ce qui constitue une dimension cruciale qu'il convient de ne pas négliger. Il semble à cet égard essentiel de développer des attitudes de respect et d'ouverture envers les patients qui permettent d'aborder sérieusement et de façon responsable ces questions (Carmen & Brady, 1990).

PROGRAMMES D'INTERVENTION

Plusieurs études suggèrent que les patients psychiatriques peuvent bénéficier des programmes d'intervention sur le sida. Ils auraient non seulement les compétences cognitives de base nécessaires pour y participer et intégrer les informations concrètes et précises sur le sida et ses modes de transmission (Cournos *et al.*, 1993; Sladyk, 1990; Baer *et al.*, 1988), mais aussi les habiletés qui permettent la modification des comportements à risque (Meyer *et al.*, 1992) et le maintien des mesures de prévention. Dans une recherche de Wallace et associés on observe un maintient des acquis jusqu'à un an après l e moment de l'intervention (1993).

Divers programmes d'intervention sur le et VIH le sida ont été mis sur pied spécifiquement pour les patients psychiatriques. Dans la majorité des cas, les sujets admissibles aux différents programmes sont en période de stabilité en ce qui concerne l'état de leur maladie. Les patients qui ont des syndromes organiques qui affectent lourdement leur mémoire et leur capacité de compréhension, ainsi que ceux qui ont comme premier diagnostic la consommation de drogue ou d'alcool en sont exclus.

Les modèles diffèrent, tout comme leurs public cibles. Certains ont été menés parmi des patients masculins et féminins hospitalisés dans un centre de santé (Schindler & Ferguson, 1994), des patients en majorité schizophrènes chroniques dans le Wisconsin (Kalischman *et al.*, 1995), ou des adolescents hospitalisés et vivant dans le Bronx à New York (Di Scipio, 1994). Quant au programme ACCESS mis sur pied par l'équipe de Hanson *et al.* (1992) et réalisé dans la ville de New York, il s'adresse à des patients qui sont en attente d'un programme de jour et qui ont une histoire d'hospitalisation psychiatrique.

Les objectifs portent sur l'amélioration des connaissances sur le sida, ses modes de transmission et de prévention, ainsi que sur l'intégration des conduites à risque limité. Leur structure présente aussi des formats différents et peuvent, dans certains cas être incorporés aux soins de routine. Le projet ACCESS (Hanson *et al.*, 1992) se déroule sur neuf semaines, à raison d'une rencontre d'une heure par semaine. Dans celui de Schindler & Ferguson (1994), les patients participent à une session de groupe d'une durée d'une heure et demie. Le programme de prévention mis sur pied par Kalischman *et al.* (1995) dure, quant à lui, quatre semaines et la durée de chaque session est de 90 minutes; on compte cinq à sept participants par groupe.

Ces variations dans la durée interviennent sur le contenu. À l'aide d'une batterie de tests celui-ci peut comprendre une évaluation des connaissances des patients sur le sida ou des aspects plus complexes (Hanson *et al.*, 1992), comme leurs pratiques sexuelles, l'état de leurs connaissances sur les facteurs de risque, leurs perceptions quant à leur vulnérabilité face à l'infection au VIH, leur familiarité avec les pratiques sexuelles sécuritaires et leurs habitudes d'abus de substances.

Les approches éducatives privilégiées comprennent la présentation d'informations factuelles sur le sida accompagnées d'images (Schindler & Ferguson, 1994), l'utilisation de vidéocassettes portant sur les modalités de transmission du sida chez des personnes qui ont été diagnostiquées comme séropositives et sur la prévention du VIH et du sida (Schindler & Ferguson, 1994; Kalishman *et al.*, 1995). Les groupes de discussion permettent par la suite aux participants de poser des questions, de s'exprimer sur les thèmes abordés, d'évaluer et de renforcer l'acquisition des connaissances (Schindler & Ferguson, 1994). Une partie du contenu peut servir à clarifier les fausses croyances et les mythes sur le sida; à préciser les styles de vie et les événements personnels qui pourraient conduire a adopter des comportements sexuels à risque (Kalischman *et al.*, 1995).

Certains de ces programmes s'accompagnent d'une partie plus pratique visant à modifier, à partir d'exercices, les conduites à risque. Ainsi, dans celui de Kalishman *et al.* (1995) au cours des différentes sessions, l'accent est mis sur le développement des habiletés qui permettent de réduire les conduites à risque, à partir de la reconnaissance des profils personnels par les participants. La présence d'un groupe «leader» constitué d'individus qui partagent les mêmes caractéristiques que les participants, mais qui sont formés pour intervenir, permet de renforcer la prise de conscience et les pratiques. Ils encouragent chaque participant à réfléchir sur les moyens d'éliminer les facteurs de risque et discutent également des bénéfices et des limites de l'usage du condom, de la technique de pose ainsi que des méthodes pour nettoyer les seringues en cas d'injection de drogues. Les habiletés à résister aux demandes de relations sexuelles sans condom, ainsi que la capacité de discuter de sexualité sécuritaire, sont développées en tenant compte des stratégies personnelles de chacun. La révision de la compréhension du matériel et des habiletés acquises lors des sessions précédentes complète la formation et sert à renforcer les habiletés acquises.

Le programme pratique le plus élaboré est celui d'ACCESS (Hanson et al., 1992) qui reprend grosso modo les mêmes objectifs. Les huit sessions qui le composent servent successivement à faire prendre conscience de la vulnérabilité des patients quant à l'infection au VIH, à les aider à déterminer les situations dans lesquelles ils sont plus à risque, à acquérir des habiletés dans la prise de décisions préventives; à les exprimer et à les faire respecter avec plus d'assurance; à apprendre les techniques de pose du condom et à cerner les pratiques sexuelles à risque en relation avec l'abus de substances. Lors de la dernière session, on procède à une révision de l'ensemble des sessions. Elle est accompagnée d'un échange entre les pairs afin d'augmenter le support, de les inciter a maintenir des pratiques sexuelles sécuritaires et de prévenir les rechutes.

L'évaluation de l'efficacité de ces programmes permet de faire ressortir les habiletés qu'ont les patients à comprendre, apprendre et verbaliser les informations sur le VIH et le sida et de renforcer les habiletés sociales nécessaires à la réduction des comportements à risque. Les participants à ces interventions démontrent une amélioration des connaissances sur le sida et des changements appréciables dans leurs comportements, comparativement à des groupes-contrôles et il semble que même dans le cas où les interventions sont brèves, les pratiques problématiques sont significativement diminuées. Ces programmes peuvent servir de base à la mise en place d'interventions dans le contexte hospitalier psychiatrique québécois où on constate une absence de telles initiatives.

PERSPECTIVES DE RECHERCHE ET D'INTERVENTION

Comparativement à la situation américaine, la recherche québécoise sur les patients souffrant de maladies mentales et les risques qu'ils encourent face au VIH et au sida est tout à fait absente. Contrairement aux préjugés circulant sur les personnes souffrant de désordre mentaux, nous avons vu qu'ils sont dans une forte proportion actifs sexuellement. Il est donc crucial de promouvoir parmi eux des comportements sécuritaires à la fois sur le plan de la sexualité et de la consommation de substances qui peuvent accroître les probabilités de transmission du VIH.

Il est par conséquent important de développer un programme de recherche fondamental et appliqué. Il est nécessaire, en premier lieu d'établir les données statistiques sur les populations cibles en fonction du diagnostic médical, de leur âge, de leur sexe, de leur affiliation (hospitalisés, traités à l'externe ou sans foyer), et des autres caractéristiques sociodémographiques (niveau d'éducation , métier, état-civil) ou médicales (durée de la maladie, type de traitements) tant dans le contexte urbain que rural afin de pouvoir, à partir de ces distributions, définir un échantillonnage représentatif de sujets. Cette stratégie permettra de mener à bien des comparaisons rigoureuses entre les différentes sous-populations et avec la population globale, quant aux connaissances relatives au VIH et au sida et aux pratiques à risque, ce qui manque dans les études contemporaines. L'hétérogénéité de la population montréalaise sur le plan ethnoculturel nécessite aussi de prendre en considération ce facteur, tout en tenant compte des problèmes particuliers qui sous-tendent la recherche auprès de ces groupes (voir à ce sujet le chapitre de Cappon et al. dans ce volume).

Il est aussi essentiel d'évaluer la prévalence de la séropositivité dans les milieux québécois. Si l'on en juge par les travaux américains, la prévalence élevée de séropositivité dans la population qui souffre de maladies mentales, surtout parmi ceux qui sont sans foyer, souligne l'importance que les services de santé doivent accorder à cette question. Compte tenu des différentes stratégies possibles dans l'évaluation de la séropositivité (lors de l'admission à l'hôpital, sur toute la population, sur des sous-groupes à risque élevé) il est souhaitable que le personnel médical et les spécialistes en éthique dégagent les politiques les plus conformes au contexte québécois afin de définir les critères que la recherche devrait utiliser.

Ces politiques devraient être adaptées aux types de populations psychiatriques, hospitalisées ou non, dans la mesure où il semble exister une similarité dans le niveau de séroprévalence et les comportements à risque de ces deux populations (Meyer et al., 1993). Les caractéristiques des profils psychiatriques doivent aussi pris en considération dans la mesure où ils peuvent influencer les styles de risque. Les périodicités des troubles mentaux qui modulent le niveau de risque (McKinnon et al., 1993), en particulier dans le cas des désordres bipolaires (Volavka et al., 1991; Sacks et al., 1990a) nécessitent que les interventions préventives se moulent sur ces cycles afin de s'assurer que les habiletés des individus à réduire de tels comportements se maintiennent (Kalichman et al., 1994). Il semble aussi que le groupe des schizophrènes devrait être privilégié puisqu'ils constituent le groupe le plus carencé en terme de connaissances sur le sujet (McDermott et al., 1994). Ces programmes de prévention et d'intervention devraient aussi tenir compte des variations dans les scénarios sexuels des hommes et des femmes, de même que de leurs stratégies d'apprentissage ainsi que des relations de pouvoir qui peuvent jouer dans les conduites à risques.

En troisième lieu, il est nécessaire de couvrir le champ des connaissances, des attitudes et des perceptions qui prévalent chez les psychiatres, les généralistes, le personnel infirmier, les psychologues et autres intervenants quant à la sexualité des personnes qui ont des troubles mentaux, et de dégager les systèmes de valeurs et les facteurs sociopsychologiques qui interviennent dans les résistances ou, au contraire, la réceptivité aux thèmes sexuels et au sida, pour ce type de populations. Une triangulation méthodologique basée à la fois sur des approches quantitative et qualitative permettrait de maximiser la validité des données recueillies et qui serviront à la mise en place de programmes d'intervention.

Dans le cas du personnel médical et hospitalier, il serait aussi important de mettre en place des programmes de formation afin de les sensibiliser aux dimensions, sexuelles et autres, qui interviennent dans les conduites à risque, et d'améliorer les habiletés d'intervention dans ce domaine. *Les objectifs et les modalités de ces programmes (durée, participants, méthodes d'intervention) devraient être travaillés* et précisés à la suite de discussions dans, et entre les différents groupes intéressés à cette question (médecins, personnel hospitalier, intervenants, patients et associations); les protocoles d'évaluation devraient être bien définis quant aux projets-pilotes qui pourraient être ensuite modifiés et diffusés.

Lorsqu'un statut de séropositivité est établi, il est important de mettre en place des programmes d'intervention pour les patients VIH. Bien que dans le cadre de ce chapitre nous ne traitions pas des conséquences engendrées par le VIH et le sida, leurs conséquences, qu'elles soient d'ordre médical, psychologique ou social sont importantes et nécessitent une attention particulière. Il est donc crucial d'accompagner les tests de dépistage d'interventions sociopsychologiques. Les professionnels en santé publique (médecins, infirmières, travailleurs sociaux, psychologues...) devraient être formés et disponibles afin d'assurer un counseling et ce, avant et après le test de dépistage. Ce counselling devrait, idéalement, viser la diffusion d'information sur la transmission du VIH et du sida et accorder autant d'importance au développement et au maintien des aptitudes nécessaires pour que les patients se prennent en charge et modifient leurs comportements à risque (Association canadienne de santé publique, 1993).

Il est aussi nécessaire de réfléchir sur les contextes d'intervention à privilégier. Les différents programmes réalisés jusqu'à présent sont quasi unanimes à privilégier les centres de santé mentale où sont offerts les soins psychiatriques, mais dans le cas des personnes sans foyer, cette solution semble plus problématique. Certains suggèrent aussi que les institutions psychiatriques s'assurent que les patients ont à leur disposition des moyens qui leurs permettent de se protéger directement contre le virus en mettant à leur disposition des condoms *in situ* (Cournos *et al.*, 1990). Cette possibilité devrait être soigneusement évaluée et sa faisabilité en milieu hospitalier établie.

CONCLUSION

Dans le contexte de l'épidémie du sida au Québec, on constate que les populations qui souffrent de troubles psychiatriques ont été négligées à la fois sur le plan de la recherche et sur celui de l'intervention. Les études américaines indiquent à ce sujet que, conséquemment aux maladies mentales, les patients ont recours à des pratiques sexuelles et toxicomaniaques qui accroissent les risques de transmission du VIH et du sida de façon inquiétante, comme le montrent des taux de séropositivité élevés. Par ailleurs, ces mêmes études suggèrent que des programmes d'intervention bien construits et adaptés aux caractéristiques cognitives et aux capacités comportementales des patients peuvent aider à réduire ces risques. Il s'avère donc nécessaire de mener un programme de recherches qui devrait permettre de définir des stratégies d'intervention bien structurées à la fois auprès des intervenants et des patients afin de maximiser leur impact. Dans la mesure où la question complexe du sida touche des dimensions multiples, une coopération entre les milieux hospitaliers et universitaires, mais aussi entre les différentes disciplines biomédicales et sociopsychologiques est cruciale pour maximiser la qualité des recherches et leur potentialité de transfert en vue de prévenir la transmission du VIH et du sida parmi les populations psychiatriques.

BIBLIOGRAPHIE

Aruffo, J.F., Coverdale, J.H., Chacko, R.C. & Dworkin, R.J. (1990). Knowledge about AIDS among women psychiatric outpatients. *Hospital and Community Psychiatry*, 41, 326-328.

Baer, J.W., Dwyer, P. & Lewitter-Koehler, S. (1988). Knowledge about AIDS among psychiatric inpatients. *Hospital and Community Psychiatry*, 39, 986-988.

Carey, M.P., Weinhardt, L.S. & Carey, K.B. (1995). Prevalence of infection with HIV among the seriously mentally ill: Review of research and implications for practices. *Professional Psychology: Research and Practice*, 26, 262-268.

Carmen, E. & Brady, S.M. (1990). AIDS risk and prevention for the chronic mentally ill. *Hospital and Community Psychiatry*, 41, 652-657.

Checkley, G.E., Thompson, S.C., Crofts, N., Mijch, A.M. & Judd, F.K. (1996). HIV in the mentally ill. *Australian Journal of Psychiatry*, 30, 184-194.

Chevalier, N., Otis, J. & Desaulniers, M.P. (dir.) (1994). *Éduquer pour prévenir le sida.* Beauport: Publications MNH.

Civic, D., Walsh, G. & McBride, D. (1993). Staff perspectives on sexual behavior of patients in a state psychiatric hospital. *Hospital and Community Psychiatry*, 44, 887-889.

Commerford, M. & Gular, E. (1994). Coping and psychological distress in women with HIV/AIDS. *Journal of Community Psychology*, 22, 224-230.

Commons, F., Guido, J. G., Coomaraswany, S., Myer-Bahlburg, H., Sugden, R. & Horwat, E. (1992). Sexual activity and risk of HIV infection among patients with schizophrenia. *American Journal of Psychiatry*, 151, 228-232.

Corbette, L. (1976). Perceptual dyscontrol: A possible organizing principle for schizophrenia research. *Schizophrenia Bulletin*, 2, 249-256.

Cournos, F., Guido, J.R., Coomataswamy, S., Meyer-Bahlburg, H., Nat, R., Sugden, R., & Horwath, E. (1994a). Sexual activity and risk of HIV infection among patients with schizophrenia. *American Journal of Psychiatry*, 151, 228-232.

Cournos, F., Horwath, E., Guido, J.R., McKinnon, K., & Hopkins, N. (1994b). HIV-1 infection at two public psychiatric hospital in New York city. *Aids Care*, 6, 443-452.

Cournos, F., McKinnon, K., Meyers-Bahlburg, H., Guido, J. & Meyers, I. (1993). HIV risk activity among persons with severe mental illness: preliminary findings. *Hospital and Community Psychiatry*, 44, 1104-1106.

Cournos, F., Empfield, M., McKinnon, K., Weinstock, A., Horwath, E., Meyer, I. & Currie, C. (1991a). HIV seroprevalence and risk behaviors among homeless and hospitalized mentally ill. *International Conference on AIDS*, 7, abstract P.D.199.

Cournos, F., Empfield, M., Horwath, E., McKinnon, K., Meyers, I., Schrage, H., Curri, C. & Agosin, B. (1991b). HIV seroprevalence among patients admitted to two psychiatric hospitals. *American Journal of Psychiatry*, 148, 1225-1230.

Cournos, F., Empfield, M., Horwath, E. & Schrage, H. (1990). HIV infection in state hospitals: Case reports and long-term management strategies. *Hospital Community of Psychiatry*, 41, 163-166.

Cournoyer, G. & De Montigny, C. (1988). Maladies affectives, Dans P. Lalonde & F. Grunberg (dir.), *Psychiatrie clinique* (p. 392-422). Montréal: Gaétan Morin.

Coverdale, JH. & Aruffo, JF. (1992). AIDS and family planning counseling of psychiatrically ill women in community mental healt clinics. *Community of Mental Health Journal*, 28, 13-20.

Dermatis, H., Sacks, M., Burton, W., Looser-Ott, S. & Perry, S. (1992). Unsafe sex among psychiatric inpatients with HIV risk factors. *International Conference on AIDS*, 8, abstract C297.

Di Scipio, WJ. (1994). Sex, drug and AIDS: Issues for hospitalized emotionally disturbed. *Psychiatric Quartely*, 65, 149-155.

Duval, B., Nadeau, D., Fortin, C., Boyer, R. & Godin, G. (1990). Physician's attitudes towards continuous medical education on AIDS in the province of Quebec. *International Conference on AIDS*, 6, abstract S.D.893.

Empfield, M., Cournos, F., Meyer, I., McKinnon, K., Horwath, E., Silver, M., Schrage, H. & Herman, R. (1993). HIV seroprevalence among homeless patients admitted in psychiatric inpatient unit. *American Journal of Psychiatry*, 150, 47-52.

Empfield, M., Cournos, F., Weinstock, A., Mayers, M., Meyer, I. & Agosin, B. (1990). HIV seroprevalence study of involuntarily hospitalized mentally ill homeless: Two time frames in New York city. *International Conference on AIDS*, 6, abstract S.D.316.

Gewirtz, G., Hormath, E., Cournos, F. & Empfield, M. (1988). Patients at risk for HIV. *Hospital Community Psychiatry*, 39, 1311-

1312.

Fortin, C., Boyer, R., Duval, B., Nadeau, D. & Godin, G. (1994). Les opinions des médecins québécois à l'égard du sida: partie 1. *Revue canadiene de santé publique*, 85, 259-263.

Gaudreau, L. (1991). *Application et évaluation d'un programme de formation d'intervenants pour la prévention du sida, le cas d'intervenants auprès d'itinérants. Rapport de recherche.* Montréal: Centre de recherches L. G. Inc.

Gaudreau, L. (1994). *La formation québécoise d'intervenants en prévention du sida auprès des jeunes: rapport de recherche.* Montréal: Centre de recherches en éducation L. G. Inc.

Godin, G., Boyer, R., Duval, B., Fortin, C. & Nadeau, D. (1992). Understanding physicians' decision to perform a clinical examination on an HIV seropositive patient. *Medical Care*, 30, 199-207.

Hanson, M., Cancel, J. & Rolon, A. (1994). Reducing AIDS risks among dually disordered adults. *Research on Social Work Practice*, 4, 14-27.

Hanson, M., Kramer, T. H., Gross, W., Quintana. J., Li, P. & Asher, R. (1992). AIDS awareness ans risk behaviors among dually disordered adults. *AIDS Education and Prevention*, 4, 41-51.

Hasbrouck, L.M, Daniels, N., Bowser, B.P. & Gross, S.A. (1990). Crack-related behaviors undermining AIDS prevention among intravenous drug users, *International Conference on AIDS*, 6, abstract S.C.728.

Hellerstein, D. & Prager, M.E. (1992). Assessing HIV risk in the general hospital psychiatric clinic. *General Hospital Psychiatry*, 14, 3-6.

Horwath, E., Cournos, F., McKinnon, K., Guido, J.R. & Herman, R. (1996). Illicit-drug injection among psychiatric patients without a primary substance use disorder. *Psychiatric Services*, 47, 181-182.

Horwath, E., Kramer, M., Cournos, F., Empfeil, M. & Gewirtz, G. (1989). Clinical presentations of AIDS and HIV infection in state psychiatric facilities. *Hospital Community Psychiatry*, 40, 502-506.

Jacob, O. & Dumais, A. (1984). *Étude sur la violence du milieu et les conditions d'intimité des bénéficiaires.* Québec: Université Laval, Département de sociologie, Rapport de recherche soumis au Centre hospitalier Robert Giffard.

Kalichman, S., Sikkema, K., Kelly, J. & Bulto, M. (1995). Use of a brief behavioral skills intervention to prevent HIV infection among chronic mentally ill adults. *Psychiatric Services*, 46, 275-280.

Kalichman, S., Kelly, J.A., Johnson, J. & Bulto, M. (1994). Factors associated risk for HIV infection among chronic mentally ill adults. *American Journal of Psychiatry*, 151, 221-227.

Katz, R., Watts, C. & Santman, J. (1994). AIDS knowledge and high risk behaviors in the chronic mentally ill. *Community Mental Health Journal*, 30, 395-402.

Kay, S.R., Kalathara, M. & Meinzer, A.E.

(1989). Diagnostic and behavioral characteristics of psychiatric patients who abuse substances. *Hospital and Community Psychiatry*, 40, 1062-1064.

Kelly, J.A., Johnson, J.R. & Bulto, M. (1994). Factors associated with risk for HIV infection among chronic mentally ill adults. *American Journal of Psychiatry*, 151, 221-227.

Kelly, J.A., Murphy, D.A., Bahr, G.R. *et al.* (1992). AIDS/HIV risk behavior among the chronic mentally ill. *American Journal of Psychiatry*, 149, 886-889.

Lalonde, P. (1988). *La schizophrénie expliquée.* Montréal: Gaëtan Morin.

Lilleleht, L. & Leiblum, S. (1993). Schizophrenia and sexuality: A critical review of the literature. *Annual Review of Sex Research*, 4, 247-276.

Lyketsos, G., Hanson, A., Fishman, M., McHugh. M. & Treisman, G.J. (1994). Screening for psychiatric morbidity in a medical outpatient clinic for HIV infection: the need for a psychiatric presence. *International Journal of Psychiatry Medical*, 24, 103-113.

Lyket, G., Sakka, P. & Mailis, A. (1983). The sexual adjustment of chronic schizophrenics: a preliminary study. *British Journal of Psychiatry*, 143, 376-382.

Marcos, L.R., Cohen, N.L., Nardacci, D. & Brattain, J. (1990). Psychiatry takes to the streets: the New York city initiative for the homeless mentally ill. *American Journal of Psychiatry*, 147, 1557-1561.

Mayer, D. (1990). Refusal of care and discharging "difficult" patients from the emergency department. *Annals of Emergency Medecine*, 19, 1436-1446,

McDermott, B., Sautter, F., Winstead, D. & Quirk, T. (1994). Diagnosis, health beliefs, and risk of HIV infection in psychiatric patients. *Hospital and Community Psychiatry*, 45, 580-585.

McKinnon, K., Cournos, F., Sugden, R., Guido, J.R. & Herman, R. (1996). The relative contributions of psychiatric symptoms and AIDS knowledge to HIV risk behaviors among people with severe mental illness. *Journal of Clinical Psychiatry*, 57, 506-513.

McKinnon, K., Cournos, F., Meyer-Bahlburg, H.F.L. *et al.* (1993). Reliability of sexual risk behavior interviews with psychiatric patients. *American Journal of Psychiatry*, 150, 972-974.

McLellan, A., Woody, G. & O'Brien, C. (1979). Development of psychiatric illness in drug abusers. *New England Journal of Medicine*, 301, 1310-1314.

Menon, A.S., Pomerantz, S., Harowitz, S., Apperbaum, D., Nuthi, U., Peacock, E. & Cohen, C. (1994). The high prevalence of unsafe sexual behaviors among acute psychiatric inpatients: implications for AIDS prevention. *Journal of Nervous and Mental Disease*, 182, 661-666.

Meyer, I., McKinnon, K., Cournos, F.,

Empfield, M., Bavli, S., Engel, D. & Weinstock, A. (1993). HIV seroprevalence among long-stay patients in a state psychiatric hospital. *Hospital and Community Psychiatry*, 44, 282-284.

Meyer, I., Cournos, F., Empfield, M., Agosin, B. & Floyd, P. (1992). HIV prevention among psychiatric inpatients: a pilot risk reduction study. *Psychiatric Quartely*, 63, 187-197.

Meyer-Bahlburg, H.F.L, Ehrhardt, A.A, Exner, T.M, *et al.* (1990). *Sexual risk behavior assessment schedule, psychiatric inpatient interview*. New York, New York state psychiatric institut, HIV Center.

Miller, L.J. & Finnerty, M. (1996). Sexuality, pregnancy, and childrearing among women with schizophrenia-spectrum disorders. *Psychiatry Services*, 47, 502-506.

Mirsky, A.F. & Duncan, M.V. (1986) Etiology and expression of schizophrenia: neuro-biological and psychosocial factors. *Annal Review of Psychology*, 37, 291-319.

Naber, D., Pajonk, F-G., Perro, C. & Lohmer, B. (1994). Human immunodeficiency virus antibody test and seroprevalence in psychiatric patients. *ACTA Psychiatrica Scandinavica*, 89, 358-361.

Ostrow, D. (1992). HIV counseling and testing of psychiatric patients: time to reexamine policy and practices. *General Hospital of Psychiatry*, 14, 1-2.

Olivier, C., Robert, J. & Thomas, R. (dir.) (1995). *Le Sida*. Montréal: Association des médecins de langue française du Canada.

Perry, S., Jacobsberg, L.B., Fishman, B., Bobo, J. & Jacobsberg, B.K. (1990). Psychiatric diagnosis before serological testing for the human immunodeficiency virus. *American Journal of Psychiatry*, 147, 89-93.

Reidy, M. & Taggart, M.-E. (dir.) (1995). *VIH/sida. Une approche multidisciplinaire*. Boucherville: Gaëtan Morin.

Rosenbaum, M. (1994). Similarities of psychiatric disorders of AIDS and syphilis: history repeats itself. *Bulletin of the Menninger Clinic*, 58, 375-382.

Rosenbaum, M. (1992). Mania in AIDS and syphilis (paresis). *American Journal of Psychiatry*, 149, 416.

Sack, M., Dermatis, H., Burton, W. & Perry, S. (1993). Impact of acute psychiatric illness on HIV risk behaviors. *International Conference on AIDS*, 9, abstract D.C.911.

Sacks, M., Dermatis, H., Looser-Ott, S. & Perry, S. (1992a). Undetected HIV infection among acutely ill psychiatric inpatients. *American Journal of Psychiatry*, 149, 544-545.

Sacks, M., Dermatis, H., Looser-Ott, S. & Perry, S. (1992b). Seroprevalence of HIV and risk factors for AIDS in psychiatric inpatients. *Hospital and Community Psychiatry*, 43, 736-737.

Sacks, M., Dermatis, H., Klein, R., Burton, W., Looser-Ott, S. & Perry, S. (1992c). Increased detection of HIV infection over two years among psychiatric inpatients. *International Conference on AIDS*, 8, abstract D.C.078.

Sacks, M., Dermatis, H. & Looser-Ott, S. (1991). HIV Seroprevalence and syphilis infection in psychiatric inpatients. *International Conference on AIDS*, 7, abstract D.801.

Sacks, M.H., Silberstein, C., Weiler, P. & Perry, S. (1990a). HIV-related risk factors in acute psychiatric inpatients. *Hospital and Community Psychiatry*, 41, 449-451.

Sacks, M.H., Perry, S., Graver, R., Shindledecker, R. & Hall, S. (1990b). Self-reported HIV-related risk behaviors in acute psychiatric inpatients. *Hospital Community Psychiatry*, 41, 1253-1255.

Safer, D.J. (1987). Substance abuse by young adult chronic patients. *Hospital and Community Psychiatry*, 38, 511-514.

Satriano, J., Cournos, F., Guido, J., Kaplan, M., Herman, R. & Horwath, E. (1993). Psychiatric facilities and AIDS: an institutional response. *International Conference of AIDS*, 9, abstract D.1002.

Schwab, B., Drake, R.E. & Pappaioanou, M. (1988). Health care of the chronically mentally ill: the culture broker model. *Community Mental Health Journal*, 24, 174-184.

Schindler, V. & Ferguson, S. (1994). An education program on acquired immunodeficiency syndrome for patients with mental illness. *The American Journal of Occupational Therapy*, 49, 359-361.

Selik, R.M., Castro, K.G. & Pappaioanou, M. (1988). Racial/ethnic differences in the risk of AIDS in the United States. *American Journal of Public Health*, 78, 1539-1545.

Sida-Presse (1995). juin. Montréal.

Sladyk, K. (1990). Teaching safe sex practices to psychiatric patients. *American Journal of Occupational Therapy*, 44, 284-286.

Steiner, J., Lussier, R. & Rosenblatt, W. (1992). Knowledge about risk factors for AIDS in a day hospital population. *Hospital and Community Psychiatry*, 43, 736-737.

Strain, J. & Forstein, M. (1991). 'Yes' ans 'no'. Viewpoints-crossfire: Is it time to require mandatory HIV testing of all hospitalized inpatients. *Psychiatric News*, 15, 9-30.

Susser, E., Valencia, E. & Conover, S. (1993). Prevalence of HIV infection among psychiatric patients in a New York city men's shelter. *American Journal of Public Health*, 83, 568-570.

Susser, E., Goldfinger, S.M. & White, A. (1990). Some clinical approaches to the homeless mentally ill. *Community Mental health journal*, 26, 463-480.

Taylor, M., Abrams, R. & Stales, M. (1973). A genetic study of early and late onset of affective disorders. *Archives of General Psychiatry*, 28, 656-658.

Trudel, G. & Desjardins, G. (1994). Sexualité en milieu psychiatrique. *Revue canadienne de psychiatrie*, 39, 421-428.

Valencia, E., Susser, E. & Conover, S. (1992). HIV risk behaviors among homeless mentally ill men in a New York shelter. *International conference on aids*, 8, abstract C.1924.

Verhulst, J. & Schneidman, B. (1981). Schizophrenia and sexual functioning. *Hospital and Community Psychiatry*, 32, 259-262.

Vittori, F. (1989). Enquête de prévalence sur l'infection VIH en milieu institutionnel psychiatrique. *Semaine des hôpitaux de Paris*, 64, 1887-1888.

Volavka, J., Convit, A., O'Donnell, J., Douyon, R., Evangelista, C. & Czobor, P. (1992). Assessment of risk behaviors for HIV infection among psychiatric inpatients. *Hospital and Community Psychiatry*, 43, 482-485.

Volavka, J., Convit, A., O'Donnell, J., Douyon, R., Czobor, P. & Ventura, F. (1991). HIV seroprevalence and risk behaviors in psychiatric inpatients. *Psychiatric Research*, 39, 109-114.

Wallace, C.J., Liberman, R.P., MacKain, S.J. et al. (1993). Effectiveness and replicability of modules for teaching social and instrumental skills to the severely mentally ill. *American Journal of Psychiatry*, 149, 654-658.

Way, B.B. & McCormick, L.L. (1990). *The mentally ill chemical abusing population: a review of the literature*. New York: State office of mental health.

Williams, J.B.W, Rabkin, J, & Remien, R. (1989). *Parenteral drug use high-risk questionnaire*. New York: New York state psychiatric institute.

Zabenko, GS., Georges, A., Soloff, L. et al. (1987). Sexual practices of patients with borderline personality disorders. *American Journal of Psychiatry*, 144, 748-752.

Zamperetti, M., Goldwurm, GF., Abbate, E., Gris, T., Muratori, S. & Vigo, B. (1990). AIDS and psychiatric patients. *International conference on AIDS*, abstracts D.C.182.

LE SIDA ET L'ÉDUCATION

Louise GAUDREAU

Les données épidémiologiques ont montré l'expansion du sida à dans les différentes populations. Cette maladie devenant une question de santé publique et en l'absence d'un vaccin, l'éducation a été perçue comme un des principaux moyens de lutter contre la transmission du VIH. Les approches et les modèles appliqués en éducation pour la santé à d'autres phénomènes comme ceux de la consommation du tabac, de l'alimentation, de la sécurité routière ou autres, ont donc été transférés en éducation relative au sida. Un travail considérable et de grande qualité a été rapidement accompli, autant en recherche qu'en intervention, que ce soit auprès des populations en général, dans des groupes cibles parmi les plus affectés par la maladie, ou pour former les intervenants du domaine.

Des résultats importants ont été produits et la recherche a permis de bien connaître les effets des approches appliquées en éducation relative au sida. Toutefois, de plus en plus de spécialistes s'accordent pour dire que les approches d'éducation ont atteint leurs limites sans avoir suffisamment rempli leur mission préventive. L'objectif de ce chapitre est de faire le point sur cette question, de l'analyser en dégageant ce qui détermine les aspects éducatifs du sida. Pour ce faire, des recherches effectuées à travers le monde sur des interventions directement associées à l'éducation en matière de sida seront présentées pour montrer les résultats obtenus et la variété des formes que peuvent prendre les interventions. L'éducation relative au sida sera également recadrée dans son contexte et discutée dans le but d'aider à dégager de nouvelles perspectives de recherche et d'intervention.

MI-SUCCÈS, MI-ÉCHEC?

La littérature spécialisée regorge de rapports de recherche, d'articles scientifiques et de narrations d'expériences d'intervention reliés à l'éducation relative au sida. Il serait impossible de relater en un seul chapitre tout ce qui s'est fait dans le domaine sur la planète, même en se limitant à une recension des écrits des cinq dernières années. Les recherches mentionnées ici le sont donc à titre indicatif, pour illustrer la situation en livrant un aperçu général sur l'état des connaissances mondiales sur les effets de l'éducation en matière de sida.

Quoiqu'elle soit destinée à des populations de tous genres et de tous milieux, l'éducation en matière de sida est généralement associée aux jeunes et principalement à l'école. Il va donc sans dire que de nombreuses études ont été menées en milieu scolaire et ont impliqué les élèves. D'autres, par contre, ont examiné ce qui se fait à l'extérieur des murs de l'école auprès des jeunes ou auprès des autres populations. Des exemples de ces diverses recherches sont livrés ci-après.

Des recherches en milieu scolaire

À l'instar d'autres chercheurs, Anderson *et al.* (1990) ont mené une enquête par questionnaire auprès des étudiants des écoles secondaires: 8 098 étudiants et étudiantes ont participé à leur recherche. Ces étudiants des trois dernières années du secondaire (9e à 12e secondaire) provenaient d'un échantillon stratifié d'écoles choisies dans l'ensemble des États-Unis. Les chercheurs voulaient savoir si le fait d'avoir eu des cours sur le sida et si les connaissances acquises diminuaient les comportements sexuels risqués représentés par les variables suivantes: ne pas toujours faire usage du condom, avoir cumulé plus de deux partenaires dans sa vie et pendant un an. Les résultats montrent que les connaissances sont généralement bonnes et influencent les comportements représentés par les variables ciblées. Ces résultats ne sont toutefois pas reliés au fait d'avoir suivi des cours sur le sida, ces derniers étant pourtant associés à une bonne connaissance sur le virus. Les cours sur le sida ont atteint partiellement leurs objectifs de connaissance et ne se sont pour ainsi dire pas répercutés sur les pratiques sexuelles risquées.

Toujours aux États-Unis et à peu près à la même époque que la recherche précédente, Kirby, Barth, Leland & Fetro (1991) procédaient à une recherche dans treize écoles secondaires californiennes auprès de 758 élèves. Ils suivirent la procédure suivante: prétest, postest, post-postest, contrôle ultérieur six mois après et enfin un nouveau test était effectué dix-huit mois plus tard. L'ensemble de cette procédure était appliquée à un groupe expérimental et à un groupe témoin. Cette recherche avait pour but d'évaluer un programme d'éducation relative au sida qui s'appuyait sur les théories psychosociales et cognitivo-behaviorales dominantes en éducation pour la santé. L'emploi d'une méthodologie rigoureuse mérite d'être souligné, car elle est certainement le fruit de grands efforts pour garantir la valeur des résultats produits. Les chercheurs ont trouvé que le programme a influencé positivement les jeunes qui couraient le moins de risques et ceux qui n'avaient pas encore eu de relations sexuelles avant le prétest, en reportant dans le temps les premières relations sexuelles ou en accroissant l'usage de méthodes contraceptives, dont celui du condom. Par contre, chez ceux qui avaient déjà eu des relations sexuelles, le programme n'a pas eu d'effet sur la fréquence de leurs comportements sexuels et sur leur utilisation de la contraception.

Ces résultats recoupent ceux de plusieurs autres études, par exemple, celle de Belschner, Engel, Henicz & Müller-Doohm (1991) qui ont procédé à une recherche multiméthodologique (quantitative et qualitative, par entrevues, discussions de groupe, jeux de rôles, enquête au moyen d'un questionnaire) auprès de 2 600 jeunes de 15 à 21 ans. Les auteurs ont trouvé que les connaissances sont bonnes et que les adolescents et adolescentes sans expérience sexuelle attachent plus d'importance que les autres à la sécurité des comportements lorsque le statut sérologique du partenaire n'est pas clairement établi. L'expérience sexuelle, quant à elle, diminuait l'importance du besoin de sécurité dans les pratiques sexuelles.

Au Canada, une équipe de chercheurs de l'Université Queen à Toronto a conçu un programme d'éducation relative au sida articulé principalement sur une approche d'apprentissage par compétences (Warren, King, Beazley & King, 1994). Ce programme devait être dispensé auprès de 4 445 élèves d'écoles secondaires réparties dans quatre provinces canadiennes (Ontario, Nouvelle-Écosse, Nouveau-Brunswick et Manitoba). Il s'inspirait des interventions d'éducation en matière de sida relatées dans les écrits des recherches. Il s'appuyait sur une combinaison de théories et de modèles préconisés en éducation pour la santé et en éducation relative au sida pour l'acquisition de connaissances, le développement d'attitudes responsables, le renforcement des intentions de comportement et du sentiment de compétence, la motivation, la modification des comportements risqués, le soutien et la persistance des comportements sains (par exemple, la théorie de l'action raisonnée de Fishbein et Ajzen, la théorie sociale cognitive de Bandura, le modèle de modification des comportements risqués élaborés par Fisher & Fisher).

Ce programme sur les MTS et le sida abordait les comportements responsables, notamment l'abstention de relations sexuelles et les pratiques sexuelles à moindre risque, ainsi que les compétences de communication, d'affirmation de soi et d'utilisation du condom. Les 23 activités prévues, dont cinq étaient réalisées par les jeunes, chez eux avec leurs parents, se sont déroulées en une vingtaine d'heures réparties sur une période de quelques jours consécutifs, ou selon le cas, selon des cycles de huit jours. Ces activités comprenaient des discussions dirigées, du remue-méninges (*brainstorming*), des situations mettant en valeur les élèves leaders, des ateliers en sous-groupes, des activités individuelles écrites (exemples, questions-réponses, compléter des phrases, jeux d'associations) suivies de plénières, la mise au point de scénarios de situations risquées, des jeux de rôles et leur observation commentée, le visionnement de vidéos, des exercices en sous-groupes, des lectures et des analyses de cas, ainsi que des discussions parents-enfants. Aucun effort n'a été ménagé par les chercheurs pour garantir la rigueur scientifique de l'évaluation. Les effets produits par le programme ont pu être examinés à l'aide des questionnaires remplis par plus de 2 300 élèves.

Ces questionnaires portaient sur une multitude d'aspects: les connaissances, les attitudes à l'égard des relations avec les pairs et avec les parents, envers les comportements sexuels sains et risqués, à l'égard de l'homosexualité et des personnes séropositives ou atteintes de sida, l'estime de soi, la perception du foyer de contrôle (*locus of control*) en lien avec l'avenir, la communication avec le partenaire et les MTS, les comportements de consommation de drogues et d'alcool et les pratiques sexuelles. D'autres questions portaient sur une série de scénarios décrivant des situations qui amenaient les répondants à manifester leurs habiletés. La procédure de recherche était quasi expérimentale: prétest et post-postest (avant le programme et immédiatement à la fin) suivis de deux post-tests, six mois après et dix-huit mois plus tard. Cette procédure comprenait aussi la comparaison entre les résultats de 1 358 participants et ceux de 965 jeunes composant les groupes témoins; ces derniers suivaient le programme ordinairement dispensé dans leurs écoles respectives en matière d'éducation relative au sida.

Le programme a exercé une influence positive: il a amélioré les attitudes de compassion, il a accru la confiance en soi nécessaire pour être en mesure d'employer correctement le condom, il a renforcé les intentions de communiquer avec le partenaire à propos de ses expériences sexuelles antérieures et de lui refuser des rapports sexuels si on ne s'y sent pas prêt. Par contre, ce programme n'a pas influencé les intentions de faire usage du condom (déjà fortes au départ) et n'est pas parvenu à inciter les jeunes à adopter des comportements alternatifs à ceux des relations sexuelles pour exprimer leur affection à leur partenaire ou «ami et amie de coeur». Deux ans après la fin du programme, un peu moins des deux tiers de ceux qui avaient des relations sexuelles dirent qu'ils faisaient constamment usage du condom dans leurs rapports sexuels, un peu plus de la moitié ont attribué au programme l'accroissement de leur affirmation de soi, de leur capacité de refuser de faire ce qu'ils ne voulaient pas, de leur sentiment de compassion envers les personnes séropositives ou atteintes de sida et de leur aisance à défendre leurs droits avec le ou la partenaire. Près des deux tiers ont trouvé que grâce à ce programme, ils étaient plus à l'aise pour parler du condom avec leur partenaire.

De nombreuses autres études canadiennes ont été réalisées sur l'éducation relative au sida en milieu scolaire, en particulier au Québec. Depuis 1989, l'action concertée entre le système de santé et celui de l'enseignement y ont donné lieu à l'introduction d'un volet optionnel, mais spécifique, d'éducation relative au sida dans le programme scolaire de formation personnelle et sociale, obligatoire dans les écoles primaires et secondaires. Il inclut l'éducation sexuelle et l'éducation à la santé (Hamel, St-Onge & Desaulniers, 1994). De plus, le Québec dispose d'éducateurs-sexologues détenant une formation universitaire complète comme intervenant en éducation sexuelle. Certains d'entre eux ont pu s'initier à la recherche sur différents aspects de la sexualité en poursuivant leurs études dans le programme de maîtrise en sexologie dispensé à l'Université du Québec à Montréal. Parmi les recherches effectuées dans ce contexte, nous retiendrons comme exemple celle de Graziani (1992). Elle a permis d'évaluer deux types d'intervention en éducation en matière de sida: l'enseignement assisté par ordinateur (ci-après EAO) et un cours donné sans l'EAO, mais qui traitait des mêmes sujets.

L'étude de Graziani visait en fait à examiner l'efficacité de l'EAO comme instrument d'éducation préventive. Trois classes d'un même enseignant expérimenté de la 3e année du secondaire ont été impliquées, soit 98 élèves (âge moyen: quinze ans) qui suivaient le programme de formation personnelle et sociale. Chaque classe constituait donc un groupe naturel; l'un a été soumis à l'EAO, l'autre à un cours sur le même sujet selon diverses formules pédagogiques usuelles en cette matière; le troisième était le groupe témoin. Le didacticiel de Cloutier (1990) a été employé pour l'EAO. Son but est de développer des attitudes éclairées et responsables pour prévenir les maladies transmissibles sexuellement (ci-après MTS), le sida y compris. Par un procédé d'informations, d'illustrations et de questions-réponses-renforcements positifs ou rectifications, le didacticiel aborde, entre autres, les MTS les plus fréquentes chez les jeunes, les tabous s'y rapportant, les modes de transmission, les symptômes, les mesures préventives, le condom en particulier, et permet à l'utilisateur du didacticiel d'estimer ses risques personnels de contracter une MTS. Lorsqu'ils le souhaitaient, les élèves pouvaient discuter entre eux et recourir à l'enseignant. Le temps pris par les élèves pour appliquer le didacticiel à l'aide de micro-ordinateurs a généralement été d'un peu plus d'une heure (maximum: 75 minutes).

Le cours donné sans EAO visait le même type d'objectif et portait sur les mêmes sujets. Il s'est donné au moyen des procédés suivants: exposés formels (technique craie-tableau), exposé à l'aide de transparents présentant des résumés et des schémas, présentation d'un court film sur l'emploi du condom comme principale mesure préventive, travail en équipe pour un jeu d'argumentation et de discussion, démonstration par l'enseignant des tests de qualité des condoms; les élèves pouvaient intervenir pour formuler leurs questions et commentaires. Ce cours durait 75 minutes. Les groupes expérimentaux et le groupe témoin ont rempli, en classe, avant les interventions (prétest), un mois après (postest), puis quatre mois plus tard (post-postest), un questionnaire comprenant des tests de connaissance, d'attitude et des questions détaillées sur leurs comportements en matière de sexualité et de consommation de drogues injectables. Même si le didacticiel en tant que tel est apparu d'excellente qualité sur différents plans (par exemple, son contenu, sa facture), ni l'EAO, ni l'autre cours, n'ont influencé significativement les connaissances, les attitudes et les comportements préventifs rapportés par les élèves.

En Australie, Slattery (1992) a effectué une recherche multiméthodologique (questionnaires de connaissances, d'attitudes et de compréhension, entrevues individuelles et en petits groupes, tâches de sélection de stimuli-affiches) qui voulait tenir compte du constructivisme et des représentations sociales. Elle consistait à évaluer la compréhension du sida comme construit associé à la santé, à la santé sexuelle et aux MTS. Elle s'est déroulée auprès de 579 étudiants de quatorze à seize ans qui ont tous suivi des cours sur la prévention du sida, dont 70% reliaient le sida aux MTS. Les enseignants ont ensuite été rencontrés en entrevues structurées à partir des données obtenues auprès des jeunes. Les résultats montrent que les programmes d'éducation préventive enseignent la prévention primaire et se caractérisent par la valorisation d'un certain égocentrisme: prendre soin de soi pour ne pas s'infecter. Les étudiants apprennent la prévention du sida comme un ensemble de commandements à retenir. Les programmes s'arrêtent là, sans aller vers la prévention secondaire (comment vivre si on a été infecté par le virus?). Dans ce sens, et comme la coutume le veut dans de nombreux autres programmes d'éducation en matière de sida, ces interventions omettent le fait que l'infection reste possible. Ils n'aident pas non plus à développer des stratégies d'adaptation (coping) qui, éventuellement, pourraient faciliter la vie de ceux et celles qui vivraient dans ces conditions. Ils n'enseignent pas plus comment apporter un support significatif à ceux et celles qui ont été infectés par le VIH.

D'autres interventions sont toutefois axées à la fois sur la prévention primaire et sur la prévention secondaire. En Allemagne, par exemple, plus précisément à Berlin-Ouest, Schütte & Oswald (1991) ont évalué une campagne d'information dirigée par des spécialistes (médecins et enseignants de biologie) spécialement formés pour intervenir dans les écoles à propos du sida. D'abord destinée aux élèves des 9e à 11e années des écoles secondaires, la campagne s'est étendue aux élèves de la première année du secondaire (8e année). L'objectif de l'étude était d'examiner si les buts de ces interventions étaient atteignables. Pour ce faire, les chercheurs ont étudié l'effet d'ensemble des interventions sur les élèves et certains facteurs reliés aux connaissances et aux attitudes, tels que le type d'école (régulières, professionnelles ou autres), le sexe et l'appartenance aux groupes ethnoculturels minoritaires. Les chercheurs ont procédé à des enquêtes par questionnaire selon une procédure prétest et postest (six mois plus tard) avec appariement des mesures pour les individus échantillonnés et en les comparant avec celles d'un groupe témoin. Les indicateurs retenus pour l'évaluation l'ont été en fonction des objectifs d'intervention. Ce sont les connaissances générales sur les aspects biomédicaux du phénomène VIH-sida, la connaissance des voies de transmission et des comportements risqués, les attitudes de discrimination envers les personnes séropositives ou atteintes de sida et la peur ressentie dans des situations sans risque de transmission, mais lorsque se produisent des contacts sociaux avec des personnes séropositives ou atteintes de sida (par exemple: leur serrer la main). Le fait d'avoir déjà reçu, antérieurement à ces interventions, de l'enseignement sur le sida a été pris en considération et contrôlé, de sorte que les résultats en tiennent compte.

Ceux-ci indiquent que les interventions ont accû les connaissances de nature factuelle et biomédicale. L'accroissement est équivalent chez les filles et les garçons, mais les élèves qui appartiennent à une minorité ethnoculturelle ont obtenu, au prétest et au postest, des résultats inférieurs à ceux des élèves du groupe ethnoculturel majoritaire. Par contre, les interventions évaluées ne sont probablement pas responsables de l'amélioration des connaissances sur la transmission du virus et sur les comportements risqués, deux aspects fondamentaux pour l'éducation préventive, ni de la faible diminution observée dans le cas de la discrimination à l'égard des personnes infectées; ces modifications sont apparues chez les élèves soumis aux interventions comme chez ceux du groupe témoin qui n'y ont pas participé. L'étude montre bien, par ailleurs, que les interventions sont parvenues à beaucoup atténuer les craintes relatives aux contacts sociaux (sans risque de transmission du VIH) avec les personnes séropositives ou atteintes de sida. Les résultats indiquent aussi que les filles ont des attitudes moins discriminatoires que les garçons, que les attitudes des élèves du groupe ethnoculturel majoritaire sont, elles aussi, moins discriminatoires que celles des groupes minoritaires.

D'autres interventions auprès des jeunes

D'autres interventions d'éducation relative au sida destinées aux jeunes se font à l'école, mais en dehors de la classe. Il arrive aussi que des jeunes soient recrutés en milieu scolaire pour des recherches sur des interventions éducatives qu'ils suivront en milieu non scolaire. Dans un cas comme dans l'autre, il s'agit d'interventions destinées aux jeunes, mais elles débordent de l'enseignement formel.

La recherche de Bell, Feraios & Bryan (1990) peut servir d'exemple à cet égard. Ils ont examiné les connaissances des adolescents et adolescentes sous différents angles: leur connaissance du sida, les déficiences dans cette connaissance, la relation entre elles et les attitudes ainsi qu'avec les expériences qu'ils ont eues dans leur univers social quotidien. Les auteurs ont mené 78 entretiens de recherche auprès d'autant d'élèves de quatre écoles de la région de Chicago. Le questionnaire d'entretien comprenait une série de questions de connaissance; parmi les autres questions, certaines amenaient les répondants à préciser leurs sources d'information sur le phénomène du sida. Les résultats pertinents pour l'éducation relative au sida montrent que les aspects les plus faibles des connaissances sont ceux qui portent sur la transmission du virus. Les jeunes qui affichent de meilleures connaissances sont ceux qui recourent le plus aux personnes de leur entourage pour obtenir de l'information.

En France, Blanchet (1989) a étudié les opinions, les attitudes et les comportements à l'égard du sida chez 400 étudiants parisiens âgés de 18 à 28 ans pour examiner leur point de vue sur le phénomène médiatique, leur connaissance du sida, leur perception de leur propre risque de s'infecter et du risque social ou à l'intérieur de groupes, et les effets psychosociaux du sida (fréquences des conversations sur le sujet, attitudes et dispositions à l'égard du partenaire, comportements sexuels et emploi du condom). Les résultats indiquent que 75% des répondants disent avoir appris l'existence du sida par les médias, principalement par la télévision. Les étudiants qui s'informent le plus sont ceux qui modifient le plus leurs pratiques sexuelles, ont le plus de connaissances et sont le plus sensibilisés au risque que représente le sida. Les moins informés sont ceux qui n'ont pas eu de relations sexuelles. Parmi les résultats de l'étude, il est intéressant de noter que les étudiants en médecine, que l'on pourrait croire mieux nantis que les autres en termes de connaissances et de comportements en matière de santé, sont ceux qui n'utilisent le condom pratiquement jamais de façon constante. Ils sont les plus nombreux à avoir un partenaire stable, mais les plus nombreux, aussi, à avoir eu de trois à cinq partenaires sexuels, ce qui accroît les risques de transmission du virus.

À peu près à la même période que Blanchet et toujours en France, Pennec (1990) a examiné les représentations du sida et des comportements de prévention chez les 15-26 ans (en majorité 15-20 ans). L'étude s'est déroulée en Bretagne et s'appuie sur des entretiens individuels semi-dirigés effectués auprès de seize garçons et dix-sept filles choisis en fonction de leur représentativité des régions bretonnes, des positions sociales et des milieux de vie (résidence parentale, appartement, etc.). L'étude confirme que ce que les répondants savent du sida provient des médias, surtout de la télévision. Pennec a dégagé différents profils qui catégorisent les répondants selon la manière dont ils se représentent le sida et sa prévention. Ces informations s'avèrent pertinentes pour comprendre les réactions et les attitudes des groupes visés par l'éducation relative au sida et pour en expliquer les effets. Un premier profil est celui de la négation de la gravité du sida. Cette catégorie de répondants associent le sida aux accidents de la route ou au cancer; ces deux derniers leur semblent plus graves et plus fréquents que le sida. Un autre profil est celui du refus des pratiques préventives. Elles paraissent anti-naturelles, contraires au sentiment amoureux et au plaisir. Un profil d'acceptation de la prévention, mais sans usage effectif du condom, regroupe une autre catégorie de répondants. Selon eux, le condom est une nécessité, est fiable, et ils adhèrent intellectuellement aux mesures préventives, le condom servant d'amulette; mais ils ne l'emploient pas pour autant. Les répondants de cette catégorie disent aussi qu'ils conversent sur ce sujet avec leurs copains. L'un des profils est celui de l'adoption du condom comme moyen de protection. Les répondants en cause en sont aux débuts de leur vie sexuelle active et ils adoptent des pratiques contraceptives et protectrices. Ces jeunes disent avoir eu l'occasion d'échanger sur ce sujet avec leurs pairs, dans leur famille et à l'école. Un dernier profil est celui des répondants qui limitent leurs relations, appliquant ainsi une stratégie de gestion du risque. Il s'agit d'une attitude généralisée dans leurs pratiques, allant du report de leurs premières relations sexuelles, notamment pour les individus les plus scolarisés, à la diminution de la fréquence des relations sexuelles et de certains comportements sexuels (comme la pénétration anale), en passant par le contrôle de l'appartenance sociale et sexuelle de l'éventuel partenaire et par le renfermement sur le couple (pour ceux qui ont des relations sexuelles précoces), le futur couple stable constituant une enveloppe de protection.

L'étude de Traeen (1992) porte sur un bon exemple de l'éducation en matière de sida auprès des jeunes qui se fait autrement que par l'enseignement. Cette recherche tentait d'estimer dans quelle mesure les jeunes Norvégiens étaient conscients des messages produits lors d'une campagne de prévention entreprise par leur gouvernement. L'intention, derrière cette campagne, était de s'appuyer sur la culture propre à la jeunesse pour amener les jeunes à intégrer le savoir existant sur le VIH et le sida dans l'espoir d'accroître les effets positifs produits par les liens entre de bonnes connaissances et les pratiques sexuelles effectives des jeunes. Cette campagne comprenait diverses approches, dont l'utilisation des médias et la mise en place d'interventions et d'activités dans l'environnement social des adolescents et adolescentes. L'étude s'est effectuée au moyen d'une enquête par questionnaire auprès de 1 855 jeunes de dix-sept à dix-neuf ans. Les résultats montrent que ces derniers étaient peu conscients du fait qu'une telle campagne se déroulait; ils n'ont eu qu'un faible taux de participation aux activités. Les données suggèrent que la campagne a très peu atteint sa cible.

Un projet d'éducation par l'intervention théâtrale permet d'illustrer les approches originales qui ont été appliquées en éducation relative au sida auprès des jeunes de douze à dix-huit ans. L'expérience en question s'est déroulée au Québec (Bolduc, Michaud, Allard, Audet & Vermette, 1994) et voulait contribuer à prévenir les MTS, l'infection par le VIH et l'hépatite B. Grâce à une concertation entre différents partenaires sociaux, régionaux et gouvernementaux, deux sexologues-éducateurs ont parcouru pendant six mois une partie du vaste territoire québécois, à bord d'une ambulance convertie et peinte aux goûts des jeunes, afin de réaliser des interventions dans leur environnement: les écoles, mais aussi les parcs, les centres d'accueil et les maisons de jeunes.

Les interventions visaient trois objectifs principaux: la connaissance des situations offrant des risques d'infection et la connaissance des comportements sécuritaires dans les pratiques sexuelles et dans la vie courante à l'égard des MTS, de l'hépatite B et de l'infection par le VIH; la reconnaissance personnelle de sa propre compétence pour adopter des comportements préventifs et le développement ainsi que la persistance de ces comportements. Les intervenants rencontraient les jeunes pendant environ une heure. Ils donnaient alors une représentation théâtrale d'une quinzaine de minutes suivie d'une période d'animation-discussion-questions-réponses. La représentation théâtrale se faisait en trois courts scénarios choisis selon l'âge du public parmi les huit scénarios préparés pour illustrer certains aspects du vécu des jeunes à savoir: l'anticipation d'une situation de rapports sexuels, la communication avec les parents, les comportements sexuels risqués, la déclaration d'une MTS à son partenaire sexuel, le fait que tous les jeunes sont concernés par la question, la consommation d'alcool comme étant une situation risquée, l'emploi correct du condom et la relation amoureuse sans rapport sexuel. Les intervenants pouvaient distribuer des condoms sur demande ou en donner, pour les jeunes, aux responsables des organisations hôtes.

Les auteurs estiment avoir ainsi atteint un peu plus que 24 000 jeunes sur 116 sites hors scolaires et dans 83 milieux scolaires, en faisant 234 représentations. Il va sans dire que l'envergure et les conditions de réalisation de ces interventions n'ont pas permis une évaluation formelle rigoureuse de l'impact ou des effets de cette approche. Cependant, les questionnaires distribués après l'intervention ont permis de colliger des données auprès de 3 500 jeunes de douze à dix-huit ans. Ces données montrent la satisfaction générale de tous les différents groupes d'âges. Les jeunes de 15-18 ans, en particulier, ont notamment apprécié les rencontres qui ont eu lieu après la partie spectacle. Au premier rang des sujets aimés par les jeunes, on retrouve le thème de la sexualité «en général».

Des recherches sur l'éducation relative au sida destinées à d'autres catégories de population

L'éducation relative au sida n'est pas destinée uniquement aux jeunes. Des interventions ont eu lieu dans différentes communautés, ont emprunté diverses formes et se sont déroulées dans une grande variété de milieux.

Aux États-Unis, par exemple, Thomas & Holmes Morgan (1991) ont cerné et examiné en détail 63 programmes différents d'éducation relative au sida appliqués à plusieurs reprises dans les communautés d'une grande diversité de milieux, à l'aide du financement fourni par les principales organisations publiques fédérales qui s'occupent de santé et de prévention du sida. Les programmes étaient généralement dispensés conjointement par deux des types d'intervenants suivants: des travailleurs de rue, des professionnels de la santé, ou des pairs des clientèles visées. Dans treize programmes, il y avait un intervenant unique. Des personnes atteintes de sida ont été impliquées comme intervenants dans quatre programmes. En majorité, le programme s'adressait à un ou deux groupes ethnoculturels en particulier, tandis qu'environ 40% des programmes étaient destinés aux consommateurs de drogues injectables, à leurs partenaires sexuels, aux personnes ayant des partenaires sexuels multiples et aux jeunes les plus à risque d'infection par le VIH.

Pour la plupart, ces programmes visaient principalement la réduction du risque d'infection et fournissaient une variété d'informations sur le sujet et sur les méthodes de prévention, exception faite de l'abstention de relations sexuelles proposée dans trois programmes seulement. Les deux comportements risqués les plus souvent abordés ont été l'emprunt de seringues et les relations sexuelles non protégées avec un partenaire consommateur de drogues injectables. Dans 42 programmes, l'éducation se concentrait surtout sur les comportements risqués et leur rectification; 41 enseignaient comment utiliser le condom et 29 ont été l'occasion de distribuer des condoms. Sur 41 programmes qui s'adressaient aux usagers de drogues injectables, moins de la moitié ont servi à distribuer le matériel nécessaire pour la désinfection de seringues.

Parmi les programmes analysés, dix-sept ne semblaient pas avoir visé l a modification de comportements à risque d'infection. Des 63 programmes, seulement dix-huit dépassaient le sujet du sida pour aborder directement l'éducation sexuelle.

De nombreuses interventions éducatives ont ainsi été faites à travers l e monde, afin de satisfaire les besoins urgents d'éducation relative au sida dans des communautés et des groupes variés, dont les plus susceptibles de s'infecter. Parmi ces interventions, mentionnons à titre d'exemple celles que Robert & Rosser (1990) ont étudiées et évaluées en Nouvelle-Zélande. Leurs travaux revêtent une signification particulièrement importante pour l e domaine de l'éducation relative au sida et pour celui de l'éducation sexuelle. Ils seront donc présentés ci-dessous plus en détail que dans les exemples précédents.

Dans le cas des hommes homosexuels, les mesures de protection sexuelle contre l'infection par le VIH se résument essentiellement, selon Robert e t Rosser, par les trois pratiques suivantes, présentées en ordre décroissant en fonction du degré de risque d'infection par le VIH: premièrement, éviter les relations sexuelles anales; deuxièmement, employer constamment le condom pendant les relations anales et pour d'autres pratiques sexuelles susceptibles de favoriser la transmission du VIH; et troisièmement, n'omettre le condom que dans une relation monogame, exclusive et à long terme, et seulement si les statuts sérologiques négatifs des partenaires sont clairement établis (ceci signifiait, en réalité, qu'environ six à huit mois au moins avant d'abandonner l'usage du condom, les partenaires du couple se soient soumis à des tests anti-VIH, aient eu confirmation des résultats séronégatifs, n'aient pas eu d'autres partenaires sexuels depuis ce temps, n'aient pas reçu de transfusion sanguine ou fait usage de seringues infectées, ou encore n'aient pas été soumis à d'autres risques d'infection par le VIH).

L'étude de Robert et Rosser a impliqué 159 hommes homosexuels qui ont été assignés au hasard à l'un ou l'autre des quatre groupes soumis à des interventions ou au groupe témoin. L'une des interventions portait sur l'éducation au moyen d'un vidéo sur le sida qui montrait les pratiques sexuelles sécuritaires pour les hommes homosexuels; elle se déroulait en un quart d'heure. La deuxième comprenait quelques interventions éducatives, mais consistait principalement en un conselling individuel (d'environ 30 minutes) qui se déroulait en milieu clinique et répondait à la demande de passation du test de détection du VIH. Les deux autres interventions se présentaient comme de courts programmes d'éducation relative au sida dispensés en groupe. Chacun d'eux durait un peu plus de deux heures. Le programme qui représente l a troisième intervention abordait les lignes directrices des pratiques sexuelles sécuritaires pour éviter l'infection. Il était axé sur une vision communautaire de l'éducation préventive et s'inspirait d'un des modèles qui fondent l'éducation pour la santé, le «health belief model», un modèle relié aux croyances en matière de santé. Ce programme peut être vu comme un classique du genre et reflète assez bien l'ensemble des interventions d'éducation relative au sida qui se sont déroulées dans les communautés homosexuelles. Le programme de la quatrième intervention était surtout axé sur l'érotisation du sécuri-sexe. Sans insister sur le sida ou sur la prévention, il abordait directement la sexualité et les comportements sexuels sécuritaires en s'appuyant sur des approches éducatives et psychosociales. Il était en fait un programme d'éducation sexuelle axé sur le développement du bien-être sexuel et adapté à la sexualité (dans son sens large et spécifique) des personnes d'orientation homosexuelle.

Les répondants, dans la recherche de Robert & Rosser, ont été interrogés sur leurs pratiques sexuelles des deux mois précédant l'intervention. Ils ont de nouveau été interrogés sur le même sujet six mois plus tard. D'une part, l a grande majorité (environ neuf sur dix) recouraient déjà aux pratiques de sécuri-sexe avant le début des interventions, en particulier à l'emploi du condom. Les données recueillies montrent aussi que 7% d'entre eux ont abandonné cette pratique six mois plus tard. D'autre part, les résultats indiquent que le conselling individuel s'avère l'approche la plus flexible des quatre interventions examinées. Elle laisse toute la latitude et la confidentialité voulues pour exprimer ses croyances, ses demandes d'information, ses expériences en matière de sexualité, ses émotions, ses craintes, ses attentes et ses réactions face à l'intervention. Elle est plus personnalisée que les trois autres et s'ajuste à des préoccupations spécifiques, y compris celles des individus d'orientation homosexuelle. Les résultats d'ensemble de l'étude confirment que le conselling individuel entourant le test anti-VIH permet d'accroître les pratiques sexuelles sécuritaires davantage que ne le font les autres interventions évaluées. Cependant, on sait maintenant que cet effet pourrait aussi, sinon surtout, s'expliquer par l'expérience troublante d'avoir dû affronter, pendant trente minutes au moins, une réalité relativement brutale, celle d'envisager de passer le test anti-VIH et d'anticiper la possibilité d'un verdict médical qui ferait basculer toute sa vie s'il annonçait la présence de l'infection. Malgré ses effets positifs, le conselling précédant le test anti-VIH n'est pas le moyen éducatif le plus efficace pour l'adoption du comportement le plus sécuritaire, soit l'abstention de relations anales. La meilleure intervention dans ce sens a été le programme d'éducation sexuelle.

L'autre programme d'intervention en groupe, davantage axé sur l e phénomène du sida, ses retombées et les mesures préventives, est celui qui a eu le plus d'effet pour amener les participants à se réfugier dans la monogamie. On sait que ceci est fort ambigu comme type de mesure préventive: d'abord, la monogamie est risquée si elle est pratiquée en série (partenaire unique pour un certain temps, donc monogamie, puis changement de partenaire, mais nouvelle relation monogame); mais aussi, parce que cette mesure ne repose que sur la confiance mutuelle, ce qui n'écarte pas la possibilité qu'un des partenaires ait, dans les faits, des relations sexuelles extraconjugales sans en aviser son conjoint. Parmi les résultats de cette étude, on constate également que l'emploi du condom lors de relations anales présentant l e risque que le condom se déchire, s'est accru chez les participants des quatre interventions. Aucune intervention en particulier ne s'est montrée plus efficace qu'une autre pour accroître l'utilisation du condom.

Entre autres conclusions, Robert et Rosser suggèrent ce qui suit. Au lieu d'une vision dichotomique des pratiques sexuelles selon l'axe risquées-non risquées, les comportements moins risqués se résumant à introduire l'emploi du condom dans ses pratiques sexuelles, les programmes d'éducation relative au sida y gagneraient à inclure les options complémentaires qui apparaissent dans l'activité sexuelle elle-même. C'est ce qui semble s'être produit chez les participants du programme d'éducation sexuelle qui évitent les relations anales, sans nécessairement limiter davantage le nombre de leurs partenaires sexuels, et qui ont découvert l'érotisme dans une gamme plus étendue de comportements sexuels. Soulignons l'importance de cette étude qui indique clairement que l'éducation sexuelle peut avoir des effets préventifs sans pour autant se plier aux approches dominantes en éducation pour la santé.

Aux États-Unis, Quirk, Godkin & Schwenzfeier (1993) ont eux aussi examiné et comparé des interventions d'éducation relative au sida, à Worcester dans l'État du Massachussetts. Cette étude est, elle aussi, présentée plus en détail pour montrer comment l'éducation relative au sida peut se faire en clinique médicale. Les interventions examinées par Quirk et ses collaborateurs se déroulaient dans un centre de santé familiale et visaient les jeunes femmes vulnérables au regard de l'infection par le VIH. Leur milieu de vie se caractérisait en effet comme suit: D'abord, lorsqu'on fait le décompte des cas de sida en les répartissant selon la voie de transmission du virus, la proportion de transmission par injection de drogues était deux fois plus élevée à Worcester que dans l'ensemble des États-Unis. Environ 40% des cas détectés dans la région étaient reliés à une transmission du VIH par cette voie. De plus, le pourcentage de femmes atteintes de sida était le deuxième plus élevé des régions métropolitaines du Massachussetts. Les deux tiers de la clientèle du centre de santé où se déroulait l'étude avait un revenu familial très en deçà du seuil de la pauvreté déterminé par les normes américaines. Plus des deux tiers des familles fréquentant ce centre étaient monoparentales et avaient une femme pour chef de famille.

Le groupe impliqué dans l'étude de Quirk *et al.* était formé de 214 jeunes femmes qui vivaient dans ce contexte. L'âge moyen était de vingt ans, allant de 14 à 25 ans, et la moyenne de la durée de la scolarité était de onze ans (fin de l'école secondaire). La moitié d'entre elles appartenait à des minorités ethnoculturelles, principalement afro-américaine et latino-américaine. Elles furent assignées à l'un ou l'autre des deux groupes d'intervention selon une procédure de répartition qui se voulait aléatoire, mais qui le fut en partie seulement. Parmi ces jeunes femmes, 116 devaient participer à un programme d'éducation par les pairs; les 98 autres devaient être soumises à une intervention de counselling individuel dispensée par un intervenant professionnel (médecin ou infirmière) travaillant au centre de santé.

Pour le premier type d'intervention, l'intervenante était une des jeunes femmes de la communauté visée et elle reçut une courte formation afin de présenter des informations à ses pairs. Son intervention se déroulait en deux temps, mais en une seule séance: d'abord, elle présentait aux participantes un vidéo de cinq minutes, conçu pour la circonstance, dans lequel des adolescentes de la communauté interprétaient un rap qui transmettait les messages préventifs; ensuite, elle exposait une synthèse de l'information présentée dans des brochures distribuées aux participantes et abordait ainsi le développement du sida, les risques de transmission sexuelle ou par injection et les mesures préventives. Des médecins et des infirmières suivirent une brève formation pour réaliser l'autre type d'intervention. Cette formation se déroulait en petits groupes pendant une heure et demie. Elle était consacrée à la discussion du counselling individuel et au visionnement d'un vidéo représentant la simulation d'une telle intervention. Suivait un jeu de rôles supervisé, enregistré sur vidéo et commenté. L'intervention des médecins et des infirmières consistait à faire du counselling individuel en dix minutes au plus, afin de pouvoir l'incorporer facilement à une visite médicale. Cette intervention se voulait centrée sur la personne et était axée sur une approche dite collaborative. Elle visait à aider les patientes à changer leurs comportements actuels ou futurs susceptibles de les exposer à l'infection par le VIH. Les aspects abordés pendant cette intervention étaient les suivants: leur désir ou leur motivation de maintenir ou d'adopter des comportements plus sécuritaires pour leurs activités sexuelles ou lors de l'utilisation de seringues, leur expérience sexuelle, leur histoire de consommation de drogues, les facteurs qui entravent les comportements sécuritaires et les ressources qui contribuent à les soutenir, un plan d'action à adopter et des stratégies pour gérer les facteurs qui nuisent à la réalisation de ce plan d'action.

Les participantes ont rempli, sur les lieux d'intervention, un questionnaire sur leurs connaissances, leurs attitudes et leurs comportements, en prétest, puis en post-test immédiatement à la fin des interventions et lors d'un test ultérieur un mois plus tard. Malheureusement, aucun groupe témoin n'a été impliqué dans cette étude et le délai qui séparait le postest du test de contrôle suivant a été trop court. De plus, le taux de défection a été très élevé (environ 55%). La certitude entourant les résultats obtenus s'en trouve affaiblie. Ils indiquent que les deux types d'intervention provoqueraient une amélioration des connaissances à l'égard de la moitié des aspects touchés par le questionnaire sur le sida et sa prévention, soit ceux qui portaient sur l'efficacité d'employer le condom avec ou sans spermicide et de désinfecter les seringues pour la consommation de drogues injectables. Les attitudes ne se sont généralement pas modifiées, excepté que les 75 participantes qui avaient le plus de relations sexuelles (au moins hebdomadaires) parurent trouver moins difficile de questionner leur partenaire à propos de son passé sexuel. Moins du tiers, environ, de ces participantes les plus actives sexuellement purent rapporter une diminution de la fréquence de leurs rapports sexuels avec pénétration vaginale, mais les interventions n'ont pas influencé les comportements de l'ensemble des répondantes. L'intervention par l'intermédiaire des pairs est apparue plus fructueuse que l'autre pour transmettre l'information sur la désinfection des seringues. Par contre, le counselling individuel s'est avéré plus efficace pour améliorer la connaissance à propos des risques encourus lors de relations sexuelles non protégées, quoique les participantes soumises aux deux types d'intervention les connaissaient déjà avant les interventions.

L'éducation relative au sida a pris un virage très intéressant en s'intégrant à des approches sociocommunautaires destinées aux usagers de drogues injectables. Le cas du projet «Pic-atouts» en est un bon exemple (Beauchemin, Brière, Morissette, Desjardins & Bernard, 1994). Il s'inspirait d'un modèle de prévention centré sur la réduction du méfait (*harm reduction*) et a été implanté dans un quartier socioéconomiquement défavorisé de la ville de Montréal. Au lieu de se faire en un lieu fixe ou dans une unité de travail mobile, les interventions se déroulaient directement là où se trouvaient les consommateurs de drogues injectables contactés par les éducateurs de la rue et sur les lieux de la consommation (des piqueries). Les interventions individuelles et en groupe visaient à sensibiliser au sida, à développer les habiletés à la prévention, comme celles impliquées par la désinfection des seringues, par exemple, à accroître les compétences interpersonnelles, dont l'affirmation de soi, et à favoriser dans le milieu l'instauration de normes de comportements plus sécuritaires pour l'injection de drogues et dans les pratiques sexuelles. D'autres types d'intervention complétaient les précédentes et servaient à rendre plus accessibles le matériel préventif (condom et seringue stérile) et les ressources locales de santé (médicales et paramédicales) et de soutien social; elles ont impliqué la création d'un partenariat entre différentes ressources humaines situées dans le quartier et un lien de collaboration avec des vendeurs de drogues (*dealers*) pour instituer un réseau de distribution de seringues stériles. L'évaluation d'impact (Beauchemin, Bibeau & Morissette, 1994) était principalement basée sur l'enquête, la comparaison entre les personnes exposées et non exposées à l'infection, le suivi assuré dans le temps auprès de la clientèle et l'entretien non directif. Les résultats montrent que ce programme a été appliqué auprès de 1 000 personnes de 1991 à 1993 et a donné lieu à environ 4 000 contacts entre elles et les intervenants. Les lieux d'intervention ont été surtout des piqueries. À court et à moyen terme, l'effet de ces interventions est limité. Malgré le travail considérable accompli, la désinfection des seringues restait une pratique peu répandue, tandis que l'échange de seringues et les relations sexuelles non protégées figuraient parmi les pratiques courantes.

L'éducation relative au sida, rendue à destination?

En règle générale, on peut dire de l'éducation relative au sida qu'elle se fait par à-coups, en empruntant le chemin formel des programmes scolaires et des interventions communautaires, ou en prenant le visage plus informel des médias, de l'entourage, des pairs, des intervenants professionnels que l'on consulte ou des travailleurs de rue. Mais d'année en année et étude après étude, une constante générale persiste au-delà des formalités qui distinguent ces interventions ou leurs effets. L'éducation relative au sida est généralement bien appliquée; elle a presque toujours des résultats positifs sur les connaissances, parfois sur les attitudes, plus rarement sur les comportements, encore plus difficilement chez ceux et celles qui ont des activités sexuelles ou qui consomment des drogues injectables, ces voies d'infection étant cruciales dans le cas du sida.

Si on transposait ces résultats en faisant une analogie avec la sécurité routière, cela équivaudrait à dire ce qui suit de l'éducation préventive. Elle permet de connaître le code de la route. Elle ne réussit pas toujours à fortifier l'intention de bien conduire. De temps à autre, elle influence positivement les comportements de ceux... qui n'ont jamais eu l'occasion de conduire ou qui ne possèdent pas d'automobile mais conduiront peut-être un jour. Elle produit rarement un impact significatif sur ceux qui conduisent actuellement ou possèdent une automobile. Elle parvient difficilement à influencer les chauffeurs qui conduisent sur des routes accidentées. Si on obtenait de tels résultats en matière de sécurité routière, oserions-nous prétendre que l'éducation remplit la mission qui lui a été confiée pour la prévention? Sans doute que non, quoique certains peuvent parvenir à en prouver l'efficacité en calculant le nombre d'accidents de la route qui ne se produisent pas...

LES INTERVENANTS SONT-ILS EN CAUSE?

D'aucuns ont crû qu'un bon projet d'intervention appliqué par une ou des personnes peu formées ou mal orientées, ne se transposera pas dans la réalité et n'aura pas le succès attendu. Un moins bon programme peut, à l'inverse, devenir une réussite s'il est donné par des intervenants sensés, expérimentés, bien formés, qui sont en mesure d'en voir les failles et de l'ajuster pour améliorer l'intervention prévue. Aussi, à la fin des années 1980 et au début des années 1990, les spécialistes de l'éducation préventive en matière de sida étaient nombreux à affirmer, et avec raison, que les intervenants méritaient une attention spéciale, car ils présentent probablement les clés importantes du succès de l'éducation relative au sida. Le message a été compris. Des sessions de formation d'intervenants et des recherches sur le sujet ont été entreprises un peu partout à travers le monde (par exemple: Association de recherche, de communication et d'action pour le traitement du sida, 1991; Berman, 1991; Berthelot & Morissette, 1989; Croteau & Morgan, 1989; Gaudreau, 1991; Gordon & Klouda, 1989; Holder, 1989; Jacobs, Lewis & Mandel, 1989; Kerr, Allensworth, Gayle & Dalis, 1989; Laroche & Ryan 1990; Lecorps, 1989; Ministère de la Santé et des Services sociaux, 1991; Ostfield, 1989; Tourette-Turgis, 1989; Tousignant, 1990).

Les programmes de formation d'intervenants pour l'éducation relative au sida sont ainsi apparus sur la planète à la même époque; ils ont été dispensés pour contribuer à résoudre une même problématique, dans le même esprit, soit celui de réussir à contrôler l'épidémie, et avec de plus en plus la certitude que l'information seule restait insuffisante pour que les interventions produisent des effets positifs satisfaisants. Par exemple, dans la première moitié des années 1990, seulement au Québec (environ sept millions d'habitants, soit moins du tiers de la population canadienne) et en s'en tenant uniquement à la prévention auprès des jeunes, on pouvait recenser près d'une vingtaine de programmes différents de formation d'intervenants-jeunesse, conçus par divers auteurs et dispensés à plusieurs reprises en différentes régions (Gaudreau, Dupont & Séguin, 1994).

Cette formation à la québécoise illustre bien ce qui se fait dans le domaine. Elle a été examinée et évaluée dans le cadre d'une recherche que nous avons effectuée et qui sera exposée en détail pour les raisons qui suivent. L'espoir fondé, depuis quelques années déjà, sur l'efficacité des intervenants dans la prévention du sida a posé avec acuité le problème de leur manque de formation. Avec un bon vouloir évident, les organismes sociaux ou de santé se sont chargés de cette formation malgré le manque flagrant d'appuis scientifiques solides qui auraient pu les aider et guider leur action. En effet, peu d'études scientifiques sur la formation d'intervenants incluaient un post-postest, après le postest, et confrontaient les résultats de leur groupe expérimental avec ceux d'un groupe témoin. Aucune, à notre connaissance, n'examinait les fondements éducatifs de ce genre de formation. Rarissimes étaient les recherches qui faisaient l'analyse d'un grand ensemble de programmes de formation, qui comparaient l'effet sur les différentes catégories d'intervenants ou montraient des résultats sur les comportements effectifs d'intervention. La recherche présentée ici a permis de le faire. Elle est ainsi une bonne source de renseignements sur le sujet.

Cette recherche, financée par le Conseil québécois de la recherche sociale (Gaudreau, Dupont & Séguin, 1994), visait entre autres à analyser les besoins de formation des intervenants-jeunesse québécois en matière de prévention des MTS et du sida, ainsi que les formations qui leur sont offertes pour y répondre, et à vérifier l'impact de ces dernières. Un échantillonnage aléatoire d'écoles secondaires, d'organismes sociaux ou de la santé québécois pertinents et d'intervenants-jeunesse dans ces écoles et organismes, a été effectué et 120 intervenants-jeunesse ont répondu à un inventaire de tests et de questionnaires. La plupart de ces derniers provenaient d'autres recherches et portaient principalement sur les aspects suivants: les connaissances, les attitudes et les comportements d'intervention reliés au domaine, les attentes à l'égard du contenu de connaissances, des habiletés à viser par la formation et des stratégies ou techniques de formation à retenir. Le principal critère de sélection des intervenants-répondants était d'intervenir dans leur milieu en prévention du sida auprès des jeunes de douze à dix-sept ans, ou d'être les plus susceptibles de le faire auprès de ce groupe d'âge. Par conséquent, une partie des données permet de tracer un profil général de la situation québécoise des intervenants-jeunesse en prévention du sida. Ce portrait peut s'avérer semblable ailleurs.

Qui sont les intervenants-jeunesse? Pour la majorité, ce sont des femmes (58%). L'âge moyen est de 38 ans, allant de 20 à 61 ans. Un peu plus de 44% travaillent dans des écoles secondaires (38% dans les écoles publiques), 28% en centre d'accueil pour jeunes en difficulté, 13% dans des organisations communautaires ou des centres locaux de services communautaires (CLSC) et 15% dans plus d'un de ces milieux. La majorité ont fait leurs études en enseignement ou en psychoéducation et les autres sont principalement formés en sciences infirmières, en travail social ou en psychologie et en d'autres champs d'intervention des sciences humaines ou médicales. Les deux tiers étaient alors enseignants ou éducateurs spécialisés; il y avait aussi des infirmières, des animateurs-jeunesse ou organisateurs communautaires, des professionnels de différents secteurs des sciences humaines (sexologue, psychologue, travailleur social, etc.) et des cadres ou administrateurs de leur établissement qui faisaient aussi des interventions auprès des jeunes. La plupart des enseignants interrogés enseignaient plus d'un programme scolaire dont les principaux sont les suivants: formation personnelle et sociale (comprenant l'éducation à la santé et l'éducation sexuelle), formation morale, enseignement religieux, biologie, choix de carrière (ou orientation professionnelle) et économie familiale. La majorité des enseignants avaient plus de dix ans d'expérience de travail auprès des jeunes âgés de douze à dix-sept ans. Parmi les non-enseignants, plus du tiers avaient au moins dix années d'expérience de travail auprès de ce même groupe d'âge et presqu'autant, de cinq à dix ans. La majorité des intervenants détenaient un diplôme universitaire de premier cycle ou poursuivaient leurs études, ou les avaient complétées en maîtrise ou au doctorat, la plupart ayant obtenu leur diplôme avant 1986.

Les deux tiers des intervenants-jeunesse avaient déjà suivi une formation dans le domaine de la prévention du sida et des MTS, de l'éducation sexuelle ou de la sexualité humaine en général. Les moyens employés pour les former étaient surtout la conférence ou l'exposé puis, par ordre décroissant d'importance, l'atelier, la lecture individuelle, la discussion-animation et l'audiovisuel, c'est-à-dire le visionnement de vidéos, de diapositives ou de transparents accompagnés d'explications verbales. Dans un cas sur cinq, il s'agissait de colloques ou de congrès tandis que dans le tiers des cas, environ, la formation reçue était essentiellement théorique (par exemple, dans certains cours de leur formation universitaire).

En grande majorité, les intervenants ne connaissaient pas le *Guide d'activités éducationnelles en prévention du sida et des MTS* que leur avait destiné le Centre québécois de coordination du sida (organisme gouvernemental dont les activités et les préoccupations s'étendent sur tout le Québec). Parmi ceux qui ne connaissaient pas cet outil d'intervention, la majorité disait ne pas avoir pris connaissance d'autres guides du genre.

Les qualités de départ de ces intervenants-jeunesse étaient quand même excellentes et le travail accompli jusque-là au Québec, en formation d'intervenants et en éducation relative au sida, a porté ses fruits. Les résultats aux différents tests et questionnaires montraient, en effet, que les intervenants-jeunesse n'étaient qu'un peu sidaphobes, assez positifs à l'égard de la prévention du sida et des MTS, semblaient vivre un stress modéré au travail dans ce domaine, étaient extrêmement positifs face aux personnes atteintes de sida, peu homophobes et très positifs face à la sexualité (érotophiles). Leurs connaissances étaient très bonnes en ce qui concerne les voies de transmission du virus, excellentes sur des sujets plus généraux concernant le sida et plutôt moyennes sur des aspects plus précis du sujet. En comparaison, leurs connaissances sur la sexualité étaient relativement faibles. Mais lors du bilan, l'ensemble de leurs connaissances paraissaient très bonnes, bien que les résultats généraux étaient diminués par leurs plus faibles résultats au test de connaissance sur la sexualité.

Que font les intervenants-jeunesse sur le terrain? D'autres données recueillies dans cette recherche le montrent bien. Pendant le mois précédant la collecte des données, 58 à 68% d'entre eux ont informé des jeunes en leur fournissant des explications, ont conversé avec eux sur le sujet ou les ont écoutés en parler. Une proportion variant de 33% à 46% des intervenants leur ont distribué de la documentation, les ont réconfortés, rassurés, en ont référé à d'autres personnes-ressources ou ont regardé avec eux des documents audiovisuels sur la prévention du sida. Près du quart des intervenants ont donné aux jeunes du «matériel préventif» autre que de la documentation (par exemple, des condoms). Un intervenant sur dix a accompagné un jeune à une consultation médicale. La majorité des intervenants (de 50 à 66%) ont abordé avec les jeunes les sujets essentiels pour la prévention: la façon dont se transmet le virus, la séropositivité, la désinfection des seringues et des aiguilles, les comportements sexuels sécuritaires, les comportements sexuels risqués et le condom.

Ces intervenants-jeunesse ont exprimé leurs attentes à l'égard du contenu qu'ils souhaiteraient aborder dans une éventuelle formation: par exemple, les symptômes du sida, sa progression chez la personne atteinte, les services et ressources dans le domaine, la séropositivité. Les trois quarts des répondants désiraient qu'une telle formation se fasse au moyen de conférences, de témoignages livrés par des personnes atteintes de sida, de l'audiovisuel, d'ateliers, d'animation-discussion, d'études de cas, d'exercices de relation d'aide et d'exercices de résolution de problèmes.

En parallèle avec l'analyse de la situation des intervenants-jeunesse québécois, les objectifs, le contenu et les activités de la vingtaine de programmes de formation dispensés au Québec ont été analysés. Il s'en est dégagé un programme type d'une quinzaine d'heures de formation réparties en sessions d'environ trois ou quatre heures chacune. Par la technique de jugement par des experts (onze juges spécialistes), nous avons pu établir que ce programme type, issu de l'analyse systématique des formations proposées au Québec, les représentait bien. Nous avons effectué, dans le programme type, les quelques ajustements mineurs qui s'imposaient pour donner suite aux recommandations des juges.

La technique de jugement a également permis d'établir le modèle éducatif sous-jacent à la formation des intervenants-jeunesse. Les juges spécialisés en sciences de l'éducation et de la formation ont répondu à un questionnaire dont les rubriques décrivaient les différentes typologies de modèles éducatifs répertoriés en sciences de l'éducation. Ils devaient indiquer dans quelle mesure ils repéraient, dans le programme type, chacun des modèles éducatifs de chacune des typologies.

Le modèle dominant qui s'est dégagé est l'interaction sociopédagogique. Deux autres modèles, à savoir une centration sur les dimensions personnelles des intervenants-jeunesse et une organisation systématique du cheminement de formation, sont apparus en mineure. L'interaction sociopédagogique signifie que les intervenants participants sont dans une démarche active d'interaction avec leur formateur et le contenu à maîtriser (interaction pédagogique). Elle signifie aussi que cette formation suppose une implication sociale des participants (interaction sociale) à titre de membres de notre société qui cherchent de nouvelles avenues, différentes de celles qui prévalent sur le plan des valeurs et des modèles de comportements, en ce qui concerne le sida; à titre d'intervenants, ils assument alors collectivement une responsabilité dans la réforme et l'amélioration de leur société. Dans une moindre mesure, la formation met l'accent sur les participants en tant qu'individus, sur leurs propres intérêts, attitudes, comportements, représentations, développement, etc. (dimensions personnelles), et s'appuie sur une démarche structurée de formation (organisation systématique).

À l'instar d'autres formations d'intervenants-jeunesse, les objectifs généraux de la formation québécoise sont d'aborder la problématique du sida sous différents angles, de se familiariser avec les stratégies et moyens d'intervention éducative employés en prévention des MTS et du sida et de développer ses qualités personnelles et ses compétences professionnelles comme intervenant impliqué dans la lutte contre le sida. Le contenu couvre une variété de perspectives sur le sujet (épidémiologique, biomédicale, psychosociale, éthique et morale, sexologique, préventive et éducationnelle) abordées à travers différents éléments: des données épidémiologiques, le développement historique du sida, la situation des jeunes dans ce contexte, le VIH, sa description, son mécanisme de transmission, le test anti-VIH, le développement de la maladie et les traitements, le vécu des personnes séropositives et atteintes de sida et les comportements ou attitudes envers elles, les situations et comportements risqués, les mesures préventives, les lieux et organisations qui servent de ressources, les principales interventions de prévention ou d'éducation, les différentes ressources didactiques (guides pédagogiques pour intervenants, programmes d'éducation relative au sida, documentation écrite et audiovisuelle, etc.), les façons d'intervenir auprès des jeunes, son rôle et ses propres attitudes, valeurs, craintes, limites, forces, etc. Les activités de formation comprenaient des exposés formels avec support audio-visuel, des exposés informels, mais surtout l'animation-discussion, le remue-méninges, l'étude de cas, le visionnement de vidéos, l'atelier en petits groupes, la plénière, la démonstration, l'examen du matériel didactique, les mises en situation et la discussion ouverte.

Les sujets abordés dans ce programme type ainsi que les stratégies et techniques de formation correspondent généralement aux attentes exprimées lors de l'analyse des besoins, et se retrouvaient d'ailleurs, dans les différentes formations offertes au Québec. La technique de jugement par les experts a en effet permis d'établir que le programme type correspondait bien aux besoins de formation définis. Compte tenu de cela, compte tenu également des effets positifs constatés pour des formations semblables dans les différentes études recensées sur la formation d'intervenants, et vu l'état favorable de la situation des intervenants-jeunesse au Québec, on peut penser que la formation québécoise produit des effets positifs importants. La partie des résultats provenant de l'évaluation du programme type oblige à beaucoup nuancer cette affirmation.

Le programme type québécois a été évalué en respectant un devis quasi expérimental. L'inventaire de tests et de questionnaires a été administré, lors d'un prétest, d'un postest et, six mois plus tard, en post-postest, à seize participants qui ont suivi le programme type et à un groupe témoin composé de treize personnes. Ils étaient des volontaires disponibles, mais provenaient de l'échantillon aléatoire d'intervenants-jeunesse du milieu scolaire et hors scolaire travaillant dans les écoles et organismes pour jeunes situés sur une partie du territoire de Montréal. Des tests *t* ont été appliqués aux résultats des groupes — expérimental et témoin—, en prétest, pour comparer leurs attitudes et leurs connaissances respectives avec celles des intervenants-jeunesse de l'analyse de besoins. Aucune différence significative n'est apparue entre les résultats des répondants de l'analyse de besoins et ceux des intervenants-jeunesse impliqués dans l'évaluation.

Or, les résultats de l'évaluation du programme type montrent que la formation québécoise est de bonne qualité, mais s'avère peu efficace, car elle satisfaisait moyennement les participants, agit favorablement sur les connaissances, n'influence pas les attitudes et a un effet plutôt faible sur les comportements d'intervention. Les effets ne se démarquent presque pas selon que les intervenants travaillent auprès des jeunes en milieux scolaires ou non scolaires. La différenciation touche principalement certains comportements d'intervention et reste mineure; elle n'opère pas sur les connaissances ni sur les attitudes. Le mode d'organisation du travail propre au milieu scolaire, comparé à celui des autres milieux de travail destinés à l'intervention éducative auprès des jeunes, pourrait être responsable de la différenciation constatée dans les comportements d'intervention.

Si l'éducation relative au sida oscille entre les demi-succès et les demi-échecs, on doit alors en dire autant de ce genre de formation d'intervenants. Par contre, dans la mesure où la situation dépeinte dans la recherche que nous venons de décrire, représente aussi ce qui se produit ailleurs dans le monde, il faut convenir d'une chose: la plupart des intervenants-jeunesse constituent un commando actif pour l'éducation relative au sida. Il en faudrait une proportion plus grande encore, convenons-en. Ceux qui ont été impliqués dans la recherche présentée plus haut paraissent faire peu de cas des outils d'intervention et des programmes d'éducation relative qui leur sont destinés, comme le montrent certaines études (par exemple, Gaudreau, Dupont & Laurin, 1991). Par contre, dans la plupart des cas, ils font le travail que l'on attend d'eux. Il faudra donc chercher ailleurs les principales raisons qui expliquent les limites régulièrement apparentes de l'éducation relative au sida.

LA LOGIQUE APPLIQUÉE EN ÉDUCATION PRÉVENTIVE EN MATIÈRE DE SIDA

Si on veut dépasser des limites, il faut d'abord bien les comprendre. Pour ce faire, il convient de remonter jusqu'aux sources c'est-à-dire, dans ce cas-ci, à la nature de la mission dont l'éducation relative au sida a été investie. Cela permettra d'estimer dans quelle mesure il y a compatibilité entre cette dernière et la mission qu'elle est censée servir.

Une première analyse permet de constater que sa principale mission d'ensemble est la santé. Généralement, l'éducation relative au sida se situe dans le domaine de l'éducation pour la santé, le poids de la définition reposant sur le terme «santé». Cela se concrétise par le rôle important et prépondérant joué par les spécialistes de ce domaine en éducation relative au sida. Cette situation évoque toutefois un certain «santéisme» (Nutbeam, 1986), c'est-à-dire la croyance, ou la valeur culturelle, selon laquelle la santé doit dominer les pratiques et la recherche en éducation relative au sida. On ne peut passer outre la signification imposée par ce contexte pour saisir les enjeux éducatifs impliqués actuellement dans le phénomène du sida. Les modèles éducatifs retenus, les pratiques et les effets obtenus en sont tributaires. Il convient donc d'analyser ce qui est entendu par «santé» et par «éducation pour la santé».

La santé, l'éducation pour la santé, la promotion de la santé et l'éducation relative au sida

Il existe différentes conceptions de la santé. Pineault & Daveluy (1990) les ont regroupées en trois catégories: selon que l'on aborde la santé sur le plan de la perception d'un état de bien-être, sur le plan fonctionnel (capacité de fonctionner) ou sur celui de l'adaptation (ajustement à l'environnement). Ces auteurs attribuent à la santé un caractère multidimensionnel et constatent une certaine variation dans les conceptions où la santé est reliée aux contextes sociaux et culturels et aux caractéristiques des individus, comme leur niveau socioéconomique et leur proximité avec des ressources médicales. Pineault & Daveluy (1990) admettent aussi une certaine hégémonie des spécialistes des sciences de la santé: «le codage de la santé tend à refléter une définition professionnelle et médicale de la santé (...), le point de vue des groupes les plus influents.»(p. 21).

La conception de la santé adoptée par l'Organisation mondiale de la santé (ci-après OMS) est la plus invoquée. Sa définition stipule qu'il s'agit d'un «état de bien-être physique, mental et social complet», plutôt que de l'absence de maladie ou d'infirmité, et «la possibilité pour quelqu'un de s'accomplir et de relever les défis que présente le milieu.» (Nutbeam, 1986).

Dans cette conception, la santé est perçue comme une ressource pour la vie quotidienne et pour la vie en société, plutôt qu'une fin en soi. Un autre exemple de définition apparaît dans la Charte d'Ottawa (1986) où la santé se définit par «la mesure dans laquelle un groupe ou un individu peut d'une part, réaliser ses ambitions et satisfaire ses besoins et, d'autre part, évoluer avec le milieu ou s'adapter à celui-ci».

Du point de vue de l'éducation, ces conceptions plutôt larges et relativement variables de la santé posent problème lorsqu'il s'agit de les traduire concrètement en objet d'apprentissage et d'intervention, comme c'est le cas en éducation pour la santé en matière de sida. En cela, les intervenants rencontrent des problèmes similaires à ceux des planificateurs du domaine de la santé qui trouvent que la plupart des définitions sont peu opérationnelles, celle établie par l'OMS étant la moins utile pour développer et organiser les programmes (Pineault & Daveluy, 1990).

L'éducation relative au sida, en tant qu'éducation polarisée sur la santé, fait partie du secteur de la promotion de la santé dont un exemple de définition est donné par la Charte d'Ottawa (1986): «Processus qui confère aux populations les moyens d'assurer un plus grand contrôle sur leur propre santé et d'améliorer celle-ci.» L'OMS transpose ce point de vue au sida en disant que la «promotion de la santé pour la lutte contre le sida consiste à se servir de l'information et de l'éducation pour influencer le comportement de groupes et d'individus afin d'enrayer la propagation du virus de l'immunodéficience humaine (VIH), responsable du syndrome d'immunodéficience acquise (sida). La promotion de la santé [...] devrait faire partie intégrante de tous les programmes nationaux de lutte contre le sida.» (Organisation mondiale de la santé, 1990, 1).

L'éducation pour la santé est vue comme l'outil par excellence pour influencer les gens par ses interventions individuelles et collectives (Green & Kreuter, 1991; Nutbeam, 1986). Dans ces conditions, l'expression «la santé par l'éducation» convient mieux que celle d'éducation pour la santé. C'est en effet par nécessité pratique que l'éducation s'est retrouvée au cœur de la problématique de la santé et que l'éducation pour la santé a occupé une position centrale, mais instrumentale, en promotion de la santé (French, 1990; Green & Kreuter, 1991; Nutbeam, 1986).

Cependant, cela est loin de signifier que le domaine de la santé ait eu recours aux spécialistes, intervenants et chercheurs des sciences de l'éducation et de la formation pour développer le domaine de l'éducation relative au sida. Même si des spécialistes de l'éducation pour la santé, comme Green & Raeburn (1988) par exemple, ont déjà reconnu l'interdisciplinarité de la promotion de la santé, les disciplines des sciences de l'éducation et de la formation n'y occupent qu'une place minoritaire, pour ne pas dire minimaliste. Pourtant, certains admettent que l'éducation pour la santé s'enracine dans l'éducation (par exemple, French, 1990).

Les activités d'éducation pour la santé s'inspirent de grands principes éducatifs, entre autres ceux de l'éducation dite active (De Landsheere 1992, 327-328): centrée sur la personne ou sur la société, pédagogie du projet, discussion et travail en sous-groupes, ouverture vers l'extérieur (enquêtes, visites, entretiens avec des invités, témoignages, etc.), partir du vécu, tenir compte des représentations, impliquer activement les apprenants (exemples: faire des jeux de rôle, constituer des clubs), développer des projets d'établissement, etc. Il ne pouvait en être autrement puisque, comme c'est le cas en d'autres domaines d'intervention éducative, «l'éducation à la santé a pour objectif général de faire acquérir des connaissances, des habiletés, des attitudes et des valeurs favorables au développement physique et psychologique harmonieux, à l'épanouissement personnel» (De Landsheere 1992, 325). C'est donc dire toute la pertinence et la légitimité d'espérer une rééquilibration du domaine de l'éducation pour la santé qui donnerait à l'éducation un poids au moins équivalent à celui de la santé.

Tandis que le concept de santé est demeuré relativement flou et variable, des définitions de l'éducation pour la santé se sont quand même développées. Les plus fréquemment rencontrées sont celles de l'OMS (Nutbeam, 1986, traduit dans Hagan, s.d.) et de Green & Kreuter (1991). Dans le premier cas, l'éducation pour la santé renvoie aux situations d'apprentissage intentionnelles destinées à changer les comportements en vue d'atteindre des objectifs prédéterminés. Dans le deuxième cas, elle est envisagée comme une combinaison d'expériences d'apprentissage agencées (*designed*) pour faciliter les actions volontaires qui conduisent à la santé. Green & Kreuter (1991) ont le mérite d'avoir explicité les termes de leur définition comme suit. Le terme «combinaison» veut montrer l'importance d'associer les multiples déterminants du comportement avec les non moins nombreuses possibilités d'expériences d'apprentissage ou d'interventions éducatrices. Le terme «agencé» fait référence à l'idée de planification et élimine, par le fait même, les apprentissages incidents ou accidentels qui se regroupent, en sciences de l'éducation, sous l'expression «curriculum caché» ou apprentissages informels. Le terme «volontaire» signifie que l'éducation pour la santé se fait sans coercition et implique que l'apprenant comprenne et accepte les buts de l'intervention. Le terme «action», quant à lui, représente les étapes comportementales que franchira l'individu, le groupe ou la communauté pour produire l'effet de santé souhaité; ce terme fait aussi allusion à la dimension participative et se justifie, selon les auteurs de la définition, par le fait que la recherche en éducation et en d'autres domaines enseigne que la persévérance des changements cognitifs et comportementaux dépend d'une participation active plutôt que passive de l'apprenant.

Malgré des efforts louables, il semble que l'on n'ait pas encore réussi à définir clairement et de façon satisfaisante ni le concept de santé ni, selon Taylor (1990), celui d'éducation pour la santé. Par contre, des définitions comme celles de l'OMS ou de Green & Kreuter (1991) laissent voir que l'objet d'apprentissage et d'intervention qu'est la santé s'est néanmoins décomposé en différents paramètres assez bien établis, à savoir des comportements qui conduisent à la santé. Pour être fidèle à ces conceptions, l'éducation relative au sida ne pouvait que s'appuyer sur des paradigmes comportementaux et normatifs qui font référence à l'adoption, au maintien et à l'amélioration de comportements de santé relativement précis, préétablis, que l'on voudrait voir se manifester chez les individus et les collectivités, ce qui, dans le cas du sida, a provoqué l'effet condom que nous avons décrit ailleurs (Gaudreau, Chevalier, Dupont & Caron, 1994). Sans doute parce qu'ils sont liés à cette perspective, les fondements de l'éducation pour la santé et la recherche dans le domaine s'inspirent encore actuellement des théories et des modèles axés sur la production de comportements déterminés. La logique qui s'est imposée en éducation relative au sida est donc celle de l'instrumental: l'éducation est de l'ordre du moyen, elle se réduit à l'éducation-processus, c'est-à-dire une série d'étapes interreliées qui visent des objectifs particuliers (Legendre, 1983). L'éducation a ainsi été mise au service de la santé. Et, par rapport au domaine des sciences de l'éducation, celui de l'éducation pour la santé s'est caractérisé «par son projet d'ensemble, par l a mise au point progressive d'une didactique spécifique et par un recours systématique à la science de la communication.» (De Landsheere, 1992, 323). Des parties des sciences de l'éducation, à savoir les champs de la didactique et de la technologie éducationnelle qui étudient et font la mise au point des pratiques éducatives, ont été confondues avec l'ensemble du domaine et sa finalité première, l'éducation.

Pourtant, le sida est une maladie

En situant l'éducation en matière de sida dans une perspective de développement et de maintien de la santé, parfois au seul nom du «politiquement correct» (*politically correct*), il est facile d'occulter l'aspect essentiel de l'enjeu prioritaire, à savoir qu'il s'agit d'abord et avant tout de se préserver d'une maladie. Débusquer ce paradoxe et se rappeler de l'évidence est important pour trois raisons au moins. D'abord, un enjeu est la mise que l'on risque et qui peut être gagnée... ou perdue; être conscient de sa nature, de son ampleur et du risque de gains ou de pertes est une nécessité en soi puisque ce sont des êtres humains qui seront éduqués en fonction de ces enjeux. Ensuite, ces enjeux imprègnent plus ou moins visiblement les objectifs prioritaires et fondamentaux de l'éducation relative au sida. Ils déterminent non seulement le choix des pratiques d'intervention selon leur compatibilité avec les objectifs visés, mais aussi le jugement qui sera posé sur les effets obtenus. La réussite ou l'échec s'évaluent, certes, au regard des objectifs atteints ou pas, mais aussi et ultimement, en comparant les gains ou les pertes avec la mise de départ, même si elle demeure non apparente. Puis, une grande partie de la valeur et de la pertinence de la recherche sur l'éducation relative au sida est jugée en fonction de la correspondance entre l'objet ou la stratégie de recherche et les enjeux impliqués dans le domaine du sida, même si ces derniers restent voilés. Un trop grand éloignement par rapport à la mise fixée pour l'éducation relative au sida, et le projet sera écarté, qu'il soit ou non scientifiquement valable. Ainsi, pour participer au développement actuel de la recherche et de l'intervention en matière de sida, il vaut mieux dévoiler les véritables enjeux et bien les comprendre. Cela permet d'estimer plus exactement les chances de la recherche dans son état actuel et de l'éducation telle qu'elle est comprise et pratiquée en matière de sida, de faire les gains attendus par rapport à la mise. Cela permet aussi de vérifier si elles sont vraiment les meilleurs moyens d'y parvenir.

Les enjeux de l'éducation relative au sida varient énormément selon le point de vue adopté. Si on voit le sida comme une menace qui pèse sur l a société, les communautés, les couples ou les individus, on dévoile des enjeux bien différents de ceux qui sont sous-jacents à la vision que véhicule actuellement l'éducation et qui renvoie à la perspective de l'éducation centrée sur l a santé.

L'analyse du rapport entre la santé, le phénomène du sida en tant que maladie et l'éducation relative au sida enseigne d'abord que les enjeux actuels de l'éducation relative au sida sont simultanément collectifs et individuels. D'une part, les logiques qui s'imposent dans les interventions d'éducation relative au sida et qui permettent de mettre en évidence les aspects collectifs de leurs enjeux sont actuellement celles de l'épidémiologie, de la santé publique et de la santé communautaire. D'autre part, l'aspect individuel des enjeux fait référence aux conduites personnelles et interpersonnelles des individus. Les perspectives qui en découlent sont présentées ci-dessous.

Selon la logique épidémiologique, le sida est pandémique, l'infection se propageant parmi l'humanité de régions en région, de pays en pays. Elle est une menace qui plane sur la santé et sur la vie, c'est-à-dire sur les biens du capital-santé de l'être humain sans frontières. Les épidémiologistes doivent la surveiller, en estimer l'ampleur (incidence et prévalence), prédire la courbe de son évolution au sein des collectivités, définir les limites des zones géographiques et humaines qui sont atteintes ou risquent de l'être dans un avenir rapproché ou plus lointain. L'éducation relative au sida en a retenu l'idée de groupes à risque. La prévention apparaît alors indispensable pour contrôler la propagation intra-groupe ou inter-groupe de la maladie, l'éducation étant un moyen de prévention. Selon ce point de vue, l'impact de l'éducation sur le freinage de la transmission du VIH est le meilleur indicateur, sinon le seul valable, de la réussite des interventions. Cette préoccupation légitime a d'ailleurs tendance à dominer de plus en plus l'appréciation que l'on fait des recherches en éducation relative au sida. Celles-ci doivent de plud en plus s'orienter vers des études d'impact sur la transmission du VIH.

Si on adhère à une autre logique, elle aussi dominante en éducation relative au sida, soit celle de la santé publique, le sida apparaît alors comme une atteinte directe au capital-santé national dans lequel on investit et que la société se doit de protéger. Le sida menace la santé, un bien sociopolitique public et commun dans un idéal de sociale démocratie: accessibilité des soins, dispensation de services de qualité, justice et équité dans la «distribution» de la santé dans la société, sans distinction de classes, de races, etc. Le capital-santé appartenant à la société, l'État qui la gouverne est responsable d'empêcher la transmission du VIH dans la population, du moins de freiner sa progression, en surveillant l'évolution des cas sur son territoire et celle des comportements risqués, en faisant la promotion de conduites qui protègent la santé et préservent la vie. Pour ce faire, les interventions reliées à l'éducation en matière de sida seront des énoncés de politique, des plans d'action, des orientations données aux systèmes de santé et d'enseignement, des incitations dirigées vers les institutions pour qu'elles se dotent de politiques à l'égard du sida, la mise en place de groupes d'études, l'ajout dans les organigrammes d'unités responsables du domaine, des demandes de concertation entre les systèmes, du financement stratégique pour la recherche, etc. Les produits de ces interventions en matière de sida sont des centres d'aide, des campagnes publicitaires, des affiches, des livres, des bandes dessinées, l'installation dans des établissements, de machines distributrices de condoms, des programmes d'intervention éducative, etc.

Par contre, selon la logique de la santé communautaire, la santé appartient aux différents groupes, plutôt qu'à l'État et à la société qui subissent l'influence des idéologies des classes dominantes. Le sida devient une entrave à la santé vue comme un bien collectif, mais décentralisé et incarné dans des communautés spécifiques et diverses; leurs différences doivent être respectées et les besoins de santé se distinguent selon les spécificités des groupes. Le capital-santé est régional, local, et la coopération entre les membres de la communauté spécifique permet de le protéger et de le développer selon des prérogatives communes. S'occuper de l'éducation relative au sida est donc du ressort de la communauté. Celle-ci est en mesure de se prendre en charge (autonomie) si on lui en donne les moyens, ce qui contribue à l'auto-habilitation sociale (*empowerment*). Selon ce point de vue, chaque communauté agit selon sa culture propre et l'action préventive doit être soutenue par l'État, mais en partenariat avec la communauté et en fonction des besoins et des caractéristiques du milieu. L'État est un instrument important dans ce soutien; mais son rôle devrait cependant se limiter à celui de répartiteur de ressources entre les groupes. Dans cette perspective, l'éducation relative au sida s'appuie sur l'éducation populaire et sur l'éducation par les pairs. Elle se fait surtout à l'aide d'approches psychosociales: implication des membres de la communauté, témoignages sur leur situation par rapport au sida, animation communautaire, groupes d'entraide, formation des intervenants des résidences de personnes en phase avancée de sida, interventions de rue, documentation adaptée, approche «client-expert», etc.

Excepté dans le cas du sang contaminé injecté lors de transfusions, dont on peut dire que la transmission du VIH s'est faite par une pratique relevant du domaine public, l'éducation relative au sida est aussi, voire surtout, reliée à des pratiques privées, qui se produisent dans les champs de l'individuel et de l'interpersonnel. Même dans le cas des professionnels de la santé, on insistera sur les pratiques personnelles reliées aux précautions universelles à prendre lorsqu'ils traitent des patients, que ceux-ci soient ou non séropositifs ou atteints du sida. Dans la plupart des autres cas, la transmission s'est faite généralement dans l'intimité, voire dans le secret et la clandestinité. La maladie est en effet le révélateur d'un certain «*underground*» de la civilisation et la manifestation de tabous profanés: par exemple, les pratiques sexuelles en elles-mêmes, la sexualité-plaisir, l'homosexualité, la bisexualité, la prostitution, la promiscuité sexuelle, la consommation de drogues illicites, la mort. En contrepartie, les pratiques préventives individuelles habituellement prônées sont l'abstinence et la chasteté avant le mariage, la monogamie permanente, l'affirmation de soi («sans condom, c'est non!»), l'emploi de seringues désinfectées ou la fréquentation des centres anonymes d'échanges de seringues. Fait à noter, des pratiques sécuritaires comme l'abonnement à des lignes téléphoniques érotiques ou la masturbation solitaire ne sont généralement pas aussi préconisées que les précédentes par les spécialistes de la santé.

En bout de piste, la prévention revient à l'individu et à ses pratiques personnelles (soi), mais aussi à ses pratiques interpersonnelles (soi et l'autre). Elle ne se fait pas en vase clos parce que, en général, une autre personne est impliquée avec soi dans la transmission du VIH, que ce soit comme partenaire sexuel, lors d'emprunts de seringues pour l'injection de drogues, dans le cas de la prostitution ou dans celui de la transmission dite verticale (de la mère infectée à l'enfant). Ce qui est alors préconisé pour prévenir la transmission du VIH est de négocier l'emploi du condom avec le partenaire et de lui refuser des relations sexuelles sans condom, d'éviter les partenaires multiples et les monogamies sériées, de s'en tenir à un partenaire unique, de ne pas emprunter la seringue de quelqu'un d'autre, la fidélité dans le couple, la possibilité d'avortement, etc.

L'éducation-vaccin

Le recadrage du sida comme maladie, menace pour la santé et la vie, laisse voir non seulement que la mise est élevée, mais aussi qu'elle correspond à des enjeux de différents niveaux et de différentes natures selon les logiques qui alimentent les pratiques éducatives. La logique d'ensemble s'apparente à celle d'une éducation-immunologie. Considérant que l'on a d'abord affaire à une maladie virale, les pratiques éducatives en elles-mêmes se voient attribuer le rôle d'une arme défensive, comme celui d'un vaccin: ultérieurement à la vaccination, lorsque l'organisme est exposé au VIH, le système de défense qu'a déjà sollicité le vaccin est réactivé, ce qui empêche alors l'infection de sévir et la maladie de se développer ou de se propager. À l'échelle internationale et nationale, les interventions d'éducation ont ainsi pour mission d'installer un mégasystème de défense pour contrer le développement du sida-qui-se-propage. À l'échelle des communautés, elles se concentrent sur des groupes cibles aux caractéristiques et aux intérêts variés, mais susceptibles d'être exposés au VIH; elles doivent donc servir à mobiliser de nombreux mésosystèmes de défense pour empêcher le sida-groupes-vulnérables de se développer à l'intérieur des communautés ou milieux (méso...) spécifiques. De plus, puisque le sida est principalement une maladie transmissible d'une personne à une autre, l'éducation relative au sida doit permettre d'induire les microsystèmes de défense, c'est-à-dire à l'échelle des individus, pour prévenir le sida-comportement-risqué.

Cette analyse permet d'entrevoir un peu plus clairement la nature des enjeux collectifs et individuels de l'éducation relative au sida. Elle montre d'abord que ses enjeux collectifs relèvent d'une logique autre qu'éducative, puisqu'il s'agit d'une logique immunologique articulée autour d'enjeux épidémiologiques, de santé publique et de santé communautaire. L'enjeu principal est la constitution de systèmes de défense et le gain espéré, le contrôle de l'infection: empêcher la maladie de se répandre, de se dévelop-per au sein des groupes susceptibles d'être atteints et de se transmettre par le réseau arborescent des comportements interindividuels. On sait que les enjeux individuels sont d'un tout autre ordre. Ce sont ceux de toute vie humaine: apprendre, découvrir, explorer, mais aussi aimer et être aimé, avoir du plaisir, avoir ou non des enfants, s'affirmer, se soustraire aux difficultés ou les vaincre, se mettre à l'essai, sauvegarder sa relation conjugale, gagner sa vie, etc. Ces enjeux s'encastrent de façon fort diverse dans les conduites personnelles et interpersonnelles. Le principal défi qui se pose alors à l'édu-cation relative au sida est celui d'introduire les enjeux collectifs des uns parmi les enjeux individuels des autres.

Telle qu'elle est généralement conçue et pratiquée, l'éducation relative au sida parvient difficilement à relever ce défi immunologique. La question est de savoir si l'éducation peut et doit remplir cette mission. Le problème est peut-être que, fondamentalement, l'éducation n'est pas uniquement un moyen, pas nécessairement un outil, encore moins une arme ou un vaccin et surtout pas une affaire de persuasion des individus pour qu'ils adhèrent à des orientations qui ne sont pas les leurs pour changer leurs comportements. Cette position a été débattue ailleurs (Gaudreau, Chevalier, Dupont & Caron, 1994).

L'éducation pour la santé et l'éducation relative au sida se sont développées selon leurs propres logiques en lointaine périphérie du domaine des sciences de l'éducation. Ces logiques qui se trouvent derrière l'éducation font perdre de vue que, même dans le cas de l'éducation relative au sida, c'est encore d'éducation dont il s'agit. Pour dépasser les limites atteintes, d'autres logiques d'éducation méritent d'être davantage explorées et exploitées. Il faut, certes, conserver les acquis; mais il faut aussi prendre le risque d'orienter autrement l'éducation relative au sida et à ses pratiques. Ce défi apparemment paradoxal a pu être relevé avec brio par l'intervention d'éducation sexuelle évaluée par Robert & Rosser (1990) et dont il a été question auparavant. Pour accroître l'efficacité de l'éducation relative au sida, il faudra peut-être la relancer sur des rails qui lui conviennent mieux, comme celles de l'éducation sexuelle par exemple. Autrement dit, pour en faire plus dans la lutte contre le sida, il faudra éventuellement faire autrement, ce qui consiste d'abord à penser l'éducation relative au sida selon une logique différente de celle qui prévaut actuellement.

Penser autrement

Malgré tout, quelques modèles d'intervention propres aux sciences de l'éducation (et à l'intervention psychosociale) transparaissent depuis quelques années dans les interventions d'éducation relative au sida (l'éducation par les pairs ou la pédagogie par projets, par exemple). À première vue, cette situation paraît étonnante, compte tenu des logiques dominantes en éducation en matière de sida, mais elle peut s'expliquer sous l'éclairage de la pratique et de l'expérience. Au contact de la réalité, les modèles d'intervention, articulés selon une certaine logique, se sont probablement étiolés. Les pratiques éducatives restent rarement fidèles aux modèles qui leur conviennent peu et, par conséquent, à la logique qui habite ces derniers. Elles ont plutôt tendance à les reconfigurer selon les nombreuses exigences de l'environnement éducatif et les caractéristiques particulières de la situation d'apprentissage et des participants, leur nombre et leurs interactions, ou en fonction de la disponibilité des ressources humaines, du style de l'intervenant, du temps alloué et du matériel didactique disponible, des imprévus, etc. On ne peut cependant pas prétendre que ce processus d'adaptation et d'évolution a eu pour effet d'appliquer en éducation relative au sida les modèles d'intervention développés par la recherche et la pratique dans le domaine des sciences de l'éducation.

Des tentatives plus formelles ont toutefois été faites et des pratiques rattachées à certains modèles éducatifs ont délibérément été transposées en éducation relative au sida. Les programmes d'intervention ne respectaient cependant pas les logiques d'ensemble des modèles éducatifs qu'on souhaitait alors transférer. Ces logiques sont importantes car elles orientent l'action éducative. Elles sont rattachées à des stratégies particulières d'éducation qui, en elles-mêmes, exigent de l'intervenant certaines compétences et certaines qualités spécifiques. Elles prescrivent une certaine marche à suivre, le contexte de réalisation, le choix et l'ordre d'utilisation des techniques d'intervention (par exemple l'exposé, l'animation-discussion, le jeu de rôles, l'étude de cas, la démonstration, les projets personnels ou collectifs, etc.); et, évidemment, les forces et les limites respectives des pratiques sont prévisibles selon les modèles (voir, par exemple, Joyce & Weil, 1986). Or, actuellement, les logiques qui sont derrière ces modèles, quoique différentes de celles de l'éducation relative au sida, en viennent à s'effacer complètement après avoir été soumises à un certain recyclage et avoir été transformées.

Ainsi en est-il, par exemple, de l'éducation par les pairs dont l'idée de départ est d'aider le milieu à se prendre en charge. La logique inscrite dans cette approche est essentiellement la suivante. Le savoir (dans son sens large) est un construit social; il se bâtit dans l'interaction sociale. Les individus peuvent partager leurs connaissances et leurs expériences. L'apprentissage peut alors être provoqué, par exemple par la discussion, par consensus ou par confrontation, et par effet de modelage sur ses semblables. En éducation relative au sida, les pratiques d'éducation par les pairs ont surtout consisté à prendre pour intervenant (ou pour acteur dans un vidéo) quelqu'un qui appartient à la communauté visée et à le former pour en faire un transmetteur de messages dont le contenu est déterminé d'avance par les spécialistes. Ce contenu devrait bien passer puisqu'il sera modelé à une forme de discours compatible avec le milieu et les membres de la communauté pourront s'identifier au médium. Un exemple de ce genre d'intervention a été fourni précédemment (Quirk, Godkin & Schwenzfeier, 1993). Étant donné la logique qui sert d'appui à l'éducation par les pairs, on ne peut pas prétendre que l a pratique qui vient d'être sommairement résumée en constitue une application. Elle représente en fait la réduction de la distance entre le médium-intervenant et le public cible; l'éducation par les pairs a vraisemblablement peu à voir avec cette pratique d'encodage et de transmission de l'information sur l a prévention. Dans ce sens, on peut affirmer que ce ne sont pas les modèles d'éducation par les pairs qui sont appliqués ou étudiés par la recherche dans le domaine de l'éducation relative au sida.

L'éducation par les pairs n'est pas le seul modèle éducatif à avoir été récupéré de la sorte, sans véritable transfert et, par conséquent, sans essais d'adaptation à la situation spécifique de l'éducation en matière de sida. Celle-ci évoluant, il se peut fort bien que les expériences vécues sur le terrain des interventions forcent petit à petit l'application de ces modèles selon leur propre logique d'éducation et d'intervention. Si cette évolution se poursuit et s'accentue suffisamment, alors seulement on pourra prétendre que des modèles *éducatifs* ont été essayés en éducation relative au sida et on pourra alors procéder à leur étude et à leur évaluation. Avant que ce soit le cas, on ne peut pas dire que la recherche en éducation relative au sida a bel et bien examiné les effets de modèles éducatifs, pris dans leur plein sens, sur ceux et celles à qui s'adressent les interventions et sur le ralentissement de la propagation du VIH.

L'analyse qui vient d'être présentée explique en partie seulement pourquoi certains modèles éducatifs paraissent appliqués sans qu'ils le soient réellement. Une autre partie de l'explication réside dans le manque concret d'interdisciplinarité en éducation relative au sida, ce qui a pour conséquence une trop faible contribution des acquis et des logiques d'ensemble provenant d'autres domaines que celui de la santé. Ce chapitre se conclura sur cette question de l'interdisciplinarité en indiquant quelques moyens de la développer davantage.

CONCLUSION: QUOI DE NEUF?

Une des pistes importantes de développement futur de l'éducation relative au sida est l'accroissement qualitatif de son interdisciplinarité par l'élargissement de l'éventail de disciplines représentées par les chercheurs et spécialistes qui tentent d'orchestrer la prévention du sida. Quelques-uns des moyens suivants permettraient d'avancer fructueusement sur cette piste.

D'abord et avant tout, l'acceptation et le respect de la différence: même si cela peut parfois sembler très difficile, accepter que des logiques d'intervention ou des approches scientifiques issues d'autres disciplines soient et restent différentes de celles des sciences de la santé, même lorsqu'elles se retrouvent dans le champ de l'éducation relative au sida. Sinon, comment pourrions-nous réellement enrichir le domaine? Deuxièmement, lancer un appel sans équivoque à plus de spécialistes de différentes disciplines des sciences humaines, ceux de l'intervention éducative prise dans son sens large, pour qu'ils soient davantage représentés aux tables de concertation concernant la lutte contre le sida. À moins de s'adjoindre une plus grande proportion et une plus grande diversité de ces chercheurs et spécialistes, on n'accroîtra pas sérieusement les chances d'identifier et d'exploiter d'autres modèles éducatifs que ceux dont les limites sont actuellement atteintes en éducation en matière de sida. Troisièmement, instaurer des partenariats véritables, équitables, c'est-à-dire proportionnés selon les compétences respectives, entre les spécialistes ou chercheurs des sciences de la santé et ceux des sciences humaines, particulièrement ceux de sexologie, des sciences de l'éducation, du travail social, de l'intervention psychosociale ou de l'animation sociale. Quatrièmement, dans un souci de faciliter l'intégration de ces derniers, et la concertation, être «pro-actif» en offrant aux nouveaux venus un support et une réelle formation, en les mettant rapidement au fait des connaissances considérables cumulées dans le domaine et sur les interventions déjà mises à l'épreuve en éducation relative au sida. Et cinquièmement, leur donner les moyens de travailler, en partageant équitablement, selon les champs de compétences respectifs, les ressources financières disponibles pour la recherche et l'intervention en éducation relative au sida.

Si ces moyens avaient été mis en œuvre auparavant, on aurait à l'heure actuelle une plus grande proportion et une plus grande diversité de chercheurs expérimentés en sciences de l'éducation qui seraient intéressés à joindre leurs efforts aux nôtres pour lutter contre le sida et pour améliorer l'éducation pour la santé. Vraisemblablement, leur point de vue aurait alors compté davantage et fort probablement, la mission préventive de l'éducation aurait été définie avec plus de réalisme en fonction des capacités de l'éducation à pouvoir la remplir.

Par sa nature, l'éducation a la puissance voulue pour engendrer une vague de fond afin d'améliorer la condition humaine, mais elle agit plutôt progressivement, subtilement, au rythme imposé par l'apprentissage et le développement des individus et des collectivités, et non en suivant celui de la progression d'une courbe du nombre de cas de maladies. Des interventions peuvent solliciter l'éducation, l'inciter, produire des effets bénéfiques qui, en retour, viendront mieux éduquer l'être humain. Dans l'immédiat, les effets bénéfiques et saisissables de ces interventions sont des connaissances. La recherche sur l'éducation relative au sida montre bien qu'elle accomplit son œuvre sur ce point. Si on lui accorde le temps voulu, l'intervention produira probablement des effets positifs dans le champ de l'affectif. Les recherches parviennent à montrer, par exemple, que les attitudes sont meilleures après des interventions d'éducation relative au sida, mais en autant qu'elles soient adaptées à ce but et d'une durée suffisante.

Quant aux conduites humaines, elles sont déterminées par tellement de facteurs internes et externes à l'individu, interdépendants, parfois en opposition, parfois complémentaires, se construisent tellement progressivement et finissent par s'ancrer si profondément qu'il faut se demander si les observations des comportements qui sont faites à la suite des interventions, même deux ans plus tard, sont pertinentes. Si on consulte les écrits des auteurs classiques en éducation, on se rend compte que les interventions d'éducation ne pourront que *contribuer* à façonner les conduites par un effet de cumul avec d'autres, avec les expériences de la vie, mais surtout par un effet progressif et longitudinal de développement et d'apprentissages subséquents. On admettra alors aisément qu'il est utopique de croire que les interventions ciblées qui se déroulent pendant quelques heures, et concernant une infime partie de l'existence humaine, viendront chambarder la conduite qu'un individu ou un groupe a déjà adoptée. On trouvera également inutile d'espérer que des conduites aussi complexes et concrètes que celles qui sont reliées à la sexualité humaine ou à la toxicomanie soient significativement modifiées par ces quelques interventions d'éducation relative au sida.

Que faire alors? La première chose consiste à admettre que l'éducation relative au sida est un franc succès dans les limites de ses moyens. En moins de quinze ans, la planète a été mise au courant de ce phénomène; des populations entières constituées de millions de gens ordinaires, jeunes et moins jeunes, ont eu accès à l'essentiel de l'information que produisaient les recherches en laboratoire et le travail clinique, et ont appris comment se protéger. L'éducation a très bien servi ses fins (incluant autre chose en plus de l'information). Le reste de la mission n'est pas du ressort de l'éducation. D'autres types d'intervention, qui n'en sont pas d'éducation, doivent être développées. Cela ne signifie pas de recourir au dressage, à l'endoctrinement ou à la persuasion subtile ou par la force afin de susciter l'adhésion à certains modes de comportement sous prétexte que ces procédés n'en sont pas d'éducation; ce serait carrément inacceptable. Cela signifie plutôt que, pendant que les interventions d'éducation relative au sida continuent à se faire et s'accentuent partout à travers le monde, pour éventuellement s'intégrer à l'éducation générale des individus et des peuples, les travaux de laboratoire et la recherche clinique doivent s'accélérer et s'amplifier pour donner au monde des véritables moyens de prévention contre le sida: un vaccin et des traitements qui empêchent et contrôlent l'activité virale et la transmission du virus.

En attendant les retombées positives de cette évolution de la situation, les interventions d'éducation relative au sida doivent se poursuivre sans relâche. Et il faut explorer les avenues nouvelles tout en conservant les acquis d'ailleurs nombreux et importants du domaine de l'éducation pour la santé reliée au sida. Certaines de ces avenues sont bien connues en sciences de l'éducation. D'autres en sont encore à un stade de développement. En guise d'exemples, mentionnons l'éducation sexuelle axée sur le développement personnel, l'enseignement stratégique, le socioconstructivisme, les approches par compétences, féministe et andragogique, l'éducation aux médias, aux valeurs, l'éducation parentale, l'intervention éducative précoce, la pédagogie sociale. En pratique, il est quasiment impossible pour une seule et même personne, aussi avertie soit-elle, de s'être familiarisée à fond avec toutes ces perspectives d'éducation, leurs divers modèles éducatifs et les pratiques éducatives qui leur sont respectivement associées. Cette remarque milite en faveur du ralliement, dans le domaine de l'éducation relative au sida, d'une plus grande proportion et d'une meilleure diversité de chercheurs ou spécialistes des sciences de l'éducation pour qu'ils commencent dès que possible à mettre leur différence au service de l'éducation relative au sida. Leurs idées et leurs découvertes pourront alors être réellement mises à contribution avec celles des individus, des communautés ou des spécialistes de la santé à qui revient tout le mérite d'avoir réagi rapidement au phénomène du sida et de s'être tournés vers l'éducation, c'est-à-dire l'évolution de l'humanité au sein de l'être humain d'aujourd'hui.

BIBLIOGRAPHIE

Anderson, J.E., Kahn, L., Holtzman, D., Arday, S., Truman, B. & Kolbe, L. (1986). Charte d'Ottawa, promotion de la santé, Première conférence internationale pour la promotion de la santé, *Health Promotion International*, 1, iii-v.

Anderson, J.E., Kahn, L., Holtzman, D., Arday, S., Truman, B. & Kolbe, L. (1990). HIV/aids knowledge and sexual behavior among high school students. *Family planning perspectives*, 22, 252-254.

Association de recherche, de communication et d'action pour le traitement du sida (ARCAT). (1991). *Infection par le VIH et sida. Pratiques professionnelles, connaissances médicales, prévention, vie quotidienne, enjeux sociaux.* 2e édition, Paris: ARCAT et Mutuelle Nationale des Hospitaliers.

Beauchemin, J., Bibeau, G. & Morissette, C. (1994). *Évaluation de Pic-atouts, un programme pilote de prévention de l'infection par le VIH pour les utilisateurs de drogues injectables (UDI) du quartier Hochelaga-Maisonneuve à Montréal.* Montréal: Régie régionale de la santé et des services sociaux de Montréal-Centre, Direction de la santé publique.

Beauchemin, J., Brière, N., Morissette, C., Desjardins, G. & Bernard, C. (1994). L'évaluation de Pic-atouts, un programme de prévention du VIH-sida chez les toxicomanes utilisateurs de drogues injectables (UDI) d'un quartier montréalais. Dans N. Chevalier, J. Otis & M.P. Desaulniers (dir.), *Éduquer pour prévenir le sida* (p. 221-232). Beauport (Québec): Publications MNH.

Belschner, W., Engel, A., Henicz, H. & Müller-Dooh, S. (1991). *Sexual behavior of adolescents against the background of AIDS.* University of Oldenburg, Germany: Research group, health and health promotion.

Bell, D., Feraios, A. & Bryan, T. (1990). Adolescent males knowledge and attitudes about AIDS in the context of their social world. *Journal of applied social psychology*, 20, 424-448.

Berman, C. (1991). The patient as teacher: people with AIDS (PWA) as panelists and in role plays/simulation for training health care workers (HCW). *International Conference on AIDS*, abstract W.D.105.

Berthelot, P. & Morissette, M.R. (1989). La formation des intervenants. *Service social*, 38, 22-35.

Blanchet, M. (1989). L'enquête. *Actions et recherches sociales*, 33, 11-32.

Bolduc, M., Michaud, F., Allard, F., Audet, M.C. & Vermette G. (1994). Le mobile-santé: projet d'intervention théâtrale pour la promotion des comportements sexuels sécuritaires chez les adolescents. Dans N. Chevalier, J. Otis & M.P. Desaulniers (dir.), *Éduquer pour prévenir le sida* (p. 193-201). Beauport (Québec): Publications MNH.

Cloutier, R. (1990). *Les MTS, tu peux les éviter.* Didacticiel. Guide de l'intervenant. Montréal: Logidisque.

Crane, S.F. & Carswell, J.W. (1992). A review and assessment of non-governmental organization-based STD/AIDS education and prevention projects for marginalized groups. *Health education research, 7,* 175-193.

Croteau, J.M. & Morgan, S. (1989). Combating homophobia in AIDS education. *Journal of Counseling and Development,* 68, 86-91.

De Landsheere, V. (1992). *L'éducation et la fomation.* Paris: Presses Universitaires de France.

French, J. (1990). Boundaries and horizons, the role of health education within health Promotion. *Health Education Journal,* 49, 7-10.

Gaudreau, L., Chevalier, N., Dupont, M. & Caron, A. (1994). Les représentations sociales pour inspirer l'éducation en matière de prévention du sida. Dans N. Chevalier, J. Otis & M.P. Desaulniers (dir.), *Éduquer pour prévenir le sida* (p. 291-308). Beauport (Québec): Publications MNH.

Gaudreau, L., Dupont, M. & Laurin, M. (1991). *The evaluation of educational help in aids prevention among youth, for educators working outside the school.* ERIC Counseling et Personnel Services Clearinghouse, The University of Michigan, Ann Arbour, RIE (Resources in Education) no. ED 344122.

Gaudreau, L., Dupont, M. & Séguin, S.P. (1994). *La formation québécoise d'intervenants en prévention du sida auprès des jeunes: rapport de recherche.* Montréal: Centre de recherches en éducation L.G. Inc.

Gaudreau, L. (1991). *Application et évaluation d'un programme de formation d'intervenants pour la prévention du sida. Le cas d'intervenants auprès des itinérants.* Rapport de recherche. Montréal: Centre de recherches en éducation L.G. Inc.

Gordon, G. & Klouda, T. (1989). *Éviter une crise. Le sida et le travail de planification familiale.* Londres et Basingstoke: Macmillan Pub.

Graziani, E. (1992). *Évaluation d'un didacticiel pour la prévention du sida et des autres maladies transmissibles sexuellement.* Rapport de maîtrise en sexologie, Montréal: Université du Québec à Montréal.

Green, L.W. & Kreuter, M.W. (1991). *Health promotion planning, an educational and environmental approach.* 2e éd., Toronto, London: Mayfield Pub. Co.

Green, L.W. & Raeburn, J.M. (1988). Health promotion. What is it? What will it become? *Health Promotion,* 3, 151-159.

Gwadz, M. & Rotheram-Borus, M.J. (1992). Tracking high-risk adolescents longitudinally. *AIDS education and Prevention,* suppl., 69-82.

Hamel, J.G., St-Onge, L. & Desaulniers, M.P. (1994). L'éducation et la prévention du VIH/sida en milieu scolaire. Dans N. Chevalier, J. Otis & M.P. Desaulniers (dir.), *Éduquer pour prévenir le sida* (p. 149-160). Beauport (Québec): Publications MNH.

Holder, J.R. (1989). Aids: a training program for school counselors. *The School Counselor,* 36, 305-309.

Jacobs, R., Lewis, A. & Mandel, J. (1989). Care for the caregivers -a training model. *International Conference on AIDS,* abstract D. 639.

Joyce, B. & Weil, M. (1986). *Models of Teaching.* 3e éd., New Jersey: Prentice-Hall.

Kerr, D.L., Allensworth, D.D., Gayle, J.A. & Dalis, G.T. (1989). The ASHA aids education needs assessment: Association for the advancement of health education results. *Health education,* 19, 16-20.

Kirby, D., Barth, R.P., Leland, N. & Fetro, J.V. (1991). Reducing the risk: impact of a new curriculum on sexual risk-taking. *Family planning perspective,* 23, 253-263.

Laroche, F. & Ryan, B. (1990). *Programme de formation. Sida. Pour une meilleure intervention,* Montréal: sans éditeur.

Lecorps, P. (1989). *Prévenir le Sida.* France: École Nationale de la Santé Publique.

Legendre, R. (1983). *L'éducation totale,* Collection le Défi Educatif, no. 3, Paris-Montréal: Nathan/Ville-Marie.

Ministère de la santé et des services sociaux. (1991). *Programme de formation sur le sida. Pour une vision humaniste de l'intervention.* Montréal: Gouvernement du Québec, Centre Québécois de Coordination sur le Sida.

Nutbeam, D. (World Health Organization). (1986). Health promotion glossary, *Health promotion,* 1, 113-127.

Organisation mondiale de la santé (1990). *Guide pour la planification des activités de promotion de la santé pour la lutte contre le sida.* Genève: Série OMS.

Ostfield, M.L. (1989). Strategies for training aids educators: increasing the effectiveness of your educational efforts. *Annual meeting of the Society for the Scientific Study of Sex,* Toronto.

Pennec, S. (1990). *Les jeunes de 15-25 ans et la question du sida. Modes de représentation de la maladie et pratiques amoureuses.* Brest, Quimper: Université de Bretagne Occidentale, Caisses primaires d'assurance maladie du ministère.

Pineault, R. & Daveluy, C. (1990). *La planification de la santé, concepts, méthodes, stratégies.* 5è éd., Montréal: Agence d'ARC.

Quirk, M.E., Godkin, M.A. & Schwenzfeier, E. (1993). Evaluation of two aids prevention interventions for inner-city adolescent and young adult women. *American Journal of Preventive Medicine, 9,* 21-26.

Robert, B. & Rosser, S. (1990). Evaluation of the efficacy of aids education interventions for homosexually active men. *Health Education Research, Theory and Practice, 5,* 299-308.

Slattery, M. (1992). *Aids education-what should we be evaluating?* Victoria, Australia: Monash University.

Schütte, E. & Oswald, H. (1991). Evaluation of an AIDS-prevention program in West Berlin schools. Poster, *International Conference on Aids,* abstract W.D. 4128.

Taylor, V. (1990). Health education, a theoretical mapping. *Health Education Journal,* 49,

13-14.

Thomas, S.B. & Holmes Morgan, C. (1991). Evaluation of community-based AIDS education and risk reduction projects in ethnic and racial minority communities: a survey of projects funded by the U.S. Public Health Service. *Evaluation and Program Planning*, 14, 247-255.

Tourette-Turgis, C. (1989). Réflexions à propos d'une expérience de formation des travailleurs sociaux sur le sida. *Service Social*, 38, 37-43.

Tousignant, Y. (1990). *Connaissances et attitudes des futurs professionnels de la santé au sujet du sida*. Thèse de doctorat en éducation, Faculté des études supérieures, Université de Montréal.

Traeen, B. (1992). Learning from Norwegian experience: attempts to mobilize the youth culture. *AIDS Education and Prevention*, suppl., 43-56.

Warren, W.K., King, A.J.C., Beazley, R.P. & King, M.A. (1994). Les effets d'un programme d'enseignement au sujet du sida et des MTS auprès d'élèves de 14 et 15 ans. Dans N. Chevalier, J. Otis & M.P. Desaulniers (dir.), *Éduquer pour prévenir le sida* (p. 161-178). Beauport (Québec): Publications MNH.

PRÉVENIR LA TRANSMISSION SEXUELLE DU VIH[1] EN SOMMES-NOUS CAPABLES? AVONS-NOUS FAIT SUFFISAMMENT D'EFFORTS?

Eleanor MATICKA-TYNDALE

Plus de quinze ans après les premiers décès causés par le sida, cette maladie continue à faire un nombre croissant de victimes. Partout dans le monde, le virus du syndrome immunodéficitaire acquis (VIH) continue de se propager, principalement par contact sexuel au cours de relations vaginales ou anales. Aujourd'hui, la prévention demeure la seule façon de freiner la propagation du VIH.

Au début de la pandémie de sida, les organismes communautaires se sont situés à l'avant-garde de l'application des programmes de prévention. Ces organismes avaient recours aux méthodes de travail qui leur étaient particulièrement familières, travaillant directement avec leurs communautés, distribuant de l'information, effectuant du travail de soutien auprès des groupes et sillonnant les rues avec les moyens qu'ils arrivaient à mettre au point. Tout cela dans le but de toucher les personnes aux prises avec cette nouvelle réalité selon laquelle les relations sexuelles peuvent désormais être porteuses de mort. Ce n'est que plus tard que les organismes gouvernementaux se sont intéressés à la prévention. Ces organismes ont tout d'abord utilisé des approches épidémiologiques afin d'évaluer l'étendue du problème, puis ont lancé de vastes campagnes d'information. Ils ont, par la suite, appliqué des modèles et des programmes s'appuyant sur des recherches visant des communautés et des groupes précis. De nos jours, il existe des programmes de prévention du sida dans des écoles, des universités, des hôpitaux, des cliniques, des départements de santé communautaire ainsi que dans des groupes communautaires dont le mandat est général ou spécialisé. Ces programmes s'appuient sur diverses conceptions de la prévention: certaines d'entre elles sont explicites, d'autres le sont moins.

Au Canada, comme dans la plupart des pays, les programmes de prévention ont été mis au point et modifiés en fonction de deux variables qui se chevauchent. La première variable, porte sur le contenu des programmes de prévention, la deuxième, sur leur public cible. Initialement, le contenu des programmes de prévention était centré sur l'information: on croyait en effet que si les gens venaient à connaître les conséquences dévastatrices de l'infection causée par le VIH et à savoir comment empêcher sa transmission,

---

[1] Je tiens à remercier mon assistante de recherche, Jacqueline Gahagan, qui a participé à la revue des travaux publiés et qui a résumé l'information portant sur le marketing social et les programmes communautaires ayant servi à la rédaction de cet article.

ils modifieraient leur comportement afin d'éviter d'être contaminés. Mais, comme les évaluations de recherches et de programmes indiquaient de façon constante que l'information seule n'était pas suffisante pour affecter le comportement, les responsables de projets se sont résolus à mettre en pratique de nouveaux programmes tenant davantage compte de l'aspect cognitif. Ils espéraient de cette manière augmenter la motivation des gens pour la prévention de la transmission de cette infection et les aider à développer les habilités requises pour y parvenir. Plus récemment, les recherches ont pris une nouvelle tournure et ont adopté une nouvelle orientation qui avait d'ailleurs déjà été intégrée dans de nombreux programmes communautaires de prévention. Cette orientation consiste à reconnaître que le risque sexuel naît des interactions entre des individus vivant au sein de communautés données, ceux-ci étant influencés par la culture et la structure de ces communautés. Cette constatation a favorisé l'émergence de programmes mieux adaptés aux contextes culturels.

La deuxième variable sur laquelle s'est basé ce changement est le public visé par les programmes de prévention. Les programmes initiaux ciblaient les individus présentant des risques élevés identifiés comme faisant partie de sous-populations où la prévalence d'infection au VIH était élevée. Au Canada, ces programmes visaient donc principalement les hommes gais, les utilisateurs d'aiguilles qui se faisaient des injections intraveineuses et les Haïtiens. Plus tard, on concentra plutôt les efforts sur les comportements à risque élevé. En ce qui concerne la transmission sexuelle, les comportements visés étaient principalement les relations anales et vaginales sans utilisation de préservatif entre partenaires séropositifs ou dont l'état infectieux était inconnu. Plus récemment, on a commencé à considérer le besoin de cibler des situations à risque élevé et de déterminer les contextes sociaux précis qui produisent ces situations à risque élevé.

Ces deux changements, en termes de contenu et de public cible, se sont traduits par le passage d'une conception exclusivement individualiste, selon laquelle la prévention du sida est une question de comportement individuel et spécifique, vers une conception sociale qui reconnaît que le risque est un danger circonstantiel, qui varie selon les contextes. Ces deux changements se sont accompagnés d'un déplacement des priorités dans l'attribution des subventions de recherche. Au début, ces subventions étaient principalement attribuées pour des études épidémiologiques, puis pour des inventaires de connaissances, d'attitudes, de comportements et de pratiques ainsi que pour des enquêtes fondées sur différents cadres théoriques cognitifs. Plus récemment, ces subventions ont commencé à être allouées pour des études ethnographiques et qualitatives afin de mieux comprendre les contextes socioculturels et les situations à risque. On a observé des déplacements similaires des centres d'intérêt vers la planification de recherches et de programmes concernant le sida, et ce dans la plupart des nations et organisations internationales, comme c'est d'ailleurs arrivé pour le Programme mondial sur le sida de l'Organisation mondiale de la santé. Il est à noter, toutefois, que la vitesse et le degré de chevauchement des cadres théoriques ont varié d'un site à l'autre.

Dans ce chapitre, nous passerons en revue les différents modèles de prévention de la transmission sexuelle du VIH qui ont été utilisés pour l a recherche et l'élaboration de programmes. Dans cette revue, les modèles seront classés selon trois niveaux:

1. le niveau intrapersonnel, où l'attention est centrée sur les facteurs de cognition et de motivation qui jouent un rôle sur les actions préventives mises en application par les individus;

2. le niveau interpersonnel, où l'attention est centrée sur les interactions et la communication entre les partenaires sexuels appartenant à une communauté donnée;

3. le niveau de la communauté, où l'attention est centrée sur les modèles d'application de campagnes destinées à une communauté en particulier ou à l'ensemble de la population.

Pour chaque niveau, nous passerons en revue les recherches et les modèles principaux qui s'y rapportent, en donnant des exemples d'application de ces modèles en termes de programmes.

Au départ, il faut reconnaître que les modèles de prévention ont deux caractéristiques en commun. Premièrement, les activités de prévention prises en considération dans tous ces modèles sont limitées. Dans la majorité des cas, l'attention est concentrée sur la prévention de la transmission sexuelle par l'utilisation de préservatifs. Seuls quelques programmes de prévention, dont ceux qui s'adressent à des couples dont la relation est stable et dont l'un des partenaires est séropositif, envisagent des formes d'expression sexuelle, d'excitation et de satisfaction autres que les relations vaginales ou anales. En passant en revue les recherches et les programmes consacrés à cette question en vue de la rédaction de cet article, nous n'avons trouvé aucune recherche qui envisageait d'autres formes d'expression sexuelle pouvant servir à éviter la transmission du virus. C'est pourquoi les modèles de prévention passés en revue dans ce chapitre n'envisagent d'autres moyens de prévention que l'utilisation de préservatifs.

La seconde caractéristique des modèles de prévention est que peu de programmes sont, en fait, conçus à partir de modèles théoriques complets et explicites. En outre, les résultats de recherches portant sur les modèles de prévention et les recommandations concernant les programmes découlant de ces recherches sont rarement pris en considération au moment de l'élaboration de programmes. En règle générale, les programmes s'appuient sur plusieurs concepts provenant d'un ou de plusieurs modèles. Il est possible que ces concepts soient sélectionnés intentionnellement parce qu'ils paraissent applicables à des programmes particuliers ou à des populations cibles. Il est aussi possible qu'ils soient sélectionnés en fonction des préférences personnelles et de l'expérience de ceux qui les élaborent, sans que ces personnes accordent une quelconque considération au modèle d'où ces concepts sont issus. Par conséquent, la correspondance entre les modèles utilisés dans les programmes et ceux qui sont utilisés dans la recherche est souvent mince. C'est ce qu'on constate en consultant les revues de travaux publiés qui tentent de cerner les concepts ou les éléments qui auraient contribué (ou auraient pu contribuer) au succès des programmes de prévention (voir Choi & Coates, 1994; Holtgrave *et al.*, 1994; Kelly, 1992). Ces revues montrent que ces éléments et ces concepts sont souvent empruntés à de nombreux modèles et conceptions théoriques, sans souci du contexte général d'où ils sont tirés ni des relations qui existent entre eux. Cette conception de la recherche et de la formulation de recommandations en vue de l'élaboration de programmes n'a rien à voir avec la conception de plusieurs modèles intégrés et multidimensionnels particulièrement prometteurs mais moins courants, comme le modèle Intervention-motivation-comportement de Fisher et Fisher (*Intervention-Motivation-Behavior* en anglais) (Fisher *et al.*, 1994; Fisher & Fisher, 1990, 1992), le recours au schéma directeur pour la construction de modèles, de Leviton (1989) (*Blueprinting approach to model building*), et la combinaison effectuée par Adrien *et al.* (1996) du modèle socioculturel de Kleinman et du modèle cognitif de Triandis (1996).

C'est pourquoi la présentation de modèles, dans ce chapitre, et l'examen de leur concrétisation dans des programmes constituent un tour d'horizon plus systématique que ce qui existe réellement en termes de programmes. Reste à espérer que ce survol permettra le resserrement des liens entre la recherche, les recommandations concernant les programmes qui découlent de ces recherches et l'élaboration des programmes.

LES MODÈLES INTRA-INDIVIDUELS

Les modèles psychosociaux se préoccupent principalement des facteurs intrapersonnels qui influencent la prévention: ils mettent surtout l'accent sur le comportement et les changements de comportement à l'échelle individuelle. Ces modèles sont particulièrement importants pour les recherches portant sur les facteurs déterminants de la transmission du VIH. L'ensemble des théories et de la recherche dans ce domaine relève de la psychologie et des sciences du comportement.

Le tout premier modèle intrapersonnel de changement de comportement à avoir été appliqué dans un programme de prévention était un modèle fondé sur le savoir. On faisait l'hypothèse que les gens étaient des vases vides attendant d'être alimentés en informations pour pouvoir agir dans leur propre intérêt. Les campagnes publiques d'information, la distribution de dépliants porte à porte, les cours Sida 101 ainsi que les tables rondes d'information publique qui ont eu lieu dans les églises, les salles communautaires, les écoles et dans de nombreux autres endroits avaient tous pour mission de diffuser de l'information exacte. Le but poursuivi n'était pas seulement d'augmenter les connaissances: on avait aussi l'espoir que cette connaissance amènerait un changement de comportement. Cette façon de concevoir l'action est la première à avoir pénétré dans l'arène de la prévention du sida, quel que soit l'endroit ou l'organisation et elle continue à être amplement utilisée. Entre le début et la fin des années 1980, au fur et à mesure qu'on comprenait mieux le VIH et le sida, un vaste éventail d'informations divergentes a été diffusé, et les inventaires de connaissances, d'attitudes, de comportements et de pratiques ont montré qu'il existait une grande confusion et beaucoup d'informations fausses à ce sujet. Plus récemment, et faisant suite à la diffusion par les médias de l'information sur le sida, des recherches ont été menées pour en vérifier les effets sur le public alors que le noyau du discours véhiculé était resté stable. Elles ont permis de constater que ces connaissances ont bien été transmises dans presque tous les pays et parmi les sous-populations et qu'il ne restait plus que quelques segments de population encore mal informées. En outre, la recherche a montré à de nombreuses reprises que l'efficacité des campagnes fondées sur la connaissance est plus grande quand la population cible ne sait pas grand chose du sujet en question. Leur efficacité se limite à l'apaisement des craintes inutiles et à l'augmentation des connaissances de base. Ces campagnes, par contre, s'avèrent moins efficaces pour changer des attitudes précises et elles ont peu d'effet, ou du moins peu d'effet visible, sur l'augmentation de la capacité de faire des évaluations personnelles des risques ou sur la motivation de changement des comportements dans le but de diminuer les risques personnels (voir à ce sujet les revues faites par Fisher *et al.*, 1994; Manoff, 1985; Valdiserri, 1989).

Après avoir constaté à de nombreuses reprises que les modèles fondés sur la connaissance avaient une portée limitée, on a commencé à mettre en application plusieurs modèles fondés sur la cognition et l'apprentissage. Parmi les modèles couramment utilisés, mentionnons les suivants: le modèle de la croyance dans la santé (*Heath Belief*) (Becker, 1974; Rosenstock, 1975), le modèle de l'action raisonnée ou de l'action planifiée (Ajzen, 1985; Ajzen & Fishbein, 1980; Ajzen & Madden, 1986; Fishbein & Ajzen, 1975), le modèle du comportement social (*Social Behaviour*) (Triandis, 1977; 1994), le modèle de la socialisation (*Social Learning*) (Bandura, 1977), le modèle de réduction des risques de transmission du sida (*AIDS Risk Reduction*) (Catania, Kegeles & Coates, 1990) et le modèle transthéorique (Prochaska, DiClemente & Norcross, 1992).

De nombreuses recherches universitaires ont été menées à partir de ces modèles dans plusieurs domaines de la santé où l'on cherchait à obtenir un changement de comportement: usage de la cigarette, exercice physique, alimentation, contraceptifs et allaitement. Toutefois, comme nous l'avons déjà noté, la plupart des décideurs ne s'appuient pas sur l'expérimentation systématique, ni sur la recherche et l'utilisation d'un modèle approprié pour l'élaboration de leurs programmes. Au lieu de cela, ces programmes, en particulier ceux qui s'appliquent à la prévention du VIH, se contentent d'emprunter à ces modèles quelques concepts clés.

Tous les modèles inclus dans cette section s'appuient sur plusieurs prémisses au sujet du comportement. En voici quelques-unes:

1. Les gens sont des processeurs d'information qui suivent des procédures particulières et rationnelles pour digérer l'information qui leur est présentée;

2. Si ces procédures sont correctement suivies, le résultat a pour conséquence un comportement rationnel qui a pour effet, entre autres, de réduire les risques;

3. La meilleure façon de comprendre les comportements non rationnels, par exemple les comportements à risque élevé, est de distinguer les vices de raisonnement qui empêchent les gens d'agir rationnellement;

4. La digestion d'information suppose l'existence de connaissances, d'attitudes, de croyances et de motivations. Chacun de ces éléments, qui évolue et est perçu de façon subjective et parfois erronée, influence le cours des actes;

5. Les comportements sont précédés par des intentions et, à moins

d'interférence, les intentions se traduisent par des comportements;

6. Les variables culturelles et contextuelles ont un impact extérieur sur le comportement, leur impact étant filtré à travers la dynamique et les processus intrapersonnels;

7. Pour comprendre et obtenir une influence sur le comportement, il est nécessaire de préciser les processus cognitifs clés qui ont un impact sur les intentions et de faire en sorte de les utiliser pour influencer les intentions.

Plusieurs des modèles distinguent des facteurs cognitifs précis et fixes qui auraient une influence sur les intentions, comme c'est le cas pour le modèle de la croyance dans la santé. D'autres déterminent un éventail de composantes qui auraient une influence sur les intentions, sans préciser l'importance et l'influence relative de chacune qu'il est nécessaire de déterminer empiriquement pour chaque sous-groupe et chaque contexte comme c'est le cas, par exemple, pour la théorie de l'action raisonnée, pour la théorie de l'action planifiée et pour la théorie des comportements sociaux. Le premier groupe de modèles travaille avec un ensemble universel d'éléments considérés comme facteurs cognitifs. Le deuxième groupe de modèles met l'accent sur les éléments constituants de chaque facteur cognitif qui sont spécifiques à chaque groupe et à chaque lieu, et qui varient d'un groupe à l'autre (par exemple entre les hommes et les femmes, les groupes raciaux et ethniques et les groupes d'âges). En outre, certains modèles mettent l'accent sur la recherche des causes de comportements particuliers, alors que d'autres s'intéressent aux changements de comportements. Nous passerons ici en revue quatre types de modèles individualistes: les modèles qui tiennent compte des déterminants de comportement dont les composantes sont fixes, comme le modèle de la croyance dans la santé (Becker, 1974; Rosenstock, 1975); les modèles qui tiennent compte des déterminants de comportements qui sont spécifiques au lieu, comme les modèles de l'action raisonnée ou planifiée (Ajzen & Fishbein, 1980; Ajzen & Madden, 1986; Fishbein & Ajzen, 1975) et la théorie du comportement social (Triandis, 1977; 1994); les modèles qui tiennent compte des déterminants du changement de comportement, comme les différentes théories de l'apprentissage (Bandura, 1977, 1989; Skinner, 1969) et, enfin, les modèles de processus de changement de comportement comme le modèle de réduction des risques de transmission du sida (Catania, Kegeles & Coates, 1990) et le modèle du processus de changement transthéorique (Prochaska, DiClemente & Norcross, 1992).

Le modèle de la croyance dans la santé

Le modèle de la croyance dans la santé a été originalement mis au point par Rosenstock (1975) et Becker (1974) en tant que moyen heuristique pour organiser et expliquer les observations faites dans le cadre de programmes d'éducation en santé. Ce modèle a été le premier à être utilisé pour comprendre et prédire la prise de risques et la réduction de risques. Il a servi de cadre théorique pour les inventaires de connaissances, d'attitudes, de comportements et de pratiques qui ont été faits partout dans le monde, entre autres pour les séries d'enquêtes entreprises dans plusieurs pays par l'Organisation mondiale de la santé. Le modèle de la croyance dans la santé, qui était un outil destiné à l'explication, est devenu un outil de recherche. Cet outil s'est avéré utile pour prédire certains comportements préventifs précis, mais ce modèle ne tient pas compte d'un grand nombre de fluctuations de comportements.

Sous sa forme contemporaine, le modèle inclut six familles de variables qui servent à prédire le comportement:

1. la perception de la vulnérabilité face à une menace (par exemple au sida);
2. la perception de la gravité de la menace;
3. la perception de l'efficacité des moyens de protection prescrits;
4. la perception des coûts ou des obstacles à l'application des moyens de protection;
5. les signaux déclencheurs d'action: conseils d'un médecin, symptômes, programmes d'éducation, infection d'un ami, communication avec des personnes influentes;
6. les facteurs démographiques, structurels et sociopathologiques qui déclenchent le comportement (Leviton, 1989).

Bien que ces concepts possèdent des qualités intuitives, c'est-à-dire qu'ils sont utiles pour prédire les comportements, ni les concepts individuels ni leurs interrelations n'ont été entièrement précisés. De plus, leur méthode de mesure n'a pas été mise au point. La fiabilité et la validité de cette méthode n'ont pas été testées. Par conséquent, les applications précises de ce modèle ont été variables, ce qui rend extrêmement difficile la comparaison et l'intégration de leurs résultats.

Ce modèle a guidé plusieurs des enquêtes initiales portant sur les facteurs déterminants de la prise de risques et de la prévention. Cependant, il ouvre peu d'avenues pour l'élaboration de programmes. Les concepts qu'il propose sont habituellement utilisés dans des campagnes d'information qui mettent l'accent sur le changement de perception par la diffusion d'information. Ils supposent que les individus feront les connexions requises entre l'information reçue et eux-mêmes. Deux exceptions dignes d'être mentionnées sont les campagnes de prévention élaborées à partir du modèle de Morin (Morin & Batchelor, 1984; Kashima *et al.*, 1992) et celles qui ont été mises en place par Nyamathi et ses collègues (Nyamathi & Shin, 1990; Nyamathi, Shuler & Porche, 1980), toutes deux s'inspirant du modèle de la croyance dans la santé. Le modèle de Morin ajoute deux éléments au modèle de la croyance dans la santé: la perception que l'action préventive (à savoir les relations sexuelles protégées) est satisfaisante et la croyance que les individus obtiennent le soutien de leurs pairs quand ils adoptent des comportements préventifs. Ce modèle est à l'origine de nombreux programmes qui s'adressent aux hommes gais et a connu un succès considérable. Pour ce qui est des campagnes de Nyamathi, elles ont donné lieu à la mise sur pied de programmes s'adressant aux femmes noires et latino-américaines. Ces campagnes s'attaquent aux raisons pour lesquelles ces femmes sont moins susceptibles de se considérer comme étant elles-mêmes à risque (perception de la vulnérabilité) et pour lesquelles elles ne se sentent pas concernées (perception de la gravité); elles prennent en considération les nombreux obstacles à franchir. Nyamathi va plus loin que le modèle de la croyance dans la santé en affirmant que le bien-fondé des relations sexuelles protégées devrait être véhiculé par les comités d'éthiques locaux, dans ce cas, par l'éthique de responsabilité sociale, plutôt que par l'éthique de préservation individuelle typique des programmes de prévention nord-américains. On peut dire que Nyamathi se dirige vers le troisième niveau de modèle qui met l'accent sur le contexte culturel.

Leviton (1989) a identifié sept faiblesses dans le modèle de la croyance dans la santé quand celui-ci est appliqué à la réduction des risques:

1. la plupart des gens se considèrent eux-mêmes comme étant à faible risque et défendent cette perception en utilisant une variété de raisonnements. Cette constatation laisse entendre que la vulnérabilité n'est pas adéquatement conceptualisée;

2. le fait que les gens se perçoivent comme sérieux est un mauvais prédicteur de comportement et devrait peut-être être exclu;

3. même quand tous les indicateurs, y compris les signaux déclencheurs d'action, sont présents et que le comportement est rendu possible par des forces externes, un nombre important de gens ne se comportent pas comme prévu, ce qui laisse croire que le modèle ne tient pas compte pas toutes les spécifications de déterminants de changement de comportement.

4. les croyances et les questions pertinentes aux comportements à risque particuliers qui peuvent entrer en contradiction avec les croyances et les motivations concernant la santé sont exclues du modèle;

5. le modèle ne permet pas de comprendre comment les croyances concernant la santé évoluent ni ce qui les maintient ou les change;

6. l'ordre causal dans ce modèle est circulaire: les croyances peuvent précéder le comportement ou peuvent le suivre et être influencées par le comportement. Il est donc difficile de tester et d'utiliser ce modèle;

7. le modèle réussit mal à rendre compte des changements qui se produisent par rapport aux comportements habituels.

L'attention portée dans le premier temps au modèle de la croyance dans la santé pour la recherche concernant la prévention a diminué et l'accent a, de plus en plus, été mis sur les théories plus détaillées de Ajzen (Ajzen, 1985; Ajzen & Madden, 1986), Fishbein (Ajzen & Fishbein, 1980; Fishbein & Ajzen, 1975; Fishbein & Middlestat, 1989) et Triandis (1977).

Modélisation des actions volontaires et du comportement social

Les théories de l'action raisonnée (*Reasoned Action*), de l'action planifiée (*Planned Action*) et de la théorie du comportement social (*Social Behavior Theory*) ont été élaborées et modifiées à l'aide de procédures de construction de théories, de tests déductifs et grâce à des changements dans les domaines de la psychologie et de la sociologie. Ces théories fournissent de l'information quant aux liens qui existent entre la connaissance, les croyances, les attitudes, les intentions et le comportement. Elles mettent principalement l'accent sur l'élaboration de facteurs et de processus cognitifs qui déterminent l'intention, celle-ci étant vue comme un déterminant nécessaire du comportement. Dans la théorie de l'action raisonnée, le lien entre l'intention et le comportement est ténu, car cette théorie ne tient pas compte des facteurs susceptibles d'empêcher ou de faciliter l'acte posé en réponse à l'intention. On le constate en considérant les résultats des campagnes bâties à partir de ce modèle qui, selon Leviton (1989), peuvent produire des changements importants en ce qui concerne les connaissances, des changements modestes aux attitudes et les intentions et peu de changements au plan du comportement. Dans la théorie de l'action planifiée, qui est une adaptation ultérieure de la théorie de l'action raisonnée, les concepteurs de cette théorie détaillent les influences normatives sur l'intention ainsi que les ressources et les facteurs conditionnels qui peuvent influer à la fois sur l'intention et sur la concrétisation de l'intention sous forme d'action. Enfin, la théorie du comportement social ajoute une dimension historique individuelle qui se manifeste par des habitudes et des expériences antérieures qui peuvent influer à la fois la formation de l'intention et la concrétisation de cette intention sous forme d'action. Elle ajoute aussi des conditions de facilitation et d'empêchement qui influencent la probabilité que l'intention se concrétise par une action.

Un des points forts de ces modèles est qu'ils reconnaissent la nature locale et spécifique de leurs facteurs constituants, c'est-à-dire leur relativité et leur spécificité culturelle, pour ce qui se rapporte au contenu de ces facteurs et à leur force relative. Selon ces modèles, les attitudes, les croyances, les perceptions et les évaluations sont différentes pour différents groupes de gens et pour différents comportements. Cette façon de concevoir les choses rend nécessaire la reconnaissance des contenus particuliers de chacun des facteurs pour chaque population et comportement ciblés, et la détermination de l'importance relative des facteurs, avant d'élaborer des programmes de prévention. Par exemple, Joseph *et al.* (1987) a montré que le seul élément qui puisse permettre de prédire un changement d'attitude des hommes gais à l'égard des relations sexuelles protégées était la perception de l'approbation de ce changement d'attitude par leur cercle d'amis gais (normes subjectives). Godin *et al.* (1996) et Maticka-Tyndale *et al.*, (1996) ont défini, au sein de trois communautés ethnoculturelles, les différentes composantes des attitudes, croyances, normes et conditions ainsi que les différences d'influence relative de facteurs sur l'intention d'utiliser des préservatifs.

Selon la théorie de l'action raisonnée (Fishbein & Ajzen, 1975), les quatre facteurs qui influent sur l'intention sont les suivants:
1. l'attitude envers le comportement ou l'évaluation du comportement;
2. les croyances face au comportement;
3. la perception de normes subjectives (ce que l'on imagine que les personnes qu'on admire penseront du comportement);
4. la valeur accordée à l'approbation par les autres.

La théorie de l'action planifiée (Ajzen, 1985; Ajzen & Madden, 1986) corrigeait deux faiblesses majeures du modèle précédent, à savoir son attention exclusive aux facteurs qui influencent l'intention, et ses limitations par rapport aux comportements volontaires. La théorie de l'action planifiée tient compte de conditions qui s'interposent entre l'intention et le comportement comme, par exemple, l'information et les habiletés requises. Les théoriciens de l'action raisonnée estiment que ces conditions exercent un contrôle sur le comportement dans la mesure où un acteur peut contrôler les événements et les conditions préalables au comportement. Dans les situations où une personne a une excellente maîtrise de son comportement, c'est-à-dire quand l'individu a les ressources pour réunir les conditions nécessaires à l'action, on considère que son comportement est sous contrôle volontaire. Quand l'individu maîtrise mal son comportement, on considère que les conditions requises ne sont pas réunies et que les connexions entre les intentions et le comportement sont faibles. Dans le cas des préservatifs, il faut tenir compte de nombreuses conditions comme, par exemple, la possibilité de se procurer des préservatifs, l'absence de menaces violentes de la part du partenaire, l'absence d'abus d'alcool ou la bonne volonté du partenaire à l'égard de l'utilisation du préservatif.

De plus, la théorie de l'action planifiée accorde une attention détaillée au concept normatif. Aux normes subjectives de la théorie de l'action raisonnée, à savoir les règles ou les attentes fixées par les autres quant aux comportements visés, la théorie de l'action planifiée ajoute des normes personnelles et comportementales. Les normes personnelles sont les pressions normatives appliquées par l'acteur à sa personne. Elles consistent en obligations morales ou en standards personnels en référence à ce qu'il est bien de faire: ne pas obéir à ces obligations et à ces standards entraînerait de la culpabilité. Pour leur part, les normes comportementales entrent en jeu dans la mesure où le comportement en question semble recevoir ou non l'approbation des personnes que l'individu admire. Cette théorie reconnaît donc que différents réseaux sociaux ont ou n'ont pas de normes de sécurité et que les normes particulières qui s'appliquent à un individu dépendent de sa position dans le réseau communautaire. Ces réseaux sociaux spécifiques peuvent regrouper des gens de même sexe, de même âge ou de même statut social.

Ces trois sortes de normes ont des conséquences diverses et représentent différents aspects de la pression normative. Par conséquent, il est nécessaire de faire appel à des stratégies variées pour les changer. Par exemple, des recherches auprès de jeunes Québécois ont montré que les normes subjectives, chez les jeunes célibataires étudiés qui étaient hétérosexuels et actifs sur le plan sexuel, ne favorisaient pas l'utilisation des préservatifs pour réduire les risques de transmission du VIH. En effet, il y avait peu de soutien de la part du cercle social de ces jeunes en faveur de l'utilisation des préservatifs (voir à ce sujet Maticka-Tyndale, 1991; 1992). Les normes sur lesquelles se fiaient ces adolescents étaient plutôt la fidélité (en général sous forme de monogamie sérielle), la réputation du partenaire à l'intérieur du réseau social ou, tout simplement, la chance.

Triandis (1977; 1994) a mené la théorie de l'action planifiée plus loin. Il s'en est servi pour formuler sa théorie du comportement social qui comprend une dimension supplémentaire qui est celle de l'influence de l'habitude. En effet, les comportements antérieurs risquent de s'être transformés en habitudes et d'avoir établi un mode d'action fixe susceptible d'être répété. Ces comportements antérieurs constituent un nouvel ensemble de difficultés qui s'opposent au changement. En outre, Triandis (1977; 1994) explique plus en détail les connexions qui existent entre l'intention et le comportement en tenant compte de l'habitude, du degré de maîtrise du comportement et des conditions qui influencent à la fois l'intention et le passage de l'intention vers le comportement.

Ces trois modèles fournissent de l'information très précise sur les facteurs clés qui influencent les intentions et les comportements éventuels et peuvent donner lieu à des recommandations détaillées pour déterminer quel processus cognitif vient soutenir un comportement désirable. Par contre, ces modèles ne permettent pas de savoir comment modifier ces composantes cognitives. Cette tâche revient aux modèles de l'apprentissage et de la communication.

Les théories de l'apprentissage

Les théories ou modèles de l'apprentissage tiennent compte des facteurs qui influent sur le changement. Les prémisses de ces modèles sont que les gens ont besoin qu'on leur fournisse des raisons de modifier leurs habitudes à risque. Ils ont aussi besoin de moyens et de ressources pour le faire. Ces raisons se retrouvent dans les conditions environnementales du renforcement. Aussi, pour élaborer des programmes de changement de comportement, il est important de définir les conditions requises pour le renforcement ainsi que les ressources propices au changement de comportement. Dans cette catégorie, les deux modèles les plus importants sont celui du conditionnement opérant (Skinner, 1969), surtout utilisé en médecine du comportement, et celui de la socialisation (*Social Learning*) (Bandura, 1977, 1989), surtout appliqué en éducation et dans les thérapies.

Le conditionnement opérant

Le conditionnement opérant (Skinner, 1969), plus communément appelé modification du comportement, est le fondement théorique de la médecine du comportement. Selon ce modèle, le maintien ou la modification du comportement résultent de l'application d'un renforcement environnemental. La reconnaissance et la gestion de ces renforcements peuvent donner aux gens le pouvoir de se protéger.

Il faut identifier deux facteurs pour être en mesure de modifier le comportement: les renforcements (résultats positifs ou négatifs du comportement) ainsi que les stimuli ou les signaux particuliers (tout ce qui déclenche un comportement et un renforcement). Le comportement peut être modifié par la manipulation de l'un ou l'autre de ces facteurs ou des deux. Le fait de maximiser les renforcements positifs afin d'obtenir les comportements désirés et de maximiser aussi les renforcements négatifs pour faire disparaître les comportements indésirables peut encourager l'adoption de comportements désirables. À ce moment-là, l'identification et le contrôle des signaux ou des stimuli permet à une personne de définir les contingences pour lesquelles un comportement risque ou ne risque pas de se produire. On notera qu'on ne fait pas référence, dans ce modèle, aux processus cognitifs: les signaux et les renforcements existent exclusivement dans l'environnement.

On utilise généralement le conditionnement opérant dans des thérapies de groupe ou des thérapies individuelles pendant lesquelles les sujets peuvent obtenir de l'aide pour identifier les stimuli et les renforcements spécifiques qui leur sont propres. L'attention portée par ce modèle aux facteurs environnementaux constitue à la fois sa force et sa faiblesse. Il convient bien pour le changement des comportements initiaux, pour le maintien des nouveaux comportements ou pour le traitement des rechutes, en particulier quand on a affaire à des comportements assujettis à une dépendance. Si l'on applique ce modèle à la transmission du VIH, les relations sexuelles, qu'elles soient protégées ou non, sont considérées comme étant assujetties à des habitudes, si elles sont renforcées de façon positive, et comme étant la source d'accoutumance. Les programmes de counselling individuel, de couple ou de petits groupes sont conçus pour aider les individus à reconnaître les signaux et les renforcements spécifiques associés aux habitudes sexuelles qui ne sont pas sûres et à changer graduellement les signaux ou les renforcements, ou les deux, afin de favoriser ceux qui sont propices à l'instauration de comportements désirables. Toutefois, comme ce modèle ne contribue pas à expliquer ce qui rend les signaux et les renforcements efficaces, à savoir combien de temps leur efficacité durera et à comprendre sous quelles conditions une catégorie générale de renforcement sera efficace, il s'avère difficile d'en faire dériver des programmes efficaces.

La théorie de la socialisation (Social Learning Theory)
Le modèle de la socialisation est une synthèse de la psychologie cognitive (dont la théorie de l'action raisonnée, la théorie de l'action planifiée et la théorie du comportement social sont des exemples) et des principes de l a modification du comportement. Selon la théorie de la socialisation, le comportement humain est une «interaction continue (réciproque) entre les déterminants cognitifs, comportementaux et environnementaux» (Bandura, 1977, p. vii). Le changement de comportement se produit généralement en réponse à l'une de ces quatre conditions: l'expérience personnelle, l'expérience de personnes semblables à soi, la persuasion verbale ou l'état psychologique (Bandura, 1977, 1989). Cette conceptualisation du comportement humain et des changements du comportement humain guide les théoriciens de la socialisation pour l'identification de déterminants spécifiques et de mécanismes capables de susciter des changements auprès de groupes, d'individus et de populations ainsi que pour la production de programmes sur mesure en vue d'obtenir des changements.

Trois facteurs clés de ce modèle ont été intégrés dans des programmes de prévention et de changement de comportement relatifs au VIH et au sida: le sentiment d'efficacité personnelle (*self-efficacy*), l'apprentissage d'habiletés et le modelage par l'observation (*role modelling*). Le sentiment d'efficacité personnelle, c'est-à-dire la croyance qu'on est capable d'atteindre un but particulier, est la force qui motive le changement de comportement. Au fur et à mesure que les habiletés requises pour le changement de comportement se développent, le sentiment d'efficacité personnelle augmente et contribue au maintien du changement comportemental. Quant aux modèles que l'on désire imiter (*role models*), ils laissent voir que le changement de comportement est possible. Les programmes fondés sur la théorie de la socialisation ont tendance à suivre une séquence comportant quatre étapes:

1. la diffusion d'information en vue d'augmenter la prise de conscience et les connaissances;
2. l'enseignement d'habiletés sociales et de la maîtrise de soi nécessaires pour la traduction de l'information en action préventive;
3. le développement d'habiletés précises par des exercices supervisés et l a réatroaction corrective dans des situations à risque élevé (simulées ou non);
4. l'obtention de la collaboration de personnes qui font partie du réseau de soutien social et qui adhèrent au nouveau comportement.

Le modelage par l'observation, le sentiment d'efficacité personnelle et l'apprentissage d'habiletés ont joué un rôle capital dans de nombreux programmes de prévention du sida ayant connu un certain succès. Le modelage par l'observation de pairs et d'éducateurs auxquels l'entourage s'identifie a été utilisé dans des programmes visant des adolescents lors de campagnes menées à Seattle (Freimuth *et al.*, 1990, p. 101), des jeunes dans la rue à Toronto (Beveridge, 1992) et des étudiants universitaires au Manitoba (Jackson, 1992). Le modelage et l'encouragement du sentiment d'efficacité personnelle ont été également particulièrement utiles lors d'importantes campagnes menées en Thaïlande (Maticka-Tyndale *et al.*, 1994) et lors de plusieurs campagnes s'adressant à des hommes gais (voir, entre autres, Valdiserri *et al.*, 1989). L'apprentissage d'habiletés concernant la négociation et la résistance à la pression du groupe ont aussi constitué le pivot de plusieurs campagnes (voir, entre autres, Jemmott *et al.*, 1990; Kelly *et al.*, 1992; Kipke, Boyer & Hein, 1993). La campagne de Fisher & Fisher (1992, 1993) à l'intention d'étudiants de niveau universitaire a aussi pris ces trois facteurs en considération.

La théorie de la socialisation a non seulement fourni un cadre à plusieurs approches complexes pour l'élaboration et la mise en application de programmes, mais aussi à des recherches préalables à l'élaboration, à la mise sur pied de programmes et à l'évaluation continue de ces programmes (Flora & Thorensen, 1988; Maticka-Tyndale *et al.*, 1994; Fisher & Fisher, 1992, 1993).

Modèles de processus de changement

Les modèles de processus de changement reconnaissent que le changement de comportement n'est pas un fait isolé, mais plutôt un processus qui se produit avec le temps et qui comprend trois composantes distinctes: la progression vers le but recherché, le recul par rapport au but recherché et le maintien du comportement. Deux modèles de processus de changement ont été appliqués à la prévention de la transmission sexuelle du VIH: le modèle de réduction des risques de transmission du sida de Catania (1990) (*AIDS Risk Reduction Model*) et le modèle transthéorique des étapes de changement de Prochaska *et al.* (1992) (*Transtheoretical Stages of Change Model*).

Le modèle de réduction des risques de transmission du sida (Catania, Kegeles & Coates, 1990)

Ce modèle a été élaboré spécifiquement pour faire face aux risques liés au sida. Il comporte trois étapes principales qui caractérisent les processus de changement et il tient compte de trois facteurs intermédiaires qui influent sur la progression d'une étape à l'autre. Les trois étapes prises en considération sont les suivantes:
1. la reconnaissance et l'identification d'un comportement risqué;
2. l'engagement à réduire les comportements à risque élevé et à augmenter les comportements à faible risque;
3. la recherche et la mise en place de stratégies pour atteindre les buts fixés.

Les six facteurs intermédiaires qui influent la progression d'une étape à l'autre sont les suivants:

1. la perception de la probabilité de contracter le VIH;
2. l'anxiété concernant les conséquences sérieuses sur la santé du VIH;
3. les connaissances au sujet de la transmission du VIH;
4. l'efficacité de la réponse, dans la mesure où l'on croit qu'une action préventive efficace peut être prise;
5. le sentiment d'efficacité personnelle ou la confiance dans ses propres habiletés à adopter ou à maintenir un comportement préventif;
6. des habilités de communications pour négocier des relations sexuelles protégées.

Nous n'avons trouvé qu'une seule étude publiée traitant d'un programme de prévention qui faisait appel au modèle de réduction des risques de transmission du sida. Malow *et al.* (1994) ont en effet utilisé ce modèle pour comparer les effets d'interventions psycho-éducatives et informatives aux effets obtenus lors d'interventions purement informatives. Les résultats montrent que le modèle de réduction des risques de transmission du sida est un outil utile pour l'explication des facteurs associés au changement.

Le modèle transthéorique des étapes de changement (Prochaska, DiClemmente & Norcross, 1992)

Le modèle transthéorique des étapes de changement a été élaboré par Prochaska *et al.* (1992) pour étudier les changements d'un grand nombre de comportements liés à la santé, comme la consommation de cigarettes et d'alcool, l'abus de plusieurs autres substances ou l'exercice physique. Le modèle transthéorique vise principalement à déterminer les forces qui amènent les gens à changer de comportement et à maintenir de nouveaux comportements. Ce modèle emprunte des segments de plusieurs modèles intrapersonnels, d'où son appellation.

Une des contributions majeures de ce modèle est l'inclusion du comportement à risque à l'intérieur du modèle: le modèle commence donc à partir du point où le changement ne s'est pas encore produit. Il s'intéresse aux déterminants de ce risque ou des comportements initiaux et fournit des recommandations qu'il s'agit de programmer pour obtenir une progression vers les autres stades. Le recul des comportements à faibles risques nouvellement adoptés vers des comportements antérieurs à risque plus élevé est considéré comme faisant partie intégrante du processus de changement et n'est pas considéré comme un échec ou une rechute. Cette intégration, à l'intérieur d'un modèle, du mouvement circulaire entre les comportements à risque élevé et les comportements à risque faible constitue la deuxième contribution majeure du modèle de Prochaska. Du point de vue du sentiment d'efficacité personnelle, le fait de comprendre et d'expliquer les changements par des aller et retour entre des comportements à risque élevé et des comportements à risque faible contribue à une progression globale en direction d'une réduction de risque plus importante. Si les aller et retour entre les nouvelles activités à faible risque et les anciennes à risque élevé sont considérés comme des échecs, des rechutes ou attribués à un manque d'habiletés, l'individu aura tendance à percevoir qu'il n'est pas vraiment efficace. De là, il lui sera plus difficile d'adopter à nouveau des comportements à risque faible. Si, au contraire, on considère que ce changement requiert du temps et que les aller et retour de comportements font partie du processus, la réapparition de comportements périodiques à risque élevé a des chances d'être interprétée comme étant un recul temporaire ou comme faisant partie du changement: le sentiment d'efficacité personnelle en sera augmenté par là même (Marlatt & George, 1984).

Lors de thérapies ou de sessions de counselling individuelles, il est possible de déterminer le stade où est rendu l'individu, ce qui permet de faire appel aux déterminants appropriés pour progresser vers le prochain stade de changement. Lors d'interventions ou communautaires de groupes, il est aussi possible de déterminer le stade prédominant, ce qui permet de sélectionner les interventions qui tiennent compte du degré d'évolution de la majorité des membres de ces groupes.

Critique des modèles intrapersonnels

Cinq critiques principales ont été adressées aux modèles intrapersonnels. Premièrement, dans tous les modèles intrapersonnels, la pratique de relations protégées par l'utilisation de préservatifs est considérée comme étant la seule décision rationnelle possible. Cette vision est fondée sur l'hypothèse que l'idée d'être infecté par le VIH est si horrible que rien d'autre ne pourrait, rationnellement, dépasser l'horreur potentielle de l'infection. Par conséquent, le seul empêchement à l'utilisation de préservatifs viendrait de lacunes de traitement cognitif. Toutefois, les circonstances de certaines rencontres sexuelles sont telles que le choix ne se situe pas entre le plaisir et la sécurité, mais entre des relations sexuelles qui portent le risque d'une infection au VIH et une mort lente, plusieurs années plus tard et le fait de pousser un partenaire sexuel à avoir des relations sexuelles protégées tout en risquant de mourir bientôt d'une mort rapide. Seul le modèle de socialisation de Triandis prend en considération les conditions circonstancielles. Pourtant, même là, ces conditions sont considérées à partir des perceptions individuelles des obstacles plutôt qu'à partir de conditions réelles. Cette vision particulière de la réalité a été remise en question par plusieurs études (entre autres celles d'Ingham, Woodcock & Stenner, 1992). Cette première critique nous amène à d'autres préoccupations concernant les modèles intrapersonnels.

La deuxième critique est la suivante: bien que les actions ou les comportements soient incorporés dans l'étape finale de tous les modèles, à l'exception du modèle transthéorique de Prochaska (Prochaska, DiClemente & Norcross, 1992), l'attention est centrée sur l'explication de la formation de l'intention de l'action alors que la connexion entre l'intention et l'action ne fait pas vraiment partie du modèle et est rarement étudiée. Quand le centre d'attention passe de l'intention à l'action, il n'est plus possible de ne considérer que l'individu, comme on le fait dans ces modèles. Il devient aussi important de tenir compte des facteurs externes à l'individu. Un de ces facteurs est la présence ou l'influence d'un partenaire sexuel et la dynamique de la relation avec ce partenaire. Les caractéristiques des relations sexuelles entre partenaires ainsi que les circonstances qui ont une influence sur ce qui se passe réellement entre partenaires ne sont pas prises en considération dans ce modèle. Nulle part, on ne tient compte des mécanismes de communication, de négociation, de réalisation des intentions ou des façons de réagir face à des

intentions conflictuelles. Ni l'émotion ni l'excitation sexuelle ne sont comprises dans aucun de ces modèles intrapersonnels. Les effets de situations
connexes à l'activité sexuelle, comme l'ivresse, ne sont pas non plus pris en
considération. Bref, dans tous ces modèles, les comportements sexuels sont
considérés comme des événements isolés. Seul Triandis incorpore les comportements antérieurs (les habitudes). Malgré cela, aucun de ces théoriciens ne
prend en considération l'évolution des interactions sexuelles.

Dans l'ensemble, ces critiques soulignent le besoin d'élaborer des modèles
de prévention qui tiennent compte du fait que le comportement sexuel et l a
réduction de risque sont liés au contexte que les activités sexuelles entre
partenaires ont pour cadre des histoires de vie et des évolutions de vie
sexuelle qui constituent une forme de communication et qui sous-entendent
plusieurs autres formes de communication et de négociation. Tout cela se
passe dans un contexte qui peut aller à l'encontre de la réalisation de
l'intention rationnellement formée.

LES THÉORIES DES RELATIONS INTERPERSONNELLES

Dans les modèles et les théories interpersonnelles, l'attention se déplace
des individus vers les interactions, les séquences et les scénarios sexuels.
L'action qui consiste à réduire le risque est considérée, dans ces modèles,
comme se déroulant entre deux personnes qui possèdent chacune leur histoire
personnelle, sociale et culturelle. L'action doit être considérée et comprise à
l'intérieur des contextes des relations, des histoires de vie propres à chacun
et des cultures. Nous nous pencherons ici sur deux façons de concevoir la nature
interpersonnelle de la réduction de risques:

1.   la théorie du scénario sexuel (*Sexual scripting theory*);
2.   les théories de la communication interpersonnelle.

Les théories élaborées dans chacun de ces domaines sont issues principalement des disciplines de la sociologie et de la communication. Dans aucune
de ces disciplines, la sexualité ne constitue un champ d'intérêt pratique
important. Donc, on n'a pas considéré que les théories et les modèles élaborés
pour comprendre les scénarios sexuels et les relations entre deux personnes
recoupaient d'autres champs pratiques ou théoriques, comme c'est le cas pour
les modèles intrapersonnels dans les sciences psychologiques et comportementales. Cette réalité, et aussi l'hésitation générale qu'ont les principaux
bailleurs de fonds à financer des recherches portant sur la sexualité (voir
Laumann *et al.*, 1994, pour une discussion des problèmes de subvention rencontrés dans le cadre d'importantes recherches américaines, problèmes que
connaît aussi le Canada) explique la lenteur considérable des progrès de
l'élaboration de modèles interpersonnels appropriés à la compréhension de
la prévention de la transmission sexuelle du VIH ou la lenteur des recherches
entreprises à ce sujet.

Les relations sexuelles en tant que scénario de comportement

La théorie du scénario sexuel (*Sexual scripting theory*) a ses racines dans
la sociologie, plus particulièrement dans l'école des tenants de l'interaction
symbolique (*Symbolic interactionist school*). Elle a été élaborée principale-

ment pour expliquer les comportements sexuels par Gagnon et Simon (Gagnon, 1977; 1991; Gagnon & Simon, 1973; Simon & Gagnon, 1986). Elle a été utilisée pour étudier et expliquer les changements de comportements sexuels chez les adolescents et les jeunes adultes (entre autres par DeLamater & MacCorquodale, 1979; Maticka-Tyndale, 1991; 1992) et l'évolution des scénarios chez les gais et les lesbiennes (Simon & Gagnon, 1967), pour mettre au point une façon de voir la variation de l'expression sexuelle féminine (Laws & Schwartz, 1977) et pour étudier les enfants victimes d'abus sexuels (Gagnon, 1965). Plus récemment, la théorie du scénario sexuel a figuré parmi les trois cadres théoriques ayant servi à une importante enquête exhaustive sur la sexualité chez les adultes menée aux États-Unis (Laumann *et al.*, 1994).

Les prémisses de base de ce cadre théorique sont que le comportement sexuel est vécu comme un scénario (ou un script), comme dans un film ou une pièce de théâtre. Ce qui se passe et la probabilité que quelque chose se passe dépendent des acteurs, du lieu, des enchaînements, des accessoires et des signaux qui appartiennent à différents scénarios, bref de toutes ces variables. Ainsi, à un niveau élémentaire, un scénario comprend de l'information sur les questions suivantes: qui? quoi? où? quand? pourquoi? ainsi qu'une séquence qui se concrétise par un résultat particulier. Gagnon et Simon estiment qu'il y a trois niveaux de scénarios: les niveaux culturel, interpersonnel et intrapsychique. Sur le plan culturel, on trouve des scénarios communs aux membres d'une société, d'une communauté ou d'un groupe qui sont véhiculés par les croyances, les histoires, les médias et les contes propres à ce groupe. Ces scénarios culturels, associés aux scénarios intrapsychiques qui comprennent les fantasmes personnels, deviennent partie intégrante de scénarios interpersonnels formulés par les personnes et appliqués aux interactions sexuelles. Ainsi, l'individu n'est pas seulement un acteur qui joue un rôle à partir d'un scénario, mais il est aussi auteur du scénario et acteur qui improvise en modifiant et en adaptant un scénario selon les circonstances. L'utilisation de préservatifs pour des relations sexuelles protégées est habituellement considérée, dans ce genre de modèle, comme une improvisation par rapport aux scénarios existants: elle requiert une reformulation constante du scénario pour s'y intégrer. Selon cette approche théorique, il est important de comprendre les scénarios culturels et interpersonnels. Il est aussi important de savoir où et comment ces scénarios comportent des risques élevés ou faibles de transmission du VIH et de distinguer les niveaux de pouvoir des acteurs ainsi que les points de jonction qui laissent place à la flexibilité et à l'improvisation.

Les recherches qui s'appuient sur l'approche du scénario concluent que l'utilisation de préservatifs pour la prévention de la maladie ne fait pas partie des scénarios culturels prédominants dans le cas des interactions hétérosexuelles. La recherche menée par Maticka-Tyndale (1991, 1992) auprès de jeunes adultes hétérosexuels, au Québec, a montré le problème qu'il y avait à introduire des préservatifs dans des scénarios où les relations sexuelles sont fondées sur la confiance mutuelle. La confiance mutuelle incorporée aux scénarios utilisés par ces jeunes adultes excluait en effet l'utilisation des préservatifs. Il n'y avait pas de place, dans la séquence sexuelle contenue dans leur scénario, pour l'introduction de préservatifs sans briser les attentes de confiance mutuelle entre partenaires. Ainsi, les programmes de prévention qui visent à augmenter l'utilisation des préservatifs doivent être pensés en fonction du caractère de confiance mutuelle qui fonde la relation et éviter de les présenter en tant que précaution à prendre quand on ne connaît pas un partenaire ou quand on ne lui fait pas confiance. De la même manière, Fisher (1990) a élaboré des scénarios de contraception pour les étudiants de l'Université of Western Ontario. La présentation des préservatifs comme méthode contraceptive à utiliser uniquement au début de la vie sexuelle ou d'une relation, nuit à leur utilisation sur une base continue et à la double protection qu'ils pourraient procurer.

La recherche menée par Holland *et al.* (1992) auprès de jeunes filles, au Royaume-Uni, a mis en lumière les différences de scénarios qui existent entre les hommes et les femmes ainsi que les différences de niveau de pouvoir qui découlent de ces scénarios. Les jeunes femmes ont tendance à définir les relations sexuelles en termes d'amour, de romantisme et de relations avec les hommes. Chez les hommes, les besoins et les désirs sexuels ont la préséance. Les hommes jouent donc un rôle actif et sont plein d'assurance tandis que les femmes répondent aux besoins et aux avances des hommes. Quand les femmes commencent à avoir des relations sexuelles, elles n'ont pas d'expérience antérieure sur laquelle se fier. Beaucoup de femmes, en fait le quart de l'échantillon de Holland, disent avoir eu une première relation sexuelle non désirée en réponse à la pression exercée par un homme. En fait, la pression que les hommes exercent sur les femmes pour faire l'amour est intégrée au scénario sexuel des interactions hétérosexuelles. C'est donc le scénario culturel à l'intérieur duquel les jeunes femmes bâtissent et vivent leurs scénarios personnels, qui comprennent la possibilité d'utiliser des préservatifs.

Les programmes de prévention élaborés à partir du modèle du scénario sexuel mettent l'accent sur le développement des habilités d'improvisation et des capacités de reformulation du scénario des interactions sexuelles, de façon à inclure les préservatifs à la fois dans les scénarios culturels (en ciblant les groupes de pairs) et vivent leurs scénarios personnels. Ces programmes mettent également l'accent sur le travail requis pour modifier les normes du groupe. Fisher & Fisher (1992, 1993) ont élaboré des programmes de prévention pour des étudiants universitaires qui intégraient les modèles du scénario et le fait de se modeler aux comportements désirés par l'observation. Ces programmes ont été utilisés lors de sessions de formation à l'intention de petits groupes d'étudiants où l'improvisation et la reformulation de scénarios étaient mises en pratique. Ces programmes ciblaient des groupes intacts préexistants dans le but d'influencer les scénarios culturels locaux. Maticka-Tyndale *et al.* (1994) ont incorporé les mêmes composantes dans leurs programmes de prévention en Thaïlande où des villages entiers ont été ciblés pour l'intervention (scénarios culturels). L'utilisation de groupes et de communautés intacts est essentielle pour la modification des scénarios culturels et son importance pour les programmes de prévention a été observée par Valdiserri *et al.* (1987) lorsqu'ils ont fait un examen des programmes ayant connu un certain succès.

La communication interpersonnelle

Les modèles de communication interpersonnelle mettent l'accent sur les aspects de la communication pendant les interactions sexuelles et cherchent à savoir comment la communication concernant l'utilisation des préservatifs peut être intégrée dans les scénarios sexuels. Le modèle de l'obtention du consentement (*Compliance-Gaining Model*) d'Edgar (1992) est fondé sur des recherches portant sur les types de communication qui augmentent la possibilité d'amener un partenaire à consentir à une activité désirée. Ce chercheur conseille d'employer les connaissances acquises grâce à ce modèle pour l'enseignement d'habiletés de communications utiles quand il s'agit d'amener une personne à consentir à se servir de préservatifs.

Metz & Fitzpatrick (1992) incluent dans leur modèle deux phases de communication qui sont intégrées dans des scénarios sexuels: celle où l'on cherche à obtenir de l'information et celle où l'on exprime le désir d'utiliser un préservatif. Les résultats de ces recherches montrent que le scénario de l a phase d'information ne donne pas lieu à une discussion sans fin mais sert plutôt à confirmer le besoin de vérifier que le partenaire est sûr. Découvrir qu'un partenaire constitue un choix risqué place le communicateur dans une position difficile. Cette réalité, alliée à la menace que constitue la phase d'expression et de requête, à savoir la possibilité d'être rejeté ou mal vu, produit une situation rarement vécue. Par conséquent, il est difficile de savoir comment un partenaire s'y prend dans ces circonstances pour demander à l'autre d'utiliser des préservatifs.

Adelman (1992) s'est intéressé à la communication portant sur des activités improvisées, des activités sans scénarios. C'est exactement l'opposé des modèles cognitifs qui dépeignent les activités sexuelles, en particulier les relations sexuelles protégées, comme étant dirigées par des buts élevés et comme étant le résultat de processus cognitifs. L'approche d'Adelman est compatible avec la théorie du scénario. Adelman estime que la conception selon laquelle les négociations seraient dirigées par des buts et que les conditions qu'elles requièrent pour l'établissement d'une discussion et l'arrêt d'une action non désirée, constituent un mauvais modèle d'interactions sexuelles. D'après lui, l'improvisation qui caractérise le modèle du jeu est plus appropriée. Le jeu est un modèle qui convient tout à fait à l'activité d'improvisation parce qu'il est imprévisible, il est en suspens et laisse de l a place au potentiel émotif de l'excitation et de la sensualité qui sont évidentes lors des interactions sexuelles. Quand il est intégré dans un programme de prévention, le modèle ou la métaphore du jeu déplace l'attention initialement portée à la question suivante: «Que fait (prévention) cet objet (préservatif)?» vers la question que voici qui est créative, ludique et ouverte à l'improvisation: «Que puis-je faire avec cet objet?» Cette approche tient compte de la nature sensuelle et ludique de l'interaction sexuelle et ne requiert pas de communication verbale. Elle permet au partenaire d'intégrer les préservatifs dans un scénario sexuel au lieu de voir les préservatifs comme une chose qui doit être introduite avant que la passion et la sensualité ne prennent le dessus, donc une chose qui doit être négociée avant l'acte. Les programmes de prévention fondés sur le modèle de l'utilisation du préservatif en tant que jeu font appel à des techniques de remue-méninges pour examiner diverses façons d'utiliser et d'introduire les préservatifs (Adelman, 1992).

Critique des modèles interpersonnels

La principale critique qu'on peut formuler à l'égard des modèles inter-personnels est qu'ils ne sont pas encore entièrement au point, particulièrement quand il s'agit de les appliquer aux risques et à la réduction des risques de transmission sexuelle du VIH. Chacun de ces modèles permet de comprendre, en gros, les facteurs interpersonnels, mais ils laissent le soin aux chercheurs et aux concepteurs de programmes de déterminer l'impact particulier de chaque facteur ainsi que les mécanismes de changement avant de pouvoir les appliquer dans des programmes de prévention.

Modèles intégrés pour l'élaboration de programmes

Fisher & Fisher (1992, 1993) et Leviton (1989) préconisent une certaine flexibilité dans l'utilisation des modèles théoriques et fournissent des lignes directrices pour l'élaboration de programmes de prévention ou de change-ment de comportement à partir d'une intégration des modèles intrapersonnels et des modèles interpersonnels. En fait, les modèles à privilégier dépendent des besoins exprimés en fonction de chaque situation ou de la communauté visée. Chacun de ces chercheurs met l'accent sur le fait que l'élaboration de programmes doit être fondée sur une recherche particulière à la communauté en même temps que sur des modèles de changement établis.

Fisher & Fisher (1992, 1993) fondent leur approche à la fois sur les concepts des théories individualistes et sur ceux des théories du scénario. Ils groupent les facteurs qui influencent le comportement en trois grandes catégo-ries: l'information, la motivation et les habiletés comportementales. Le comportement est conçu comme une suite complexe d'étapes, un peu comme dans un scénario. Ces chercheurs constatent plusieurs faiblesses dans les programmes de prévention existants, comme l'absence de formation en vue de l'acquisition d'habiletés et de renforcement de la motivation. S'inspirant de l'approche de Fishbein et Ajzen, ils préconisent de mener des recherches pour mettre à jour les contenus locaux et particuliers de chacune des composantes qui influencent les scénarios de comportement. Ils se fondent ainsi sur le modèle de la croyance dans la santé, la théorie de l'action raisonnée et l a théorie de l'action planifiée pour demander: «Quelles sont les zones où l'information au sujet de la transmission et de la prévention du VIH est défi-ciente? Quelles sont les croyances, les normes et les attitudes qui motiveront les individus à se préoccuper de réduire les risques et de les éviter?» Ils se fondent enfin sur la théorie de la socialisation pour demander: «Quelles sont les habiletés comportementales requises pour s'engager dans la réduction et l'évitement des risques?»

La partie de leur programme qui porte sur le développement des habile-tés combine des facteurs universels, certains comme le sentiment d'efficacité personnelle, le contrôle interne des questions de santé relatives au sida, les habiletés de communication et d'affirmation de soi et le développement d'habiletés propres au groupe cible dans la recherche préalable. La théorie du comportement social est utilisée pour élaborer des programmes s'appuyant sur les résultats de recherches préalables. Ces programmes sont utilisés auprès de groupes «intacts» qui ont des réseaux sociaux capables de produire des effets circulaires de changement en faveur de la prévention qui se renforcent continuellement en termes de réduction de risques, d'information, de motivation, d'habiletés comportementales et de comportement relatifs au sida» (Fisher & Fisher, 1992, p. 144).

Alors que Fisher & Fisher (1992, 1993) établissent un cadre théorique qui intègre plusieurs modèles et s'emploient ensuite à rendre leur modèle applicable à plusieurs situations particulières, Leviton (1989) préconise la sélection d'un cadre de situation particulier et utilise la technique du schéma directeur (*blueprinting*) pour comprendre le comportement à risque. La technique du schéma directeur inclut non seulement l'étude des facteurs individuels, mais aussi des facteurs culturels et situationnels qui sont liés au comportement ciblé (voir plus loin). Le modèle théorique approprié est sélectionné à partir du schéma directeur. Ainsi, le même comportement lors de situations ou au sein de groupes différents risque de devoir faire appel à différents modèles ou théories pour l'obtention d'une prévention efficace. La principale faiblesse de la théorie du schéma directeur est que la recherche des raisons qui font que des programmes particuliers réussissent ou ne réussissent pas devient très complexe, si ce n'est impossible, puisque que cette recherche nécessiterait l'évaluation du bien-fondé du choix du modèle pour l'élaboration du programme et sa mise en application. De plus, Leviton ne donne aucun indice sur la manière de sélectionner un modèle et n'indique pas quand et comment changer de modèle lorsque les circonstances changent au cours du temps.

LES MODÈLES À L'ÉCHELLE DE LA CULTURE ET DE LA COMMUNAUTÉ

Dans la plupart des recherches qui portent sur la prévention du VIH et du sida, la variable culture se confond avec les variables démographiques, c'est-à-dire l'âge, la race, la religion, l'appartenance ethnique, le statut socioéconomique, le sexe. Toutefois, de plus en plus, les chercheurs et les concepteurs de programmes cherchent à comprendre avec plus de précision l'influence de la culture et du processus de construction des réponces des gens au VIH et au sida, en référence à cette culture, ainsi qu'à la réduction des risques. Certains chercheurs estiment même que la culture devrait constituer un concept d'organisation central pour les programmes éducatifs concernant le VIH et pour l'évaluation de leurs résultats. Sur le plan pratique, la culture, telle que la conçoivent ces modèles, a constitué le pivot des programmes élaborés par les organismes populaires ancrés dans la communauté. Toutefois, ce sont les sociologues et les anthropologues qui ont généralement mis au point et étudié les théories et les modèles de culture.

Du point de vue des modèles de culture, la représentation sociale devient un concept essentiel pour la compréhension des risques qui se rapportent au VIH et leur prévention. Les représentations sociales sont des systèmes de valeurs, d'idées et de pratiques adoptées par les membres d'une société particulière. C'est ce qui permet de conceptualiser et d'expliquer les événements sociaux. Les gens les adoptent de la même manière qu'ils s'approprient tous les aspects que recouvre la réalité physique et sociale, parce qu'ils sont nés dans un monde où il existe déjà des représentations (Markova & Power, 1992). Les représentations sociales font partie de l'environnement sociopsychologique ou de la réalité sociale et comprennent non seulement les constructions rationnelles (par exemple, les concepts de maladie), mais aussi les croyances et les attitudes de la société, les anxiétés profondément enracinées et partagées, les valeurs culturelles, les normes morales et les scénarios culturels. Tout comme le savoir qui est construit par la société, les représentations sociales circulent entre les gens sous forme d'histoires de bonnes femmes, de croyances, de sagesse populaire, de rumeurs et d'associations d'idées conscientes ou inconscientes. Elles existent de façon cachée, implicite plutôt qu'à découvert, et de façon explicite (voir Maticka-Tyndale, 1992). Moins le public est conscient des représentations sociales, plus celles-ci ont un effet sur lui. Les scénarios sexuels culturels, tels qu'ils ont été élaborés par Simon et Gagnon (Gagnon & Simon, 1973; Laumann et al., 1994; Simon & Gagnon, 1986) et dont nous avons parlé plus tôt, sont une forme de représentation sociale.

Les contextes culturels et historiques et les représentations sociales dans lesquels le sida se manifeste affectent la manière qu'a le public de sélectionner activement l'information qui lui est pertinente, de l'interpréter et de l'assimiler. Ainsi, les messages éducatifs et les messages de prévention au sujet du VIH sont interprétés à partir du contexte des représentations sociales plutôt qu'à partir des connaissances scientifiques. En fait, les recherches indiquent que les représentations sociales et collectives du VIH et du sida, de leur transmission et de leur prévention risquent d'avoir un effet plus fort sur le comportement des gens que les connaissances s'appuyant sur la science (voir à ce sujet Maticka-Tyndale, 1992; Michal-Johnson & Bowen, 1992).

Les modèles de prévention qui mettent l'accent sur la culture et la communauté sont répartis en trois catégories dans ce chapitre:
1. les modèles d'implication et de développement communautaire;
2. les modèles de communication communautaire;
3. les modèles de marketing social.

Les modèles d'implication et de développement communautaire
Ces modèles accordent moins d'attention à la recherche et visent à spécifier les caractéristiques qui influencent le changement de comportement. Ces modèles s'intéressent plutôt à comprendre l'importance de la communauté et de la culture afin d'utiliser cette compréhension en vue d'élaborer un modèle de programme de prévention. Deux modèles servant à l'élaboration de programmes tiennent compte de la dimension culturelle. Le premier est un modèle dit consultatif ou fondé sur la collaboration. Quant au second, c'est un modèle dit de développement communautaire et qui vise à redonner le pouvoir aux gens. Kelly (1992) a mis en évidence trois aspects du modèle de collaboration communautaire relativement à l'élaboration de programmes de prévention. Tout d'abord, le but du programme doit être de changer les normes de la communauté plutôt que de changer les normes et les comportements individuels. Deuxièmement, les programmes doivent cibler des communautés (par exemples, des communautés fondées sur le sexe, la géographie, la race, l'origine ethnique ou l'orientation sexuelle) plutôt que des individus. Enfin, une fois que la communauté à cibler a été identifiée, les membres de la communauté doivent collaborer à la conception de l'intervention et à l'établissement de ses modalités d'application. Le rôle

des membres de la communauté est de s'assurer que les caractéristiques, les besoins et les préférences du groupe cible sont intégrés au programme. Cette étape est essentielle pour pouvoir vendre le programme à une communauté. Le message et les moyens pris pour le transmettre doivent être compatibles avec les normes du groupe cible si l'on veut obtenir un degré élevé de pénétration dans le système social ou le réseau de la population visée. Le programme ne sera d'aucune efficacité s'il est trop difficile à comprendre, si les gens pensent qu'il s'appuie sur des jugements de valeurs, s'il est étranger aux normes, s'il paraît venir de l'extérieur ou s'il semble menaçant ou hostile.

Dans une brève descénarioion de son travail auprès des Cris dans l a région de la baie James, au Québec, Valverde (1992) aborde le modèle de collaboration communautaire de façon moins linéaire. D'après elle, la collaboration communautaire «semble emprunter des trajets circulaires entre l'identification, l'analyse, l'apprentissage, l'application et l'évaluation, comme cela se fait dans les dialogues entre plusieurs intervenants». (Valverde, 1992, p. 11). Elle met l'accent sur le besoin d'un engagement commun envers le bien-être de la communauté afin que la collaboration, ainsi que les négociations qui font nécessairement partie de ce processus, puissent être maintenues au cours du temps.

Les *AIDS Community Demonstration Projects* qui se sont déroulés dans plusieurs villes des États-Unis et qui s'appuyaient sur le modèle de collaboration communautaire visaient cinq populations prioritaires (*Centers for Disease Control and Prevention*, 1992). Pour chacune de ces populations, on s'est servi de cas réels de réussite de changement de comportements qui s'étaient produits dans la communauté même afin de les traduire en messages de prévention du VIH. Des membres de la communauté entraînés à livrer ce message de prévention ont diffusé ces messages plus largement dans leur communauté. Ces projets ont aussi été parmi les premiers à utiliser le modèle des stades de changement de comportement de Prochaska (Prochaska, DiClemente & Norcross, 1992) en ayant recours à des messages conçus pour des membres de la communauté à différents stades de changement de comportement. Différents programmes élaborés conjointement par plusieurs universités, ministères et organismes communautaires illustrent ces approches de collaboration communautaire. Ces projets s'adressaient à des minorités culturelles (Singer *et al.*, 1994; Thomas & Morgan, 1991), à des femmes marginalisées (Cohen *et al.*, 1994; Kalichman *et al.*, 1996), aux travailleurs itinérants (Bletzer *et al.*, 1994), aux communautés géographiques à faibles revenus et affligées de nombreux problèmes (Bruhn, 1990; Clark, 1988; Valverde, 1992) ou à des jeunes vivant dans la rue (Beveridge, 1992; Lowry & Connolly, 1992). Ces projets, alliés aux modèles d'éducation par les pairs expérimentés partout dans le monde, ont prouvé à de nombreuses reprises leur efficacité pour l'augmentation des activités de prévention recherchées (voir à ce sujet Caron *et al.*, 1990; DiClemente, 1986, 1993; Dorfman, Derish & Cohen, 1992; Foumera *et al.*, 1993; Ikonga *et al.*, 1992; Jain *et al.*, 1993; Kale *et al.*, 1993).

Quand il y a collaboration avec la communauté, le contrôle du programme et son évaluation demeurent dans les mains de gens qui sont à l'extérieur de la communauté: ministères, organismes gouvernementaux, professionnels et professeurs d'université. Une des forces de ce modèle est que les ressources et les habiletés des professionnels et de la communauté universitaire peuvent être intégrées aux connaissances populaires et à la sensibilité de la communauté. La plus importante faiblesse de ce modèle est que, à moins que la propriété et le soutien pour le programme puissent être transférés à la communauté ou à un organisme communautaire, le programme risque de s'effondrer (Bossert, 1990; Weeks, 1990). De plus, les programmes peuvent facilement devenir trop lourds à supporter pour les ressources des individus et des groupes qui participent au projet (voir à ce sujet Stinson, 1993; et différents articles dans Van Vugt, 1994).

Quant au deuxième modèle de développement communautaire, il vise à donner aux groupes cibles un certain pouvoir pour appliquer avec succès leur propre programme, soit par le don d'un soutien aux organismes communautaires existants, ou par la création d'organisations spécifiques pour s'occuper des programmes de prévention du sida (Valdiserri, 1989). Cette option présuppose que la recherche et l'élaboration des programmes cesse d'être l'apanage des universités, des organismes gouvernementaux et des consultants professionnels pour échoir aux organismes communautaires. Cette approche fait fi de la phase interminable de la recherche participative dans la communauté alors qu'elle sert à mettre à jour et à comprendre les préalables d'un programme pour qu'il soit efficace au sein de la communauté. Dans ces cas-là, c'est plutôt à la communauté, qui doit faire appel au savoir-faire communautaire, qu'appartient le mandat de l'élaboration du programme. Dans ce modèle, les organismes communautaires ancrés dans leur propre culture, sont considérés comme étant les meilleurs endroits pour l'élaboration de programmes qui correspondent bien aux représentations sociales et à la compréhension du VIH et du sida dans ces communautés. La recherche, quand il y en a, risque de se faire selon un modèle d'action participative comme ce qui s'est passé, à New-York, pour le *Gay Men's Health Crisis* (Reinfield, 1994) et pour le *Community Research Initiative* (Harrington, 1994).

La force de ce modèle est qu'il investit directement dans les programmes et les communautés. Sa principale faiblesse est qu'il requiert la présence d'une communauté reconnue et assume que les communautés auront la connaissance et le savoir-faire nécessaires pour l'élaboration de programmes efficaces (voir Harrington, 1994, discussion des problèmes rencontrés par le *Community Research Initiative*). La viabilité de programmes de prévention, quand ils sont en compétition avec d'autres besoins de la communauté, constitue aussi un problème pour les programmes dont le soutien est uniquement assuré par les organismes communautaires (voir à ce sujet Stinson, 1993; Bossert, 1990).

La communication à l'échelle de la communauté

Les modèles qui tiennent compte des composantes qui rendent la communication efficace dans la communauté peuvent être appliqués à l'élaboration de programmes communautaires. Tout comme les théories de l'apprentissage et de la communication interpersonnelle, ces modèles de communication mettent plus l'accent sur la recherche de ce qui est requis pour amener les individus ou les communautés à agir que sur la spécification des éléments et des mécanismes qui entrent en jeu dans le comportement et la culture. Ce modèle s'attaque à deux questions: comment maximiser l'effet persuasif, du message et comment diffuser le message et susciter les résultats attendus dans l a communauté?

Maximiser la persuasion

Deux composantes de la communication sont prises en considération pour établir un modèle de persuasion, à savoir les intrants et les extrants. Les intrants sont les campagnes de communication ou de prévention en tant que telles, tandis que les extrants sont les résultats espérés. Les modèles qui visent à maximiser la persuasion décrivent en détail les facteurs spécifiques aux intrants et aux extrants qui ont une influence sur la puissance de persuasion du message (voir Leviton, 1989, pour un tour d'horizon complet de cette question). En ce qui concerne les intrants, ces modèles tiennent compte des caractéristiques de la source du message, de son contenu et de la présentation de son contenu, des canaux ou voies par lesquels le message est reçu, des caractéristiques particulières de ceux qui reçoivent le message et qui influenceront la manière de recevoir le message, et de la cible du message (c'est-à-dire les changements sur le plan des connaissances, des attitudes et du comportement). Ces caractéristiques ont une influence sur les extrants dans ce sens qu'elles ont un impact sur l'exposition au message, sur le nombre de personnes touchées, sur le fait que le message sera apprécié ou qu'il saura intéresser les gens, sur la compréhension de son contenu, sur le fait que le message fait référence à d'autres connaissances, sur l'acquisition d'habiletés pertinentes, sur l'accord avec le positionnement du message, sur sa rétention et sa performance dans la mémoire, sur sa permanence dans la mémoire, sur les décisions prises à partir de cette information et sur l'évaluation de nouvelles attitudes après l'action. Même si les intrants répondent à des conditions très désirables et sont bien ajustés à la situation, les extrants, c'est-à-dire les changements de comportement, risquent d'être moins importants que ce qu'on aurait souhaité car la chaîne des extrants peut faire défaut à tous les stades, l a conséquence étant que les futurs extrants ne seront alors pas affectés par le message.

La diffusion de l'innovation

Les messages et les programmes communautaires n'influencent pas seulement ceux qu'ils visent directement. Ils ont également le potentiel d'être diffusés par l'intermédiaire du réseau communautaire. Les modèles de diffusion de l'innovation (ici, les relations protégées) tiennent compte de facteurs qui ont une influence sur la possibilité que l'innovation se répande dans l a communauté et la façon dont cette innovation se répandra.

Les caractéristiques de la source, du contenu, des canaux de communication et des cibles visées ont une influence sur le pouvoir de persuasion de l a communication sur les individus. Ces caractéristiques déterminent également la probabilité qu'auront les extrants ou les messages de se répandre dans l a communauté, mais aussi sur la manière qu'ils auront de se répandre. De plus, la vitesse et le cheminement de la diffusion dépendent des caractéristiques de la structure de la communauté, de la place et du statut des membres de l a communauté faisant partie de la chaîne de diffusion ainsi que de la compatibilité du message avec les normes propres à ce groupe (Rogers & Shoemaker, 1971).

Trois stratégies de programmes illustrent l'application du principe des modèles de la communication et de la diffusion de l'information. Par exemple, lors de l'élaboration d'un programme à l'intention d'un groupe d'hommes d'origine hispanique, les responsables du projet se sont rendu compte que le titre du programme pouvait déterminer si un message avait la capacité de toucher ou non son public cible. Le titre donné au programme «*How to have an Affair Safer*», soit «Comment avoir une aventure sexuelle sans prendre de risques» qui s'adressait à ces hommes s'est avéré compatible avec les normes culturelles dominantes qui incluent la négation du risque d'attraper le sida, l'importance accordée à la protection de la famille, c'est-à-dire aux épouses et aux enfants, et le besoin machiste de sexualité (Valdiserri, 1989, p. 142). Dans un deuxième exemple, on a utilisé des groupes de discussion dans plusieurs programmes afin de cerner les besoins communautaires tels qu'ils étaient perçus. Effectivement, si un groupe ne perçoit pas le besoin d'un programme et ne le désire pas, ce programme ne sera d'aucune efficacité auprès de cette communauté. La technique des groupes de discussion a été utilisée dans différents programmes pour définir ce dont les membres de la communauté pensaient avoir besoin et comment ils voulaient que les informations leur soient présentées. Mentionnons quelques-uns de ces programmes: *Babashi*, un programme qui visait les Afro-Américains (Valdiserri, 1989), une campagne menée à Vancouver pour promouvoir les préservatifs auprès de jeunes adultes (Wagman, 1992) et un programme mis sur pied en Thaïlande qui visait des villageoises (Maticka-Tyndale *et al.*, 1994). Enfin, les programmes intitulés «*Train the Trainer*» et «*Peer Educator*» sont fondés sur les principes de la diffusion de l'innovation (voir Caron *et al.*, 1990; DiClemente, 1986; Dorfman, Derich & Cohen, 1992; Foumena *et al.*, 1993; Ravelo *et al.*, 1991). Dans ce contexte, les membres clés de la communauté sont identifiés, ciblés et formés pour introduire les programmes de prévention dans leurs communautés. Ils sont choisis parce qu'ils ont les caractéristiques désirables par rapport à la source et à la cible et, lors de leur formation, on met l'accent sur les habiletés à communiquer en utilisant les principes déterminés dans le modèle de persuasion.

La diffusion du modèle de l'innovation montre combien est important de savoir comment la communication se produit dans un groupe, de connaître la structure hiérarchique de ce groupe et les valeurs répandues dans cette population et de déterminer comment les divers comportements sont vus par les membres du groupe afin de tenir compte de ces données dans les programmes ou les messages à diffuser. Ceci nous ramène aux deux modèles d'élaboration de programmes de prévention fondé sur la reconnaissance de l'importance de la culture pour influencer les changements de comportements.

Marketing social

Le terme «marketing social», qui est apparu en 1952, est utilisé pour décrire l'utilisation des principes et des techniques de marketing en vue de faire avancer une cause sociale, une idée ou un comportement. En marketing social, les idées et les comportements sont vendus: on en fait la promotion sur le marché un peu comme on le ferait pour la commercialisation de produits commerciaux, en portant une attention particulière au produit, à son prix, à sa place et à sa promotion. Les modèles de communication communautaire et de marketing sont centraux pour le modèle de marketing social.

Dans le cas de la promotion de la relation sexuelle protégée, le produit est constitué par les actions particulières, les comportements ou les valeurs et attitudes requises pour rendre les relations sexuelles plus sûres. Ces produits, ce sont généralement les préservatifs, mais cela pourrait tout aussi bien être les tests de VIH, la monogamie, l'abstinence ou l'utilisation de services cliniques ou éducatifs. Le prix du produit inclut non seulement le coût financier mais aussi le temps, la douleur, l'embarras ou l'anxiété associée à «l'achat» du produit. Un des principes essentiels du marketing est que le produit doit avoir un prix tangible, sinon il n'est pas valorisé. Ainsi, le marketing social explore les structures de prix appropriées. Celles-ci peuvent comprendre la monnaie utilisée, le commerce ou l'échange, les services ou même l'échange de biens symboliques n'ayant aucune valeur sur le marché (comme les capsules de bouteilles dont le ramassage améliore l'apparence de l'environnement mais qui n'ont elles-mêmes aucune valeur marchande). Par place du produit, on entend les canaux de distribution utilisés pour rendre un service accessible à un public cible. Il est en effet nécessaire de déterminer des canaux et des endroits de distribution: ceux-ci peuvent varier en fonction des publics cibles. Enfin, la promotion fait appel à toutes les activités qui rendent le consommateur conscient de l'existence du produit ou du service et qui l'encouragent à mettre au point des attitudes appropriées envers ce produit et à finir par «l'acheter». Ces activités peuvent comprendre des affiches, des brochures, des annonces de services publics, des concours, des distributions gratuites et toute autre forme de campagne de promotion et de publicité.

Le marketing social s'est avéré efficace autant dans les pays industriels que dans les pays en voie de développement et a influencé un grand éventail de comportements allant de la réduction de la taille de la famille à l'augmentation de l'utilisation de services d'immunisation (voir McKee, 1992). Puisque les programmes de marketing social peuvent être bâtis sur mesure pour la communauté où ils sont mis en application, le modèle convient particulièrement bien aux actions communautaires portant sur le VIH. Le modèle de marketing social incorpore les principes déjà définis dans les modèles de communication, c'est-à-dire la persuasion et la diffusion de l'information. C'est le modèle qui cible le plus la question et c'est le plus direct de tous les modèles. Il ne prend pas en considération les facteurs qui influencent le comportement ou le changement de comportement. Il tient plutôt compte des approches et des principes déjà utilisés pour lancer sur le marché des produits concrets dans le but de faire la promotion de produits socialement désirables.

Les exemples de campagnes de marketing social portant sur différents aspects de la prévention de la transmission sexuelle du VIH sont nombreux. Les stratégies et les succès remportés par ces campagnes sont souvent rapportés lors des congrès sur le sida et dans les bulletins de liaison, mais rarement dans les journaux destinés au grand public. Les projets de marketing social tablant sur la distribution de préservatifs ont donné lieu à des campagnes dans plusieurs pays d'Afrique, en particulier en Côte-d'Ivoire (Clancy *et al.*, 1992), en Afrique du Sud (Earle, Epstein, & Nene, 1993; Marks & Downes, 1991), au Zaïre (Ferreros *et al.*, 1990; Payanzo, Kokera & Wahlmeier, 1990), en République Centrafricaine (Gaina, Souma & Alima, 1993), en Tanzanie (Levy, Strand & Stone, 1990) et au Cameroun (Hassig *et al.*, 1991). Il y a eu beaucoup moins de ces campagnes dans d'autres régions comme en Asie du Sud ou en Asie du Sud-Ouest (Jain, Sangal & Sharmia, 1993; McKee, 1992), en Amérique latine, dans les Caraïbes (Frey *et al.*, 1993), ou en Amérique du Nord (Wagman, 1993).

Critiques et limitations du marketing social

En dépit de son succès, le marketing social a des limites. On considère qu'il est suspect sur le plan éthique et que c'est un outil de manipulation, tout comme le marketing et la publicité. D'autre part, le marketing social ne fait la promotion que d'une seule solution. Dans le cas de la prévention de la transmission du VIH et du sida, il s'agit de l'utilisation de préservatifs. De plus, les facteurs sociaux qui différencient les situations à risque ou sans risques ne sont pas pris en considération. En outre, pour réussir, le marketing social dépend de l'approvisionnement en préservatifs et s'appuie sur le fait que les préservatifs constituent une solution efficace à la propagation du VIH. Plusieurs auteurs se sont penchés sur le problème potentiel qu'il y avait à distribuer un nombre suffisant de préservatifs partout dans le monde, ou même dans un seul pays (Soderlund *et al.*, 1993; Lamptey *et al.*, 1993).

CONCLUSION

Comme on peut le constater dans cette revue, il existe un clivage entre les modèles qui sont fondés sur une recherche riche et complexe (comme les modèles intrapersonnels), mais qu'on ne peut pas intégrer aisément dans des programmes de prévention, et les modèles qui sont fondés sur une recherche beaucoup plus élémentaire mais qui ont été amplement appliqués à des programmes de prévention (comme le marketing social et les modèles communautaires). Dans le premier cas, l'attention est concentrée sur l'élaboration méthodologique et théorique, alors que dans le second cas, elle est concentrée sur la solution à trouver pour résoudre des problèmes pratiques. On peut se demander si la compréhension et les spécifications obtenues dans le premier cas grâce à d'importantes études sont vraiment nécessaires pour tenter de parvenir au but ultime qui est la prévention de la transmission sexuelle du VIH. Certains pourraient prétendre que cette recherche est indispensable et que, sans elle, nous serions livrés à l'essai et à l'erreur pour l'élaboration des programmes et que ce serait aborder les problèmes sans en connaître la cause. Pourtant, les tenants du marketing social et les travailleurs communautaires affirment souvent le contraire. Un deuxième clivage semble apparent entre les professionnels hautement qualifiés et les communautés. Ceux qui ont tenté de conjuguer les efforts de ces deux ressources parlent à la fois de la richesse des résultats et de la très grande difficulté du processus. Plusieurs laissent entendre qu'un tel amalgame est contre-productif puisque le maintien de l'alliance monopolise le temps, les ressources et les énergies au détriment de la recherche, de l'élaboration des programmes et de leur application.

Un autre thème ressort de cette revue, celui de la concentration des programmes de prévention autour de l'utilisation des préservatifs et de la conception individualiste de l'utilisation de ces moyens de prévention. Ce fait ne semble pas avoir préoccupé les chercheurs et n'est pas mentionné dans les travaux qui ont été publiés, si ce n'est dans les articles portant sur les scénarios et dans les articles publiés par Holland *et al.* (1992). Bien que le terme «relations protégées» (*Safer-Sex*) soit bien répandu, dans la recherche et dans les programmes, il se traduit uniquement par l'utilisation de préservatifs. Dans les modèles et les programmes particulièrement bien développés, l'utilisation des préservatifs est conçue comme une responsabilité essentiellement individuelle. Même les modèles communautaires portent principalement sur l'exploration des caractéristiques et des facteurs culturels relatifs à l'utilisation des préservatifs par des individus. Cette conception de l'utilisation des préservatifs est désincarnée. Elle s'intéresse peu à la sensualité, à l'excitation ou à la sexualité, ce qui a pour effet de placer les relations sexuelles protégées (c'est-à-dire avec l'utilisation des préservatifs) en dehors du domaine de la sexualité. Les modèles qui cernent mieux la sexualité sont rarement pris en considération quand on passe en revue les modèles de prévention et ne sont pas habituellement intégrés dans les programmes de prévention.

En fin de compte, il est important de chercher à savoir si ces modèles fonctionnent réellement. Lamptey a abordé cette question dans l'allocution qu'il a faite lors de la plénière de la conférence internationale sur le sida à Berlin en 1993 (Lamptey *et al.*, 1993). Il a premièrement posé cette question: «Avons-nous suffisamment de preuves que les modèles de prévention sont utiles pour l'élaboration de programmes de prévention?» Il a répondu oui à cette première question. En effet, l'évaluation des programmes appliqués dans différentes parties du globe montrent avec certitude qu'ils influencent à divers degré le niveau de connaissance, les attitudes et les actions, et qu'ils ont provoqué une augmentation de la vente et de la distribution des préservatifs. En outre, d'innombrables témoignages personnels confirment que les gens les utilisent. Il a ensuite demandé: «Ces modèles ont-ils un impact sur l'épidémie?» Cette fois-ci, il a répondu par la négative. D'après lui, ces programmes n'ont nullement modifié la propagation du VIH car, malgré l'existence de modèles de prévention efficaces, il n'y a pas de volonté politique ou sociale pour que ces modèles soient appliqués à une grande échelle. Les programmes de prévention ont été appliqués à de petites échelles, quand ils ne sont pas restés au stade de projets pilotes. Lamptey concluait en disant qu'il n'y avait pas d'engagement financier ni de volonté sociale de mettre en application des programmes efficaces de prévention sur une échelle suffisamment grande pour obtenir un impact notable. D'où les questions comprises dans notre titre:

Sommes-nous capables d'élaborer des programmes susceptibles de diminuer la transmission sexuelle du VIH? La réponse est: oui.

Avons-nous fait suffisamment d'efforts en vue d'appliquer ces programmes sur une échelle assez grande pour produire une diminution de l'infection au VIH? La réponse est: non.

BIBLIOGRAPHIE

Adelman, M.B. (1992). Healthy passions: Safer sex as play. Dans T. Edgar, M.A. Fitzpatrick & V. Freimuth (dir.), *AIDS: A Communication Perspective* (p. 69-90). Hillsdale, N.J.: Lawrence Erlbaum Associates.

Adrien, A., Godin, G., Cappon, P., Manson-

Singer, S., Maticka-Tyndale, E. et Willms, D. (1996). Overview of the Canadian study on the determinants of ethnoculturally specific behavior related to AIDS. *Canadian Journal of Public Health*, 87, supp. 1, s4-s10.

Aggleton, P., Davies, P. & Hart, G. (1993).

AIDS: Facing the Second Decade. London, Eng: The Falmer Press.

Ajzen, I. (1985). From intention to actions: A theory of planned behavior. Dans J. Kuhl & J. Beckman (dir.), *Action Control* (p. 11-19), New York: Springer.

Ajzen, I. & Fishbein, M. (1980). *Understanding Attitudes and Predicting Social Behavior.* Englewood Cliffs, N.J.: Prentice-Hall.

Ajzen, I. & Madden, T.J. (1986). Prediction of goal-directed behavior: attitudes, intentions and perceived behavioral control. *Journal of Experimental Social Psychology, 22,* 453-474.

Bandura, A. (1977). *Social Learning Theory.* Englewood Cliffs, N.J.: Prentice-Hall.

Bandura, A. (1989). Perceived self-efficacy in the exercise of control over AIDS infection. Dans V.M. Mays, G.E. Albee et S.F. Schneider (dir.), *Primary Prevention of AIDS: Psychological Approaches* (p. 128-141). Newbury Park, CA: SAGE.

Becker, M.H. (1974). *The Health Belief Model and Personal Health Behavior.* Thorofare, N.J.: Charles B. Slack.

Beveridge, S. (1992). Street youth bridge gap in AIDS services. *Canadian AIDS News, 5, 5.*

Bletzer, K.V. (1994). Migrant AIDS education: social participation and ethnographic evaluation. Dans J.P. Van Vugt (dir.), *AIDS Prevention and Services: Community Based Research* (p. 199-216). Westport, Conn: Bergi & Garvey.

Bossert, T.J. (1990). Can they get along without us? Sustainability of donor-supported health projects in Central America and Africa. *Social Science and Medicine, 30,* 1015-1023.

Bruhn, J.G. (1990). A community model for AIDS prvention. *Community Organizations, 13,* 65-77.

Caron, F., Newell, M., Otis, J. & Lambert, J. (1990). The AIDS travelling road show: evaluation of a peer education program on AIDS awareness and prevention in the high school. *International Conference on AIDS, 6,* abstract no. PG422 3083.

Catania, J.A., Kegeles, S.M., & Coates, T.J. (1990). Towards an understanding of risk behavior: An AIDS risk reduction model (ARRM). *Health Education Quarterly, 17,* 53-72.

Centers for Disease Control and Prevention. (1992). *NCPS AIDS Community Demonstration Projects: What We Have Learned 1985-1990.* Atlanta, GA: Centers for Disease Control and Prevention, National Center for Prevention Services, Division of STD/HIV Prevention, Behavioral and Prevention Research Branch, Operational Research Section.

Choi, K., & Coates, T.J. (1994). Preventing HIV infection: what does the empirical literature say about programs, outcomes, implications, and research directions? *AIDS, 8,* 1371-1389.

Clancy, P., Konan, N., Messou, E., Barry, S. & Debose, C. (1992). Condom social marketing in Cote d'Ivoire: Lessons learned during the first year of sales. *International Conference on AIDS, 8,* abstract no. PoD5139.

Clark, D. (1988). AIDS education: A community approach. *Health Education Journal, 47,* 119-122.

Cohen, J.B., Derish, P.A., & Dorfman, L.E. (1994). AWARE: A community based research and peer intervention program for women. Dans J.P. Van Vugt (dir), *AIDS Prevention and Services: Community Based Research* (p. 109-128). Westport, Conn: Bergin & Garvey.

DeLamater, J. & MacCorquodale, P. (1977). *Premarital Sexuality; Attitudes, Relationships, Behavior.* Madison, Wis.: University of Wisconsin Press.

DiClemente, R.J. (1993). Preventing HIV/AIDS among adolescents: schools as agents of behavior change, *JAMA, 270,* 1120-1131.

DiClemente, C.C. (1986). Self-efficacy and the addictive behaviors. *Journal of Social and Clinical Psychology, 4,* 302-315.

Dorfman, L.E., Derish, P.A. & Cohen, J.B. (1992). Hey girlfriend: An evaluation of AIDS prevention among women in the sex industry. *Health Education Quarterly, 19,* 5-40.

Eagly, A.H. & Carli, L.L. (1981). Sex of researchers and sex-typed communications as determinants of sex differences in influenceability: a meta-analysis of social influence studies. *Psychological Bulletin, 90,* 1-20.

Earle, D., Epstein, E. & Nene, B. (1993). "Is your condom politically correct?" The politics of AIDS in South Africa: the social marketing approach. *International Conference on AIDS, 9,* abstract no. PO-C22-3152.

Edgar, T. (1992). A compliance-based approach to the study of condom use. Dans T. Edgar, M.A. Fitzpatrick & V. Freimuth (dir.), *AIDS: A Communication Perspective* (p. 47-68). Hillsdale, N.J.:Lawrence Erlbaum Asociates.

Edgar, T., Fitzpatrick, M.A., & Freimuth, V. (1992). *AIDS: A Communication Perspective,* Hillsdale, N.J.: Lawrence Erlbaum Asociates, Publishers.

Elkins, D., Kuyyakanond, T., Maticka-Tyndale, E., Rujkorakarn, D., & Haswell-Elkins, M. (1996). Multi-sectoral strategy for AIDS prevention at community level. *World Health Forum, 17,* 70-74.

Fishbein, M. & Ajzen, I. (1975). *Belief, Attitudes, Intention and Behavior: An Introduction to Theory and Research.* Reading, MA: Addison-Wesley.

Fishbein, M. & Middlestadt, S.E. (1989). Using the theory of reasoned action as a framework for understanding and changing AIDS-related behaviors. Dans V.M. Mays, G.E. Albee & S.F. Schneider (dir.), *Primary*

Prevention of AIDS: Psychological Approaches (p. 93-110). Newbury Park, CA: SAGE.

Fisher, J.D. & Fisher, W.A. (1992). Changing AIDS-risk behavior. *Psychological Bulletin*, 111, 453-474.

Fisher, J.D., Fisher, W.A., Williams, S.S. & Malloy, T.E. (1994). Empirical tests of an information-motivation-behavioral skills model of AIDS-preventive behavior with gay men and heterosexual university students. *Health Psychology*, 13, 238-250.

Fisher, W.J. (1990). All together now: An integrated approach to preventing adolescent pregnancy and STD/HIV infection, *Sex Information and Education Council of the United States*, 18, 1-11.

Fisher, W.A. & Fisher, J.D. (1993). A general social psychological model for changing AIDS risk behavior. Dans J.B. Pryor et G.D. Reeder (dir.), *The Social Psychology of HIV Infection* (p. 127-153). Hillsdale, NJ: Lawrence Erlbaum Associates.

Flora, J.A. & Thoresen, C.E. (1988). Reducing the risk of AIDS in adolescents. *American Psychologist*, 43, 965-970.

Foumena, A.J., Betima, J., Boupda, A., Monny-Lobe, M., & Phillips, A. (1993). Training of sex workers as AIDS peer educators. *International Conference on AIDS*, 9, abstract no. PO-D13-3766.

Freimuth, V.S., Hammond, S.L., Edgar, T. & Monahan, J.L. (1990). Reaching those at risk: a content-analysis study of AIDS PSAs. *Communication Research*, 17, 775-791.

Frey, MN., Genece, E., Clark, R.H., Donald, M. & Autai, G. (1993). NGO condom social marketing in Haiti: a promising model for HIV intervention. *International Conference on AIDS*, 9, abstract no. PO-D16-3908

Gagnon, J. (1965). Female child victims of sex offenses. *Social Problems*, 13, 176-92.

Gagnon, J. (1977). *Human Sexualities*. Glenview, Ill: Scott Foresman.

Gagnon, J. (1991). The implicit and explicit use of scénarios in sex research. Dans J. Bancroft, C. David & D. Weinstein (dir.), *The Annual Review of Sex Research* (p. 129-143). Mt Vernon, Iowa: Society for the Scientific Study of Sex.

Gagnon, J. & Simon, W. (1973). *Sexual Conduct: The Social Sources of Human Sexuality*. Chicago: Aldine.

Gaina, S.B., Somsa, P. & Alima, J.S. (1993). Condom social marketing in the Central African Republic. *International Conference on AIDS*, 9, abstract no. PO-C22-3151.

Godin, G., Maticka-Tyndale, E., Adrien, A., Manson-Singer, S., Willms, D., Cappon, P. (1996). Cross-cultural testing of three social cognitive theories: An application to condom use. *Journal of Applied Social Psychology*, 26, 1556-1586.

Gold, R.S. & Kelly, M.A. (1991). Cultural sensitivity in AIDS education: A misunderstood concept. *Evaluation and Program Planning*, 14, 221-231.

Harrington, M. (1994) The community research initiative (CRI) of New York: Clinical research and prevention treatments. Dans J.P. Van Vugt (dir.). *AIDS Prevention and Services: Community Based Research* (p. 153-178). Westport, Conn: Bergin & Garvey.

Hassig, S.E., Price, J., Earle, D. & Spilsbory, J. (1991). A tale of two programs: social marketing in Zaire and Cameroon. *International Conference on AIDS*, 7, abstract W.D.4011.

Helquist, M., Schneider, A., Francis, C., Middlestadt, S.E. & Eustace, M.A. (1992). Policy and controversy in condom marketing campaigns. *International Conference on AIDS*, 8, abstract PoD5144.

Herold, E. & Mewhinney, D. (1993). Gender differences in casual sex and AIDS prevention: A survey of dating bars. *Journal of Sex Research*, 30, 36-42.

Holland, J., Ramazanoglu, C., Scott, S., Sharpe, S. & Thomson, R. (1992). Pressure, resistance, empowerment: young women and the negotiation of safer sex. Dans P. Aggleton, P. Davies, & G. Hart (dir.), *AIDS: Rights, Risk and Reason* (p. 142-162). London: The Falmer Press.

Holtgrave, D.R., Qualls, N.L., Curran, J.W., Valdiserri, R.O., Guinan, M.E. & Parra, W.C. (1994). *Effectiveness and efficiency of HIV prevention programs: An overview*. unpublished Ms.

Ingham, R., Woodcock, A. & Stenner, K. (1992) The limitations of rational decision-making models as applied to young people's sexual behavior. Dans P. Aggleton, P. Davies & G. Hart (dir.). *AIDS: Rights, Risk and Reason* (p. 322-331). London: The Falmer Press.

Ikonga, M., Boupda, A., Betima, J., Tita, I., Mimbiang, R., Ella, M., Engome, S. & Monno, L. (1992). Peer educators as condoms distributors among high risk group in Yaounde, Cameroon. *International Conference on AIDS*, 8, abstract no. PoD5635.

Jackson, B. (1992). HIV/AIDS peer educators operate on six Manitoba campuses. *Canadian AIDS News*, 5, 9.

Jain, D., Sangal, K. & Sharma, R. (1993) Pushing condoms through existing channels. *International Conference on AIDS*, 9, abstract PO-C35-3354

Jain, D., Sangal, K., Sharma, R. & Gulati, M. (1993) HIV intervention among clients of sex workers in Delhi: A community outreach approach. *International Conference on AIDS*, 9, abstract PO-C22-3142.

Joseph, J., Montgomery, S.B., Emmons, G.A., Kirscht, J.P., Kessler, R.C. & Ostrow, D.G. (1987). Perceived risk of AIDS: Assessing the behavioral and psychosocial consequences in a cohort of gay men. *Journal of Applied Social Psychology*, 17, 231-250.

Kale, K., Mah-bi G, N'da, K., Tawil, O, & Ferencic, N. (1993) Prevention of STD/AIDS among prostitutes and clients in

364 E. MATICKA-TYNDALE

Abidjan: initial phase of implementation. *International Conference on AIDS*, 9, abstract PO-C14-2901.

Kalichman, S.C., Rompa, D. & Coloy, B. (1996). Experimental Component Analysis of a Behavioral HIV-AIDS Prevention Intervention for Inner-City Women. *Journal of Consulting and Clinical Psychology*, 64, 687-693.

Kashima, Y., Gallois, C. & McCamish, M. (1992) Predicting the use of condoms: past behavior, norms, and the sexual partner. Dans T. Edgar, M.A. Fitzpatrick & V. Freimuth (dir.). *AIDS: A Communication Perspective* (p. 21-46). Hillsdale, N.J.: Lawrence Erlbaum Asociates.

Kelly, J.A. (1992). AIDS prevention: Strategies that work. *The AIDS Reader*, July/August, 135-141.

Kelly, J.A., St. Lawrence, J.S., Stevenson, L.Y., Diaz, Y.E., Hauth, A.C., Brasfield, T., Smith, L. Bradley, J.E. & Bahr, G. R. (1992). Community AIDS/HIV risk reduction: The effects of endorsements by popular people in three cities. *American Journal of Public Health*, 82, 1483-1489.

Kipke, M.D., Boyer, C. & Hein, K. (1993). An evaluation of an AIDS risk reduction education and skills training (ARREST) program. *Journal of Adolescent Health*, 14, 533-539.

Kotler, P. & Robberto, E.L. (1989). *Social Marketing: Strategies for Changing Public Behavior*. New York: the Free Press.

Lamptey, P., Coates, T., Piot, P. & Slutkin, G. (1993). Prevention: is it working? *International Conference on AIDS*, 9, abstract PS-01-2.

Laumann, E., Gagnon, J., Michael, R. & Michaels, S. (1994). *The Social Organization of Sexuality: Sexual Practices in the United States*. Chicago, Ill: University of Chicago Press.

Laws, J. L. & Schwartz, P. (1977). *Sexual Scénarios: The Social Construction of Female Sexuality*. Hinsdale, Ill: Dryden.

Leviton, L. (1989). Theoretical foundations of AIDS - prevention programs. Dans R.O. Valdiserri (dir.). *Preventing AIDS: The Design of Effective Programs* (p. 42-90). New Brunswick: Rutgers University Press.

Levy, T., Strand, J. & Stone, D. (1990). Consumer research and condom promotion in Tanzania: Social marketing for AIDS prevention. *International Conference on AIDS*, 6, abstract F.D. 60.

Lowry, C., & Connolly, M. (1992). AIDS cartoon reaches street kids in 100 countries. *Canadian AIDS News*, 5, 11.

Malow, R.M., West, J.A., Corrigan, S.A., Pena, J.M. & Cunningham, S.C. (1994). Outcome of psychoeducation for HIV risk reduction, *AIDS Education and Prevention*, 6, 113-125

Manoff, R.K. (1985). *Social Marketing: New Imperative for Public Health*. New York: Praeger.

Markova, I. & Power, K. (1992). Audience response to health messages about AIDS. Dans T. Edgar, M.A. Fitzpatrick & V. Freimuth (dir.), *AIDS: A Communication Perpective* (p. 111-130). Hillsdale, N.J.: Lawrence Erlbaum Associates, Publishers.

Marks, A.S. & Downes, G.M. (1991). Informal sector shops and AIDS prevention: An exploratory social marketing investigation. *South African Medical Journal*, 79, 496-499.

Marlatt, G.A. & George, W. (1984). Relapse prevention: introduction and overview of the model. *British Journal of Addiction*, 79, 261-273.

Maticka-Tyndale, E. (1991). Sexual scénarios and AIDS prevention: Variations in adherence to safer-sex guidelines by heterosexual adolescents. *Journal of Sex Research*, 28, 45-66.

Maticka-Tyndale, E. (1992). Social construction of HIV transmission and prevention among heterosexual young adults. *Social Problems*, 39, 238-252.

Maticka-Tyndale, E., Haswell-Elkins, M., Kuyyakanond, T., Kiewying, M. & Elkins, D. (1994). A research-based HIV Health promotion intervention for mobilization of rural communities in Northeast Thailand. *Health Transition Review*, 4, 346-367.

Maticka-Tyndale, E., Godin, G., Adrien, A., Manson-Singer, S., Willms, D. Cappon, P., Bradet, R., Daus, T. & LeMay, G. (1996). Phase III of ethnocultural communities facing AIDS: Overview of Finding. *Canadian Journal of Public Health*, 87 suppl. S38-S43.

McGrady, G., Marrow, C., Myers, G., Caniels, M. & Gibbs, D. (1993). Barriers to effective HIV/AIDS prevention in minority adolescents. *International Conference on AIDS*, 9, abstract PO-D38-4422.

McKee, N. (1992). *Social Mobilization and Social Marketing in Developing Communities: Lessons for Communicators*. Penang, Malaysia: Southbound.

Metts, S. & Fitzpatrick. M.A. (1992). Thinking about safer sex: The risky business of 'know your partner' advice. Dans T. Edgar, M.A. Fitzpatrick & V. Freimuth (dir.). *AIDS: A Communication Perspective* (p. 1-20). Hillsdale, N.J.: Lawrence Erlbaum Asociates.

Michal-Johnson, P. & Bowen, S.P. (1992). The place of culture in HIV education. Dans T. Edgar, M.A. Fitzpatrick & V. Freimuth (dir.). *AIDS: A Communication Perspective* (p. 147-172). Hillsdale, N.J.: Lawrence Erlbaum Associates.

Morin, S.F. & Batchelor, W. (1984). Responding to the psychological crisis of AIDS. *Public Health Reports*, 99, 4-9.

Nyamathi, A. & Shin, D.M. (1990). Designing a culturally sensitive educational program for Black and Hispanic women of childbearing age. *NAACOG's Clinical Issues in Perinatal and Women's Health Nursing*, 1, 86-98.

Nyamathi, A., Shuler, P. & Porche, M. (1990) AIDS educational program for minority women at risk. *Family and Community Health.* 13, 54-64.

Payanzo, M., Kakera, L. & Wahlmeier, G. (1990) Condom usage and demand among Zaire river boat travellers. *International Conference on AIDS,* 6, abstract TH.D.783.

Prochaska, J.O., DiClemente, C.C. & Norcross, J.C. (1992). In search of how people change: Applications to addictive behaviors. *American Psychologist,* 47, 1102-1114.

Quebec, Ministère de la Santé et des Services sociaux. (sans date). *Be wise, 'condomize'!: Activities to promote condom use.*

Ravelo, N., Espinosa, G., Andrada, A., Mejia, P., Rudy, J. & Willams, N. (1991). Community organization approach to AIDS prevention among entertainment industry workers in the Philippines. *International Conference on AIDS,* 7, abstract no. W.D. 4008.

Reinfeld, M. R. (1994). The Gay Men's Health Crisis: A model for community based intervention. Dans J.p. Van Vugt (dir.). *AIDS Prevention and Services: Community Based Research* (p. 179-198). Westport, Conn: Bergin & Garvey.

Rogers, E.M. (1983). *Diffusion of Innovations* (3rd edition). New York: The Free Press.

Rogers, E.M. & Shoemaker, F.F. (1971). *Communication of Innovations: A Cross-cultural Approach.* (2nd edition). New York: Free Press.

Rosenstock, I.M. (1975). The health belief model and preventative health behavior. *Health Education Monographs,* 2, 354-86.

Simon, W. & Gagnon, J. (1967). Homosexuality: The formulation of a sociological perspective. *Journal of Health and Social Behavior,* 8, 177-185.

Simon, W. & Gagnon, J. (1986). Sexual scénarios: Permanence and change. *Archives of Sexual Behavior,* 15, 97-120.

Singer, M., Gonzalez, W., Vega, E., Centeno, I. & Davison, L. (1994). Implementing a community based AIDS prevention program for ethnic minorities: The comunidad y responsibilidad project. Dans J.P. Van Vugt (dir.), *AIDS Prevention and Services: Community Based Research* (p. 59-92). Westport, Conn: Bergin & Garvey.

Skinner, B.F. (1969). *Contingencies of Reinforcement: A Theoretical Analysis.* New York: Appleton-Century-Crofts.

Soderlund, N., Lavis, J., Broomberg, J. & Mills, A. (1993). The costs of HIV prevention strategies in developing countries. *Bulletin of the World Health Organization,* 71, 595-604.

Stinson, J.C. (1993). Shooting off fireworks: The successes and failures of an intensive, broad-based AIDS awareness campaign. *Canadian Journal of Public Health,* 84, 52-4.

Tchupo, J.P., Manchester, T., Monny-Lobe, M. & Buschel, R. (1993). The importance of peer distribution of condoms to prostitutes. *International Conference on AIDS,* 9, abstract WS-D10-4.

Thomas, S.B. & Morgan, C.H. (1991). Evaluation of community-based AIDS education and risk reduction projects in ethnic and racial minority communities: A survey of projects funded by the U.S. public health service. *Evaluation and Program Planning,* 14, 247-255.

Triandis, H.C. (1977). *Interpersonal Behaviour.* Monterey, CA: Brooks Cole.

Triandis, H.C. (1994). *Culture and Social Behaviour.* NY: McGraw-Hill.

U.S. Department of Health and Human Services. (1989). *Making Health Communication Programs Work.* (NIH Publication No. 89-1493). Bethesda, MD : National Cancer Institute.

Valdiserri, R.O. (1989). *Preventing AIDS: The Design of Effective Programs.* New Brunswick, N.J.: Rutgers University Press.

Valdiserri, R.O., Lyter, D.W., Leviton, L.C., Callahan, C.M., Kingsley, L.A. & Rinaldo, C.R. (1989). AIDS Prevention in homosexual and bisexual men: results of a randomized tiral evaluating two risk reuction interventions. *AIDS,* 3, 21-26.

Valverde, C. (1992). Empowering communities makes third wave of health promotion. *Canadian AIDS News,* 5, 11.

Van Vugt, J.P. (1994). *AIDS Prevention and Services: Community Based Research.* Westport, Conn: Bergin et Garvey.

Wagman, L.M. (1993). A health department's response to AIDS. Condomania: A public education intervention. *Canadian Journal of Public Health,* 84, 62-65

Weeks, M. (1990). *Community Outreach Prevention Effort: Designs in Culturally Appropriate AIDS Intervention.* Hartford, CT: Institute for community research.

Weinstein, N.D. (1989). Perceptions of personal susceptibility to harm. Dans V.M. Mays, G.E. Albee & S.F. Schneider (dir.). *Primary Prevention of AIDS: Psychological Approaches* (p. 142-167). Newbury Park, CA: SAGE.

LA QUALITÉ DE VIE ET LES INTERVENTIONS PSYCHO-SOCIALES AUPRÈS DES PERSONNES SÉROPOSITIVES AU VIH

André DUPRAS

«L'être commence par le bien-être.»
Gaston Bachelard
(*La Poétique de l'espace*, p. 103.)

Les personnes séropositives au VIH bénéficient de nombreux conseils et services pour les aider à se garder en santé et prolonger leur vie. Ainsi, les professionnels de la santé et des services sociaux les invitent à se soumettre à un suivi clinique et à des traitements, à maintenir ou à développer de saines habitudes de vie, à éviter la réexposition au virus, à adapter leur régime alimentaire et à éviter les infections opportunistes (Olivier *et al.*, 1995; Reidy & Taggart, 1995). Pourtant, les préoccupations des personnes séropositives ne se limitent pas à rester en vie et à vivre le plus longtemps possible, mais aussi à maintenir et à améliorer leur qualité de vie. Si on leur laissait le choix, de nombreuses personnes infectées choisiraient une vie de meilleure qualité plutôt qu'une vie plus longue[1].

La technologie biomédicale a été mise au service des personnes séropositives afin de prolonger leur vie, de les guérir de certaines maladies et de les soulager de la douleur physique. Cette précieuse contribution leur assure un mieux-être, mais est-ce suffisant? Le présent chapitre propose aux professionnels œuvrant auprès des personnes infectées par le virus du sida de ne pas être uniquement préoccupés par la durée de la vie de ces personnes, mais également par leur qualité de vie. Notre propos consistera à montrer comment des interventions psychosociales auprès des personnes séropositives peuvent contribuer à améliorer leur qualité de vie.

QUALITÉ DE VIE

Le concept de qualité de vie est de plus en plus utilisé dans le réseau des affaires sociales et de la santé. Des écrits proposent aux intervenants psychosociaux de se préoccuper de la qualité de vie des personnes âgées (Khalid & Séguin Langlois, 1983), handicapées (Boisvert, 1988), souffrant de maladie mentale (Mercier, 1993), de cancer (Osoba, 1991) ou de cardiopathie (Dupuis *et al.*, 1989). S'inscrivant dans ce courant de pensée, la politique

---

[1] L'étude réalisée par Taggart *et al.* (1992) auprès des hommes québécois infectés au VIH a permis de constater que la santé physique n'est pas le but premier qu'ils se donnent dans la vie: «Par ordre hiérarchique, la préservation des relations de couple, du travail à l'extérieur et des relations sociales sont les trois buts les plus élevés que les sujets se fixent. La santé psychologique est aussi perçue comme plus importante que leur santé physique» (p. 119).

gouvernementale en matière de santé (MSSQ, 1992) propose comme voie d'action «d'améliorer la qualité de vie des personnes séropositives ou sidéennes et adapter les services à leurs besoins» (p. 98).

On peut reprocher aux interventions orientées sur l'amélioration de la qualité de vie des personnes infectées au VIH[2] de céder à une mode, puisque ce concept est devenu omniprésent dans les domaines des soins médicaux et des services psychosociaux. De plus, nous pouvons être réticents à poser la qualité de vie comme assise à l'intervention psychosociale auprès des personnes séropositives, étant donné que ce concept renvoie à une multitude de notions et de contextes liés aux systèmes de pensée et de valeurs de leurs auteurs[3]. La notion de qualité de vie risque ainsi d'être vidée de son sens puisqu'elle embrasse tout et tout le monde; elle perd ainsi de son intérêt en tant que paradigme analysant la condition de vie des personnes séropositives.

Malgré ces limites, l'adoption du concept de qualité de vie possède un certain nombre d'avantages qu'il ne faut pas négliger. Avant de les considérer, il s'avère primordial de définir ce concept.

Définition de la qualité de vie

L'expression «qualité de vie» serait apparue dans le vocabulaire populaire durant les années 1960. D'après McCall (1975), le président Lyndon B. Johnson aurait consacré cette expression[4] dans un discours livré à la population américaine en 1964. Il aurait évoqué ce concept pour préciser qu'une vie heureuse ne se mesurait pas à partir de la quantité de biens matériels que nous possédons, mais plutôt par notre qualité de vie.

Cette préoccupation à l'égard de la qualité de vie remonte bien avant les années 1960. L'idée existait avant l'expression. À titre d'exemple, Corten (1993) démontre que le souci d'améliorer les conditions de vie des personnes souffrant de maladies mentales apparaît aux débuts de la psychiatrie, vers la fin du 18e siècle, avec les premières tentatives de réadaptation de ces personnes. Ainsi, la préoccupation pour la qualité de vie humaine n'est pas une invention moderne; elle remonterait encore bien loin dans le temps. L'expression latine *«bene vivere»* évoque l'idée de qualité de vie. On a fait resurgir cette idée ancestrale de la qualité de vie devant les contingences de la vie moderne qui créeraient des conditions peu favorables à l'épanouissement de l'individu et à son bien-être (exemple: pollution, stress). Les moyens pour s'assurer bonheur et confort vont adopter des configurations particulières à notre époque. La valorisation du mieux-être corporel et spirituel explique l'engouement actuel pour la culture physique et les groupes de croissance personnelle.

---

[2]   Le programme d'intervention psychosociale élaboré par Berthelot *et al.* (1991) vise l'atteinte de l'objectif principal suivant: «Que les personnes vivant avec le VIH développent une qualité de vie optimale en brisant leur isolement, en assurant le contrôle de leur vie, en rétablissant ou en conservant l'estime d'elles-mêmes» (p. 26).

[3]   McCormick (1975) signale que le concept de qualité de vie exprime plusieurs réalités, s'applique à n'importe quel sujet dans n'importe quelle situation: «*Quality of life is an elusive term whose meaning varies according to context. For example, quality of life can mean a clean environment, free of industrial pollution; moderate temperatures and humidity; the absence of excessive noise; or efficient trafic patterns.* » (p. 77).

[4]   La phrase mémorable du président Johnson serait la suivante: «*These goals cannot be measured by the size of our bank balances. They can only be measured in the quality of lives that our people lead.* » (McCall, 1975, p. 246, note 1).

Parmi les différentes conceptions de la qualité de vie, nous avons retenu une approche qui apparaît très féconde. Il s'agit de concevoir la qualité de vie comme l'atteinte de «buts de vie» que les personnes se fixent elles-mêmes. Cette perspective a été proposée par Cohen (1982) qui perçoit l'être humain sain ou malade (plus particulièrement les personnes devant subir un pontage coronarien) animé par des buts (*life-plans*) qu'il cherche à atteindre par des conduites appropriées. Ainsi, une personne malade pourrait se fixer comme buts, entre autres, de pouvoir travailler, maintenir sa relation de couple, faire des sorties et des voyages, avoir une bonne estime de soi et être appréciée par les autres. Ces buts peuvent servir de critères pour rendre compte de la qualité de vie de cette personne. D'ailleurs, Joyce (1987) préconisait d'évaluer la qualité de vie à partir de buts de vie: «*True quality of life measurements are obtainable only from individuals who measure progress towards goals set by themselves*» (p. 173). Sa suggestion a été suivie par différents chercheurs, entre autres, Dazord *et al.* (1993), Dupuis *et al.* (1989) et Taggart *et al.* (1992).

Le choix de cette perspective est d'autant plus justifié que les personnes séropositives se voient dans l'obligation de remettre en question leurs projets d'avenir et de redéfinir leurs buts de vie[5]. L'instrument développé par Rapkin *et al.* (1994) adopte ce point de vue en mesurant les objectifs personnels que se fixent et tentent d'atteindre les personnes séropositives.

Utilité du concept de qualité de vie

On montrera dans cette section que, malgré son apparente superficialité, le concept de qualité de vie dissimule une richesse paradigmatique et une possibilité de renouvellement des pratiques professionnelles, particulièrement celles appliquées à l'endroit des sidéens.

Un point de départ pour une topique psychosociale

De nombreuses études ont examiné les retentissements psychosociaux de l'infection au VIH[6]. Ces travaux de recherche s'imposent, puisqu'une intervention psychosociale pertinente et efficace auprès des personnes séropositives suppose une vision d'ensemble exhaustive des répercussions du VIH. Faire une synthèse de ces travaux se révèle difficile et périlleux, puisque les dimensions psychosociales, les populations étudiées, les méthodologies utilisées et les données obtenues sont fort nombreuses et pas nécessairement compatibles. De plus, il manque souvent un cadre de référence qui permet d'intégrer l'ensemble des données.

Le concept de qualité de vie représente alors un point de départ pour une topique psychosociale, c'est-à-dire un lieu commun, pour regrouper et rendre cohérent la pluralité des points de vue et des résultats de recherche portant sur l'expérience des personnes séropositives. Le caractère multidimensionnel du concept de qualité de vie permet de répondre à une exigence incontournable pour occuper cette fonction topique. En effet, les répercussions biologiques, psychologiques et sociologiques de la séropositivité au VIH exigent le recours

---

[5]   Lamping & Sachdev (1993) rapportent que le problème le plus stressant rencontré par les personnes séropositives est le suivant: «*Not being able to realize life goals*».

[6]   Des ouvrages sont consacrés à ce sujet (à titre d'exemples, voir Ruffiot, 1989, et Temoshok & Baum, 1990) et d'autres ont proposé une bibliographie des écrits sur cette problématique (à titre d'exemples, voir Eakin *et al.*, 1990, et Levine *et al.*, 1990).

à une notion capable de prendre en compte la complexité de l'état séropositif. Le concept de qualité de vie possède cette propriété. L'instrument d'évaluation de la qualité de vie que développe l'Organisation mondiale de la santé témoigne du caractère plurifactoriel de ce concept. Cet instrument explore les dimensions suivantes de la qualité de vie: la condition physique et psychologique de la personne, ses croyances personnelles, ses niveaux d'indépendance, ses relations sociales et son environnement (Caria & Quemada, 1995).

Un nouveau paradigme psychosocial

Dans le but de maintenir et de restaurer la santé physique et mentale des personnes séropositives au VIH, les professionnels de la santé ont eu recours aux modèles d'intervention qu'ils utilisaient d'ores et déjà pour traiter d'autres maladies. Hélas, ils ont vite constaté que ces modèles s'avéraient inadéquats pour mener des actions efficaces auprès des personnes séropositives. Ainsi, les médecins se sont trouvés impuissants à contrôler l'évolution de la maladie avec les moyens dont ils disposaient. La médecine moderne a dû reconnaître qu'elle était incapable de faire face au problème du sida, ce qui vint saper la confiance qu'elle avait mise dans la toute puissance de la technologie biomédicale.

L'épidémie du sida a porté de durs coups non seulement aux modèles médicaux, mais également aux modèles psychosociaux. La pratique psychosociale possède une longue tradition et une expertise qui a fait ses preuves lui permettant d'affronter l'épidémie du sida. Nous avons alors assisté à l'élaboration et à l'application de modèles psychosociaux d'intervention auprès des personnes séropositives. À titre d'exemple, Hoffman (1991) a proposé un modèle psychosocial d'évaluation et d'intervention fondé sur les réactions face aux événements stressants. La mise en application de ce type de modèle a vite fait surgir les limites et les difficultés de ces interventions à intégrer les particularités psychosociales de la séropositivité, entre autres la diversité et la spécificité des personnes infectées, le rôle joué par les interactions sociales sur l'identification et la satisfaction de leurs besoins psychosociaux, et l'impact des contextes sociaux dans lesquels s'insère l'individu séropositif. C'est pourquoi Cochran & Mays (1991) avaient réagi à la proposition d'Hoffman (1991) en mettant en doute l'efficacité des modèles psychosociaux élaborés à partir des modèles existants et en proposant plutôt une nouvelle façon de concevoir l'aide psychosociale aux personnes séropositives:

> *This view of the HIV epidemic argues strongly against either the viability of a static, universal model of psychosocial reactions to HIV infection or an individual focus to treatment as adopted by Hoffman. Instead, one might expect reactions to HIV to reflect diversity and an ever-shifting focus on the different troubling aspects of HIV-related distress. This calls, too, for greater complexity, specificity, and flexibility in the response by counseling psychology (p. 552).*

Les réactions des professionnels de la santé face au sida correspondent aux phases de l'évolution de la science, entrecoupées de discontinuités, telles que décrites par Kuhn (1962). Dans un premier temps, ils ont voulu lutter contre l'épidémie du sida en tentant d'intégrer cette nouvelle problématique dans le paradigme[7] des sciences de la santé. Cette tentative d'intégration a engendré des situations de crise (ex.: des ratés comme le sang contaminé; des demi-succès comme les campagnes de prévention) propices à la formulation d'un nouveau paradigme. Ce processus de renouvellement de notre façon de concevoir le sida et la personne séropositive au VIH comprend une remise en question des fondements philosophiques du paradigme désuet. Cette critique épistémologique du modèle biomédical reprend, en grande partie, les tenants et les aboutissants du procès de l'ordre médical entrepris depuis au moins deux décennies[8]. Essentiellement, ce paradigme conçoit le vécu corporel et psychologique selon une perspective mécanique. Ainsi, le corps est une machine[9] qu'il faut entretenir et réparer, tandis que l'âme est conçue comme un ordinateur[10] qu'il est possible de reprogrammer à volonté. Selon cette vision, l'être humain est composé de parties autonomes qui peuvent être isolées et séparées de la totalité. Les intervenants de la santé et des services sociaux posent souvent une série d'actes professionnels spécifiques et distincts auxquels le bénéficiaire n'arrive pas à donner un sens et qu'il intègre avec difficulté dans une perspective globale[11]. Travaillant dans une perspective «curative», ils adoptent une vision négative de la santé physique et mentale de la personne séropositive en cherchant principalement à identifier et à solutionner les difficultés et les problèmes qu'elle rencontre. Dès lors, ils ont tendance à définir la personne séropositive en fonction des risques qu'elle présente pour elle-même et pour les autres.

Le nouveau paradigme récuse cette conception négative et réductionniste de l'être humain en adoptant une vision nouvelle axée sur une approche positive et holistique de la santé. Le tableau 1 présente les principales caractéristiques du nouveau paradigme en les comparant à l'ancien. Le paradigme véhicule une nouvelle culture nécessaire à la transformation des pratiques médicale et psychosociale destinées aux personnes séropositives. Au lieu de se concentrer sur la solution de problèmes qu'entraîne la séropositivité, le nouveau paradigme s'attarde davantage à améliorer la qualité de vie des personnes séropositives. Les deux prochains arguments favorables à l'utilisation du concept de qualité de vie tenteront d'expliciter les caractéristiques de ce nouveau paradigme.

Une approche axée sur la personne séropositive

La personne séropositive se voit obligée d'accepter sa nouvelle condition et de s'adapter aux nouveaux impératifs de la séropositivité. Le but princi-

---

7 Par paradigme, nous entendons, à l'instar de Kuhn (1962), un ensemble de conceptions et de convictions qui fournissent à la communauté scientifique des problèmes types et des solutions.

8 Voir, entre autres, les analyses critiques de Castel (1981), Donzelot (1977), Foucault (1983) et Gentis (1978).

9 Le texte d'avant-propos du document de CPAVIH, destiné aux personnes séropositives, adopte cette vision mécanique du corps: «Quelle que soit la valeur de cette voiture hypothétique, vous possédez un véhicule infiniment plus perfectionné et, surtout plus précieux que n'importe quelle automobile: votre corps» (Lachapelle, 1994, p. 10).

10 Jean-Hugues Roy (1995) fait mention d'un programme élaboré par le révérend John Harvey qui vise le changement de l'acte homosexuel par la déprogrammation.

11 Nédélec (1994) rapporte l'inquiétude d'une personne séropositive à être «chosifiée» par la médecine: «La crainte est, ainsi que l'exprime Matthieu, d'être réduit à son seul état de malade et non reconnu comme une personne à part entière. Comme si, cantonnée dans un rôle de malade, la personne pouvait être oubliée. » (p. 144).

pal de l'intervention psychosociale consiste à faciliter cette acceptation et cette adaptation. Ce faisant, elle risque de mettre en place une vaste opération de normalisation des personnes séropositives en leur demandant de se soumettre à des valeurs et des finalités sociétales louables en soi et difficilement contestables: se protéger et protéger autrui, être prudent et responsable, collaborer au traitement, etc. Un processus de manipulation et de contrôle des comportements des personnes séropositives peut être mis en place afin de contrer les graves répercussions individuelles et sociales de l'adoption, ou du maintien, d'un style de vie irresponsable. L'intervention psychosociale devient alors une gestion de la vie des personnes séropositives afin qu'elles puissent se soumettre aux normes sociales.

TABLEAU 1

Principales caractéristiques des paradigmes axés sur la résolution de problèmes ou sur la promotion de la santé

	Résolution de problèmes	Promotionde la santé
Vision	Étroite	Large
Référentiel	Normalité	Qualité de vie
Valeurs	Singulières	Plurielles
But	Conformité	Autonomie
Modèles	Répétitifs	Créatifs
Réponse	Individuelle	Collective
Intervention	Isolée	Collégiale
Pratiques	Homogènes	Hétérogènes
Évaluation	Objective	Subjective
Résultats	Prévisibles	Surprenants

Une gestion sociale de la vie des personnes séropositives repose, là encore, sur une conception réductionniste de la séropositivité. Elle attribue, en effet, au comportement responsable de la séropositivité une caractéristique unique partagée par toutes les personnes infectées. De fait, le refus de porter un préservatif ou l'utilisation d'une seringue contaminée serait expliqué à partir d'une dimension unique[12] qui traduirait le caractère de la personne séropositive. Il devient alors impérieux de repérer cette caractéristique afin de prévenir l'infection ou la surinfection, si la personne est déjà contaminée. Ainsi, des programmes (préventifs ou curatifs) d'intervention psychosociale peuvent être élaborés à partir d'une conception générale de la séropositivité qui applique, à toutes les personnes séropositives, une même et seule explication du comportement à risque d'infection au VIH.

Il est tentant de se représenter les comportements à risque de la personne séropositive comme une pratique criminelle[13]. La mission de l'intervention psychosociale consisterait alors à réhabiliter la personne séropositive en lui expliquant que la cause de son crime réside dans son for intérieur et en espérant que cette prise de conscience la rendra responsable. Les intervenants

---

[12] À titre d'exemple, Warner (1995) soutient la thèse qu'il y aurait une motivation inconsciente à être séropositif chez la personne homosexuelle ayant un comportement à risque. En voulant être séropositif, elle voudrait acquérir une identité qui lui fait défaut.

[13] Il va sans dire que la norme de tolérance à l'égard des personnes séropositives interdit de les désigner comme des coupables, mais cette recherche de boucs émissaires s'exprime d'une façon détournée dans les rumeurs sur les origines du sida. Ainsi, Paicheler & Quemin (1994) ont étudié les perceptions sur l'origine maléfique du sida pour constater que la désignation des responsables «[...] constitue un retour dévié de tendances bien connues à discriminer, à désigner des coupables» (p. 69).

psychosociaux devraient ainsi faire abstraction de l'expérience et de la personnalité de la personne infectée pour lui imposer une identité factice et manipulable, pure création construite par les professionnels afin de mieux la contrôler. Pour se déprendre de ce modèle normatif d'intervention psychosociale, il devient important de porter une plus grande attention au vécu personnel qu'à la norme sociale. Comme le signalent Berthelot et al. (1991), l'évaluation de la situation de l'individu séropositif ne se limite pas à la collecte de données objectives, mais également «[...] d'impressions subjectives de la personne (perception de sa maladie, réactions émotives, cheminement, attentes et demandes)» (p. 29). Il s'agit finalement de connaître la signification que la personne séropositive donne à sa vie et à sa maladie, lui permettre une réappropriation de soi, c'est-à-dire d'avoir sa propre vie, son propre corps et sa propre maladie.

La refonte d'un nouveau modèle d'intervention psychosociale axé sur la personne peut grandement bénéficier des apports du concept de qualité de vie. La notion de qualité de vie renvoie généralement à des facteurs exogènes, c'est-à-dire à des éléments externes aux personnes, comme leur environnement et leur entourage. Selon cette perspective, la qualité de vie est évaluée à partir de critères ou de normes externes. Même si l'expérience intime est influencée par le contexte environnemental, il demeure que ces situations externes auront des retentissements intérieurs bien différents selon les individus. C'est pourquoi il est important de préciser comment la séropositivité est vécue intérieurement, comment elle affecte notre qualité de vie. Cela ne signifie pas qu'il faille négliger la qualité de vie objective[14], mais qu'une perspective globale incite à considérer la vie intérieure et extérieure pour en arriver à une complétude.

Un instrument de planification et d'évaluation

Avec le concept de qualité de vie, l'intervention psychosociale adopte un double virage: nous passons 1) du souci de la condition pathologique aux conditions de vie (matérielle, physique, psychologique et sociale), 2) de l'évaluation objective des interventions destinées aux personnes séropositives aux perceptions subjectives de leurs besoins. Au lieu d'encourager l'adoption d'un rôle passif (résignation et soumission), la personne séropositive est invitée à participer activement à l'intervention psychosociale en précisant ses besoins et en trouvant des moyens pour les combler. Il ne s'agit pas de la détacher de son vécu pour mieux la mouler à l'image sociale que l'on se fait d'elle, mais plutôt de lui donner la parole afin qu'elle puisse formuler, par elle-même, ses buts de vie et les façons de les atteindre. La planification de l'intervention ne provient pas de l'extérieur, les objectifs ne lui sont pas imposés; le sujet séropositif définit lui-même sa conception de la qualité de vie, sa situation actuelle et ses aspirations. Concrètement, il n'est plus possible d'utiliser des instruments standardisés construits par des évaluateurs externes[15]. Chaque sujet est invité à témoigner de ses besoins et des

---

[14] Les besoins d'aide prioritaires formulés par les personnes séropositives concernent les activités quotidiennes, comme les tâches domestiques et le transport (Smith & Rapkin, 1995), et l'utilisation de services financiers (Lamping & Sachdev, 1993).

[15] De nombreux instruments de mesure sont disponibles pour évaluer la qualité de vie. En plus des outils généraux qui mesurent des entités vastes comme la santé et le bien-être (voir à ce sujet le recueil de Bech, 1993), il existe des questionnaires spécialement élaborés qui explorent

changements provoqués par ces interventions.

L'intervention psychosociale encourage donc la personne séropositive à s'inventer une qualité de vie de tous les jours. Cette intervention ne propose pas de méthode miracle ou de recette magique pour l'aider à s'accommoder à sa nouvelle condition; elle soutient plutôt la personne dans ses efforts de réévaluation et de maintien, malgré les vicissitudes de la maladie, une bonne qualité de vie. Les analyses de récits de vie (Nédélec, 1994; Weitz, 1991) rapportent les moyens inventifs trouvés par les personnes séropositives pour apprécier les joies de l'existence et goûter aux plaisirs de la vie. Ils peuvent prendre la forme d'une recherche de plaisirs corporels (exemples: sport, massage, dégustation alimentaire, temps de repos), affectifs (exemple: relation amoureuse, rencontre amicale, accompagnement d'un malade du sida) ou esthétiques (exemple: écriture, lecture, peinture, musique, méditation, voyage). Ces personnes cherchent à profiter de la vie en ayant recours à une multitude de moyens qui vont s'adapter aux circonstances. Il se dégage de ces récits le message suivant: à chacun de trouver les voies qui lui conviennent, ce qui est plaisant pour lui, de se trouver des parcelles de plaisirs afin de rendre la vie intéressante, de créer des espaces de jeu pour se divertir et faire que la maladie soit plus supportable.

La capacité de la personne séropositive à développer de nouvelles stratégies afin de s'assurer une qualité de vie va dépendre de plusieurs paramètres, entre autres sa personnalité, son histoire de vie, ses réseaux affectifs et sociaux. L'intervention psychosociale l'aide à trouver en elle et dans son environnement les ressources nécessaires pour conserver, voire même améliorer sa qualité de vie. Les principaux bénéficiaires de cette approche orientée sur la qualité de vie sont bien sûr les personnes séropositives et leurs proches, mais également les intervenants qui voient leurs actions devenir plus pertinentes et plus cohérentes.

INTERVENTIONS PSYCHOSOCIALES AUPRÈS DES PERSONNES SÉROPOSITIVES

Une multitude d'interventions psychosociales sont offertes aux personnes séropositives[16]. Ces dernières peuvent trouver des approches qui répondent davantage à leurs besoins spécifiques, à leur personnalité ou à leurs moyens financiers. Malgré leur état de détresse psychologique et la présence de services psychosociaux, il s'avère étonnant de découvrir que les personnes séropositives ne consultent pas beaucoup les intervenants psychosociaux. Lamping et al. (1990) ont en effet constaté que les personnes séropositives ou sidéennes connaissent les services en santé mentale mais les utilisent rarement[17]. Pour expliquer cette situation, il est tentant de trouver des raisons «négatives»: elles sont déprimées ou elles ont une réaction de déni. Il est

---

des attributs particuliers reliés au sida comme le *Fanning Quality of Life Scale* (Fanning & Emmott, 1993) et le *HIV Overview of Problems Evaluation System* (Schag et al., 1992).

[16] Knox et al. (1994) énumèrent 23 types d'interventions psychosociales qui peuvent être utilisées afin de répondre aux besoins spécifiques de différentes clientèles de personnes séropositives. L'ouvrage de Cadwell et al. (1994) présente également différents types de traitement psychothérapeutique destinés aux personnes sidéennes.

[17] Dans leur étude auprès d'un groupe d'hommes homosexuels séropositifs, Namir et al. (1987) ont constaté que 81% des sujets étaient intéressés à participer à une intervention psychosociale mais seulement 28% l'avaient fait.

également possible de supposer qu'elles adoptent une forme de demande d'aide que l'on retrouve en général chez les personnes en difficulté: la tendance à l'individualisme les pousserait d'abord à se fier à leurs propres moyens; à défaut de réussir par elles-mêmes à surmonter une difficulté, elles auraient tendance à consulter la ressource la plus facile d'accès et la moins coûteuse, comme un service d'information[18]; en dernier ressort, elles se verront obligées de consulter un professionnel (Groos & McMullen, 1983).

Une raison «positive» pourrait donc expliquer leur non participation à des interventions psychosociales: elles ne vont pas consulter des professionnels parce qu'elles ont une estime de soi élevée[19]. Elles ont confiance en elles; elles se sentent capables de résoudre par elles-mêmes leur problèmes, de définir et de réaliser d'une façon autonome leurs buts de vie. Avoir recours à une aide professionnelle aurait pour effet de se sentir incompétentes, inférieures et dépendantes. Elles ne voudraient pas s'impliquer dans une démarche de relation d'aide qui pourrait mettre en péril leur autonomie et leur indépendance. Mettons à profit ce motif de refus de l'aide professionnelle en l'utilisant pour questionner l'intervention psychosociale et pour proposer un renouvellement de ses buts et de ses actions tout en y intégrant une approche de responsabilisation-habilitation (*empowerment*).

Une qualité de vie à améliorer

Les répercussions de la séropositivité au VIH se font d'abord sentir au plan psychosocial. L'annonce de la séropositivité provoque généralement des réactions psychologiques de forte intensité. Kalichman & Sikkema (1994) ont répertorié, dans des études empiriques, les perturbations psychologiques suivantes: la dépression, les idées suicidaires, l'anxiété, les réactions psychosomatiques et hypocondriaques, l'hostilité et la culpabilité. Afin d'éviter le rejet et la discrimination, la personne séropositive a souvent comme premier réflexe de garder secrète cette nouvelle, ce qui la conduit à se replier sur elle-même et à s'isoler. Au fur et à mesure que la maladie progresse, elle rencontre différents problèmes fonctionnels liés à des troubles physiques et à des inadaptations sociales. Dès lors, il s'avère primordial d'estimer la qualité de vie des personnes séropositives afin d'évaluer le retentissement de l'infection au VIH aux plans physique, psychologique et social sur leur bien-être. De multiples facteurs influencent la qualité de vie perçue par une personne séropositive. Ils peuvent être regroupés en trois catégories: les conditions objectives de vie (les caractéristiques sociodémographiques, l'évolution de la maladie), les perceptions subjectives (le bien-être psychologique) et les relations interactives (le soutien social)[20].

---

[18]   Selon Hays *et al.* (1990), les personnes séropositives consultent en priorité leurs amis probablement parce qu'ils sont plus facilement acessibles, partagent la même culture, sont plus empathiques et peuvent s'entraider.

[19]   Sabourin *et al.* (1992) ont observé que «[...] les individus qui ont une estime de soi plus élevée auraient plus tendance à abandonner spontanément leur démarche d'assistance psychologique que ceux qui ont une estime de soi plus faible.» (p. 20).

[20]   Cette catégorisation recoupe celle de Lapointe (1991) qui regroupe les facteurs de détresse chez les personnes séropositives sous quatre chapitres: organiques (l'évolution clinique, les symptômes neurologiques), psychologiques (la personnalité antérieure, la capacité d'adaptation au stress, le soutien de l'entourage, le système de croyances et de valeurs personnelles); socioculturels (les réactions de la société, les valeurs et croyances, le réseau de soutien) et scientifiques (l'incertitude du pronostic, la disponibilité des thérapeutiques, les

D'entrée de jeu, mentionnons que les caractéristiques sociodémographiques jouent un rôle secondaire dans la détermination de la qualité de vie[21]. À titre d'exemple, Bertram *et al.* (1993) rapportent des scores similaires entre les femmes et les hommes séropositifs au test de MOS-20 (*Medical Outcomes Study*) à l'exception d'une légère différence pour la dimension «*role performing*» en faveur des femmes. Le statut sérologique semble avoir également un rôle effacé. De fait, Lubeck & Fries (1992) de même que Moore *et al.* (1993) n'ont pas observé de différence significative entre les sujets séropositifs et séronégatifs au VIH par rapport à la qualité de vie.

Le degré d'évolution de la maladie constitue un facteur objectif dont l'impact sur la qualité de vie est contesté. Les travaux de Lubeck & Fries (1992), de Leiberich *et al.* (1993), et de Ragsdale & Morrow (1990) rapportent que le score de qualité de vie est inférieur chez les patients séropositifs qui avaient un niveau plus avancé de maladie. Cette association n'a toutefois pas été observée dans les études de Keithley *et al.* (1992) et de Weinstein (1990). En plus de considérer l'influence de l'évolution de la maladie sur la qualité de vie, il s'avère peut-être nécessaire d'évaluer l'impact du traitement médical. Il s'agit, entre autres, de définir l'importance des effets physiques secondaires (malaises, céphalées, troubles digestifs) de l'AZT (Zidovudine) sur la qualité de vie des personnes séropositives. L'étude de Gelber *et al.* (1992) a mis en évidence la réduction de la qualité de vie due aux effets indésirables de ce traitement antirétroviral. Soulignons que Wu *et al.* (1990) ont également observé cet effet négatif de l'AZT sur la qualité de vie, mais l'effet s'estompait après un an d'utilisation de ce médicament.

Comparativement aux conditions objectives, les composantes subjectives et psychologiques ont une influence plus marquée sur la qualité de vie[22]. Valentine *et al.* (1993) ont constaté que l'anxiété et la dépression étaient associées à une qualité de vie insatisfaisante chez des personnes séropositives. Les réactions de détresse psychologique viennent perturber leur fonctionnement psychosocial. Une meilleure santé psychologique amène la personne séropositive à se considérer efficace pour trouver des stratégies d'adaptation (*coping*)[23] et à actualiser ses habilités en réponse aux demandes de la société (*role performing*).

Les interactions sociales constituent aussi un autre facteur déterminant de la qualité de vie. Les personnes séropositives qui évitent ou sortent de l'isolement pour maintenir des relations interpersonnelles satisfaisantes rapportent un niveau de qualité de vie plus élevé que celles se repliant sur elles-mêmes. L'appauvrissement des relations sociales, y compris la diminution des rapports intimes, affecte négativement la qualité de vie (Kelly *et al.*, 1993). En contrepartie, la présence d'un réseau de soutien entraîne la fréquentation de personnes qui fournissent encouragements et assistance; ce soutien a pour effet de réduire les réactions dépressives (Hays *et al.*, 1992), la détresse

---

statistiques publiques).

[21] Diener (1984) a effectivement remarqué que les variables sociodémographiques (âge, sexe, emploi, revenu, etc.) étaient faiblement corrélées avec les indicateurs de qualité de vie.

[22] De fait, Chibnall & Tait (1990) ont noté des corrélations négatives entre la qualité de vie et la dépression, l'anxiété et les symptômes psychosomatiques.

[23] L'étude de Hedge *et al.* (1993) a permis de trouver un lien significatif entre l'utilisation de stratégies d'adaptation et la qualité de vie chez des hommes séropositifs.

psychologique (Blaney *et al.*, 1991) et les symptômes psychosomatiques (Namir *et al.*, 1989).

Cette recension des écrits suggère donc que la qualité de vie des personnes séropositives dépend d'une part de l'expérience et des réalisations personnelles, et des relations avec l'entourage d'autre part. Cette constatation non seulement démontre la pertinence de l'intervention psychosociale, mais également propose une orientation valorisant le développement de l'autonomie des personnes séropositives.

Une qualité de vie fondée sur l'autonomie

L'annonce de la séropositivité peut créer un état de déséquilibre, une perte de repères qui conduit la personne infectée par le VIH à accorder une grande importance à l'avis et aux conseils des professionnels. Ces derniers peuvent occuper de plus en plus de place étant donné qu'ils sont de plus en plus nombreux à se mobiliser pour aider la personne séropositive: médecin traitant, médecin spécialiste, infirmière, diététiste, travailleur social, psychologue, sexologue, etc. Il y a alors un danger que la personne séropositive développe une dépendance indue à l'endroit des intervenants. En contrepartie, les professionnels risquent de devenir envahissants, voire même d'abuser de pouvoir en dictant la «bonne» voie à suivre[24].

Les intervenants psychosociaux commencent à acquérir une expérience considérable sur l'art de construire méthodiquement des actions qui visent l'amélioration de la qualité de vie des personnes séropositives[25]. L'intervention psychosociale adopte le modèle scientifique en construisant rationnellement des programmes d'actions professionnelles efficaces[26] qui répondent spécifiquement aux besoins des personnes séropositives. Ces dernières sont invitées à se soumettre à des interventions structurées, réglées et intensives. Le souci d'améliorer la qualité de vie de ces personnes n'oblige-t-il pas à trouver d'autres façons de les amener à participer à une démarche d'aide psychosociale? Ne faudrait-il pas leur laisser une plus grande latitude dans la définition et la réalisation de leurs buts de vie?

Au lieu de constamment venir chercher des informations, des conseils, des moyens, etc., les personnes séropositives pourraient-elles aussi en donner, faire profiter les autres de leur expertise acquise dans le domaine du sida? Une plus grande implication de leur part pourrait favoriser le développement de leur autonomie, dans le sens d'être capables de décider par elles-mêmes, de ne plus dépendre autant des professionnels, de contrôler leur vie.

L'approche axée sur la responsabilisation-habilitation *(empowerment)*

---

[24] Prolong (1992) témoigne du pouvoir que peuvent exercer les professionnels sur les personnes séropositives: "Pour ma part, travaillant avec les malades du sida, j'ai réalisé qu'ils dépendent passablement de nous sur le plan moral et social." (p. 36).

[25] À titre d'exemple, le projet NUCARE, élaboré par une équipe du Service d'épidémiologie clinique de l'Hôpital Général de Montréal (Hamel *et al.*, 1992), cherche à aider les personnes séropositives à surmonter la détresse psychologique et à faciliter leur adaptation à la maladie. Il comprend six composantes: la restructuration cognitive, la résolution de problèmes, l'entraînement à la relaxation, la détermination d'objectifs, le soutien social et l'utilisation de ressources et de services. Le programme conçu à l'Université de Miami adopte également cette perspective (Lutgendorf *et al.*, 1994).

[26] Mentionnons que le projet NUCARE a donné des résultats intéressants: une baisse des scores de détresse psychologique et de dépression a été notée surtout chez les participants venant de connaître leur état sérologique comparativement à ceux l'ayant obtenu depuis au moins deux mois (Lamping *et al.*, 1993).

(le renforcement du potentiel des personnes) valorise l'autonomie en invitant les personnes séropositives à développer et à concrétiser leur rôle «d'expert» en ce qui concerne le choix et la poursuite de leurs propres buts de vie. L'intervention psychosociale se donne alors comme objectif de les aider à reprendre un contrôle sur leur vie et de participer activement à son amélioration[27]. Une façon d'acquérir un sentiment de pouvoir sur sa vie consiste à s'informer sur le sida et à se tenir au courant des dernières découvertes de la recherche sur la progression de la maladie. La personne séropositive peut acquérir le pouvoir de parler de façon informée de sa maladie; ce faisant, elle tente de garder un contrôle sur celle-ci. Ce savoir la fait basculer de victime de la maladie à celui d'expert sur le sida. D'ailleurs, de nombreuses personnes séropositives deviennent des personnes-ressources pour ceux qui désirent s'informer sur le sida.

Le processsus de la responsabilisation-habilitation s'actualise dans le cadre d'une action professionnelle qui se distingue de l'intervention psychosociale traditionnelle. Le tableau 2 présente les principales caractéristiques de ces deux paradigmes; ils seront explicités et illustrés, et nous préciserons les orientations et les configurations qu'adoptent chacun d'eux.

TABLEAU 2
Deux conceptions de l'intervention psychosociale

	Approche traditionnelle	Approche de la responsabilisa-tion-habilitation (*empowerment*)
Évaluation	Diagnostic objectif	Bilan personnel
Statut de l'intervenant	Expert	Collaborateur
Statut du bénéficiaire	Patient docile	Partenaire critique
Échange	Question-réponse	Dialogue
Stratégies	Uniformes	Multiformes
Politiquement	Neutre	Engagé

Le modèle d'intervention orienté sur l'empowerment

La personne séropositive vient demander une aide psychosociale d'abord parce qu'elle a de la difficulté à assumer les multiples pertes qu'elle a subies depuis l'annonce de sa séropositivité. Il lui arrive, entre autres, de perdre son emploi, un amant ou des amis, l'estime de soi, etc. La tâche de l'intervenant psychosocial consiste alors à évaluer ces pertes et à aider la personne à les accepter, et à les compenser par des qualités, des personnes ou des activités de substitution. Cette première évaluation, qui sert à définir des objectifs à atteindre par l'intervenant, prend souvent l'allure d'un examen clinique individuel; l'intervenant peut poser un diagnostic en utilisant des échelles d'évaluation de la qualité de vie.

Cette procédure possède l'inconvénient de mettre l'accent sur la défaillance et les incapacités de la personne «victime du sida». Elle risque de stigmatiser davantage la personne séropositive en lui reconnaissant des attributs particuliers. Une approche techniciste d'évaluation de la qualité de vie risque d'objectiver le vécu de cette personne et de chercher à normaliser son comportement. À l'aide d'outils techniques, l'intervenant peut arriver

---

[27] Les ateliers de groupes de support organisés par le CLSC Centre-sud visaient l'atteinte de cet objectif qui consistait à «[...] redonner à la personne un sentiment de pouvoir sur sa vie. » (Jacques, 1991, p. 128).

à décomposer l'état «pathologique» dans lequel se trouve la personne séropositive en un nombre limité de composantes bien circonscrites de sa qualité de vie insatisfaisante; il lui sera alors possible d'intervenir efficacement sur certaines d'entre elles dans le but de mieux adapter l'individu à sa nouvelle condition de malade.

Une approche axée sur la responsabilisation-habilitation adopte une autre perspective en privilégiant le point de vue de la personne infectée par le VIH. Au lieu de définir les besoins de la personne qui consulte à partir d'instruments objectifs, il paraît plus avantageux de dégager les besoins subjectivement ressentis par celle-ci. Il ne s'agit pas de diagnostiquer la personne séropositive; l'intervenant l'invite plutôt à parler de ses difficultés, à mettre en place elle-même des mesures susceptibles d'améliorer sa qualité de vie telle qu'elle la définit. Il la soutient dans ses tentatives de décrire et d'analyser les situations désagréables avec lesquelles elle est confrontée, de préciser ce qu'elle souhaite et ce à quoi elle aspire, de déterminer les solutions qu'elle envisage pour avoir une vie plus satisfaisante. Pour ce faire, l'intervenant mise sur les capacités et les habilités de la personne séropositive plutôt que sur ses pertes et ses déficits.

L'intervenant met entre parenthèses ses expertises pour dialoguer avec la personne séropositive; il la considère comme un partenaire avec qui il tente de définir les problématiques vécues par celui-ci et de trouver des moyens pour les surmonter. Il doit être vigilant pour ne pas imposer sa manière de penser et de faire. L'intervenant doit résister à la tentation de faire valoir son propre processus de résolution de problèmes qu'il considère plus rationnel et performant que celui adopté par la personne séropositive. Il ne s'agit pas de mobiliser cette dernière à une cause que s'est donné l'intervenant, mais de permettre à la personne séropositive de construire sa propre vision de la qualité de vie à améliorer tout en portant un regard critique sur les analyses et les propositions de l'intervenant.

Cette collaboration permet d'envisager une multitude d'actions possibles pour améliorer la qualité de vie de la personne séropositive[28]. Parmi celles-ci, les rencontres de groupe constituent un moyen privilégié pour garder son pouvoir sur soi-même et sur sa maladie; elle peut ainsi l'aider à maintenir un bon moral et une motivation à l'entraide. L'intervention de groupe réalisée par Ginchereau (1990) a effectivement aidé les participants séropositifs à mieux maîtriser les facteurs de stress liés à la séropositivité[29]:

> Ce qui est le plus fréquemment rapporté, c'est qu'enfin, ils ont connu des gens dans la même situation qu'eux, qu'ils se sentent moins seuls, qu'ils possèdent plus de moyens pour résoudre leurs problèmes quotidiens, qu'ils sont plus informés et se sentent moins anxieux (p. 9).

Cette intervention cherchait également à favoriser un processus de prise

---

[28] Haney (1988) énumère une série d'interventions possibles pour regagner son pouvoir et son contrôle sur sa vie: «*Social workers can provide persons with AIDS with ways to control their illness and their lives. Some of these include massage therapy, acupuncture, holistic medicine, meditation, creative visualizations, affirmations, nutrition, emotional support, coping skills training, anxiety and stress reduction, relaxation exercices, individual counseling, group therapy and support groups, and experimental drug treatments.*» (p. 252).

[29] Cette intervention visait à «[...] contrer le stress psychologique et social, et ainsi contribuer à l'amélioration de la qualité de vie [...]» (Ginchereau, 1990, p. 8). Une approche existentielle-humaniste fut utilisée au cours des quatre sessions de groupe de dix rencontres chacune.

en charge de soi et d'actualisation d'actions créatrices. Les rencontres voulaient amener les participants à devenir des partenaires actifs dans l'amélioration de leur qualité de vie. Ces derniers objectifs ont été plus difficiles à atteindre; les participants se sont révélés apathiques et peu motivés à se prendre en charge après les rencontres. Pour expliquer ces résultats, le responsable de cette intervention évoque la possibilité que des troubles psychologiques, présents avant l'annonce de la séropositivité, pourraient être responsables de cette apathie et de ce désintéressement.

Une autre explication peut être avancée: cette intervention a permis d'acquérir un mieux-être chez les personnes séropositives, mais sa structure, son organisation et son contenu n'ont pas permis un responsabilisation-habilitation (*empowerment*). Il ne suffit pas de rendre possible des rencontres de groupe pour qu'automatiquement le besoin d'exercer un plus grand contrôle sur sa vie se développe chez les participants. La discussion de ses problèmes de même que la manière dont est structurée cognitivement sa pensée doivent conduire sur le terrain de considérations sociales et politiques. Il sera alors plus en mesure de reconnaître et surmonter les obstacles à sa prise en charge, au contrôle de ses décisions et à la demande de ressources plus appropriées à ces besoins. Il est alors possible de soupçonner que les participants apathiques n'ont pas appris, avant l'annonce de leur séropositivité, à exercer leur pouvoir de décision et de contrôle, de revendiquer de meilleurs services professionnels, de s'impliquer personnellement pour améliorer leur sort. Mentionnons également qu'il est difficile d'acquérir un plus grand contrôle de sa vie si les autres interventions professionnelles perpétuent la dépendance et l'apathie.

L'adhésion des intervenants à de nouveaux paradigmes et leur appui à des interventions positives ne se transforment pas nécessairement en actions concrètes. Toute sorte d'obstacles (financiers, corporatistes, patronaux, syndicaux, organisationnels, environnementaux, etc.) peuvent se dresser devant les initiatives des intervenants et les obliger à reculer, à se retrancher sur des positions conservatrices. Au lieu d'offrir des programmes personnalisés sur les besoins spécifiques des personnes séropositives, les intervenants se trouvent dans l'obligation de choisir ceux qui répondent aux priorités ou aux exigences administratives de leur milieu de travail. Les personnes séropositives se doivent alors de mener des actions sociopolitiques si elles veulent obtenir des services qui correspondent davantage à leurs besoins et à leurs préoccupations. Dans ce contexte, l'intervenant psychosocial ne peut plus être politiquement neutre[30]; il devient un agent de changement qui s'engage dans l'action sociale et politique au sein des communautés auxquelles appartiennent les personnes séropositives. L'amélioration de la qualité de vie ne se limite plus à un travail individuel pour réduire le stress psychologique des personnes infectées par le virus du VIH; elle comprend aussi un effort collectif afin de rendre accessibles des ressources disponibles et d'en créer de nouvelles.

La formation des intervenants psychosociaux

La formation des intervenants psychosociaux constitue un préalable

---

[30]   À ce sujet, Nélisse (1993) rappelle que «[...] les pratiques professionnelles – de plus en plus scientifiques – se définissent comme politiquement neutres. » (p. 177).

indispensable à l'implantation de services axés sur la qualité de vie des personnes séropositives. Cette formation s'impose d'autant plus que les intervenants ne sont pas seulement confrontés à une maladie fortement stigmatisée, mais également à des personnes qui sont encore grandement marginalisées, entre autres, des personnes d'orientation homosexuelle ou toxicomanes. Dans leur étude respective auprès d'intervenants en santé mentale, St-Lawrence et al. (1990) et Crawford et al. (1991) ont constaté que les participants étaient moins enclins à accepter un patient sidéen en consultation, à le toucher et à lui être sympathiques, qu'un patient souffrant de leucémie[31]. Une autre étude a révélé que le degré d'aisance d'un groupe de travailleurs sociaux à œuvrer auprès des personnes homosexuelles constitue un facteur important dans leurs interventions auprès des personnes séropositives au VIH (Weiner & Siegel, 1990). L'acquisition de nouvelles connaissances et attitudes à l'égard de l'homosexualité aurait des effets positifs sur la qualité des services offerts aux personnes infectées par le virus du sida.

Les programmes de formation sur le sida mettent généralement l'accent sur l'acquisition des connaissances, la classification des attitudes et le développement des habiletés d'intervention. À titre d'exemple, le programme-cadre de formation élaboré et appliqué par Berthelot & Morissette (1989) avait pour objectif d'amener l'intervenant à posséder des connaissances de base sur le sida, de développer des attitudes saines et des aptitudes propres à l'intervention. La même orientation est adoptée par le programme de formation sur le sida du ministère de la Santé et des Services sociaux du Québec (1991) et dans celui des Services à la famille-Canada (Fietz & Andrews, 1991).

Cette formation cherche à changer les intervenants en travaillant leurs connaissances, leurs attitudes et leurs comportements. Elle prend la forme d'une activité particulière qui apparaît à un moment donné de la formation générale des intervenants. Elle a comme visée de sensibiliser des spécialistes à l'importance d'aider les personnes séropositives et à maîtriser des modèles d'intervention efficaces. Le contenu de la formation est planifié à partir d'une analyse des besoins des participants; elle est dispensée selon un déroulement logique et linéaire. Une évaluation, la plus objective possible, vérifie l'atteinte des objectifs.

Malheureusement cette approche formative ne donne pas les résultats escomptés. Gaudreau et al. (1994) ont effectivement constaté que:

> La formation québécoise s'est avérée de bonne qualité, mais de peu d'efficacité, car elle satisfait moyennement les participants, agit favorablement sur les connaissances, n'influence pas les attitudes, mais a un effet plutôt faible sur les comportements d'intervention (p. 105)[32].

Ces résultats donnent à penser qu'il faut cesser de s'imaginer que le développement du rôle d'intervenant psychosocial auprès des personnes séroposi-

---

[31] Fliszar & Clopton (1995) ont noté un changement positif d'attitudes chez les futurs psychologues: ils sont plus disposés à accepter un patient sidéen en consultation, comparativement aux psychologues ayant participé aux deux études antérieures.

[32] L'évaluation du programme de sensibilisation à l'intervention auprès des patients sidéens, élaborée et expérimentée par Lapierre & Jourdan-Ionescu (1993), arrive à la même conclusion: il fut possible d'augmenter le niveau de connaissances sur le sida, mais il s'est avéré plus difficile de modifier les attitudes à l'égard de celui-ci.

tives passe principalement par un stage qui a pour but de modifier les connaissances, les attitudes et les habiletés professionnelles. Les modèles de formation sont encore imprégnés du dogme de l'éducation traditionnelle qui conçoit l'action humaine d'une façon réductionniste, soit comme la résultante de connaissances et d'attitudes. Il nous faut relever le défi de dépouiller la formation de toute prétention positiviste et de toute visée normative[33]. Au lieu d'aborder le processus de formation en «extériorité» par des approches fonctionnalistes et technologiques, il serait plus avantageux de procéder par «intériorité», à l'aide des expériences professionnelles et personnelles vécues par les intervenants dans leur pratique quotidienne. Il ne s'agit plus de former à l'intervention; c'est l'action professionnelle qui est formatrice. Le tableau 3 dégage les principales caractéristiques de ces deux perspectives.

L'approche novatrice de formation devient permanente et fait appel à la participation des intervenants. Au cours de rencontres cliniques[34], les intervenants font un retour sur leurs actions menées auprès des personnes séropositives afin de réfléchir et de discuter des conduites et des moyens utilisés pour mieux les adapter à la démarche poursuivie par les personnes séropositives. Ces échanges contribuent à développer une aptitude à intégrer le nouveau paradigme axé sur la qualité de vie ainsi que des habiletés en vue de l'actualiser chez les personnes séropositives.

TABLEAU 3
Deux conceptions de la formation des intervenants

	Formation traditionnelle	Formation novatrice
Statut de l'apprenant	Objet	Sujet
Besoins	De l'intervenant	De l'intervention
But	Sensibiliser	S'approprier
Objectif	Maîtriser	S'adapter
Programmation	Planifiée	Adaptée
Contenu	Modèles d'intervention	Expériences professionnelles
Participant	Spécialiste	Tous et chacun
Démarche	Directive	Participative
Durée	Occasionnelle	Permanente
Déroulement	Linéaire	Sinueux
Évaluation	Externe	Interne

La formation ne s'élabore plus à partir de l'évaluation des besoins des intervenants, mais plutôt de ceux émergeant de l'action professionnelle. Il s'agit de définir et d'appliquer un projet d'amélioration de la qualité de vie de chaque personne venant les consulter, à partir d'une évaluation de leur vécu quotidien. L'intervenant doit alors reconnaître ses capacités et ses limites à choisir des valeurs qui orientent ses actions, des objectifs qu'il cherchera à atteindre et des moyens d'action les plus appropriés. Cette démarche n'est pas linéaire mais sinueuse; elle adopte les contours d'une exploration. Somme toute, elle le conduira à dégager de ses expériences professionnelles des connaissances qui seront utilisées par lui-même et diffusées à ses collègues en vue d'enrichir l'intervention psychosociale auprès des

---

[33] Tourette-Turgis (1989) fait une mise en garde semblable en ces termes: «L'insistance sur la contextualisation des savoirs et des informations ne protège personne de leur normalisation et de leur usage pervers. » (p. 42).

[34] Berthelot & Morissette (1989) ont mis sur pied une formule de rencontre clinique entre les intervenants psychosociaux qu'ils ont appelée «les mardis cliniques».

personnes séropositives. Selon cette perspective, l'intervenant psychosocial n'est plus objet de formation; il est le sujet de sa formation.

CONCLUSION

Les demandes de services faites aux professionnels par les personnes séropositives ne s'inscrivent plus dans des projets d'intervention psychosociale traditionnelle. De plus en plus, elles demandent de conserver, de retrouver, voire même d'améliorer leur qualité de vie au sein de l'environnement où elles évoluent. Il ne s'agit pas seulement d'atténuer les inconforts physiques ou psychologiques, mais aussi d'avoir un mode de vie jugé satisfaisant et d'adopter les mesures nécessaires pour y accéder. La qualité de vie donne alors le goût à la personne séropositive de vouloir continuer à vivre et de donner un sens à sa vie[35]. Il est réconfortant de penser que les efforts déployés pour assurer une meilleure qualité de vie aux personnes séropositives auront sûrement des répercussions sur leur qualité du mourir[36].

BIBLIOGRAPHIE

Bachelard, G. (1961). *La Poétique de l'espace.* Paris: Presses universitaires de France.

Bech, P. (1993). *Rating Scales for Psychopathology, Health Status, and Quality of Life: A Compendium on Documentation in Accordance with the DSM-III-R and WHO Systems.* Berlin: Springer.

Berthelot, P. & Morissette, M.-R. (1989). La formation des intervenants. *Service social, 38,* 22-36.

Berthelot, P., Bouchard, M., Dion, C., Gagné, C., Gaudreault, F., Houde, A. & Ouellet, H. (1991). *Programme à l'usage des intervenants psychosociaux œuvrant auprès des personnes vivant avec le VIH/sida.* Québec: Centre de services sociaux de Québec, Service de la programmation et de la recherche.

Bertram, S., Rietmeijer, C., Hagglund, B., Cohn, K., St John, M.A. & Davidson, A. (1993). Health status measures (HSM) in HIV-Infected women and men. *Internationale Conference on AIDS, 8,* Abstract PO-D38-4425.

Blaney, N.T., Goodkin, K., Morgan, R.O., Feaster, D., Millon, C., Szapocznik, J. & Eisdorfer, C. (1991). A Stress-Moderator Model of Distress in Early HIV-1 Infection: Concurrent Analysis of Life Event Hardiness and Social Support. *Journal of Psychosomatic Research, 35,* 297-305.

Boisvert, D. (1988). *La Qualité de vie des personnes déficientes intellectuelles intégrées à la société après un séjour prolongé en internat.* Trois-Rivières: Éditions génagogiques.

Cadwell, S.A., Burnham, R.A. & Forstein, M. (1994) (dir.). *Therapist on the Front Line. Psychotherapy with Gay Men in the Age of AIDS.* Washington, DC: American Psychiatric Press Inc.

Caria, A. & Quemada, N. (1995). L'OMS développe un nouvel instrument d'évaluation de la qualité de vie: le WHOQOL. *L'Information psychiatrique, 71,* 261-266.

Castel, R. (1981). *La Gestion des risques.* Paris:

---

[35] L'étude de Remien *et al.* (1993) sur les caractéristiques médicales et psychologiques des "survivants" à un diagnostic de sida (de trois à neuf ans de survie) démontre que ces personnes ont un bon fonctionnement physique et une bonne qualité de vie. Elles persistent à garder un bon moral, à espérer vivre longtemps et à profiter de la vie.

[36] Dupuis *et al.* (1995) proposent cet objectif pour les personnes sidéennes en phase terminale: «Ce rôle consiste aussi à laisser toute la place à la personne que l'on accompagne, à la laisser mourir à sa manière, selon sa propre vision des choses. Accompagner un mourant, c'est lui laisser occuper tout le territoire possible, c'est créer autour de lui un espace de liberté et de sérénité, c'est lui permettre d'être autonome dans sa mort.» (p. 159-160).

Minuit.

Chibnall, J.T. & Tait, R.C. (1990). The Quality of Life Scale: A Preliminary Study with Chronic Pain Patients. *Psychology and Health, 4,* 283-292.

Cochran, S.D. & Mays, V.M. (1991). Psychosocial HIV Interventions in the Second Decade: A Note on Social Support and Social Networks. *The Counseling Psychologist,* 19, 551-557.

Cohen, C. (1982). On the Quality of Life: Some Philosophical Reflexions. *Circulation, 66,* 29-33.

Corten, P. (1993). Qualité subjective de la vie et réadaptation: émergence et évolution conceptuelle. *Santé mentale au Québec,* 18, 33-48.

Crawford, I., Humfleet, G., Ribordy, S.C., Chu Ho, F. & Vickers, V.L. (1991). Stigmatisation of AIDS Patients by Mental Health Professionnals. *Professional Psychology: Research and Practice,* 22, 357-361.

Dazord, A., Gerin, P., Brochier, C., Cluse, M., Terra, J.-L. & Seulin, C. (1993). Un modèle de qualité de vie subjective adapté aux essais thérapeutiques: intérêt chez les patients dépressifs. *Santé mentale au Québec,* 18, 49-74.

Diener, E. (1984). Subjective Well-Being, *Psychological Bulletin,* 95, 542-575.

Donzelot, J. (1977). *La Police des familles.* Paris: Minuit.

Dupuis, G., Perreault, J., Lambany, M.C., Kennedy, E. & David, P. (1989). A New Tool to Assess Quality of Life: The Quality of Life Systemic Inventory. *Quality of Life and Cardiovascular Care,* 15, 36-43.

Dupuis, J.C., Giroux, L. & Noël, L.-M. (1995). *Le sida. Accompagner une personne atteinte.* Montréal: Les éditions Logiques.

Eakin, J., Taylor, K. & Tourigny, S. (1990). The *Psychosocial Impact of AIDS on Health Care Providers. An International Annotated Bibliography and Review of Litterature.* Toronto: University of Toronto, Faculty of Medicine, Department of Behavioural Science.

Fanning, M.M. & Emmott, S. (1993). Evaluation of a Quality of Life Instrument for HIV/AIDS. *AIDS Patient Care,* 161-162.

Fietz, M. & Andrews, L. (1991). *HIV/AIDS: Improving our Response: An In-Service Training for Social Workers.* Ottawa: Family Service Canada.

Fliszar, G. M. & Clopton, J. M. (1995). Attitudes of Psychologists in Training toward Persons with AIDS. *Professional Psychology: Research and Practice,* 26, 274-277.

Foucault, M. (1983). *Naissance de la clinique.* Paris: Presses universitaires de France.

Gaudreau, L., Dupont, M. & Séguin, S.P. (1994). *La formation québécoise d'intervenants en prévention du sida auprès des jeunes: rapport de recherche.* Montréal: Centre de recherches en éducation L.G. Inc.

Gelber, R.D., Lenderking, W.R., Cotton, D.J., Cole, B.F., Fischl, M.A., Goldhirsch, A. &

Testa, M.A. (1992). Quality of Life Evaluation in a Clinical Trial of Zidovudine Therapy in Patients with Midly Symptomatic HIV Infection. *Annals of Internal Medicine,* 116, 961-966.

Gentis, R. (1978). *Guérir la vie.* Paris: Maspero.

Ginchereau, Y. (1990). L'intervention de groupe auprès des personnes séropositives: un nouveau champ de pratique. *Psychologie Québec,* 7, 8-9.

Gross, A.E. & McMullen, P.A. (1983). Models of the Help Seeking-Process. Dans B. DePaulo, A. Nadler, J. Fisher (dir.), *New Directions in Helping: Help Seeking* (p. 45-70). New York: Academic Press.

Hamel, M.A., Edgar, L., Darsigny, R. & Lamping, D.L. (1992). Intervention psychosociale auprès des personnes infectées par le VIH. *Santé mentale au Québec,* 17, 131-144.

Haney, P. (1988). Providing Empowerment to Person with AIDS. *Social Work,* 33, 251-253.

Hays, R.B., Catania, J.A., McKusick, L. & Coates, T.J. (1990). Help-Seeking for AIDS-Related Concerns: A Comparison of Gay Men with Various HIV Diagnoses. *American Journal of Community Psychology,* 18, 743-755.

Hays, R.B., Turner, H. & Coates, T.J. (1992). Social Support, AIDS-Related Symptoms and Depression among Gay Men. *Journal of Consulting and Clinical Psychology,* 60, 463-469.

Hedge, B., Slaughter, J., Flynn, R. & Green, J. (1993). Coping with HIV Disease: Successful Attributes and Stategies. *International Conférence on AIDS.* Abstract PO-B16-1691.

Hoffman, M.A. (1991). Counseling the HIV Infected Client: A Psychosocial Model for Assessment and Intervention. *The Counseling Psychologist,* 19, 467-542.

Jacques, M. (1991). Groupe de support pour personnes séropositives ou ayant le sida au CLSC Centre-sud. Dans R.A. Morisset, P. Ghadirian (dir.), *Mise à jour de la situation du sida,* vol. 1 (p. 158-160). Montréal: U.H.R.E.S.S. de l'hôpital Hôtel-Dieu de Montréal.

Joyce, C.R.B. (1987). Quality of Life: The State of the Art in Clinical Assessment. Dans S.E. Walker, R.M. Rosser (dir.), *Quality of Life: Assessment and Application* (p. 169-179). Londres: MTP Press.

Kalichman, S.C. & Sikkema, K. (1994). Psychological Sequelae of HIV Infection and AIDS: Review of Empirical Findings. *Clinical Psychology Review,* 14, 611-632.

Keithley, J.K., Zeller, J.M., Szeluga, D.J. & Urbansky, P.A. (1992). Nutritional Alterations in Persons with HIV Infection. *IMAGE: Journal of Nursing Scholarship,* 24, 183-189.

Kelly, P., Holman, S., Ehrlich, I., Driscoll, B., Chirgwin, K. & DeHovitz, J. (1993). Quality of Life Measurement in HIV Positive Women. *International Conférence on AIDS.* Abstract PO-B32-2266.

Khalid, M. & Séguin Langlois, M. (dir.) (1983). *Qualité de vie et vieillissement.* Montréal:

Association québécoise de gérontologie, Actes du 4ᵉ colloque tenu à Hull.

Knox, M., Davis, M. & Friedrich, M.A. (1994). The HIV Mental Health Spectrum. *Community Mental Health Journal*, 30, 75-89.

Kuhn, T. (1962). *La structure des révolutions scientifiques*. Paris: Flammarion, 1983.

Lachapelle, C. (1994). Avant-propos. Dans E. Garnier (Dir.), *Ma vie continue* (p. 10). Montréal: Comité des personnes atteintes du virus d'immunodéficience humaine du Québec.

Lamping, D.L. & Sachdev, I. (1993). Psychological Needs and Services for Heterosexuals with HIV Infection. Dans L. Sherr (dir.), *AIDS and the Heterosexual Population* (p. 199-221). Chur, Suisse: Harwood Academic Publishers.

Lamping, D.L., Abrahamowicz, M., Gilmore, N., Edgar, L. *et al.* (1993). A Randomized, Controlled Trial to Evaluate a Psychosocial Intervention to Improve Quality of Life in HIV Infection. *International Conférence on AIDS*. Abstract PO-C34-3358.

Lamping, D.L., Sewitch, M., Clark, E. & Ryan, B. (1990). *HIV-Related Mental Health Needs and Services in Canada: Needs Assessment Survey Final Report*. Ottawa: Federal Center for AIDS Working Group on HIV Infection and Mental Health.

Lapierre, S. & Jourdan-Ionescu, C. (1993). *Évaluation d'un programme de sensibilisation à l'intervention auprès de patients sidéens*. Trois-Rivières: Université du Québec à Trois-Rivières, Rapport présenté au Conseil québécois de la recherche sociale (RS 1644-A89).

Lapointe, B. (1991). Les modulateurs de la réaction à la détresse situationnelle. Dans Ministère de la Santé et des Services sociaux: *Programme de formation sur le sida: guide d'entraînement à l'animation et à la consultation* (p. 350-352). Montréal: Centre québécois de coordination sur le sida.

Leiberich, P., Schumacher, K., Rubbert, A., Schwad, J., Olbrich, E., Kalden, J.R. *et al.* (1993). Low Distress and High Life Quality in HIV Positives Correlate with Flexible Coping. *International Conférence on AIDS*, 8, abstract WS-D17-2.

Levine, P.L., Bruhn, J.G. & Turner, N.H. (1990). *The Psychosocial Aspects of AIDS. An Annotated Bibliography*. New York: Garland Publishing.

Lubeck, D.F. & Fries, J.F. (1992). Changes in Quality of Life among Persons with HIV Infection. *Quality of Life Research*, 1, 359-366.

Lutgendorf, S., Antoni, M.H., Schneiderman, N. & Fletcher, M.A. (1994). Psychosocial Counseling to Improve Quality of Live in HIV Infection. *Patient Education and Counseling*, 24, 217-235.

McCall, S. (1975). Quality of Life. *Social Indicators Research*, 2, 229-248.

McCormick, R. (1975). A proposal for «Quality of Life» Criteria for Sustaining Life. *Hospital Progress*, 56, 76-79.

Mercier, C. (dir.) (1993). Dossier: qualité de vie et des services. *Santé mentale au Québec*, 18, 9-86.

Ministère de la Santé et des Services sociaux du Québec (1991). *Programme de formation sur le sida: guide d'entraînement à l'animation et à la consultation*. Montréal: Centre québécois de coordination sur le sida.

Ministère de la Santé et des Services sociaux du Québec (1992). *La politique de la santé et du bien-être*. Québec: Gouvernement du Québec, MSSSQ.

Moore, J., Smith, D.K., Solomon, L. Harrison, J. & Schoenbaum, E. (1993). Quality of Life Measure in HIV-Infected and At-Risk Women. *International Conférence on AIDS*. Abstract PO-D20-4016.

Namir, S., Alumbaugh, M. J., Fawzy, F.L. & Walcott, D.L. (1989). The Relationship of Social Support to Physical and Psychological Aspects of AIDS. *Psychology and Health*, 3, 77-86.

Namir, S., Wolcott, D.L., Fawzy, F.L. & Alumbaugh, M.J. (1987). Coping with AIDS: Psychological and Health Implications. *Journal of Applied Social Psychology*, 17, 309-328.

Nédélec, F. (1994). *Le Sida au quotidien*. Paris: L'Harmattan.

Nélisse, C. (1993). L'intervention: une surcharge du sens de l'action professionnelle. *Revue Internationale d'Action Communautaire*, 29/69, 167-181.

Olivier, C., Robert, J. & Thomas, R. (dir.) (1995). *Le Sida*. Montréal: Association des médecins de langue française du Canada.

Osoba, D. (dir.) (1991). *Effect of Cancer on Quality of Life*. Boca Raton (Florida): CRC Press.

Paicheler, G. & Quemin, A. (1994). Une intolérance diffuse: rumeurs sur les origines du sida. *Sciences sociales et santé*, 12, 41-72.

Prolong, B. (1992). Paroles intimes. Dans B. Prolong, J. Robert-Grandpierre & A. Zulian (dir.), *Sida. Paroles intimes et nouvelles données* (p. 7-45). Genève: Éditions I.E.S.

Ragsdale, D. & Morrow, J.R. (1990). Quality of Life as a Function of HIV Classification. *Nursing Research*, 39, 335-359.

Rapkin, B.D., Smith, M.Y., Dumont, K., Correa, A., Palmer, S. & Cohen, S. (1994). Developement of the Idiographic Functional Status Assessment: A Measure of the Personal Goals and Goal Attainment Activities of People with AIDS. *Psychology and Health*, 9, 111-139.

Reidy, M. & Taggart, M.-E. (dir.) (1995). *VIH/sida. Une approche multidisciplinaire*. Boucherville: Gaëtan Morin éditeur.

Remien, R.H., Rabkin, J., Katoff, L. & Wagner, G. (1993). Medical and Psychological Characteristics of Extended Long Term Survival with AIDS: A Follow-up Study. *International Conference on AIDS*. Abstract WS-D15-3.

Roy, J-H. (1995). Tolérance zéro. *Voir*, (27 avril au 3 mai), 7.

Ruffiot, A. (dir.) (1989). *Psychologie du sida*. Liège: Pierre Mardaga.

Sabourin, S., Gendreau, P. & Cournoyer, L.-G. (1992). *Le rejet de l'aide professionnelle en santé mentale*. Montréal: Université de Montréal, Département de psychologie, Rapport remis au Conseil québécois de la recherche sociale (RS 1351-087).

Schag, C.A., Ganz, P.A., Kahn, B. & Petersen, L. (1992). Assessing the Needs and Quality of Life of Patients with HIV Infection: Development of the HIV Overview of Problems-Evaluation System (HOPES). *Quality of Life Research*, 1, 397-413.

Smith, M.Y. & Rapkin, B.D. (1995). Unmet Needs for Help among Persons with AIDS. *AIDS Care*, 7, 353-363.

St-Lawrence, J.S., Kelly, J.A., Owen, A.D., Hogan, I.G. & Wilson, R.A. (1990). Psychologists' Attitudes towards AIDS. *Psychology and Health*, 4, 357-365.

Taggart, M.E., Reidy, M., Readi, G.B., Bourdeau, M. & Drolet, C. (1992). *La Santé d'hommes québécois infectés au VIH. Profil psychosocial, comportements de santé, état nutritionnel et qualité de vie*. Montréal, Université de Montréal, Faculté des sciences infirmières, rapport de recherche subventionnée par le Conseil québécois de

la recherche sociale (EA 257-3-M90-90-92).

Temoshok, L. & Baum, A. (1990). *Psychosocial Perspectives on AIDS*. Hillsdale N.J.: Lawrence Erlbaum Associates Publishers.

Tourette-Turgis, C. (1989). Réflexions à propos d'une expérience de formation des travailleurs sociaux sur le sida. *Service social*, 38, 37-43.

Valentine, C., Hedge, B. & Pinching, A. (1993). Does Mood Affect Quality of Life? Unrecognized Psychological Symptoms in Clinical Trial Participants. *International Conférence on AIDS*. Abstract PO-B16-1695.

Warner, M. (1995). Pourquoi les homosexuels prennent-ils des risques? *Le Journal du sida*, 72, 19-23.

Weiner, L. & Siegel, K. (1990). Social Worker's Comfort in Providing Services to AIDS Patients. *Social Work*, 35, 19-25.

Weinstein, B.D. (1990). Assessing the Impact of HIV Disease. *American Journal of Occupational Therapy*, 44, 220-226.

Weitz, R. (1991). *Life with AIDS*. New Brunswick (N.J.): Rutgers University Press.

Wu, A.W., Matthews, W.C., Brysk, L.T., Atkinson, J.H., Grant, I., Abramson, E., Kennedy, C.J. *et al.* (1990). Quality of Life in a Placebo-Controlled Trial of Zidovudine in Patients with AIDS and AIDS-Related Complex. *Journal of AIDS*, 3, 683-690.

LES IMPACTS PSYCHOSOCIAUX DU SIDA SUR LES INTERVENANTS EN MILIEUX MÉDICAL ET SOCIAL

Michèle BOURGON[1]

> Le sida dévoile une fragilité essentielle et une situation de crise pour ce qui regarde les fondations mêmes du monde dans lequel nous vivons. (Malherbe & Zorilla, 1988)

> Ce qui est en cause, c'est un mythe prodigieux de divinisation de l'homme, de domination, d'unification de l'univers par les seuls pouvoirs de la raison humaine. Ce qui est en cause, c'est la conquête de la totalité [...]. Que pèsent la justice, la vie de quelques générations la douleur humaine auprès de ce mysticisme démésuré? (Albert Camus, 1953)

> [...] aids has added to the troubles on a scene already beset with anger, pain, sadness and high technology. (Bosk & Frader, 1988)

Nous assistons depuis quelques années à la remise en question de ce qu'on appelle l'État-providence et de ses nombreuses institutions. Le réseau de la santé et des services sociaux n'échappe pas à ce questionnement. Les décisions prises ces derniers mois – fermeture d'hôpitaux, transfert d'effectifs, démantèlement des centres de services sociaux – augmentent l'état de tension qui règne chez les intervenants dont le moral avait déjà été noté fort bas en 1989 par la Commission d'enquête sur les services de la santé et les services sociaux, la Commission Rochon.

Ainsi, selon Bosk & Fraser (1991), le sida arrive au cours des dix dernières années, dans un système de santé et de services sociaux en pleine transformation et en pleine crise: les maladies chroniques ont remplacé les maladies à caractère aigu; la population, et donc les malades, a beaucoup vieilli; on a tendance à mettre de plus en plus la responsabilité de ses problèmes de santé sur l'individu lui-même. C'est dans ce contexte que l'on doit étudier et comprendre les impacts de l'arrivée du sida sur les professionnels de la santé et des services sociaux.

Apparu en cette époque de fin de siècle, le sida est un révélateur des valeurs de nos sociétés modernes (Malherbe & Zorilla, 1988; Sontag, 1977, 1988). Il marque la fin d'une époque optimiste et annonce l'éclatement des mythes fondateurs de nos sociétés: primauté accordée à la rationalité et à une foi absolue dans le progrès et les bienfaits de la science et de la technologie (Renaud, 1990; 1994; Caillé, 1986). La mort que nous avions imaginée presque vaincue, reprend ses droits évidents et exerce sa suprématie (Rolland, 1994). Le sida, révélateur de la modernité, agit bien évidemment

[1] L'auteure tient à remercier M. Alain Novel, Mme Hélène Valentini, M. Gilbert Renaud, Mme Annie Gusew et M. Pierre Thériault pour leur précieuse aide dans la rédaction de ce chapitre.

comme révélateur de la crise que traversent actuellement les institutions issues de cette même modernité, notamment les nombreuses professions d'aide et de soutien (Renaud, 1990). Par le fait même, le sida prône et questionne nos certitudes professionnelles. Il nous révèle à nous-mêmes, ébranle nos certitudes et souligne nos contradictions. Mettant en relief nos inconséquences et nos bavures, il met aussi en évidence nos forces et nos grandeurs (Abramson, 1990).

Les écrits portant sur les impacts du sida auprès des intervenants professionnels nous fournissent bien plus que de simples informations sur les pratiques spécifiques dans ce domaine. Ils nous obligent, plutôt, à nous positionner face aux grands enjeux sociétaux de l'heure.

Ce chapitre est autant le produit d'un travail de recherche que d'un cheminement personnel. Étant nous-même impliquée depuis de nombreuses années dans une pratique auprès des personnes atteintes du sida, de leurs proches et des intervenants bio-psychosociaux, nous avons profité de l'occasion pour faire le point sur nos propres expériences à la lumière de ce que d'autres ont écrit sur le sujet.

Nous aimerions que ces pages servent en tout premier lieu aux intervenants qui œuvrent actuellement dans le champ du sida. Qu'ils puissent y trouver des informations qui les soutiennent dans un quotidien objectivement très difficile à vivre pour lequel ils ont été mal préparés et dans lequel ils sont encore aujourd'hui peu ou mal soutenus.

Pour faciliter la présentation d'un matériel vaste et varié, nous l'avons organisé autour de trois thèmes: les facteurs de stress spécifiques à une pratique dans le champ du sida, les stratégies qu'adoptent les intervenants face à ces stresseurs et les mesures susceptibles d'améliorer les pratiques professionnelles actuelles. Nous terminerons le chapitre par des perspectives que nous jugeons importantes à la lumière de ce qui précède.

LES STRESSEURS SPÉCIFIQUES AU CHAMP DU SIDA

> Seul devant notre propre histoire personnelle ou en regardant nos enfants et les jeunes qui peuplent notre entourage, on se met à évoluer à l'intérieur d'une subjectivité non-domestiquée par la rationalité et par la volonté de puissance. On a tout simplement peur. (Malherbe & Zorilla, 1988)

Force est de constater que les quatorze dernières années de formation, d'information et de sensibilisation n'ont pas atteint les résultats escomptés. Déjà en 1990, neuf ans après l'apparition du syndrôme, plusieurs médecins de trois grands centres urbains, aux États Unis. rapportaient qu'ils ne permettraient pas à leurs enfants de visiter le domicile d'une personne atteinte du sida et qu'eux-mêmes n'assisteraient pas à une fête à laquelle une personne atteinte aurait préparé la nourriture (Melton, 1990). Des enquêtes américaines menées depuis auprès d'intervenants œuvrant dans le domaine du sida ont révélé que plusieurs d'entre eux exprimaient toujours des attitudes négatives vis-à-vis des personnes atteintes et s'inquiétaient beaucoup d'avoir à les soigner. (Brenner *et al.*, 1996; Gallop *et al.*, 1992; Knight, 1996). Plus près de nous, un quart des infirmières interviewées dans le cadre d'une recherche effectuée à Montréal considéraient qu'elles avaient le droit de refuser de soigner les personnes atteintes du VIH (Taggart *et al.*, cité dans Dionne-Proulx,1994).

Le malaise face au VIH et aux personnes qui en sont porteuses est donc toujours bel et bien présent chez les intervenants de la santé et des services sociaux. La principale composante de ce malaise, la peur, semble aussi étanche à la logique qu'elle l'était au début de l'épidémie. Un professionnel de la santé que nous avons interviewé dans le cadre d'une recherche portant sur l'expérience des proches de personnes atteintes du sida, décrivait cette peur ainsi (Bourgon *et al.*,1995):

> Malgré tout ce que l'on dira, malgré tout ce que l'on fera, malgré tout ce que l'on tentera de te faire croire... tu es tout seul avec le sida le soir quand tu te couches. Même s'il y a un million de gens autour de toi, même si la médecine et la science sont rendues loin, le soir quand tu te couches, tu es couché avec ta peur pis tu es tout seul au monde...

En quoi au juste consiste cette peur du sida et comment affecte-t-elle les intervenants des milieux de la santé et des services sociaux qui la côtoient régulièrement? Quels sont les autres stresseurs spécifiques aux pratiques biomédicales et sociales dans ce domaine? La documentation en distingue sept:

* la peur de l'infection;
* le contact quotidien avec le mourir et la mort;
* les caractéristiques des personnes atteintes;
* les dilemmes éthiques;
* les conflits entourant l'identité professionnelle;
* les conditions de travail difficiles;
* les pressions provenant des proches.

La peur de l'infection

Le stresseur le plus souvent mentionné dans la littérature est sans aucun doute la peur de l'infection. Parce que les infirmières sont les intervenantes à avoir le plus de contacts physiques, intimes et prolongés, avec les personnes atteintes, ce sont elles, bien sûr, qui sont les plus préoccupées par les dangers d'infection en milieu de travail. Dans le cadre d'une recherche récente, 50% de celles rencontrées avouaient en effet avoir très peur de la contamination. (Taggart *et al.*, dans Dionne-Proulx, 1994). Cette peur, selon une étude menée en 1996 auprès de 365 infirmières de la Côte-est américaine (Wang & Paterson, 1996) s'exprime principalement de sept façons: a) un soutien aux politiques qui les protégeraient du sida; b) la peur de tout contact avec le sang et les *bodily fluids* des personnes atteintes du sida; c) le rejet des personnes atteintes du sida; d) le choix d'offrir des soins seulement à ceux qui le méritent; e) l'inquiétude face à l'éventualité de ne pas obtenir l'aide nécessaire si l'on contractait soi-même le virus; f) une préoccupation face au poids financier du sida pour la société et, finalement, g) la perte d'estime de soi pour la personne atteinte du sida.

Les incertitudes médicales entourant la transmission de la maladie demeurent encore une plus grande source d'anxiété (Reuter & Northcott, 1994). D'après Lippman & Collins (1987), les infirmières sont terrorisées par les personnes atteintes parce qu'elles sont persuadées, ou du moins, soupçonnent, qu'il est plus facile que l'on ne veut bien le dire, de contracter le sida. L'une d'entre elles résumera sa pensée de la manière suivante: «Qu'arrive-t-il si dans environ un an les chercheurs découvrent un autre mode de transmission jusque-là insoupçonné?» (Lippman & Collins, 1987, p. 48).

Cette absence de certitude scientifique entourant le sida et les risques d'infection explique l'inquiétude et demeure le fil conducteur des comportements et réactions de tous les intervenants tant biomédicaux que psychosociaux. Une recherche auprès des psychologues révèle, chez ces professionnels, que la peur de la contamination est irrationnelle (Melton, 1994). Ces derniers sont certains – et rien ne les convaincra du contraire – qu'une maladie infectieuse aussi mortelle doit être transmise par l'air, peu importe ce que disent les informations médicales et épidémiologiques.

Une recherche, celle-là menée auprès des travailleurs sociaux, confirme cette croyance bien ancrée. En effet, bien que 82% des travailleurs sociaux rencontrés ne croyaient pas risquer de contracter la maladie dans le cadre de leurs fonctions, près de la moitié d'entre eux craignaient néanmoins que les chercheurs découvrent dans les années à venir des modes de transmission présentement inconnus (Wiener & Siegel, 1990). Une recherche menée auprès d'étudiants en médecine est encore plus révélatrice à cet égard: après plusieurs mois de formation et de sensibilisation aux dimensions tant physiologiques que psychosociales de la maladie, ces derniers restaient toujours craintifs face à l'utilisation des ustensiles et de la vaisselle d'une personne atteinte de sida (Elford, 1987). Encore en 1996, plusieurs médecins de New York refusent de donner la MMR (*Mouth to Mouth Ressuscitation*) aux personnes qui se présentent aux urgences de leurs hôpitaux de peur de contracter le VIH même s'ils savent que les risques réels pour eux sont très négligeables (Brenner, Kauffmann & Sachter, 1996).

Bien sûr, les intervenants se persuadent, à la longue et bon gré mal gré, que le risque est gérable. Une récente recherche américaine (Sherman, 1996) identifie huit facteurs qui permettent à ces derniers de confronter leur peur et de la transformer si peu soit-il en compassion envers les personnes affectées. Ces facteurs sont: a) les valeurs professionnelles; b) le soutien organisationnel; c) un sentiment d'appartenance au groupe; d) les réactions des personnes atteintes elles-mêmes; e) la spiritualité; f) la contamination de membres de la famille ou d'amis; g) les connaissances entourant le sida et h) l'importance d'un choix personnel. La conviction d'être protégé du sida demeure cependant très fragile et peut facilement être ébranlée par des situations qui rappellent le peu de contrôle que l'on a finalement sur sa vie tant personnelle que professionnelle. Par exemple, lorsqu'une collègue se pique en recapsulant une aiguille ou lorsqu'on on perd un être qui nous est très cher. En somme, la peur d'être infecté soi-même et/ou d'infecter ses proches continue à exister en catimini malgré l'information et la formation reçues sur les modes de transmission et sur les mesures de précaution à prendre. (Dunkel & Hatfield, 1986).

Cette peur si ancrée du sida n'est pas sans fondement, et les intervenants sont particulièrement bien placés pour constater les conséquences et les dégats considérables liés à l'évolution de la maladie. À un niveau purement physiologique, les effets du virus sont dévastateurs. À cet effet, Sherwin B. Nuland (1993, p. 172) signale:

> There has never been a disease as devastating as AIDS. My basis for
> that statement is less the explosive nature of its appearance and

global spread than the appalling pathophysiology of the pestilence. Medical science has never before confronted a microbe that destroys the very cells of the immune system whose job it is to coordinate the body's resistance to it...

Chantal Saint-Jarre (1994) mentionne que, parmi les stresseurs les plus fréquemment observés par les accompagnateurs de personnes atteintes du sida, figure la difficulté à supporter les douleurs physiques dont sont souvent victimes leurs protégés.

De leur côté, Bosk & Frader (1991) notent que parmi les principales raisons invoquées par les médecins pour expliquer leur réaction négative face aux personnes atteintes du sida se trouve la peur spécifique de l'évolution terrible qui les attend s'ils contractent la maladie.

Sur un plan plus psychosocial, les intervenants sont également à même de constater les conséquences que peut avoir un diagnostic de sida sur la personne elle-même et sur son entourage. Ils sont très souvent témoins de réactions de rejet, d'abandon et de grave discrimination de la part d'autres soignants et voient très clairement le poids de la stigmatisation que portent encore les personnes atteintes de cette maladie et leur entourage (Wiener & Siegel, 1990). Est-il alors surprenant que ces intervenants éprouvent de la terreur à se retrouver dans pareille situation? Est-il surprenant que les conjoints et les amants de plusieurs intervenants exercent sur ces derniers des pressions pour qu'ils ne traitent pas les personnes atteintes du sida? (Haines, 1987).

Le contact quotidien avec le mourir et la mort

[...] La vie me paraît étrange tant la mort m'est familière [...] Je n'arrive plus à regarder, à écouter ou à parler: il est si difficile d'oublier des yeux, un visage, un souffle qui s'éteignent à tout jamais. (Clément Olivier, 1994)

Bien que cette dimension de l'expérience soit traitée ailleurs dans ce volume, nous la mentionnons quand même très brièvement puisqu'elle figure parmi les principaux stresseurs de la pratique, dans le domaine du sida.

Les professionnels de la santé et des services sociaux identifient effectivement la gestion du mourir et de la mort sur une base régulière comme l'une des principales difficultés auxquelles ils ont à faire face régulièrement (Grossman & Sylverstein, 1993; Saint-Jarre, 1989; Dunkel & Hatfield, 1986; Rolland, 1994; O'Malley, 1994; Bourgon & Renaud, 1989, 1993; Catalan et al., 1996). Cette difficulté est imputable en partie à la nature même de la maladie, dont la durée – les personnes atteintes peuvent être en contact avec une même équipe de soins pendant de nombreuses années – permet l'établissement de liens étroits et significatifs avec ceux et celles qui en sont affectés. Les pertes deviennent d'autant plus lourdes à porter qu'elles renvoient, à chaque fois, à une question sans réponse: pourquoi la maladie grave, pourquoi la mort? (Saint-Jarre, 1989).

Ces questions d'ordre spirituel sont source de tensions importantes pour les intervenants. Selon Fortunato (1992), ces tensions s'expliquent de trois façons. D'abord par la peur qu'ont les intervenants de se voir obligés de mentir et de créer de faux espoirs pour permettre à la personne de continuer. Olivier décrit bien ce malaise lorsqu'il écrit: «J'entends les gens qui [...] m'ont accusé de leur enlever leur seul espoir [...] De toute manière [je suis] coincé entre la réalité qui frappe et le rêve qui nie.» (Fortunato, 1992, p. 93). Les intervenants vivent également de la confusion et de l'incertitude devant les modifications de croyances que vivent les personnes en cours de maladie. Et finalement, ils se sentent très souvent démunis et incompétents devant des personnes qui ont des croyances eschatologiques fondamentalement différentes des leurs. Rolland (1994) va plus loin: selon lui, les difficultés rencontrées avec certains clients, le niveau de satisfaction face au travail et les risques d'épuisement professionnel sont en lien direct avec les croyances profondes non exprimées.

Le sida oblige les intervenants à confronter la mort sous plusieurs formes: suicide, suicide assisté, euthanasie (Saint-Jarre, 1989). Certaines d'entre elles sont particulièrement éprouvantes et forcent les intervenants à prendre position par rapport à des enjeux éthiques importants, comme par exemple, le droit de la personne de choisir le moment et la façon dont il veut mourir. Les liens entremêlés des domaines éthique et légal entourant les décisions de vie et de mort représentent un des aspects le plus éprouvant du travail. Tout préparés qu'ils puissent être à affronter en théorie une telle réalité, les intervenants sont complètement désorientés et ébranlés lorsqu'il s'agit de la vivre avec une personne qu'ils connaissent et suivent depuis longtemps. Encore une fois, Clément Olivier décrit avec éloquence une dimension de son expérience:

> Par ma formation médicale, j'ai acquis une opinion théorique sur l'euthanasie. Une opinion qui était satisfaisante pour l'esprit, principes clairs et bien établis, critères précis pour différentes situations et notions éthiques rassurantes acquises au fil de nombreuses lectures. Avec ce bagage, j'étais convaincu de pouvoir éviter toute situation troublante [...]. Un jour de juillet 1988, tout bascule [...] Je dois faire face à ma première demande d'euthanasie [...] Je suis complètement terrorisé [...] je suis pris au dépourvu. Le scénario que je suis forcé de vivre n'est pas celui que j'avais imaginé... (Olivier, 1994, p. 39).

Tout comme la vie, la mort refuse d'être compartimentée en des endroits précis et immanquablement les bouleversements émotifs vécus au travail sont très souvent amenés à la maison. Pour plusieurs intervenants cela se traduit par la présence des personnes atteintes dans leurs rêves, par des processus de deuil non résolu et par une lassitude ressentie dans toutes les sphères de leur vie (Lert & Marne, cités dans Dionne-Proulx, 1994).

Les nombreux deuils inhérents à la pratique dans le domaine du sida sont difficiles à accepter et la conviction que les personnes décédées sont mieux là où elles sont parce qu'elles ne souffrent plus, ne suffit pas à enrayer le mal ressenti. Pour Rolland (1994), les intervenants qui vivent des deuils à répétition font face à un mur psychologique complexe qui représente un mélange d'expériences de la mort de plusieurs personnes, des exigences professionnelles très élevées et un continuel réveil de leurs propres fantômes entourant la perte d'êtres chers.

Les caractéristiques des personnes atteintes du sida

Un troisième stresseur identifié concerne les caractéristiques spécifiques des personnes atteintes du sida. En effet, les premières personnes atteintes du sida en Amérique ont été des hommes jeunes, blancs, de classe moyenne et homosexuels; leur identité sociale était nourrie par les valeurs contemporaines de la modernité: primat de l'individu, souci du naturel, du corps, droit à la santé, culte de la vitalité (LeBreton, 1993). Ils ont, par exemple, refusé le statut de malades, revendiquant plutôt celui de personnes atteintes du sida ou encore mieux de personnes vivant avec le VIH. Ce statut qui tenait davantage compte de leur individualité et de leur «personnitude». Avis aux personnes traitantes, semblaient-ils dire, nous exigeons d'être considérés comme des personnes à part entière. Cette façon d'être, qui n'est pas sans rappeler les attitudes revendicatrices du mouvement féministe de la décennie précédente, a séduit certains intervenants et en a terrorisé plusieurs autres. Tous ont noté, par exemple, que ces «patients» avaient un comportement beaucoup plus demandeur et exigeant que la moyenne. On exige, par exemple, un dialogue poussé avec les soignants, on veut connaître les raisons du choix des traitements. On se permet même d'en suggérer d'autres. On est informé souvent davantage que son médecin lui-même et on exige que ce dernier soit à jour dans ses connaissances (Segalen *et al.*, 1988).

Ce comportement revendicateur de la part d'une population jusqu'alors peu portée à utiliser les services des institutions de la majorité (Ryan, 1989) en a déstabilisé plus d'un et a exacerbé chez eux deux anxiétés profondes: la peur de l'Autre, de l'inconnu ou de la population cible; et la peur et la haine de l'homosexualité.

La peur de l'autre

Selon Dunkel & Hatfield (1986), lorsque les intervenants rencontrent la personne en la confondant et en la réduisant uniquement à une population à risque au point où cette personne incarne l'ensemble des caractéristiques liées à cette population, – comme c'est devenu le cas pour les homosexuels, les hémophiles, les Haïtiens et les héroïnomanes, les 4 H des premiers temps du sida – cette personne peut facilement représenter la terreur suscitée par l'Autre. La distance qui se crée alors entre cette dernière et l'intervenant peut sembler relever de l'objectivité, mais dans les faits, elle supplante l'empathie, notion fondamentale pour toute relation professionnelle. Le risque de dépersonnalisation s'en trouve accru. Et c'est effectivement ce qui se produit souvent dans les rapports avec les personnes atteintes du sida.

Ce refus d'être touché par l'autre les met en contradiction avec leur formation, au cours de laquelle on a insisté sur la nécessité d'avoir de l'empathie pour l'autre. De plus, cette contradiction s'amplifie, puisque les personnes atteintes correspondent souvent aux caractéristiques démographiques de l'intervenant lui-même; de fait, le jeune âge des personnes atteintes demeure l'un des principaux stresseurs au travail (Wiener & Siegel, 1990).

Bosk & Frader racontent, qu'avant l'arrivée du sida, les étudiants en médecine se sentaient rarement menacés personnellement par les maladies de leurs patients. Les types de mortalité et de morbidité servaient à renforcer ce sentiment d'invulnérabilité. Le sida est venu bouleverser cet état de fait. «*AIDS*, écrivent-ils, *has undermined one of the best defenses* [...] *relied on: an air of invulnerability,*»(Wiener & Siegel, 1990, p. 167).

Rolland, pour sa part, note que les soignants sont habituellement plus affectés par des personnes qui sont au même point du cycle de vie individuel et familial qu'eux. Ceci est particulièrement vrai dans le cas de situations vécues prématurément, comme celle de la mort d'un enfant, par exemple.

La peur et la haine de l'homosexualité.

D'après Wiener & Siegel (1990), les anxiétés profondes entourant l'homosexualité demeurent et demeureront pour longtemps, l'un des principaux stresseurs reliés au sida. Dans la tête de plusieurs, l'homosexualité et le sida sont indissociables. À titre d'exemple, cette infirmière qui justifie sa décision de ne pas travailler avec les personnes atteintes, de la manière suivante: «L'homosexualité est un mal. Je ne veux pas aider ces gens-là!» (Lippman & Collins, 1990). Une étude longitudinale menée auprès d'étudiants en médecine (Yedidia, Berry & Barr, 1996) a révélé qu'une attitude négative vis-à-vis les personnes homosexuelles et utilisatrices de drogues intraveineuses était le principal facteur explicatif du refus de traiter une P.A.S. chez ces jeunes praticiens.

Personne de fait, n'est à l'abri de l'homophobie ambiante. Elle occasionne une ghettoïsation psychologique chez les homosexuels eux-mêmes. Chez les hétérosexuels, elle occasionne l'émergence de conflits non réglés autour de leur propre homosexualité et provoque chez ceux d'entre eux qui se perçoivent ouverts et tolérants, la peur de paraître homophobes (Dunkell & Hatfield, 1986).

Plusieurs intervenants rencontrés dans le cadre d'une recherche menée par Douglas, Kalman & Kalman (1985), ont avoué entretenir davantage de sentiments négatifs, et même hostiles, à l'égard des homosexuels qu'avant l'apparition du sida. En effet, ces sentiments négatifs semblent avoir été exacerbés par l'impuissance et l'incapacité que suscite chez les intervenants un contact plus fréquent et plus prolongé avec les personnes atteintes de cette maladie si mystérieuse et si mortelle. Encore en 1996, une recherche menée à Boston auprès de travailleurs sociaux a confirmé les effets néfastes qu'avaient en l'homophobie et la peur du sida des intervenants sur la qualité des services sociaux offerts (O'Hare *et al.*, 1996).

Les dilemmes éthiques

L'épidémie de sida a soulevé un éventail de problèmes éthiques pour les professionnels de la santé et des services sociaux. Nous ne ferons ici qu'esquisser ce point puisqu'il est touché ailleurs dans ce livre.

Selon notre revue de la documentation, les questions éthiques sont au centre des préoccupations des psychologues et travailleuses sociales. Nous ne voulons nullement insinuer ici que les professionnels des autres disciplines ne font pas, eux aussi, face à des dilemmes éthiques qui les minent et les préoccupent. Bien au contraire. Mais appelés comme ils le sont, à être les dépositaires des secrets les plus intimes des gens – certains vont jusqu'à les appeler les «soignants de l'âme» – les membres de ces deux corporations doivent très souvent décider de l'utilisation qu'ils vont faire de l'information qui leur est confiée. Ceci est particulièrement vrai dans le cas du sida où les enjeux entourant leur intervention sont lourds de conséquences.

Selon Melton (1990), le problème éthique le plus difficile à résoudre auquel ont à faire face les psychologues est celui de devoir protéger les tierces parties d'une infection au VIH transmise par un client. Comment, se demandent-ils, puis-je protéger une tierce partie du VIH tout en respectant le droit à la confidentialité de mon client? Les principes éthiques de l'*American Psychological Association* leur offrent bien peu de directives à cet égard et ils vivent souvent leurs tiraillements dans la solitude et l'isolement.

Les problèmes éthiques auxquels sont confrontées les travailleuses sociales causent chez elles de la détresse et de l'insécurité (Abramson, 1990). Elles ont surtout de la difficulté à établir leurs limites – elles ont peur de s'épuiser émotivement – et vivent péniblement les conflits entourant la confidentialité. Même s'il semble exister un consensus sur la nécessité de respecter le secret professionnel, elles doivent continuellement mesurer la situation concrète à laquelle elles sont confrontées aux principes généraux auxquels elles souscrivent. Les conséquences importantes de leur décision les préoccupent au plus haut point. Elles ont souvent l'impression qu'elles sont dans une situation sans issue: d'un côté le poids de la stigmatisation et de la discrimination que pourrait entraîner la violation de la confidentialité et de l'autre, les tiraillements intérieurs et l'isolement destructeur provoqués par le maintien du secret. S'ajoute à cette impression le sentiment encore très fort chez plusieurs d'entre elles, qu'elles sont très mal préparées professionnellement pour travailler avec les personnes atteintes du sida (Knight, 1996).

Les conflits entourant l'identité professionnelle

Les représentations sociales qui ont cours actuellement autour du rôle et de la fonction d'un ou d'une professionnelle de la santé ou des services sociaux font de lui et d'elle un être «non-jugeant, rationnel, ouvert, accueillant, infiniment bon [...] un être qui écoute, qui comprend, qui donne et qui soigne. Sans attente, sans retour, sans calcul ... disponible au dehors comme en-dedans... qui réagit avec douceur aux agressions et dont la morale sache s'étirer sans se rompre...» (De Montigny *dans* Olivier, 1994, p. 166). Or, la pratique, dans le champ du sida, renvoie très souvent une toute autre image à celui ou à celle qui y est impliqué. En voici quelques exemples:

Confronté pour la première fois de sa carrière de médecin à une demande explicite d'euthanasie de la part d'une personne atteinte du sida, Clément Olivier écrit:

> Je suis complètement terrorisé... je suis pris au dépourvu, le scénario que je suis forcé de vivre n'est pas celui que j'avais imaginé... je suis dans l'attente d'une intervention toute puissante ou d'une manifestation de grande sagesse... quelques larmes glissent sur mes joues, elles me font éperdument honte parce qu'elles trahissent mon impuissance et mon désarroi. Le mythe du médecin tout puissant, cette illusion dont je me berçais parfois verse tout droit dans le chemin de l'humilité. (Olivier, 1994, p. 43)

Dionne-Proulx & Pépin (1994), pour leur part, identifient trois mythes que les infirmières viennent à accepter comme tels en cours de formation et qui deviennent sources de stress plus tard dans le cadre de leur emploi. Ces trois mythes sont: 1) les infirmières influencent significativement la vie des patients, 2) le développement des connaissances fera éviter la maladie et la souffrance, et 3) l'infirmière peut réellement s'occuper et se préoccuper de tous ses patients. Confrontées, comme elles le sont dans le domaine du sida, par des personnes qui éveillent en elles des réactions souvent très négatives et qui, de surcroît, sont souvent contestaires et revendicatrices (Dunkell & Hatfield, 1986), il n'est pas difficile de comprendre à quel point elles doivent vivre des tiraillements et des contradictions. Il n'est pas non plus

surprenant d'apprendre que selon une enquête menée en Ontario en 1989, plus
de 87% de la population infirmière est victime de stress au travail et que,
selon une autre enquête, celle-là menée en Grande-Bretagne en 1996, plus d'un
tiers d'entre elles souffrent de morbidité psychologique assez élevé (Catalan
et al., 1996).

La plupart des programmes de formation offerts à l'intention des professionnels de la santé et des services sociaux font la promotion d'une attitude
stoïque qui empêche la personne de dévoiler ses sentiments et ses points
vulnérables. D'une manière générale, les questions de hiérarchie et aussi de
statut empêchent sérieusement l'échange entre les différentes disciplines.
Par exemple, un psychologue se confiera rarement à une travailleuse sociale
qui se confiera rarement à une auxiliaire familiale. En effet, les intervenants
vont souvent refuser de parler de leur vécu émotif avec des collègues. Cela est
particulièrement vrai dans le cas des médecins qui hésitent à partager leur
vulnérabilité avec des professionnels d'autres disciplines, telles les infirmières, les psychologues et les travailleuses sociales. Les médecins hésitent
à se dévoiler de peur, possiblement, de ternir leur image professionnelle
devant d'autres intervenants qui les placent sur un piédestal. Par ailleurs,
plusieurs femmes médecins croient qu'elles doivent se montrer psychologiquement fortes et dures pour être acceptées au sein d'une profession traditionnellement réservée aux hommes (Rolland, 1994).

Toujours selon le même auteur, les soignants savent souvent qu'ils se diri-
gent vers un *burn out* s'ils ne parlent pas de leurs expériences difficiles.
Malheureusement, ils ne croient pas avoir accès ni au temps ni à l'espace
nécessaire pour s'occuper de leurs besoins affectifs et ils ont raison. Notre
tendance culturelle évite toutes les questions entourant les séparations et les
pertes. Ces carences et l'orientation fortement économique de notre système
de santé rigidifient les structures institutionnelles qui ignorent les besoins
affectifs de leurs travailleurs. Or, nous avons vu que le travail avec les
personnes atteintes du sida fait justement vivre beaucoup de réactions émotives aux professionnels qui y sont impliqués. À cet effet, Segalen *et al.* en soulignant le caractère particulier de l'infection au VIH écrivent: «Elle met
directement l'individu face à son goût du risque autant qu'à ses capacités à
changer de comportement dans ses conduites les plus intimes [...] Les pulsions
sont ici en première ligne et ce sont elles qui nous meuvent, *volens, non
volens.*» (Segalen *et al.*, 1988, p. 690).

Parce qu'ils sont souvent pris au dépourvu tant au niveau de leurs connaissances que de leurs façons d'être avec l'autre, les intervenants sont amenés à
se questionner sur la nature réelle de leur rôle et de leur fonction. Clément
Olivier témoigne à cet effet:

> Quel est donc mon rôle? écrit-il, celui de Mère Thérésa devant les
> démunis [...], celui de complice de ses clients ou celui de défenseur des
> épouses désabusées? [...] Ce rôle, je l'improvise au fil des jours. [...].
> (Olivier, 1994, p. 78)

Au cours de l'année 1992-1993, nous avons été nous-même impliquée dans
plusieurs sessions de formation offertes, par la Régie régionale du Montréal
centre, aux intervenants affectés aux soins à domicile dans les CLSC (centres
locaux de services communautaires) de l'île de Montréal. Un des exercices de
la session consistait à faire écrire aux participants une carte postale à un ou

une proche dans laquelle ils partageaient leurs pires craintes face au travail avec les personnes atteintes du sida. Nous étions convaincue que la peur de l'infection serait la peur la plus souvent mentionnée, or, il n'en fut rien. À quelques exceptions près, les participants mentionnaient toujours la peur qu'ils avaient de ne pas être à la hauteur de la situation et de ne pas pouvoir venir en aide à la personne atteinte. Cette peur de l'impuissance, confirmée par nous dans d'autres circonstances, semble être centrale au vécu des intervenants tant des milieux de la santé que des services sociaux, et semble aussi représenter un stresseur important pour ceux et celles qui œuvrent dans le champ du sida. Même si cette peur de l'impuissance est omniprésente, elle demeure néanmoins difficile à reconnaître et à admettre pour ceux qui la vivent, nous disent Dunkell & Hatfield (1986). Selon ces derniers, ce déni de l'impuissance peut, d'un côté, être «adaptatif» car il permet de nourrir l'espoir chez la personne atteinte. D'un autre côté cependant, l'intervenant, ne reconnaissant pas sa vulnérabilité, peut être tenté de garder le contrôle d'une situation en développant une croyance magique en sa propre omnipotence. Lorsque ce contrôle magique échoue, comme il ne peut manquer de le faire dans le cas du sida, alors l'intervenant vit un sentiment de culpabilité et d'échec personnel qu'il transfère souvent sur la personne atteinte elle-même.

En tentant d'expliquer les réactions souvent très négatives qu'expriment les étudiants en médecine face aux personnes atteintes du sida, Bosk & Frader expliquent – et nous croyons que leurs propos s'appliquent bien à toutes les professions dont il est question ici –:

> Le sida contribue à élargir une population de gens hospitalisés très très malades. Il ajoute donc au sentiment d'exploitation que vivaient déjà les étudiants en médecine face à leur travail. Parce que le sida est toujours fatal et sans issue, il contribue aussi, et de beaucoup, au sentiment d'impuissance déjà vécu auparavant ... (Bosk & Frader, 1991, p. 157).

Les conditions de travail difficiles

Nous ne rentrerons pas ici dans le détail des conditions de travail difficiles auxquelles ont à faire face les intervenants des services sociaux et de la santé actuellement. Nous ne mentionnerons plutôt dans cette partie, que celles qui rendent la pratique spécifique, dans le domaine du sida, particulièrement ardue et stressante.

Pour plusieurs intervenants le plus grand stresseur n'est pas de donner des soins à des personnes qui vont mourir, mais bien le manque de ressources pour prodiguer une qualité de soins satisfaisante (Haines, 1987). Piégés entre un discours d'humanisation des soins, d'une part et un manque flagrant de moyens pour atteindre cet objectif fort louable, d'autre part les intervenants paient souvent cher les contradictions systémiques dont ils ont à assumer les frais. Sensibilisées comme elles le sont de plus en plus à leurs droits par des campagnes de publicité séductrices, comme celle qui a été lancée par l'ex-ministre Côté autour de sa nouvelle politique de la santé, une réforme centré sur le citoyen, les personnes malades exigent une qualité et une quantité de services que les intervenants de première ligne réussissent à fournir seulement au prix d'un surinvestissement personnel. À titre d'exemple, cette infirmière d'un CLSC de la région métropolitaine de Montréal nous racontait qu'elle travaillait régulièrement chez elle jusqu'à dix heures du soir afin de remplir

les dossiers qu'elle n'avait pas le temps de faire pendant ses heures de
travail, trop prise qu'elle l'était pendant la journée à faire des visites à
domicile dans tout le quartier. Bennet (1987) confirme cette situation lorsqu'il écrit que la grande partie de la frustration que vivent les infirmières
face à leur travail dans le domaine du sida, provient surtout du temps énorme
qu'elles doivent passer à faire du *case-management*.

Les conditions entourant l'intervention sociale ne semblent pas beaucoup
plus faciles. D'après Wiener & Siegel (1990), à court de ressources et débor-
dées comme elles le sont déjà, les praticiennes du social investissent du temps
et de l'énergie qu'elles n'ont pas pour répondre aux multiples besoins psychosociaux des personnes atteintes du sida.

Nous avons déjà mentionné dans une section précédente que les étudiants
en médecine considéraient que les soins apportés aux personnes atteintes ajou-
taient un stress supplémentaire à des conditions de travail qu'ils jugeaient
déjà déplorables et abusives. Est-il alors surprenant que les intervenants évitent les champs de pratique comme celui du sida qui exigent tellement d'eux?

Dans un excellent article intitulé *AIDS and Its Impact on Medical Work.
The Culture and Politics of the Shop Floor*, Bosk & Frader (1991) notent qu'il
existe en effet aux États-Unis une tendance émergente à éviter les résidences
dans les régions où le sida est endémique. De plus, ils soulignent que des
périodiques médicaux prestigieux commencent à publier des justifications
pour ne pas traiter les personnes séropositives. Ils décèlent aussi une tendance
à fuir les soins primaires et à tourner le dos à ceux et à celles des patients
considérés comme autodestructeurs. Une étude récente menée à New York
(Healton *et al.*, 1996) révèle en effet que le recrutement dans le domaine du
sida est identifié comme l'un des principaux problèmes auxquels ont a à faire
face actuellement les directeurs de personnels de 70 agences de services médicaux et sociaux de cette ville. Afin de pallier à ce problème, les directeurs
reconnaissent la nécessité urgente d'améliorer les conditions de travail
(horaires plus flexibles, diminution de la proportion de temps allouée aux
soins directs, «caseload» nombreux, mais avouent par la même occasion être
incapables d'implanter les changements nécessaires à cause des coupures
budgétaires auxquelles sont soumis leurs organisme.

La fuite vers des «mondes meilleurs» qui s'ensuit de cet état de faits
cause bien sûr des difficultés supplémentaires à ceux et à celles qui restent
derrière pour «garder le fort». Racontant les effets qu'a provoqué l'arrivée
des premières personnes atteintes du sida au sein d'une unité psychiatrique,
Amchin & Polan (1986) notent qu'un des principaux stresseurs, pour certains
intervenants, était de se sentir continuellement obligés de sécuriser et
d'encadrer les collègues rébarbatifs. Et Haines (1987) renchérit en affirmant
que la frustration à l'égard des collègues qui délèguent sans cesse la responsabilité des soins des personnes atteintes du sida à d'autres, demeure l'un des
principaux facteurs de stress chez les infirmières travaillant en milieu
hospitalier.

Assaillis comme ils le sont, par des demandes tant de la part de la clientèle que de celle de leurs collègues et de la direction, les intervenants y
répondent tant bien que mal, souvent au prix de leur propre santé, et peuvent
rarement compter sur le soutien de leur organisme employeur. En effet, tout se
passe comme s'ils devaient assumer seuls les retombées d'un système de soins

et de services en crise. Une revue de la documentation que nous avions effectuée en 1990, dans le cadre de l'élaboration d'un programme de formation
pour le compte du Centre québécois de la coordination sur le sida, nous révélait que le manque de soutien institutionnel était parmi les principaux stresseurs identifiés à l'époque par les intervenants (ministère de la Santé et des
Services sociaux, 1991)

Les pressions provenant des proches de l'intervenant

Nous ne pouvons terminer cette section sur les stresseurs inhérents à l a
pratique dans le domaine du sida sans mentionner ceux que peuvent faire
vivre souvent bien involontairement les membres de l'entourage même des
intervenants. À partir de tout ce que nous venons de dire, il n'est pas difficile
à comprendre, que l'implication professionnelle de plusieurs intervenants
déborde dans leur vie privée. À titre d'exemple, Dionne-Proulx (1994)
raconte que plusieurs infirmières rêvent à leurs malades et vivent une grande
lassitude lorsque ces derniers décèdent. La plupart des sujets interviewés
dans le cadre d'une recherche britanique (Miller & Gillies, 1996) ont avoué
que leur implication dans leur travail auprès des P.A.S. causait des conflits
avec leurs proches et ont rapporté que leurs relations amoureuses et familiales avaient souffert de leur engagement.

Selon Rolland (1994) il est particulèrement difficile pour les intervenants qui œuvrent dans le domaine des maladies chroniques et mortelles de
maintenir une frontière entre leur vie professionnelle et leur vie personnelle
et familiale. Souvent, ils se sentent coupés de leurs proches parce que ces
derniers ne veulent pas entendre parler des expériences de l'intervenant, aux
prises avec des questions de maladie et de mort, sujets dont il est rarement
question dans la vie courante. Le stress peut encore être plus grand, si une
maladie grave se déclare dans la propre famille de l'intervenant. Il peut,
par exemple, devoir faire face à des sentiments de jalousie, la personne
malade pensant que l'intervenant est plus disponible pour ses clients que pour
elle. Il est alors écartelé entre ses responsabilités familiales et ses responsabilités professionnelles.

Dans un tel contexte, il est compréhensible que les proches n'approuvent
pas l'implication auprès d'une personne atteinte. Rappelons l'exemple cité:
plusieurs conjoints de même que les amants des infirmières les pressent de
refuser de traiter les personnes atteintes du sida (Haines, 1987).

Le fait de subir ces pressions suscite de la colère chez ceux et celles qui en
sont la cible. Grossman & Sylverstein (1990) notent en effet que cette colère
est très souvent exprimée dans le cadre des groupes de soutien qu'ils animent
pour les intervenants travaillant auprès des personnes atteintes du sida.

Bref, la documentation nous révèle – et notre pratique nous le confirme –
que les professionnels de la santé et des services sociaux vivent beaucoup de
tensions dans le cadre de leur travail auprès des personnes atteintes du sida.
Dans la section subséquente, nous examinerons les stratégies qu'utilisent les
intervenants et les intervenantes pour survivre à des stresseurs si importants.

LES STRATÉGIES ADOPTÉES PAR LES INTERVENANTS FACE AUX STRESSEURS RELIÉS À LA PRATIQUE DANS LE CHAMP DU SIDA

Pour faciliter la présentation des stratégies adaptatives utilisées par
les intervenants, nous avons eu recours à la théorie du *coping* de Richard

Lazarus (1990). Pour ce dernier, une stratégie adaptative consiste en un ensemble d'efforts que déploie une personne pour gérer une situation qu'elle juge comme pénalisante ou trop exigeante pour ses propres ressources. Ces efforts, influencés par la culture ambiante, peuvent être d'ordre cognitif et/ou comportemental et sont continuellement en évolution. Ils visent deux buts: diminuer la menace d'un événement en en changeant le sens ou bien résoudre des problèmes concrets en changeant l'environnement ou soi-même. Les situations évaluées comme pouvant être changées (c'est-à-dire celles sur lesquelles on croit avoir du contrôle) entraînent l'utilisation de stratégies centrées sur la résolution de problèmes; celles évaluées comme devant être acceptées comme telles (sur lesquelles on croit avoir peu de contrôle) font plutôt appel aux stratégies centrées sur l'émotion. On ne sera pas surpris d'apprendre que c'est à ce genre de stratégies que font surtout appel les intervenants du domaine du sida.

Les stratégies centrées sur l'émotion
    Les intervenants auprès des personnes atteintes du sida font appel à quatre grandes catégories de stratégies appartenant à cet ordre: le déni; le rapprochement avec la personne atteinte de sida; la redéfinition de la personne atteinte et l'appel à un nouveau système de croyances.

Le déni
    Dans leur étude parue en 1994, Reuter & Nothcott (1994) révèlent que le déni de sa propre vulnérabilité figure parmi les stratégies les plus utilisées par les infirmières affectées aux soins des personnes atteintes dans un grand hôpital de l'Ouest canadien. Parallèlement à ce déni, ces infirmières développent aussi la croyance que leur vie est fondamentalement ordonnée et prévisible. Elles évitent de penser à toutes les possibilités qui pourraient les mettre à risque et développent une confiance dans leur habilité à se protéger et à éviter le pire. Bosk & Frader (1991) notent pour leur part, que les étudiants en médecine nient le danger auquel ils sont confrontés et exagèrent leur sentiment d'invulnérabilité pour mater la terreur omniprésente qui les habite.

Le rapprochement avec la personne atteinte du sida
    Nombreux sont les intervenants qui affirment que ce sont les liens privilégiés qu'ils développent avec les personnes atteintes qui leur permettent de survivre au stress inhérent à leur travail. Richard Morissette, par exemple, affirme que c'est la qualité exceptionnelle de ses relations avec les personnes sidéennes qui rend tolérable le sentiment d'impuissance qu'il vit régulièrement (Lamarche, 1994).
    Ce rapprochement avec les personnes atteintes, dont parle ici Morissette, est souvent mentionné par d'autres intervenants œuvrant dans le champ sida comme l'élément le plus enrichisssant de leur pratique. À titre d'exemple, les résultats d'une recherche menée auprès de 410 infirmières de Milan qui soulignent le rôle que jouait l'existence de relations significatives et empathiques avec les P.A.S. dans la diminition des risques d'épuisement professionnel (Visintini *et al.*, 1996).
    Si ce rapprochement avec les personnes atteintes est fréquemment utilisé comme stratégie adaptative, à l'inverse, la distanciation l'est tout autant.

Driedger & Cox (1991) notent que les étudiants en médecine font très souvent appel à cette stratégie pour gérer leur panique face aux dangers de la contamination. Certains d'entre eux vont même jusqu'à éviter tout contact avec les personnes qu'ils savent atteintes de la maladie.

Le port inapproprié de gants et de masque demeure l'une des principales tactiques utilisée par les soignants pour créer cette distance entre eux et les personnes atteintes (Amchin & Polan, 1986).

La redéfinition de la personne atteinte du VIH

Bien que l'on connaisse mal toutes les raisons qui motivent les intervenants à changer leur perception du risque (Bosque & Frader, 1991), certains auteurs affirment néanmoins que l'expérience directe auprès des personnes atteintes semble diminuer chez plusieurs professionnels les craintes de contamination entourant l'infection au VIH (Amchin & Polan, 1986; Elford, 1987; Wiener & Siegel, 1990; Gallop *et al.*, 1992; Reuter & Northcott, 1994).

Elford (1987), par exemple, a démontré que les attitudes et les perceptions des étudiants en médecine vis-à-vis des personnes atteintes avaient beaucoup changé après qu'ils eurent rencontré réellement des personnes atteintes du sida. En effet, avant de rencontrer une personne atteinte, les étudiants la percevaient d'abord comme une victime homosexuelle du sida; après la rencontre, ils ne la voyaient plus d'abord comme «gaie», ni même comme une victime. Ces étiquettes devenaient secondaires devant les caractéristiques réelles de la personne. Dans ce cas-ci: un jeune homme très articulé.

Reuter & Northcott (1994) ont observé cette même stratégie comportementale chez les infirmières qui travaillaient auprès des personnes atteintes. La plupart d'entre elles redéfinissaient la personne de manière à ce que le sida ne soit plus sa caractéristique principale. Une meilleure connaissance de la personne entraînent une utilisation plus discrétionnaire des précautions. Un peu comme si la personne devenait petit à petit autre chose que la maladie dont elle était porteuse.

Gallop *et al.* (1992) notent pour leur part que la présence d'une personne atteinte du sida aux sessions de formation offertes à 161 travailleurs et travailleuses d'un hôpital de Toronto, accentuait les sentiments d'empathie et de solidarité chez ces derniers et diminuait les sentiments reliés à l'homophobie et à la peur de l'autre. Tout se passait comme si les contacts avec les premières personnes atteintes du sida avaient permis aux intervenants d'apprivoiser leur peur, de mettre un visage et un corps précis sur la maladie et d'établir par la suite avec les personnes atteintes des rapports humains basés sur autre chose qu'une terreur sans nom.

Petit nuage gris sur ce ciel bleu d'optimisme cependant... Douglas *et a l.* (1985) notent que, bien que le contact avec les homosexuels dissipe chez certaines personnes les stéréotypes et diminue l'homophobie, chez d'autres, pour qui ces stéréotypes offrent une défense, ce même contact peut augmenter l'anxiété et provoquer une plus grande hostilité encore à l'égard des personnes atteintes.

L'appel à un nouveau système de croyance ou à un système de croyance anté-
rieure

Cette quatrième stratégie adaptative centrée sur l'émotion est très utilisée par les intervenants qui travaillent avec les personnes atteintes du sida.
Selon Elford (1987), c'est l'absence de certitude scientifique entourant le sida,
qui amène les gens à faire appel à un système antérieure de croyances et à se
référer à un ensemble de règles et de rituels qu'ils croient capables de leur
offrir une protection quasi magique.

Pour Roth, tel que cité dans Reuter & Northcott (1994), ces rituels
gagnent de l'importance selon le degré d'incertitude entourant l'événement.
Light (1988) pour sa part, souligne que les techniques peuvent servir de
rituels dans le cadre d'un travail professionnel. Ainsi, ces intervenants d'un
hôpital psychiatrique travaillant avec l'approche communautaire depuis
plusieurs années, ont eu recours à un modèle d'intervention clinique et individuelle abandonné depuis longtemps lorsqu'ils ont eu à transiger avec la
première personne atteinte du sida au sein de leur unité. Ce retour à un
modèle antérieur a fait en sorte que la personne a été vue seule par le
psychiatre plutôt qu'en groupe et par l'équipe multidisciplinaire. Cette
pratique semble avoir temporairement réussi à contenir l'anxiété des intervenants (Amchin & Polan, 1986).

Les intervenants peuvent aussi adopter une nouvelle «école de pensée» (*a*
new school of thought) pour contrôler l'incertitude ambiante. Celle-ci fournit
des réponses inédites aux problèmes non résolus que produit l'état des
connaissances actuelles (Light, 1979). La popularité du *Livre tibétain de la*
vie et de la mort (Rinpoché, 1993) parmi les intervenants œuvrant dans le
champ du sida témoigne de ce recours aux philosophies venues d'ailleurs
pour expliquer et pour intégrer les expériences que leur fait vivre le contact
avec la maladie.

Ce recours à de nouveaux prismes de la réalité offrent souvent à l'intervenant la possibilité de faire ressortir un aspect positif dans le cas d'une
situation difficile. Mais il faut avoir la foi, et ce n'est malheureusement pas
donné à tout le monde... Comme nous l'avouait récemment une infirmière
d'une unité en soins ambulatoires pour personnes atteintes du sida:
«J'aimerais croire que cette maudite expérience fera de moi une personne
meilleure... qu'elle me permettra d'atteindre des sphères de mon existence
encore insoupçonnées... mais je ne crois pas vraiment à ces choses spirituelles,
alors je bosse le mieux que je peux et pour le reste... on repassera...»

Les stratégies centrées sur la solution de problème

Les intervenants utilisent trois types de stratégies de cette catégorie: la
maximisation des précautions; la recherche de soutien social et la redéfinition du problème afin de permettre une résolution planifiée.

La maximisation des précautions

Face aux risques qu'ils jugent inhérents à leur pratique, plusieurs intervenants mettent en pratique le vieil adage, mieux vaut être protégé que désolé,
«better safe than sorry» et adoptent des comportements de précaution qu'ils
jugent indispensables à leur survie. Plusieurs de ces comportements (port de
gants, de masque et de blouson et lavage de mains compulsif) dépassent de

beaucoup les consignes de protection universelle. De plus, ils requièrent un minimum de jugement discrétionnaire de la part de l'intervenant et protègent de toutes les modes de transmission possibles (Reuter & Northcott, 1994).

Les entrevues qu'ont mené Bosk & Frader (1991) auprès de résidents et d'étudiants en médecine ont révélé un comportement fort semblable à ceux décrits par Reuter & Northcott. En effet, ils ont observé que plusieurs de leurs sujets se revêtissaient d'armures inappropriées pour se protéger de la peur que leur inspiraient les personnes atteintes. Intervenant auprès de la même population, Elford (1987), pour sa part fut surpris de constater que malgré une formation poussée dans le domaine, ses stagiaires continuaient quand même à refuser de manger avec les ustensiles et de boire dans les verres qu'avaient préalablement utilisés les personnes atteintes du VIH.

La recherche de soutien social

Le soutien social présent en milieu de travail tend en général à protéger les gens des effets du stress et à augmenter le degré de satisfaction et d'estime de soi (House, 1980). Les intervenants dans le domaine du sida ne font pas exception à la règle. La recherche quantitative qu'ont mené Driedger & Cox (1991) auprès d'infirmières d'un grand centre hospitalier de l'Ouest canadien a révélé que le soutien social était effectivement l'un des principaux mécanismes d'adaptation utilisé par leurs sujets. Une autre étude, celle-ci menée auprès d'infirmières de 80 hôpitaux new-yorkais (Sherman, 1996) a confirmé le lien qui existe entre l'ouverture de ces dernières a vouloir travailler avec les PAS et l'accès de la gestion, des collègues et des personnes atteintes elles-mêmes.

Ce soutien peut être de divers ordres. Certains intervenants, par exemple, vont préférer un soutien fait de silence, de non-dit et de respect des limites de chacun. À titre d'exemple, le refus de discuter des implications du risque et le silence entourant la nécessité de faire des tests pour les collègues victimes d'accidents avec les seringues (Reuter & Northcott, 1994).

D'autres vont plutôt adopter une politique de partage et de mise en commun des expériences vécues et ce, à tous les niveaux. Ce partage a souvent lieu en groupe, à des moments fixes, et demeure l'un des principaux outils dont se dotent les intervenants pour se soutenir entre eux (Wiener, 1986; Ségalen *et al.*, 1988; Furstenberg & Olsen, 1984; Driedger & Cox, 1991). Le soutien des proches contribue aussi bien sûr à éviter l'épuisement professionnel (Maslach *et al.*, 1986). Une travailleuse sociale d'un centre hospitalier nous confiait récemment qu'elle n'aurait pas pu tenir le coup pendant cinq ans si elle n'avait pas reçu l'appui tangible de son conjoint et de ses enfants adolescents. Ces derniers l'encouragent à parler de ce qui se passe au travail, et dans certains cas, assistent avec elle à des services funéraires de personnes dont elle se sentait particulièrement proche.

La redéfinition du problème

Cette stratégie consiste à définir le problème, à générer des solutions alternatives, à soupeser les différentes alternatives étudiées en termes de coût et de bénéfice et finalement, à faire des choix éclairés (Lazarus, 1990). Selon Driedger & Cox (1991), cette stratégie figure, avec la recherche du soutien social, parmi les mécanismes les plus utilisés par les infirmières travaillant avec les personnes atteintes du sida. Elle leur permet de maintenir un certain sentiment de contrôle sur leur situation et les amènent à agir sur leur environnement de façon active (par exemple, exiger un roulement dans d'autres services après avoir constaté que le stress de leur travail auprès des personnes atteintes était devenu trop lourd). Cette stratégie implique, bien sûr, que l'organisme au sein duquel les intervenants travaillent soit sensible à leurs requêtes et y accède le plus souvent possible.

LES MESURES POUR AMÉLIORER LA PRATIQUE PROFESSIONNELLE

Il semble bien que la plupart des professionnels de la santé et des services sociaux auront à intervenir auprès d'une personne atteinte du sida d'ici quelques années. Contrairement aux États-Unis où le double système privé/public permet le désengagement de ceux et de celles qui ne veulent pas travailler avec les «exclus de la société» (Bosk & Frader, 1991), au Canada, ce désengagement, jusqu'à nouvel ordre du moins, ne sera pas possible.

Comme nous l'avons vu dans les sections précédentes, les intervenants professionnels ne sont pas plus à l'abri que les autres de la peur de la contamination, de l'inconfort ressenti face aux marginalisés de la société et de l a terreur de la souffrance et de la mort.

Peut-on se préparer à être plus humain, plus efficace, moins à risque d'épuisement, plus compétent, en somme plus en mesure d'intervenir auprès de cette population? Peut-on rendre les pratiques professionnelles actuelles mieux adaptées à la problématique? Le vieil adage, mieux vaut prévenir que guérir, s'applique-t-il dans la situation qui nous intéresse?

La plupart des auteurs que nous avons consultés répondent par l'affirmative à cette question et y consacrent d'ailleurs une grande partie de leurs efforts. Pour eux, la modification du savoir, défini au sens professionnel du terme, i.e. savoir – savoir-faire – savoir-être, demeure la voie à privilégier. Dans cette perspective, le changement ne peut être atteint que par un travail interactif sur ces trois niveaux de savoir simultanément. Cependant, l'expérience concrète menée par Gallop et al. (1992) auprès de médecins, d'infirmières, de techniciens et d'administrateurs d'un hôpital de Toronto a révélé que la seule acquisition de connaissances ne suffit pas à modifier la peur de la contamination et l'homophobie chez les intervenants. Ces attitudes n'ont pu être modifiées, dans les faits, que grâce à un contact personnalisé avec une personne atteinte de la maladie. Une recherche évaluative sur l'impact d'une formation dans le sida en Australie (Stiernborg, 1996) a de fait révélé que les sessions construites à partir des principes andragogiques à savoir avec emphase sur l'examen critique et réfléchi du contenu des cours par les participants, étaient particulièrement appropriées aux intervenants bio-médicaux auxquels elles s'adressaient.

La documentation cerne trois sphères principales où le savoir professionnel doit être modifié: le rapport à soi; le rapport aux autres professionnels; le rapport aux personnes atteintes et à leur entourage.

Le rapport à soi

Tous les auteurs s'entendent pour affirmer que les professionnels de l a santé et des services sociaux doivent se former et s'informer sur les différents aspects tant bio-médicaux que psychosociaux du VIH (Bennet, 1987; Amchin & Polan, 1986; Bosk & Frader, 1991; Dunkell & Hatfield, 1986; Wiener & Siegel, 1990). De plus, ils doivent mettre constamment leurs connaissances à jour. Cette continuelle mise à jour, selon Driedger & Cox (1991) contribue à diminuer le taux d'épuisement professionnel chez les intervenants. À cet égard, ils se réfèrent au cas des infirmières d'un hôpital de Vancouver affectées aux soins des personnes atteintes chez qui le niveau de stress n'est pas plus élevé qu'au sein du personnel médical en général. Cet état de fait est attribuable, entre autres, au haut niveau de connaissances que ces infirmières acquièrent grâce aux rencontres hebdomadaires du comité des soins.

Rolland (1994), pour sa part, considère également qu'une approche préventive doit sous-tendre tout travail dans le domaine des maladies chroniques et/ou mortelles. Il insiste, entre autres, sur la nécessité pour les intervenants de développer leurs connaissances des différents systèmes de croyance et des cycles de vie, afin d'être en mesure de mieux comprendre leur propre expérience et celle des autres. Il ajoute, de plus, que des connaissances sur la culture et la dynamique de base du système organisationnel au sein duquel ils travaillent leur serait d'une utilité majeure.

Plusieurs des auteurs consultés mettent également l'accent sur le développement du savoir-être. Les points suivants sont les plus souvent mentionnés: 1) déterminer et respecter ses limites (Dunkell & Hatfield, 1986; O'Malley, 1994; Rolland, 1994); 2) identifier ses zones de vulnérabilité en ce qui concerne la mort, la maladie, la souffrance, la séparation et la gestion de la différence (Dunkell & Hatfield, 1986; Rolland, 1994); et 3) prendre conscience de l'impact de sa propre histoire familiale sur la vision qu'on a de la santé et des interactions entre les individus et leurs proches (Rolland, 1994).

Quatre suggestions sont également offertes au plan du savoir-faire: fixer ses limites, ensuite consulter un professionnel si un deuil se transforme en dépression prolongée, prendre soin de sa santé et partir en congé lorsque c'est nécessaire, et enfin s'observer et de s'étudier par le biais de bandes sonores, de bandes vidéos et de jeux de rôles.

Le rapport aux autres intervenants

Comme nous l'avons mentionné auparavant, l'isolement est l'un des principaux stresseurs vécus par les intervenants du champ du sida. Il n'est donc pas surprenant que l'accès au soutien social devienne le principal préalable à une pratique en ce domaine.

Plusieurs auteurs (Wiener & Siegel, 1990; Lipman & Collins, 1990; Grossman & Silverstein, 1991; Bennet, 1987; Saint-Jarre, 1989) considèrent d'ailleurs qu'il est de la responsabilité des institutions-employeurs de créer les conditions nécessaires à la réalisation de cet échange entre les intervenants. La mise sur pied de groupes de paroles (Saint-Jarre, 1989) semble être l'un des moyens à privilégier. Ces groupes, réunis sur les lieux et aux heures de travail, doivent viser un double but: celui d'offrir aux intervenants de partager leurs préoccupations, leurs peurs, leurs dilemmes éthiques et leurs connaissances, et celui de leur permettre de développer une vision collective et commune de l'intervention et des exigences de travail. En effet, il semble que les rapports entre les intervenants des différentes disciplines peuvent devenir tendus lorsqu'ils sont soumis aux stresseurs inhérents à la pratique dans le domaine du sida (Amchin & Polan, 1986). Il existe donc un urgent besoin, pour les praticiens, de s'interrroger entre eux sur la nature des rapports qui les lient les uns aux autres.

Le rapport aux personnes atteintes et à leur entourage
La plupart des suggestions formulées touchent à cette dimension de l'intervention. Elles portent surtout sur le savoir-être et visent à rendre l'intervenant professionnel sensible aux réactions contre-transférentielles spécifiques à cette problématique. Selon Dunkell & Hatfield (1986), ces réactions peuvent être de l'ordre des sentiments conscients, inconscients ou préconscients. Elles peuvent causer un problème ou bien être d'une grande utilité en tant qu'outil thérapeutique. Les auteurs suggèrent une panoplie de mesures afin que ces réactions soient utiles au rapport d'intervention plutôt que de lui nuire.

Au niveau du savoir-être, ils suggèrent, par exemple, que les intervenants développent une sensibilité au style de vie des personnes atteintes du sida qui est souvent très différent du leur. Plus spécifiquement, ils suggèrent qu'ils examinent leurs attitudes, leurs croyances et leurs sentiments vis-à-vis de l'utilisation des drogues intraveineuses, de l'homosexualité et des personnes des minorités visibles (Bosk & Frader, 1991; Furstenberg & Olson, 1984). Rolland (1994), pour sa part, juge qu'il est primordial pour les intervenants d'expliciter les différences entre leurs croyances et celles de leurs patients et de leurs proches autour de trois aspects bien particuliers: l'organisation des soins – à savoir, qui peut faire quoi, quand et où, les liens avec la communauté d'appartenance, la présence d'un «étranger», pour les soins à domicile.

Parce qu'ils seront confrontés très souvent à des personnes en phase termi-nale de vie, il est également important que les intervenants soient au clair sur les représentations qu'ils ont de la mort et de la souffrance. Plus particu-lièrement, ils doivent être conscients de l'image qu'ils véhiculent de la mort parfaite et apprendre à accepter les morts tourmentées en leur accordant un sens selon leurs propres schèmes eschatologiques. Ils doivent également reconnaître que les personnes atteintes vont évoluer, et que la cible de leur espoir va se modifier en cours de maladie (Fortunato, 1991).

L'anticipation et l'acceptation comme étant «normales» des réactions d'empathie, de rejet, de solidarité, de désarroi, de colère, de tristesse, les tiraillements et les contradictions qui vont immanquablement se produire, semblent être un pré-requis important lorsque l'on se prépare à travailler avec les personnes atteintes et leurs proches (Amchin & Polan, 1986; Dunkell & Hatfield, 1986; Rolland, 1994). Il est bon aussi de se rappeler très souvent pourquoi on a d'abord choisi de travailler avec cette population particulière (O'Malley, 1994).

Au niveau du savoir-faire, les auteurs consultés identifient quatre mesu-res aptes à aider l'intervenant et l'intervenante à améliorer leur pratique: 1) demander l'aide d'intervenants homosexuels afin d'obtenir des renseigne-ments et des clarifications lorsqu'on a l'esprit confus (Dunkell & Hatfield, 1986); 2) rechercher des consultants qui sont sensibles aux réalités vécues par les personnes atteintes et par celles de leurs proches (Dunkell & Hatfield, 1986); 3) assister aux funérailles d'une personne atteinte avec laquelle on avait des relations privilégiées (O'Malley, 1994; Rolland, 1994); et 4) parti-ciper à des séminaires, des ateliers, des sessions de supervision et de consultation qui portent sur les sujets touchant cette problématique (Furstenberg & Olsen, 1984; Amchin & Polan, 1986).

CONCLUSION

> Puisque cette maladie mortelle est là, plutôt que de s'y résigner dans la désespérance ou de fuir en avant dans la nécessaire mais insuffisante médicalisation du problème, saisissons cette maladie comme une chance de nous réexaminer sur les questions de fond: finalement quel sens est-ce que je tente de donner à ma vie, à mes pratiques. Xavier Thevenot (1987)

Tout ce qui précède est bien beau. On ne peut pas être contre les mesures suggérées pour améliorer la pratique dans le champ du sida, un peu comme l'on ne peut pas être contre la vertu. Mais rien non plus dans ces mesures ne surprend ni ne sort des sentiers battus... Quelque soit la problématique à l'étude ou en vogue, on fait toujours à peu près le même constat et l'on prône les mêmes mesures de redressement, à savoir: les intervenants ne sont pas à l a hauteur de la situation, il faut donc les sensibiliser, les informer et les conscientiser...

Pourquoi en sommes-nous toujours là? Pourquoi doit-on à chaque fois «re-sensibiliser», «re-informer», «re-conscientiser» les professionnels de la santé et des services sociaux? À force de tant couper le social en tranches de plus en plus raffinées, tout le monde travaille tellement à un niveau toujours plus spécifique, unique, sur-spécialisé, où la fragmentation et dans la sur-expertise dominent, qu'arrive une nouvelle «problématique» comme celle du sida ou de l'intervention en milieu interculturel et l'on ne sait plus quoi faire ni comment être avec cette nouvelle population cible, différente, d'où la nécessité de se faire former continuellement...

Mais peut-être le temps est-il venu justement de poser le problème de manière différente. Peut-être pourrions-nous faire autre chose qu'«étudier» les praticiens et les praticiennes professionnelles à la loupe pour révéler leurs lacunes et les soumettre ensuite à des sessions de formation sans fin. Nous ouvrons ici une parenthèse: entendons-nous bien, nous ne sommes pas contre la formation et le perfectionnement en soi, nous déplorons plutôt que celle qui a cours actuellement soit à caractère presqu'exclusivement «individualisante» et renvoie les causes des lacunes uniquement à l'individu; «psychologisante», lacune attribuée avant tout à la composition psychodynamique de la personne elle-même, et «a-contextuelle», abstraction totale faite du contexte social qui donne aux lacunes identifiées tout leur sens et toute leur portée.

Les intervenants professionnels se meuvent à l'intérieur d'un système où le social consiste à gérer une population cible plutôt qu'accompagner des sujets sociaux en difficulté. Dans un tel système, les besoins de ces sujets sont d'abord et avant tout définis par l'organisation des services. Ainsi, plutôt que d'être avec l'autre pour mieux comprendre et mieux répondre à ses besoins, l'on tente plutôt de faire en sorte qu'il réponde aux nôtres et correspondre à la forme de l'aide que nous voulons lui offrir. «*Every time we decide on a service intervention*, nous dit John McKight, *we're making an economic decision. Every time in fact you decide to buy a professionnal service, you are de facto deciding not to buy something else, including income for people whose primary problem is lack of income.*» (1994, p. 12).

Très vite les désirs des intervenants et des clients se confondent avec les finalités de l'organisation. Les deux n'ont pas plus d'identité que celle qui leur est accordée. Ainsi, le professionnel devient un «distributeur» habile de services et de soins, et la personne, «une consommatrice» avertie des biens et des services disponibles.

Certains demeurent critiques face à cette identité imposée et rusent pour s'en créer une autre au sein même de l'organisme qui les emploie. Ils tentent, par exemple, dans la mesure du possible, d'établir d'autres types de rapports que ceux prédéfinis par leurs fonctions. D'autres choisissent plutôt de travailler au sein d'organismes communautaires où l'on cherche à établir de nouveaux types de rapports avec la «clientèle». D'autres encore – et ils sont très nombreux – demeurent dans une situation objectivement difficile qui les tiraille entre, d'une part, des représentations professionnelles d'une fonction et, d'autre part, les obligations propres à une pratique technocratique. Souvent ils se brûlent à petit feu et craquent. Souvent aussi, ils se «déshumanisent» et deviennent durs. Nous avons tous en mémoire l'image d'une infirmière froide, d'une travailleuse sociale distante ou d'un technicien de laboratoire indifférent. Ce que nous avons moins en mémoire, ce sont les conditions qui les ont rendus ainsi.

Le sida, par la place importante qu'il occupe dans l'imaginaire collectif ces dernières années, s'avère être un révélateur privilégié de ces conditions. Comme l'a si bien démontré Susan Sontag (1977), le processus à travers lequel la maladie acquiert ses significations reflète toujours les plus profondes peurs de nos sociétés et les mythes fondateurs qui les sous-tendent. Comme telles, ces significations doivent être exposées, critiquées et vidées de toute leur charge symbolique.

Nous n'avons pas ici la prétention de faire ce travail, si nécessaire pourtant. Nous voulons simplement présenter deux de ses dimensions qui nous paraissent particulièrement pertinentes si nous voulons mieux cerner et mieux agir sur la réalité des intervenants et des intervenantes dans le domaine du sida.

La première nécessité à laquelle nous renvoie le sida est celle de la remise en question du mythe de la civilisation médicale omniprésente dans nos sociétés occidentales. L'intervention dans le domaine du sida est dominée par une vision biomédicale du phénomène. Normal, dirons certains, puisqu'il s'agit d'abord et avant tout d'une maladie ou manifestation physiologique qui tue 100% des gens qui en sont atteints, à plus ou moins brève échéance. Soit. Mais entendons-nous bien. Ce n'est pas tant contre le traitement médical que nous en avons – comme tout le monde nous espérons un jour que les personnes n'auront plus à souffrir de cette terrible maladie – mais bien contre la mainmise idéologique que possède cette discipline sur la définition même du fait, sida tant dans l'esprit scientifique que dans celui du monde ordinaire.

Or, l'on sait que quiconque a le pouvoir de définir un problème possède presque automatiquement celui d'en définir également les solutions. Écoutons Ivan Illich (1977, p. 36) sur le sujet: «Le mythe aliénant de la civilisation médicale cosmopolite parvient à s'imposer bien au-delà du cercle dans lequel l'intervention du médecin peut se manifester. L'élimination de la douleur, de l'infirmité, des maladies et de la mort est un objectif nouveau qui n'avait jusqu'à maintenant jamais servi de ligne de conduite pour la vie en société.

C'est le rituel médical et son correspondant qui ont transformé douleur, infirmité et mort, d'expériences essentielles dont chacun doit s'accommoder en suite d'écueils qui menacent le bien-être et qui obligent chacun à recourir sans cesse à des consommations dont la production est monopolisée par l'industrie médicale».

Nous n'avons qu'à regarder du côté des bénéfices des compagnies pharmaceutiques pour se convaincre du bien-fondé de cette observation...

Mais le problème qui nous concerne dépasse de beaucoup la simple sphère économique. Bien plus, il nous renvoie à la vision même de la réalité qui sous-tend notre civilisation, à savoir celle d'une «volonté de puissance» (Malherbe & Zorila, 1988) qui transcende et mate tout sur son passage. Le «problème, écrivent Baudoin et Blondeau (1993, p. 23), dépasse l'ordre médical et légal et s'inscrit plus largement dans le malaise axiologique de notre société. Confrontée à un arsenal illimité d'outils scientifiques et technologiques la conscience est souvent surprise, demeure bouche bée et paralysée. La science médicale propose en effet non seulement des lumières du réel mais des réalités nouvelles. Cependant elle n'apporte pas pour autant des repères éthiques... Elle semble plutôt faire voir la distance abyssale qui sépare puissance et sagesse.»

Le pouvoir illimité que l'on accorde à la techno-science fait en sorte que toutes les autres composantes de la réalité doivent lui être soumises. Ce qui compte d'abord et avant tout, c'est la victoire sur la mort, la maladie et la souffrance. Peu importe le *vacuum* que cette victoire crée autour d'elle. Nourris comme ils le sont au mythe de cette toute puissance, les professionnels, toutes disciplines confondues, en viennent à oublier que leur savoir, savoir-faire et savoir-être doivent d'abord servir à accompagner l'autre dans son cheminement de la façon qu'il l'entend.

Ce constat nous amène à la deuxième nécessité à laquelle nous confronte le sida: celle de la réflexion éthique autour des enjeux de notre intervention.

Parce que nous avons accepté comme allant de soi l'éclairage du réel que nous renvoie la techno-science, nous nous sommes en quelque sorte confinés uniquement à identifier les moyens pour atteindre les buts fixés ailleurs. Cette absence de réflexion autour des finalités de nos interventions en a peu à peu évacué le sens. Dans les faits, nous nous spécialisons de plus en plus et développons des techniques et des habiletés de plus en plus sophistiquées. Mais force est de constater que nous ne savons plus pourquoi nous intervenons. Lorsque nous n'obtenons pas les résultats espérés, (par exemple, l'adoption de comportements sexuels sécuritaires) nous nous empressons de trouver d'autres trucs, d'autres protocoles, pour mieux les atteindre. Rarement nous nous posons des questions sur les enjeux éthiques et moraux du but visé, ni de ses impacts sur le rapport à l'autre.

Ce genre de «conduite aveugle» place notre intervention sous l'emprise des dispositifs de gestion individualisée et nous fait contribuer, bien souvent malgré nous, à un travail qui s'inscrit dans l'ordre du pouvoir normatif de nos sociétés contemporaines.

Le sida nous offre une occasion unique: celle de faire le point sur le monde que nous voulons pour nos enfants et sur les manières de travailler que nous comptons adopter, en tant que professionnels, pour voir réaliser notre projet de société. Comme le disent si bien Malherbe & Zorilla: «le défi que pose le sida à la réflexion consiste à interroger et à observer nos habitudes, nos présupposés et nos vérités [...] Il ne suffit pas de dévoiler ce qui nous habite, il faut être capable de s'orienter dans ce qui se révèle pour ensuite pouvoir se positionner de la manière la plus globale qui soit par rapport à la crise...» (1988, p. 103).

La tâche est certes de taille, mais le sida n'a pas fait que révéler nos faiblesses: il a également mis en valeur notre courage, notre solidarité et notre énorme force vitale... Il suffit d'utiliser ces qualités à bon escient.

BIBLIOGRAPHIE

Abramson, M. (1990). Keeping secrets. Social workers and AIDS. *Social Work*, 35, 169-173.

Amchin, L. & Polan, H.J. (1986). A longitudinal account of staff adaptation to AIDS patients on a psychiatric unit. *Hospital and Community Psychiatry*, 37, 1235-1238.

Beaudoin, J.L. & Blondeau, D. (1993). *Éthique de la mort et droit à la mort*. Paris: PUF.

Bennet, J.A. (1987). Nurses talk about the challenge of AIDS. *American Journal of Nursing*, 87, 1150-1155.

Bosk, C.L. & Frader, J.E., (1991). AIDS and its impact on medical work. The culture and politics of the shop floor. Dans *A disease of society. Cultural and institutional responses to AIDS* (p. 150-171). Cambridge University Press.

Bourgon M., Desmarais, D. & Ryan, W. (1995). *Vivre proche(s) du sida: recherche de sens et stratégies adaptatives*. Rapport de recherche soumis au CQRS.

Bourgon, M. & Renaud, G. (1993). *Paul, Marcel, Gérard et les autres. L'expérience des conjoints gais de personnes atteintes de sida*. Soumis pour publication.

Bourgon, M. & Renaud, G. (1989). Sida et travail social un croisement propice à la réflexion. *Le travailleur social*, 57, 43-47.

Brenner, B., Kauffmann, J. & Sachter, J. (1996). Comparison of the reluctance of house staff of metropolitan and suburban hospitals to perform mouth to mouth resuscitation. *Resuscitation*, 32, 5-12.

Caillé, A., (1986). *Splendeurs et misères en sciences sociale*. Paris: Droz.

Catalan, J., Burgess, A., Pergani, A., Hulme, N., Gazzard, B. & Phillips, R. (1996). The psychological impact on staff of caring for people with serious diseases: the case of HIV infection and oncology. *Journal of Psychosomatic Research*, 40, 425-435.

Centre fédéral sur le sida (1989). *Le sida et les organismes bénévoles et communautaires*. Santé et Bien-être social Canada, Ottawa.

Collins, H.L. (1987). The patients your colleagues hate to nurse. *R.N.*, 46 et 48, 52-53.

Dionne-Proulx, J. (1994). Le sida: droits du client, risques professionnels, mesures préventives. *The Canadian Nurse*, 90, 43-47.

Dionne-Proulx, J. & Pépin, R. (1994). Le stress vu de l'extérieur. *The Canadian Nurse*, 90, 40-43.

Douglas, C., Kalman, C. & Kalman, T. (1985). Homophobia among physicians and nurses: an empirical study. *Hospital and Community Psychiatry*, 36, 1309-1311.

Driedger, S. & Cox, D. (1991). Burnout in nurses who care for PWA's. The impact of social support. *AIDS Patient Care*, 8, 197-203

Dunkel, J. & Hatfield, S. (1986). Coutertransference issues in working with persons with AIDS. *Social Work*, 31, 114-118.

Elford, J. (1987). Moral and social aspects of AIDS: a medical students' project. *Social Science Medecine*, 24, 543-549.

Furstenberg, A.-L. & Meltzer, O. (1984). Social work and AIDS. *Social Work in Health Care*, 9, 45-62.

Gallop, R., Taerk, G., Lancee, W., Coates, R. & Fanning, M. (1992). A Randomized Trial of Group Intervention for Hospital Staff Caring for Persons with AIDS. *AIDS Care*, 4, 177-185.

Haines, J. (1987). AIDS: new considerations in caring. *Canadian Nurse*, 83, 11-12.

Healton, C., Haviland, L., Weinberg, G., Messeri, P., Aidala, A., Stein, G., Jessop, D. & Jetter, D. (1996). Stabilizing the HIV/AIDS workforce: lessons from the New York City experience. *American Journal of Preventive Medecine*, 12, 39-46.

House, J. (1980). *Occupational Stress and the Mental and Physical Health of Factory Workers*. Ann Harbour: University of Michigan.

Illich, I. (1977). Disabling profession, Dans I. Illich, J. Zola, J. McKnight, J. Caplan & H. Shaiken (dir.), *Disabling professions* (p. 11-40). London: Marion Boyers Press.

Knight, C. (1996). The impact of a client's diagnosis of aids on social workers' clinical judgements: an experimental study. *Social Worker Health Care*, 23, 35-50.

Lamarche, C. (1994). Soigner, même quand on ne peut guérir. *Les Diplômés*, 383, 23-24.

Lazarus, R. (1990). Stress, Coping and Illness. Dans H.S. Friedman (dir.), *Personality and disease* (p. 97-120). New York: Wiley.

LeBreton, D. (1992). *Anthropologie du corps et modernité*. Paris: PUF.

Light, D. (1988). Toward a new sociology of medical education. *Journal of Health and Social Behavior*, 29, 307-322.

Light, D. (1979). Uncertainty and Control in Professional Training. *Journal of Health and Social Behavior, 20*, 310-322

Malherbe, J.-F. & Zorrilla, S. (1988). *Le citoyen, le médecin et le sida. L'exigence de la vérité.* Paris: Ciaco.

Maslach, C. (1982). *Burnout: The Cost of Caring.* Englewood Cliffs, N.J.: Prentice Hall.

Miller, D. & Gillies, P. (1996). Is there life after work? Experiences of HIV and oncology health staff. *AIDS care, 8*, 167-182.

Ministère de la santé et des services sociaux. (1991). *Programme de formation sur le sida: pour une vision humaniste de l'intervention.* Québec.

O'Hare, T., Williams, C. & Ezoviski, A. (1996). Fear of AIDS and homophobia: implications for direct practice and advocay. *Social Work, 41*, 51-58.

Olivier, C. (1994). *L'amour assasin.* Montréal: Stanké.

O'Malley, S. (1994). Caring for people with AIDS. *Provider, 20*, 25-34.

Renaud, G. (1995). Système symbolique et intervention sociale. *Intervention, 100*, 12-22.

Renaud, G. (1990). Travail social, crise de la modernité et post-modernité. *Revue Canadienne de Service Social, 7*, 27-48.

Reuter, L. & Northcott, H. (1994). Achieving a sense of control in a context of uncertainty. *Nurses and AIDS, Qualitative Research, 4*, 51-71.

Rinpoché, S. (1993). *Le livre tibétain de la vie et de la mort.* Paris: La Table Ronde.

Rolland, J. S. (1994). Working with Illness: Clinicians' Personal and Interface Issues. *Family Systems Medicine, 12*, 149-169.

Ryan, W. (1989). Sida: la réponse du milieu. *Le travailleur social/The Social worker, 57*, 53-57.

Saint-Jarre, C. (1989). L'accompagnement des sidéens: un défi pour les soignants. *Frontières, 2*, 56-57.

Saint-Jarre, C. (1994). *Du sida. L'anticipation imaginaire de la mort et sa mise en discours.* Paris: Denoel.

Segalen, J., Charmasson, C., Delzant, G. & Hirsch, E. (1988). Éthique et pratique. *L'Information psychiatrique, 64*, 687-692.

Sherman, D. (1996). Taking the fear out of AIDS nursing: voices from the field. *Journal of New York State Nurses Association, 27*, 4-8.

Sherman, D. (1996). Nurses' willingness to care for aids patients and spirituality, social support and death anxiety. *Image, 28*, 205-213.

Sontag, S. (1977). *Illness as Metaphor.* New York: Random House.

Sontag, S. (1988). *AIDS and its Metaphors.* New York: Farrar, Straus & Giroux.

Stiernborg, M. (1996). Impact evaluation of an international training course on HIV/AIDS. *AIDS care, 8*, 311-319.

Thévenot, X. (1987). *Le sida: rumeurs et faits. Entretien d'Emmanuel Hirsch.* Paris: Cerf, 178-201.

Visintini, R., Campanini, E., Fossati, A., Bagnato, M., Novella, L. & Maffei, C. (1996). Psychological stress in nurses' relationship with HIV infected patients: the risk of burnout syndrome. *AIDS care, 8*, 183-194.

Wang, J. & Paterson, J. (1996). Using factor analysis to explore nurses' fear of AIDS in the USA. *Journal of Advanced Nursing, 24*, 187-195.

Wiener, L.S. & Siegel, K. (1990). Social workers' comfort in providing services to AIDS patients. *Social Work, 35*, 18-25.

Yedidia, M., Berry, C. & Barr, J. (1996). The changes in physicians' attitudes toward AIDS during residency training: a longitudinal study of medical school graduates. *Journal of Health and Social Behavior, 37*, 179-191.

ASPECTS THANATOLOGIQUES LIÉS AU SIDA

Johanne DE MONTIGNY

«La thanathologie se veut être la discipline qui rassemble les discours sur la mort» (Thomas, 1991). Pour sa part, Kastenbaum (1993) propose la définition suivante: «la thanathologie, c'est l'étude de la vie incluant la mort qui lui est rattachée». Vraisemblablement, la mort n'arrive qu'aux autres et met en aval une hypothèse de travail pour les vivants qui s'y penchent sur le plan théorique car, d'un point de vue pratique, l'étude nous y plonge à partir de l'observation des phénomènes de vie qui l'entourent et dans l'accompagnement de ceux qui meurent.

Selon Miron, Mongeau & Savard (1990), «le mouvement thanatologique est une réaction au déni de la mort dans notre société et il se caractérise par une volonté de réhabiliter cette dimension essentielle de l'existence. De très nombreux témoignages d'intervenants qui côtoient la mort ont contribué à développer un discours «positif» sur la mort, un discours où l'on affirme que non seulement il est malsain de vouloir éviter tout contact avec la mort, mais qu'au contraire, le fait de la côtoyer peut enrichir, approfondir, élargir, nourrir et transformer la vie».

Apprivoiser la mort nous semble surtout possible dans le discours car, à lui seul, l'acte de mourir comporte son mystère que le vivant tente inlassablement de décoder et d'interpréter mais que le «cadavre» ne peut valider. D'après Jankélévitch (1994), «le mystère de la mort se caractérise par le fait que ce n'est pas un secret. Un secret se découvre mais un mystère se révèle et il est impossible de la découvrir». Fischer (1994) ajoute qu'on ne se retrouve pas face à son propre cadavre mais bel et bien face au cadavre de l'autre. Cet autre qui d'ailleurs nous a livré si peu de mots avant de nous livrer sa propre mort (de Montigny, 1993). Pugsley & Pardoe (1990) attribuent ce silence émotionnel à une économie d'énergie physique indispensable au maintien de l'état de survie jusqu'au dernier soupir. Notre travail clinique auprès des patients parvenus en fin de vie témoigne de ce mutisme associé au détachement relationnel, au désinvestissement ou au renoncement affectif sans lesquels l'imminence de la mort serait intolérable.

La psychologie relève une spécificité liée à la phase terminale qui se distingue de toutes les étapes qui l'ont précédée. Autrement dit, la parole et la réaction déclenchées par le diagnostic fatal cèdent la place au silence et au détachement, en fin de vie. Si le psychologue tente, par ses interventions, d'étayer la qualité de la sur(vie) des malades et d'actualiser les forces du moi dans les limites du temps qui reste, il devra tôt ou tard s'ajuster aux particularités de la phase terminale qui fait davantage appel à l'accompagnement. «Accompagner, c'est avoir le souci de l'être authentique, c'est contribuer à la création d'un chez-soi chez l'autre, au moment où celui-ci se voit dépossédé de lui-même, étranger à ce qui lui arrive, à ce qui l'entoure; c'est lui restituer en quelque sorte son intimité, lui permettre de s'habiter jusqu'au bout, de s'apprivoiser jusque dans sa mort» (Monette, 1990).

Dans ce qui suit, nous accéderons à la spécificité de la mort par sida et au profil psychologique des personnes touchées par le VIH et menacées de mourir du sida à plus ou moins long terme. Aussi tenterons-nous d'apporter quelques nuances par rapport au profil des personnnes atteintes du cancer.

LA MORT PAR SIDA

«Il y a toujours eu, au cours du temps, des associations fantasmatiques liées à certaines maladies, et plus spécialement aux pandémies pensées en relation avec la faute et la punition du ciel (Thomas, 1991). Malgré les progrès considérables du savoir médico-scientifique, certaines affections développent encore aujourd'hui des images insoutenables et surchargées d'affects au point qu'on en vient parfois à maquiller les causes réelles du décès, s'il advient. Il s'agit du cancer toujours redoutable lié à la souffrance, à la dégradation, à la mutilation et à la mort; et plus récemment du sida, le pire de tous les maux. En revanche, des actions saines commencent à voir le jour. Des centres de soins palliatifs se proposent de se mettre au service des sidéens en période terminale où ils retrouveraient, avant de mourir, sérénité et affection» (Thomas, 1991).

Des individus, des familles et des sociétés entières sont actuellement décimés par le sida. Le virus n'a pas de frontières. Les États-Unis, le Canada et l'Europe perdent à vive allure des jeunes gens, en majorité des hommes, mortellement infectés par une promiscuité sexuelle à haut risque ou par le troc d'aiguilles souillées par les usagers de drogues injectables. Dans d'autres pays, par exemple en Afrique, hommes, femmes et enfants sont littéralement foudroyés par le sida. Les pays en voie de développement sont, à cause du sida, en voie de disparition. Sang, sperme, lait maternel autrefois associés à la vie sont désormais les consorts de la mort. Comme un intrus, le virus est sexuellement transmissible d'un corps à l'autre et fait dramatiquement irruption d'un continent à l'autre.

«La mort devient honteuse et objet d'interdit», proclamait Ariès (1975) déjà vingt ans avant les ravages du sida. En Occident, la mort par sida n'est pas sans évoquer des images collées à la transgression des tabous (Morel, 1984; Saillant, 1988; Sontag, 1988) d'autant plus que, sexuellement transmissible, le sida transforme brutalement le fantasme de tuer en l'insoutenable réalité d'en mourir. Comme le précise Lecorps (1992), «le sida, dans l'inconscient, est associé à des jouissances archaïques, «inhumaines», celles qui fascinent, répugnent et terrorisent en même temps, jouissances recherchées dans le «flash» des drogues dures et des attachements «contre-nature»».

Si «la psychologie n'a pas trouvé sa place dans la recherche sur le sida» (Ruffiot et al., 1989), son apport nous apparaît néanmoins indispensable dans un contexte où la maladie qui en découle affecte le tissu psychosocial avant même de détruire le système biologique. «Le double sens du mot «affection» est précieux: maladie et souffrance mais aussi lien de tendresse et d'amitié» (de Fontenay, 1993) car le sida, avant tout associé aux préjugés, au rejet et à l'isolement (Santé et Bien-être social Canada, 1992), nous invite dans sa deuxième décennie à rétablir le désordre de nos relations humaines supplantées par la technicité. À cet égard, l'urgence de focaliser sur l'utilisation des préservatifs pour prévenir l'infection mortelle risque d'exclure l'importance des réflexions psychologiques sur les précédents de la maladie. Comme l'énonce fort justement Hamann (1993), «plus nous avons du mal à recevoir l'être que nous sommes, plus le risque est grand que nous soyons atteints de toutes sortes de manières, jusqu'à la maladie physique ou psychique».

Si le sida précède ou alors entraîne la maladie du trou affectif, du déficit humanitaire et du vide existentiel (Olivier, 1994a), il nous apparaît évident que, non seulement sa prévention au niveau des relations sexuelles protégées et l'usage d'aiguilles propres chez les utilisateurs de drogues injectables soient cruciaux, mais sa prévention au niveau de la (re)formulation de nos contacts humains (par exemple, le repère de l'affectivité plutôt que le seul aspect sexuel dans les relations homosexuelles) est parallèlement fondamentale pour assurer une qualité de vie psychique chez des individus autrement emportés par la-mort-délivrance-d'une-vie qui, dans la confidence thérapeutique, nous est dite insupportable. Si la maladie exprime un désir inconscient de mort, pose Lecorps (1992), «ce désir ne peut-il pas aussi avoir quelque chose de vivifiant, de constructif en participant à la quête douloureuse de sa vérité, comme cela arrive parfois dans certaines crises existentielles? On peut, sans le vouloir vraiment, poursuit Lecorps, se faire mourir de tant de manières sur les registres entremêlés du «soma» et de la «psyché»; en se laissant par exemple, emporter dans la recherche du plaisir, brûlant quelquefois la chandelle par les deux bouts, comme pour se consumer plus vite, ou bien se faire mourir dans la douleur, la séparation, la maladie, le suicide en vivant comme un excès de réalité».

Nous analyserons plus loin cet «excès de vie» tant recherché dans les comportements à risque et qui, dans le cas du sida, poussent certains individus vers l'«accès à la mort».

LE SIDA ET LE SUICIDE

Marzuk *et al.* (1988) soulignent que «le sida représente un facteur de risque significatif de suicide». Selon Côté *et al.* (1992), «les personnes atteintes du sida présentent un risque augmenté de suicide et l'évaluation d'un tel risque devrait être intégrée aux soins de ces personnes. Cette évaluation devrait être considérée particulièrement lorsque des médications potentiellement létales sont prescrites. Le déclin dans les taux de suicide observé entre 1987 et 1989 est encourageant; les causes possibles incluent les nouveaux traitements du VIH et du sida, l'amélioration des soins psychiatriques accordés à ces patients, et la diminution du stigma social vis-à-vis des personnes atteintes du sida». Enfin, d'après Brouillette, DesRosiers & Montagne (1994), les patients infectés par le virus d'immunodéficience humaine (VIH) sont plus susceptibles d'entretenir des idées suicidaires que les personnes atteintes par d'autres maladies terminales.

LES SOINS PALLIATIFS

Alors que la «médecine palliative» marque en Amérique du Nord ses vingt et un ans d'existence et de recherche dans le soulagement de la douleur des personnes atteintes d'un cancer terminal, le sida relance le défi aux soignants provenant de toutes les disciplines d'apaiser la souffrance globale des malades. Le répertoire canadien des services de soins palliatifs dans les hôpitaux (1992) nous en précise les principes: l'expression «soins palliatifs» implique des programmes ou des services visant à soigner les patients pour lesquels les traitements destinés à les guérir ou à prolonger leur vie ne sont plus d'aucune utilité, mais pour lesquels l'amélioration de la qualité de vie de la période qui leur reste à vivre constitue l'objectif principal; les soins palliatifs offrent des services thérapeutiques conçus pour répondre aux besoins physiques, psychosociaux et spirituels des patients incurables, et de leurs familles.

Inspiré de dame C. Saunders, pionnière en soins palliatifs à la fin des années 1960, le docteur Balfour Mount a développé en 1975 une intégration de la prise en charge hospitalière pour les malades arrivés en phase terminale et les soins à domicile à partir d'un centre hospitalier, le Royal Victoria de Montréal. Depuis, le domaine des soins palliatifs, représente essentielle-ment un lieu d'enseignement et de recherche centré sur les symptômes et les besoins des malades en phase terminale et ne cessent de se développer et de se multiplier à l'échelle tant nationale qu'internationale (Mount et al., 1994).

Cette approche d'humanisation et de personnalisation des soins, origi-nalement conçue pour les malades atteints d'un cancer terminal, se veut donc un modèle applicable à d'autres maladies dites fatales et incurables. Le sida en est un exemple majeur, de jeunes malades ayant un urgent besoin de soins multidisciplinaires. De plus, la prise en charge extra-hospitalière des personnes vivant avec le VIH ou le sida s'amorce sur le plan international en vue d'appliquer l'approche palliative au sein des communautés.

Morissette (1995) précise que «les soins palliatifs sont nés d'une prise de conscience de la situation parfois désespérée que vivaient les personnes en phase terminale de cancer. Cette situation résultait, entre autres, d'une surmédicalisation de notre système de soins, d'une certaine déshumanisation des soins ainsi que d'un contrôle inadéquat de la douleur et des autres symp-tômes présents chez ces personnes».

Les principaux objectifs des soins palliatifs sont donc d'assurer la meilleure qualité de vie possible au malade et à sa famille, d'aider le malade à mener une vie aussi active que possible jusqu'à la fin et d'apporter soutien et réconfort à la famille pendant la maladie et le deuil.

UNE VIE BOUSCULÉE ENTRE LE CHOC DE LA NOUVELLE, L'ADAPTATION À LA MALADIE ET LA PHASE TERMINALE DES PERSONNES ATTEINTES DU SIDA

Appelée maladie en «dents de scie» (Olivier, 1994a), «situation extrême» (Fischer, 1994), «séisme affectif» (Bourdin, 1994), la phase termi-nale du sida n'est pas facile à nommer. Les nombreuses affections qui lui sont liées, la plus impressionnante, remarque Siffert (1990), étant certainement «la démence associée à l'action propre du VIH et qui entraîne des phases terminales qu'on peut qualifier d'interminables», sont parmi les facteurs qui perturbent l'évolution de la maladie. Ainsi, entre le résultat de test positif, le résultat du bilan immunitaire, les premières manifestations de la maladie (fièvre, diarrhée, sudation), l'évolution de celle-ci (perte de poids, faiblesse et fatigue) et le diagnostic sida (chute dramatique de l'immunité), l a personne infectée par le VIH s'adapte tant bien que mal à son pronostic de vie écourtée. Entre le choc de la nouvelle et la phase terminale, le déni, tantôt persiste tantôt fléchit, tout au long de la traversée de la maladie. «On comprend qu'un sujet confronté à la catastrophe de la mort trouve dans l a croyance inconsciente en l'immortalité la force de vivre sa dernière étape comme s'il fallait entretenir un rapport à double face avec la mort: assumer le mourir et nier la mort tout à la fois» (de Hennezel, 1988a). Seule la qualité de vie basée sur des choix personnels et sur la redéfinition de ses valeurs apaise l'angoisse des individus menacés d'une mort précoce. «Plus la vie est directement menacée, plus la modification ou non de l'échelle des valeurs constitue un enjeu de survie. Ce qu'il est devenu, le malade commence à l e vivre selon cette vérité qui l'a décapé des couches d'alluvions sociales déposées en lui» (Fisher, 1994).

Pour certains, le VIH, la perspective de développer la maladie et de mourir du sida sont les motifs qui les amènent à consulter en psychothérapie. Pour d'autres, le sida représente une épreuve, un défi qu'ils comptent relever seuls ou avec le soutien de l'entourage, ou encore, à l'intérieur de groupes de parole. Selon Saint-Jarre (1994), «il est essentiel qu'existe autour de la souffrance et de l'éventualité de la mort une place pour la parole et pour le récit: toutes les personnes directement ou indirectement confrontées à une pathologie chronique potentiellement mortelle devraient pourvoir bénéficier de cet espace pour le dire».

PROFIL PSYCHOLOGIQUE DES PERSONNES ATTEINTES DU SIDA

Notre expérience clinique met en évidence deux patterns déclenchés par le résultat de test lié au VIH, illustrant d'un côté les   et de l'autre, les «nécrophiles». Fromm (1988) reprend la terminologie freudienne sur les deux forces originaires dans l'homme, la pulsion de vie et la pulsion de mort; l a première intégrant l'amour et l'union, la deuxième ayant pour objectif l a désintégration. «Si les nécrophiles ont un penchant pour ce qui est mort, déstructuré, les biophiles ont pour leur part, un penchant pour ce qui est vivant, ils ont tendance à l'intégration de la totalité, les autres ayant une tendance à la mise en pièces».

Les biophiles

D'après notre observation clinique et nous référant aux concepts de Fromm, on peut dire que les biophiles ont tendance à:
- relever le défi du sida;
- vivre à tout prix;
- collaborer aux soins;
- développer des habitudes de vie saines;
- adopter de nouvelles valeurs;
- (re)construire un sens à leur vie;
- transformer le soi profond à partir de la perspective du mourir.

Les nécrophiles

Les nécrophiles ont plutôt tendance à:
- bloquer ou rejeter les affects face au sida;
- précipiter le processus du mourir par des pensées morbides;

- démissionner devant les plans de soins et de (ré)confort;
- accéder à des comportements destructeurs envers soi ou envers autrui;
- basculer dans un vide existentiel;
- désinvestir leur rapport au(x) vivant(s).

Chez certains individus, l'ambivalence entre la volonté de vivre jusqu'au bout et le fantasme de disparaître au plus vite les renvoie d'un profil à l'autre. La force des paradoxes incite les aidants à (ré)concilier deux états aux antipodes de la vie et de la mort. «Vivre, c'est se tenir entre deux alternatives toutes deux mortelles» (Lecorps, 1992).

Nous comprenons les deux pôles de la façon suivante: d'un côté le sentiment d'invicibilité, de l'autre, la fragilité de l'être se chevauchent ou s'éloignent selon l'histoire et la perception de chacun. Le rapport à la vie, préalable à l'annonce d'une mort inévitable façonne le type de réactions qui s'ensuivent. Entre déni et défi de la mort, chacun se cherche un point de moindre douleur qui n'est ni immuable ni interchangeable (de Villepin, 1994). Le déni entraîne la continuité du «semblant de vivre», c'est-à-dire le faire-comme-si-de rien-n'était, tandis que le défi engendre la notion de combativité menant parfois à la démesure, à l'éclatement. Entre le combat et l'abdication, le surinvestissement et le retranchement, le défi et le déni, les désirs antagonistes de vivre et de mourir se superposent, tout particulièrement dans le cas du sida, sexuellement mortel et transmissible. Comme le souligne Lecorps (1992), «l'étreinte sexuelle, au risque d'attraper le virus, devient plus manifestement la scène ou s'active la collusion du désir de vivre et du désir de mourir. C'est en effet ce que ressent souvent l'adolescent qui concrétise son orientation homosexuelle, il est ainsi appelé à vivre une crise majeure».

La contribution du psychologue portera sur l'émergence du sens propre à chaque personne face à ce qui lui arrive (Frankl, 1988). Il s'agira en effet d'explorer la signification du sida selon la perception de la personne qui en est atteinte. Aussi, certains récits commencent-ils par: «le sida n'est pas l apire catastrophe de ma vie; attendez aue je vous raconte!»

Selon Frankl (1993), «les trois grandes voies par lesquelles l'homme peut découvrir le sens de sa vie sont: ce qu'il donne au monde en termes de créations; ce qu'il prend au monde en termes de rencontres et d'expériences et le comportement qu'il adopte lorsqu'il affronte une situation qu'il ne peut pas changer».

Le processus thérapeutique comporte à la fois un questionnement et un travail sur le rapport à la vie, préalable et consécutif au VIH, l'importance étant désormais accordée à l'instant présent et aux balbutiements de la mort si difficile à mettre en mots. Tel que souligné plus haut, à l'étape de la phase terminale, l'intervention se transforme en accompagnement où la présence et le silence prédominent sur le geste et la parole: «l'être-là a souvent plus de sens que le faire-ceci, la disponibilité à l'autre ayant plus de poids que la technicité. En vérité, l'accompagnement procède bien de la ritualité de base toutes en spontanéité, en innovation renouvelée» (Thomas, 1991).

L'ÉVALUATION DU TEMPS QUI RESTE

La victoire médicale dans la prolongation de la vie des personnes infectées par le VIH n'est pas forcément perçue comme une nouvelle offrant un regain d'espoir, un mieux-être psychologique pour ceux et celles qui, ignorant la durée de leur pronostic, tentent, tantôt avec succès ou échec tantôt avec effort ou désinvestissement, de (re)donner de la valeur à leur présence au monde. Dans les années 1985-1990, le temps circonscrit de survie permettait à certains de préparer leur détachement, à d'autres d'éprouver plus que jamais l'intensité d'un attachement significatif avant de partir. Mais plus récemment, l'incertitude de vivre avec le VIH pendant un temps de moins en moins prévisible augmente chez plusieurs l'angoisse de composer avec cet inconnu. À notre avis, le défi qui est pour la psychologie de s'ajuster à ce que certains désignent comme la chance de survivre plus longtemps alors que d'autres y voient là le prolongement d'une angoisse plus difficile à porter, est un enjeu majeur dans notre approche aux personnes atteintes. Le plus grand des défis pour la psychologie, selon Morin (1988), consiste à «soulager la souffrance collective due à l'impact à la fois social, culturel, économique et politique du sida et au nombre croissat de personnes qui en sont affectées». Plus que toute autre maladie, à cause de sa spécificité fatale, foudroyante et transmissible, le sida nous invite (soignants puisque nous n'en sommes pas exempts et soignés parce qu'ils en sont atteints) à vivre au présent, dans la conscience de valeurs existentielles renouvelées. Si un grand nombre de personnes atteintes nous décrivent cette maladie comme l'ultime épreuve, d'autres nous en parlent comme une opportunité unique que la vie ordinaire n'aurait pu faire miroiter. Selon Fischer (1994), «s'adapter, c'est une façon de perdre sa vie antérieure et de la récréer».

RÉACTIONS PSYCHOLOGIQUES GÉNÉRALEMENT OBSERVÉES ENTRE L'ANNONCE DE LA NOUVELLE DU VIH ET LE DÉVELOPPEMENT DU SIDA

Les principales réactions psychologiques que l'on observe chez les patients séropositifs et sidéens sont les suivantes:

- une forme d'**anesthésie psychique**, que Kübler-Ross (1975) a conceptualisé sous les thèmes et de la nouvelle, provoquant chez certains le rejet des affects, chez d'autres, le déclenchement d'une peur paralysante; c'est pourquoi il sera prudent de revoir la personne éprouvée de l'affliction-sida à courte échéance, afin de l'éclairer sur l'existence de pistes d'apaisement, et de lui signifier tous les possibles dans pareille obscurité; par exemple, il sera utile à ce premier stade d'évaluer les ressources personnelles de cette personne et de lui indiquer les ressources professionnelles et communautaires;

- un **sentiment de culpabilité**, d'avoir contracté et possiblement transmis un virus mortel, que les personnes atteintes nomment tantôt honte, regret ou sentiment de responsabilité. À l'opposé d'un tel sentiment, un certain nombre d'individus se disent ou se montrent indifférents à ce qui leur arrive, soit à cause de l'état de choc, soit à cause de leur personnalité trouble; dans cette dernière catégorie, les messages de prévention et de protection de la santé des autres ne sont pas intégrés, ils sont d'ailleurs déviés, ce qui plonge l'aidant dans un questionnement éthique contraignant;

- la **peur** de l'inconnu, du déclin biologique (en particulier de la démence liée au sida) et de la souffrance psychique le plus souvent liée à la peur de l'abandon;

- les **idéations suicidaires,** les **actes suicidaires** ou le **suicide** dus à un sentiment d'incapacité de faire face à la perspective de vieillir précocement, de voir son image s'altérer rapidement avant de mourir, ou encore dus à la personnalité du capable lui-même de mettre fin à ses jours à une date fixe (une sorte de défi au sida, à la vie ou à la mort, qui pousse à l'extrême);
- une **détresse** et une **anxiété** réactionnelles ou alors le retour d'une **dépression** lointaine jusque-là masquée par l'**euphorie** ou par pour reprendre l a puissante expression de Joyce McDougall (1982);
- l'**abdication** devant l'inévitable, l'**isolement,** la **perte** ou la confirmation d'une **pauvre estime de soi,** l'**agressivité** à l'égard des proches, des bienportants et de la société en général ou alors la **colère** virée contre soi entraînant une autodestruction à petit feu, parfois subtile, parfois évidente pour l'entourage;
- la **jubilation de mourir** assez tôt, c'est-à-dire pour la communauté gaie en particulier, de mourir jeune, la vieillesse étant établie dans leur culture à compter de 40 ans (Pollak, 1988).

L'HOMOSEXUALITÉ, UNE PARTICULARITÉ DU SIDA DANS LE CONTEXTE NORD-AMÉRICAIN

Au Québec, 73,6% de l'ensemble des personnes infectées par le sida sont des hommes d'orientation homosexuelle (Turmel & Allard, 1997) l'aidant devra développer ses connaissances sur la souffrance liée à l'orientation sexuelle et aux troubles de l'identité afin de cerner le processus du mourir qui pour ces personnes ne se vit pas d'une façon conventionnelle; nous avons été en mesure d'observer la différence et d'en mesurer l'impact depuis la survie jusqu'au moment de la mort. En effet, ce qui ressort des récits de vie de ce groupe de personnes atteintes du VIH touche une souffrance qui de loin devance le diagnostic sida, la plus frappante étant la pauvreté de l'estime de soi liée à l'homophobie venant à la fois de soi et des autres. Schecter (1992) souligne que «malgré l'apparente acceptation de l'homosexualité comme étant normale, malgré même l'explosion de la contre-culture ou des sous-cultures homosexuelles visibles dans les grandes villes, à l'écran ou dans la littérature savante et populaire, le sentiment de la discrimination persiste encore. La société et la majorité hétérosexuelle sont loin d'accepter l'homosexualité comme une pratique normale, voire aussi humaine, que l a leur et ce sentiment de vivre quelque chose de mal est perçu par les homosexuels eux-mêmes, intégré comme un mal de vivre». Ainsi selon Schecter, et d'autres auteurs, Thomas (1991), Jourdan-Ionescu et de La Robertie (1989), le sida est perçu comme le châtiment des péchés et des perversions sexuelles. Dans ce sens, l'idéologie politique a également un impact sur le social. Gervais (1995) déplore que certains personnages politiques ayant une visibilité importante à la Chambre des communes, incitent les gouvernements à réagir avec force contre les droits des personnes homosexuelles. Il déplore qu'une député libérale de la Nouvelle- Écosse, associe l'homosexualité à l a bestialité et à la pédophilie. Selon elle, s'étonne-t-il, «les homosexuels propagent le sida, débauchent l'humanité, détruisent les familles et anéantissent l'espèce humaine!»

Or si l'adage confirme que l'on meurt comme on a vécu et c'est aussi ce que le travail clinique généralement nous démontre, on peut supposer que la mort d'un être ayant difficilement vécu ou assumé son homosexualité présage une claustration avant et au moment de partir. «On meurt de ce que l'on est mais on souffre du regret (du rejet) de ne pas avoir été» (Olivier, 1994b). Tout comme la mort, l'homo(sexualité) demeure un sujet tabou. Une sorte d'interdit persiste dans le fait même de les nommer. Imaginons la force de frappe d'une maladie à la fois mortelle et transmissible sexuellement. D'après Pollak (1988), «l'homosexualité demeure à proprement parler indicible. Même dans les familles acceptant l'homosexualité de leur fils ou de leur frère, un contrat tacite relègue ce sujet de conversation dans le non-dit du discours».

Mais n'est-ce pas que de garder un sujet mort symboliquement finit par tuer un sujet vivant? Il s'agit alors d'une mort psychique qui conduit en thérapie et qui dépasse largement l'angoisse d'une mort biologique. Pollak ira jusqu'à dire que «la souffrance et l'approche de la mort atténuent les problèmes que l'homosexualité ont causés». Seux (1987) pose la question: «Fallait-il dévoiler le diagnostic à ses proches au risque de faire de la peine à ses parents, ou bien le cacher au risque de mourir sans avoir eu la certitude d'être aimé homosexuels?». Les professionnels de la santé mentale apprécieront l'article de Barrows et Halgin (1988) présentant l'impact du phénomène sida sur la psychothérapie des hommes homosexuels asymptomatiques et de certains éléments spécifiques dont il faut tenir compte pour aider ces clients. Les auteurs illustrent des modèles d'intervention et montrent comment, par exemple, les thérapeutes peuvent aider ces personnes à développer une identité homosexuelle positive, à réévaluer leurs modes de socialisation, à connaître les techniques d'activités sexuelles sécuritaires, à développer des attitudes positives, à découvrir de nouveaux rapports intimes et à développer des stratégies pour composer avec la perte d'êtres chers.

Souvent, ce qui frappe dans le discours de l'homme homosexuel remonte à un trouble d'identité «coincé» depuis la période de l'adolescence, entraînant par la suite une faible estime de soi, un moi fracturé, divisé entre un «faux» et un «vrai» moi. «Le **Soi**, est un noyau structurel de l'inconscient: il se perçoit comme **état** ou comme **image**. Comme état, il nous convoque au sentiment intime de ne plus faire qu'un avec ce qui nous entoure, à la paix et à l'harmonie intérieure. Le sentiment d'être porté, d'être aimé, d'être en sécurité accompagne généralement cet état. Comme image, il se présente dans les rêves ou dans l'activité fantasmatique comme unifiante, image d'intégrité et de complétude. Le travail psychique qui s'accomplirait tout au long de la vie, et à plus forte raison à son terme, dégagerait le chemin vers le soi et l'éveillerait à notre conscience» (de Hennezel, 1988b). Sous l'angle psychosocial, Fisher (1994) analyse la comme une déstructuration de l'identité: «toute situation extrême opère fondamentalement un dévoilement, celui d'une identité aliénée où l'être humain se découvre un autre lui-même, absent de soi. Notre identité se construit à travers un maquillage de nous-mêmes; la conformité sociale donne lieu à une identité évanescente en tant qu'elle est l'expression de la méprise du sujet social sur lui-même.»

L'adolescent qui ressent ou qui concrétise son orientation homosexuelle traverse une crise majeure, dès lors vécue comme un interdit à ne transgresser que dans la clandestinité (d'où la notion de risque sexuel associé au plaisir et confondu avec l'amour) et le secret (d'où la difficulté de contacter l'estime de soi à même sa différence par-delà les préjugés sociaux). «On l'incite très tôt à intégrer des valeurs sociales fondées sur l'hétérosexualité et la famille traditionnelle, auxquelles il ne pourra intérieurement s'identifier mais pour lesquelles il devra extérieurement pencher» (Welzer-Lang, Dutey & Dorais, 1994). Le vrai moi homosexuel cèdera vite la place au faux moi hétérosexuel créant ainsi un fossé énorme entre le désir d'être authentique et la peur pour autant d'être jugé et rejeté. Ce sera le début d'une vie théâtrale ou d'une double vie à mener tantôt avec sagesse, tact et discernement, tantôt avec honte, cris et étouffement. Le semblant d'être entraîne le semblant de vivre et tue l'originalité des individus longtemps avant la mort biologique (Lapointe & de Montigny, 1993). C'est ainsi que l'on peut comprendre le discours de ceux qui voient dans le sida l'échappatoire ultime à une vie qui, psychologiquement, les rendait malades. Comme le souligne McDougall (1982), «traversé par des orages d'amour et de haine, cherchant tantôt à séduire et à chérir, tantôt à punir et à détruire, chaque homme a dû, dès l'enfance, s'astreindre à naviguer entre les interdits et les impossibles de sa vie. Balotté entre les désirs contradictoires d'exister pour soi ou pour l'Autre, de mourir à soi ou à l'Autre, le sujet risque de se découvrir incapable de faire face aux demandes instinctuelles comme aux demandes de la réalité extérieure.»

TOXICOMANIE, PROSTITUTION ET SIDA

Les personnes toxicomanes sont également de plus en plus touchées par le sida, à la fois à cause des échanges d'aiguilles et de seringues contaminées et en raison de la promiscuité sexuelle. Le penchant pour la mort, au risque d'en mourir, prédomine sur le penchant pour la vie, au risque de souffrir. Comme l'affirme Seux (1987), «l'expérience nous apprend que ce sujets déjà fragiles, intolérants à la frustration, s'adaptent mal à cette nouvelle. Pour la toxicomanie, l'étude difficile du comportement psychologique et de ses réactions reste à faire».

Ici, l'absence d'introspection, le gel des émotions, la personnalité rebelle, les comportements de manipulation, de destruction du soi et des autres, la difficulté d'accéder au sens des responsabilités constituent des obstacles majeurs au succès thérapeutique. Pour Le Breton (1991), «l'itinérant n'est pas seulement nomade au milieu d'un espace incertain, il est aussi le nomade de soi». Les itinérants affectifs font donc appel à des soignants capables d'aller vers eux, dans la rue, car le sida interpelle l'ingéniosité des aidants à cause d'un vécu non traditionnel qui entraîne un processus du mourir bien différent de nos repères habituels.

L'expérience de Olivier (1994b) a démontré que des êtres troublés, malheureux et mal aimés ont trouvé, auprès de la mort même difficile, l'ultime soulagement, le plus grand des bien-êtres. «Parce qu'ils éprouvaient consciemment leur dernier trouble, leur dernier malheur, leur dernier mal-amour, peu importe ce vers quoi la mort les amenait». Cette maladie fatale bouscule et fait basculer la vie de jeunes gens à un rythme époustouflant et tel, que pour un grand nombre de malades, la nouvelle ne contient aucun répit ou si peu d'apaisement, entre le coup de massu, et le dernier souffle.

À l'intérieur des murs thérapeutiques, les personnes atteintes du sida nous décrivent leur état comme l'aboutissement de nombreuses blessures psychologiques liées au vide existentiel et affectif compensé par un excès dans leurs comportements. Le gel de leurs blessures passe par l'accès aux drogues et à l'alcool, à la compulsion sexuelle et aux penchants pour le risque. «Les femmes utilisatrices de drogues injectables, se caractérisent par une pauvre estime de soi et de ce fait, ont un besoin très grand d'être aimées et valorisées. Il est d'ailleurs connu que ces femmes proviennent de milieu familial éclaté. Le désir de grossesse et d'avoir des enfants demeure le facteur prépondérant» (Levasseur & Grondin, 1994). Le défi du sida fait appel à une psychologie sans murs et sans frontières, là où l'alliance thérapeutique nous incite désormais à aller vers l'autre, ce dernier ne sachant plus venir vers Soi.

QUELQUES NUANCES ENTRE CANCER ET SIDA

Maladie du désordre collectif, du chaos humanitaire, du déficit affectif, de l'effondrement immunitaire, les métaphores abondent dans les définitions données au sida (Saillant, 1988; Sontag, 1988; Pollak, 1988; Morel, 1984). Le cancer entraîne aussi ses méandres psychologiques que les personnes qui en sont atteintes nous décrivent toutefois dans des mots bien différents. Le vibrant témoignage de Fritz Zorn (1977), nous en convainc: «Je suis jeune, riche et cultivé; et je suis malheureux, névrosé et seul. Je descends d'une des meilleures familles de la rive droite du lac de Zurich qu'on appelle aussi le Rive dorée. J'ai eu une éducation bourgeoise et j'ai été sage toute ma vie. Ma famille est passablement dégénérée, c'est pourquoi j'ai pourtant une lourde hérédité et je suis abîmé par mon milieu. Naturellement, j'ai aussi le cancer, ce qui va de soi si l'on en juge d'après ce que je viens de dire». Bref, Zorn (9177) nous livre sa vision du cancer comme étant la maladie de l'ordre, du conformisme, de la soumission et de la passivité. À cet égard, Morel (1984) stipule que«chacun remarque que le cancer affecte plus spécialement les personnes fidèles aux traditions, au respect des normes établies, celles qui en tout cherchent à être en règle».

A l'inverse, les personnes atteintes du sida dénoncent le désordre individuel et social qui s'y rattache, revendiquent bruyamment leurs droits à la différence, réagissent avec fougue, rébellion et agressivité à ce virus mortel et porteur d'une étiquette péjorative tout au long de la survie à la maladie transmissible sexuellement, dite honteuse même après la mort. Les livres de Guibert (1991) «À l'ami qui ne m'a pas sauvé la vie»; de Collard (1989) «Les nuits fauves»; de Samson (1994) «On n'est pas sérieux quand on a dix-sept ans» illustrent clairement le poids d'une souffrance refoulée dorénavant criée par des êtres en colère. Schecter (1992) souligne qu'«on voit des membres du mouvement ACT-UP (*Aids Coalition to Unleash Power*) aux colloques internationaux sur le sida en train de gueuler, déranger, à la manière des actions de militants gais au début des années 1970. Le but et l'inspiration demeurent les mêmes: renforcer la colonne vertébrale de ceux qui sont sous attaque, et ceci plus que jamais maintenant que l'ennemi est la mort elle-même. Comme si gueuler contre l'ennemi était plus acceptable et plus justifié que gueuler contre la mort et contre l'impuissance devant elle».

Or, si le rejet et la distance sont des réactions impulsives (et expulsives) dans l'entourage des personnes atteintes du sida (Santé et Bien-être social

Canada, 1992), il nous faut reconnaître que le rapprochement, la compassion et le soutien caractérisent au contraire l'entourage des personnes atteintes du cancer (de Montigny & de Hennezel, 1990). Et c'est surtout à cet égard que nous y observons dans le processus du mourir des nuances importantes. En effet, il est tout aussi difficile pour les familles et les proches des personnes atteintes du sida d'y faire face. La mère d'une femme âgée de 40 ans et atteinte du sida conjurait l'équipe soignante à domicile de ne jamais prononcer le mot «sida» lors de ses échanges avec la famille dont certains membres ignoraient le diagnostic. Cette femme atteinte n'a donc jamais parlé du sida qui l'emporta; elle est décédée d'un qu'elle n'avait pas!

LE DÉNI DE LA MORT PAR SIDA COMME FANTASME D'INVINCIBILITÉ

«Les humains ont une capacité infinie à cultiver l'illusion qui leur permet de nier ce qui est insupportables» (Fischer, 1994). Cependant, et contrairement aux autres maladies fatales, le sida peut sexuellement se transmettre d'un individu à l'autre et le déni, agissant habituellement comme un mécanisme de défense – temporaire – contre une réalité trop difficile à accepter (Kübler-Ross, 1975) augmente, dans le cas du sida, le risque de propager la maladie mortelle à un rythme effarant. Par exemple, certains jeunes atteints du sida ont recours à la pensée magique et croient qu'ils ont le pouvoir d'évincer le virus par l'intermédiaire de la volonté, de le liquider hors du corps par l'expulsion du sperme contaminé. La pensée magique évoque le sentiment de toute-puissance et se formule ainsi: si le virus s'attaque au sperme, il ne me reste plus qu'à m'en délivrer en de moi, à la limite, en déposant en l'autre (donc hors de soi) le sperme mortel (de Montigny, 1988).

LE SOUTIEN DES PERSONNES ATTEINTES DU SIDA

Aider ces êtres menacés de mourir au cœur de leur vie n'est concevable que dans une forme d'ouverture au mystère de l'être humain, de sa vie et de sa mort, savoir offrir sa présence discrète mais pas banale, un regard authentique ou un toucher affectif, une parole qui ne dicte pas mais qui témoigne d'un moment intime (Barnard, 1994) dans une sorte de rencontre d'âme à âme. Le silence et la discrétion prennent tout un sens dans ces moments ultimes. En tant que thérapeutes, écrit Saint-Jarre (1994), «la séropositivité nous confronte aux normes sexuelles qui régissent le social, aux orientations sexuelles qui s'y vivent, aux écarts et aux différences qui s'y déploient: le sida des hémophiles, des transfusés, des femmes, des toxicomanes, des itinérants, des immigrants, des autochtones nous y confronte de mille façons. Nous pouvons voir émerger en nous une multitude de peurs, d'interdits et de tabous dont la levée suppose une grande capacité d'accueil, une ouverture à l'altérité, à l'étrangeté de l'étranger, aux différences extrêmes et spectaculaires par rapport auxquelles on peut rester d'abord interloqué».

Malheureusement, il nous faut reconnaître que, face au sida, plusieurs déguerpissent. Le fantasme de contracter la mort en contactant (sans aucun risque) la personne atteinte du sida est encore puissant. Tenir dans ses bras un bébé atteint de ce virus mortel, à ce jour, semble moins apeurant que de tendre la main à une femme toxicomane atteinte, toucher celle-ci suscitant par ailleurs moins d'effroi que de toucher affectueusement un homme homosexuel. Ces images nous branchent directement sur la force de nos préjugés et de nos fantasmes face à la mort sexuellement transmissible. Puisqu'il est humain de confondre toucher affectif et activité sexuelle, nous basculons vite dans la peur, voire dans l'irrationnel.

LA PHOBOPHOBIE OU LA PHOBIE D'AVOIR PEUR

Mannoni (1982) traduit la peur de la mort ainsi: «nul n'est exempt de l a peur de la mort, pas même les esprits les plus élevés. Mais ce n'est peut-être pas tant la mort elle-même que l'homme redoute, que l'impénétrable mystère de ses suites. Or, l'imagination a horreur du vide et cela la conduit à inventer ce qu'elle ne connaît pas, au risque de s'y perdre».

À la lumière de cette définition, est-il possible pour la majorité des soignants de poser des actes professionnels sans que le jugement personnel n'interfère dans le contact avec l'autre? Cette question nous renvoie aux enjeux de la relation soignant-soigné. Elle fait référence à notre façon d'accueillir les patients et à la décision plus ou moins subtile de refuser ou d'accepter de les soigner. Notre attitude est tributaire de l'(ex)position ou non à la différence. Le malaise qui s'ensuit résulte à la fois de l'(ex)pression ou de l'inhibition de nos réactions. Prendre contact avec nos peurs nous aide à les dépasser. En général, les peurs qui traversent les soignants sont les suivantes (de Montigny, 1992): peur d'attraper le virus, d'en être infecté et d'en mourir; peur d'annoncer le diagnostic, de témoigner de l'évolution rapide et destructive de la maladie; peur des controverses scientifiques et de l'inconnu qui entoure cette maladie; peur de faire face au sentiment d'impuissance devant l'issue fatale du sida; peur de ne pas savoir quoi dire, quand et pourquoi le dire, peur de briser la confidentialité; peur du *burn-out*; peur des sentiments ambivalents liés aux demandes d'euthanasie et de suicide assisté; enfin, peur d'avoir peur, car, confirme Mannoni (1982), «la mort est bel et bien le lien géométrique de toutes les crainte puisqu'au font il n'existe qu'une peur, celle de la mort». L'excès de bravoure n'est pas l'antidote de l a peur et Quenneville (1993) nous met en garde: «on peut apprivoiser la mort des autres, pas la sienne. La notion selon laquelle on doit apprivoiser s a propre mort pour réussir à travailler là-dedans est insoutenable. Il faut l a respecter, probablement en avoir très peur, et admettre ses peurs vis-à-vis de la mort pour réussir à s'en approcher. C'est un peu comme les pompiers, ils respectent le feu et en ont bien peur!»

À notre avis, la peur de ne pas savoir quoi dire ou quoi faire face à l a mort, dépasse de loin la somme de toutes les peurs des soignants. Plusieurs écrits, à propos des personnes atteintes d'un cancer terminal, nous laissent croire qu'il s'agit là d'un moment où l'impossible se réalise, où l'indicible se verbalise, où les interdits s'estompent pour enfin faire place à des relations plus réelles, plus profondes, plus intenses que dans la vie ordinaire. (De M'uzan, 1977; Kübler-Ross, 1975; Jomain, 1984; de Montigny & de Hennezel, 1990; de Hennezel, 1995; Monbourquette, 1992). Mais, comme le souligne Saint-Jarre (1994), «la maladie et la mort associées au VIH ont à se frayer un passage entre larmes, silence et discours, entre le rien dire du mutisme ou de l'aphasie singulière et le trop dire de l'éloquence et du spectaculaire».

LE SOIGNANT ET LE TRAVAIL AUPRÈS DES PERSONNES QUI VONT MOURIR

L'expérience clinique montre les difficultés particulières au sida, entre autres, le caractère imprévisible de son évolution, l'inconfort dû aux nombreuses affections qui en découlent, le jeune âge des malades, les préjugés associés à cette maladie, les atteintes neurologiques, le malaise des soignants, l'opprobre social, le clivage de la famille et l'isolement des patients. L'oeuvre de C. Olivier (1994a) jette un éclairage à la fois réaliste et bouleversant sur la traversée du mourir depuis le choc de la nouvelle jusqu'au dernier souffle. Bouleversant, dirions-nous, tant pour les patients qui se débattent dans une vie où la souffrance psychologique prédomine que pour les soignants qui sont confrontés à la mort au quotidien et qui, eux aussi, sont isolés de leurs pairs, voire de leurs proches.

Alors que les soins palliatifs ont démontré l'importance de l'interdisciplinarité face à la mort, on assiste aujourd'hui à l'isolement à la fois des patients et des soignants face au sida. Même pour les soignants depuis aussi longtemps impliqués dans le don de soins palliatifs, le docteur Balfour Mount affirme, dans une entrevue accordée à Belliveau (1992), qu'il ne leur est pas forcément naturel d'aborder des malades aujourd'hui atteints d'une nouvelle maladie, non seulement mortelle mais transmissible sexuellement. À lui seul, cet aspect-là diffère largement du cancer. «L'un des dogmes du mouvement palliatif, tient pour acquis que les personnes qui y travaillent ont assumé leurs émotions et leur questionnement devant la mort, ce qui leur a permis de mieux subvenir aux besoins des mourants. Certains commencent néanmoins à penser que non seulement la peur de la mort est compatible avec le travail auprès de certains malades mais qu'il est plus difficile d'être efficace dans les soins palliatifs si l'on ne s'est pas d'abord avoué honnêtement et en toute simplicité sa propre peur de la mort et l'ardeur de son instinct de survie».

Pour Jourdan-Ionescu et de La Robertie (1989), «aucun thérapeute, tout comme aucun soignant, ne doit s'attendre, malgré son degré d'information, malgré son désir d'aider le sidéen, à échapper à des phases de panique, de peur de la contagion, de doute quant à l'opportunité de continuer à s'occuper de personnes ayant le sida». Pour guérir de la peur à défaut de guérir le sida, il s'agira à chaque fois de créer l'occasion d'échanger entre collègues, confrères et consoeurs, ou alors à l'intérieur de groupes de parole pour que celle-ci soit facilitée par des êtres sensibles à la dimension de la perte par la mort. Les clichés, telle la mort fait partie de la vie, dupent ou du moins banalisent la réalité des soignants et des proches qui accompagnent des êtres significtifs vers la mort, et qui en ressortent profondément touchés. Tout d'abord, nous livre Thomas (1991), «la mort ne se théorise pas. Phénoménologiquement, elle se vit, celle de l'autre (à plus forte raison l'autre aimé), la sienne pour autant qu'on puisse l'éprouver jusqu'au temps de la rupture. Tout discours sur la mort où nous parlons à sa place s'infléchit, comme toute interprétation, par les propres lettres de l'interprète que nous sommes. Les pièges à éviter, offrent toujours deux visages: la trop grande séduction du scientifico-technique, la trop forte sensibilisation pour l'insolite et l'irrationnel».

L'ACCOMPAGNEMENT ENTRE BLESSÉS DU SIDA

Les pionniers de l'accompagnement des personnes atteintes du sida ne sont pas, depuis vingt ans impliqués dans l'approche au mourant. Ce sont d'abord les personnes, elles-mêmes atteintes du VIH, qui ont mis sur pied des groupes d'entraide et d'accompagnement à domicile, ayant eu trop difficilement accès dans les années 1985-1990 à des unités hospitalières, sauf pour des traitements ponctuels. A ce chapitre, la communauté homosexuelle, plus particulièrement touchée par le sida, a ouvert des centres de jour, des maisons d'hébergement, créé des groupes de bénévoles, offert des services de soutien tant aux personnes atteintes qu'à leurs proches. Imitant le noyau familial traditionnel, les hommes homosexuels ont reproduit à l'intérieur même de l a communauté gaie l'entraide entre les membres, plusieurs ayant été rejetés par leurs proches. Non seulement ces aidants naturels n'avaient pas été formés comme soignants, mais ils perdaient à vive allure des êtres chers atteints d'un même virus. Certains, parmi ces aidants naturels, ont accompagné et perdu plusieurs amis ou partenaires de vie. Ces pertes consécutives ont entraîné un état de deuil massif (Martin & Dean, 1993; de Montigny, 1997); compliquant parfois leur propre sérologie.

La relation d'aide comporte un aidant et un aidé, un «écoutant» et un «écouté»: «écouter serait donc accepter de lâcher des défenses, de renoncer à des croyances, d'élaguer des certitudes» (Salomé, 1992). Pour ce faire, nous croyons que l'aidant doit avoir pansé ses propres blessures afin de rayonner une joie de vivre, ou du moins sa motivation d'être là, attisée par une santé personnelle. L'entraide salutaire entre personnes blessées ne fut réalisable que dans le court terme. C'est l'urgence déclenchée par le sida qui a nécessité la formation de groupes volontaires pour venir en aide à des êtres chers soudainement propulsés devant la mort. Et ce n'est que graduellement, qu'une poignée de professionnels de la santé ont emboîté le pas. Les autorités gouvernementales ont tardivement sondé les besoins, par l'intermédiaire des groupes communautaires déjà engagés dans la lutte au sida, avant d'entreprendre des programmes de prévention et de soutien pour la popula-tion. Cette particularité a freiné l'engagement des personnes non atteintes du virus, et c'est ainsi que les bénévoles touchés par le sida ont été alors plus nombreux à soigner qu'à recevoir eux-mêmes des soins qui leur étaient pourtant dus. Depuis 1990, l'implication des soignants augmente et les unités de soins palliatifs ouvrent aussi leurs portes à ces malades en phase termi-nale. Les centres locaux de services communautaires (CLSC) ont également développé une expertise multidisciplinaire face au sida afin d'offrir des soins à domicile. Les chercheurs mettent de plus en plus d'efforts pour déjouer le virus. Les psychologues s'impliquent davantage au niveau clinique, car l a demande d'aide des personnes séropositives augmente avec le nombre crois-sant d'individus qui en sont affectés sur une plus longue période de survie. Les modèles d'intervention proposés par Sheridan & Sheridan (1988) sont des points de repère importants dans l'approche des blessés du sida. Ils présen-tent les éléments de base de la consultation psychologique auprès des person-nes infectées par le VIH ou de celles qui ont développé le sida. Médecins et infirmières sont régulièrement formés en vue de mettre au point les nouvelles connaissances et d'appliquer les plus récentes techniques. Par exemple, l e Collège des médecins de famille en même temps qu'avec Santé et Bien-être Canada (1992) a saisi l'occasion d'unir biologie et psychologie auprès de ses membres afin de mieux circonscrire l'impact du sida. Incontestablement, à propos de la question du sida, les communautés gaies, d'abord en Amérique du Nord, plus particulièrement en Californie, auront servi de modèles de base pour réviser l'humanisation des soins, incitant ainsi les soignants à dépasser leurs préjugés qui interfèrent avec leurs compétences.

ENFIN, QU'APPREND-ON À CÔTOYER LA MORT?

Nous l'avons mentionné plus haut, la mort nous fascine, elle nous intrigue, à la fois nous attire et nous repousse. Elle nous attire parce que nous voulons percer son mystère; elle nous repousse parce que nous avons peur d'être magiquement annihilés, happés par elle. «Même les thanathophiles restent discrets ou alors transcendent les discours sur la mort; qu'apprend-on à côtoyer la mort? D'abord à «porter» des questions» (Savard, 1991). Mais à la côtoyer régulièrement, l'un ou l'on y verra sa vie se raffiner jusqu'à l'essentiel, animé d'une énergie galvanisante dirait Feifel (1990). Et on ne pourra ainsi aborder la mort que par le biais de la vie, car tout ce qui la dépasse contribue à nous élever et ne peut être interprété que par des sujets encore vivants, toujours vivants!

À elle seule, la perspective de mourir nous rend vivant: c'est là toute la question du sens de vivre qui finit par donner un sens à la mort. Il faut inverser la fameuse question «pourquoi on meurt?» et y répondre par«pourquoi on vit?». Frankl (1993) y réagit ainsi: «L'homme se dépasse lui-même, soit en allant vers un autre être humain soit en allant vers le sens».

Croire enfin en nos capacités de pouvoir vivre ce qui nous arrive; allier nos joies et nos peines, nos peurs et notre courage, notre solitude et notre sollicitude; évaluer à chaque coup dur notre système de valeurs personnelles qui, le plus souvent, grâce à (ou à cause de) l'épreuve, au choc ou à la maladie, est chamboulé depuis le semblant de vivre jusqu'à l'intensité de vivre notre originalité, notre potentiel, notre capacité d'aimer, ce qui entraînera aussi la capacité de mourir en temps et lieu. L'idée de plus en plus pressante de devancer sa propre mort en recourant aux idéations suicidaires (Brown, Henteleff, Barakat & Rowe, 1986; Perry, Jacobsberg & Fishman, 1990; Schneider, Shelley, Taylor, Kemery & Hammer, 1991; Côté, Biggar & Dannenberg, 1992; Brouillette, DesRosiers & Montagne, 1994) ou en explorant l'accès rapide à l'euthanasie (Olivier, 1994a) démontre à quel point nous avons développé l'expédition, voire l'extermination, de la souffrance avant même de penser à la soulager dans un réconfort collectif. Certains préfèrent encore la disparition totale du moi à la présence inconditionnelle de l'autre, celle qui pourtant finit par nous métamorphoser après l'épreuve.

VIVRE! AU RISQUE DE MOURIR

Pour Saint-Germain (1991), «la mort ne se laisse pas installer dans la durée, elle se fait dissonance, contre-temps au projet impérialiste du vivre, mais surtout affirmatrice comme si la vie sortait de ses gonds et que se levait l'embâche des projet dans un printemps noir». Mais alors, et nous posons la question, pourquoi le risque de vivre est-il pour plusieurs moins enivrant que le risque de mourir? Certaines activités extraordinaires et fort éloignées de la banalité de la vie quotidienne sont considérées comme des jeux mortels, nous dit Volant (1994), «parce que l'on y joue avec la mort ou que la mort y est jouée, non pas pour la subir, mais pour la vaincre». C'est peut-être bien par ce biais qu'il nous faille alors saisir «Les passions du risque» de Le Breton (1991). Dans ce livre, l'auteur nous fait découvrir l'engouement pour les sauts périlleux dans l'espace, aussi bien en escalade que lors d'une descente vertigineuse en élastique. «Braver, confronter les pires dangers, au risque de mourir, afin de donner un sens vibrant à une vie autrement dépourvue d'ultimatum, semble attirer un monde où au sentiment de toute-puissance se branchent des valeurs de compétition, de victoire ou de succès et d'éclatement, le dépassement de soi n'étant plus assez fort pour être en mesure de ressentir les accomplissements personnels».

La mort est tantôt décrite comme «imminence jouissive», «griserie» (Dolto, 1983) ou au contraire «éprouvante», «effort» (Olivier, 1994a) et il semble que l'être humain, à certains moments de sa vie la taquine, l'attire ou l'exploite à défaut de l'apprivoiser en temps et lieu, c'est-à-dire dans un temps et dans un lieu autrement inconnus. On dirait que c'est cet inconnu qui devient insupportable, et que certains individus tentent de le maîtriser par un excès de contrôle ou d'emprise sur elle. En la défiant. Qui n'a pas un jour pris un risque quelconque? Si petit fût-il. Or, par-dessus tout, le sida fait aujourd'hui appel à cette notion de toute-puissance, ou de pensée magique, où le virus ne peut atteindre que les autres, sinon il pourra alors être transmis aux autres. Le fantasme de tuer, maintenu à distance prend tout-à-coup une forme réelle par la magie des corps enlacés dans un «mortel désir».

Pendant que la peur de mourir du sida éloigne un certain nombre d'individus et les oblige à la prudence, d'autres se lancent à corps perdu vers elle, persuadés qu'elle ne pourra les éliminer, convaincus aussi que la vie en vaudra enfin le prix du retour. Il n'est pas si rare d'entendre en clinique des êtres nous confier leur désir d'être frappés par la maladie mortelle, perçue comme l'issue rédemptrice face à l'insoutenable projet de vivre. Certains nous diront que n'ayant pas la capacité de se suicider, ils font constamment appel à une maladie mortelle. Voici plus exactement exprimé par un patient: «Mon ami est récemment mort du sida. Nous avons vécu 10 ans ensemble, je ne vivais que pour lui. Quand il est devenu malade, j'en ai pris soin comme s'il fut mon enfant. Ma vie sans lui est inutile, aussi je pense au suicide. Cependant, j'ai tenté ma chance avant de me tuer d'une façon aussi directe. Peu de temps après la mort de mon ami, j'ai risqué un contact sexuel sans protection. Si tout fonctionne comme je le souhaite, j'aurai moi aussi contracté le virus mortel sans officiellement passer par le suicide». Lorsqu'on lui remit son résultat de test positif, il réaffirma son soulagement de mourir de la même façon que son héros. Combien de gens pensent comme lui sans venir nous le dire? Pour certaines personnes, jouer avec la mort et adopter une conduite à risque s'intègre à leur mode de vie. Parmi elles, on rencontre, selon Lew (1994), «un plus grand pourcentage d'utilisateurs de drogues ou de comportements de promiscuité sexuelle».

Le risque de mourir nous guette tous. À elle seule, la prudence ne suffira peut-être pas à nous préserver totalement ni du sida ni de la mort. Qu'il suffise de rappeler la situation des personnes hémophiles pour s'en convaincre (Saint-Jarre, 1994). Nul n'était alors à l'abri des transfusions de sang contaminé, ironie du sort, cherchant par ce moyen à assurer la vie. Les enfants qui portent le VIH en arrivant au monde n'ont pu, dans certains cas, échapper à la menace d'une mort à brève échéance. L'évitement des comportements à risque ne sont pas garants de notre survie. Aussi, peuvent-ils déjouer la raison. «Comme le désir est le seul sens du vivre, il est angoisse de mort. Il vaut mieux mourir du corps que de mourir du cœur qui désire. Quand la peur a disparu, et que l'être humain se risque complètement dans un désir puissant, certain, que de risquer la mort c'est ne rien risquer du tout. Qu'il vaut mieux risquer le désir, peut-être au risque de perdre le corps, que de conserver le corps et ne pas risquer le désir» (Dolto, 1983).

LE SIDA FINIRA-T-IL PAR TUER NOS PRÉJUGÉS?

Ceux et celles qui partent avant et devant nous sont des qui nous laissent en héritage le désir de mettre au monde des valeurs humaines à reformuler, à renouveler. La technologie, la robotisation, l'informatique, les communications artificielles ont supplanté les rapports humains. Des écrans cathodiques, des raccords électriques, des fiches numériques nous éloignent les uns des autres et les faux rapprochements par la magie des machines ont éteint non pas les cerveaux mais les contacts humains. L'heure est venue de réinventer par-delà la froideur d'un monde moderne et efficace cette chaleur humaine qui demeure depuis tous les temps le carburant essentiel au battement de nos coeurs. La machine ne pourra survivre sans la présence de l'homme pour l a brancher même si à l'heure actuelle l'on recourt davantage au service de l'homme pour la débrancher. Solidarité, fraternité, respect, soutien, espoir, chaleur humaine, amour sont à la base de notre capacité d'accompagner ou d'être un jour accompagné devant la mort. Comme le mentionnent Brizard & Brizard (1993): «on peut philosopher sur la mort, on peut rêver de la mort, mais quand on est en présence de quelqu'un qu'on aime et qui vient de mourir, les mots comme on le sait, nous manquent. C'est vraisemblablement pour cela que la nature a inventé les larmes».

La peur de contracter le virus-sida-mort nous a longtemps coupés du contact personne-atteinte-vivante (de Montigny, 1995). À plusieurs reprises, notre peur collective a provoqué le rejet d'individus atteints du sida et, à eux seuls, les mots et les attitudes blessantes ont pu aggraver leur état. Mais au-delà de notre responsabilité de professionnels de la santé, le sida nous exhorte de plus en plus à améliorer notre rapport à l'autre, cet autre pouvant un jour s'appeler un ami, un proche, voire un être cher. Or, les patients atteints du sida nous gratifient non pas d'une plus grande capacité de les guérir physiquement, mais d'une plus grande capacité d'aimer et de prendre soin de soi, car ils comptent parmi ceux qui, dans l'histoire, laissent les traces d'une réflexion profonde, des traces de guérison psychique, pour demain.

BIBLIOGRAPHIE

Ariès, P. (1975). *Essais sur l'histoire de la mort en Occident du Moyen Age à nos jours.* Paris: Seuil.

Barnard, D. (1994). *The promise of intimacy and the fear of our own undoing.* Tenth International Congress on the Care of the Terminally Ill, Montréal (Quebec) Canada September 17-21.

Barrows, P.A. & Halgin, R.P. (1988). Current issues in psychotherapy with gay men: impact of the Aids phenomenon. *Professional Psychology: Research and Practice.* 19, 395-402.

Belliveau, F. (1992). Soins palliatifs: où en sommes-nous? *Le Médecin du Québec,* septembre, 161-164.

Bourdin, C. (1994). *Le fil.* Paris: Editions de la Différence.

Brizard, M. & Brizard, A. (1993). Les soins palliatifs - le défi de l'accompagnement. *Le*

Médecin du Québec, Mai, 49-53.

Brouillette, M.J., Desrosiers, P. & Montagne, G. (1994). Understanding suicidal ideation in HIV infection. *The Canadian Journal of Diagnosis,* February, 93-107.

Brown, J.H., Henteleff, P. Barakat, S. & Rowe, C.J. (1986). Is it normal for terminally ill patients to desire death? *American Journal of Psychiatry,* 143, 208-211.

Collard, C. (1989). *Les nuits fauves.* Paris: Flammarion.

Côté, T.R., Biggar, R.J. & Dannenberg, A.L. (1992). Risk of suicide among persons with aids. *Journal of American Medical Association,* 268, 2066-2068.

de Fontenay, F. (1993). La dimension symbolique, sociale et culturelle du sida. Dans G. Bez et C. Jasmin (dir.). *Cancer, sida et société,* (p. 47-54). Paris: ESF Editeur.

de Hennezel, M. (1988a). *La dimension du déni.*

Conférence présentée au 7ᵉ Congrès international sur les soins aux malades en phase terminale. Montréal (Québec), Canada, 15-19 octobre.

de Hennezel, M. (1988b). *Une approche psycho-énergétique des malades terminaux.* Conférence présentée au 7ᵉ Congrès international sur les soins aux malades en phase terminale. Montréal (Québec), Canada, 15-19 octobre.

de Hennezel, M. (1995). *La mort intime.* Paris: Éditions Robert Laffont.

de M'uzan, M. (1977). *De l'art à la mort. Le travail du trépas.* Paris: Editions Gallimard.

de Montigny, J. & de Hennezel, M. (1990). *L'amour ultime. Psychologie et tendresse dans la traversée du mourir.* Montréal: Editions Stanké/Parcours.

de Montigny, J. (1988). Sida: le sujet de la mort ou la mort des sujets. *Revue Québécoise de Psychologie, 9,* 152-157.

de Montigny, J. (1992). Sida et soignant: le droit à la peur. *L'Actualité médicale, 22* juillet, 36-38.

de Montigny, J. (1993). Distress, Stress, and Solidarity in Palliative Care. *Omega- Journal of Death and Dying, 27,* 5-15.

de Montigny, J. (1995). Aspects psychologiques. Dans C. Olivier, J. Robert et R. Thomas (dir.), *Le Sida* (chap. 29). Montréal: Edition Association des médecins de langue française du Canada.

de Montigny, J. (1997). Le deuil chez les survivants du sida. *Frontières, 9,* 15-19.

de Villepin, L. (1994). Faut-il admettre l'équation ? *Le Journal du Sida,* 61, avril 21.

Dolto, F. (1983). La mort au risque de la psychanalyse. Dans P. Ariès, F. Dolto, C.F. Marty, G. Raimbault & L. Schwartzenberg (dir.), *En face de la mort* (p. 103-155). Toulouse: Editions Privat.

Feifel, H. (1990). Psychology and Death. *American Psychologist,* April, 537-543.

Fischer, G -N. (1994). *Le ressort invisible. Vivre l'extrême.* Paris: Editions du Seuil

Frankl, V. (1988). *Découvrir un sens à sa vie.* Montréal: Les Editions de l'Homme.

Frankl, V. (1993). *Raisons de vivre.* Genève: Editions du Tricorne.

Fromm, E. (1988). *Aimer la vie.* Paris: Desclée de Brouwer - Epi.

Gervais, S. (1995). Homosexualité et tolérance à la chambre des Communes. *La Presse, 12* mars.

Guibert, H. (1990). *A l'ami qui ne m'a pas sauvé la vie.* Paris: Editions Gallimard.

Hamann, A. *et al.* (1993). *L'abandon corporel. Au risque d'être soi.* Montréal: Editions Stanké.

Jankélévitch, V. (1994). *Penser la mort?* Paris: Editions Liana Levi.

Jomain, C. (1984). *Mourir dans la tendresse.* Paris: Editions du Centurion.

Jourdan-Ionescu, C. & de La Robertie, J. (1989). Interrogations que pose au clinicien le sida. *Psychologie française,* (34-2/3), 127-144.

Kastenbaum, R. (1993) Reconstructing death in postmodern society. *Omega-Journal of Death and Dying, 27,* 75-89.

Kübler-Ross, E. (1975). *Les derniers instants de la vie.* Genève: Labor et Fides.

Lapointe, B. & de Montigny, J. (1993). Ajustements psychoaffectifs et sociaux liés à l'homosexualité. *Le Médecin du Québec,* septembre, 79-86.

Le Breton, D. (1991). *Passions du risque.* Paris: Editions Métailié.

Le Collège des médecins de famille et Santé et Bien-être Canada. (1992). *Prise en charge du patient séropositif au VIH - le rôle du médecin de famille.* Programme de sensibilisation et d'information sur le VIH/Sida.

Le Répertoire canadien des services de soins palliatifs dans les hôpitaux. (1992). Hôpital Royal Victoria, Montréal (Québec).

Lecorps, M. (1992). *Traverser le ou... le couple sur la scène du ou en maison d'hébergement.* Conférence présentée au 9ᵉ Congrès international sur les soins aux malades en phase terminale. Montréal (Québec), Canada, 31 octobre-4 novembre.

Levasseur, C. & Grondin, C. (1994). Donner vie et être séropositive. *Frontières, 7,* 44-45.

Lew, V. (1994). L'intervention psychiatrique et les conduites à risque. *Frontières, 6,* 26-27.

Mannoni, P. (1982). *La peur.* Paris: Presses Universitaires de France.

Martin, J.L. & Dean, L. (1993). Effects of AIDS-related bereavement and HIV-related illness on psychological distress among gay men: a 7 year longitudinal study, 1985- 1991. *Journal of Consulting and Clinical Psychology, 61,* 94-103.

Marzuk, P.M., Tierney, H., Tardiff, K., Gross, E.M., Morgan, E.B., Hsu, M.A. & Mann, J. (1988). Increased risk of suicide in persons with AIDS. *Journal of American Medical Association,* March 4, 259.

McDougall, J. (1982). *Théâtres du Je.* Paris: Editions Gallimard.

Miron, T., Mongeau, S. & Savard, D. (1990). Entre le déni et l'engouement - un espace à maintenir. *Frontières, 2,* 25-28.

Monbourquette, J. (1992). *Mourir en vie.* Ottawa: Novalis.

Monette, L. (1990). Survivre à la mort prochaine: un défi. Dans J. de Montigny et M. de Hennezel (dir.). *L'amour ultime.* (p. 163-180). Montréal: Editions Stanké/Parcours.

Morel, D. (1984). *Cancer et Psychanalyse.* Paris: Editions Belfond.

Morin, S.F. (1988). AIDS: the Challenge to Psychology. *American Psychologist,* November, 838-842.

Morissette, M. (1995). Les soins palliatifs. Dans C. Olivier J. Robert et R. Thomas (dir.), *Le Sida* (chapitre 36). Montréal: Edition Association des médecins de langue française du Canada.

Mount, B. *et al.* (1994). Palliative Care – A passing fad? Understanding and responding to the signs of the times. *Journal of Palliative Care*, 10, 5-7.

Olivier, C. (1994a). *L'amour assassin*. Montréal: Editions Stanké.

Olivier, C. (1994b). *Quand le mal de vivre se transforme en bien-être de mourir*. Allocution prononcée au colloque La mort, parlons-en, Magog (Québec), 13 octobre.

Perry, S., Jacobsberg, L. & Fishman, B. (1990). Suicidal ideation and HIV testing. Journal of American Medical Association, 263, February 2, 679-682.

Pollak, M. (1988). *Les homosexuels et le sida. Sociologie d'une épidémie*. Paris: Editions A.M. Métailié.

Pugsley, R. & Pardoe, J. (1990). Too tired to think: the physical energy requirements of emotional work. *American Journal of Hospice and Palliative Care*, Sept.-Oct., 36-39.

Quenneville, Y. (1993). Au-delà des bonnes intentions. *Frontières*, 5, 18.

Ruffiot, A. *et al.* (1989). *Psychologie du sida*. Approches psychanalytiques, psychosomatiques et socio-éthiques. Editions G. Vermette, Boucherville (Québec) et Pierre Mardaga, Bruxelles (Belgique).

Saillant, F. (1988). *Cancer et culture*. Montréal: Les Editions Saint-Martin.

Saint-Germain, C. (1991). L'instant de la mort ou le corps à mourir. Dans D. Jeffrey (dir.), *Sur le chemin de la mort* (p. 97-109). Montréal: Religiologiques, UQAM.

Saint-Jarre, C. (1994). *Du sida. L'anticipation imaginaire de la mort et sa mise en discours*. Paris: Editions Denoël.

Salomé, J. (1992). *Relation d'aide et formation à l'entretien*. Paris: Presses universitaires de L'ille.

Samson, B. (1994). *On est pas sérieux quand on a dix-sept ans*. Paris: Fixot.

Santé et Bien-être social Canada. (1992). *Mettre un terme à l'isolement. L'infection par le HIV et la santé mentale au cours de la deuxième décennie*. Rapport final du Groupe de travail sur l'infection par le HIV et la santé mentale

du Centre fédéral sur le sida.

Savard, D. (1991). Et si la mort avait quelque chose à dire. Dans D. Jeffrey (dir.), *Sur le chemin de la mort* (p. 147-156). Montréal: Religilogiques, UQAM.

Schecter, S. (1992). L'identité, le sexe et le soi à l'ère du sida. *Sociologies et sociétés*, 24, 113-121.

Schneider, S.G., Taylor, S.E., Kemeny, M.E. & Hammen, C. (1991). AIDS-related factors predictive of suicidal ideation of low and high intent among gay and bisexual men. *Suicide and Life-Threatening Behavior*, 21, Winter, 313-328.

Seux, D. (1987). Retentissement psychologique: recherche d'une spécificité chez les patients atteints d'une affection due au HIV. *L'Information Psychiatrique*, 63, 217-226.

Sheridan, K. & Sheridan, E.P. (1988). Psychological Consultation to Persons With Aids. *Professional Psychology*, 19, 532-535.

Siffert, M. (1990). *La mort des patients atteints du sida: Les symptômes de la phase terminale*. Communication effectuée lors du 1er congrès de l'Association européenne des soins palliatifs. Paris, 17, 18 et 19 octobre.

Sontag, S. (1988). *Aids and its metaphors*. Toronto: Collins Publishers.

Thomas, L.-V. (1991). La mort aujourd'hui: de l'esquive au discours convenu. Dans D. Jeffrey (dir.). *Sur le chemin de la mort*. (pp. 17-43). Montréal: Religiologiques, UQAM.

Turmel, B. & Allard, R. (1997). Surveillance des cas de syndrome d'immunodéfience acquise (SIDA). Québec cas cumulatifs 1979-1997. Unité des maladies infectieuses. Direction de la Santé publique, RRSSS de Montréal-Centre. Mise à jour no 97-1.

Volant, E. (1994). La griserie de la démesure. *Frontières*, 6, hiver, 3-4.

Welzer-Lang, D., Dutey, P & Dorais, M. (1994). *La peur de l'autre en soi - Du sexisme à l'homophobie*. Montréal: VLB Editeur.

Zorn, F. (1977). *Mars*. Paris: Editions Gallimard.

LES POLITIQUES DE SANTÉ NATIONALE ET LE SIDA

Lyne SAUVAGEAU

Il est difficile d'évaluer l'impact de l'action des États sur l'épidémie du VIH et du sida, même si l'action publique trouve son fondement dans le contrôle de cette pandémie. Sauf pour ce qui est de la protection des banques de sang ce qui permet de réduire considérablement le risque de contamination sans toutefois l'éliminer, on dispose de données insuffisantes pour affirmer que l'action étatique a ou n'a pas d'influence sur l'épidémie. En outre, l'action étatique ne peut et ne devrait pas être évaluée en regard de ce seul étalon puisque les mesures mises de l'avant par les pouvoirs publics tiennent à une variable qu'ils ne peuvent dominer: des changements de comportements individuels (Widdus, Meheus & Short, 1990). Ce que l'on demande à l'État ce n'est pas de contrôler les comportements individuels, ce que malheureusement plusieurs États s'ingénient à faire, mais de mettre en place des structures qui soutiennent la prise en charge médicale et sociale du malade et de la maladie, de favoriser des attitudes sociales conformes à cette prise en charge, basées sur l'inclusion plutôt que sur la discrimination, et de modifier des lois pour les rendre plus conformes avec une gestion libérale de l'épidémie. On le sait, cette façon de gérer l'épidémie n'est pas seulement compatible avec le respect des libertés, elle est aussi plus efficace (Dwyer, 1993, et voir l'analyse du cas bavarois par Pollak, 1994).

L'analyse politique du sida montre aussi combien le respect des droits et des libertés n'est pas intrinsèque aux institutions démocratiques. Ce qui est intrinsèque aux institutions démocratiques, c'est la possibilité offerte à la société civile de s'ingérer dans la prise de décision et de revendiquer ses droits. Tous ne seront pas d'accord avec cette perspective. Par exemple, dans son analyse du cas français, Steffen (1993) attribue la mise en place de mesures non contraignantes pour lutter contre l'épidémie, aux traditions libérales des autorités politiques sanitaires. Harris & Holm (1993) affirment que si les États ont adopté des mesures libérales pour lutter contre l'épidémie, c'est grâce aux modes de transmission du virus, celui-ci ne pouvant se transmettre par les contacts usuels. Mais les conclusions de ce genre sont rendues possibles par l'abstraction du processus qui aboutit à cette formulation, aux luttes qu'il a fallu mener dans de nombreux pays pour rendre les mesures de contrôle de l'épidémie conformes aux droits et libertés. Les hommes politiques, le public, les lois existantes, les autorités sanitaires ont tour à tour, suggéré ou l'imposition de mesures coercitives pour contrôler l'épidémie ou milité en leur faveur. Ils ont dû composer avec des associations de personnes atteintes par le VIH et le sida, les autorités de santé publique ou encore des médias en faveur du respect des libertés individuelles. On remarque que plus le processus de prise de décision est ouvert, plus les politiques de lutte privilégieront le respect des libertés individuelles, feront la lutte à la discrimination, ce qui aura pour corollaire de diminuer les mesures coercitives.

L'analyse des politiques nationales de lutte contre le VIH et le sida ne saurait être complète sans cette intrusion dans le processus qui mène à la formulation des politiques. Nous parlerons donc de l'émergence des politiques de lutte contre le sida, en retraçant le jeu des idées et des acteurs menant à la prise en charge du sida par les hommes politiques. Nous ferons ensuite une description des mesures mises de l'avant pour lutter contre l'épidémie en soulignant le débat important qui surgit lorsque vient le temps d'agir contre le sida: protéger les libertés individuelles ou la santé publique?

LA PRISE EN CHARGE POLITIQUE DU SIDA

Pour qu'un problème social devienne un problème politique il faut que certaines conditions soient remplies. Il faut d'abord que l'on reconnaisse ce problème et qu'on le définisse, qu'il soit porté à la connaissance des autorités publiques, qu'il soit intégré dans les priorités, et qu'un mécanisme de régulation soit possible.

La mise à l'agenda politique

Quelques auteurs analysent la réponse politique au sida comme étant liée à la forme particulière que prend l'épidémie dans l'État ou dans un groupe d'États. Osborn (1988) fait le rapprochement entre la réponse politique et le modèle d'épidémie (I, II ou III) auquel est associé l'État. Ainsi, dans les pays où la diffusion de l'épidémie se fait suivant le modèle I, l'agenda politique est dominé par les questions d'éducation pour la prévention, de dépistage et de counselling, et par des discussions sur les interventions appropriées pour enrayer l'épidémie chez les utilisateurs de drogues injectables (UDI). Dans les pays où la diffusion de l'épidémie se fait suivant les modèles II et III, les autorités politiques tardent à reconnaître la présence de l'épidémie dans leurs pays, et la réponse politique y est peu amorcée. Osborn prévoit que cette réponse sera difficile: les systèmes de santé sont peu développés, la surveillance épidémiologique reste inadéquate et la reconnaissance clinique du sida paraît difficile. Colby & Baker (1988) associent eux aussi la forme de l'épidémie et la réponse politique. Pour eux, la réponse politique des États américains, comprise comme les dépenses gouvernementales consacrées au sida, est fortement liée au nombre cumulatifs de cas de sida. Les auteurs ont fait des tests statistiques pour évaluer le lien entre le niveau de dépenses consacrées au sida et plusieurs variables, soit le niveau de compétition entre les partis politiques, le conservatisme social, les changements dans le niveau de chômage, le revenu *per capita*, et les revenus de l'État, sans toutefois atteindre les niveaux de signification statistique.

L'émergence d'une politique nationale de lutte contre le sida a été analysée comme résultant d'un consensus sur une représentation particulière du sida et des moyens qui doivent être mis en oeuvre afin de contrôler l'épidémie. Pour Berridge & Strong (1991) la réponse gouvernementale britannique est précédée par une phase où les initiatives sont prises à l'extérieur des élites médicales et politiques. Cette phase est suivie par l'émergence d'un consensus socialement construit par les activistes gay et les experts cliniques et scientifiques. Steffen (1993) va dans le même sens en attribuant le délai de prise en charge politique du sida en France «*in the absence of scientific consensus around AIDS and, crucially, in the delayed emergence of political consensus*».

Fox, Day & Klein (1988) comparent les politiques de lutte contre le VIH et le sida en Grande-Bretagne, en Suède et aux États-Unis. Ces auteurs définissent les politiques de lutte de ces trois pays comme un produit professionnel puisque les principaux acteurs participant à la formulation des politiques ont été des experts des milieux scientifiques et cliniques. Depuis 1985 et 1986, les politiques gouvernementales des trois pays se basent sur un important consensus entre les acteurs, auquel il est difficile de s'opposer.

Plumridge & Chetwynd (1994) analysent le cas de la politique néo-zélandaise de lutte contre le sida dans le but de vérifier empiriquement l'hypothèse de la construction du consensus autour de la représentation du sida et de la réponse politique appropriée afin d'en maîtriser la contagion. Elles mettent en évidence les moyens par lesquels ce consensus s'établit, principalement par le monopole exercé des activistes gais sur la représentation du sida (comme problème potentiellement hétérosexuel) et des moyens d'y faire face (en privilégiant des moyens qui empêchent la stigmatisation). À la lumière des faits contenus dans l'article de Plumridge et Chetwynd, on peut affirmer que le consensus est, non pas socialement, mais politiquement construit. Une construction politique du consensus implique que celui-ci ne s'établit pas sans luttes d'influence, sans l'emploi de la peur ou de la dissuasion. Il est aussi possible d'affirmer que l'obtention du consensus nécessaire à l'action ne signifie pas l'arrêt des conflits (voir l'analyse de Plumridge & Chetwynd, 1994). On pourrait avancer l'hypothèse que la construction du consensus est d'autant plus difficile que la fragmentation des acteurs présents dans la prise de décision politique est prononcée (voir Kingdon, 1984).

Mitzal & Moss (1990), dans un livre comparant les politiques de lutte contre le sida des États-Unis, du Brésil, de la France, de la Belgique, de la République fédérale allemande, de l'Italie, de la Pologne, de l'Australie et de l'Afrique, mettent en évidence cinq facteurs qui obligent la prise en charge politique du sida, prise en charge qu'ils situent en 1987. Ils notent en premier lieu la diffusion de l'épidémie des centres vers les périphéries qui mettra en évidence sa dimension globale exigeant une réponse coordonnée au niveau national. Deuxièmement, la connaissance nouvellement acquise de la période d'incubation du virus demandait que l'on fasse des campagnes de prévention chez des groupes de plus en plus jeunes. Ces campagnes d'éducation auprès des jeunes ne pouvaient être faites qu'avec l'accord de l'État, responsable dans de nombreux pays du système d'éducation. Troisièmement, une réponse institutionnelle était nécessaire devant le manque de ressources des organisations communautaires pour faire face à des tâches grandissantes: l'apparition du sida chez des individus en dehors des groupes d'appartenance sociale des organisations et en dehors de leur zone géographique d'intervention, la gestion de cas de plus en plus lourds, etc. Quatrièmement, la diffusion rapide du VIH chez un groupe non organisé et peu connu, les UDI, et les conséquences de cette diffusion chez les femmes et les enfants exigeaient des ressources humaines et matérielles extérieures à ces groupes. Les quatres facteurs précédents combinés à une accélération du nombre de personnes atteintes demandaient des ressources que seul l'État pouvait offrir.

Le groupe de consultation sur les aspects cliniques et les soins reliés au sida classe en quatre phases les réponses politiques apportée, au Québec, au sida: une **phase d'éveil** qui s'étend de 1981 à 1985. Cette phase correspond à l'intérêt grandissant dans les milieux cilinique et scientifique, et à la formation de structures informelles de support communautaire. De 1985 jusqu'à l'été 1987 correspondent à la **phase de réaction**, où les premières actions administratives et politiques sont prises. La période allant du 24 septembre 1987 à l'automne 1988 correspond à la première phase du **Plan d'action contre le sida**. Les deux phases suivantes, 1989-1992 et 1992-1995, correspondent aux phases II et III du **Plan d'action contre le sida**. (Voir tableau 1 et 2)

TABLEAU 1
Évolution de la réponse au sida du Québec

1981-1985: Phase d'éveil
• Création du Comité sida-Québec (1982);
• compilation des cas,
• information aux médecins,
• Émergence de structures informelles de support communautaire.
1985 à août 1987: Phase de réaction
• Mesures d'urgence;
• programme public de dépistage,
• sécurisation des produits sanguins de la Croix-Rouge,
• Subvention au Comité sida-Québec du MSSS (préparation d'un rapport sur les lignes directrices visant une prise en charge globale de l'épidémie);
• Fondation des premiers organismes communautaires;
• Préoccupation clinique et scientifique ayant mené à:
• l'élaboration de protocoles thérapeutiques,
• l'identification de critères diagnostics,
• l'information aux médecins et à la population,
• l'incitation à la recherche.
1987-1988: Phase I du Plan d'action contre le sida
• Amorce d'une prise en charge médicale;
• Mesures à court terme;
• la campagne d'information,
• la formation des professionnels de la santé,
• le programme de surveillance épidémiologique,
• le financement d'une maison d'hébergement et 4 ONG (organisations non gouvernementales),
• l'achat d'AZT,
• l'organisation de la Vᵉ conférence internationale (Montréal, 1989),
• Création des cinq comités aviseurs.
1989-1995: Phase II et III du Plan d'action contre le sida
• Création en 1989 du Centre québécois de coordination sur le sida dont les objectifs sont les suivants:
• prévenir la transmission du VIH en vue d'enrayer l'épidémie,
• promouvoir un climat social propice au respect et à la protection des droits des personnes atteintes du sida,
• assurer l'unité des efforts de lutte contre le sida et l'accessibilité des soins et des services pour les personnes atteintes,
• Les quatres programmes mis en place pour atteindre ces objectifs sont les suivants:
• la prévention,
• la mobilisation des organismes communautaires,
• la recherche, l'évaluation et la surveillance éthique et épidémiologique,
• les soins-services.
1996-2001: Phase IV du Plan d'action contre le sida
• Consultation populaire en 1996 pour définir les besoins et les orientation générales de la phase IV,
• Le plan d'action et les orientations sont, en juin 1997, achevés mais non rendus publics.

Lors de la phase d'éveil, il semble que le sida ait été perçu comme un problème clinique dont la solution est considérée individuelle ou communautaire. Lors de la phase de réaction, le sida a ensuite été perçu comme un problème social demandant une réponse publique. Cette phase correspond à la période d'activation politique dans la plupart des pays industrialisés: en Grande-Bretagne cette période correspond aux années 1986-1987 (Berridge, 1993); en France le sida est proclamé cause nationale en 1987; au Québec le premier rapport est commandé au groupe d'experts en 1986 et le plan d'action est rendu public en août 1987. Dans les deux dernières phases, le sida est devenu, dans la plupart des pays, un problème pris en charge par l'administration[1]. Le sida est devenu objet de régulation de l'État, et on assiste à une bureaucratisation du problème.

Le jeu des idées

Deux mouvements au niveau des idées sont nécessaires pour permettre la prise en charge politique du sida: d'abord défini comme un problème privé on a dû le transformer pour qu'il devienne un problème public. Pour que le sida devienne un objet politique, la maladie a dû sortir de la sphère médicale pour entrer dans la sphère sociale, et que ce problème de santé publique demande une régulation politique.

Le médical et le social

Le sida représenté comme une punition divine ou un châtiment mérité, avec son corollaire que les personnes non contaminées par voie sexuelle sont des victimes innocentes, plutôt que comme un problème médical a eu pour effet de retarder sa prise en charge politique. On assiste dans un premier temps à une transformation du jugement social porté sur les malades en un jugement médical porté sur la maladie. Cette médicalisation a pour effet d'empêcher la responsabilisation et de provoquer la stigmatisation du malade (Weston & Jeffrey, 1994). Cette déresponsabilisation individuelle permet d'avoir en corollaire, une prise en charge sociale du malade et de la maladie. Weston & Jeffery (1994) affirment que cette médicalisation de la maladie et sa reconnaissance comme problème social ne se produisent qu'à partir du moment où des groupes autres que les homosexuels et les utilisateurs de drogues injectables sont atteints: les homosexuels et les UDI restant «responsables de leur contamination», les autres étant des victimes «innocentes».

Le sida ne restera pas qu'un problème médical au sens clinique mais deviendra un problème de santé publique, un problème social pris en charge par la santé publique. Cette transformation, nous apprend Setbon (1993), se fait par un processus atypique du fait que ce qui fonde l'action ce n'est pas le nombre de cas effectifs mais le nombre de cas anticipés.

Le privé et le public

Le sida est d'abord perçu comme un problème privé, et ainsi défini, il se situe hors de la sphère de régulation de l'État. La solution est à chercher dans l'individu, à la limite dans la communauté. Et comme le souligne Setbon (1993), la reconnaissance d'un problème public passe par le transfert de la responsabilité du domaine privé au domaine public.

---

[1] L'ensemble des dépenses gouvernementales consacrées au sida depuis les débuts de l'épidémie ont été rendues publiques sous forme d'un rapport intitulé: Les coûts directs de l'infection au VIH et du sida au Québec. Évolution et perspectives pour l'an 2000.

L'action politique est d'abord limitée, comme le souligne Bayer (1989), par une volonté de ne pas faire intrusion dans la vie sexuelle, que les sociétés libérales ont tenté de protéger du contrôle social. Cette volonté de protéger une intrusion dans la vie considérée comme privée est doublée de la croyance que la vie sexuelle est réfractaire au contrôle social. Mitzal & Moss (1992) affirment plutôt que dans le cas du sida, ce n'est peut-être pas le contrôle sur la sexualité, considérée comme privée, qui est difficile pour l'État mais le contrôle sur une sexualité qu'il n'est pas capable d'appréhender. L'État n'est pas capable de reconnaître cette sexualité pour deux raisons: les structures bureaucratiques mises en place pour le contrôle de la sexualité sont orientées vers la famille et reconnaître l'homosexualité c'est accorder une légitimité à des comportements sexuels souvent réprouvés, parfois criminalisés.

Le sida ne sera jamais pris en charge politiquement en étant défini uniquement comme un problème homosexuel. La démonstration d'une possible contamination de la population hétérosexuelle devra être faite pour favoriser l'émergence du problème sur la scène politique. Les associations homosexuelles semblent avoir compris assez tôt cette ambivalence de l'État puisque ce seront elles qui tiendront le discours sur la contamination hétérosexuelle (Murphy, 1991). Fox, Day & Klein (1988), dans leur comparaison des poltiques britannique, suédoise et américaine affirment que les associations homosexuelles ont à la fois insisté pour obtenir des ressources supplémentaires en affirmant que les homosexuels étaient très touchés par la maladie et démontré l'imminence de la contagion hétérosexuelle. Fee & Krieger (1993, 327-328) font remarquer à cet effet «a tactic of those arguing for increased resources to be devoted to the disease had been to stress the fact that AIDS was not limited to the homosexual community but potentially threatened the whole population».

Un des facteurs d'émergence politique, dans de nombreux pays, a donc été cette transformation de la représentation du sida comme un problème homosexuel, difficile à gérer publiquement pour l'État, en un problème hétérosexuel (voir l'analyse du cas japonais par Seizelet, 1994b; le cas britannique par Fox, Day & Klein, 1988). En Belgique, les jeunes sont désignés «groupe à risque» par l'État en l'absence d'évidences épidémiologiques (Hubert, 1994). Au Québec, les campagnes d'information faisant la promotion du port du condom s'adressant à l'ensemble de la population visaient les jeunes gens et les jeunes femmes entre 18 et 30 ans alors que le groupe le plus touché par l'infection au VIH et le sida reste les hommes entre 30 et 45 ans. L'État québécois n'a jamais fait de campagne grand public de prévention du sida ou de campagnes visant la démarginalisation des groupes les plus touchés, finançant plutôt des groupes communautaires pour faire des actions limitées en ce sens. De surcroît, on pourrait soutenir l'hypothèse que ce que prend en charge l'État, c'est l'épidémie hétérosexelle du sida, laissant aux groupes communautaires la gestion de l'épidémie homosexuelle. Par exemple, au début de la gestion politique de l'épidémie en Allemagne, seules les femmes enceintes doivent passer un test de dépistage du sida (Pollak, 1994). Cette reconceptualisation du problème en un problème hétérosexuel permet à l'État de s'engager publiquement dans la lutte contre le sida et de prendre en charge des programmes de prévention et d'éducation. Cette tâche pour la communauté gay est et restera dans les mains des associations homosexuelles de lutte contre le sida. C'est le cas aux États-Unis (Fee & Krieger, 1993), en

France, en Grande-Bretagne (Fox, Day & Klein, 1988), en Belgique (Hubert, 1994), en Nouvelle-Zélande (Plumridge & Chetwynd, 1994).

Le jeu des acteurs

Il existe un consensus assez large chez les analystes pour limiter les acteurs présents et influents lors de la prise en charge politique du sida aux organisations communautaires, qui agissent comme groupes de pression, aux professionnels de la santé, qui agissent à titre d'experts, aux hommes politiques, aux médias, et aux administrateurs (qui sont souvent des médecins chargés de santé publique œuvrant dans l'administration publique).

Dans l'ouvrage dirigé par Favre (1992) sur la politique française de lutte, les divers auteurs affirment que la prise en charge politique du sida est freinée par les divers acteurs intéressés. L'ouvrage montre comment les partis politiques, l'Église, les médias, par leur action ou leur inaction, ont retardé l'émergence politique du problème. Les médecins et les associations homosexuelles se sont, quant à eux, approprié le problème, refusant de le voir traité sur la scène publique. La haute administration aurait agi de même, collaborant avec les associations homosexuelles jusqu'au moment où elle s'est vue obligée de politiser le problème pour obtenir des crédits nouveaux ou modifier des lois. Les hommes politiques entrent néanmoins en scène, en s'accaparant du problème pour leur gloire personnelle.

Théoriquement, les groupes de pression favorisent la prise en compte politique et la priorisation des problèmes en définissant et en signalant les problèmes qui méritent une solution publique. Les premiers organismes non gouvernementaux offrant à la communauté des services liés au sida (ONG), sont formés dans la communauté homosexuelle. Le but premier des ONG est de sensibiliser la communauté à cette maladie en faisant de l'éducation auprès de la communauté et en prenant en charge les malades. Les ONG sont d'abord des groupes d'intérêt, c'est-à-dire des regroupements d'individus centrés autour d'un intérêt commun, avant d'être des groupes de pression politique. Ainsi, le rôle premier des ONG n'est pas d'exercer une pression politique, même si cette activité fait partie des moyens de défense des droits et des intérêts de la communauté représentée.

Les groupes communautaires américains joueront un rôle de premier plan dans la diffusion de la culture politique communautaire. En Grande-Bretagne (Berridge, 1992), aux États-Unis (Fee & Krieger, 1993), en Nouvelle-Zélande (Plumridge & Chetwynd, 1994), en Allemagne (Pollak, 1994), en France (Roché, 1993) les groupes communautaires jouent un rôle de premier plan dans la prise en charge politique. Et la pression exercée au niveau administratif et politique d'autant plus efficace que les groupes communautaires acquièrent rapidement une expertise dans le domaine du sida: «*Professional boundaries became permeable as people with HIV related diseases declared themselves de facto experts and began the process of renaming themselve redefining their illness, questioning medical authority, criticizing government spokesperson, demanding new and more appropriate services and moe effective drugs and insisting on both their rights to public expression and influence*» (Fee & Krieger, 1993, p.328).

Les groupes communautaires agiront souvent de façon concertée avec les administrateurs qui sont souvent des médecins de santé publique, pour alerter la classe politique. On remarque l'émergence de ces coalitions avec les médecins de santé publique en Angleterre (Berridge, 1992) ou avec des cliniciens en France comme le suggère Pollak (1990, p.85): « *In France – the transformation of the AIDS problem from a particular isssue into a general cause – can be described sociologically as a process of alliance building between the gay associations and the world of health professionals.*»

Au Québec, il semble que la mise sur pied de groupes communautaires au sein de la communauté homosexuelle ait été en partie faite sous l'impulsion de certains médecins de santé publique. Le docteur Jean Robert, secrétaire du Comité Sida-Québec et directeur du Département de santé communautaire (DSC) de l'hôpital Saint-Luc contactera en 1985, Jacques Ringuet, directeur du DSC de l'hôpital Saint-Sacrement pour le convaincre de la nécessité d'une prise en charge du sida par la communauté homosexuelle.

En Nouvelle-Zélande, à la demande des fonctionnaires s'occupant de santé publique, un membre influent d'une association homosexuelle est engagé dans la fonction publique (Plumridge & Chetwynd, 1994). Toutefois, il semble que les coalitions entre les associations homosexuelles et les médecins de santé publique n'aient pas toujours profité aux organismes communautaires: l'administration s'appropriant le privilège de définir et de trouver les moyens de lutter contre l'épidémie (Plumridge & Chetwynd, 1994). Selon ces auteurs, la saisie du problème par l'administration aurait été similaire dans d'autres pays occidentaux, dont la Grande-Bretagne. Il découle de ce phénomène que les groupes communautaires n'ont pas été officiellement intégrés à la formulation des premières politiques de lutte contre le sida.

Les groupes communautaires ne seront pas tenus longtemps à l'écart de la prise de décision. Ils sont actuellement fortement associés au processus de vision des politiques et des programmes. Ils sont aussi des acteurs importants de la mise en oeuvre des politiques en occupant tout le champ de la prévention et de l'éducation auprès des groupes représentés. La plupart des pays occidentaux dont la France, la Grande-Bretagne, l'Allemagne, les États-Unis, le Canada ont ainsi accordé une grande légitimité aux groupes communautaires dans la gestion de l'épidémie. Au Québec, les groupes communautaires ont été intégrés progressivement à la vision périodique des politiques de lutte contre le sida. Ils seront tenus à l'écart de la préparation de la première phase du Plan d'action contre le sida; ils ont été consultés de façon informelle pour la rédaction de la phase II. Depuis le début de la phase III, les ONG québécoises participent à la formulation et à la mise en oeuvre des plans d'action du Centre québécois de coordination sur le sida (CQCS). Par ailleurs, des personnes vivant avec le VIH et le sida (PVIHSIDA) siègent sur tous les comités du Centre québécois de coordination sur le sida (CQCS). En revanche, les groupes communautaires sont financés pour une grande part par le Ministère de la santé et des services sociaux (MSSS) ce qui réduit leur capacité de contestation.

Quelques gouvernements ont aussi suscité la création de groupes communautaires pour effectuer le travail de prévention et d'éducation auprès des prostituées et des utilisateurs de drogues intravaineuses. C'est notamment le cas aux Pays-Bas (Zeegers, 1994) et en Nouvelle-Zélande (Plumridge & Chetwynd, 1994). Il semble que ces initiatives soient un succès au niveau de la prise en charge sociale de ces groupes.

Actuellement, on peut analyser politiquement la position des ONG non plus seulement comme celle de groupes de pression mais aussi comme celle d'experts. Leur rôle n'est plus tant de contester l'action des États que de les informer et d'offrir un complément à leur action. Leur action politique va dépasser la simple défense des droits et des intérêts des malades pour influer en profondeur sur la réponse politique apportée au sida (Gomez, 1992). En tant que groupes de pression, elles décrivent les problèmes et en tant qu'experts elles formulent les solutions. Ce qui ne va pas sans parfois remettre en cause leur identité. Roché (1993) fait remarquer que les associations «vont être écartelées entre leur origine communautaire et leur statut nouveau de professionnels et de partenaires de l'État». Cain (1995), arrive à une conclusion similaire suite à son analyse des nouveaux liens de dépendance entre les organisations communautaires et l'État.

Les médias jouent deux rôles dans l'émergence des politiques publiques (Lemieux, 1995). Premièrement, ils jouent le rôle de groupe de pression lorsqu'ils interviennent dans les politiques publiques en influençant l'opinion publique et les acteurs politiques sur les sujets aux quels ils doivent penser. En d'autres termes, l'agenda médiatique exerce une influence à la fois sur l'agenda public et sur l'agenda politique (Rogers & Dearing, 1988). Deuxièmement, les médias diffusent l'information à propos des actions des acteurs politiques.

On reconnaît généralement que l'attitude des médias face au sida se décrit en trois (Brown, 1992) ou quatre phases (Rogers, Dearing & Chang, 1991). Dans la période initiale (1981-1987), les médias ignorent généralement la maladie et les malades; en France, il faut attendre 1985 pour voir les premiers articles consacrés au sida dans des hebdomadaires; et lorsqu'ils en parlent, c'est de façon moralisatrice. Entre 1983 et 1985, la couverture médiatique du sida sera fortement dépendante des publications scientifiques. Les thèmes dominants dans la presse de cette période seront les divers modes de transmission du virus et la possibilité d'une contamination hétérosexuelle et sanguine. La mort de l'acteur Rock Hudson et le combat de Brian White, jeune hémophile, pour fréquenter l'école publique auront comme effet la diffusion de l'idée que le sida peut toucher tout le monde (Rogers, Dearing & Chang, 1991). C'est à ce moment-là que l'attitude des médias se modifie: il aura fallu attendre le moment où la population générale se pose le problème de sa propre contamination. Les années 1987-1988 seront les plus prolifiques quant à la couverture médiatique du sida(Brown, 1992). C'est aussi la période d'intense de débats politiques: «*A variety of public controversies emerged about certain aspects of the epidemic, especially public policy about AIDS concerning mandatory testing and individual privacy. [...] the federal government had become deeply involved in the AIDS issue and so AIDS accordingly became a political issue.*» (Rogers, Dearing & Chang, 1991).

L'étude de Colby & Cook (1991) suggère que le nombre de lois votées au congrès américain entre 1981 et 1989 au sujet du sida était plus fortement lié aux nombre de minutes consacrées au sida par les informations télévisées qu'à l'incidence de la maladie ou qu'aux préoccupations des scientifiques pour la maladie. Berridge (1991) démontre aussi que les médias ont eu une influence sur la politique de lutte contre le sida en Grande-Bretagne, quoiqu'elle suggère que cette influence ait été relative. Au Japon (Seizelet, 1994b), les médias, en publicisant le premier cas de sida chez une femme, ont amorcé la prise en charge politique du sida. Les médias japonais ont aussi été les principaux défenseurs d'une gestion libérale de l'épidémie en s'opposant notamment aux intentions de parlementaires qui auraient voulu criminaliser les comportements à risque. Il faut noter qu'au Japon, il n'existe pas d'association de personnes atteintes qui soit influente politiquement (Seizelet, 1994b).

Les médias n'ont toutefois pas eu cette influence sur la prise en charge politique du sida dans tous les pays. En Suisse, ils se montrent peu intéressés par le sida, ne laissant diffuser, avant 1987, que «quelques articles dans des hebdomadaires, [...] une ou deux émissions de télévision, et quelques faits divers (Gaillard, Hausser & Netter, 1988)». Les journaux suisses ont toutefois fortement réagi au lancement de la campagne de prévention proposée par l'Office fédéral de la santé publique, publiant 600 articles pour le seul mois de février 1987.

Les données recueillies au Québec laissent entendre que les médias sont plutôt à la remorque des politiques (tableau 2).

TABLEAU 2
Nombre d'articles portant sur le sida parus dans des périodiques édités au Québec et en France pour la période 1982-1993

	Québec	%	France	%
1982	0	0%	0	0
1983	2	1%	9	2%
1984	3	1%	8	2%
1985	3	1%	10	3%
1986	10	4%	41	10%
1987	12	5%	39	10%
1988	17	7%	52	13%
1989	55	23%	56	14%
1990	31	13%	46	12%
1991	38	16%	36	9%
1992	44	19%	46	12%
1993	20	9%	55	14%

Source: *Point de repère*, 1981 à 1993.

L'année 1989 est l'année de la plus forte augmentation du nombre de publication ainsi que l'année où le nombre d'articles parus sur le sida est le plus grand. C'est l'année de la Conférence de Montréal, c'est aussi l'année de l'annonce de la phase II du Plan d'action de lutte contre le sida. Le nombre restreint d'articles parus en 1985, 1986, 1987 qui sont les années charnière dans la prise en charge politique du sida laissent penser que les médias n'ont pas joué le rôle de groupe de pression. Cette hypothèse mériterait d'être vérifiée par une analyse des articles parus dans les quotidiens et par une analyse de contenu des articles recensés.

Ainsi, au moment où les médias augmentent leur volume de publication sur le sida, à partir de 1987, le sida fait aussi partie des priorités politiques. Il devient alors difficile de distinguer si c'est l'agenda médiatique qui influence l'agenda politique ou l'inverse. On remarque aussi que les scientifiques, les communautés homosexuelles ou l'administration se sont servis des médias pour faire avancer leur cause. À partir de 1983, le discours des experts prend de plus en plus de place dans les reportages journalistiques (Rogers, Dearing & Chang, 1991), et en 1985 aux États-Unis, 40% des articles consacrés au sida sont dérivés des publications scientifiques. Par ailleurs, la communauté homosexuelle s'organise et on voit un renversement du type habituel de relation public-médias: les communautés homosexuelles des grandes villes américaines forcent la mise à l'agenda médiatique du sida (Albert, 1986). En Nouvelle-Zélande c'est l'administration qui se sert sciemment des médias pour modeler l'opinion publique et susciter une prise en charge politique (Plumridge & Chetwynd, 1994).

Les administrateurs jouent un rôle important dans la décision politique lorsqu'il s'agit de trouver ou de concevoir des solutions (Lemieux, 1995). Les administrateurs, qui sont souvent les fonctionnaires s'occupant de la santé publique à l'intérieur de l'administration publique, n'ont pas été inactifs, et l'ensemble de l'action étatique qui a lieu avant 1987 dans de nombreux pays leur est due.

Dans le cas du sida, il semble que les administrateurs aient aussi tenté, avec un succès plus ou moins grand selon les pays, de susciter la politisation du sida. En France, le premier groupe qui s'intéresse au sida, l'Association de recherche sur le sida fondée en 1982, avoue son impuissance à faire reconnaître le sida comme problème de santé publique, à fortiori comme problème politique (Setbon, 1993). Le responsable de la santé publique britannique rencontre les mêmes difficultés pour alerter la classe politique (Fox, Day & Klein 1998).

Il semble exister un lien entre la légitimité accordée aux actions de santé publique dans le système sanitaire et la rapidité des pays à apporter une réponse concertée au sida. Dans les pays à tradition de santé publique forte, les actions de surveillance, de prévention et d'éducation se mettent en place rapidement (Pollak, 1992). De plus, l'alerte est souvent donnée à l'intérieur de l'appareil de décision publique, et ce, avant ou peu après l'apparition du premier cas de la maladie. Pollak (1992) fait remarquer qu'en Finlande, les premières actions de prévention et d'éducation précèdent l'apparition du premier cas de sida. Au Japon, le système de surveillance impliquant 600 établissements est mis en place un an avant l'apparition du premier cas (Seizelet, 1994b).

Le cas québécois illustre bien la faiblesse de la santé publique dans le système de santé et sa répercussion sur la prise en charge politique du sida. Au moment de l'apparition de la maladie, la santé publique au Québec est structurée autour de 32 départements de santé communautaire (DSC) situés dans les hôpitaux de l'ensemble du Québec. Les DSC sont chargés, entre autres, de la surveillance des maladies sur leur territoire et ont comme mandat de prévenir les épidémies. Toutefois, les chefs de DSC ne savent s'ils ont «l'autorité d'intervenir dans les cas particuliers où ils considèrent que la santé publique est menacée», la loi sur la santé publique n'étant «ni précise ni explicite quant au pouvoir réel du chef de département de santé communautaire».

En 1984, l'ensemble des DSC du Québec font des maladies transmissibles sexuellement (MTS), incluant le sida, un problème de santé publique prioritaire. Les DSC lancent en 1984 une campagne publicitaire sur le thème «Êtes-vous sexuellement actifs?» En janvier 1986, on ne constate toujours aucune volonté politique de considérer les MTS et le sida. comme un problème national de santé publique. Le docteur Jean Robert, du DSC Saint-Luc affirmait alors: «Tant qu'il n'y a pas de volonté politique plus claire, on se bat contre des moulins à vent. Pour ma part je me bats depuis plus d'une dizaine d'années mais ma patience a des limites (Beaulieu, 1986)». Le docteur Christian Fortin du DSC de Verdun affirmait quant à lui que le système de santé québécois «est face à un échec complet en matière de santé publique. Il n'a pas été capable de reconnaître que l'épidémie de MTS qui sévit depuis plus de 10 ans est un problème majeur de santé publique. Même aujourd'hui, alors qu'on admet unanimement qu'il y a beaucoup de cas et que les chiffres officiels, bien loin que de la réalité, le montrent hors de tout doute, ça ne bouge pas.» (Beaulieu, 1986).

Au MSSS, l'importance des maladies infectieuses dans les années précédant l'apparition du sida avait été grandement diminuée au profit des maladies chroniques. Il ne restait plus au ministère provincial qu'un seul médecin infectiologue au sein de la direction de la protection de la santé. Ce dernier critique alors l'inaction du ministère et affirmait en 1986 qu'avant d'établir «quelque programme que ce soit concernant les MTS, on attend les propositions des DSC. On veut appliquer le principe de la pyramide à l'envers, en demandant à ceux qui œuvrent sur le terrain, dans les DSC, de fournir les pistes et les grandes lignes de contenu pour un éventuel programme, au lieu de les imposer à partir du sommet de la pyramide.» (Beaulieu, 1986).

Cette conclusion est confirmée dans les transcriptions de la Commission Krever sur la santé publique où le directeur de la santé publique au MSSS de 1986 à 1988, affirme que ce sont les DSC qui ont la responsabilité d'intervenir face au sida et l'épidémie étant concentrée principalement dans le centre-ville de Montréal, ce sont ceux de la région métropolitaine à qui incombe cette responsabilité. Le ministère considère alors que son action est plutôt celle de pourvoyeur de fonds. Des sommes spéciales sont accordées au DSC Saint-Luc, siège du Comité sida-Québec pour faire la surveillance et le monitorage de l'épidémie. Et ce même comité, dans un procès-verbal datant d'avril 1986 relate «qu'il n'y a pas d'interlocuteur spécifique ou valable au ministère [...] à qui on pouvait s'adresser pour faire des interventions ponctuelles en regard du sida».

Le système de santé publique n'est pas seulement déstructuré, il est aussi peu écouté des médecins québécois. Dans une note, datée de juin 1987, au sujet du pourcentage élevé de dons contaminés, jusqu'à 25% des dons, dans une clinique de la Croix-Rouge du centre-ville de Montréal, le directeur de la santé publique du MSSS fait remarquer que «le MSSS aurait dû publiciser ses huit laboratoires de diagnostic auprès de la population à risque plutôt que seulement auprès des médecins qui, dans un grand nombre de cas, ne lisent pas l'information provenant du Ministère. Un nouvel avis sera publié sous peu à ce sujet, mais cette fois par le bulletin de la Corporation».

Ainsi, au moment de l'apparition de l'épidémie au Québec, le système de santé publique semble ne pas savoir où se situent les responsabilités de chacun, et, en particulier, où doit se situer l'initative en matière de gestion d'une épidémie. Les médecins de santé publique français ont connu les mêmes difficulté à alerter les médecins et à les amener à suivre les directives (Setbon, 1993).

La source de divergence en ce qui concerne la rapidité de mise en place et d'implantation de mesures concertées de lutte contre le sida se trouve dans cette crédibilité plus ou moins importante accordée au système de santé publique. C'est certes malheureux à plusieurs égards, mais il semble que cette

faiblesse de la santé publique a permis l'émergence de groupes communautaires puissants, souvent associés aux médecins de santé publique. C'est le cas
au Québec, en France, en Grande-Bretagne, aux États-Unis, et en Australie.
Pour qu'il y ait émergence politique, les politiciens ont dû être sensibilisés
aux impacts du sida. Au Japon (Seizelet, 1994b), il semble que la politique de
lutte contre le sida ait été une initiative des hommes politiques, réagissant à la
panique survenue dans la population à la suite de l'annonce du premier cas
de sida chez une femme. La santé publique est au Japon l'apanage du parti au
pouvoir puisqu'elle considérée comme un secteur sensible sur le plan électo-
ral. En Grande-Bretagne, le ministre de la Santé est sensibilisé à la maladie
aux États-Unis «*where he saw the impact of the epidemic for himself* (Fox, Day &
Klein, 1988)». Le ministre de la Santé et des Services sociaux du Québec,
convaincue par ses administrateurs, a assisté à la Conférence d'Atlanta en
avril 1985, ce qui correspond au début de la réponse politique québécoise.

Si les experts peuvent jouer un rôle pour favoriser la prise en charge politique des problèmes, ils sont surtout présents lorsque l'on doit trouver des
solutions aux problèmes soulevés (Kingdon, 1984). Théoriquement, les
experts jouent un rôle déterminant lors de l'élaboration des politiques et leur
rôle est plus effacé lors de l'émergence. Il existe aussi des pays où les experts
sont à l'origine du processus de prise en charge politique: le cas de la Suède
est éloquent (Setbon, 1993).

Dans la plupart des secteurs d'intervention politique, comme dans les
transports ou l'environnement où il existe une communauté d'experts plus ou
moins grande et plus ou moins homogène. Dans le cas du sida, une communauté d'experts a dû se former à l'intérieur des réseaux scientifiques et cliniques existants. La politique publique a été formulée à la suite de la
consultation par les hommes politiques de ces experts conformément aux
études faites par Fox, Day & Klein (1988), et Berridge (1991).

Au Québec, l'expert, au début de l'épidémie, c'est le Comité Sida-Québec.
Celui-ci est fondé en 1982. La provenance des membres du groupe en fait
aussi un acteur administratif puisqu'il est en grande partie composé de cliniciens et de personnes œuvrant au sein des DSC de la région montréalaise. En
1984, le comité reçoit 30 000$ du ministère pour poursuivre ses activités. Il
possède alors un centre de documentation qui lui permet de recueillir
l'information scientifique et de la diffuser sous la forme de publications. En
novembre 1985, le Comité est mandaté officiellement par la ministre de la
Santé pour effectuer la surveillance épidémiologique, faire la promotion de la
recherche, uniformiser les interventions et mettre sur pied une campagne
d'information destinée au réseau de la santé et à la population. Le ministère
lui accorde alors 250 000$. Le comité préparera un document duquel s'inspire
la première phase du Plan d'action contre le sida (Beaulieu, 1987). Ce document est remis à la ministre de la Santé et des Services sociaux en avril 1987.
Le 24 août 1987, la ministre de la Santé du Québec annonce son Plan d'action
contre le sida. Ce plan d'action recommande la création d'un groupe de
travail sur le sida, constitué de nouveaux experts, qui a comme mandat de
fournir au Ministère les éléments nécessaires à l'établissement d'une politique
québécoise globale. Les domaines couverts sont les suivants: les questions
d'ordre éthique et légal, les aspects cliniques et les soins, l'information, la

prévention et la santé publique, les aspects psychosociaux et la recherche. Ces rapports fonderont l'action du MSSS dans la seconde phase du Plan d'action.

Si le rôle des acteurs dans l'émergence et la formulation des politiques de lutte contre le sida a été abordé par quelques auteurs, il semble que l'étude de l'influence du système international sur les politiques nationales reste à entreprendre. L'impact de facteurs tels que l'élaboration d'un régime international sur le sida, la formation de réseaux d'acteurs, l'élaboration d'un consensus scientifique et politique international sur l'émergence et l'éboration des politiques nationales demandent à être analysés. On peu d'ores et déjà affirmer que la scène internationale jouera un rôle dans l'émergence et la formulation des politiques nationales. Pour certains pays, ce sera l'occasion d'établir des comparaisons, d'autres y trouveront une source d'inspiration pour bâtir leurs politiques, d'autres encore prendront enfin conscience qu'ils ont besoin d'une assistance extérieure. Les acteurs, que ce soient les groupes de pression, les autorités politiques ou les autorités de santé publique font tous référence à ce qui se fait ailleurs, à la fois pour justifier leur action ou leur inaction, et pour trouver une solution aux problèmes auxquel ils font face. Ainsi, l'Australie s'autoproclamera leader mondial dans la lutte contre la maladie (Misztal, 1990b). Pour la Pologne, la comparaison internationale servira de référence pour l'établissement d'une politique libérale (Misztal, 1990a).

Kirp & Bayer (1992) mettront en évidence l'influence mondiale des États-Unis tant au niveau de la recherche, de l'organisation communautaire des soins que des mesures de lutte contre le sida. Au Québec, il semble que l'influence première ait été britannique. Le groupe de travail sur le sida (1988) affirme s'inspirer particulièrement de la politique anglaise. Les membres du groupe de travail ont aussi consulté les documents de l'OMS sur les politiques de prise en charge de l'épidémie, la stratégie française de lutte contre le sida et celles de certains États américains; ils ont aussi été informés des résultats des conférences internationales.

L'ÉLABORATION DES POLITIQUES PUBLIQUES

L'élaboration des politiques est l'étape durant laquelle sont adoptées, par une autorité reconnue comme le Parlement, le Conseil des ministres ou une autorité bureaucratique, des mesures de régulation (Lemieux, 1995).

Kirp & Bayer (1992) comparent les politiques de lutte de onze pays industrialisés et démocratiques et mettent en évidence deux types de politiques: les politiques caractérisées par le contrôle et la contrainte et celles basées sur la coopération et l'inclusion. La réponse politique au sida réflète «*the balance of the political forces of the nation, the degree of commitment to personnal liberty, and the value placed upon volunteerism. The politics of AIDS is the politics of democracy in the face of a critical challenge to communal well-being*» (Kirp & Bayer, 1992, p.5).

Les libertés individuelles et la santé publique

Il existe deux modèles opposés de protection de la santé publique. Ces modèles diffèrent autant par leurs philosophies que par leurs moyens d'action. Dans le modèle médical traditionnel, le contrôle des épidémies et des maladies contagieuses passe par l'identification des porteurs de la maladie contagieuse et des groupes à risque afin de briser la chaîne de transmission. Les porteurs peuvent éventuellement être soumis à un contrôle médical obligatoire, à l'isolation ou à la quarantaine. Des mesures coercitives sont donc admises pour freiner la propagation de la maladie et l'on convient que la protection de la santé publique est suffisante pour justifier une entorse aux droits individuels. On estime souvent qu'un gain au niveau de la protection de la santé publique ne peut être réalisé qu'au détriment des libertés individuelles (Bayer, 1991). C'est le modèle adopté dans la plupart des pays pour le contrôle des maladies contagieuses et des maladies sexuellement transmissibles. Plusieurs pays favoriseront une telle approche dans leur lutte contre le sida et adopteront des mesures législatives contraignantes pour lutter contre l'épidémie (Fluss & Latto, 1987; Gostin & Curran, 1987; Foyer & Khaïat, 1994). Ford & Quam (1987) soulignent à cet effet qu'une des conséquences du sida a été de révéler , que de nombreux gouvernements pouvaient s'arroger le droit de rendre l'appareil législatif contraignant et d'appliquer des mesures coercitives sans modifier les lois.

Kleinig (1990) attribue l'aisance avec laquelle on fait appel aux mesures coercitives, du moins aux États-Unis, au fait que des groupes déjà marginalisés, les homosexuels, les bisexuels, les utilisateurs de drogues injectables et les prostituées sont soupçonnés de propager le virus. «*The respect for autonomy that normally goes with personhood is muted where those involved are already the objects of social disapproval or discrimination.*» (Kleinig, 1990, 43).

En Corée du Sud, la loi de décembre 1988 sur le sida reflète très bien ce modèle en criminalisant la dissémination virale et en suggérant «très nettement que la prévention du sida implique, au nom de l'ordre public, une protection de la société contre les malades eux-mêmes (Seizelet, 1994a).» Cuba (Mesa Castillo *et al.*, 1994) est l'État qui est allé le plus loin dans l'imposition de mesures coercitives en pratiquant le dépistage systématique de la population, en faisant des tests de dépistage à l'insu des personnes dépistées; et où les personnes trouvées séropositives sont invitées à vivre dans des «sidatoriums».

Le second modèle est basé sur l'information, l'éducation et le contrôle volontaire (Boltho-Massarelli & O'Boyle, 1991). Puisque les changements de comportements nécessaires au contrôle de l'épidémie ne peuvent être obtenus par la force, ce modèle favorise la prise en charge individuelle des comportements. Les partisans de ce modèle affirment que dans le cas du sida, la protection de la santé publique se fait mieux par des moyens qui respectent les droits individuels et empêchent la discrimination. Certains États, dont le Japon, le Queensland (Australie), l'Allemagne, et l'Australie-occidentale ont restreint leur action comme l'a fait le *New York State Public Health Council* (AIDS Policy and Law, 5, 1990) en ne classant pas le sida comme une maladie sexuellement transmissible puisque cette désignation aurait rendue possible des mesures de contrôle coercitives telles que l'isolation, la quarantaine, la déclaration obligtoire, le dépistage et la recherche des contacts.

En plus de la protection contre la discrimination conférée par les chartes des droits et libertés, les constitutions ou la Convention européenne des droits de la personne (Corten, Petiaux & Robert, 1990), certains pays ont légiféré afin de protéger spécifiquement les personnes atteintes ou les groupes à risque. La stratégie australienne de lutte contre le sida déclare explicitement qu'il est nécessaire de lutter contre la discrimination injuste fondée sur la maladie.

Certains États de la fédération australienne ont légiféré pour décriminaliser l'activité homosexuelle. La crainte de la discrimination se réflète aussi dans le souci constant du vocabulaire employé dans le cadre de la gestion de l'épidémie.

Les Pays-Bas sont le pays où la politique de lutte contre le sida réflète le mieux l'attitude décrite par le second modèle: le dépistage et la déclaration des cas sont volontaires et anonymes, la prévention se fait à partir de campagnes d'éducation visant à adopter un comportement sexuel responsable et à lutter contre la discrimination. Le pays ne prévoit aucune mesure coercitive pour limiter la circulation ou l'immigration des PVVIH/sida et refuse d'effectuer des enquêtes épidémiologiques anonymes auprès de la population ou d'une partie de celle-ci. Les stratégies de lutte contre le sida proposées par les organismes internationaux, tel l'OMS, se conforment à ce second modèle.

Le débat fondamental lorsque vient le temps d'agir face au sida est celui qui oppose, conformément aux deux modèles de santé publique, les droits individuels et la protection de la santé publique (Levine, 1986; Jones Merritt 1986; Macklin, 1986; Ploughman, 1996). Même s'il est connu aujourd'hui que la discrimination envers certains groupes ou l'imposition de mesures coercitives ont un impact négatif sur les programmes d'information, de prévention et d'éducation, et éventuellement sur la gestion de l'épidémie, le débat est toujours ressuscité (Gostin & Curran, 1986). Par exemple, Angell (1993) recommande qu'aux États-Unis, un dépistage systématique soit effectué auprès des patients admis à l'hôpital, des professionnels de la santé qui pratiquent des techniques invasives, des femmes enceintes et des nouveaux-nés. Dans la plupart des pays, l'élaboration des politiques de lutte contre le sida ne s'est pas faite sans heurt et sans discontinuité. Le mélange des deux modèles retrouvé dans les politiques de lutte contre le sida témoigne de ce processus: l'examen des politiques de la plupart des pays met en évidence des incohérences profondes entre les objectifs des politiques et les moyens mis en œuvre, entre les objectifs et les lois existantes. Par exemple, la politique de lutte contre le sida australienne proclame la nécessité de protéger les personnes atteintes contre la discrimination. Néanmoins, l'amendement de la loi sur l'immigration qui permet aux personnes engagées dans des relations homosexuelles stables d'immigrer en Australie exclut les personnes séropositives ou atteintes du sida (Hirsch, 1994).

Le contenu des politiques de lutte contre le sida

Les moyens utilisés pour contenir l'épidémie de sida s'inspirent largement des stratégies de lutte contre les maladies transmissiblessexuellement: celles-ci vont de la gratuité des traitements à la recherche des personnes avec qui la personne affectée a eu des contacts sexuels, du dépistage à l'éducation et à l'information, de la déstigmatisation de la maladie et des malades à la promotion du port du condom (Widdus, Meheus & Short, 1990). Ces mesures ont été plus ou moins bien adaptées, suivant les endroits, aux spécificités du sida. L'infection étant incurable, les bienfaits individuels du dépistage pour les séropositifs ne sont liés qu'à la capacité du système curatif d'augmenter l'espérance de vie. De plus, la transmission ne se faisant pas que par la voie sexuelle, une réponse qui ne serait basée que sur ce type de transmission ne pourrait être que partielle. Enfin, la prévalence étant plus forte dans certains groupes marginalisés ou dont l'activité est criminalisée, il s'avère nécéssaire de mettre au point des stratégies d'éducation adaptées à ces groupes.

La surveillance épidémiologique

La surveillance épidémiologique consiste à faire la collecte d'informations valides sur la distribution et l'étendue d'une infection ou d'une maladie. L'information recueillie sert au design et à l'implantation de programmes d'intervention. La surveillance épidémiologique de l'infection se fait à l'aide de deux instruments: la déclaration des cas de sida et de séropositivité et les études de prévalence réalisées dans certains segments de la population (voir Mayer, 1985, pour les problèmes éthiques liés aux études de séroprévalence).

La déclaration des cas de sida peut se faire sur une base volontaire ou être obligatoire, de façon anonyme, confidentielle ou nominative. Elle se fait à des stades différents d'avancement de la maladie: séropositivité ou sida avéré, ou bien les deux. On comprend que les divers types de déclaration entraînent des répercussions plus ou moins importantes sur la protection de la vie privée et au regard des risques de discrimination. On convient généralement que la déclaration volontaire et anonyme permet d'éviter les risques de discrimination liés à la déclaration alors que la validité des informations recueillies s'accroît lorsque la déclaration est obligatoire et nominative. En revanche, on peut s'interroger sur la pertinence des données recueillies par déclaration obligatoire et nominative si les personnes les plus à risque évitent le dépistage. Ceci est d'autant plus probable que les lois antidiscriminatoires font défaut.

L'État du Colorado, en 1985, a été le premier État à rendre obligatoire la déclaration des tests *ELISA* positifs confimés par le *Western-Blot*. Dès 1986, la plupart des États américains s'étaient dotés de moyens et de procédures de déclaration des cas de sida aux autorités sanitaires (Mattews & Neslund, 1987). Au Canada, la surveillance épidémiologique à l'aide de la déclaration volontaire de la maladie est assurée par le Laboratoire de lutte contre la maladie depuis le 3 août 1982, elle est obligatoire depuis mars 1986 dans tout le pays. Actuellement, la déclaration des cas de sida est anonyme dans sept provinces et nominative dans trois d'entre elles. La déclaration des tests séropositifs confirmés est obligatoire dans sept provinces (voit tableau 4).

TABLEAU 3
Déclaration obligatoire (O) ou nominative (N) du sida et de l'infection au VIH dans les provinces canadiennes

	SIDA	VIH
Alberta	O	
Colombie-Britanique	O	
Ile-du-Prince-Édouard	O	O
Manitoba	O	O
Nouveau-Brunswick	O	O
Nouvelle-Écosse	O, N	O
Ontario	O	O
Québec	O	
Saskatchewan	O, N	O
Terre-Neuve	O, N*	O

Le numéro d'assurance médicale est indiqué dans la déclaration.
Source: Rapport du groupe de travail sur le sida, 1988, p. 86.

Au Québec, le Comité Sida-Québec a été mandaté par le ministère de la Santé et des Services sociaux (MSSS) pour faire la surveillance épidémiologique à partir de 1984; À partir de l'introduction de la déclaration obligatoire des cas de sida, la surveillance épidémiologique sera faite par le Laboratoire de santé publique du Québec. La compilation des tests ELISA positifs est effectuée au Laboratoire de santé publique du Québec, mais la déclaration des cas de séropositivité n'est pas obligatoire. Le tableau qui suit donne une idée des budgets consacrés au Québec à la surveillance épidémiologique du sida au cours des dernières années.

La surveillance épidémiologique se fait aussi par des études de séroprévalence dans certaines populations. Plusieurs études ont été faites sur une base anonyme, au Québec, auprès de populations diverses dont les personnes hospitalisées, les nouveaux-nés, les personnes demandant un avortement dans les régions de Québec et Montréal, et la population carcérale féminine et masculine (Groupe de consultation sur les aspects cliniques et les soins reliés au sida, 1991, 31).

Protection des banques de sang

Le danger de contamination des banques de sang par le virus VIH est fortement soupçonné au CDC dès la fin de 1981 (Shilts, 1987). Ce soupçon est confirmé en juillet 1982 lorsque trois cas de sida sont signalés par le CDC chez les hémophiles américains. La possibilité d'une contamination des réserves de sang et des dérivés sanguins par le virus du sida sera longtemps écartées par les autorités responsables des banques de sang de plusieurs pays (Bowen, 1995; 1996; McDuff, 1995; Shilts, 1987). En novembre 1983 a lieu la première conférence de l'OMS sur les implications internationales du sida. Cette conférence qui réunit des experts de plusieurs pays s'attarde principalement à la transmission sanguine et à la protection des banques de sang. Les Britanniques affirment alors qu'il n'y a pas de preuves concluantes que le virus peut être transmis par les transfusions sanguines (Shilts, 1987). La principale mesure mise de l'avant à ce moment-là est l'embargo sur les produits sanguins américains.

La protection des banques de sang, en l'absence de test de dépistage du virus, se fonde sur l'exclusion des donneurs à risque et sur le chauffage des concentrés de facteurs VIII et IX destinés aux hémophiles. Des retards dans l'application de ces mesures sont à la source de nombreuses contaminations qui, on le sait aujourd'hui, auraient pu être évitées.

Les directives concernant l'autoexclusion des donneurs à risque sont émises dans de nombreux pays à partir de 1983. En Angleterre, deux circulaires ont été envoyées aux donneurs pour demander que les personnes ayant des comportements à risque s'abstiennent de donner du sang. Aux Pays-Bas, les mesures d'autoexclusion des donneurs par la Croix-Rouge sont retirées sous la pression des groupes gais. En France, une circulaire est envoyée aux centres de transfusion sanguine en juin 1983, mais celle-ci n'aura à peu près pas d'effet sur la sélection des donneurs (Setbon, 1993).

Au Canada, McDuff (1995) expose les actions des principaux acteurs canadiens impliqués dans les services de transfusion de sang, soit la Croix-Rouge, le Comité canadien du sang (CCS), le Bureau des produits biologiques (BPB) et la Société canadienne d'hémophilie. La possibilité de transmission sanguine est évoquée dans une note interne de la Direction générale de la santé publique du ministère fédéral de la Santé le 6 août 1982 (McDuff, 1995). La Croix-Rouge canadienne annonce en mars 1983 que les personnes qui pourraient être atteintes du sida devraient s'abstenir de donner du sang. Ce n'est qu'un an plus tard qu'elle publie un dépliant proposant l'exclusion volontaire des donneurs à risque. Cependant, le questionnaire de la Croix-Rouge canadienne ne comprend aucune question sur les pratiques sexuelles des donneurs, les questions étant plutôt centrées sur les symptômes du sida. Le chauffage des produits concentrés utilisés spécialement pour les hémophiles est une mesure qui permet la protection des produits sanguins par inactivation virale. Cette technique est adoptée à des rythmes différents suivants les pays, mais il semble que des intérêts financiers puissants ont retardé l'adoption de telles mesures (voir McDuff, 1995 pour le cas canadien).

Lors de la mise en marché du test de dépistage, en 1985, la première mesure fut de rendre obligatoire le dépistage des réserves détenues par les banques de sang, et ce dans tous les pays occidentaux. L'Australie est le premier pays à rendre obligatoire le dépistage des anticorps du VIH chez les donneurs bénévoles, et ce dès avril 1985. Le tableau que voici donne les dates de mise en application du dépistage oobligatoire dans la plupart des pays occidentaux

TABLEAU 4
Dépistage obligatoire du VIH chez les donneurs bénévoles

Autriche	juillet 1985
Australie	avril 1985
Belgique	août 1985
Canada	novembre 1985
Danemark	janvier 1986
Espagne	février 1987
États-Unis	août 1985
Finlande	janvier 1986
France	août 1985
Italie	juillet 1985
Norvège	mai 1985
Pays-Bas	mai 1985
Royaume-Uni	octobre 1985
RFA	octobre 1985
Suisse	mai 1986

Source: Petry, F., & Adnane K. (1994). *La politique d'approvisionnement en sang. Étude de cas.* Groupe de recherche sur les interventions gouvernementales, Université Laval.

Certains États ont pris les mesures nécessaires pour éviter que les services transfusionnels ne deviennent des lieux de dépistage anonyme, craignant que l'on augmente les risques de contamination du sang par le VIH en attirant les donneurs à risque qui voulaient être testés. La Californie et la Floride sont les deux seuls États américains à autoriser la mise sur pied de centres de dépistages anonymes au moment de l'introduction des mesures de dépistage obligatoires des dons de sang (Mattews & Neslund, 1987).

Le MSSS mettra sur pied trois centres de dépistage anonyme lorsqu'il aura constaté la forte proportion de dons de sang contaminés à Montréal, soit plus de 48% des dons pour certains mois. Il semble que par crainte de discrimination, plusieurs personnes se soient fait dépister dans les cliniques de dons de sang de la Croix-Rouge. On remarque qu'il existe un laps de temps entre le moment où le dépistage est obligatoire pour les dons de sang et le moment où les tests sont disponibles pour la population. Au Québec, le dépistage est disponible pour l'ensemble de la population en mars 1986 soit quatre mois après l'introduction du dépistage des réserves des banques de sang.

Le Canada a mis sur une commission d'enquête sur l'approvisionnement en sang, présidée par M. Horace Krever, qui tente de faire la lumière sur les événements qui ont mené à la contamination de 1 200 personnes par le VIH et 12 000 personnes par l'hépatite C. Le dépôt du rapport de la Commission a été retardé par des actions judiciaires portant sur la capacité du Juge Krever de nommer des individus plutôt que des institutions responsables des contaminations. Le ministère de la Santé et des Services sociaux du Québec a déposé son propre rapport sur le système de sang du Québec. Ce rapport suggère que l'on renforce le rôle des centres hospitaliers universitaires en leur transférant le budget et les responsabilités liées à la distribution du sang et des dérivés sanguins. Le rapport propose aussi la mise sur pied d'un système d'hémovigilance et de faciliter les dons autologues, désignés et dirigés. Le rapport ne fait donc qu'ajouter un acteur sans remettre en question les fonctions des principaux acteurs du système canadien soit le Bureau des Produits biologiques, l'Agence canadienne du sang ou encore la Croix-Rouge.

Le dépistage

Le test de dépistage du sida est mis au point en 1984, commercialisé en 1985. On se demande alors à quel type de dépistage sera soumis la population volontaire ou obligatoire, ciblé ou universel? La plupart des pays opteront pour un dépistage volontaire disponible pour l'ensemble de la population à l'exception des dons de sang, d'organe, de sperme, de tissus, et de lait maternel. Dans certains pays, le manque de ressources humaines et matérielles diminue grandement l'accès au test. Ainsi, dans plusieurs pays (Inde, Chine, Pakistan, Maroc, Pays-Bas, Argentine, Colombie, Mexique et dans la plupart des pays africains) les tests ne sont accessibles que dans les grandes villes (Mann, Tarantola & Netter, 1992). On le comprend aisément, l'accès au test de dépistage sera d'autant plus difficile que les contraintes géographiques seront grandes et l'urbanisation faible. Il existe des pays où l'accès au test, offert sur une base volontaire à la population, est nul ou pratiquement nul comme c'est le cas en Égypte où le test n'était disponible qu'au Caire ou bien au Cameroun, en Éthiopie ou en Zambie où les test n'étaient toujours pas accessibles en 1991 (Mann, Tarantola & Netter, 1992).

Plusieurs pays ont introduit un dépistage obligatoire chez l'un ou l'autre des groupes suivants: les femmes enceintes (Cuba, URSS), les détenus (Australie, Mexique, Égypte, Cuba, Hongrie) les prostitués (Mexique, Sénégal, Chine, Hongrie), les militaires (États-Unis, Australie, Colombie, Mexique, Sénégal, Haïti, Maroc, Thaïlande). L'efficacité du dépistage obligatoire est mise en doute puisqu'en plus de ne dépister qu'une très faible proportion de personnes séropositives, le dépistage dans les populations à faible prévalence augmente considérablement le risque de trouver des faux positifs.

En médecine préventive, on détermine la pertinence d'un dépistage en fonction du ratio coûts/bénéfices pour la personne soumise au test. En 1985, si les avantages liés au dépistage pour la personne qui s'y soumet sont minimes, les conséquences sont importantes: il n'y a pas de traitement; les conséquences psychologiques d'un test positif sont graves; les possibilités de discrimination ne sont pas négligeables dans plusieurs pays, à un point tel qu'en Grande-Bretagne, les groupes communautaires découragent le dépistage. Dans les pays où les autorités sanitaires encouragent fortement le dépistage, ce n'est pas pour les avantages que peuvent en tirer les individus, mais pour ceux que la société tire de la connaissance du statut sérologique de l'individu, cette connaissance permettant à l'individu d'éviter la contamination du virus et de briser ainsi la chaîne de transmission. Nulle par ailleurs qu'en Suède cette logique n'est mise de l'avant avec autant de conviction (Setbon, 1993).

Au Québec, le dépistage est considéré comme un moment privilégié de l'éducation. Il ne peut se faire sans un counselling prétest et post-test. Le counselling, lors de la demande de test et lors l'annonce du résultat, est considéré comme un outil d'éducation permettant de favoriser l'adoption de comportements sécuritaires. En effet, plusieurs recherches font état de changements de comportement importants à la suite de l'annonce d'un résultat positif (McCusker *et al.*, 1988; Van Griesven *et al.*, 1989; 1988; Robertson, 1988; Fox *et al.*, 1987). Ces résultats ne peuvent être généralisés à tous ceux qui subissent un test de dépistage puisque les changements de comportement sont observés dans des groupes à très forte prévalence, parfois jusqu'à 50%. On ne sait aujourd'hui si l'éducation faite lors de la demande du test et lors de la remise du résultat induit des changements de comportement chez les séronégatifs. Le tableau que voici fait état des montants alloués au dépistage du VIH et du sida au Québec.

L'éducation

L'éducation est perçue comme étant le moyen le plus efficace de freiner l'évolution de la maladie et constitue la pierre angulaire de nombreuses politiques de lutte contre le VIH et le sida. Les moyens d'éducation et d'information utilisés n'ont de limites que celles de la créativité de leurs concepteurs: mise en place des lignes téléphoniques, montage des pièces de théâtre, tournage de films et de documentaires ou distribution de bandes dessinées aux enfants de la rue à Nairobi, New-York, Rio de Janeiro, Toronto, Manille (Mann et *al.*, 1992), etc.

Tous les pays, y compris les pays en voie de développement, ont fait des campagnes d'éducation visant l'ensemble de la population (Mann, Tarantola & Netter, 1992). Ces campagnes destinées à un vaste public portent généralement sur les modes de transmission et sur ce qui ne constitue pas des modes de transmission, sur les pratiques sexuelles à risque et le *safer sex*, sur la négociation entre partenaires, sur le dépistage volontaire, etc. Ces campagnes d'éducation augmentent considérablement les connaissances générales sur le sida, mais n'ont pas toujours un effet déterminant sur la modification des comportements sexuels. Ainsi, savoir que le port du condom réduit les risques de transmission du sida, savoir que le partage des seringues augmente considérablement les risques de contamination n'est pas automatiquement suivi par l'adoption de comportements sécuritaires. Le modèle d'analyse des attitudes envers les risques liés à la santé (Becker, 1974) montre que plusieurs conditions doivent être remplies pour susciter l'adoption et le maintien de comportements protecteurs vis-à-vis de ces risques. Les individus adoptent des comportements préventifs lorsqu'ils se sentent vulnérables, lorsque la maladie semble menaçante, lorsque les actions recommandées semblent efficaces et sont accessibles. Il faut en outre que ces individus aient un niveau d'éducation sanitaire minimal et soient motivés à maintenir un état de santé satisfaisant. Ainsi, plusieurs interventions d'éducation associent l'*empowerment* des individus et modification des comportements, comme c'est le cas des campagnes d'éducation visant la négociation de port du condom entre partenaires.

Les campagnes destinées à la population générale sont généralement combinées à des campagnes d'éducation faites auprès des groupescibles. Si ces premières sont orchestrées par les autorités politiques, les secondes sont souvent financées par l'État mais préparées par des organismes communautaires représentant le milieu visé.

La première difficulté des campagnes d'éducation vient de la bigoterie. Ces campagnes ont fait l'objet d'opposition de la part de ceux qui craignaient que l'on fasse la promotion de la sexualité, que l'on encourage les adolescents à avoir des rapports sexuels précoces ou que les campagnes ne les incitent à consommer de la drogue etc. «*Just say no!*»: la campagne de Nancy Reagan qui vise à la fois la consommation de drogue et les rapports sexuels est éloquente à cet égard. Dans de nombreux pays, les campagnes d'éducation incluent l'abstinence, la connaissance du partenaire et la monogamie comme moyen de se préserver du sida.

Les législations existantes ont aussi été un obstacle aux campagnes d'éducation. La France a dû changer la législation pour pouvoir diffuser des campagnes faisant la promotion du port du condom puisque la publicité sur les contraceptifs masculins y était interdite.

Les campagnes d'information du MSSS sont conçues dans la foulée de celles de la lutte au MTS faites par les DSC auxquelles on a greffé le sida, devenu préoccupation ministérielle. «La ministre avait arrêté une campagne des DSC sur les MTS , la balle était dans son camp, c'était à elle d'agir.» Le 28 mai 1987, le comité intersectoriel qui conseille le MSSS sur la tenue d'une campagne de communication et sur l'élaboration d'une stratégie de prévention pour lutter contre les MTS se réunit. Il est composé de personnes venant du MSSS , du ministère de l'Éducation et des DSC . Le 18 juin 1987, on souligne que le sida fait partie de la campagne d'éducation. Les campagnes québécoises destinées au grand public sont d'abord conçues pour lutter contre les MTS: on constate que les groupes cibles pour les campagnes québécoises d'éducation sont les adolescents et adolescentes et les jeunes adultes (15-29 ans), les groupes les plus à risque pour le chlamydia et la gonorrhée. Le groupe à risque pour le sida était alors perçu comme étant celui des hommes adultes de 30 à 40 ans. Le 24 août 1987, la ministre annonce la campagne de communication, le programme de prévention pour les MTS et le Plan d'action contre le sida. La campagne de communication et le programe de prévention sont faits par un comité aviseur qui est distinct du Comité Sida-Québec.

La recherche

Dès le début de l'épidémie, la recherche biomédicale est perçue comme un moyen important de lutte contre la maladie et les progrès rapides réalisés dans les premières années laissaient entrevoir que l'on mettrait rapidement au point un vaccin ou un médicament qui permettrait de guérir, ou tout au moins d'enrayer la progression de la maladie.

Au Canada, un groupe de chercheurs se réunit à Toronto à l'automne 1982 pour trouver des fonds pour faire des recherches sur le sida (McDuff, 1995). En 1983, a lieu à Montréal le début de la première étude québécoise sur le système immunitaire des hémophiles, financée par le Conseil de recherches médicales du Canada. En janvier 1986, le président du Fonds de la recherche en santé du Québec (FRSQ) demandait à la ministre de la Santé et des Services sociaux des fonds supplémentaires pour la mise sur pied d'un programme de recherche sur le sida. Les fonds seront accordés en 1987 et serviront à la mise sur pied de trois équipes de recherches clinique, épidémiologique et évaluative.

Le groupe de consultation sur les aspects cliniques et les soins reliés au sida (1991) estime que les subventions accordées par le gouvernement du Québec entre 1988 et 1991 représentent 18% du total des subventions accordées par divers organismes aux chercheurs québécois. Au total, une vingtaine d'organismes publics, privés, provinciaux, nationaux ou internationaux subventionnent la recherche biomédicale et psychosociale au Québec. On estimait au début des années 1990 qu'à peu près 3 millions de dollars par année se dépensent en recherches sur le sida au Québec.

ET LA SCÈNE INTERNATIONALE?

À l'instar des réponses nationales, on remarque deux types de réactions internationales: la première se caractérise par le blâme, la seconde par l'entraide. Ces réactions ne permettent pas de créer une typologie des réponses étatiques, certains États souscriront à la thèse que le virus est une affaire d'étrangers et seront très engagés, sur le plan bilatéral et multilatéral, dans la lutte collective contre le sida.

La première réaction des États face à la maladie, analogue à celle mise en évidence par les historiens (Brandt, 1987), est celle de la peur de l'autre. Elle se traduit de diverses façons sur la scène internationale. Le virus est toujours perçu comme provenant d'un autre pays: on restreindra la liberté de circuler de plusieurs catégories d'individus. Pour ces raisons, le sida sera à l'origine de tensions internationales. En Europe, aux Philippines, au Japon, l'infection sera perçue comme un mal américain (Melbye et al., 1984; Sills, 1994), ou africain, alors qu'aux États-Unis, le sida est perçu comme ayant sa source en Haïti (Dickens, 1988; Altman, 1983) ou au Canada (Stengall, 1988). Au Japon, le voyage à l'étranger est décrit comme étant une situation à risque (Sills, 1994). Cette perception d'un mal venu d'ailleurs commandera des politiques très restrictives sur la circulation des étudiants, des immigrants, des ressortissants nationaux qui auront séjourné à l'étranger ou des ressortissants étrangers qui se proposent de séjourner dans le pays. Plusieurs pays (États-Unis, Australie, Argentine, Haïti, République Tchèque, Égypte, Chine, Corée du Sud, Cuba, Espagne, Pologne, Inde) font partie des pays qui exigent le dépistage à l'entrée au pays pour une catégorie ou une autre d'individus. Ces politiques sont encore aujourd'hui la norme plutôt que l'exception au niveau international malgré le fait qu'elles ne soient pas jusifiées sur le plan épidémiologique (CDC, 1990), éthique (Whitaker & Edwards, 1990), qu'elles soient soupçonnées d'être inefficaces, inutiles et dangereuses (Dispersyn, 1990), et que l'ONU, le Conseil de l'Europe et les communautés européennes se soient opposés à de telles mesures (Legrand, 1990).

La libre circulation n'est pas seulement entravée dans les pays qui ont des politiques formelles. On a rapporté le cas d'agents d'immigration britanniques et allemands qui ont refusé l'entrée au pays de voyageurs que l'on croyaient séropositifs (Sills, 1994). Le Canada, s'il ne requiert pas formellement un test de dépistage du VIH de la part des voyageurs, étudiants ou immigrants, n'est pas à l'abri de telles mesures. Les agents de l'immigration, qui possèdent un large pouvoir discrétionnaire, ont refusé le statut d'immigrante à une jeune femme atteinte de sida. La médiatisation du cas et un fort appui populaire ont permis à la jeune femme de demeurer au Canada. Par ailleurs, le ministère de la Citoyenneté et de l'Immigration tente depuis plusieurs années de réviser les dispositions de la Loi sur l'immigration pour introduire le VIH et le sida comme faisant partie des raisons médicales de non-admissibilité (Société canadienne du sida 1990, 1991, 1994).

Parallèlement à cette réaction s'installe un effort de coopération bilatéral et multilatéral important pour combattre l'infection, dans tous les pays. En comparant le sida à la pollution comme étant un problème global, Chistakis (1989) mettra en évidence les raisons pour lesquelles les États ont intérêt à collaborer. Le PMLS de l'OMS semble avoir été le catalyseur du changement d'attitude nécessaire à la coopération, comme l'indique cette déclaration «From this point on, the climate of world opinion on AIDS seemed to change almost overnight.» (Institut Panos, 1989).

Les États-Unis, la Suède, la Grande-Bretagne, le Canada, les Pays-Bas, la Norvège, le Danemark et la Suisse fournissent 90% du budget total du PMLS de l'OMS (Mann, Tarantola & Netter, 1992, p.519). On remarque toutefois une baisse du financement du PMLS depuis 1991. Le Canada finance par l'intermédiaire de l'Agence canadienne de développement international (ACDI) des programmes bilatéraux auprès de certains pays africains, entre autres le Programme d'éducation et de formation sur le sida en Afrique australe, basé à Hararé, et oeuvrant auprès des organismes communautaires de la région. C'est un programme de cinq ans (1991-1996) évalué à 11 millions de dollars. L'ACDI, en collaboration avec le CCISD, a créé un programme régional similaire en Afrique francophone sub-saharienne évalué à 22 millions de dollars. L'ACDI est aussi impliqué dans des projets d'appui à la surveillance épidémiologique au Burkina Faso, en Côte-d'Ivoire, au Niger et au Mali et coordonne un projet global de lutte contre le sida au Kenya (ACDI, 1993).

Les organismes internationaux sont aussi très actifs sur la scène internationale: ils sont nombreux à émettre des politiques de lutte contre le sida à partir de leurs compétences et champs d'action respectifs: l'Organisation des Nations unies (ONU), le Fonds des Nations unies pour l'enfance (FISE), l'Organisation internationale du travail (OIT), l'Organisation des Nations unies pour la science, la culture et l'Éducation (UNESCO), l'Organisation de l'unité africaine (OUA), la Communauté économique européenne (CEE) et le Conseil de l'Europe, et évidemment l'Organisation mondiale de la santé (OMS).

Les organisations internationales n'interviendront toutefois que lorsqu'elles seront convaincues que le sida n'est pas limité aux seuls pays riches comme en témoigne une note interne de l'OMS émise en 1983 qui affirme qu'il n'est pas nécessaire pour elle d'intervenir puisque la maladie «*is being very well taken care of by some of the richest countries in the world where there is the manpower and knowhow and where most of the patients are to be found.*» (Mann, Tarantola & Netter, 1992, p.567).

Les organismes internationaux seront les premiers à insister sur le respect des droits et libertés (Mann, Tarantola & Netter, 1992, p.568) et les activités des organisations internationales visent à dégager les principes qui devraient guider les actions des États dans leur lutte contre le sida (Klein, 1990). La stratégie mondiale de lutte contre le sida de l'OMS, adoptée en février 1987 à l'unanimité par les États membres, servira de base à l'action mondiale. Une différence de taille distingue toutefois les organismes internationaux des États: ces derniers restent libres d'adopter ou non leurs recommandations. Par exemple, malgré les recommandations du Conseil de l'Europe et la Déclaration des droits de l'homme, peu de pays ne restreignent pas d'une façon ou d'une autre les mouvements des personnes atteintes.

Le PMLS est sans doute le facteur déterminant et souvent la condition nécessaire à la réponse politique dans les pays en voie de développement où l'infection au VIH n'est pas toujours un problème de santé prioritaire, et où souvent les ressources disponibles pour la santé sont infimes par rapport à celles des pays occidentaux: les dépenses *per capita*, dans plusieurs pays d'Afrique, ne dépassent pas le coût d'un seul test de dépistage (Institut Panos, 1989). Le PMLS fournit une assistance pour le développement de programmes nationaux de lutte contre le sida et les fonds nécessaires pour leur mise en oeuvre. La stratégie déployée par les pays doit comprendre la surveillance épidémiologique, la protection des banques de sang et du matériel, des campagnes d'éducation. À ce jour, 155 des 178 pays membres de l'OMS ont bénéficié de l'expertise de cet organisme.

Ainsi, les États restent maîtres des politiques nationales, quoique certaines réserves doivent être émises pour ceux qui dépendent du financement extérieur pour l'implantation de leur politique.

CONCLUSION

L'analyse du processus de prise en charge de l'épidémie nous apprend que les gouvernements démocratiques ne sont pas exempts de la tentation de tout réguler. La société civile, à travers les médias, les organisations professionnelles et les groupes de pression, a un rôle actif à jouer dans la préservation des droits et libertés de la personne.

À cet effet, Keniston (1989) fait remarquer que plus le visage social de l'épidémie change, plus l'épidémie se déplace vers des groupes peu organisés politiquement et plus les ressources consacrées au sida risquent de diminuer. Le sida est en compétition sur la scène politique avec une infinité de problèmes à résoudre et le fonctionnement des institutions politiques nous enseigne combien le maintien des problèmes à l'ordre du jour est difficile. En revanche, dans de nombreux pays des organisations nouvelles ont été créées, bureaucratiques, communautaires, ou axées sur la recherche, qui, malgré le changement démographique et social de l'épidémie, conservent un intérêt dans la lutte contre le sida. On doit plutôt se questionner sur la capacité ou l'intérêt qu'ont ces organisations dans la défense des droits des nouveaux groupes sociaux atteints du sida. Il est à craindre que les pressions visant à l'application de mesures coercitives pour lutter contre l'épidémie augmenteront au fur et à mesure que celle-ci se déplacera vers des groupes plus démunis socialement (Hunter & Rubenstein 1992).

BIBLIOGRAPHIE

Agence canadienne du développement international. (1990). Refusal to designate AIDS communicable upheld by New York State Appellate Court. *AIDS Policy and Law, 5,* 1-2.

Agence canadienne du développement international. (1993). *Le sida. Un éclairage nouveau sur le développement.*

Ainscow, R. (1991). AIDS and the developing world. *The World Today, 47,* 120-124.

Alary, M. & Remis, R.S. (1992). *Rapport sectoriel pour le plan triennal de lutte contre le sida 1992 à 1995.* Aspects de la surveillance épidémiologique.

Albert, E. (1986). Illness and deviance: The response of the press to AIDS. Dans D.A. Feldman & T.M. Johnson (dir.), *The social dimension of AIDS* (p. 110-129). New York: Praeger.

Alpa, G. & Celesti, R. (1994). Aspects juridiques et médico-légaux du sida en Italie. Dans J. Foyer et L. Khaïat (dir.), *Droit et sida: Comparaison internationale* (p. 267-280). Paris: CNRS Éditions.

Altman, L.K. (1983). The confusing Haitien connection to AIDS. *N.Y. Times,* 16 février, 19.

Anderson, W. (1991). The New York needle trial: The politics of public health in the age of AIDS. *American Journal of Public Health, 81,* 1506-1517.

Angell, M. (1993). Le dépistage systématique du VIH: Le défi social et la contrainte épidémiologique. Dans G. Bez & C. Jasmin (dir.), *Cancer, sida et société: pour une approche globale de la santé* (p. 97-101). Paris: ESF éditeur.

Backstrom, C. & Robins, L. (1995/1996). State AIDS policy making: Perspectives of legislative health committee chairs. *AIDS and Public Policy Journal, 10,* 238-248.

Bayer, F.G. (1991). AIDS, public health, and civil liberties: Consensus and conflict in policy. Dans F.G. Reamer (dir.), *AIDS et Ethics* (p. 26-49). New York: Colombia University Press.

Bayer, R. (1989). AIDS, privacy, and responsability. *Dædalus, 118,* 79-99.

Bayer, R. (1986). AIDS, power, and reason. *The Milbank Quaterly, 64,* 168-182.

Beaulieu, G, (1987). Lutte aux MTS. La campagne des régions. *Santé société,* 30-33.

Beaulieu, G. (1986). Les leçons d'une épidémie. *Santé société,* 48-51.

Beauchamp, D.E. (1986). Morality and the health of the body politic. *Hasting Center Report,* 30-36.

Berridge, V. (1991). AIDS, medias and health policy. *Health Education Journal, 50,* 179-185.

Berridge V. & Strong, P. (1991). AIDS in the UK: Contemporary history and the study of policy. *Twenthieth Century British History, 2,* 150-74.

Berridge, V. (1992). AIDS: History and contemporary history. Dans G. Herdt & S. Lindenbaum (dir.), *The Time of AIDS. Social Analysis, Theory, and Method* (p. 41-64). London: Sage.

Berry, D.E., McKinney, M.M. & McClain, M. (1996). Rural HIV-service networks: Patterns of care and policy issues. *AIDS and Public Policy Journal, 11,* 36-46.

Biggar, R.J. (1987). AIDS in HIV infection: estimates of the magnitude of the problem worldwide in 1985-1986. *Clinical Immunology and Immunopathology, 45,* 297-309.

Bouchard, D. (1996). *Les coûts directs de l'infection au vih et du sida au Québec. Évolution et perspectives pour l'an 2000.* Collection études et analyses. Direction générale de la planification et de l'Évaluation. Ministère de la Santé et des Services sociaux.

Bottke, W. (1994). Sida et droit en République fédérale d'Allemagne. Dans J. Foyer & L. Khaïat (dir.), *Droit et Sida. Comparaison internationale* (p. 21-42). Montréal: CNRS Éditions.

Bowen, N. (1995/1996). The French blood transfusion system on trial. *AIDS and Public Policy Journal, 10,* 205-220.

Brandt, E.M. (1987). A historical perspective. Dans W.L. & S. Brunis (dir.), *AIDS and the Law. A Guide for the Public* (p. 37-43). Dalton, New Haven: Yale University Press.

Brandt, E.N. Jr. (1988). Some public health policies arising from AIDS. *AIDS and Public Policy Journal, 3,* 1-3.

Brazier, M. & Mulholland, M. (1994). Droit et sida: le Royaume-Uni. Dans J. Foyer et L. Khaïat (dir.), *Droit et sida: Comparaison internationale* (p. 363-386). Paris: CNRS Éditions.

Brown, P. (1992). AIDS in the media. Dans J. Mann., D.J.M. Tarantola & T.W. Netter (dir.). *AIDS in the World. A Global Report* (p. 720-732). Harvard University Press.

Cabestan, J.P. (1994). Sida et droit en Chine populaire. Dans J. Foyer & L. Khaïat (dir.), *Droit et sida: Comparaison internationale* (p. 97-110). Paris: CNRS Éditions.

Cain, R. (1995/1996). Community-based AIDS organizations and the State: Dillemmas of dependence. *AIDS and Public Policy Journal, 10,* 83-93.

Canadian Public Health Association. (1993). *HIV and AIDS. A Public Health Perspective.*

Center for Disease Control. (1990). U.S. CDC Agency recommends removing immigration restrictions. *CDC AIDS Weekly.*

Check, W. (1985). Public education on AIDS: Not only the media's responsability. *Hasting Center Report,* 27-31.

Childress, J.F. (1987). An ethical framework for assessing policies to screen for antibodies to HIV. *AIDS and Public Policy Journal,* 2, 28-31.

Christakis, N.A. (1989). Responding to a pandemic: International interests in AIDS control. *Daedalus. Journal of the American Academy of Arts and Sciences,* 113-134.

Cleary, P.D. *et al.* (1987). Compulsory premarital screening for human immunodeficiency virus. Technical and public health considerations. *JAMA,* 258, 1757-1762.

Colby,D.C. & Baker, D.G. (1988). State policy responses to the AIDS epidemic. *Publius: The Journal of Federalism,* 18, 113-130.

Colby, D.C. & Cook, T.E. (1991). Epidemics and agendas: The politics of nightly news coverage of AIDS. *Journal of Health Politics, Policy and Law,* 16, 215-249.

Comité québécois sur l'approvisionnement, la gestion et la distribution du sang (1996). *Le système du sang au Québec.* Le rapport du comité québécois sur l'approvisionnement, la gestion et la distribution du sang.

Commission d'enquête sur l'approvisionnement en sang au Canada. (1994). *Transcription de l'audience tenue le 28 septembre 1994,* volume 80.

Conan, E. (1988). Le sida dans l'espace public. *Esprit,* 63-69.

Corten, O., Petiaux, C. & Robert, E. (1990). Lutte contre le sida et discriminations: L'article 14 de la convention européenne des droits de l'Homme. *Revue belge de droit international,* 23, 190-210.

Del Rio, C., Muniz-Martelon, M., Mellado, E., Trevino, A. & Baez-Villasenor, J. (1995). *Premarital HIV testing: The case of Mexico,* 10, 104-106.

Des Jarlais, D.C. (1988). Policy issues regarding AIDS among intravenous drug users: An overview. *AIDS and Public Policy Journal,* 3, 1-4.

De Zalduondo, B.O., Msamanga, G.I. & Chen, L.C. (1989). AIDS in Africa: Diversity in the global pandemic. *Daedalus. Journal of the American Academy of Arts and Sciences,* 118, 165-203.

Dickens, B.M. (1988). Legal rights and duties in AIDS epidemics. *Science,* 239, 580-586.

Dispersyn, M. (1990). Les personnes séropositives ou atteintes du sida et la libre circulation dans la communauté. *Revue belge de droit international,* 23, 232-243.

Donahue, A.H., Danello, M.A. & Kirschstein, R.L. (1989). HIV infection in women: An inventory of public health service initiatives. *AIDS and Public Policy Journal,* 4, 120-124.

Dwyer, J.M. (1993). Legislating AIDS away: The limited role of legal persuasion in minimizing the spread of the human immunodeficiency

virus. *Journal of Contemporary Health, Law and Policy,* 9, 167-176.

El Chazli, F. (1994). Le sida au regard du droit égyptien. Dans J. Foyer & L. Khaïat (dir.), *Droit et sida: Comparaison internationale* (p. 147-172). Paris: CNRS Éditions.

Favre, P. (1992). *Sida et politique. Les premiers affrontemens (1981-1987).* Paris: L'Harmattan.

Fluss, S.S. & Lau Hansen, J. (1994). La réponse du législateur face au HIV/sida: aperçu international. Dans J. Foyer & L. Khaïat (dir.), *Droit et sida: Comparaison internationale* (p. 443-470). Paris: CNRS Éditions.

Fluss, S.S. & Latto, D.K. (1987). The coercive element in legislation for the control of AIDS and HIV infection: Some recent developments. *AIDS and Public Policy Journal,* 2, 11-18.

Fluss, S.S. & Zeegers, D. (1990). Reporting of AIDS and human immunodeficiency virus (HIV) infection: A worldwide review of legislative and regulatory patterns and issues. *AIDS and Public Policy Journal,* 5, 32-36.

Ford, N. & Quam, M. (1987). AIDS quarantine: the legal and practical implications. *Journal of Legal Medecine,* 8, 353-96.

Fox, D.M., Day, P. & Klein, R. (1989). The power of professionalism: Policies for AIDS in Britain, Sweden, and the United States. *Daedalus,* 118, 93-112.

Foyer, J. & Khaïat, L. (1994). Droit et sida: la situation française. Dans J. Foyer & L. Khaïat (dir), *Droit et sida: Comparaison internationale* (p. 215-258). Paris: CNRS Éditions.

Fox, D.M. (1986a). AIDS and the American health polity: The history and prospects of a crisis of authority. *The Milbank Quaterly,* 64, 7-33.

Fox, D.M. (1986b). From TB to AIDS: Value conflicts in reporting disease. *Hasting Center Report,* 11-16.

Fox, R., Odaka, N.J., Brookmeyer, R. *et al.* (1987). Effect of HIV antibody disclosure on subsequent sexual activity in homosexual men. *AIDS,* 1, 241-246.

Gaillard, R., Hausser, D. & Netter, T. (1988). Sida et information. *Rencontre médias Nord-Sud 1988,* Colloque «Information sur les crises et crises de l'information. Couverture médiatique des catactrophes au Nord et au Sud». Genève: IUED.

Gostin, L. & Curran, W.J. (1987a). Legal control measures for AIDS: Reporting requirements, surveillance, quarantine, and regulation of public meeting places. *American Journal of Public Health,* 77, 214-218.

Gostin, L. & Curran, W.J. (1987b). AIDS Screening, confidentiality, and duty to warn. *American Journal of Public Health,* 77, 361-365.

Gostin, L. & Curran, W.J. (1986). The limits of compulsion in controlling AIDS. *Hasting Center Report,* 24-29.

Gouvernement du Canada. Santé et Bien-être social (1993). *National AIDS Strategy.*

Gouvernement du Québec, MSSS. Centre québécois de coordination sur le sida. (1992).

Stratégie québécoise de lutte contre le sida et de prévention des maladies transmissibles sexuellement. Plan d'action 1992-1995. Montréal.

Gouvernement du Québec, MSSS. Centre québécois de coordination sur le sida. (1991a). Rapport de consultation concernant la prévention des MTS et de l'infection à VIH pour les années 1992 à 1995. Montréal.

Gouvernement du Québec, MSSS. Centre québécois de coordination sur le sida. (1991b). Un pas de plus... Rapport de consultation portant sur les services psychosociaux et complémentaires reliés au VIH et au sida. Montréal.

Gouvernement du Québec, MSSS. Centre québécois de coordination sur le sida. (1991c). Rapport des organismes communautaires de lutte contre le sida. Montréal.

Gouvernement du Québec, MSSS. Centre québécois de coordination sur le sida. (1991d). Rapport d'activités 1990-1991. Montréal.

Gouvernement du Québec, MSSS. Centre québécois de coordination sur le sida. (1991e). Sida. Rapport sur la prévention. Orientations. Document 1, Montréal.

Gouvernement du Québec, MSSS. Centre québécois de coordination sur le sida. (1991f). Sida. Prévention de l'infection par le VIH auprès des jeunes: cadre de référence pour l'intervention en dehors du milieu scolaire. Document 2, Montréal.

Gouvernement du Québec, MSSS, Comité de prévention du Sida. (1988). Plan d'orientation et d'action pour la prévention du sida au Québec. Montréal.

Gouvernement du Québec, MSSS Working Group on AIDS. (1988). HIV and AIDS. A Report in Ethical and Legal Issues. D.J. Roy (dir.).

Grmek, M.D. (1989). Histoire du sida. Paris: Les Éditions Payot.

Groupe de consultation sur les aspects cliniques et les soins-services reliés au sida au Québec. (1991) R. Morisset (dir.), Planification triennalle 1992-1995 sur les aspects cliniques et les soins-services reliés au sida au Québec: rapport intégral.

Groupe de travail sur le sida. (1988). Laberge-Ferron (dir.), Rapport synthèse.

Harmathy, A. & Dosa, A. (1994). Le sida au regard du droit hongrois. Dans J. Foyer & L. Khaïat (dir.), Droit et sida: Comparaison internationale (p. 259-266). Paris: CNRS Éditions.

Harris, J. & Hobin, S. (1993). If only AIDS were different! Hasting Center Report, 6-12.

Hirsch, D. (1994). Sida et droit en Australie. Dans J. Foyer & L. Khaïat (dir.), Droit et sida: Comparaison internationale (p. 4-96). Paris: CNRS Éditions.

Hours, B. (1986). L'État de la santé. Cahiers d'Études africaines, 26, 395-402.

Howell. J.D. (1988). What is the difference between an HIV and a CBC? Hasting Center Report, 18-19.

Hunter, N.D. & Rubenstein, W.B. (1992). AIDS and civil rights: the new agenda. AIDS and Public policy Journal, 7, 204-208.

Institut Panos. (1989). AIDS in the Third World. Philadelphia: New Society Publishers.

Jarvis, R.M., Closen, L.C., Hermann, D.H.J. et al. (1991). AIDS Law in a Nutshell. St.Paul, Minn.: West Publishing Co.

Jones, J.H. (1992). The Tuskegee legacy. AIDS ans the Black community. Hasting Center Report, 38-40.

Joseph, S.C. (1987). Defining and implementing a national AIDS prevention strategy. AIDS and Public Policy Journal, 2, 29-32.

King, A.J.C., Beazley, R.P.,Warren, W.K. et al. (1988). Canada Youth and AIDS Study. Kingston: Queen's University.

Klein, P. (1990). Les organisations internationales face au sida. Revue belge de droit international, 23, 190-210.

Kleinig, J. (1990). The ethical challenge of AIDS to traditional liberal values. AIDS and Public Policy Journal, 5, 42-44.

Krim, M. (1985). AIDS: The challenge to science and medecine. Hasting Center Report, 2-7.

Kuller, L.H. & Kingsley, L.A. (1986). The epidemic of AIDS: A failure of public health policy. The Milbank Quarterly, 64, 56-78.

Kurth, A. (1993). Until the Cure: Caring for Women with HIV. New Haven and London: Yale University Press.

Laberge, D. (1988). Les pouvoirs publics et le Sida. Le Point de vue du ministère de la Santé et des Services sociaux. Assurances, 3, 337-342.

Lee Jones, N. (1994). Les différents aspects juridiques des problèmes posés par le sida aux États-Unis. Dans J. Foyer & L. Khaïat (dir.), Droit et sida: Comparaison internationale (p. 203-214). Paris: CNRS Éditions.

Legrand, J.P. (1990). Les personnes de nationalité étrangère et le sida. Revue belge de droit international, 23, 211-231.

Lemieux, V. (1995). L'étude des politiques publiques. Les acteurs et leur pouvoir. Sainte-Foy: Presses de l'Université Laval.

Levine, C. (1986). AIDS: Public health and civil liberties. Hasting Center Report, 17.

Levine, C. & Bayer, R. (1989). The ethics of screening for early intervention in HIV disease. American Journal of Public Health, 79, 1661-1667.

Levine, C. & Bayer, R. (1985) Screening blood: public health and medical uncertainty. Hasting Center Report, 8-11.

Lindquist, E.A. & Rayside, D.M. (1992/1993). Federal AIDS policy for the 1990s: is it too early for «mainstreaming» in Canada? Dans F. Abele (dir.), How Ottawa Spends. The Politics of Competitiveness (p. 313-352). Ottawa: Carleton University Press.

Macklin, R. (1986). Predicting dangerousness and the public health response to AIDS. Hasting Center Report, 16-23.

Mann, J., Tarantola, D.J.M. & Netter, T.W. (1992). A Global Report. AIDS in the World.

Cambridge, Massachussetts: Harvard University Press.

Manuel, C., Enel, P., Charrel, J. et al. (1991). Ethics and AIDS: The protection or society versus the protection or individual rights. AIDS and Public Policy Journal, 6, 31-36.

Marie, N. (1994). Le sida dans l'ex-URSS. Dans J. Foyer & L. Khaïat (dir.), Droit et sida: Comparaison internationale (p. 429-442). Paris: CNRS Éditions.

Mattews, G.E. & Neslund, V.S. (1987). The initial impact on public health law in the United States-1986. JAMA, 257, 344-352.

Mayer, K.H. (1985). The epidemiological investigation of AIDS. Hasting Center Report, 12-15.

McCusker, J., Stoddard, A.M., Mayer, M.K. et al. (1988). Effects of HIV andibody test knowledge in subsequent sexual behaviors in a cohort of homosexually active man. American Journal of Public Health, 78, 462-467.

McDuff, J. (1995). Le sang qui tue. L'affaire du sang contaminé au Canada. Montréal: Libre Expression.

McKenzie, N.F. (1991). The AIDS Reader: Social, Political and Ethical Issues. A Meridian Book.

Mc Millen, J.C. & Groze, V. (1991). Child welfare policies affected by the difficulty in diagnosis HIV infection in infants and young children. AIDS and Public Policy Journal, 6, 59-63.

Melbye, M., Friebel, K.S. Madhok, R. et al. (1984). HTLV-III seropositivity in European haemophiliacs expend to Factor VIII concentrate inported from USA. Lancet, 2, 1444-1490.

Merritt, D.J. (1986). The constitutional balance between health and liberty. Hasting Center Report, 2-10.

Mesa Castillo, O., Franco Rivero, R., Vasquez Sanchez, A. & Martinez Martin, A. (1994). La législation cubaine face au sida. Dans J. Foyer & L. Khaïat (dir.), Droit et sida: Comparaison internationale (p. 131-145). Paris: CNRS Éditions.

Minyersky, N., Monti, E.J. & Vasquez Acuna, M. (1994). La problématique du sida en Argentine. Dans J. Foyer & L. Khaïat (dir.), Droit et sida: Comparaison internationale. (p. 43-64). Paris: CNRS Éditions.

Misztal, B.A. & Moss, D. (1990). Action on AIDS. National Policies in Comparative Perspective New York: Greenwood Press.

Mitchell, J.L. (1988). Women, AIDS, and Public Policy. AIDS and Public Policy Journal, 3, 50-51.

Mocellin, P. (1993). Face à la peur du sida: les ambiguïtés de la politique de prévention. Esprit, 192, 32-45.

Montagnier, L. (1994). Des virus et des hommes. Paris: Éditions Odile Jacob.

Morelle, A. (1993). L'institution médicale en question. Retour sur l'affaire du sang contaminé. Esprit, 195, 5-51

Muntarbhorn, V. (1994). Le sida et la loi: dilemme thaïlandais?. Dans J. Foyer & L.

Khaïat (dir.), Droit et sida: Comparaison internationale (p. 415-428). Paris: CNRS Éditions.

Murphy, T.F. (1991). No time for an AIDS backlash. Hasting Center Report, 21, 7-11.

Nelson, L.J. (1987). International travel restrictions and AIDS epidemic. The American Journal of International Law, 81, 230-236.

Niquay, J.P. (1992). Awareness for survival. Rencontre, 13, 16-17.

Novick, A. (1989). Civil disobedience in time of AIDS. Hasting Center Report, 35-36.

Osborn, J.E. (1989). Public health and politics of AIDS prevention. Dædalus, 118, 123-144.

Palmer, S.J. (1989). AIDS as metaphor. Society. Transaction Social, Science and Modern, 26, 44-50.

Panem, S. (1985). AIDS: Public policy and biomedical research. Hasting Center Report, 23-26.

Penner, S.J. (1992). Problems with planning for the HIV epidemic. AIDS and Public Policy Journal, 7, 120-127

Petry, F. & Adnane, K. (1994). La politique d'approvisionnement en sang. Étude de cas. Groupe de recherche sur les interventions gouvernementales, Université Laval.

Ploughman, P. (1995/1996). Public policy versus private rights: The medical, social, ethical and legal implications of the testing of newborns for HIV. AIDS and Public Policy Journal, 10, 182-204.

Plumridge, E. & Chetwynd, J. (1994). AIDS policy response in New Zealand: Consensus in crisis. Health Care Analysis, 2, 287-295.

Pollak, M. (1992). Histoire d'une cause. Autrement, 130, 24-39.

Pollak, M. (1990). AIDS policy in France: Biomedical leadership and preventive impotence. Dans B.A. Misztal & D. Moss (dir.), Actions on AIDS (p. 79-100). Westport Conn.: Greenwood Press.

Pollak, M. (1988). Les homosexuels et le sida. Sociologie d'une épidémie. Paris: Éditions Métailié.

Rabin, J.A. (1986). The AIDS epidemic and gay bathhouses: A constitutional analysis. Journal of Health Politics, Policy and Law, 10, 729-747.

Relman, A.S. (1985). AIDS: The emerging ethical dilemmas. Hasting Center Report. Special Suppl. 19.

Robertson, J.R., Skidmore, C.A. & Roberts, J.J.K. (1988). HIV infection in intravenous drug users: a follow-up study indicating changes in risk-taking behaviour. British Journal of Drug Addiction, 83, 387-391.

Roché, D. (1993). Le risque de la discrimination. Les paradoxes de dix ans de politiques de lutte contre le sida en France. Esprit, 192.

Rogers, E.M. & Dearing, J.W. (1988). Agenda setting-research: Where has it been, where is it going?. Dans J.A. Anderson (dir.), Communication yearbook. Newbury Park: Sage.

Rogers, E.M., Dearing, J.W. & Chang, S. (1991). AIDS in the 1980s: The agenda-setting process for a public issue. Journalism Monographs, 126.

Roy, D.J. (1991). *VIH et sida. Plan d'action triennal. Aspects éthiques et juridiques*. Institut de recherches cliniques de Montréal.

Saldeen, A. & Westerhall, L. (1994). Réflexions sur le sida en droit suédois. Dans J. Foyer & L. Khaïat (dir.), *Droit et sida: Comparaison internationale* (p. 387-414). Paris: CNRS Éditions.

Sarassoro, H.C., Coffi, J.P. & Ouattara, N. (1994). Droit et sida en Côte-d'Ivoire. Dans J. Foyer & L. Khaïat (dir.), *Droit et sida: Comparaison internationale* (p. 125-130). Paris: CNRS Éditions.

Scheidecker, J.P. & Vacher, M.C. (1991). *Sida et libertés. La régulation d'une épidémie dans un Etat de droit*. Arles. Éditions Actes Sud.

Schröder, M.H. (1990). Les pratiques de dépistage du sida aux communautés européennes. *Revue belge de droit international*, 23, 171-189.

Seedhouse, D. (1994). AIDS, Science and the totem. *Health Care Analysis*, 2, 273-278.

Seizelet, E. (1994). Le droit face au sida en Corée du Sud. Dans J. Foyer & L. Khaïat (dir.), *Droit et sida: Comparaison internationale* (p. 111-124). Paris: CNRS Éditions.

Seizelet, E. (1994a). Sida et droit au Japon. Dans J. Foyer & L. Khaïat (dir), *Droit et sida: Comparaison internationale* (p. 281-312). Paris: CNRS Éditions.

Setbon, M. (1993). *Pouvoirs contre le sida. De la transfusion sanguine au dépistage: décisions et pratiques en France, Grande-Bretagne et Suède*. Paris: Éditions du Seuil.

Shilts, R. (1987). *And the Band Played on. Politics, People, and the AIDS Epidemic*. New York: St. Martin Press.

Sills, Y.G. (1994). *The AIDS Pandemic. Social Perspectives*. Wesport, Connecticut: Greenwood Press.

Silverman, M.F & Silverman, D.B. (1985). AIDS and the threat to public health. *Hasting Center Report*, 19-22.

Skrzydko-Tefelska, E. (1994). Les problèmes juridiques du sida en Pologne. Dans J. Foyer & L. Khaïat (dir.), *Droit et sida: Comparaison internationale* (p. 341-362). Paris: CNRS Éditions

Société canadienne du sida. (1994). Entrée au Pays. *Les nouvelles du trimestre*, 1, 3.

Société canadienne du sida. (1991). *Réponse de la société canadienne du sida au document de travail sur la revision des dispositions de la loi sur l'immigration touchant la non-admissibilité pour des raisons d'ordre médical préparé par Emploi et Immigration Canada en janvier 1991*.

Société canadienne du sida. (1990). *Éliminons les obstacles*. (Mémoire présenté par la société

canadienne du sida à Emploi et Immigration Canada).

Spiers, H.R. (1989). AIDS and civil disobedience. *Hasting Center Report*, 34-35.

Stein, T.J. (1995). Disability-based employement discrimination against individuals perceived to have AIDS and individuals infected with hiv or diagnosed with AIDS: Federal and New York statutes and case law. *AIDS and Public Policy Journal*, 10, 123-139.

Stenghall, R. (1988). The Canadians among us. *Spy*, 64-72.

Stewart, G.T. (1994). Scientific surveillance and control of AIDS: A call for open debate. *Health Care Analysis*, 2, 279-286.

Van Griensven, G.J.P., de Vroome E.M.M., Tielman R.A.P. *et al*. (1989). Effect of human immunodeficiency virus (HIV) antibody knowledge on high-risk sexual behavior with steady and nonsteady sexual parthers among homosexual man. *American Journal of Epidemiology*, 129, 596-603.

Van Griensven, G.J.P., de Vroome E.M.M., Tielman R.A.P. *et al*. (1988). Impact of HIV antibody testing on changes in sexual behavior among homosexual men in the Netherlands. *American Journal of Public Health*, 78, 1575-1561.

Vidal Martinez, J. & Alventosa, J. (1994). Droit et sida. Dans J. Foyer & L. Khaïat (dir.), *Droit et sida: Comparaison internationale* (p. 173-202). Paris: CNRS Éditions.

Volberding, P. & Abrams, D. (1985). Clinical care and research in AIDS. *Hasting Center Report*, 16-18.

Walker, R.S. (1994). *AIDS-Today, Tomorrow: An Introduction to the HIV Epidemic in America*. 2ᵉ édition. New Jersey: Humanities Press.

Wang, E.E.L. (1994). Dépistage des anticorps anti-HIV. *Guide canadien de médecine préventive*. Santé et Bien-être social Canada. 802-814.

Weston, M. & Jeffery, B. (1994). AIDS : The politicizing of a public health issue. Dans B.S. Bolaria & H.D. Dickinson (dir.), *Health, Illness, and Health Care in Canada* (p. 721-38). Toronto: Harcourt Brace.

Whitaker, R.E.D. & Edwards, R.K. (1990). An ethical analysis of the US immigration policy of screening foreigners for the humans immunodeficiency virus. *AIDS and Public Policy Journal*, 5, 145-156.

Wood, G.J. & Philipson, A. (1987). AIDS, testing and privacy: An analysis of case histories. *AIDS and Public Policy Journal*, 2, 21-27.

Zeegers, D. (1994). Droit et sida: perspectives aux Pays-Bas. Dans J. Foyer & L. Khaïat (dir.), *Droit et sida: Comparaison internationale* (p. 313-340). Paris: CNRS Éditions.

LE SIDA ET LES MASS–MÉDIAS:
LES ACTEURS CONSTRUISENT LA RÉALITÉ

Bernard DAGENAIS

Le cinéaste Woody Allen, homme de spectacle accompli, affirmait que «la vie est une maladie sexuellement transmissible et fatalement mortelle» (Mauriac, 1990, p. 7). Ces propos avaient évidemment pour but de faire rire et non de parler de la vie. Mais en soi, ils n'étaient pas inexacts. Cet exemple traduit de façon imagée le lien qu'entretiennent les médias avec la réalité. Ce qui est médiatisé est vraisemblable, mais la formulation répond davantage aux préoccupations de la source qu'au bénéfice du récepteur. S'ajoute à cela une autre contrainte: toute médiatisation doit permettre au média de générer des profits avant de faire réfléchir...

L'analyse de la couverture médiatique du sida témoigne de ce phénomène et révèle en même temps la complexité, pour une société, de gérer un enjeu qui paraît insaisissable. L'apparition soudaine de la maladie, son développement prodigieux – douze cas en 1980, plus d'un million de cas en 1995 – son incurabilité, son lien avec l'univers marginalisé des homosexuels, des drogués, des prostitués, lui confèrent tous les aspects d'une crise de société. Or, les médias se nourrissent de crises et celles-ci doivent apporter chaque jour leur lot d'inattendu pour être médiatisées.

Le sida fait partie des «crises lentes» (Stryckman, 1993) et les principaux problèmes liés à la couverture des désastres lents sont de savoir comment faire de l'événement une nouvelle valable, comment obtenir une bonne approche de la situation avant de la rapporter et comment la définir en sorte qu'elle soit perçue comme étant intéressante pour le public (Rogers & Sood 1980, p. 155).

Pour les médias, en plus d'être une crise lente, le sida est aussi une crise à répétition. Au cours des quinze dernières années, les pays ont subi lentement les uns après les autres le drame du sida. Et chaque fois, chacun d'entre eux a pratiqué le même rite d'appropriation de la maladie.

L'étude de la relation média/sida est révélatrice autant de la façon dont fonctionnent les médias que de celle dont est vécu le sida. Elle démontre également que dans chaque pays, tour à tour, différents acteurs sociaux vont essayer d'imposer dans les médias leur vision des enjeux de la maladie. Privilégiant la controverse et le spectaculaire, les médias vont en même temps traiter tous les épiphénomènes qui l'entourent. L'image médiatique qui en résulte est éclatée et confond les drames de la maladie avec les rêves de guérison, tout en exploitant les faits divers qui accompagnent le développement du sida.

Dans le texte qui suit, nous allons présenter la place qu'ont occupée les médias dans l'histoire du sida. Héros et vilains tout à la fois, ils ont fait connaître la gravité de la maladie longtemps avant que les autorités politiques n'acceptent de se pencher sur le sujet. C'est par leur intervention que celles-ci ont enfin réagi. Mais bientôt, la maladie est devenue banalisée dans le flot des informations qui font la fortune des médias. Pour continuer d'en parler, les médias se sont plu à amplifier tous les phénomènes secondaires entourant la maladie.

Par ailleurs, traiter du sida, c'est se plonger au plus profond de certaines valeurs humaines comme l'amour, le plaisir, l'acceptation de l'autre. C'est aussi confronter l'impuissance d'une science – la médecine – à l'image d'infaillibilité dont elle se drape lorsqu'elle pose des diagnostics; c'est opposer la négligence du corps politique aux certitudes dont il entoure tout son discours; c'est découvrir que le clergé préfère la certitude de ses dogmes à l'évidence des changements sociaux; et c'est réaliser que la notion de responsabilité sociale n'entre pas dans la définition des règles du jeu du journalisme. En fait, l'apparition du sida constitue un électrochoc au regard de trop nombreuses certitudes. «Penser le sida nous force à repenser notre rapport occulté à l'incertitude, au risque, à la mort et à la sexualité. Le sida joue ici le rôle d'un révélateur de l'état de notre société» (Mauriac, 1990, p. 11).

Le sida est une maladie qui confond le corps médical, qui dérange le corps religieux, qui agace le corps politique. C'est tout à la fois un problème de santé et de mœurs amoureuses et jamais Éros et Thanatos n'ont été si intimement reliés. Mais alors qu'aucun corps social ne sait comment réagir devant cette question, on s'attend à ce que les communications développent des stratégies miracles pour amener les individus à changer de comportement. Et on laisse les médias informer, spéculer et même animer le débat du sida. De ce fait, les médias ont joué un rôle tout à fait particulier dans la prise de conscience de cette maladie. Et pour bien comprendre ce rôle, il faut apporter quelques précisions sur ce qu'on entend par média.

LE MONDE DES MÉDIAS SE RÉVÈLE COMPLEXE

Traiter du problème de la relation entre le sida et les médias, c'est traiter de deux univers complexes. Entre le jeune enfant contaminé par sa mère et le drogué, il y a une victime et un complice de la maladie. Entre la dimension médicale, psychologique et politique du sida, apparaissent des univers de différences parfois irréconciliables. Il en est de même des médias. S'il est vrai qu'il y existe une routine et une logique auxquelles répondent tous les médias, ce dernier terme englobe un ensemble de modes d'expression qu'il est difficile de mettre sur le même pied. Les médias s'adressant aux homosexuels ont tenu un discours sur la maladie très différent de celui de la grande presse écrite. Et celle-ci a traité du sida de façon élaborée longtemps avant la radio et la télévision. Le cinéma et le théâtre, qui sont des médias de masse, ont été les derniers à aborder la thématique du sida. Enfin, la publicité sur les modes de prévention de la maladie et sur les condoms a campé un autre discours social. Vouloir poser un regard uniforme sur les médias et le sida, c'est méconnaître la grande diversité de l'univers de la médiatisation.

Par ailleurs, dans chacun des pays où la maladie a fait son apparition, les médias ont parfois repris le discours élaboré dans les pays qui avaient déjà été en contact avec la maladie et parfois ont privilégié une approche plus singulière.

Nous allons donc traiter de ces différents éléments en gardant présent à l'esprit que les pays en voie de développement ou en transition ne possèdent pas les infrastructures techniques de diffusion de l'information des pays développés.

La logique des médias provoque par ailleurs un certain nombre d'effets pervers qui trahissent toute réalité. En voici quelques-uns:

- la recherche d'un grand auditoire pour augmenter les tirages et les écoutes et pour attirer la manne publicitaire se fait en privilégiant certaines thématiques et en habillant l'information de façon séduisante;
- la nouvelle se définit toujours par un écart à la norme et non comme valeur en soi;
- la recherche d'informations fiables se fait en privilégiant les sources d'information institutionnelle et celles-ci ont des intérêts ou des valeurs à protéger (De Fleur & Dennis, 1981, p. 418). En accordant crédit à ces sources, les journalistes ne prennent pas le temps de vérifier le bien-fondé des informations qu'ils font circuler;
- chaque discussion sur un enjeu social propulse à l'avant-scène des acteurs qui vont tenir des propos contradictoires que diffuseront en même temps les médias;
- un bruit communicationnel enveloppe d'un bourdonnement constant tout effort pour imposer la certitude des dangers du sida et dissipe l'attention portée à la gravité de la maladie. Le cinéma et les artistes qui l'animent font état des dangers du sida et offrent en même temps l'image des bonheurs de la promiscuité sexuelle. Or, pour réussir des changements de comportement, il faut bénéficier d'éléments qui prédisposent, facilitent et renforcent l'action (Green *et al.*, 1980). Les médias souvent viennent détruire les activités de renforcement.

Ces éléments vont expliquer en bonne partie l'attitude des médias dans le traitement de la crise du sida. Avant toutefois de porter un jugement critique sur l'attitude des médias, nous allons décrire la façon dont le discours social sur le sida s'est structuré dans les médias.

LES MÉDIAS «DÉCOUVRENT» LA MALADIE

«Ce qu'on appelle aujourd'hui sida [...] n'est pas né avec le virus, ni même avec le premier malade, mais a véritablement commencé à exister quand l a presse écrite a appris à la population occidentale qu'une épidémie mortelle était en train d'apparaître. L'histoire de cette épidémie est inséparable de celle de sa médiatisation [...]» (Strazzulla, 1993, p.12).

La présence de cinq cas de pneumocystose chez des homosexuels de Los Angeles (Hertog *et al.*, 1994, p. 294), le développement d'une forme de cancer rare aux États-Unis, le sarcome de Kaposi, toujours chez les homosexuels, ont amené le Centre de contrôle des maladies infectieuses d'Atlanta à poser un premier constat. Il ne s'agissait alors que d'une compilation de données connues de quelques spécialistes. Cette information n'a pas fait l'objet d'une diffusion massive au départ.

Les médias homosexuels agissent comme précurseurs

Dans les pays qui possédaient une presse homosexuelle, celle-ci sera l a première à faire état de la découverte du centre d'Atlanta. Aux États-Unis, l'information a d'abord été diffusée par la revue homosexuelle américaine *The New York Native* le 6 juin 1981 qui voyait dans cette nouvelle un sujet d'intérêt pour ses lecteurs. La grande presse américaine reprit l'information près d'un mois plus tard.

En France, loin du foyer premier d'expression de la maladie, c'est aussi par l'intermédiaire de la presse homosexuelle que l'information est connue. En septembre 1981, soit trois mois après les premières informations américaines, la revue *Gai pied* publiait une première information sur la maladie. Elle fut reprise par les grands médias français en janvier 1982, soit quelque quatre mois plus tard.

À partir de ce moment-là, on va alors assister dans tous les pays, à une circulation de l'information qui se fera à trois vitesses: dans les pays où la communauté homosexuelle possède une presse d'information, celle-ci va être à l'affût de toute information sur le sida et sera toujours la première à publier des informations sur le sujet. La presse homosexuelle gérera l'information avec une bonne avance sur la grande presse et abordera des thématiques qui concernent la maladie et sa prévention (Strazzulla, 1993), en fonction de l'intérêt de ses lecteurs.

Après un certain temps qui varie selon les pays, la grande presse va «découvrir» le sida et en traiter comme d'un phénomène digne d'intérêt et non digne d'inquiétude. La nouvelle sera soumise au même traitement qu'un déraillement de train qui tue des gens, qu'un avion qui tombe ou qu'un cataclysme qui détruit tout sur son passage. Il s'agit de la mort posée comme écart à la vie.

Lorsqu'enfin le sida fait son apparition dans un pays et atteint des proportions inquiétantes, l'intérêt pour la nouvelle va décupler, les acteurs seront plus nombreux à se prononcer et les discours vont s'articuler autour d'un nombre limité mais significatif de thématiques. C'est alors que la maladie va devenir un enjeu sociopolitique local et non plus une simple information venue d'ailleurs. L'approche des médias américains va devenir le modèle des médias des différents pays.

La grande presse emboîte le pas

Alors que le *The New York Native* publiait une première information sur le sida au début du mois de juin 1981, ce n'est que le 2 juillet suivant que *The New York Times* reprenait la nouvelle. Strazzulla (1993, p. 13) avance l'hypothèse que ce dernier journal a publié la nouvelle moins parce qu'il en percevait l'importance que du fait qu'elle pouvait intéresser une partie de son lectorat homosexuel. Mais l'étude de Rogers, Dearing & Chang (1991) démontre que *The New York Times* a été hésitant à accepter le fait homosexuel.

Alors que la revue *Gai pied*, à Paris, publiait une première information sur le sida en septembre 1981, ce n'est qu'au début janvier 1982 que le journal *Le Monde* traita du sujet.

Au Québec, *Le Devoir* publiera son premier article sur le sida en juillet 1982. Au Canada, l'étude de Emke (1988) retrace les premiers articles sur le sida de l'hebdomadaire canadien *Maclean's* et les situe en novembre 1982.

L'information mit longtemps avant de prendre toute sa signification.

Alors qu'en France, le quotidien *Libération* faisait la une en 1983 avec le sida, *Le Figaro* attendit jusqu'en 1985 (Mauriac, 1990, p. 23) pour en faire autant.

On assiste donc à une progression lente de la diffusion des informations sur le sida suivant le rythme de progression de la maladie, comme le précise le tableau ci-contre.

TABLEAU 1

Diffusions des informations sur le sida dans quelques villes

	Le Devoir de Montréal (Canada)	*Le Soleil* de Dakar[1] (Sénégal)	*Le Monde* et 4 autres quotidiens de Paris[3] (France)	*The NY Times* 6 autres quotidiens américains[5] (USA)
année	nombre d'articles	nombre d'articles	nombre d'articles	nombre d'articles
1982: (6)	2		4	20
1983:	13		94	210
1984:	7		61	130
1985:	42		308	600
1986:	19	5	303	625
1987:	71	13	1 136	1 510
1988:	9	25[2]	247[4]	990
1989:				640
1990:				670

1. Voir Dagenais, 1994.; 2. Pour les six premiers mois de 1988 seulement; 3. Il s'agit d'une compilation des quotidiens parisiens suivants: *Le Monde, Libération, Le Figaro, La Croix* et *L'Humanité* (Mauriac, 1990, p. 23).; 4. Pour le premier trimestre seulement; 5. Les journaux étudiés sont *The New York Times, The Washington Post, The Chicago Tribune, The Los Angeles Times, The St.Louis Post-Dispatch, The San Francisco Chronicle, The New Orleans Times-Picayne*. Les données sont approximatives car elles ont été tirées d'un tableau de Hertog, Finnegan & Kahn 1994, p. 299. C'est l'ordre de grandeur qui importe; 6. La majorité des données sur l'évolution de la couverture médiatique du sida proviennent d'index analytiques. Or le mot sida n'a fait son apparition qu'à partir de la deuxième moitié de 1982. C'est ce qui explique qu'il est difficile pour 1981 et 1982 d'avoir des données précises sur les débuts de la maladie.

En France, «Les hebdomadaires marqueront un intérêt tardif pour le sida. Il faut, en effet, attendre 1985 pour atteindre le chiffre de dix articles par an, que ce soit dans *Le Point* (un article en 1984, onze en 1985), dans *Le Nouvel Observateur* (un article en 1984, dix en 1985), dans *L'Express* (un article en 1984, dix en 1985) ou dans *L'Événement du Jeudi* (onze articles en 1985)» (Mauriac, 1990, p. 28).

Ces quelques données nous font déjà voir que l'intérêt pour la maladie s'est développé à un rythme assez identique dans les différentes capitales occidentales. Trois pointes particulières sont apparues dans la couverture des médias: en mai 1983, *The Journal of The American Medical Association* livrait dans un éditorial une information qui laissait croire que de simples contacts domestiques pouvaient diffuser le sida. En 1985, la mort de Rock Hudson et le cas de Ryan White, ce jeune sidéen qui a dû se battre pour être accepté à l'école, ont été les éléments déclen–cheurs d'une nouvelle prise de conscience de la portée de la maladie. Enfin, en 1987, la nouvelle poussée d'information fut provoquée par les questions entourant le dépistage obligatoire et la publicité des condoms dans les médias (Rogers, Dearing & Chang, 1991).

La radio et la télévision ont été plus lentes à réagir. A titre de comparaison, l'étude de Rogers, Dearing & Chan (1991) portait sur trois quotidiens américains (*The New York Times*, the *The Washington Post*, et le *The Los*

Angeles Times) et sur les bulletins d'information des réseaux ABC, NBC et CBS. De juin 1981 à décembre 1988, les trois quotidiens ont produit 5 820 nouvelles sur le sujet, alors que les trois réseaux n'ont diffusé que 874 bulletins sur le même thème.

Mais dans certains pays, la radio et la télévision ont tenté des actions très spectaculaires. En France, le 7 avril 1994, toutes les chaînes de télévision ont diffusé en même temps, pendant toute la soirée, la MÊME émission sur le sida.

La grande presse à l'avant-garde des autorités politiques

Les premières informations sur le sida parlent d'une maladie mystérieuse qu'on ne comprend pas très bien. C'est déjà un premier écart par rapport aux normes scientifiques qui régissent la santé. Plus tard, on apprendra qu'il s'agit d'un nouveau virus mortel qui s'attaque aux homosexuels. C'est encore un écart à la norme de l'hétérosexualité. Il n'en faut pas plus pour appâter les médias avides de toute curiosité. Il est donc normal de constater que les médias auront été aux premières lignes pour diffuser l'information sur cette énigme.

D'une part, les autorités sont enfermées dans une logique interne de priorités que leur bureaucratie leur impose, d'autre part, les limites auxquelles elles doivent faire face, la liste des priorités «politiques», et les revendications multiples des groupes de pression en quête de nouveaux gains, les obligent à une continuelle recherche d'équilibre. Les médias peuvent donc occuper l'avant-scène sans grand effort. Trois exemples concrets peuvent illustrer cette situation.

La sensibilisation au drame du sida

Dans tous les pays possédant une presse relativement libre, les informations sur le sida circulaient depuis des mois et des années avant que les autorités médicales ou politiques daignent reconnaître l'urgence d'agir. Nous verrons plus loin de façon détaillée la négation, la résistance et le refus des autorités de reconnaître les dangers que représentait le sida. Il aura fallu, dans chacun des cas, des individus tenaces pour que se brise la barrière du silence.

Pendant que les médias faisaient circuler à l'échelle mondiale la nouvelle de l'existence du virus, ses modes de transmission et ses dangers pour l'humanité, les autorités politiques et médicales restaient accrochées à leurs priorités préalablement définies.

En fait, dans la plupart des pays, «[...] le sida arrive [...] avant même que le premier malade ne soit connu. C'est là un exemple du pouvoir de la presse, capable d'anticiper sur un sujet de préoccupation virtuel pour le faire entrer dans le réel» (Strazzulla, 1993, p. 16).

Le sang contaminé

C'est sans doute l'affaire du sang contaminé fort bien documentée, (Lapierre, 1990; Brugidou, 1993) qui démontre que les médias avaient tiré la sonnette d'alarme sur la transmission du virus par le sang, bien longtemps avant que les autorités médicales et politiques reconnaissent le danger de la contamination par le sang. Les procès engagés par les hémophiles, dans quelques pays, ont réussi à démontrer non seulement la négligence des autorités dans cette affaire, mais également leur lenteur à réagir à des informations qu'elles possédaient sur le sujet. Il faut toutefois éviter de confondre ici les autorités médicales institutionnelles avec les quelques médecins éclairés qui se sont battus avec acharnement pour faire reconnaître les dangers du sida.

La lecture des médias de cette époque est également très révélatrice à cet effet. En octobre 1983, la revue l'*Actualité*, du Québec, publiait cette information: «Depuis un peu plus d'un an, on a rapporté une quinzaine de cas de sida chez les hémophiles américains [...] Et récemment deux cas probables au Canada [...]».

En France, les informations portant sur les dangers de la transmission du sida par le sang étaient répétées dans les médias sans être entendues. Le 22 mars 1983, *Le Figaro* et *Le Monde* publiaient cette information: «Il est maintenant établi que le virus en question peut être transmis lors de transfusions sanguines».

La prévention

Bien avant que les autorités politiques n'acceptent de faire des campagnes de prévention contre le sida et osent parler du condom, la presse écrite avait pris les devants et avait commencé à pratiquer une certaine forme d'éducation populaire, tout particulièrement en parlant des relations sexuelles protégées.

Au Canada, le discours sur la prévention fut tout à la fois animé et inhibé par les médias. Animé d'une part, parce que les médias écrits n'ont pas hésité à aborder quelques notions de prévention. Ils ont osé parler du condom. Inhibé d'autre part, car les médias électroniques ont refusé au départ de diffuser les messages qui traitaient du condom.

Cette situation a prévalu autant dans les pays en voie de développement que dans les pays mieux nantis. Le quotidien *Le Soleil* de Dakar, par exemple, a publié des dossiers entiers sur la maladie, ses modes de propagation, ses modes de prévention avant que les campagnes officielles ne débutent. Et il ne fut pas le seul média au Sénégal à en parler. Dans la revue *Amina* de mai 1988 (p. 75), un article intitulé: «L'amour sans sida» traitait du préservatif comme le seul moyen connu pour éviter les MTS et le sida. Pendant ce temps, les médias électroniques restaient discrets.

Les médias ont donc entrepris des campagnes d'information et de prévention contre le sida bien avant les autorités publiques et n'ont pas hésité à reprocher au pouvoir son attitude lente et réservée. Dans le *Soleil*, de Dakar, du 10 avril 1987, le journaliste El Bachir Sow écrivait: «[...] nous avons le devoir d'informer les populations sur un mal au caractère planétaire reconnu et qui ignore les frontières et les races. Informer les populations c'est d'abord accepter que le mal existe [...]. La maladie de l'intimité gangrène la société. Il faudra bien le dire». Il n'en fallait pas plus pour qu'on accuse les journalistes de sensationnalisme.

La grande presse à l'avant-garde du corps médical

«Un sondage publié le 12 octobre 1985 par *Le Figaro* révèle que 87% des médecins généralistes interrogés jugent que la peur du sida est exagérée et 91% d'entre eux estiment que le nouveau fléau représente un danger moindre que le cancer.» (Strazzulla, 1993, p. 10).

En 1986, au Sénégal, alors que les médecins responsables des maladies infectieuses clamaient bien haut que le sida avait épargné ce pays, ce sont encore les médias qui rappelèrent aux autorités de cesser de jouer à l'autruche.

«Le monde entier est en état d'urgence, écrivait la journaliste Fara Diaw (1986). Pour le moment la tempête sida souffle partout, à des degrés divers certes, mais souffle quand même. Et quand on sait que le «vent» ignore les frontières et qu'il «balaie» toutes les aires continentales, il est inadmissible de somnoler dans son abri surtout quand on sait qu'il est précaire. Il est hors de question de pratiquer la politique de l'autruche, de penser que ce mal n'arrive à l'heure actuelle qu'aux autres. Le malheur des uns pour le moment, pourrait faire demain le malheur des autres».

Très tôt, les journalistes se sont mis à l'heure du discours mondial sur le sida. Ils vont ainsi alimenter des chroniques qui vont choquer le monde médical. Au Sénégal, un médecin ira même jusqu'à affirmer que le sida n'existe que dans la tête des journalistes, sinon dans leur corps.

Strazzulla (1993, p. 49) signale que «[...] les années 1983-1985 représentent un moment unique, à la fois dans l'histoire de la presse et celle de la médecine. Les journalistes médicaux de la presse nationale sont très vite plus experts en matière de sida que la plupart des médecins généralistes français. Pour pallier la pauvreté des informations publiées dans la presse spécialisée, ces derniers ont recours à la presse nationale, tout en la critiquant».

La presse et la dimension internationale

Le sida a acquis par les médias une dimension internationale comme curiosité. A partir de 1985, tous les médias du monde vont parler du sida américain comme d'une information importante mais qui ne les touche pas.

Ce premier aperçu témoigne bien que les médias ont été à l'avant-garde de la diffusion des informations sur le sida, devançant ainsi le corps médical et le corps politique. On se rendra compte plus tard que la grande presse «utilise» le sida comme nouvelle à sensation et non pour lancer un cri d'alarme à la population. C'est en ce sens que nous parlerons de l'absence de responsabilité sociale de ce corps qui publiera n'importe quoi sur la maladie pour faire vendre.

Par ailleurs, l'étude du discours médiatique, dans différents pays (Dagenais, 1994), nous a révélé que chacun des pays se réapproprie la réalité du sida et ne profite aucunement des cris d'alarme entendus dans les autres pays.

Si les médias ont devancé les pouvoirs publics dans la prise de conscience du drame du sida, c'est qu'ils étaient alimentés par certaines sources. En somme, le rôle précurseur des médias n'a été rendu possible que par la complicité de ces mêmes sources d'information.

LA GRANDE PRESSE À LA REMORQUE DES SOURCES D'INFORMATION

Une information acquiert une existence sociale à partir du moment où elle est médiatisée. Or, dans la majorité des cas, les sources qui détiennent l'information vont retenir ou activer sa circulation selon des critères qu'elles vont elles-mêmes définir. En somme, l'information qu'une source accepte de faire circuler doit contribuer à développer ses intérêts.

C'est ce qui amènera plus tard les journalistes à faire leur mea-culpa pour leur absence de vigilance totale sur l'adéquation entre des informations qu'ils possédaient sur la maladie et les discours officiels qu'ils reproduisaient. Parlant du sang contaminé, le journaliste André Picard (1994) écrivait que: «*We made some mistakes (in covering the scandal) [...] One is we trusted, and we continue to trust, the experts. When doctors were saying way back when, and until very recently, that the risk of contracting Aids from blood and blood products was one in a million, we believed them. [...] We are too trusting. I think we were far too respectful of institutions and not as respectful enough of people*».

Le corps médical oriente les premiers débats sur la maladie

Le corps médical se pose comme premier «définisseur», et certes le plus important, du discours social à partir duquel vont réagir les autres partenaires sociaux (Ajzenstadt, 1988; Emke, 1988; Mauriac, 1990; Jarlbro & Jönsson, 1991; Dagenais, 1994). En effet, quel que soit le pays où l'on étudie la maladie, le corps médical possède l'information de base sur l'état de la situation. Il est donc en mesure de présenter ces informations selon les orientations qu'il choisit, en fonction de sa propre vision et de ses intérêts corporatifs et professionnels. La source est donc maître de son contenu. C'est ainsi, par exemple, que quelques membres du corps médical ont alerté la population des dangers de contamination par le sang. Et d'autres autorités médicales ont affirmé que les risques de contamination par le sang étaient minimes. Les médias vont reproduire sans recul les déclarations des uns et des autres.

Voici donc comment s'est structuré le discours médical dans la grande presse nord-américaine, calqué au fil des ans par les différents pays qui découvraient la présence de la maladie sur leur sol.

Il n'y a pas de raison de s'inquiéter

La première intervention des médecins américains concernés au premier chef par la maladie a consisté à faire connaître l'existence de la maladie. C'était une maladie nouvelle dont on ne connaissait encore ni l'origine, ni les modes de transmission. Mais on savait qu'elle touchait, à l'époque, uniquement les homosexuels.

L'attitude première du corps médical fut d'éviter de créer une peur panique dans la population. Il va donc pratiquer un discours très rassurant sur la maladie et en quelque sorte minimiser ses dangers en la circonscrivant aux homosexuels. Les médias vont alors reprendre ce discours. Emke (1988) rapporte que le premier article que la revue *Maclean's* (Riley, 1982) a publié sur le sujet stipulait clairement qu'il y avait peu de chance que le sida pose une menace sérieuse pour le public en général puisqu'il s'agissait de la peste gaie. De ce fait, seuls les homosexuels étaient concernés. Dans l'*Alberta Report* (05 mars 1984; p. 30), on reprend le même thème. Le docteure Catherine Hankins affirme qu'il n'y a aucune raison pour que la population en général s'inquiète de la maladie et ce, deux ans après la découverte du virus.

Si le Canada, qui est aux portes du centre de propagation de la maladie, ne se soucie guère du sida, il ne faut pas s'étonner que le corps médical des pays qui sont plus éloignés se comporte de la même manière et nie les dangers de la maladie sur leur territoire.

Mais même dans les cas où certains membres du corps médical ont été plus insistants et plus clairvoyants, ils n'ont pas été écoutés. Dominique Lapierre (1990) a démontré qu'aux États-Unis des spécialistes médicaux avaient essayé en vain d'alerter les autorités. En France, quelques spécialistes ont bien donné l'alarme dès 1983, mais sans succès. Le professeur Willy Rozenbaum (Le Gendre, 1992), l'un des premiers à avoir sonné le tocsin, explique rétrospectivement pourquoi il n'a pas réussi à communiquer son effarement: «Une connaissance qui n'est pas partagée n'existe pas». Strazzulla (1993, p. 10) rajoute que «[...] même sous des formes maladroites ou contradictoires, cette connaissance était accessible au travers du travail d'information réalisé par les médias».

Parce que les premières sources ont écarté les dangers de la maladie, les médias ont rapidement amplifié cette attitude. Et lorsque ces mêmes sources n'ont plus été capables de nier la gravité du mal, elles en ont fait la maladie des autres. En Amérique du Nord, après avoir fait porter la responsabilité de la maladie par les homosexuels (Riley, 1982), on désigna les héroïnomanes, les Haïtiens (David, 1983) et les hémophiles comme responsables de la contagion. Lorsque les premiers cas de sida ont été diagnostiqués au Sénégal, les autorités médicales ont immédiatement indiqué que dans tous les cas dépistés «une contamination à l'étranger a été démontrée de façon absolument certaine». Et on poursuivait en disant que «dans la plupart des pays d'Afrique de l'Ouest, les cas de sida sont extrêmement rares et souvent sont des contaminations à partir d'autres aires où la maladie sévit» (*Le Soleil* de Dakar, 11 décembre 1986). En fait, c'est toujours la maladie de l'autre. Lorsque les autorités voudront convaincre la population que c'est aussi leur maladie, cette information ne sera plus crédible, même si de nombreux cris d'alerte seront lancés.

Alerte à la maladie

Au scepticisme et à la réserve du départ va se substituer une urgence d'agir. Car bientôt le corps médical va comprendre l'intérêt qu'il peut tirer à donner de la maladie une image tragique et à semer l'inquiétude. Mais ce n'est pas toujours dans l'intérêt du malade à soigner, ni dans celui du bien portant à protéger que ses interventions seront faites, mais plutôt dans l'intérêt de la science médicale.

Pour obtenir les fonds nécessaires pour la recherche, le dépistage et les expérimentations, il faut que le gouvernement prenne conscience du drame du sida; pour empêcher les citoyens de se détourner des mesures de prévention, il faut développer un discours tragique. Le sida devient une maladie très grave. Désormais, on ne veut plus rassurer, mais faire prendre conscience à la population – et aux corps publics – de la nécessité d'une action structurée. Le penchant naturel des médias pour le dramatique et le spectaculaire va amplifier cette avenue.

Aux États-Unis, «Les médecins californiens et new-yorkais qui s'intéressent à la question sont presque plus nombreux que les malades eux-mêmes» (Strazzulla, 1993, p. 34). En France, «[...] des médecins, sciemment, n'ont pas rempli leur mission première qui est de protéger leurs patients [...]» en privilégiant des équilibres budgétaires plutôt que la santé publique (Strazzulla, 1993, p. 96).

En Suède, Jarlbro et Jönsson (1991, p. 59) ont découvert dans leur étude sur les médias et le sida que «*The doctors and researchers tend to emphasize research on HIV/AIDS is hardly surprising. More than 35% of the articles in our materials bring up new research findings, drugs and medecines that are found to alleviate symptoms or retard the development of the syndrome, and hopes of new breakthroughs to come*».

Au Sénégal, pour le professeur Sow, les premiers maillons de la prévention «doivent être le dépistage des sujets séropositifs par le centre national de transfusion sanguine».

Ainsi, l'alerte est donnée, mais ce n'est pas une alerte à la prévention, mais un appel aux fonds de recherche. Et pour dramatiser l'urgence d'agir, les victimes potentielles de la maladie deviennent hétérosexuelles. Le corps médical devait faire peur, parce que comme le souligne Verspieren (1987), directeur du département d'éthique biomédicale du centre de Sèvres, «la majorité de la population acquerrait un sentiment de sécurité tout à fait illusoire (c'est nous qui soulignons) qui risquerait de la démobiliser».

Strazulla (1993, p. 52) résume ainsi cette alternance de position du corps médical: «Les déclarations publiques des médecins se succèdent, faisant alterner espoir et inquiétude. Quand l'un d'entre eux fait une déclaration exagérément alarmiste dans un quotidien, un autre s'empresse de rectifier le ton. Lorsque le discours médical commence à s'affadir, le propos journalistique relance la machine».

Si le corps médical cherche d'abord à rassurer pour ne pas provoquer de panique inutile, puis à dramatiser pour obtenir des fonds de recherche et le soutien financier gouvernemental dans sa lutte contre la maladie, il n'hésitera pas ensuite à sermonner les médias qu'il a, lui-même, excités. Car bientôt le corps médical se rend compte des effets pervers de la dramatisation.

Alerte à la dramatisation des médias

Comme dans tous les débats importants, les médias vont subir la critique de certains acteurs sociaux, car toute crise provoque le questionnement de l'attitude des médias (Dagenais, 1992). Les médias ont d'abord été accusés de semer la panique parce qu'ils ont osé parler du sida alors que la consigne du corps médical prônait la réserve sinon le silence. Puis, pour avoir suivi le corps médical dans le grossissement de la maladie, ils furent accusés de sensationnalisme. En somme, après avoir bien agité la marmite, le corps médical réalise que les médias exagèrent, d'où un rappel à plus de modération.

À la suite du dossier sida que *le Nouvel Observateur* publiait en 1988, le Docteur Willy Rozenbaum (1988) de l'hôpital Claude Bernard a répondu à la revue en disant qu'à évoquer continuellement les risques exceptionnels du sida, on masque le vrai danger. Et il précisait: «J'ai toujours pensé que l'information de la presse était primordiale dans la lutte contre le sida. J'ai voulu croire que, du moment que l'avenir d'individus et de populations tout entières était en cause, un langage commun aux intérêts parfois divergents de la médecine et du journalisme pouvait et devait être trouvé. Je veux le croire encore, mais à de nombreuses reprises, je me suis aperçu que l'attrait du sensationnel l'a emporté sur la raison et les faits».

Au Sénégal, en avril 1987, les journalistes devaient se défendre des critiques qui leur furent adressées par deux médecins et qui se résumaient ainsi: «Il existe une psychose du sida au Sénégal par la faute des journalistes qui sont en fait les premiers paniqués» (*Le soleil* de Dakar, 27 avril 1987). Pour contourner cette situation, on devait pratiquer une politique de discrétion. Selon le Dr Dankoko (*Le Soleil* de Dakar, 7 mai 1987): «Les populations, elles ont droit à l'information, mais pas à n'importe quelle information [...] J'ai alors adressé une critique au comité de prévention pour n'avoir pas sélectionné les informations à adresser au public. J'ai suggéré qu'à l'avenir il y ait rétention d'une certaine information: celle qui ne rend aucun service au public, mais au contraire, le plonge dans une insécurité permanente».

Cette situation illustre bien les liens difficiles qu'entretiennent le monde scientifique et le monde journalistique à propos de l'importance à accorder à l'information lorsque vient le temps de parler d'un sujet scientifique à incidence sociale (O'Leary, 1986; Délisle, 1989).

Le sida n'est pas si désastreux

En fait, à la fin des années 1980, on apprendra que huit ans après son apparition, la maladie n'a pas atteint l'état de fléau que l'on appréhendait, qu'elle ne peut se transmettre aussi facilement que la peste et qu'il n'y a rien qui puisse nous faire croire que la maladie risque de se répandre de façon généralisée dans la population (Langone, 1989).

Il ne s'agit pas là certes d'un verdict médical, mais bien d'un discours social rassurant sur la maladie. Ce même discours sera toutefois alimenté par une partie du monde médical. En France, le professeur Jean-Paul Escande (AFP, 1989) n'a pas hésité à dire au printemps 1989 que «l'épidémie était enrayée».

Selon *Le Soleil* de Dakar du 28 mars 1988, on peut y lire que l'épidémie se serait ralentie sur le continent africain. Au début des années 1990, l'OMS (Organisation mondiale de la santé) révisait elle-même à la baisse la progression de la maladie. En 1995, le Centre de contrôle des maladies infectieuses d'Atlanta affirmait qu'il existait un «ralentissement de l'épidémie de sida aux États-Unis» (*Le Devoir*, 4-5 février 1995, p. A-6).

Et en même temps que circulent ces informations rassurantes, les médecins en charge des différents centres de lutte contre le sida poursuivent avec ténacité l'appel à la prudence et mettent en garde contre l'inconscience collective face à la maladie. C'est le rappel constant du danger à caractère éminent de la maladie.

Les médias, alimentés par ces discours, donneront donc dès le départ une vision extrêmement confuse de la maladie. Ils ne chercheront pas à analyser les propos qu'ils reproduisent. Tout se passe comme s'ils jetaient en pâture au public toutes les informations qui leur parvenaient, sans être capables de discriminer le probable du factice.

Ce sont tous ces discours qui vont servir de toile de fond aux réactions des autres partenaires sociaux, qui, pour leur part, vont articuler leur propre discours à partir des informations mises à leur disposition par les médias.

Le corps politique se montre réservé

L'image que donneront les médias de l'attitude du corps politique se calquera sur celle du corps médical.

Lenteur à réagir

Les hommes politiques hésitent à s'impliquer partout où la maladie fait son apparition, car les enjeux sociaux, politiques et religieux sont énormes. Et les préjugés de la population sont parfois lourds à porter. L'absence de volonté politique d'agir est partout manifeste.

À la Conférence nationale sur le sida de Toronto en 1988, l'attitude du gouvernement du Québec a été pointée du doigt. Le directeur général de la Société canadienne du sida, M. Richard Burzinski, déclarait qu'il en avait assez du prétexte de travaux de comités et de sous-comités qui étirent le temps (*Le Soleil*, de Québec, 19 mai 1988).

Le Canada ne fut pas épargné à cette conférence: «L'inaction du gouvernement Mulroney dans la lutte contre le sida, son manque de leadership et l'absence d'une politique nationale ont en effet été vivement et spectaculairement dénoncés du début à la fin.» (*Le Soleil*, de Québec, 19 mai 1988). Et comparée à d'autres pays moins touchés par l'épidémie, dont l'Australie, l'action canadienne a souvent été taxée de timide.

Aux États–Unis, le président de la Commission présidentielle américaine, nommé en 1987 pour étudier les problèmes posés par l'épidémie du sida, l'amiral James Watkins, a remis le 2 juin 1988 son rapport en affirmant que «l'absence de leadership et de coordination au niveau fédéral est responsable de la réponse lente, inégale et par à-coups, apportée aux problèmes posés par l'épidémie» (*Le Monde*, 7 juin 1988).

En Suède, selon Jarlbro et Jönsson, (1991, p. 58), «*HIV/AIDS appears not to have been a political issue until the mid-1980s. Consequently, politicians enter the stage rather late*».

En Afrique, Dickson (1987) rappelle que cette réticence à reconnaître publiquement les dangers du sida se retrouve un peu partout.

Les médias présentent donc une attitude de réserve de la part des gouvernements, ce qui peut donner l'impression que la maladie n'est pas aussi tragique que le laissent croire certaines autres déclarations.

La maladie des autres

Le refus d'accepter la maladie s'explique aussi par le fait que les médias ont tellement insisté pour parler de la maladie des autres que les autorités politiques en sont convaincues.

En France, le corps politique s'est défendu de son attitude dans l'affaire du sang contaminé en affirmant qu'il savait certes qu'aux États-Unis le sang des banques était contaminé, mais qu'il ne croyait pas qu'il en était ainsi en France puisque la collecte de sang se faisait selon d'autres paramètres.

En 1987, le Sénégal se glorifie de n'avoir pas de sida sur son territoire alors que la moitié des lits d'hôpitaux de certains de ses voisins sont occupés par des sidéens.

Et «[...] l'Asie jouera les fausses vertus pendant des lustres avant d'avouer enfin qu'elle est débordée par la vague» (Strazzulla, 1993, p. 22).

Le sida n'est pas la seule préoccupation en matière de santé

Lorsqu'un comité d'experts du Québec fit savoir au gouvernement du Québec qu'il en coûterait 34 millions$ pour le programme de lutte contre le sida, le seul commentaire que s'est permis la ministre de la Santé et des Services sociaux se résumait au fait que les gens devaient aussi comprendre que le gouvernement du Québec, en matière de santé en particulier, avait d'autres priorités que les programmes de lutte contre le sida (*Le Soleil*, de Québec, 17 juin 1988). À la Conférence de Londres sur le sida de février 1988, la ministre sénégalaise de la Santé avait tenu à rappeler que le sida n'était qu'un des problèmes de l'Afrique, qu'il y avait d'autres préoccupations importantes sur le plan de la santé, comme le paludisme ou la vaccination.

Ainsi, chaque fois qu'on clame bien haut la nécessité de tout mettre en branle pour combattre le sida, on nous rappelle que les problèmes de santé à conjurer sont si nombreux que le sida, dernier venu à s'ajouter à une liste déjà longue de préoccupations médicales est une préoccupation presque secondaire dans les efforts de santé.

Objet d'argument politique

Pour le corps politique, tout est politique. Le sida n'est pas une maladie, c'est une arme politique. Il fut «une période où l'URSS affirmait que le sida était le résultat de manipulations de l'ingénierie génétique du laboratoire PIV de Fort Detrick dans le Maryland» (Mauriac, 1990, p. 138). Le même auteur démontre comment les communistes et l'extrême droite, en France, ont utilisé le sida dans un cas pour exprimer leur politique antiaméricaine et dans l'autre pour parler des valeurs traditionnelles à protéger.

Dans son étude sur le sida et les médias en Zambie, Kasoma (1990) rappelle qu'en 1986, deux des quatre éditoriaux parus cette année-là faisaient allusion à l'information qui voulait que le sida fut fabriqué artificiellement par la CIA et introduit en Afrique par la suite.

L'agence de presse Jana, de la Libye, affirmait même à propos du sida qu'il s'agissait d'un virus synthétique, fabriqué dans les usines des services de renseignements américains (*Jeune Afrique*, 1er juin 1988).

Les médias et le discours politique

Sabatier (1987) fait état de cas où les journalistes eux-mêmes sont réticents à parler du sida lorsque leur gouvernement est hésitant à reconnaître la présence de la maladie sur son territoire. Kasoma (1990) démontre que l'augmentation significative d'informations dans deux quotidiens de Zambie coïncide avec l'augmentation du nombre de sidéens recensés. Lorsqu'elle sera devenue une évidence incontournable la réalité du sida prendra alors le pas sur le discours politique.

Mais le corps politique saura ensuite utiliser les médias à ses fins. Le cas de la ciclosporine, en France, en est le plus bel exemple. À peine quelques jours après l'essai de ce médicament, les autorités politiques annonçaient dans une conférence de presse cette découverte importante: «L'intervention est clairement structurée par le rapport que les instances politiques veulent entretenir, à cette occasion, avec une «opinion» publique informée jour après jour de l'évolution de la maladie: il faut que soit manifeste aux yeux de celle-ci l'efficacité de l'action gouvernementale» (Herzlich & Pierret, 1988).

La récupération politique

Plusieurs années après l'apparition de la maladie, longtemps après les organisations non gouvernementales, les autorités politiques vont enfin oser participer à des campagnes d'information et de publicité pour contrer le développement de la maladie. Ce sera d'abord, dans certains pays, des démarches timides. Alors que les pays scandinaves n'hésiteront pas à traiter le problème de fond, on assistera peu à peu, à partir des années 1987 dans différents pays à la levée de l'interdiction de la publicité sur les condoms à la télévision. Les premières publicités contre le sida soulèveront de nombreuses critiques du corps religieux. Mais ce corps, qui aura tardé à réagir, ne pourra endiguer le courant pro-sida. Car apparaîtront ensuite les divers centres de lutte contre le sida qui institutionnaliseront la participation gouvernementale à la lutte contre le sida. Toutefois, ces centres n'auront l'écoute des médias qu'en autant qu'ils se plieront à la logique médiatique, soit en dénonçant l'attitude des gouvernements, soit en proposant des publicités controversées.

Le monde politique, sur cette question comme sur tant d'autres, garde son habitude de réserve et hésite à s'engager dans une avenue dont il ne maîtrise pas tous les éléments. Mais il faut dire que le corps politique est toujours lent à réagir lorsque vient le temps de gérer les grands débats et les enjeux importants de la société. Il est prudent, oscille entre les tendances et cherche la voie du compromis. Selon les pressions qu'il reçoit et les intérêts qu'il veut protéger, il réagira dans un sens donné. On l'a vu dans plusieurs pays, lorsqu'il fut question de l'avortement ou de la peine de mort. L'État subit le jeu des pressions, il ne devance jamais les problèmes (Dagenais, 1995). Il ne faut pas s'étonner qu'il ait réagi dans le domaine du sida de la même façon. D'abord, en faisant la sourde oreille à l'appel des médias. La documentation sur le sang contaminé illustre bien cet épisode. Puis en évitant de porter attention au cri d'alarme lancé par le corps médical. Puis en subissant le poids du discours religieux, puis celui du discours de rectitude politique sur le sida. En somme, le politique a été à la remorque complète des autres acteurs sociaux qui se sont manifestés dans la définition des enjeux du sida.

Le corps religieux se fait hostile aux mesures de prévention

Le corps religieux a été relativement discret dans ses prises de position publiques sur le sida, mais il a obligé les autres acteurs à tenir compte de son discours. Au départ, le sida était un problème médical qui touchait, certes, les partenaires d'un certain mode de vie, mais sur lequel les églises préféraient être réservées.

Lorsque vint le temps de mettre de l'avant l'utilisation du condom, de le rendre accessible dans les endroits fréquentés par les jeunes, et d'en faire la promotion dans les médias, c'en était trop. L'Église catholique condamna partout le recours au condom et suggéra l'abstinence et la fidélité comme étant les meilleurs paravents contre la maladie. En France, «au moment même où le ministère de la Santé tente de dynamiser l'utilisation du préservatifs, l'Eglise s'insurge contre cet «encouragement au vagabondage sexuel» (Mauriac, 1990, p. 28). Chez les musulmans, toute mesure de contraception vient également choquer les habitudes culturelles des fidèles.

En même temps que se développe ce rejet des mesures de prévention, le corps religieux tiendra des propos bien sentis de compassion envers les malades. Ces prises de position eurent pour effet de conforter le corps politique dans sa prudence face à la maladie, mais de susciter la colère du corps médical et des groupes homosexuels.

Ainsi, tour à tour, les différents partenaires sociaux vont utiliser les médias comme plate-forme pour exposer leurs points de vue. Les médias ne jouent encore qu'un rôle d'intermédiaire et de courroie de transmission entre les différents acteurs.

Les homosexuels prennent l'offensive

Il aura fallu que les homosexuels s'organisent, revendiquent, critiquent et condamnent de façon agressive l'attitude des corps médical, politique et religieux pour que le discours et les attitudes des uns et des autres changent.

Ce sont eux qui organisèrent des marches de protestation, des parades de solidarité collective, des actions qui «perturbèrent» dès 1989 les conférences internationales sur le sida, qui développèrent des activités de visibilité, comme les quilts, pour attirer l'attention des médias.

N'ayant pas droit au départ ni à la parole automatique dans les médias ni à la sollicitude spontanée des journalistes puisqu'ils ne constituaient pas une source d'information établie, ils ont eu recours à une présence continuelle sur la place publique, n'hésitant pas à provoquer controverse et contestation.

La peste gaie

Au début, autant le corps médical (Reeves, 1990) que les médias (Kinsella, 1988) relièrent de façon directe la maladie aux homosexuels. C'est d'ailleurs pour cette raison que la maladie fut d'abord appelée *Gay-Related-Immune-Deficiency* (GRID).

Les titres des articles renforcèrent l'idée, dans le public, qu'il s'agissait de la maladie des homosexuels. «La lèpre du sida, de la peste gaie» titre *Le Devoir* (16 mars 1983); «Du mal qui répand la terreur [...]» titre *Le Soleil,* de Québec (01 janvier 1983). Pendant les premières années du développement de la maladie, on laissa comprendre que la peste gaie risquait de contaminer la population entière (Gilder, 1989, p. 32). Les médias suédois empruntèrent la même avenue (Jarlbro & Jönsson, 1991, p. 59). Altman (1986, p. 17) a bien démontré que les médias attribuaient sans nuance la maladie aux homosexuels. Pour les défenseurs gais, «*the medical community was quickly caught up in a fantasy chaining mode of thought about Aids and the gay male body*» (Gilder, 1989, p. 34).

Après les premières offensives du milieu homosexuel pour démontrer que la maladie débordait leur univers, quelques rares voix tentèrent de prouver qu'à force de vouloir déculpabiliser les homosexuels et de vouloir faire peur aux hétérosexuels, on créait un nouveau mythe (Fumento, 1990). Les médias sont alors accusés d'être partie prenante de la création de ce mythe. De toute façon, les médias allaient faire des victimes de la maladie les coupables de leur comportement.

La punition de Dieu

Les médias vont rapidement présenter les porteurs du virus comme des êtres fautifs. Tout comme la peste du Moyen-Âge était l'expression de la colère des dieux, le sida va devenir une maladie coupable. Les médias vont donc construire une image répréhensible sinon honteuse de la maladie. «*Might we be witnessing, in fact, in the form of a modern communicable disorder, a fulfillment of St.Paul's pronouncement: «the due penalty for their error»*» (Fletcher, 1984).

Le matin, de Paris titre: «Les homosexuels punis... par le cancer» (2 janvier 1982). *Le Concours médical* ajoute: «Le sida est–il une punition céleste?» (23 mai 1987). Le Pr Ruffié intitule un article: «Sida, le châtiment des dieux» (*Le Monde*, 23 octobre 1985).

Ajzenstadt (1988) a démontré qu'au fur et à mesure que se développe l'information sur le sida au Canada, on considère les victimes responsables de leur sort. Par leur mode de vie, les homosexuels et les drogués se sont exposés à la maladie.

Landers (1987) livre dans *Le Vancouver Sun*, le commentaire suivant: «J'ose croire qu'on ne trouvera pas de remède pour le sida. Et j'espère que l a maladie continuera d'attaquer les individus qui pratiquent le vagabondage sexuel ou qui partagent des aiguilles non stérilisées lorsqu'ils se piquent. Aussi longtemps que des gens font en sorte de se donner eux-mêmes la maladie, laissons les faire...».

James J. Kilpatrick (1988) signe de son côté une libre opinion diffusée par Universal Press Syndicate. Dans cet article, l'auteur recense de nombreuses maladies plus mortelles et plus répandues que le sida dont le cancer, les maladies du coeur, l'hypertension, l'arthrite. Et il termine en affirmant que tout compte fait le sida n'atteint qu'une infime fraction de la population qui est de toute façon responsable de son propre malheur. En fait, écrit-il, il ne voit aucune différence entre un individu qui meurt pour avoir pratiqué l a sodomie et un autre qui est victime du cancer du poumon après avoir fumé deux paquets de cigarettes par jour. Qu'on réserve nos larmes et nos taxes pour des causes qui en valent vraiment la peine, conclut-il.

Des attitudes plus positives sur la maladie ont également été exprimées. Mais elles sont venues dans un deuxième temps. Six ans après les premières informations sur le sida au Canada, selon un sondage Gallup (1988), la moitié des gens croient toujours que les personnes atteintes de la maladie sont les premières responsables de leur infortune.

Ainsi, de la victime, on fait un coupable. Il est intéressant de noter qu'on pratique ainsi une forme d'exorcisme sur la maladie. Elle est le lot de ceux qui, par leur mode de vie, qu'ils soient prostitués au Sénégal ou homosexuels ailleurs, ont des comportements déviants.

La révolte

C'est parce que le discours de certains acteurs et de certains journalistes condamnait les homosexuels que ceux-ci commencèrent à faire pression. D'abord en combattant le nom premier de la maladie: GRID. C'est à la suite des objections du monde homosexuel et de l'incapacité pour le monde médical d'appuyer cette dénomination qu'on parla de sida (Patton, 1985, p. 24).

Dans tous les pays du monde, les homosexuels se sont regroupés de façon dynamique pour manifester leur colère contre l'exclusion dont ils étaient victimes. En même temps, ils ont développé une stratégie bien structurée pour se dédouaner face à la société et pour culpabiliser celle-ci ou ses jugements hâtifs. Ils ont donc utilisé les médias pour construire une image positive de l'homosexualité. En même temps, ils ont exercé de très fortes pressions pour obtenir plus de fonds pour soulager les sidéens.

En exigeant le droit à la différence, en s'affirmant de plus en plus comme groupe social respectable, ils ont voulu renverser le discours qui les stigmatisait et démontrer que le sida n'était pas homosexuel (Altman, p. 35).

Mauriac (1990, p. 21) écrit: «Un homosexuel et un drogué peuvent avoir des pratiques totalement prophylactiques et un hétérosexuel peut, quant à lui, particulièrement s'exposer au risque de contamination».

Ainsi, le discours médiatique sur la maladie oscille entre les déclarations des différents intervenants. Pendant que le corps médical apaise, les journalistes dramatisent. Pendant que le premier parle de développement lent de la maladie et des possibilités de remède, les seconds en font un événement médiatique et exploitent toutes les avenues pouvant intéresser leur public.

Pour chasser la maladie de son environnement, on la cantonne dans des catégories sociales que l'on culpabilise. La maladie de l'amour devient l a maladie des amours illicites. Ou alors, on la chasse totalement de son univers de référence. Tous les sondages pratiqués dans les grandes capitales occidentales présentent la même conclusion. La majorité des gens interrogés sont conscients des dangers du sida mais ne prennent aucune précaution car l a maladie ne peut pas les toucher.

On peut conclure que le message véhiculé par les médias a bien été entendu. À force d'additionner les contradictions, de donner la parole à tous les intervenants, l'impression qui ressort de la fréquentation des médias, c'est que la maladie n'est peut-être pas aussi terrible qu'on voudrait le laisser croire. Chaque nouvelle alarmante est temporisée par une information sécurisante. Chaque nouvelle victime emportée par la maladie, dont nous entretiennent les médias, est toujours un homosexuel. Les hémophiles anonymes meurent dans l'oubli. Les victimes du monde des arts et du spectacle sont des héros médiatiques.

LES MÉDIAS EXPLOITENT ET ANIMENT LE DISCOURS SUR LA MALADIE

Selon Chevallier (1988), le sentiment de surinformation à propos du sida ne s'est pas accompagné d'une diffusion satisfaisante des connaissances auprès de l'opinion publique. Pour les médias, après avoir donné la parole aux divers intervenants sociaux, après avoir abordé à quelques reprises l'historique de la maladie, ses modes de propagation, sa progression et les mesures de prévention, tout avait été dit et il n'était plus question de se répéter. Il fallait trouver dans cette crise lente de nouveaux sujet d'intérêt. Privilégiant la controverse et le spectaculaire, ils vont alors s'attacher à tous les épiphénomènes de la maladie, ce que De Villepin (1994) appelle l'anecdotisme.

La contamination

La peur de la contamination par le sida fut abusivement exploitée par les médias. Parce qu'on a trouvé des traces du virus dans la salive, les médias en ont déduit que le sida pouvait se transmettre par les baisers. Parce qu'on qualifia le sida de peste gaie, tout contact avec les porteurs de virus devenait un danger public. C'est ce qui explique l'histoire de Brian White, cet écolier qui, en 1985, dut avoir recours aux tribunaux pour pouvoir suivre les cours dans son école. Des esthéticiennes de la télévision refusèrent de maquiller les séropositifs. Les maisons d'accueil pour sidéens furent bannies par les résidents de certains quartiers. Pour chasser une famille dont un enfant était atteint du sida, les résidents d'un quartier, aux États-Unis, ont incendié la maison maudite. Magic Johnson dut renoncer à tout jamais au basketball devant l'attitude méfiante des autres joueurs.

La guérison

Comme on savait qu'il n'y avait pas de remède ni de vaccin pour vaincre le sida, toute nouvelle portant sur la guérison devint digne d'intérêt. Chaque petit espoir fut l'objet de manchettes retentissantes.

Dans tous les pays du monde, chercheurs, laboratoires pharmaceutiques, guérisseurs, acupuncteurs, présentent de nouveaux remèdes. Cette quête de vaccin fit monter en bourse la cote des grandes entreprises qui prétendaient avoir trouvé quelque chose. Chaque mois, les médias présentent de nouvelles découvertes aptes à soulager, guérir, prévenir la maladie.

Ces rêves d'espoir et de guérison sont présentés les uns après les autres sans aucun suivi, ni aucune vérification de fond. Il suffit qu'une source prête son nom à l'information pour que celle-ci soit diffusée.

La «vedettarisation»

Avec la nouvelle de la maladie de Rock Hudson, les médias accordent une grande importance à la moindre personnalité du monde sportif ou artistique qui se dit homosexuelle et séropositive. Les victimes du sida de cet univers deviennent des héros, que ce soit Ashe, Mercury, Collard, Noureev. Les vedettes qui prêtent leur concours à des levées de fonds, comme Elizabeth Taylor, Line Renaud, Shirly MacLaine, Mikhaïl Baryshnikov, et tant d'autres, obtiennent une grande couverture de presse. Les vedettes qui cachent leur mal, comme Foucault ou Thierry Le Luron, sont également l'objet de nouvelles. Ce n'est plus de l'information, c'est du spectacle.

Les épiphénomènes

Les attaques à la seringue contaminée, les accusations de meurtre contre les sidéens qui ne préviennent pas leur partenaire, celles de tentative de meurtre contre les séropositifs qui donnent de leur sang, alimentent les chroniques du fait divers, mais ne nous apprennent que peu de chose sur la maladie.

En fait, le public retient de ces éléments plus de peur que d'informations justes. Un sondage Gallup tenu au Canada au printemps 1988 présentait les résultats suivants: 90% des Canadiens sont au courant de l'existence de la maladie, mais la crainte d'être contaminé ne se manifeste que chez 12% d'entre eux même si 23% refuseraient de travailler en présence d'une personne atteinte. Le sondage nous apprend également que seulement 7% des personnes interrogées ont modifié ou songent à modifier par prudence leur comportement.

L'influence des médias sur le discours

En faisant connaître certaines informations, en relayant les prises de position des différents acteurs sociaux, les médias vont obliger continuellement chacun de ceux-là à se redéfinir par rapport aux informations qui circulent. De ce fait, ils vont influencer le jeu des acteurs. Parce qu'ils ont parlé au début du sida, ils ont attiré l'attention de tout le corps médical sur le sujet. Les médecins les plus avertis ont sonné l'alerte alors que les autres ont minimisé le drame, mais c'est dans les médias que tout s'est déroulé.

Parce qu'ils ont eu une attitude négative face au groupe homosexuel, celui-ci s'est défendu avec acharnement. Parce que le débat sur le condom était devenu public, l'église s'est sentie obligée d'intervenir. Et c'est parce qu'il était pressé de toute part que le gouvernement s'est enfin décidé d'agir.

Les médias n'ont pas été à proprement parler des outils de changement de comportement. D'autres groupes ont été beaucoup plus efficaces. Mais ils ont été des courroies de transmission du discours des différents acteurs, des outils de prise de conscience et surtout, des animateurs d'information spectacle pour maintenir l'intérêt des lecteurs/spectateurs. Ils ont développé en même temps une dimension critique face aux différents discours qu'ils recevaient, attitude qui leur attira quelques reproches.

Alliés et adversaires des différents partenaires qui se sont prononcés sur la place publique, ils ont mené le jeu du début à la fin. «Cette maladie nouvelle présente aussi la caractéristique inédite d'avoir été révélée par les médias. [...]» Pendant trois ans, entre 1982 et 1985, la presse est, avec le bouche à oreille, le «seul» moyen de s'informer et de se prémunir contre cette épidémie mortelle. Face à la carence des responsables de la santé publique, il revint à deux professions compétentes, les journalistes et le corps médical, ainsi qu'aux malades, ou plus précisément à la mieux organisée de ces minorités, la communauté homosexuelle, de mener à bien la quadruple tâche de comprendre, expliquer, sensibiliser et prévenir, sans disposer de pouvoir véritable (Strazzulla, 1993, p. 8).

Mais en même temps, la presse a pratiqué une certaine forme d'hégémonie dans la gestion de l'information. Elle n'hésitait pas à alimenter les fantasmes les plus excentriques concernant la maladie et à taire les dangers les plus graves qui existaient.

En obligeant chacun des acteurs à se présenter et à défendre ses idées sur la scène publique, la presse pouvait gérer la maladie. Elle a été tantôt aiguillon de l'action, tantôt complice de l'inaction:

> «Le champ journalistique est, ne l'oublions pas, un lieu de concurrence commerciale et symbolique. Les intervenants s'y répondent les uns aux autres, les articles sont souvent un clin d'oeil fait à d'autres articles parus dans des supports différents. [...] Pourquoi à un moment donné parle-t-on avec tant d'insistance d'un aspect particulier du sida? En fait, il a suffi qu'un journaliste choisisse de s'engager dans une voie pour que, immédiatement, d'autres, afin de ne pas être en reste, lui emboîtent le pas. En s'engageant derrière lui, ils créent ainsi, par amplification croissante, l'événement. À partir de ce moment, les acteurs sociaux, concernés de près ou de loin, ne peuvent échapper au débat public, ils s'y engouffrent d'eux-mêmes ou sont happés par lui.» (Mauriac, 1990 p. 107).

En fait, «... les médias en métissant un langage objectif, scientifique, préventif et des récits individuels, émotifs construiraient-ils un lieu d'exorcisme de notre peur du sida?» (Grévisse, 1993, p. 26).

CONCLUSION

Les médias ont fait connaître à la population l'existence du sida, mais ils ont donné de cette réalité une image tronquée. Seul lieu public où se définissait la maladie, ils ont obligé les acteurs sociaux à se plier au jeu médiatique et à subir les dérapages qu'entretient la logique des médias. Car ce n'est pas le contenu de l'information qui a primé dans le choix de la nouvelle, mais le rapport du contenu à la norme. Tout écart devient nouvelle, même si celui-ci est l'exception. En ce sens, les médias ont exercé une certaine forme de contrôle sur la circulation de l'information. Pour exister, chacun des partenaires a dû affirmer sa thèse dans les médias et subir le poids des autres informations qui circulaient. Il n'est plus question de malade, de maladie, d'épidémie, de pandémie, seule l'image et la représentation médiatisée de la réalité existe (Watney, 1987). Et celle-ci est construite en fonction des intérêts des sources d'information qui doivent se soumettre au jeu des médias pour avoir droit à l'existence publique.

BIBLIOGRAPHIE

AFP. (1989). En France, les données sur le sida sont mises en doute. *Le Devoir*, 3 avril, 3.

Ajzenstadt, M. (1988). *The politics of AIDS: a process of definition*. Communication présentée au 9ième congrès annuel de l'Association canadienne de communication, Juin, Windsor, 28.

Altman, D. (1986). *AIDS in the mind of America*. New York: Anchor Press/Doubleday.

Brugidou, M. (1993). L'affaire du sang contaminé: la construction de l'évènement dans Le Monde. *Mots/Les langages du politique*, 37, 29–46.

Chevalier, E. (1988). Média–sida. *Médias Pouvoirs*, 11, 10–19.

Dagenais, B. (1992). Media in crises: Observers, Actors or Scapegoats?. Dans B. Dagenais et M. Raboy (dir.), *Media, Crisis and Democracy: Mass Communication and the Disruption of Social Order* (p. 120–132). Londres: Sage.

Dagenais, B. (1994). Le corps médical oriente le discours public sur le sida: les cas du Canada et du Sénégal. *Communication*, 15, 49–78.

Dagenais, B. (1995). Benetton remet en cause les fondements de la publicite sociale. *Recherches en communication*, Louvain-la-Neuve, no. 4, DAG1-49.

David, C. (1983). Haro sur les Haïtiens. *La Presse*, 16 mars, A6.

De Fleur, M. L. & Dennis, E. (1981). *Understanding Mass Communication*, Boston: Houghton Mifflin.

Delisle, A. (1989). L'espace-temps médiatique: la dimension cachée de la nouvelle scientifique. *Les scientifiques et les médias*, (acte de colloque) organisé par Le Centre de formation continue de la Faculté de l'éducation permanente de l'Université de Montréal et l'Association des biologistes du Québec, 21–22 mars 1989, Montréal, 3.13-3.28.

De Villepin, L. (1994). Sida: le scoop qui tue. *Médiapouvoirs*, 35, 62–70

Diaw, F. (1986). L'urgence de la situation. *Le Soleil* de Dakar, 11 décembre.

Dickson, D. (1987). Africa begins to face up to AIDS: African nations, previously reluctant to acknowledge AIDS, are now engaged in international cooperation. *Science*, 23, 1605.

Emke, I. (1988). *Fearing the virus and blaming the victims: AIDS in Maclean's and Alberta Report*. Communication présentée au 9ième congrès annuel de l'Association canadienne

de communication, Juin 1988, Windsor, Ontario (Canada).

Fletcher, J. (1984). Homosexuality: Kick and Kickback. *Southern Medical Journal*, 32-37.

Fumento, M. (1990). *Le mythe du sida homosexuel*. Paris: Albin Michel.

Gallup (1988). Selon un sondage Gallup, 50% des gens jugent les sidéens responsables de leur infortune. *Le Soleil de Québec*, 22 mai.

Gilder, E. (1989). The process of Political Praxis: Efforts of the Gay Community to Transform the Social Signification of AIDS. *Communication Quarterly*, 37, 27–38.

Green, L.W., Kreuter M.W., Deeds S.G. & Partridge K.G. (1980). *Health Education Planning*. Mayfield.: Palo Alto, Ca.

Grevisse, B. (1993). Peurs partagées: les médias malades du sida? Dans G. Derèze et al. (dir.), *Quand les médias jouent au loup* (p. 25–35). Observatoire du récit médiatique, Toulouse: Université catholique de Louvain.

Hertog, J., John, R., Finnegan, Jr. & Kahn, E. (1994). Media coverage of Aids, Cancer and sexually Transmitted Diseases: A test of the public Arenas Model, *Journalism Quarterly*, 71, 291–304

Herzlich, C. & Pierret, J. (1988). Une maladie dans l'espace public, le sida dans six quotidiens français, *Les Annales E.S.C.* (p. 1109–1134). Cité dans Mauriac, 109.

Jarlbro, G. & Jönsson, A. (1991). HIV/AIDS As Mirrored in the Swedish Press. Who Says What? *The Nordicom Review*, 1, 55–61

Kanotey-Ahutu, F.I.D. (1987). AIDS in Africa: misinformation and disinformation. *Lancet*, II, 206–207.

Kasoma, F.P. (1990). The Zambian Press and the AIDS Crisis. Communication préparée pour la conférence internationale *MEDIAS ET CRISE*, Université Laval, Québec, 4–6 octobre.

Kilpatrick, J.J. (1988). AIDS is neither an epidemic nor a tragedy, so why are we making such a fuss? *Detroit Free Press*, 9 juin.

Kinsella, J. (1989). *Covering the Plague: AIDS and the American Media*. New Brunswick: Rutgers University Press

Landers, A. (1987). The AIDS hype is becoming a bore. *The Vancouver Sun*, 17 août.

Langone, J. (1989). Special report: Good and Bad news about AIDS, How to block a killer's AIDS path, *Time*. édition canadienne, 30 janvier, 60–62.

Lapierre, D. (1990). *Plus grands que l'amour.* Paris: Laffont.

Le Gendre, B. (1992). Ce qui se disait en 1985. Dès le début de cette année-là, des informations publiques permettaient de comprendre que les transfusés couraient un danger. *Le Monde,* 17 décembre, 10.

Mauriac, N. (1990). *Le mal entendu: le sida et les médias.* France: Plon.

Le Nouvel Observateur (1988). Sida, les nouveaux risques, 18–24 mars, 48–55.

O'leary, D. (1986). Physicians and Reporters: Conflicts, Commonalities, and Collaboration, Dans M. S. Friedman, S. Dunwoody & C. L. Rogers (dir.), *Scientists and Journalists: reporting Science as News* (p. 95-103). New York: The Fress Press.

Patton, C. (1985). *Sex and Germs The Politics of AIDS Epidemic.* Boston: South End

Picard, A. (1994). Telling stories about bad blood. *Media,* 1, 26, Ottawa.

Reeves, C. (1990). Establishing a Phenomenon. The Rhetoric of Early Medical Reports on AIDS. *Written Communication,* 7, 393–416.

Riley, S. (1982). Pursuing the gay plague. *Maclean's,* 22 novembre, 24.

Rogers, E. & Sood, R.S. (1980). Mass media communication disasters: a content analysis of media coverage of the Andrea Pradesh cyclone and the Sahel drought, Dans *Committee on disasters and the mass media* (p. 145–156). Washington D.C.: National Academy of Sciences.

Rogers, E.M., Dearing, W. & Soonbum, C. (1991). Aids in the 1980s: The agenda-setting Process for a Public Issue. *Journalism Monographs,* 126.

Rozenbaum, W. (1988). Sida, la presse en fait trop. *Le Nouvel Observateur,* 22–28, 53.

Sabatier, R.C. (1987). AIDS, epidemiology and Africa. *Lancet,* II, 458–459.

Strazzulla, J. (1993). *Le sida: 1981–1985.* Paris: La documentation française.

Stryckman, P. (1993). Les presses canadiennes et les crises sahaliennes. Problématique sur le traitement médiatique des désastres lents. *Communication,* 14, 107–128.

Verspieren, P. (1987). *Colloque Sida, droit et libertés.* Paris les 11–12 décembre, cité par Mauriac 1990, 19.

Whatney, S. (1987). *Policing Desire. Pornography AIDS and the Media.* University of Minnesota Press, Minneapolis.

LA CULTURE DU SIDA: DISCOURS CRITIQUES ET APPROCHES ESTHÉTIQUES

APPROCHES CRITIQUES

L'ampleur du phénomène du sida dans sa dimension pandémique et dans son impact social, l'abondance des publications et des manifestations, institutionnelles ou non, ainsi que la multiplication des productions littéraires et artistiques ne pouvaient manquer de susciter une analyse critique trouvant ses fondements analytiques dans l'ensemble du champ des sciences humaines. Le sida n'est pas qu'une réalité médicale, mais aussi une construction discursive où l'idéologie ne renonce aucunement à ses stratégies manipulatrices et dissimulatrices, d'autant plus aisément que la gravité du mal, l'échec qu'il représente pour un savoir médical se donnant comme omnipuissant et une société aseptisée croyant avoir exorcisé la maladie, la mort et le sexe, le bouleversement qu'il entraîne sur ces dernières catégories ontologiques et socioculturelles le font échapper à toute tentative d'inscription dans une grille explicative normative et définie. Nul hasard à ce que les noms de Foucault et de Nietzsche reviennent dans les pages que nous présentons ici[1] et qui s'attachent à interroger le phénomène dans des paramètres autres que strictement épidémiologiques. Analyser la culture du sida pose aussi le problème des cultures du sida puisque celui-ci participe d'univers différents qui, pour parfois converger, n'en conservent pas moins des traits particuliers et spécifiques (homosexualité, drogue, délinquance, pauvreté, communauté artistique, minorités ethniques, etc.). Inévitablement, l'approche sera de nature interdisciplinaire et conjuguera plusieurs discours critiques. Il semble en aller de la nature du sida, comme pour tout mal, de ne pouvoir être circonscrit dans un interprétation unique. Mais l'existence de ces discours critiques, leur nombre ainsi que leurs énoncés, la polyvalence interprétative qu'ils déploient et la difficulté à en traiter dans des grilles analytiques plus générales (strictement politiques ou strictement médicales, par exemple) prouvent que le sida n'est pas un phénomène mineur, marginal ou assimilable à d'autres apparus antérieurement mais qu'il justifie sa constitution en tant que champ d'étude autonome. Dans un rapport dialectique, c'est parce qu'il existe une culture du sida que nous sommes en droit d'articuler, au travers de

---

[1] Sans présentation d'exhaustivité. Les ouvrages traités n'ont valeur que d'exemples, de même que les articles que nous sommes amenés à citer dans les recueils. Nous renvoyons le lecteur aux bibliographies de ces ouvrages, notamment celles des numéros d'*Autrement* et d'*Anthropologie et sociétés* recensés ainsi que des recueils *AIDS: The Literary Response* et *Writing aids*.

ces discours, une critique du sida, et inversement. Un tel travail est indispensable pour établir les bases nécessaires à l'élaboration de politiques d'action, sociale, préventive et thérapeutique, tant au niveau collectif qu'au niveau individuel.

C'est ce que montrait dès 1990 le recueil *Culture and AIDS* (Feldman, 1990) dont les contributions se partagent entre une perspective sociologique / anthropologique («*The sick role, stigma, and pollution: The case of* AIDS»; «AIDS *and accusation: Haiti, Haitians and the geography of blame*», «*Minority women and* AIDS: *Culture, race and gender*», «*Sex, Politics and guilt: A study of homophobia and the* AIDS *phenomenon*») et une approche épidémiologique (AIDS *in cultural, historic, and epidemiologic Context*). À noter, trait récurrent dans le corpus critique, que trois articles étudient l a problématique langagière de la désignation et de la catégorisation du phénomène («AIDS *and the pathogenesis of metaphor*»; «*Language and* AIDS»; «AIDS *and obituaries: The perpetuation of stigma in the press*»). C'est sans doute la question du langage en rapport avec le sida qui cerne au plus près celle de sa dimension culturelle. Ainsi Susan Sontag, à la suite de *La maladie comme métaphore*, entreprend dans *Le sida et ses métaphores* (1989) d'examiner la rhétorique des discours sur le sida —notamment dans l a presse —, la construction et l'orientation des images (guerre et peste) et l'idéologie conservatrice colorant la culture contemporaine accueillant et perpétuant ce travail métaphorique.

«*La culture du sida*». La revue *Spirale*, Montréal, n'hésite pas à choisir cet énoncé pour intituler son dossier spécial d'avril 1994, regroupant une vingtaine de recensions dans les domaines sociologique, anthropologique, médical, psychanalytique politique, littéraire et esthétique (peinture et cinéma) autour d'un constat central: «Analyse, écriture, art ne constituent pas des épiphénomènes insignifiants du sida; il s'agit d'une culture propre, dans laquelle un sens et une vérité sont recherchés. Ce travail tire son importance de la confusion dont il peut nous tirer et des angoisses inutiles dont il peut nous libérer.» (p. 2); «[...] le sida a dépassé, dès les premiers moments de son identification comme maladie, le concept même des maladies traditionnelles. Il s'est imposé comme un objet social, il a créé sa propre culture de protestation et de critique. Il a percuté de front les milieux des écrivains et des artistes auxquels il a réclamé le tribut le plus lourd. En ne laissant à personne le privilège de circonscrire le sens et la direction de tous les mouvements qu'il a engendrés, il a bousculé les habitudes conservatrices des milieux de la science et de la médecine» (p. 7).

Une même multiplicité d'approches guidait la revue *Autrement* dans son numéro de mai 1992, «*L'homme contaminé. La tourmente du sida*», dont le titre insiste sur le souci éthique, soulignant le déséquilibre et les défaillances d'une société moderne que met au jour le sida comme «fait social total», selon une analyse souvent reprise, et qu'interrogent les articles dans une perspective historique («*Une épidémie des temps modernes*»; «*Les oubliés de l'histoire*»), scientifique («*La séropositivité dans tous ses états*»; «*Les essais à l'épreuve*»), sociologique et anthropologique («*Dédi et déni*»; «*Prescrire ou proscrire: la prévention comme négociation*»; «*Ce mal invisible et sournois*»), philosophique enfin («*Le dernier des fléaux*»; «*Contre la stigmatisation, l a responsabilité*») pour citer les quatre sections du volume. La postface de F.

Varet, cependant, est révélatrice du désir de ne pas rester au niveau d'une analyse intellectuelle mais de contribuer à la mobilisation de la société dans son ensemble; le numéro est d'ailleurs coédité avec l'Agence française de lutte contre le sida: «Ici, comme ailleurs, il s'agit moins de questions financières que d'adaptation des structures de soins, de recherche à cette nouvelle maladie et d'incertitude liée à l'innovation et à l'imagination créatrice pour accélérer le développement de solutions scientifiques et médicales. En cela, quelles que soient les volontés, il est bien difficile de donner des perspectives. Ces améliorations, malgré leur qualité, ne permettent en aucun cas d'éradiquer le virus lui-même. C'est pourquoi la prévention reste encore le seul moyen véritablement efficace et ce, dix ans après le début de l'épidémie.» (p. 192) Une telle visée témoigne de la conscience explicite, dans la majorité des textes du corpus critique examiné, de la nécessité de ne jamais oublier le contexte humain (social et politique, voire économique) dans lequel ces analyses sont entreprises. Aveu d'un malaise ou besoin de légitimer une analyse qui, pour ne pas se situer «sur le terrain», n'en est pas moins une lutte; cette tension participe de l'ambivalence du statut de la culture dans le monde contemporain, entre l'affirmation individuelle et le cadre communautaire, due aux exigences parfois conflictuelles de la modernité[2].

L'approche anthropologique et sociologique est évidemment adoptée par les collaborateurs du numéro *L'univers du sida* de la revue *Anthropologie et sociétés* de 1991 qui accorde une large place aux victimes («*La drogue, le sexe, le* sida *et la survie dans la rue*»; «*What's in a name? La construction sociale du risque du sida chez les consommateurs de drogue à Harlem*») et s'ouvre à la réalité africaine de la pandémie («*L'Afrique, terre imaginaire du* sida»; «*Représentations du* sida *et pratiques populaires à Kinshasa*»). Les contributions s'articulent autour de cinq axes généraux qui parcourent les sujets plus circonscrits des articles: les dimensions éthique, politique et juridique du phénomène; la multiplicité des contextes; la perception de la notion de risque; la sensibilité à la mort inévitable; la dichotomie des représentations sociales entre les pôles du rejet et de la sympathie. Le texte de présentation de G. Bibeau et Murbach, *Déconstruire le* sida, avouant l'impossibilité du regard anthropologique distant, met en avant la dimension idéologique et la valence symbolique de cette «maladie métaphore devenue phénomène social mondial»: «[...] le sida est un événement singulier qui exige des spécialistes des sciences sociales qu'ils prêtent attention aux idéologies fractales qui divisent la société civile et l'économie-monde, ainsi qu'au bio-pouvoir qui gouverne nos perceptions et nos réactions, nos attitudes et nos politiques. [Il] pourrait aussi accélérer l'effritement des solidarités sociales et accroître l'importance du contrat entre individus repliés sur eux-mêmes [...] » (p. 6-7). C'est encore la problématique éthique qui sous-tend en effet nombre de ces réflexions interrogeant le rôle de l'État, ses devoirs et ses limites ainsi que les stratégies élaborées par le réflexe de survie individuel.

La dimension idéologique du phénomène est encore au cœur des analyses du numéro d'été-automne 1994 de *Discours social / Social Discourse*, «*Les discours du* sida/*Discourses on* AIDS» sans, cependant, négliger les considérations biographiques et esthétiques. D'un phénomène surmédiatisé mais pas

---

2   Voir sur ce point notre ouvrage *La modernité*, 1995.

pensé, suscitant une déroutante logophobie –«On en parle trop» —, la directrice du numéro, C. Saint-Jarre, écrit: «Sans doute depuis l'Holocauste et Hiroshima, aucun événement n'a-t-il autant mobilisé l'imaginaire individuel et collectif et mis en œuvre autant de défenses contre le virus et les peurs qu'il véhicule voire contre le discours du sida lui-même qui court comme le furet, se propage et se transmet à la vitesse de l'épidémie. S'il faut tant se prémunir contre le (discours) du sida, c'est peut-être qu'il nous oblige à affronter la perte subie: perte de notre naïveté, perte de l'idéal d'une Amérique du Nord glorieuse, urbaine, hyper-médicale, hyper-technicienne, hyper-moderne, sans conflits ni désirs, l'*American Dream* qui s'est développé dans la suite de la Deuxième guerre mondiale.» (p. 7). Face à ce refus d'écoute témoignant d'un syndrome mélancolique appuyé, les collaborateurs du numéro opposent une multiplicité de points de vue et d'objets d'analyse érigeant presque le sida en contre-culture, travaillée, entre autres, par la question de la transmission: construction identitaire de l'homosexualité et de la séropositivité; réception des discours de prévention; mort et discours médical; recherche médicale et pouvoir pharmacologique; portée du discours psychanalytique; significations et enjeux de l'élaboration esthétique dans le rapport du réel et de l'imaginaire par l'analyse théorique (peinture et roman) et par la représentation photographique; méditations sur la mort.

La tension contre-culturelle que nous dégageons ici pour définir un des aspects de la culture du sida tient à deux traits. Le premier relève d'une logique de résistance, liée à la thématique récurrente du combat individuel, voire individualiste, que nous retrouverons dans le corpus romanesque interrogé infra. Certes, une métaphorisation militaire du sida, néfaste selon Sontag, mais néanmoins partout présente et dont la vertu «inspirante» est aisément compréhensible, suggère à un premier niveau, instinctif dirions-nous, cette figure d'une lutte de résistance: contre un virus revêtant les traits d'un envahisseur, contre une infection se présentant comme l'occupation d'un territoire (corporel, psychologique, identitaire). Mais c'est aussi, à un second niveau, contre les formes de pouvoir qu'incarnent la médecine et l'État, les deux étant complices, que s'affiche la lutte. Devant leur incurie, leur impuissance, leur indifférence ou leur manipulation, une résistance s'impose, passant, outre l'affrontement direct, par la constitution d'une contre-culture. À cet égard, Lee Edelman remarque:

«*Significantly, issues of defense achieve an inevitable centrality in discussions of* AIDS *in ways that critically distinguish this epidemic from many others. Because the syndrome attacks the body's defensive mechanisms; because once it does so, science as yet can offer no defense against it; because in the West it has appeared primarily among groups already engaged in efforts to defend themselves against the intolerance of dominant culture; because modern science and the national political institutions funding modern science feel call upon to defend their prestige against the assault on medical know-how represented by this disease; because individuals and groups, often irrationally, seek ways to defend themselves against contact with this disease; and because some politicians, in order to defend themselves against political opposition, deploy the* AIDS *issue strategically to ensure their own political survival: for all of these reasons the question of defense is inextricably and distinctively inscribed in the discourses on* AIDS.» (Butters, 1989, p. 291)

Par ailleurs, un combat, fût-il défensif, résistant ou terroriste, doit pour être efficace ne pas être entrepris seul. Il a besoin d'une structure amplifiant les actions singulières, au mimimum sous la forme d'un réseau de sympathies passives. Se constitue dès lors une communauté dont la fonction n'est pas seulement de soutien psychologique mais qui fournit des repères identitaires face à un adversaire social dont les armes sont notamment l'exclusion et la stigmatisation. Usant de paraphrase, nous serions tenté de parler d'un fonds de solidarité subjective, permettant aux individus de se (re)construire une image de soi. La contre-culture du sida apparaît ainsi comme un *ethos* d'autant plus fondé qu'il transcende les cultures spécifiques des victimes que nous évoquions plus haut (homosexuels, hétérosexuels, femmes, drogués, immigrants, etc.).

Le milieu artistique fournit le modèle d'une telle structuration communautaire. Qu'il ait été particulièrement frappé et qu'il ait réagi avec force selon diverses formes, contribuant à façonner la culture du sida, a souvent été souligné. Il n'y a pas là simple contingence pour Andréa R. Vaucher (1993), auteur de *Muses from Chaos and Ash. AIDS, Artists and Art*, un montage d'extraits d'entretiens avec des artistes séropositifs, sur leur expérience du sida et l'influence de cette expérience sur leur créativité et leur expression artistique. Un postulat mène toute son entreprise:

> «*Art is the orchestration of disorder, the creation of harmony out of chaos. When an artist is living with AIDS, this quest becomes amplified. The path becomes a double helix that merges the spiral of the artist's creative search with the gyre of life with HIV or AIDS. Many of the challenges any artist battles in bringing his work to life —isolation, anger, frustration, despair, doubt —are the same ones that test a person with AIDS.*» (p. 13-14)

La culture du sida naîtrait ainsi, non de la rencontre ou de la confrontation avec une expérience inconnue, mais au contraire de la familiarité avec un vécu obéissant aux mêmes règles: la culture du sida apparaîtrait en somme comme une sous-culture partageant les traits d'une esthétique propre à notre temps:

> «*The work emerging from this epidemic will change how historians and future generations view art in the context of the late twentieth century. [...]the discernible shift in emphasis from form to content in art today —not just in the work of people personnaly affected by AIDS — may be attributed to the force with which the AIDS crisis, like the Black Death before it, has shaken the collective psyche down to its creative bones. This late-twentieth-century AIDS art will undoubtedly provide significant keys to understanding the culture and society of our time in a framework much broader than an artistic one.*» (p. 7)

Les vingt-quatre artistes interrogés, américains et européens, proviennent du monde de la littérature (Paul Monette, Cyril Collard, Hervé Guibert), du cinéma (Peter Adair, Marlon Rigg), du théâtre (Reza Abdoh, Larry Kramer), de la danse (Burton Taylor, Arnie Zane), de la photographie (Robert Mapplethorpe), de la peinture (Robert Farber, David Wojnarowicz) et leurs témoignages sont regroupés selon douze sections: expérimentation artistique; colère, douleur et peur; isolement et aliénation; urgence et temporalité; symbolisme; liberté; sexe et sexualité; politique et activisme; transformation des formes artistiques; spiritualité; mort et perte; héritage. Ces sujets, allant de la psychologie à l'esthétique et à la métaphysique, explorent la

subjectivité des individus interrogés, mais le montage des citations répond à
une volonté évidente de représenter un «portrait de l'artiste» dont on ne peut
manquer de relever les présupposés. L'épilogue est à cet égard explicite:
«*Everyone I interviewed for this book was a warrior. Every soul I met was on
the hero's path. Everyone I talked with was, in Nietzsche's words, up to his
destiny.*» (p. 251). Un Cyril Collard, dans le domaine francophone, a incontestablement cultivé cette image, où se fondent les figures de Dyonisos et du
Christ, et la réaction largement favorable du grand public a montré qu'une
telle construction comblait certaines attentes d'une opinion en mal de symbo-
lisation. Dans un dossier intitulé *sida: l'art en danger* de son numéro du 18
février 1993, *Le Nouvel Observateur* l'illustre parfaitement: «Dans nos
sociétés occidentales, le monde de la culture et de l'art est incontestablement
l'épicentre de la maladie. [...] Le sida fait d'eux [les artistes] des héros
exemplaires, acceptant leur sort pour mieux le transcender, exaltant la force
vitale, sachant pourtant qu'elle ne triomphera pas. [...] Avec cette épidémie,
l'artiste a retrouvé son rôle dans la cité.» (p. 9), écrit E. Schemla dans la
présentation du dossier qui, entre les lignes d'un martyrologue aux accents
nietzschéo-sulpiciens, repère «un courant issu de la maladie, inspiré par elle,
une sorte d'"art- sida"» (p. 12), que Dominique Fernandez commente ainsi:
«Tout le monde souhaite que la médecine vienne à bout du virus. Ce qui
n'interdit pas de penser que le virus a été l'ultime invention, l'ultime sursaut
de l'art pour enrayer son déclin.» (p. 17). Dans la mesure où toute culture est
une construction répondant à des fonctions précises, nous sommes là au cœur de
notre problématique, mais la critique de la culture devrait se souvenir, à
l'exemple d'Adorno ou de Arendt, que l'analyse ne peut effacer le souci
éthique.

À cette conception héroïque de la culture s'en oppose une autre qui, si elle
n'insiste pas moins sur sa fonction de combat et de résistance, la situe dans un
cadre beaucoup plus global, délibérément social et politique[3], recoupant la
distinction connue entre culture comme engagement individuel et culture
comme affirmation collective. C'est celle qu'expose Douglas Crimp (1988) qui
a dirigé le recueil AIDS: *Cultural analysis / cultural activism* (Crimp, 1988),
d'abord publié en 1987 sous la forme d'un numéro spécial du magazine
October:

> «*From the beginning my intention was to show [...] that there was a
> critical, theoretical, artistic alternative to the personal, elegiac,
> expressions that appeared to dominate the art-world response to AIDS.
> What seemed to me essential was a vastly expanded view of culture in
> relation to crisis. [...] AIDS intersects with and requires a critical
> rethinking of all of culture: of language and representation, of science
> and medicine, of health and illness, of sex and death, of the public and
> private realms. AIDS is a central issue for gay men, of course, but also for
> lesbians. AIDS is an issue for women generally, but especially for poor
> and minority women, for child-bearing women, for women working in
> the health care systems. AIDS is an issue for drug users, for prisoners,
> for sex workers. At some point, even "ordinary" heterosexual men will
> have to learn that AIDS is an issue for them, and not simply because they
> might be susceptible to "contagion".*» (p. 15).

Sur le plan épidémiologique, le développement du sida dans les dernières années a donné raison à la réflexion de D. Crimp, ce qui ne peut manquer

---

3   Nous reprenons aussi les termes de ce débat dans la deuxième partie du présent article.

d'influencer les politiques de prévention. Dans les articles du volume, l a critique de la culture se fait effectivement un moyen d'action, soit au niveau de l'analyse générale de constructions discursives («AIDS: *Keywords*»; «AIDS, *Homophobia, and Biomedical Discourse: An Epidemic of Significations, The Spectacle of* AIDS»; «AIDS *and Syphilis: The Iconography of Desire*»; «*Is the Rectum a Grave?*»), soit dans l'examen de sujets plus précis portant sur les formes de lutte, de soutien et d'information («*The Second Epidemic, Further Violation of Our Rights, Picture a Coalition*») ou encore sous une forme directement militante («*Needed For women and Children*»; «*PWA Coalition Portfolio*»).

Une même visée –où la critique de la culture s'efface devant la culture comme critique, retrouvant une modernité pensée de Baudelaire à Walter Benjamin[4] mais niée ensuite dans un monde occidental ayant fait de la culture une industrie (voir les analyses d'Adorno) –anime les pages de *Fluid Exchanges: Artists and Critics in the* AIDS *Crisis* (Miller, 1992). Le directeur du recueil, J. Miller, le place explicitement dans la ligne du volume de D. Crimp, reconnaissant l'émergence et la nécessité d'une culture s'expérimentant sur un mode essentiellement actif:

> «*It is a collective effort, which means that in some measure its contributors had to come to terms with their theoretical and professional differences in order to define their common goals as cultural activists. [...] On the disputed border between the academy and the art world a vainglorious competition between text-based and image-based thinkers —a hangover from the ecphrastic rivalry between philosophical poets and painters of the Renaissance. The October anthology in its very form argued that this competition should, and could, be abandoned in the interests of forging a strong alliance between critics and artists to meet the cultural challenges of the epidemic. Such an alliance was forged anew in the production of this volume.*» (p. 7)

Les textes du volume, réunis en dix sections (la photographie, la peinture, le film et la vidéo, les mémoriaux et l'art public, les campagnes de prévention, le rôle de la critique en temps de crise, les médias, la littérature, le discours légal et politique, le discours psychologique sur l'identité sexuelle) interrogeant les problématiques de la représentation du sida, reflètent une pensée de l'engagement intellectuel et artistique qui, à l a différence des courants apparus des années 1950 aux années 1970, ne s'appuie pas sur des prémisses théoriques et un constat extérieur à son objet, mais est née de la conscience d'un péril au sein du réel (le sida et les discours d'exclusion qu'il suscite) face auquel s'impose un devoir de solidarité et de mobilisation. Si dans la généalogie de ce mouvement tracé par J. Miller la «théorie critique» en vogue dans le milieu universitaire des années 1980 rencontre diverses idéologies émancipatoires (traitant des femmes, des Noirs, des gais), il nous semble fondé d'évoquer aussi, puisque le signifiant «résistance» est constamment mentionné, le combat des intellectuels et des artistes ayant affronté avec leurs armes les hideuses incarnations du mal totalitaire en notre siècle. Dans les deux cas, c'est la situation qui impose l'urgence d'une réaction (de réactions plutôt) et non un *a priori* critique, invitant alors l a culture à retrouver naturellement une légitimité sociohistorique. D'où

---

[4] Voir note 2.

l'absence d'une perspective unique mais une multiplicité de points de vue destinée à susciter le débat.

Cette pluralité se retrouve dans le titre même du volume *A leap in the dark: AIDS, Art and Contemporary Cultures* sous la direction de A. Klusacek (1992) et K. Morrison, né de sidaRT, série de manifestations culturelles et d'expositions dans le cadre du *Cinquième congrès international sur le* sida ayant eu lieu à Montréal en juin 1989. Le matériau du volume de J. Miller provenait lui aussi d'un colloque tenu antérieurement et se rattachait à divers événements culturels, illustrant la volonté avouée de ne pas confondre distance critique et distance par rapport au réel. «AIDS *is a focal point for many of the social ills that plague modern society, as well as being what many countries have declared their major public health problem.*» écrivent les directeurs du volume (1992, p. 9). L'inscription du sida dans le contexte social plus général est d'emblée affirmée et explique les cadres analytiques accueillant les six sections du recueil: histoire et anthropologie / sociologie («*History teaches: What have we learned?*»; «*Pornography and Behaviour change*»); discours médiatique et public («*Seduction or terrorism?*»); activisme critique et esthétique («AIDS, *Aesthetics and Activism*»); productions esthétiques et sensibilisation («*Naming it: Literature and* AIDS»; «*HIV and Ceremony: Theatre and Transmission*»). Le volume répète ainsi la confrontation de regards théoriques, créateurs et militants adoptée dans les recueils cités plus haut, révélant encore la dynamique d'une culture de résistance et en prise directe avec les fléaux du réel contemporain. Il offre aussi, de même que les recueils précédents, une riche iconographie, reprenant notamment des réalisations présentées dans le cadre de manifestations organisées autour du sida. D'une manière générale, le mélange des supports textuels et visuels comme le mélange des approches disciplinaires offrent une certaine hybridité analytique qui marque méthodologiquement le corpus critique.

Si le sida se comprend à la fois comme une épidémie au sens médical, mais aussi, dans une acception sémantique, comme une «épidémie de sens ou de significations», selon la formule de P.A. Treichler (Crimp, 1988, p. 32) et si les recueils précités présentent en effet une grande variété de réponses et d'analyses ainsi qu'une forme originale d'approche critique, adoptant souvent un niveau méta-discursif, on ne peut que noter la prédominance des approches sociologiques et anthropologiques et s'étonner d'une lacune ou d'un silence du côté d'une interrogation philosophique au sens large. «Penser le sida» comme le disent les directeurs des numéros d'*Anthropologie et Sociétés* et de *Discours social* s'avère une tâche difficile et il y aurait lieu de s'interroger sur la nature de cette difficulté. Sauf à rabattre cet effort de pensée sur le plan de la morale, voire de la religion (comme dans le numéro d'*Autrement*) –ce qui aboutit rapidement à une impasse, comme le prouve le corpus romanesque que nous interrogeons plus loin, dans la mesure où les catégories traditionnelles ne sont pas aptes à saisir le phénomène —, on constate une fois de plus que la faillite des herméneutiques classiques, liée à celle des idéologies, nous soumet à la loi du réel en nous privant d'un éloignement conceptuellement ferme et suffisant qui nous permettrait de le juger. D'où le recours aux herméneutiques soupçonneuses ou relativistes, inspirées, par exemple, de Lyotard ou de Derrida. C'est le moment de préciser que de nombreuses études du corpus interrogé se réfèrent à la pensée dite poststructuraliste pour asseoir et l'objet analysé et le regard analytique dans une même épistémè, concluant souvent sur l'énoncé « sida comme maladie postmoderne». Si nous ne souscrivons que partiellement à cette définition, faute d'accorder à la postmodernité une valeur autre que symptomatique sur le plan sociologique, il est en revanche clair que puisque toute construction culturelle s'appuie sur un système de valeurs conjoint dialectiquement à une «faculté de juger» à partir d'un tel cadre, le sida, par la difficulté qu'il oppose à la saisie conceptuelle, s'affirme comme révélateur de la crise axiologique contemporaine et de la culture incertaine (culture de l'incertitude et incertitude de la culture) qui lui correspond. Le sida, négateur et défonceur de barrières (immunitaires, identitaires, sociales et ontologiques), se jouerait de la même manière des catégories de signification, pour reprendre la métaphore ci-dessus mentionnée.

Il est d'autant plus important de signaler les trois essais suivants pour l a perspective spécifique qu'ils adoptent, dégageant ainsi la possibilité d'une pensée rigoureuse et articulée sur le sujet. Dans *The AIDS Notebooks* (1990), Stephen Schechter abandonne une simple approche sociologique pour livrer une réflexion où le sida est analysé ontologiquement comme manifestation d'un mal propre à notre société capitaliste et technologique dans ses rapports aux aspects politiques et subjectifs de l'individu «postmoderne», notamment l'identité homosexuelle. André Glucksmann continue le questionnement éthique qui est le sien depuis plusieurs années avec *La fêlure du monde* (1994) en interrogeant le sida comme forme physique d'une catastrophe déjà perçue au niveau historicopolitique: il ruine à la fois les bases des relations humaines et les fondements du savoir scientifique et demande donc un réflexe éthique, une morale de sauvegarde et de survie au quotidien, sans le secours d'une métaphysique rédemptrice: «Agis de manière à préserver autant que possible et ceux que tu aimes et le genre humain», propose-t-il, à mi-chemin de l'impératif kantien et du devoir de responsabilité de Hans Jonas. Enfin Chantal Saint-Jarre, dans son livre *Du sida. L'anticipation imaginaire de l a mort et sa mise en discours* (1994), adopte une perspective psychanalytique pour confronter le sida à double titre, psychothérapeuthe et théoricienne de la littérature, et livrer sa réflexion sur les questions de la douleur, du deuil, de l'euthanasie, des soins palliatifs, de l'accompagnement des mourants et, d'une manière générale, sur les modalités de la relation interpersonnelle. Son ouvrage révèle l'exercice d'une pratique qui, fidèle à sa fonction, est toute à l'écoute du sujet mais qui en même temps cherche à repérer les figures discursives travaillant cette parole et travaillées par elle.

Dans la partie qui suit, nous traiterons d'exemples relevant de la produc-tion littéraire, essentiellement romanesque, mais aussi théâtrale et poéti-que, autour du sida ainsi que de certaines analyses critiques. Ces essais tentent de répondre à la question qui s'est déjà posée, par exemple, à propos de la littérature concentrationnaire, à savoir le statut de cette écriture prise entre, d'une part, la nécessité d'un témoignage articulé dans l'urgence et l'exigence ethique et, d'autre part, le risque d'une dilution esthétique de ce discours.

De l'émission *Tous contre le sida* diffusée pendant près de cinq heures par les sept chaînes nationales françaises le jeudi soir 7 avril 1994 au fameux

petit ruban rouge disponible au Canada dans les magasins de chaussure Aldo
ou au clip vidéo de la chanteuse québécoise Mitsou pour sa chanson *Comme
j'ai toujours envie d'aimer*, il est incontestable que la lutte contre le sida
comme phénomène de conscience collective n'est plus désormais cantonnée à
des milieux marginaux. Faut-il en conclure que le sida est devenu une donnée
intégrée dans l'horizon culturel de l'ensemble de la société? Certes, si l'on
considère que même les effets de résistance (couverture de presse inégale ou
intermittente, financement insuffisant, refus de débats en milieu scolaire ou
autre, discours d'exclusion, etc.), encore nombreux, prouvent cette intégration.
Cependant, les résultats timides des campagnes de prévention suggéreraient
l'hypothèse contraire: le sida n'est pas perçu dans l'ampleur de ses dangers
et de ses conséquences. Une des raisons tient à sa nature létale et à ses modes
de diffusion: par ses associations avec le sang, le sexe et la mort, il renvoie
aux constructions discursives et symboliques d'une société quant à ses fondements ontologiques. C'est en tenant compte des bouleversements qu'il introduit à ces niveaux-là que le phénomène pourra être reçu dans sa radicalité (et
la sensibilisation devenir efficace). Il s'agit donc bien d'une nécessité
proprement culturelle, demandant un réel effort de pensée et devant se
traduire par des transformations sur les énoncés et les articulations de la
culture en général en tant que celle-ci porte et génère à la fois nos représentations fondamentales. Le déclin actuel des publications ou manifestations
publiques autour du sida ne semble guère montrer la voie d'un tel mouvement
et les exemples prémentionnés (Aldo ou Mitsou) s'avèrent d'une signification
limitée. La culture du sida ne sera-t-elle qu'un épiphénomène médiatique?

APPROCHES ESTHÉTIQUES: ENTRE LE CRI ET LE CHANT

L'esquisse critico-bibliographique, ci-dessus, rencontrait les deux accep-
tions traditionnelles de la culture, celle restreignant son usage aux productions artistiques ou intellectuelles et celle l'interrogeant comme dimension
majeure du social. Le corpus littéraire (romanesque, théâtral et poétique)
participe des deux ainsi qu'en témoigne par ailleurs le discours critique qu'il
a suscité. L'examen de ces deux sources va nous autoriser à donner une réponse
qui infirmera le pessimisme de la question posée en conclusion de la partie
précédente.

La production théâtrale

La production théâtrale[5] est exemplaire de cette tension entre l'esthétique et le politique, entre le chant et le cri. Il en est de la tradition du théâtre
que d'accueillir aussi bien les crises sociales que les tragédies individuelles
et surtout que d'exprimer le lien entre les deux. Sans compter les spectacles
montés dans des buts d'information ou de prévention, il est difficile de recenser l'ensemble des pièces dont la thématique traite directement ou indirectement du sida puisque toutes n'ont pas été publiées. Selon les bibliographies
de Nelson (1992) et de Murphy & Poirier (1993)[6], on peut évaluer, pour la

---

[5]   La partie du présent article consacrée au théâtre a été rédigée avec Joseph Lévy. Faute de
place, nous nous limitons au domaine anglophone.

[6]   À noter que ces deux recueils, analysant la représentation du sida, traitent également du
cinéma, de la vidéo et de la télévision, de même que des arts plastiques pour les autres
recueils. Nous renvoyons le lecteur à ces articles pour prolonger la présente étude.

période de 1982 à 1993, à une quinzaine le nombre des textes écrits. Ces œuvres théâtrales épousent des styles variés qui vont du réalisme à portée politico-sociale à l'intimisme lyrique et aux écritures plus expérimentales où la recherche domine sur la véracité de l'intrigue et des personnages. Lawson (Nelson, 1992, p. 140-154) dégage deux motivations psychologiques fondant la typologisation des modèles d'écriture théâtrale: la colère (*The Normal Heart* de Larry Kramer) et le souvenir (*As Is* de William Hoffman), recoupant nos deux pôles du cri et du chant. Joel Shatzky (Nelson, 1992, p. 131-139), à partir des mêmes titres, décrit de façon similaire deux approches dramatiques typiques: la colère publique et la réaction personnelle. Les deux modèles, cependant, devraient se rejoindre dans l'abandon d'une théâtralité réaliste selon Lawson qui légitime un tel choix esthétique par la charge critique de ce théâtre à l'égard des idéologies dominantes:

> «*Whether raging against the lot of gay men in the contemporary world or sadly remembering the free and beautiful past, those plays are most successful that reject the theatrical techniques of dramatic realism and strike out into territory unknown on the popular stage; in very real ways, gay men in their lives have been abandoning the familiar and exploring the new throughout human history. It is only appropriate that theater that celebrates them or mourns their passing or erupts with anger over their situation should itself break new ground.*» (Nelson, 1992, p. 154)

Dans *The Normal Heart* (1985), l'une des premières pièces sur le sida, Larry Kramer met en évidence, non sans humour, les effets du sida, dès son origine, sur un groupe d'homosexuels. Il démonte les mécanismes de déni et d'occultation de la maladie et de l'identité homosexuelle à l'œuvre dans les instances sociales. Larry Kramer y dénonce les limites du savoir-pouvoir médical impuissant devant la mort omniprésente, et la lâcheté des autorités politiques, lentes à réagir. Prenant le contrepied de l'idéologie dominante marginalisant l'homosexualité, il tente, comme l'indique le titre, d'exprimer la normalité des sentiments des personnages surpris par l'épidémie. Dans *As is* (1985), qui a été adaptée à la télévision, William Hoffman analyse les réactions de deux anciens amants dont l'un est atteint du sida ainsi que les attitudes de la famille et du personnel médical. Tout en explorant les différentes facettes de la maladie, la pièce permet de saisir le contexte scientifique et politique entourant le sida et le cadre sociologique de la communauté gaie de New York. *As is* se veut porteur d'espoir devant une situation tragique, même si des critiques (tel Joel Shatzky dans Nelson, 1992) lui reprochent une trop grande sentimentalité. *Ancient Boys* de Jean-Claude Van Itallie (dans *Gay Plays*, 1989) prend pour cadre le décès d'un artiste sidéen dont ses amis racontent les étapes de la vie, ses ambivalences face à l'homosexualité et à la maladie puis son suicide. Dans *A Poster of the Cosmos* de Lanford Wilson (1990), pièce en un acte, Tom, dénoncé par une infirmière affolée, raconte aux policiers la mort de son ami sidéen et, lui incisant la joue, il en lèche le sang, signifiant son attachement profond, dans et au-delà de la mort.

Dans certains cas, la pièce se construit à partir d'un matériel authenti-que, entretiens, témoignages ou données biographiques. C'est la stratégie choisie par Rebecca Ranson dans *Higher Ground* (1988, voir Alexander, 1990) où un journaliste enregistre les monologues des personnages qui racontent leurs combats avec la maladie et la mort, leurs espoirs et leurs échecs, le tout entrecoupé de chansons et de dialogues. *Angels in America* (1989), de Torry Kushner, met en scène le personnage de Roy Cohn, un avocat partisan de McCarthy qui poursuit les homosexuels alors qu'il l'est lui-même et atteint du sida. Pièce particulièrement dure, elle fustige l'hypocrisie sociale qui entoure l'homosexualité, ainsi que les manipulations politiques empêchant la prise de responsabilité face à la crise.

Le contenu social se fait plus symbolique dans *Raft of The Medusa*, de Joe Pintauro, dont le titre est une métaphore de la situation des sidéens condamnés à la mort. La pièce dépeint des cas typiques au sein d'un groupe de personnes atteintes du sida –de l'homosexuel au toxicomane, du Blanc majoritaire à l'hispanique opprimé —, exprimant avec l'aide d'un psychiatre excentrique leurs réactions à la maladie. *Beirut*, de Alan Bowne, au titre volontairement provocateur, intègre dans une perspective futuriste la thématique de la violence liée à la guerre civile. Le Lower east side de Manhattan, transformé en prison pour personnes souffrant d'une mystérieuse MTS, devient un lieu de tensions extrêmes, dues à l'interdiction des relations sexuelles et à la prévalence de la pornographie. *Everybody Knows Your Name*, de Ed Cachiane, décrit dans une langue empruntée à la communauté Queer –pour mieux rejeter le discours et le vocabulaire dominants –les sentiments des personnages confrontés au sida, en jouant des oppositions rêve / réalité, passé / présent, sphère privée / milieu hospitalier. Les pièces de Harvey Fierstein, du recueil *Safe Sex* (1987) sont moins directement articulées sur la question sociopolitique et abordent les thèmes de la perte de la spontanéité érotique et de la fragilité de l'existence au temps du sida, dans un contexte plus intimiste, plus réflexif. Dans *Manny and Jake*, deux jeunes hommes dialoguent sur la distance interpersonnelle provoquée par l'épidémie qui a réinstauré une répression sexuelle affectant le désir et le niveau de bien-être: «*I am not people anymore. I'm not even a disease. I'm a carrier of a disease. Not a patient. Not a survivor. A fact. A statistic.*» (p. 23). Dans *Safe Sex*, plus satirique, deux amants discutent de leur sexualité avant et après le sida et des limites que le sexe sécuritaire impose sous le signe de la mort. *On Tidings Ending* analyse les sentiments d'un homme et de l'épouse de son amant décédé du sida, explorant les facettes d'une relation complexe où se mêlent l'amour, la jalousie et la culpabilité. Le recueil *Hard Plays, Stiff Parts* (1990), de Robert Chesley, explore de même le monde homosexuel et son érotique confrontée au sida. *Night Sweat, a Romantic Comedy*, la première pièce traitant directement du sida, écrite en 1984, interroge, selon l'auteur,

> «*the so-called "self destructive lifestyle" of the '70s and '80s, and the relation of this to the psychological connection between sex and the death. It's about paralyzing fear. It's about loss of hope. It's about underlying gay self-hatred and masochism. It's about the necessity of accepting oneself and one's needs.*» (p.10)

Adam and the Experts, de Victor Bumbalo, se présente comme une pièce de la remémoration, pour reprendre la typologie de Lawson. Adam, atteint du sida, ayant renoncé dans l'isolement à sa vie sexuelle et émotive, est confronté à «*The Man*», un personnage qui incarne ses dénis et ses affects réprimés. Il finit par se réconcilier avec lui-même, reconnaissant la nécessité d'une expression pleine et entière de soi, malgré le contexte d'une épidémie ravageuse. *Prelude to a Kiss*, de Craig Lukas, sur le même mode mémoriel, traite indirectement du sida, en présentant un vieil homme malade et mourant dont l'un des personnages tombe amoureux. *Marvin's Room*, de Scott McPherson, ne nomme pas directement le sida mais souligne la précarité et l a fragilité de la vie humaine. Parmi les pièces de facture plus expérimentale enfin, citons *Jack*, de David Greenspan (1990), pour trois lecteurs et un personnage, dont le texte poétique explore les dimensions de la mort à la suite du sida et *The Way We Live Now* (1989), de Susan Sontag, qui mêle à une écriture élégiaque une critique du détachement médical face à la maladie.

Littérature romanesque et poésie: la lutte et l'élégie

Que désormais une production littéraire romanesque liée au sida (en une relation que nous interrogeons plus bas: n'est-ce qu'une catégorie thématique ou l'écriture même dans sa forme en est-elle influencée?) soit attestée, ressort de la présence d'un chapitre consacré à ce sujet dans *Le corps souffrant. Littérature et médecine* de G. Danou, paru en 1994 (Champ Vallon), alors que Laplantine dans son ouvrage pionnier a légitimé la littérature comme matériau anthropologique, *Anthropologie de la maladie*, de 1986 (Payot), n'en faisait pas mention. Il s'exprimait en revanche sur le sujet en 1991 dans la revue *Équinoxe* (voir plus loin) et préfaçait le *sida-fiction. Essai d'anthropologie romanesque*, que nous avons publié avec Joseph Lévy en 1994 (Presses Universitaires de Lyon), en ces termes: «Par l'écriture, [le sida] provoque, contre toutes les tentatives de normalisation et d'exclusion, l a réflexion. C'est l'une des fonctions de la littérature, et en particulier du roman, de pouvoir parler de tout, de désocculter toutes les significations, y compris les plus cruelles et les plus insoutenables, de laissser libre cours aux interprétations multiples, de proclamer qu'il n'y a pas un seul point de vue possible: celui de la normalité dominante, une seule pratique légitime: l a médicalisation, une seule manière enfin d'utilise le langage.» (p. 11-12). Distanciation de la fiction nécessaire à l'analyse des constructions symboliques et discursives de la maladie; prise en compte ainsi de la dimension culturelle du phénomène, c'est ce qu'en effet nous offrait cette production, qui en l'espace d'une dizaine d'années, parallèlement au développement fulgurant de la pandémie, compte aujourd'hui, dans les seules langues anglaise et française (celles qui ont constitué notre corpus), près d'une centaine de titres de romans et nouvelles.

Quel en est le critère générique? La question articule le rapport malaisé posé d'emblée entre l'élaboration d'une fiction (ce dont se réclament ces écrits) et son attachement à un vécu dont l'intensité pathologique demanderait plutôt, semble-t-il, la traduction (auto)biographique. Il est difficile de procéder à une catégorisation sur le seul plan thématique (la mer, la montagne, la jalousie, la guerre ou la révolution, pour citer des exemples de taxinomie). Outre que la critique contemporaine a montré les limites d'une telle typologie ignorant les enjeux réels, sociohistoriques et esthétiques de l a littérature, les récits du sida, contemporains de la diffusion pandémique, s'expriment dans une urgence et une gravité qui en ont façonné l'écriture et en modifient la réception. Présentant ces «textes écorchés vifs», Hugo Marsan écrit: «Un écrivain qui publie un roman "sur le sida" [...] fait avant tout acte de création littéraire, le plus exemplaire, l'ultime combat avec le langage, qui est la seule victoire des mortels. Mais c'est aussi, bien qu'il s'en méfie, un engagement particulier qui met à nu l'homme, sa sexualité et –circonstance exceptionnelle –sa mort, la vraie, celle qu'épuise le réel, dépouillée de l a récupération finale qu'assure la fiction, et néanmoins fiction par le choix qu'il fait de l'écrire.» (*Le Monde*, 8 avril 1994, *Cahier des livres*, p. 4)

Nous évoquions en première partie la multiplicité des cultures participant à la construction culturelle du sida. Cette question de l'appartenance plurielle pèse également sur la question générique, de manière plus restreinte cependant, sous la forme suivante: le corpus du sida ne constitue-t-il qu'un sous-genre de la littérature gaie[7] ? À quelques rares exceptions près (dans l e cas de personnages noirs, central-américains ou sud-américains, que les auteurs soient ou non de ces origines ethniques), la critique met en avant l'identité homosexuelle dans l'examen du corpus. Pour E.S. Nelson, l a dimension homosexuelle du corpus est inévitable non seulement parce que dans les faits les auteurs sont en majorité homosexuels mais aussi pour une raison politique et morale: «*After all, the reaction of gay artists to* AIDS *is bound to differ, even fundamentally so, from that of nongay writers:* AIDS, *to gay men, is a gravely personal issue. It is too real to be easily metaphorized or elegantly aestheticized. Many of them do not have to imagine the horror, for they live in the midst of a holocaust.*» (1992, p. 1). À partir des années 1980 le sida, devenu partie intégrante de la culture gaie, marquerait de son ombre toute littérature qui en proviendrait, que l'auteur en traite directement ou non, consciemment ou non, avec des conséquences sur les plans formel (fusion du biographique et du fictif) et thématique (réappropriation du corps, politisation et conscientisation). Les essais du volume dirigé par E.S. Nelson, AIDS: *The Literary Response*, accueillent cette orientation, qu'ils traitent d'un sujet général («*Gay Genocide As Literary Trope*»; «*The Mystical Body: Frank Kellendon and the Dutch Literary Response to* AIDS, *The best of Times, The Worst of Times: The Emerging Literature of* AIDS *in France*») ou d'auteurs en particulier («*Music for a Closing: Responses to* AIDS *in Three American Novels*»; «*When a Risk Group Is Not a Risk Group: The Absence of* AIDS *Panic in Peter Cameron's Fiction*»; «*Babaluaiyé: Searching for the Text of a Pandemic*»). On ne s'étonnera évidemment pas de retrouver une analyse semblable dans *Writing* AIDS: *gay literature, language, and analysis* dirigé par Timothy F. Murphy et Suzanne Poirier (1993). Pour Poirier, la faible place, du sida dans le discours public est explicable par son lien avec l'identité homosexuelle et les effets de résistance suscités; cette situation fournit le contexte de la littérature étudiée:

> «*Many of the contributors to this collection would say that today's writers about* AIDS *are faced more with new responsibilities than challenges. [...] These authors are nearly unanimous in their assertion that* AIDS *has irremediably changed the way that gay literature can be either written or read, whatever the reader's or writer's feelings about the epidemic or the homoerotic. [...] Whatever their positions, however, these writers maintain that the strengt of the literature they champion lies in its ability to (re)affirm gay existence, self-respect, and love, an*

---

7   En admettant qu'une telle catégorisation soit fondée, ce que nous faisons par simplicité méthodologique. Voir notre article «Chronos & Thanatos: le récit du sida chez Hervé Guibert», dans «Le corps souffrant entre médecine et littérature», *Agora, 34-35*, 1995.

assertion that is a central theme of the essays in Writing AIDS. » (p. 3 et 4)

Les auteurs du recueil diffèrent cependant sur l'efficacité des stratégies d'écriture: traitement direct («*Immersive and Counterimmersive Writing About AIDS: The Achievement of Paul Monette's Love Alone*») ou allusif («*Refusing the Name: The Absence of AIDS in Recent American Gay Male Fiction*»). Si certains articles de *Confronting AIDS through Literature: The responsabilities of Representation*, sous la direction de Judith L. Pastore (1994) insistent également sur l'équation du sida et de l'identité homosexuelle («AIDS *Writing and the Creation of a Gay Culture*»), d'autres posent davantage le problème de la représentation et de la responsabilité tel qu'il se pose pour l'ensemble social («*What Are the Responsabilities of Representing* AIDS?»; «*It Can Happen: On the Denial of* AIDS»; «*Teaching about* AIDS *and Plagues: A Reading List from the Humanities*»). La question centrale, se posant déjà à propos de la légitimation d'une culture gaie ou d'une littérature gaie, est celle du risque de ghettoïsation et de déresponsabilisation[8]. L'expérience et le sens du sida doivent-ils être transmis au nom de la différence ou au nom de l'universel? Le passage à l a littérature suffit-il à assurer une portée universelle? Peut-on craindre une dilution du «message» dans ce passage à l'universel?

Nous avons pour notre part, en conclusion de notre *sida-Fiction* (1994), examiné la question de la relation à l'homosexualité dans notre considéra-tion de la nature essentiellement ambiguë du sida. Nous posions cette ambi-guïté, outre la dynamique de circulation incessante qu'il incarne, comme marque de modernité pour le sida, dans la mesure où celle-ci se définit par un principe d'incertitude. Principe dérégulateur, en tant que tel, il suit la logi-que de sa fonction: il n'est pas réductible à sa fonction, il est cette fonction, c'est-à-dire cette béance, cet abîme, ce trou noir. Il n'a pas de nom –qu'un acronyme —, pas de pathologie, pas de substance, il est «*It*» (ainsi désigné dans le roman *Second Son*, de Robert Ferro [1989], et le recueil *Darker Proof*, de A. Mars-Jones et E. White [1988]), comme l'instance freudienne du Id, réservoir d'énergies polymorphes et chaotiques, ce n'est pas une vraie maladie, c'est une absence dont l'effet (maigreur, dégradation, ruine) est un effet de néantisation. Il est donc difficile de lui assigner un sens, ce dont témoigne la littérature du sida et ce qui justifie la légitimité d'une littérature du sida puisque l'écriture littéraire se nourrit de polysémie et d'ambiguïté. L'ambiguïté dont le sida est à la fois porteur et révélateur s'exprime à quatre niveaux: définition et représentations de la maladie; dimensions existentielles liées à la convergence de la maladie, de l a sexualité et de la mort; paradoxes du statut identitaire du groupe homosexuel et de son expression communautaire. En effet, le sida vient réactualiser les tensions autour de l'acceptation de l'identité homosexuelle, considérée comme une pathologie ou une déviance. Celle-ci n'a jamais été véritablement intégrée dans la conscience occidentale dont les attitudes ont

---

[8]   Sans aucunement remettre en question le rôle primordial des communautés homosexuelles dans l'organisation de la lutte contre le sida. C'est là où celles-ci étaient le moins organisées, et donc que les réseaux de solidarité ont mis le plus de temps à se créer, que la maladie a le plus frappé. Le cas du retard de la France par rapport à d'autres pays européens ou à l'Amérique du Nord est à cet égard révélateur.

varié entre la stigmatisation, l'élimination ou la tolérance. Le sida désigné comme «maladie homosexuelle» vient confirmer la convergence toujours établie entre homophobie et discours médical. Il agit donc, là encore, comme un révélateur de la société majoritaire quant à ses perceptions des minorités sexuelles et aux fantasmes qu'elle entretient sur leur sexualité présumée, synonyme de circulation et d'échange sans limite et sans entrave, et donc responsable de la propagation virale. La rareté de femmes atteintes du sida et de toxicomanes, dans le corpus romanesque peut d'ailleurs s'expliquer par le fait que l'ambiguïté inhérente au sida trouve son adéquation la plus forte dans la figure de l'homosexuel, de même que la prostituée, à la fin du XIXe siècle, incarnait parfaitement la circulation sexuelle responsable de la transmission syphilitique (Wald Lasowski, 1982). La libération sexuelle est une des dernières libération de la société moderne et le groupe homosexuel est par son style de vie à la pointe de cette émancipation. Si elle est fondée sur une dynamique de libre échange où le désir peut s'exprimer avec le minimum d'interdits, le sida est le révélateur négatif de ce paradigme, dans la mesure où son mode de propagation suit la même dynamique, en ignorant les frontières immunitaires. Comme le montre notre examen du corpus, la mise en place des pratiques sexuelles préventives, qui viennent limiter la liberté sexuelle, souligne de façon aiguë les difficultés surgissant entre l'affirmation de la responsabilité individuelle et ses applications concrètes.

L'ambiguïté attachée au sida se manifeste enfin autour d'un paradoxe intolérable à la société et qui touche au droit à la différence. En effet, le groupe le plus atteint, les homosexuels, participe de deux dimensions vues comme contradictoires, court-circuitant les pôles idéologiques de représentation sociale: l'appartenance communautaire et le droit à la libre circulation. De même que les communautés juives ont été accusées, dans les périodes de mutation économique et sociale, de maintenir des structures d'appartenance communautaire tout en s'inscrivant dans les formes de socialité modernes fondées sur la circulation et le passage (commerce, circulation des biens, banque, vie intellectuelle), de même les communautés homosexuelles revendiquent leur pleine participation à la vie sociale en maintenant un réseau serré de solidarité et de convivialité. La régression psychologique individuelle provoquée par le sida (nostalgie de l'enfance et du passé), récurrente dans les textes littéraires, trouve son écho dans l'énonciation collective de mythes de l'âge d'or. Ces liens interpersonnels, dont de nombreux aspects rejoignent ceux des cultures plus traditionnelles, s'expriment à travers un ethos façonné par l'expérience de la maladie et ses conséquences sur le réseau social. À cet égard, la plupart des romans rejoignent de façon originale un courant de l'anthropologie contemporaine: l'anthropologie de l'expérience (Turner et Bruner, 1986) qui traite de la façon dont les individus font la réelle expérience de leur culture, à savoir sa conscientisation non seulement au niveau des actions et des sentiments mais aussi d'une réflexion à leur propos. Dans cette perspective, les auteurs s'inscrivent dans la perspective d'une «observation participante». L'utilisation de techniques modernes de collage (vignettes, éléments autobiographiques, extraits de lettres, poèmes) qui permet de pénétrer le monde intime de la maladie rapproche l'écriture romanesque d'une narration anthropologique du sida. Cette littérature témoigne en dernier lieu de l'histoire immédiate d'une communauté atteinte dans ses forces vives. Ce drame s'apparente à une forme d'ethnocide qui appelle le maintien d'une mémoire collective assurée par l'écriture. Mais le récit du sida, par sa dimension littéraire, franchira aussi les limites d'un projet singulier. Au niveau individuel de l'écrivain, l'écriture permet la restauration symbolique d'une continuité temporelle et ontologique que le sida a interrompu, et la réintégration dans un tissu social dont le sujet sidéen, frappé d'interdiction, se sent exclu. Car si le geste d'écrire relève d'une subjectivité individuelle menacée, les conditions d'énonciation lui donnent d'emblée une dimension communautaire. La production littéraire autour du sida, semblable à celle des génocides, même lorsqu'elle s'énonce dans l'intime, le lyrique ou l'élégiaque (voir *infra*), exprime aussi la parole d'une communauté, en dehors de tout militantisme, de toute revendication, mais dans une dynamique de solidarité. Le narrateur de *À l'ami qui ne m'a pas sauvé la vie* affirme: «On va tous crever de cette maladie, moi, toi, Jules, tous ceux que nous aimons.» (Guibert, 1990, p. 17). Et le récit de soi, comme l a mort dont il rend compte, devient le récit de tous. Considérant que le corpus du sida relève largement d'une littérature homosexuelle, on constate là un glissement significatif d'une esthétique très marquée d'individualisme et de narcissisme vers une écriture fonctionnant comme une adresse à l'autre, aux autres. Le narrateur du *Protocole compassionnel* écrit à propos de son livre précédent: «En fait j'ai écrit une lettre qui a été directement téléfaxée dans l e cœur de cent mille personnes, c'est extraordinaire. Je suis en train de leur écrire une nouvelle lettre. Je vous écris.» (Guibert, 1991, p. 121). Apostrophe qui constitue la dédicace même de l'ouvrage et marque le lien de l'auteur aux lecteurs, sur lequel le narrateur revient en deux autres endroits (p. 171 et p. 178-181).

Affirmation communautaire qui est une des fonctions de ce récit, comme nous l'avons développé dans *sida-fiction* (1994) en traçant notamment le parallèle avec la définition d'une littérature mineure au sens de Kafka. La dimension commune, sinon communautaire, de la maladie est notamment réintroduite dans son rapport à la mort, que la culture occidentale a v a i t réduit au destin personnel. À partir du XIXe siècle, en rupture avec les représentations antérieures, la mort de l'autre devient son affaire, ce qui correspond à la montée de l'individualisme social et de l'existentialisme philosophique. Les maladies sont elles aussi individuelles, et rapportées littérairement comme telles: la syphilis (Flaubert, Hyusmans), la phtisie (*La Dame aux Camélias*), la tuberculose, malgré son mode de transmission (T. Mann et T. Bernhard), et surtout le cancer. Mais le sida exprime le partage de la mort et le récit se fait le dépositaire de l'expérience. Le narrateur de *À l'ami* écrit à propos des pages de son journal consacrées à la maladie de son ami Muzil: «De quel droit écrivais-je tout cela? De quel droit faisais-je de telles entailles à l'amitié? [...] Je ressentis alors, c'était inouï, une sorte de vision, ou de vertige, qui m'en donnait les pleins pouvoirs, qui me déléguait à ces transcriptions ignobles et qui les légitimait en m'annonçant, c'était donc ce qu'on appelle une prémonition, un pressentiment puissant, que j'y étais pleinement habilité car ce n'était pas tant l'agonie de mon ami que j'étais en train de décrire que l'agonie qui m'attendait, et qui serait identique, c'était désormais une certitude qu'en plus de l'amitié nous étions liés par un sort thanatologique commun.» (Guibert, 1990, p. 101-102).

La maladie ouvrirait donc non seulement à la conscience de la mortalité partagée mais autoriserait le récit de cette mortalité. Et l'écrivain se retrouve à témoigner non seulement pour lui-même mais aussi pour la communauté des sidéens, disparus ou encore vivants. Ceux-là étant des «morts en puissance» –morts en impuissance, pourrait-on dire –par la dynamique du «temps accéléré»[9] propre au sida, c'est une communauté de fantômes que l'écrivain sert dans ses écrits. Constatons aussi chez Guibert un élargissement d'un autre ordre opéré par le détachement de l'identité homosexuelle: le rapport de type amoureux avec un personnage féminin est un thème central dans *Le Protocole compassionnel* (1991) aussi bien que dans *Le Paradis* (1993). Se redessine ainsi une communauté agrandie à tous, de même que Robert Antelme nomme *L'espèce humaine* son livre sur l'expérience concentrationnaire. Le communauté des survivants redevient simplement la communauté des vivants.

Pas plus qu'Auschwitz n'est uniquement une «histoire juive», le sida ne devrait être lu dans la seule perspective gaie. Et la dimension culturelle du sida, assurant l'efficacité de la lutte, passe par cet élargissement. Le succès de livres comme *Cargo Vie*, de Pascal De Duve, (1993) ou des romans de Guibert, l'impact de films comme *Les nuits fauves* ou *Philadelphia* montrent qu'il n'est pas illusoire de croire en cette possibilité. Ce qui ne veut pas dire que la spécificité de l'expérience ou de l'écriture sera niée dans le processus. Elle sera au contraire maintenue dans la tension avec une lecture visant à une compréhension élargie au maximum.

Écriture soutenue donc de tensions, de paradoxes qu'il serait vain de vouloir effacer puisqu'ils constituent à la fois sa motivation et sa visée, fidèle en cela à son objet, incertain, fuyant, et brouilleur de catégories. Par la double contrainte qui la cerne –ne succomber ni au pathos documentaire ni à la stylisation stérilisante —, elle susciterait volontiers le rapprochement avec deux autres genres: les récits relatifs au phénomène concentrationnaire (voir *supra*) et ceux se rapportant à l'expérience des épidémies, de la maladie ou de la mort, c'est-à-dire des genres qui, tant par leur énoncé que, souvent, par leur mode d'énonciation, remettent en cause la notion de genre ou plus exactement les critères qui en fondent le processus classificatoire. Ils modifient en effet la compréhension et l'usage des notions d'expérience et de transmission de celle-ci, altèrent la possibilité de constituer un savoir partagé sur un vécu commun. De tels textes offent certainement des aspects dont l'analyse peut être appliquée au corpus du sida (notamment les thèmes de l'exclusion, de la solitude et du corps atteint ou ruiné) mais ils s'en écartent sur deux points essentiels: le sida, d'une part, n'est pas un ennemi pouvant être l'objet d'affects et de projections, même s'il est souvent employé métaphoriquement comme tel et, d'autre part, la létalité ne fonctionne pas comme un terme mais comme une dynamique accompagnant le vivant. Ces deux traits privent le récit du sida de toute téléologie. Par ailleurs, le caractère inédit du sida, mettant en échec un discours médical affirmant jusque là sa toute-puissance, gêne le processus d'identification dans la mesure où la fonction référentielle du phénomène est inconnue du lecteur. C'est pourtant à ce dernier que s'adresse l'écrivain du sida. Provocation, narcissisme, appel ou demande, la

---

9   Voir notre article sous ce titre dans *Discours social*, Montréal, 6, (3-4), autonme 1994.

littérature du sida, qu'elle emprunte le mode de la confession ou celui de l a chronique, affiche une interlocution (l'adresse au lecteur de Guibert).

Au principe de cette littérature, les responsables du numéro d'*Équinoxe* «*Le* sida *et les lettres*» inscrivent «l'impérieuse nécessité [pour les auteurs] de dire leur destinée, de transmettre leur expérience, de refuser le silence, d'inscrire leur deuil dans [...] le langage émotionnel de l'art» (1991, p. 5), toutes fonctions qui ne peuvent être assurées que dans une dynamique relation- nelle. Le danger de rupture des liens sociaux, de déstabilisation communau- taire, est tel que G. Danou n'hésite pas à parler de « sida émotionnel»: «Par analogie avec l'expression de Reich, comment définir le " sida émotionnel"? Il ne concerne pas les malades réels, mais toutes les conduites irrationnelles qui troublent la conscience claire et feignent de trouver une justification de penser et d'agir en s'appuyant sur l'adhésion à des fantasmes nébuleux considérés comme la vérité. Chacun d'entre nous peut se trouver en état de «sida émotionnel».» (1994, p. 126). La littérature du sida aurait donc pour fonction d'assurer ou de retisser le lien entre la communauté sidéenne et l a communauté humaine. C'est en ce sens que nous avons situé le corpus romanes- que sous les espèces d'une littérature mineure. Le concept, on le sait, a été développé par Deleuze et Guattari dans leur ouvrage sur Kafka. Et la réfé- rence ne doit pas étonner puisque toute leur réflexion s'appuie sur la notion de rhyzome, circuit rhétorique et sémantique dans lequel s'inscrivent en un mouvement permanent les représentations sociodiscursives, qui se prête efficacement à la dynamique de circulation incessante que nous avons repérée comme figuration du sida. L'expression de «littérature mineure» employée dans un passage du *Journal* à propos de la littérature juive, Deleuze et Guattari élargissent son emploi pour ne plus en désigner la seule littérature d'une culture minoritaire, mais l'appliquer au mode d'énonciation «révolutionnaire» que n'importe quelle écriture peut adopter. Il est alors possible de l'utiliser pour toute littérature marginale ou plutôt pour toute littérature servant de vecteur d'expression d'un groupe marginal, que cette marginalité soit sociale ou idéologique, dans son dialogue avec une littéra- ture et une culture majeures. La minorisation n'est pas ici un aspect qualitatif mais renvoie, comme en musique, à un mode d'écriture. Deux caractères d'une littérature mineure, avancent-ils, en sont «le branchement de l'individuel sur l'immédiat-politique» et «l'agencement collectif d'énonciation.» (1975, p. 33). Appliqué à notre corpus, le premier caractère renverrait à la dimension politique du phénomène que nous avons déjà signalée et qui se manifeste à deux niveaux: les revendications des sidéens, souvent liées à une dimension identitaire militante, et la manipulation de la maladie par les discours réactionnaires. Le second caractère renverrait à la double fonction de conscience collective et de solidarité qu'assume l'écriture dans ce contexte où lorsque le sujet est atteint, c'est non seulement en tant qu'individu mais aussi comme membre d'une communauté.

De son côté, E.S. Nelson, résistant à la comparaison avec d'autres «littératures de crises» ou avec les mémoires des esclaves noirs du XIXe siècle, insiste sur l'unicité de la littérature du sida:

> «*AIDS writing is produced in response to a puzzling and unmanageable medical catastrophe, primarily by individuals on the sexual margins who have been most profoundly affected. It is a diverse body of literature that documents, disrupts, testifies, protests, even celebrates.*

Its quality may be uneven but its authenticity, especially when its creators are men whose lives are in peril and whose communities are under threat, can rarely be contested. And much of the literature of AIDS constitutes a feverihs elegy, written collectively during the closing decades of the twentieth century, to a generation dying young.» (1992, p. 3).

L'écriture du sida comme élégie aux disparus, les morts et ceux en sursis? Détour par la poésie, à peine une digression puisqu'aussi bien «ce n'est vraiment qu'au regard de la Poésie que l'on écrit de la bonne prose» (Nietzsche, *Le Gai Savoir*), de nos jours plus que jamais et particulièrement pour ce corpus qui, même livré au réalisme le plus cru, retient cependant par son sujet un souffle lyrique inextinguible, comme si –dans un réflexe connu de Villon à Rimbaud –le poétique servait à dénoncer un réel exsangue de tout espoir. En 1988, Renaud Camus publie ses *Élégies pour quelques-uns*, et Paul Monette *Love Alone: Eighteen Elegies for Rog*, de la même veine que l'élégie versifiée *Conrad Detrez*, de William Cliff, consacrée à l'auteur de *La mélancolie du voyeur* (1986), livre qui se donne lui-même comme la remémoration autobiographique d'un mourant sur son lit d'hôpital. S'ils se présentent comme roman ou récit, *Les quartiers d'hiver*, de Jean-Noël Pancrazi (1990), *Ce sont amis que vent emporte*, de Yves Navarre (1991), *À ceux qui l'ont aimé*, de Michel Manière (1992), *Chambres séparées*, de P.V. Tondelli (traduction française, 1992), *L'accompagnement* de René de Ceccatty (1994) font entendre le chant nostalgique et brisé qui donne à tous ces livres des allures de requiem, avec ce que le genre comporte de souffrance mais aussi de consolation. C'est sous une forme réactive, la célébration et non la lamentation, que se présente une impressionnante anthologie recueillant près d'une centaine de poèmes d'auteurs américains d'identités diverses: *Poets for Life. Seventy-six poets respond to AIDS* (Klein, 1989). Et l'un des textes introductifs s'attache à présenter cette écriture comme une nouvelle forme d'élégie. Remarquant que cette production brise la tradition du «Que les morts enterrent les morts!» en faisant de la mort des sidéens le souci de tous, Carole Muske écrit: «La forme même de l'élégie se modifie. Elle a traditionnellement montré son efficacité à exprimer le regret et la louange du défunt mais elle semble désormais se prêter au débordement, à la brisure et elle se transforme. [...] La forme élégiaque, comme le chemin le long des tombes, est parfois bien creusée par les années mais la langue de ces poèmes-ci est directe et sans concession; elle refuse le style littéraire ou celui de l'eulogie. Cette réponse brisant les conventions tient en partie au fait que ceux qui meurent échappent eux aussi aux critères habituels de mortalité.» (p. 10; *ma traduction*). En effet, devant la multiplicité des destins individuels ainsi interrompus, devant le nombre et la diversité des disparus, devant non l'injustice –il ne serait être question de morale ici –mais l'anormalité de ces disparitions, la tâche élégiaque est immense. «Toutes nos ressources d'écriture se tarissent, continue-t-elle, à traduire la perte de tous ceux qui auraient vécu au siècle prochain». La formule est frappante et trace une analogie avec la littérature génocidaire. Une des fonctions des écrits sur la Shoah est explicitement de faire vivre tous ceux qui auraient dû vivre. Travail de mémorisation qui n'est pas qu'un devoir de mémoire mais le régime d'un travail de deuil et leur attribue une valeur de thérapie poétique.

Le genre élégiaque est aussi invoqué par J. Miller dans un article du recueil *Writing* AIDS (Murphy & Poirier, 1993), «*Dante on Fire Island: Reinventing Heaven in the* AIDS *Elegy*», qui commente certains poèmes du recueil précité (p. 266). Tout en reconnaissant la légitimité des critiques adressées à cette lecture (voir *infra*), J. Miller attribue une fonction de distanciation à cette écriture élégiaque qui ne doit pas être confondue avec l'idéologie lénifiante d'un quelconque discours religieux. Au contraire, elle offre l'éloignement nécessaire à un regard critique sur le réel social et pathologique. S'appuyant sur le voyage élégiaque de Dante dans son *Paradis* qui lui fait, retrouvant la pureté d'un amour idéal, rejeter à la fois la concupiscence florentine et le puritanisme catholique, Miller interroge une série de créations des domaines poétique, romanesque et cinématographique pour définir et illustrer, subvertissant des catégories antagonistes, la notion d'un «activisme élégiaque» *(elegiac activism)* (p. 267) qu'il présente comme une «*defense of this radically poetic (as distinct fom radically political) vision of the epidemic*» «défense de cette vision radicalement poétique (à distinguer de radicalement politique) de l'épidémie.» (p. 266; *ma traduction*).

G. Woods, dans un article de AIDS. *The Literary Response*, défend également la légitimité et le pouvoir du genre élégiaque quant à l'écriture du sida. Non sans être conscient de la position adverse: «*The dead have died. The past can wait; aesthetics can wait.*» (Nelson, 1992, p. 155)«Les morts sont morts. Le passé peut attendre; l'esthétique peut attendre (ma traduction).» Mais il insiste sur la nécessité d'un travail de deuil pour les survivants, pour trouver justement la force de continuer la lutte. La perte est non seulement celle des disparus mais elle menace ceux qui restent. Il leur faut donc une forme d'expression susceptible de transformer la douleur en parole, la douleur solitaire en marque de solidarité, le cri en chant. Rappelant la tradition de l'élégie dans la littérature anglophone, il remarque qu'elle célèbre, parfois ensemble, deux objets dont elle signifie la disparition: un individu et un mode de vie, ce dernier élément marquant la dimension communautaire. Il conclut: «*Poignancy may, in fact, be a pad from which action may be launched; it is, at least, a reaction, all the better that a turning away.*» (*Id.*, p. 166).

Une telle reconnaissance du pouvoir de l'esthétique s'inscrit dans un débat ouvert dès le début de la pandémie et la naissance des mouvements de réaction et de résistance. Douglas Crimp en fit l'analyse dans un article de 1987 AIDS: *Cultural Analysis / Cultural Activism* (October, n° 43, hiver 1987) –repris plus tard dans l'anthologie prémentionnée portant le même titre (Crimp, 1988). Il y dénonce l'idéalisme esthétique refusant à l'art tout engagement et toute influence sur le vécu social, le cantonnant dans des fonctions de transcendance et de catharsis, se félicitant de cette inspiration nouvelle pour la création contemporaine, ou encore le réduisant à l'utilitarisme financier des levées de fonds, fût-ce pour la recherche contre le sida. Au contraire, D. Crimp affirme: «[...]l'art a le pouvoir de sauver des vies et c'est précisément ce pouvoir qui doit être reconnu, encouragé et soutenu de toutes les manières possibles. Mais pour ce faire, nous devons abandonner la conception idéaliste de l'art. Nous n'avons pas besoin d'une renaissance culturelle: nous avons besoin de pratiques culturelles qui participent activement à la lutte contre le sida. Nous n'avons pas besoin de transcender l'épidémie: nous devons y mettre fin.» (*ma traduction*; p. 7). Et il cite à cet égard l'installation *Let the Record Show*... réalisée en 1987 dans une vitrine du New Museum of Contemporary Art à New York par l'organisation ACT UP. Deux traits, à partir de cet exemple, définissent pour D. Crimp la pratique culturelle contre le sida qu'il appelle de ses voeux: sa nature de création collective et sa présentation à la vue du grand public (rappelant les aspects d'une littérature mineure indiqués plus haut). Il précise: «L'activisme esthétique (*activist art*) ne pose pas seulement des questions sur la nature de la production culturelle mais aussi sur ses lieux et sur ses moyens de diffusion. [...] Une information et une mobilisation de cet ordre peuvent sauver des vies; en fait, tant qu'un traitement ne sera pas trouvé, seules l'information et la mobilisation peuvent sauver des vies.» (p. 12). Et c'est sur ce point que le débat touche au coeur de la question. Question qui n'est au demeurant pas nouvelle, si le contexte l'est: elle s'est posée pour n'importe quel mouvement artistique plaçant comme priorité la dimension sociale ou politique de son action. L'histoire des avant-gardes est riche d'exemples de ce type. La volonté de changement sur le plan du vécu suffit-il à garantir la nouveauté sur le plan esthétique? L'artiste activiste peut-il y fonder l'authenticité de son geste? En quoi la vitrine du musée new yorkais diffère-t-elle du *Names Project de Washington*, l'immense courtepointe figurant les noms des sidéens disparus[10]?

J. Miller prolonge la réflexion de Crimp dans son article «*Criticism as Activism*» du recueil «*Fluid Exchanges: Artists and Critics in the* AIDS *Crisis*» dont nombre d'articles tournent autour de cette question. Il en déplace la problématique sur le plan littéraire dans «AIDS *in the Novel: Getting It Straight*», du même volume, en distinguant le roman de critique sociale (*Novel of Social Criticism*), roman cultivant le scandale et les sentiments de culpabilité, du roman d'activisme culturel (*Novel of Cultural Activism*) qui serait l'équivalent des productions en arts visuels loués par D. Crimp dans l'installation new-yorkaise prémentionnée. C'est sous le signe d'un défi à la maladie («*a grand défi to the disease*», p. 269) qu'il situe cette écriture militante dont les personnages seraient avant tout en lutte contre le sida, notamment contre les discours officiels et réactionnaires, et qui effacerait la distance entre homosexuels et hétérosexuels.

D. Crimp comme J. Miller définissent donc l'activisme esthétique requis par la lutte contre le sida avant tout au niveau du contenu des œuvres. Mais ce radicalisme critique peut-il ignorer le plan formel? La remarque de Lawson sur la nécessité d'une esthétique théâtrale en rupture sur les conventions, afin de traduire au mieux la nouveauté du sida et les bouleversements qu'il introduit, peut sans doute s'appliquer à toute forme artistique. De fait, si le phénomène se présente comme le surgissement d'un mal inédit dans son essence, il en va du devoir et d'une logique de la représentation que d'adopter ou de chercher des langages nouveaux afin d'en témoigner[11]. Désigner le mal est déjà le combattre.

---

[10] Voir sur ce point l'article de D. Crimp *How to have promiscuity in an epidemic*, dans Crimp 1988, p. 237-271.

[11] Voir le travail stylistique dans Christophe Bourdin (dir.), *Le fil*. Éd. de La Différence, 1994.

Une approche plus formaliste de la littérature du sida pourra donc se faire à un niveau microtextuel. On peut, par exemple, repérer dans le corpus diverses stratégies nominatives en rapport avec les généalogies, réelles ou présumées, du sida. Face à une langue médicale en défaut de précision, limite avouée de son savoir, l'écriture romanesque, lorsqu'elle choisit de pas utiliser le signifiant sida, choisira l'analogie (peste, cancer, lèpre), la périphrase (la maladie vénéneuse, le mal mystérieux), l'allégorisation, la métonymie, l'évitement. À un autre niveau, le texte du sida sera approché dans une perspective narratologique qui étudiera notamment le rapport du récit et de la temporalité, donnée de l'expérience particulièrement affectée dans l'expérience de la maladie: la mort ne devient plus un terme en regard duquel se déroule la chronologie mais, accompagnant le vivant, elle en devient la mesure. Le jeu des personnes est aussi modifié et, en rupture avec les choix traditionnels d'un récit à la première, la deuxième ou la troisième personne, se dessine une textualité flottant entre ces diverses instances. Une approche stylistique s'arrêtera enfin sur l'hésitation entre procédés métaphorique et métonymique, entre traitements mythologique et allégorique[12].

Au terme de cette étude succinte qui entendait à la fois dresser un état de la question partiel et tracer quelques pistes critiques, nous posons donc la nécessité d'analyser une rhétorique du sida. Celle-ci devra intégrer les procédés propres à l'analyse du discours et agrandir le corpus à l'ensemble des productions discursives (textes des campagnes de prévention, posters, discours journalistiques, discours politiques, etc.) et esthétiques (peinture, cinéma, vidéo, danse, etc.). Une culture n'existe pas, dans un rapport dialectique, en dehors de supports langagiers. La définition d'une culture du sida appelle impérativement une étude des langages du sida.

BIBLIOGRAPHIE

Alexander, W. (1990). Clearing space: AIDS theater in Atlanta, *The Drama Review*, 34, 109-128.

Anthropologie et sociétés. (1991). *L'univers du sida*, 15, 2-3.

Autrement. (1992). *L'homme contaminé. La tourmente du sida*. Série Mutations, 130.

Bourdin, C. (1994). *Le fil*. Paris: La Différence.

Butters, R.R., Clum J.M. & Moon M. (1989). *Displacing homophobia: gay male perspectives in literature and culture*. Durham: Duke University Press.

Camus, R. (1988). *Élégies pour quelques-uns*. Paris: P.O.L.

Chesley, R. (1990). *Hard plays, stiff parts: The homoerotic play*. San Francisco: Alamo Square Press.

Crimp, D. (1988). AIDS: *cultural analysis/cultural Activism*. Cambridge: MIT Press.

Danou, G. (1994). *Le corps souffrant. Littérature et médecine*. Seyssel: Champ Vallon.

De Ceccatty, R. (1994). *L'accompagnement*. Paris: Gallimard.

De Duve, P. (1993). *Cargo vie*. Paris: Jean-Claude Lattès.

Deleuze, G. & Guattari, F. (1975). *Kafka. Pour une littérature mineure*. Paris: Minuit.

Detrez, C. (1986). *La mélancolie du voyeur*. Paris: Denoël.

Discours social/Social Discourse (1994). *Les discours du sida/Discourses on AIDS*, 6, 3-4.

Équinoxe. (1991). *Le sida et les lettres*. 5.

Feingold, M. (1990). *Introduction. Dans M.E. Osborn (dir.), The way we live now: American*

---

12 Sur tous ces points nous renvoyons le lecteur aux chapitres I et IV de notre *Sida-fiction* ainsi qu'à notre article «Le récit (du) fantôme (Hervé Guibert et l'écriture du sida)» dans E. Volant, J. Lévy & D. Jeffrey 1996, *Les risques et la mort*. Voir aussi les articles suivants des recueils déjà cités: «*Defoe's The Journal of the Plague Year: A Model for Stories of Plagues*», «*Gay Genocide as Literary Trope*», «*The Repression of the Returned: AIDS and Allegory*» (Nelson, 1992); «*The Mirror and the Tank: AIDS, Subjectivity, and the Rhetoric of Activism*», «*The Language of Wars in AIDS Discourse*», «*Testimony*» (Murphy & Poirier, 1993); «*Cell Wars: Military Metaphors and the Crisis of Authority in the AIDS Epidemic*» (Miller, 1992); «*The Plague of Discourse: Politics, Literary Theory and AIDS*» (Butters, Clum & Moon, 1989).

plays and the AIDS *crisis* (p. xi-2). New York: Theatre Communications Group.

Fierstein, H. (1987). *Harvey Fierstein's safe sex.* New York: Atheneum (theatre).

Fierstein, H. (1990). *Safe sex.* Dans M.E. Osborn (dir.), *The way we live now: american plays and the* AIDS *crisis* (p. 77-98). New York: Theatre Communications Group.

Feldman, D. A. (1990). *Culture and* AIDS. New York: Praeger.

Ferro, R. (1989). *Second son.* New York: New American Library.

Glucksmann, A. (1994). *La fêlure du monde.* Paris: Flammarion.

Guibert, H. (1990). *À l'ami qui ne m'a pas sauvé la vie.* Paris: Gallimard.

Guibert, H. (1991). *Le protocole compassionnel.* Paris: Gallimard.

Guibert, H. (1993). *Le paradis.* Paris: Gallimard.

Hocquenghem, G. (1989). *Eve.* Paris: Le livre de poche.

Hoffman, W.M. (1990). *As is.* Dans M.E. Osborn (dir.), *The way we live now: american plays and the* AIDS *crisis* (p. 3-62). New York: Theatre Communications Group.

Klein, M. (1992). *Poets for life. seventy-six poets respond to* AIDS. New York: Persea Books.

Klusacek, A. & Morrison, K. (1992). *A leap in the dark:* AIDS, *art and contemporary cultures.* Montréal: Véhicule Press.

Kramer, L. (1985). *The normal heart.* New York: New American Library.

Kushner, T. (1990). *From angels in america.* Dans M.E. Osborn (dir.), *The way we life now: american plays and the* AIDS *crisis* (p. 129-136). New York: Theatre Communications Group.

Laplantine, F. (1986). *Anthropologie de la maladie.* Paris: Payot.

Lévy, J. & Nouss, A. (1994). sida-*fiction. Essai d'anthropologie romanesque.* Lyon: Presses Universitaires de Lyon.

Manière, M. (1992). *À ceux qui l'ont aimé.* Paris: P.O.L.

Mars-Jones, A. & White, E. (1988). *The darker proof: stories from a crisis.* London: Faber and Faber.

Miller, J. (1992). *Fluid exchanges: artists and critics in the* AIDS *crisis.* Toronto: Toronto University Press.

Monette, P. (1988). *Love alone: elegies for rog.* Saint-Martin's Press.

Murphy, T. F. & Poirier, S. (1993). *Writing* AIDS: *gay literature, language and analysis.* New York: Columbia University Press.

Navarre, G. (1991). *Ce sont amis que vent emporte.* Paris: Flammarion.

Nelson, E. S. (1992). AIDS: *the literary response.* New York: Twayne Publishers.

Nouvel Observateur. (1993). *Dossier sida: l'art en danger.*

Nouss, A. (1995). *La modernité.* Paris: P.U.F., coll. Que sais-je?

Pancrazi, J.-N. (1990). *Les quartiers d'hiver.* Paris: Gallimard.

Pastore, J. L. (1994). *Confronting* AIDS *through literature: the responsabilities of representation.* Urbana: University of Illinois Press.

Saint-Jarre, C. (1994). *Du sida. L'anticipation imaginaire de la mort et sa mise en discours.* Paris: Denoël.

Schechter, S. (1990). *The* AIDS *notebooks.* Albany: State University of New York Press.

Sontag, S. (1989). *Le sida et ses métaphores.* Paris: Christian Bourgois.

Spirale, (1994). *Dossier la culture du sida.*

Tondelli, P. V. (1992). *Chambres séparées.* Paris: Le Seuil.

Turner, V. & Bruner E. M. (1986). *The anthropology of experience.* Urbana: University of Illinois Press.

Vaucher, A. R. (1993). *Muses from chaos and ash.* AIDS, *artists and art.* New York: Grove Press.

Volant, E., Lévy, J.J. & Jeffrey, D. (1996). *Les risques et la mort.* Montréal: Méridien.

Wald Lasowski, P. (1982). *Syphilis. essai sur la littérature française du* XIXe *siècle.* Paris: Gallimard.

LE SIDA: SES ENJEUX ÉTHIQUES

David J. ROY

L'épidémie d'infections et de maladies causées par le virus du syndrome immunodéficitaire acquis (VIH) soulève deux questions d'ordre moral qui se situent au cœur de tout projet de civilisation. Ces deux questions sont les suivantes: «Comment concevons-nous les relations entre les individus et l a communauté et quelle hiérarchie établir entre ces entités?» et «Comment concevons-nous la relation entre les communautés sur notre planète et quelle hiérarchie établir entre elles?». Cette dernière question met l'accent sur l a nécessité qu'a l'humanité, en tant que communauté d'êtres humains solidaires, de se doter d'une éthique globale en ce qui a trait à la pandémie du VIH. (Mann, Tarantola & Netber, 1992).

Toute tentative sérieuse en vue de résoudre ces questions morales, qui sont capitales et qui dominent toutes les autres, doit faire appel aux valeurs fondamentales auxquelles les individus et la société souscrivent. Ces valeurs, qui définissent ce qui est permis et défendu dans une société, constituent l e fondement des programmes d'action, des lois et des règlements. Elles guident le choix des priorités; elles orientent la planification et la mise sur pied de projets de recherche, de thérapie, de soins et de prévention de l'infection; elles régissent la définition des droits de la personne et les décisions concernant la distribution juste des ressources qui seront toujours limitées.

Ces importantes questions morales, qui déterminent la façon dont les individus devraient se comporter entre eux et dans leur communauté, surgissent constamment quand on aborde la question du VIH et se ramifient en un remarquable éventail de questions éthiques particulièrement difficiles à résoudre. Ces questions font ressortir les conflits de croyances, de perceptions et de valeurs qui existent entre les personnes cherchant à établir un consensus sur les points que voici: consensus au sujet des tests d'anticorps du VIH et du besoin de protéger les personnes qui sont infectées par le VIH de la stigmatisation et de la discrimination; consensus au sujet de la déclaration, anonyme ou nominale, de la séropositivité au VIH et du sida aux autorités responsables de la santé; consensus au sujet de la notification des partenaires et de l a relance des contacts, quand le droit à la vie privée de la personne atteinte est en conflit avec l'obligation de protéger les autres; consensus au sujet du dépistage, que ce soit pour des raisons cliniques, pour des raisons de sécurité, pour des études épidémiologiques et de surveillance ou pour imposer des restrictions dans les domaines du voyage, de l'immigration, du travail ou de l'assurance; consensus au sujet du respect de la confidentialité ou du bris de cette même confidentialité lorsque des porteurs du VIH ont des comportements dangereux pour les autres; consensus au sujet de la nécessité d'évaluer, d'une

part, les nouveaux traitements par des études rigoureuses sur le plan méthodologique et, d'autre part, de tenir compte des revendications et des droits
des personnes infectées désirant avoir un accès rapide aux traitements susceptibles de leur être bénéfiques; consensus au sujet des mesures à prendre pour
protéger adéquatement les approvisionnements de sang de la contamination
par le VIH et pour éviter que ceux qui nécessitent des transfusions sanguines ou
de produits sanguins ne soient infectés lors de ces traitements essentiels au
maintien de leur vie; consensus au sujet d'une myriade de dilemmes récurrents
associés au traitement des personnes qui meurent en phase terminale de l a
maladie due au VIH, le sida.

La résolution de ces nombreuses questions éthiques et de plusieurs autres
qui seront abordées en détail plus loin reposent sur des jugements précis quant
aux valeurs qui doivent être maintenues à tout prix et celles qui doivent être
sacrifiées quand toutes ne peuvent être respectées et maintenues. Il n'est pas
évident que tous puissent se mettre d'accord facilement et rapidement, car ces
jugements font appel à des expériences humaines profondes touchant l a
sexualité, l'amour et la procréation, au moment même où les sociétés occidentales sont fragmentées par de multiples différences philosophiques, morales,
religieuses et culturelles.

L'ÉTHIQUE OCCIDENTALE À LA FIN DU XXᵉ SIÈCLE

L'éthique, telle qu'on l'entend ici, est à la fois une fonction et un exercice
de l'intelligence humaine. En tant que telle, l'éthique a un objectif cognitif
commun avec la science, celui d'établir une distinction entre les apparences e t
la réalité. La recherche scientifique, pour qui la méthode quantitative est l a
procédure principale, cherche à établir les relations qui existent entre les
phénomènes. Une dépendance dépourvue d'esprit critique et fondée sur des
observations initiales biaisées peut nous amener à diverger systématiquement de la vérité (Sackett, 1979).

L'éthique, un processus de réflexion critique interdisciplinaire, agit
contre la tendance à diverger systématiquement de ce qui est bien. Tout
comme les observations initiales peuvent ne pas faire ressortir les vraies
corrélations entre des phénomènes, il peut arriver que les désirs ou les impul-
sions spontanées ne correspondent pas nécessairement à ce qui est vraiment
bien ou à ce qui devrait réellement être fait. Ce qui peut sembler bien, dans
une perspective restreinte, peut à l'occasion aller à l'encontre de valeurs
encore plus importantes. Les véritables valeurs, tout comme les corrélations
réelles entre des phénomènes, ne sont pas toujours immédiatement évidentes.
Les jugements de valeur, comme les jugements portant sur les faits ou sur l a
vérité, sont le résultat de la convergence d'un nombre suffisant de preuves, e t
non de l'obéissance à des coutumes, à des conventions, à l'autorité, à des jugements de valeur brillants ou à l'attrait irrésistible qu'ils exercent. Cependant, les jugements de valeur se manifestent dans le cadre d'un ensemble de
croyances sur la façon dont la vie humaine devrait être vécue; pourtant, dans
une société pluraliste, de telles croyances sont très souvent divergentes e t
même contradictoires.

DE L'INTÉGRATION AU PLURALISME

À l'intérieur de la notion classique de culture, l'éthique distinguait l e
bien du mal en faisant appel aux concepts dominants qui régissaient la nature

humaine et la notion du bien. Selon cette conception classique, l'éthique supposait l'existence de trois facteurs stables, à savoir le caractère immuable de la condition humaine, le consensus au sujet de ce qu'était le bien ainsi que l a fixité des limites temporelles et géographiques sur lesquelles s'exerçaient l a portée et l'impact de l'action humaine (Jonas, 1974, p. 3). Ces facteurs de stabilité ne tiennent plus. La nature humaine n'est plus simplement un principe qui régit l'action humaine: la nature humaine est aussi une question sans réponse et un projet inachevé. Aujourd'hui, personne ne s'entend plus sur ce qui est bien et bon, sur ce qui est mal et mauvais, sur ce qui est tolérable ou intolérable, sur toutes les choses que nous pouvons faire sur les êtres humains e t avec les êtres humains mais qui ne sont pas toujours dans leur intérêt.

La notion classique de culture et d'éthique englobait un ensemble de croyances, d'idéaux et de normes et assumait que cet ensemble constituait l e standard de la pensée, du discours et de l'action pour tous les êtres humains en tous lieux et en tout temps. Les limites du devoir, des obligations et des droits des humains étaient naturellement accessibles et comprises par tout esprit cultivé et il en était de même quand il s'agissait d'identifier un comportement répréhensible. C'est en s'appuyant sur une telle notion de l a culture et de l'éthique que Voltaire (*Dictionnaire philosophique*, 1879, p. 195-196) pouvait affirmer qu'une personne sage n'avait besoin que de quelques heures de réflexion pour être en mesure de faire la différence entre le bien et le mal.

Cependant, dans nos sociétés occidentales, on ne vit plus selon un cadre de référence classique. Nos sociétés sont passées d'une culture intégrée et universaliste à un monde pluraliste et fragmenté sur les plans culturel, philosophique et éthique. Dans ce monde postclassique, l'éthique n'est ni un projet fini ni un simple héritage de principes conservés pour l'éternité dans de grands livres et dans de grands esprits, et prêts à être appliqués à l'échelle mondiale (Lonergan, 1988). La société occidentale se trouve donc dans la difficile position d'avoir à faire des efforts et à se battre pour reconstruire des normes permettant de distinguer le bien du mal alors que nous différons si profondément au niveau de nos croyances et de nos valeurs.

DU RAISONNEMENT THÉORIQUE AU RAISONNEMENT PRATIQUE

Une société, comme Nicolo Chiaromonte l'a écrit dans *The Paradox of History*, n'est pas seulement un ensemble d'individus et elle ne peut être réduite ni à la somme totale des institutions politiques et judiciaires sur lesquelles elle se fonde ni sur la somme de ses structures économiques et culturelles. La société est constituée aussi par les croyances sur lesquelles ses membres s'entendent ou sont en désaccord (Chiaromonte, 1985).

De nos jours, dans nos sociétés occidentales, les gens sont en désaccord sur deux plans. Ils sont en désaccord au plan des croyances liées à une vision du monde, croyances qui leur permettent de donner un but à la vie et un sens à l a mort. Ils sont également en désaccord au plan des hiérarchies de valeur qui leur permettent de décider des valeurs pouvant être sacrifiées, si nécessaire, et des valeurs devant être maintenues à tout prix.

Étant donné ces divergences, il devient nécessaire, pour établir une éthique, de passer d'une méthode et d'un mode de pensée divergents à une méthode et à un mode de pensée convergents. Ainsi, il ne s'agit plus de bâtir des arguments, mais de bâtir des jugements pratiques sur ce qui doit être fait, prohibé ou toléré. Ce passage est essentiel pour dégager l'éthique clinique et l'éthique de la recherche portant sur l'infection par le VIH et sur le sida de l'impasse des interminables discours portant sur des sujets sur lesquels on risque de ne jamais s'entendre (Toulmin, 1982).

DE LA SAGESSE DE LA MINORITÉ À LA PRUDENCE DE LA MAJORITÉ

Le passage du raisonnement théorique au raisonnement pratique met l'accent sur l'importance de la dialectique aristotélicienne dans l'établissement d'une éthique sur la question du VIH. La méthode d'Aristote pour en arriver aux meilleurs jugements éthiques, quelle que soit la situation, était fondée sur l'hypothèse que les personnes ont besoin de connaître ce qu'elles pensent vraiment sur une question donnée. La méthode dialectique amène les multitudes et les sages, les gens ordinaires et les spécialistes à discuter entre eux. Elle a pour objectif de faire ressortir et d'établir à nu les valeurs et les jugements de ceux qui abordent une question avec des intuitions précises et qui ont un engagement envers ces valeurs. L'interaction mutuellement corrective entre différents points de vue, qui se produit quand des personnes confrontent différentes solutions pratiques lors d'échanges, voilà en quoi consiste la dialectique aristotélicienne (Nussbaum, 1986).

Les racines de l'éthique, comme Bernard Lonergan (1957) l'a expliqué, ne se trouvent pas dans les phrases, les propositions, les principes, les codes ou les lignes d'action. Les racines de l'éthique se trouvent dans la conscience de soi, cette conscience de soi rationnelle qui se révèle lorsque plusieurs individus participent à des délibérations et se corrigent mutuellement en vue d'atteindre le meilleur jugement possible dans des situations et des cas donnés. Les personnes en tant que telles, et non pas les propositions a priori concernant des principes, constituent les racines réelles de l'éthique.

Cette conception de l'éthique des soins est radicale, dans le sens où l'entend Bernard Lonergan, et dialectique, dans le sens où l'entend Aristote, parce qu'elle cherche à déduire un ordre éthique et à poser des jugements pratiques à partir de délibérations interdisciplinaires, interculturelles et prudentes entre personnes tentant de résoudre des problèmes éthiques précis.

Cette façon de procéder est ce que Gordon Dunstan (1988) a appelé «une nouvelle méthode». Et Paul Ricœur (1991) est retourné au terme *phronesis* employé par Aristote pour caractériser une méthode fondée sur la sagesse pratique commune, sur la prudence d'un groupe (une *phronesis* à plusieurs) plutôt que sur les arguments persuasifs et brillants d'une minorité.

L'HISTOIRE NATURELLE DE L'ÉTHIQUE RELATIVE AU VIH
La notion de temps dans l'éthique du VIH

Certaines valeurs sont marquées par le temps. De même en est-il des problèmes éthiques reliés au VIH où le temps continue de jouer un rôle central.

Certains problèmes éthiques émergent, sont résolus après des discussions prolongées, et la solution est retenue, du moins tant que le contexte original social et médical demeure inchangé. C'est ainsi que les études utilisant les échantillons sanguins des nouveau-nés aux fins d'études de séroprévalence au VIH chez les femmes enceintes ont été, pendant de nombreuses années, le centre d'une intense controverse dans plusieurs pays, mais ce problème a été résolu au Canada à la fin des années 1980 (Roy, 1990; *Federal Center for*

AIDS, 1990). Par ailleurs, sous la pression des personnes infectées par le VIH, les études cliniques faites au hasard, jusqu'alors considérées comme seule méthodologie pour vérifier l'efficacité des nouveaux traitements pour la maladie du VIH, ont graduellement fait place à la nécessité éthique d'adopter des procédures de recherche plus flexibles (Byar, 1990; Merigan, 1990).

Certains problèmes éthiques sont profondément controversés et demeurent irrésolus des années durant, peut-être même pendant des décennies. Une de ces controverses porte sur le problème de la confidentialité lorsque le chirurgien est infecté: comment protéger les patients contre la transmision du VIH sans violer les droits du médecin? (Daniels, 1992; Glantz, 1992). Un autre problème non résolu porte sur l'euthanasie dans le contexte d'une maladie incurable et terminale, problème sur lequel le consensus social ne pourra être atteint avant plusieurs années, si jamais il devait l'être (Sénat du Canada, 1995).

Alors qu'un consensus contre les tests de dépistage obligatoires, voire clandestins, des anticorps sur les patients et les professionnels de la santé semblait s'être largement dessiné, il a récemment donné lieu à des débats quant à la nécessité d'exiger de tels tests auprès des personnes devant subir des opérations et auprès des professionnels qui pratiquent ces opérations. Cette situation illustre comment, sous la pression de nouveaux éléments, un problème éthique déjà résolu peut être réouvert et réexaminé. Un des problèmes éthiques et sociaux les plus importants porte sur les réserves de sang du Canada et sur la nécessité de protéger de l'infection au VIH les personnes recevant des transfusions sanguines et des produits sanguins (Commission d'enquête sur l'approvisionnement en sang au Canada, 1995).

Comme la situation sociale, scientifique et médicale peut changer, de nouveaux problèmes éthiques peuvent surgir. Il faut du temps pour que des positions opposées se cristallisent et pour que la controverse se développe et un point où chacun puisse voir comment et pourquoi certaines valeurs importantes sont en conflit. Le problème éthique est alors en émergence et la controverse doit souvent atteindre un point culminant avant que l'on puisse résoudre ce problème Les règles qui régissent le type d'union jouent sur les conduites à risque, car dans plusieurs groupes, les structures polygyniques et la domination masculine sur le plan de la filiation et de l'autorité placent les femmes dans des rapports de subordination poussée et accroissent les risques. Par exemple, au Sierra Leone (Forster, 1993), les règles de divorce restrictives peuvent empêcher de se protéger puisque le droit coutumier du pays ne permet pas le divorce si le mari a des relations extramaritales ou souffre de MTS (maladies transmissibles sexuellement). Un certain nombre de problèmes éthiques et sociaux liés au développement des vaccins contre l'infection au VIH illustrent des problèmes qui sont encore en émergence et qui n'ont pas atteint le stade d'une controverse pleinement développée (Haynes, 1993).

Le VIH et le sida: les implications éthiques d'une controverse scientifique

Le VIH est reconnu comme la cause du sida et cette notion scientifique est à la base, au cours de la dernière décennie, des programmes de recherches en sciences fondamentales et cliniques, de recherches épidémiologiques et des études de surveillance, de stratégies de traitement et de programmes éducatifs et préventifs en vue d'arrêter ou de ralentir la transmission de l'infection causée par le VIH ainsi que la propagation de la maladie du VIH. On a prévenu les gens de ne pas avoir de relations sexuelles non protégées, de ne pas partager les seringues pour s'injecter des drogues et d'utiliser des moyens de protection appropriés lorsqu'ils entrent en contact avec du sang et des liquides organiques. On a aussi fait des efforts, tardivement, il est vrai, pour que les stocks de sang ainsi que les produits sanguins ne soient pas contaminés par le VIH. On a de plus averti les femmes infectées par le VIH qu'elles risquaient d'infecter l'enfant à naître si elles devenaient enceintes.

La stratégie mondiale pour la prévention ainsi que le traitement de la maladie du VIH et du sida est fondée sur le principe que l'infection par le VIH mène au sida et à la mort dès que le système immunitaire se détériore et que l'organisme ne peut plus se défendre contre les infections ou maladies mortelles opportunistes telles que la pneumocystose, la pneumonie, la maladie de Kaposi, le lymphome, le cytomégalovirus, le Mycobacterium avium ou le syndrome d'atrophie.

Comme, à ce jour, on ne comprend pas encore de façon définitive comment les nombreux mécanismes corporels impliqués dans la maladie du VIH interagissent pour faire évoluer l'infection causée par le VIH vers le sida puis vers la mort, on est généralement d'accord pour dire que la maladie du VIH est complexe et multifactorielle (Pantaleo, Graziosi & Fauci, 1993; Levy, 1993; Fauci, 1993). On s'entend aussi pour dire que le VIH est reconnu comme la composante primaire et la cause du sida (Galle & Montagnoiei, 1988; Royal Society of Canada, 1988; Institute of Medicine, 1986; Miller, Turner & Moses, 1990), tel que défini et redéfini par les Centers for Disease Control (Centers for Disease Control, 1985). Il a fallu plusieurs années pour que ce consensus, dont l'évolution a été consignée par écrit dès le début, se cristallise (Grmek, 1989).

Dans une série d'articles dont les premiers ont paru en 1987, Peter H. Duesberg a contesté le consensus voulant que le VIH cause le sida (Duesberg, 1987, 1988, 1989, 1992, 1994). Il a affirmé que le VIH n'était pas la cause du sida et a proposé d'autres hypothèses. Les scientifiques lui ont répondu et la controverse s'est intensifiée au cours des sept dernières années. Toutefois, à partir du début de l'année 1995, l'affirmation centrale de Duesberg, selon laquelle le VIH n'était pas le déclencheur du sida, a été écartée et plusieurs des hypothèses avancées par Duesberg ont été jugées insoutenables (Blattner, Gallo & Temin, 1988; Weiss & Joffe, 1990; Ascher, Sheppard, Winkelstein & Vittinghoff, 1993; Schechter et al., 1993, Cohen, 1994). Des études très récentes ont démontré que la phase terminale du sida se manifestait quand la production continue et massive de VIH finissait par affaiblir la résistance du système immunitaire humain, une résistance qui est forte pendant un certain nombre d'années après l'infection initiale par le VIH (Wain-Hobson, 1995; Short, 1995; Coffin, 1995; Maddox, 1995; Wei et al., 1995; Ho et al., 1995).

Les répercussions éthiques de cette controverse sont nombreuses. Premièrement, deux prises de positions dogmatiques nuisent à la compréhension scientifique, mettent en péril la mise en application de stratégies efficaces de prévention et de traitement, et compromettent la qualité et la durée de la vie. Il y a le dogmatisme de ceux qui s'opposent à ce que l'on remette en question un consensus prématuré; il y a aussi le dogmatisme de ceux qui prolongent indûment le temps consacré à trancher une question parce qu'ils exigent continuellement des niveaux de preuve et de certitude qui surpassent le seuil de la prudence scientifique et médicale. Ces deux positions dogmatiques se retrouvent dans cette controverse (Root-Bernstein, 1993; Cohen, 1994).

Deuxièmement, alors que la controverse scientifique fait rage, on ne peut suspendre les programmes d'éducation, de counselling et de prévention en attendant qu'elle soit réglée. Entre-temps, certains se raccrocheront à l'une ou l'autre position pour justifier des comportements à risque souvent dangereux pour la santé et la vie des autres. Le séducteur qui convainc les femmes jeunes et vulnérables qu'il a vaincu le VIH en est un exemple. La question éthique qui se pose alors est la suivante: Dans une société ouverte, comment pouvons-nous protéger la vie privée des uns en protégeant la vie des autres?

Troisièmement, même le compte rendu des controverses scientifiques dans les médias se fait dans un climat d'incertitude éthique. Quand la controverse est de nature technique et qu'elle n'a pas de liens directs ou indirects avec la santé et la vie, elle a tendance à être confinée aux journaux scientifiques, qu'ils soient généraux ou spécialisés. La situation est différente quand la controverse, comme celle dont nous avons parlé plus tôt, voulant que le VIH ne soit pas la cause du sida, a des répercussions pratiques directes autant sur le comportement des gens que sur la recherche portant sur cette maladie mortelle et sur son traitement. Dans une société ouverte, peu de gens soutiendraient le point de vue paternaliste de soustraire de telles controverses au public, même s'il était possible de le faire, ce qui n'est pas le cas. Néanmoins, le minimum de normes éthiques suppose qu'on fera un compte rendu équilibré de la controverse, qu'on évitera scrupuleusement le sensationnalisme et la propagande et qu'on mettra l'accent sur les programmes d'action axés sur la prudence en matière de prévention et de traitement, programmes que les personnes informées suivront pendant que la controverse fait rage.

L'ÉTHIQUE, LES PERCEPTIONS ET LES ATTITUDES
Conflits au niveau des fondements de l'éthique
La première section de ce chapitre a porté sur les conflits au niveau de nos croyances fondamentales, de nos perceptions et de nos présuppositions. Ces conflits se situent au niveau de l'*ethos*, un des fondements de l'éthique du VIH. De tels conflits, qui concernent les concepts fondamentaux gouvernant le comportement humain, ont été évidents depuis le début de l'épidémie et ils continuent de l'être.

La personne et non pas la maladie
Le défi éthique consiste ici à combattre le réductionnisme destructif qui voudrait que nous limitions notre perception des personnes infectées au VIH à leur orientation sexuelle, à leur usage de drogues intraveineuses, ou encore à toute autre caractéristique tellement réductrice en comparaison de toute leur richesse et de leur dignité d'êtres humains. Rabaisser la personne infectée au VIH à son infection, à sa maladie, ou à tout autre comportement qui aurait pu provoquer l'infection, lui enlève toute dignité humaine et favorise la discrimination. La discrimination conduit à la suppression des droits, et ce sont souvent ces droits que les malades ont le plus besoin de faire respecter lorsque

la progression de la maladie les amène inéluctablement à perdre leurs forces et à être incapables de travailler et de prendre soins d'eux-mêmes.

La tragédie éthique survient lorsque l'infection au VIH et le sida se substituent à l'identité de la personne infectée, tant à ses propres yeux qu'aux yeux des autres. L'épidémie du VIH illustre bien ce conflit persistant entre l a croyance que tous les êtres humains sont égaux et solidaires les uns des autres et le présupposé incontesté de certaines personnes à l'effet qu'elles valent plus en tant qu'êtres humains que d'autres qui sont pauvres, vulnérables et marginalisés par la société.

L'HUMANITÉ, EN TANT QUE MESURE D'UNE ÉTHIQUE DE LA SEXUALITÉ

Comment définir l'éthique de la sexualité, quand l'éthique et la sexualité se mesurent à l'ampleur, à la profondeur et à la richesse historique de l'humanité évaluées en fonction de paramètres changeants, divers et en constante évolution? La pandémie de VIH redonne toute sa pertinence à l a question de la sexualité. Elle met les gens au défi de libérer leur esprit et leur cœur de l'étroitesse d'esprit et de l'orthodoxie sexuelle totalitaire susceptibles d'occulter ces faits fondamentaux concernant l'humanité: que nous sommes tous uniques et différents; que nous sommes tous égaux en tant qu'êtres humains; et que, pour nous épanouir et trouver notre identité, nous avons tous besoin d'aimer et d'être aimés, d'enlacer et d'être enlacés, d'embrasser, de caresser et d'être chéris.

Certains, et même plusieurs, voudraient bien nier ces faits et se raccrocher à la conviction que l'éros hétérosexuel est la seule façon sexuelle d'exprimer et de parvenir à l'*agape*, cet amour de plus en plus tourné vers l'autre et qui tend au plein épanouissement d'autrui. Mais l'éthique qui s'appuie sur cette vision de la sexualité est loin de correspondre aux besoins de tolérance et de compréhension requis pour le maintien de l'humanité. L'*ethos* propre à l'humanité ne s'attend pas ou n'exige pas qu'un être humain renonce à être chéri, sur le plan intime et corporel, pour la durée de sa vie, parce qu'il ou elle désire un être du même sexe.

Une vraie éthique humaine doit plutôt inviter les gens à considérer que, à l'intérieur du spectre complet de la sensibilité humaine, l'amour sexuel n'est pas répréhensible parce qu'il est de nature homosexuelle plutôt qu'hétérosexuelle. Au contraire, la sexualité, qu'elle soit d'expression homosexuelle ou hétérosexuelle, correspond aux besoins de l'humanité en assurant une présence réconfortante pour contrer la solitude; en offrant la fidélité au milieu des mensonges et en libérant les êtres humains de l'asservissement sexuel pour obtenir la compagnie et la valorisation que tous désirent sans exception. L'éthique ayant trait aux relations homosexuelles, et ceci est également vrai pour les relations hétérosexuelles, se fonde sur les besoins propres à l'humanité: ne pas mépriser, asservir ou trahir un autre être humain. L'amour ne doit pas causer la mort! Telles sont les conditions du drame humain lorsqu'il s'agit de la sexualité. Une éthique humaine n'a donc pas de place pour l'homophobie et ne peut pas tolérer les comportements discriminatoires contre les gens à cause de leur orientation sexuelle.

LE VIH, L'ÉTHIQUE ET LA REPRODUCTION

La pandémie de VIH nous place devant une période, nouvelle et difficile, de l'histoire de l'éthique de la reproduction (Levine & Neveloff Dubler, 1990; Arras, 1990; Boyer, 1990). La séropositivité ou un diagnostic de sida sont-ils compatibles avec la procréation et le désir d'être parent? Cette question est directement liée aux caractéristiques biologiques de la transmission du VIH. La conception a lieu au moment où le spermatozoïde pénètre l'ovule; l'infection par le VIH a lieu lorsque le VIH pénètre les lymphocytes: les deux phénomènes peuvent se produire lors de la même relation sexuelle. En outre, la femme séropositive enceinte court un risque, qui se situerait entre 12% et 28%, de transmettre le virus à l'enfant à qui elle donnera naissance (*Society of Obstetricians and Gynecologists of Canada*, 1994).

Ces phénomènes biologiques ont façonné le principal message fondamental de la campagne d'éducation relative au sida au cours des treize dernières années: si vous êtes séropositif ou si votre partenaire l'est, ou si l'un des deux risque de l'être, il n'est pas question de s'engager dans une relation sexuelle non protégée. Cette protection réduira les risques de pénétration du VIH dans les lymphocytes du partenaire et du sperme dans l'ovule de la partenaire. Ce message éducatif sans cesse répété qui conseille l'abstinence sexuelle ou l a relation protégée sous-entend que l'activité reproductive est incompatible avec la séropositivité et avec le sida. Le risque de transmission du virus d'un partenaire à l'autre ou de la femme enceinte à son enfant est trop élevé et l a catastrophe qui peut s'ensuivre pour le père, la mère, l'enfant et les autres membres de la famille est si grande qu'on ne peut, semble-t-il, en tirer qu'une seule conclusion éthique, à savoir que les personnes séropositives ou atteintes par le sida doivent s'abstenir de procréer.

La reproduction et le désir d'avoir un enfant ne veulent pas dire la même chose. Si, dans un couple qui veut avoir des enfants, c'est le père qui est séropositif, le couple pourrait alors s'adresser à un donneur pour avoir des enfants. Mais un homme séropositif qui sait qu'inévitablement il va contracter le sida et en mourir devrait-il alors se lancer dans ce projet de devenir père? Si la mère éventuelle est séropositive, le couple pourrait alors recourir à la maternité de substitution pour éviter que l'enfant ne soit atteint du VIH pendant la grossesse. Mais une femme séropositive devrait-elle prendre l a responsabilité d'avoir et d'élever un enfant, alors qu'elle fait face à une probabilité réelle de mourir quand l'enfant sera en bas âge? Devant le cas d'une femme séropositive enceinte, beaucoup de personnes lui recommanderont de se faire avorter. Le jugement éthique qui sous-tend un tel conseil ou qui motive la décision de la femme enceinte de se faire avorter est que les souffrances reliées à la mort d'un enfant atteint de sida sont trop grandes pour qu'une femme prenne le risque de transmettre le virus au fœtus pendant l a grossesse ou au moment de la naissance.

Dans un couple, si l'un des deux membres désirant avoir un enfant est séropositif ou atteint du sida, l'adoption d'un enfant peut leur sembler être la seule option parentale qu'ils puissent avoir. Cette option est-elle vraiment réaliste, si l'on considère les pratiques d'adoption. Et même si cela était possible, l'adoption est-elle un choix légitime, sur le plan éthique, pour les personnes atteintes du sida ou séropositives et susceptibles d'avoir le sida?

Certains auraient tendance à penser que le désir d'être parent ou de procréer est irréaliste pour des personnes infectées par le VIH ou atteintes du sida. Néanmoins, pourquoi l'infection causée par le VIH supprimerait-elle tout désir de parentalité chez un porteur asymptomatique? Même ceux présentant les premiers symptômes de l'infection peuvent éprouver aussi fortement que n'importe qui d'autre le désir d'avoir des enfants bien à eux qu'ils pourront aimer, chérir, éduquer et même laisser à leur conjoint, comme une présence réconfortante et comme souvenir d'une partie d'eux-mêmes.

Le temps qui s'écoule entre la confirmation de la séropositivité et le diagnostic du sida varie considérablement d'une personne à l'autre. Il y a une nette tendance chez les personnes séropositives à passer d'un état asympto-matique à un état dont la gravité croît avec le temps. Ce temps, toutefois, peut se mesurer en termes d'années pour un nombre considérable de personnes infectées. Est-il réaliste de penser que ces personnes puissent renoncer à leur désir d'avoir des enfants? Est-il juste de leur conseiller ou de leur demander qu'elles y renoncent?

Alors que le virus ne cesse de se reproduire en elles, ces personnes infec-tées devraient-elles bannir de leur esprit tout projet de procréer ou tout désir d'être parent? Il est difficile de comprendre ou d'expliquer le désir de pater-nité ou de maternité comme étant l'un et l'autre un besoin humain fondamen-tal de l'être humain. La parentalité est un paradigme primordial de l'expérience humaine et peut se substituer à la capacité de se reproduire et d'avoir des enfants bien à soi, mais il y a peu d'autres moyens de se réaliser qui puissent remplacer l'expérience d'être parent, à l'exception, peut-être, de certaines formes d'engagement où l'on se dépasse au service d'une cause reli-gieuse, sociale, scientifique, artistique, etc. Pour beaucoup, être parent est une vocation qui donne un sens à la vie. Le désir essentiel n'étant pas comblé, il peut engendrer un sentiment de vide, de futilité de l'existence, d'insignifiance, d'absence de buts et d'aliénation. La présence du rétrovirus dans le corps et la perspective de la déchéance et de la mort qu'il augure n'étouffe pas généralement le désir intérieur et persistant de paternité ou de maternité.

La femme séropositive ne présentant aucun symptôme doit-elle envisager l'avortement comme étant le seul choix raisonnable? Certains médecins déconseillent fortement aux femmes séropositives de mener leur grossesse à terme. Cette directive dissuasive se fonde principalement sur le risque d'infecter l'enfant. Un médecin, à qui l'on a demandé pourquoi les femmes tenaient tellement à mener une grossesse à terme malgré ces avertissements, ne pouvait qu'émettre l'hypothèse que ces femmes craignaient que ce soit peut-être leur dernière chance d'avoir un enfant.

Beaucoup d'adversaires de l'avortement sur demande n'en pensent pas moins qu'il est raisonnable et même moralement tolérable qu'une femme séro-positive décide de se faire avorter car un tel avortement se justifie à leurs yeux par des motifs très graves. La protection des familles contre des souf-frances jugées insupportables est de nos jours largement considérée dans l'échelle des valeurs comme assez importante pour justifier moralement qu'on sacrifie la vie du fœtus, surtout si l'enfant à naître est très certainement ou très probablement condamné à souffrir beaucoup et à mourir à un jeune âge. Cette position est exprimée dans une déclaration que le Dr R. J. Benzie a faite, il y a plusieurs années, dans un autre contexte: «L'amour peut sauver du désastre mais si l'on peut éviter le désastre l'avortement est justifiable.» (Benzie, 1979).

Il existe, certe, un autre aspect à cette question. Certaines personnes accueilleraient avec tolérance la décision prise par une femme de se faire avorter pour éviter de transmettre le VIH, mais elles toléreraient beaucoup moins la décision d'une femme séropositive de mener sa grossesse à terme. Une telle décision peut paraître irrationnelle à certains, sinon incompatible avec un calcul utilitaire des biens individuels et des biens collectifs. Les paroles du Dr Benzie démontrent bien qu'il faut y voir une autre façon de considérer la maladie, la souffrance et la mortet une autre façon de vivre ces tragédies qui transcende toutes les considérations utilitaires.

L'amour peut sauver du désastre. Lorsqu'on assiste à de telles manifestations d'amour, il est difficile de ne pas y croire. Dans *Crime et châtiment*, Fiodor Dostoïevski parlant de Sinja, la prostituée, et de Roskolnikov, le meurtrier disait: «L'amour les a ressuscités: le cœur de l'un contenait d'infinies sources de vie pour l'autre». Certains êtres humains ont démontré, tout au cours de l'histoire, que ce genre de situations peut se produire sans être uniquement le fruit de l'imagination passionnée d'un romancier.

Notre société s'en porte-t-elle plus mal lorsqu'une femme séropositive mène sa grossesse à terme pour ensuite **choisir** son enfant et le père de son enfant jusqu'à sa mort, ou celle de son enfant? Qui peut dire que ce choix est irrationnel? Une histoire d'amour est-elle vidée de sa valeur et de sa puissance humaine à cause d'une mort prématurée, même si cette mort est prévisible?

Il y a sans doute une grande sagesse dans la tendance dominante des sociétés occidentales à respecter l'autonomie et la liberté de chacun en matière de reproduction. On crée ainsi un espace pour l'infinie variété des façons de vivre l'amour et d'être parent. Il faut donc prendre des mesures pour éviter la discrimination et l'abus des droits fondamentaux. En plus de prévenir de telles injustices, les sociétés font preuve de sagesse en renonçant à imposer soit l'avortement, soit l'héroïsme.

De nos jours, les choix d'une femme enceinte infectée par le VIH ne sont pas aussi rigides qu'ils ne l'étaient au cours des premières années de l'épidémie de VIH. Une étude qui s'est terminée en février 1994, a démontré que l'administration d'AZT (Zidovudine), un médicament antiretroviral, à des femmes pendant leur grossesse (entre la 14e à la 34e semaine) puis durant l'accouchement et au cours des six semaines suivant sa naissance, réduisait le risque de transmission du VIH de la mère à l'enfant de 25,5% à 8,5%. Ceci représente une réduction de risque de 67,5% (Rogers & Joffe, 1994; Connor et al., 1994).

Les résultats de ces études ne s'appliquent qu'aux femmes enceintes ayant les mêmes caractéristiques que les femmes ayant participé à cette étude: n'être pas obligées cliniquement de prendre de la Zidovudine avant la naissance de l'enfant, n'avoir reçu aucun autre traitement antirétroviral pendant la grossesse et avoir une numération de lymphocytes (CD4+) s'élevant à plus de 200parmm^3. En outre, cette étude ne donne pas d'information sur les effets possibles à long terme de la zidovudine sur les nouveau-nés, qu'ils **deviennent** porteur du VIH ou non.

L'étude met l'accent sur la nécessité de donner aux femmes toute l'information nécessaire pour prendre des décisions avisées quand à leurs intentions d'avoir des enfants. Cette étude, toutefois, ne devrait pas être utilisée comme prétexte pour exiger le dépistage universel des femmes enceintes ou pour imposer l'emploi universel de Zidovudine chez les femmes enceintes afin de réduire le risque de transmission de VIH de la mère à l'enfant. Le manque d'information au sujet des effets à long terme de l a Zidovudine sur les bébés donne toute son importance à l'éthique du consentement libre et éclairé (Boyer, 1994).

LA COLLABORATION VOLONTAIRE PAR OPPOSITION À LA COERCITION: UNE ORIENTATION ÉTHIQUE EN VUE D'ÉTABLIR DES PROGRAMMES D'ACTION GOUVERNEMENTALE

Les responsables de la santé publique ont l'obligation morale et légale de prévenir la propagation des infections et des maladies contagieuses susceptibles d'entraîner la mort. Cette réalité incontestable est fondée sur l a présomption que pour le bien de la communauté il est justifiable d'obliger des individus à subir dans certaines conditions, des atteintes à leur liberté. Dans ce contexte, il n'y a rien en soi de contraire à l'éthique de conférer aux autorités le pouvoir d'imposer certaines politiques sanitaires; les tests de dépistage, les déclarations obligatoires, la relance des contacts, l'immunisation, les traitements et même l'isolement et la quarantaine.

Toutefois, les valeurs, les croyances et les perceptions d'une communauté, influencent grandement la façon dont s'établit le juste milieu entre le droit de l'individu à la liberté et à la vie privée et le droit de la société à la reproduction de la santé. En outre, les sociétés diffèrent selon leur histoire (en fait, toute société peut, à différents moments de son histoire, adopter des points de vue différents) sur les conditions éthiques et juridiques permettant de justifier le recours à des mesures coercitives à l'endroit d'individus, en vue de protéger la santé publique. Les mesures qui ont été imposées dans le passé au Canada pour lutter contre les maladies vénériennes (Cassel, 1987) ne sont pas nécessairement compatibles avec nos options et valeurs actuelles et ne sont peut-être ni requises ni efficaces pour combattre l'infection causée par le VIH et le sida.

Les récentes données biologiques, médicales et sociales portant sur cette épidémie semblent indiquer qu'il faudra adopter un modèle d'intervention sanitaire fondé sur le libre choix plutôt que sur la contrainte pour contenir l a propagation de l'infection causée par le VIH. Les arguments percutants, contre le dépistage obligatoire, la déclaration nominale des personnes séropositives et atteintes du sida, la relance des contacts, ou l'isolement des personnes infectées, donnent tout leur poids aux considérations suivantes:

- Les modes de transmission du VIH les plus communs, si l'on fait exception des transfusions de sang et de l'utilisation de produits sanguins, sont les comportements intimes, privés et chargés d'émotion. Certains de ces comportements sont également **invétérés** ou particulièrement difficiles à changer.

- La période de temps qui s'écoule entre la pénétration du virus dans l'organisme et la séroconversion est variable et plutôt longue, elle va de 4 à 6 semaines à une période aussi longue que quatorze mois.

- La période de temps entre la séroconversion et la manifestation clinique des symptômes et l'évolution subséquente vers le sida varie d'un individu à l'autre; en fait, certaines personnes peuvent être porteur du virus pendant des années avant que le sida ne se manifeste.
- Il n'y a actuellement aucun test d'infectiosité assez fiable pour le dépistage à grande échelle. Les tests d'anticorps peuvent produire des pourcentages variables de faux négatifs selon le moment où le test a été effectué; ou de faux positifs, dépendant d'un grand nombre de facteurs y compris le degré de risque du groupe testé ou encore de résultats non concluants ou ambigus.
- Les résultats négatifs obtenus dans le cadre de programmes de dépistage sont peu fiables étant donné que le statut de séronégativité d'une population changera selon que ses comportements sexuels et la consommation de drogues par voie intraveineuse. En outre, parce que le comportement des populations est imprévisible, il serait nécessaire d'effectuer des tests de dépistage périodiques pour obtenir un tableau précis de la séroprévalence.
- Il n'existe aucune forme d'immunisation efficace contre le VIH.
- Il n'existe actuellement aucun traitement efficace contre le sida. Un diagnostic de sida signifie dans tous les cas un pronostic de mort, même si l'évolution de la maladie, vers le stade terminal puis vers la mort, varie d'un individu à l'autre. Les personnes qui échappent à ce pronostic uniforme, si exception il y a, sont plutôt rares. Sur le plan clinique et scientifique, ces exceptions revêtent une grande importance heuristique, mais elles n'exercent que peu d'influence sur l'opinion publique.
- Les personnes séropositives et les personnes atteintes du sida s'exposent au rejet social et à la discrimination. Les homosexuels, les hétérosexuels et les toxicomanes, les groupes qui, dans la société nord-américaine, comptent le plus grand nombre de patients atteints du sida et probablement le plus grand nombre de personnes séropositives asymptômatiques, sont dans une large mesure toujours traités comme des marginaux et exposés à une forme de discrimination vicieuse.

Structure d'une politique de libre choix

L'effet cumulatif de tous ces facteurs semble indiquer que des politiques coercitives en matière de santé publique peuvent très bien de s'avérer à la fois inefficaces et injustes. Une politique de santé publique qui s'inspire du libre choix et est exempte de contraintes, devrait:

- encourager toutes les personnes qui risquent de transmettre le VIH à collaborer avec les autorités sanitaires;
- recourir à des campagnes d'information et d'éducation adaptées aux besoins, à la langue et à la compréhension des divers groupes exposés au VIH et à la maladie du sida;
- entraîner un nombre adéquat de conseillers qualifiés et les affecter auprès des personnes séropositives pour leur venir en aide et les inciter à collaborer étroitement à la prévention de l'infection par le VIH et à la protection des partenaires sexuels éventuels;
- offrir des tests de dépistage volontaires accompagnés d'une information préalable et d'une orientation appropriée en cas de résultats positifs;
- privilégier la déclaration anonyme des résultats séropositifs et des

diagnostics de sida;
* garantir la confidentialité et préserver la vie privée des personnes séropositives ou atteintes du sida.

Conditions pour la justification éthique de la coercition

Dans une société libre, il convient de remplir des conditions précises pour justifier le recours à des interventions sanitaires qui porteraient atteintes à l'autonomie des individus, à leur liberté, à leur vie privée, en plus de les exposer à l'opprobre et aux pressions discriminatoires injustes les empêchant de jouir pleinement des bienfaits de la vie et de la société. Toutes mesures de contrôle coercitives, qui empièterait sur la vie privée devraient posséder les caractéristiques suivantes:

La nécessité

Pour justifier le recours à des mesures coercitives et inquisitrices, il faudrait qu'on ait la preuve qu'une politique de libre choix qui protège la vie privée ne peut réussir à juguler efficacement la propagation de l'infection par le VIH.

L'efficacité

Il serait injuste de recourir à des mesures coercitives qui sont moins efficaces ou à peine plus efficaces que des interventions non coercitives.

La sensibilité

Il serait injuste et inefficace de mettre en oeuvre toute une batterie de mesures coercitives qui ne serviraient qu'à contrôler et à accabler la faible portion de la population responsable de transmettre l'infection par le VIH.

La spécificité

Dans le but de combattre l'infection par le VIH, il serait injuste d'adopter une politique trop large qui brimerait la liberté et violerait la vie privée des personnes désireuses et capables de se comporter de façon responsable ou qui toucherait les individus n'étant pas porteurs du virus et ne présentant pas de menace pour autrui.

La proportionnalité

Les valeurs qui seront vraisemblablement maintenues ou préservées doivent être proportionnées aux valeurs qui seront sacrifiées par les mesures coercitives. Il serait injuste, par exemple, d'exposer de nombreuses personnes au rejet social et à la discrimination dans le seul but d'obtenir des données d'une utilité épidémiologique très limitée. Il serait également injuste d'investir des ressources considérables pour déceler un petit nombre de séropositifs chez des immigrants.

L'élaboration d'une politique sanitaire, à maints niveaux, exige que l'on fasse preuve du sens de la mesure. Il est vrai que la santé et la vie sont les préalables essentiels à l'accomplissement d'activités ainsi qu'aux réalisations qui font que la vie mérite vraiment d'être vécue. Il faudrait toutefois, à la limite, remettre sérieusement en question les bienfaits de la santé au prix de changements qui transformerait notre société en un milieu culturel où nous préférerions ne pas vivre.

Par conséquent, il faut alors se demander s'il existe des exceptions à une politique de lutte à l'infection, axée sur le libre choix, permettant de justifier, sur le plan éthique, des pratiques sanitaires qui imposent des contraintes et violent la vie privée.

Exceptions à la collaboration volontaire?

Le test obligatoire implique un élément de contrainte. Une personne peut refuser de subir un test, mais ce refus se fait au prix d'être exclue de certaines activités ou d'être privée de certains avantages ou privilèges. D'aucuns soutiennent que le fait d'être reçu au Canada ou au Québec comme résident permanent est un privilège, et que les candidats à l'immigration devraient subir un test de séropositivité ou un examen médical pour diagnostiquer l e sida.

Si le but du programme obligatoire de dépistage consiste à freiner l'afflux, au Québec et au Canada, des personnes susceptibles de propager l'infection par le VIH, il paraît illogique d'exiger que les immigrants subissent des tests quand on refuse d'appliquer les mêmes mesures coercitives à l'endroit des visiteurs et des résidents qui reviennent d'un séjour à l'étranger. Le nombre annuel des personnes appartenant aux deux derniers groupes est de loin supérieur au nombre annuel d'immigrants qu'on projete d'accueillir. Les tests obligatoires imposés aux immigrants ne répondent pas aux conditions de respect et de spécificité. Le dépistage obligatoire chez les visiteurs et les résidents de retour au pays ne répondrait pas à la condition de proportionnalité non plus. En outre, le coût d'un tel programme de dépistage serait prohibitif.

Certaines personnes estiment qu'il est nécessaire de faire subir des tests à tous les candidats qui font une demande d'emploi dans un établissement de soins de santé. Il existe des hôpitaux au Québec qui, par exemple, demandent aux candidats qui sollicitent un poste d'infirmier ou d'infirmière de se soumettre à un test de dépistage du VIH. Quelle est la raison de ces tests, et quelles mesures compte-t-on appliquer à partir de ces résultats?

La principale raison, mais non la seule, qui pourrait justifier les tests de routine de dépistage du VIH chez les personnes qui postulent un emploi dans le secteur de la santé serait que les personnes séropositives présentent un risque de transmettre le VIH aux patients et aux autres travailleurs. Mais les intervenants des établissements de soins de santé présentent-ils un risque de transmettre le VIH aux patients ou aux autres personnes? Ils ne représentent aucun danger si l'on se fie aux connaissances que l'on a de la transmission du VIH aujourd'hui.

À ce jour on n'a signalé aucun cas de transmission du VIH à un patient par un travailleur de la santé. Cette donnée suffit à remettre en doute, le bien-fondé des tests de dépistage du VIH pour les travailleurs de la santé et les candidats à un poste dans le milieu hospitalier. Ceux qui proposent un tel programme devraient, en toute logique, demander que ces tests soient appliqués régulièrement. Or, cette pratique serait irréaliste et constituerait une ingérence inutile dans la vie privée des travailleurs. En l'absence de preuve que les travailleurs infectés par le VIH présentent un risque réel pour les patients, toute action en vue d'empêcher ces travailleurs d'exercer leur profession serait injustement discriminatoire.

Les donneurs potentiels de sang, de sperme, d'ovules, d'organes et d'autres tissus destinés à la transplantation constituent la seule catégorie de personnes reconnues comme faisant nécessairement exception à une politique du libre choix. Les donneurs devraient obligatoirement être testés. Ainsi, il faut cesser d'utiliser du sperme frais pour les inséminations artificielles et mettre immédiatement sur pied, dans les centres d'insémination artificielle, des programmes de cryopresuration de la semence, incluant des tests de dépistage adéquat du VIH sur le sperme des donneurs.

On a déjà envisagé, sinon proposé, des examens sérologiques de dépistage du VIH pour de nombreux groupes de la population, y compris les futurs mariés, les femmes enceintes, les candidats à une intervention chirurgicale invasive, les personnes admises en milieu hospitalier, les chirurgiens et le personnel soignant, les homosexuels, les prostituées, les toxicomanes par injection intraveineuse, les futurs assurés, les élèves et les professeurs, les détenus, les employés de divers secteurs (comme les pilotes de ligne aérienne), les recrues et volontaires pour le service militaire, les enfants à l'adoption et les immigrants (Somerville & Gilmore, 1987).

Exception faite des tests obligatoires de dépistage du VIH pour des donneurs de tissu humain, nous recommandons, de façon générale, que les programmes obligatoires de dépistage du VIH soient considérés comme inutiles et peu pratiques. Ils représentent potentiellement un affront pour les individus et sont contraires aux valeurs sur lesquelles sont fondées une société. Toute proposition pour un dépistage obligatoire du VIH porte le fardeau de la preuve quant à la nécessité du programme, à sa faisabilité et à la possibilité de protéger les individus contre la discrimination et le tort qu'on pourrait leur causer.

L'ÉTHIQUE EN MATIÈRE DE VIH DANS LES ÉTABLISSEMENTS DE SANTÉ
Le devoir de traiter

En 1988, *The American College of Physicians and the Infectious Diseases Society of America* soulignait le fait que les médecins et les autres professionnels de la santé, ainsi que les hôpitaux, étaient tenus de soigner avec compétence et humanité les patients atteints du sida, de même que les personnes infectées par le VIH et ayant des problèmes médicaux n'étant pas nécessairement reliés à la maladie du VIH. Tout refus de soigner convenablement ces patients et de les traiter était jugé contraire à l'éthique (*Health and Public Policy Committee*, 1988).

Cette position n'a pas provoqué de controverse en 1988. Aujourd'hui, il y a tout un débat sur le fondement même et l'étendue du devoir qu'a le médecin de traiter ces personnes atteinte du VIH. Certains soutiennent qu'un médecin a le droit de refuser de traiter certains patients vu le caractère contractuel de la relation patient-médecin et voient un parallèle entre les droits d'un médecin et les droits d'un patient (Sade, 1971; Reed & Evans, 1987). Par contre, d'autres jugent que le refus de traiter est contraire à l'éthique, insistant sur ce qu'on peut appeler l'engagement moral qui marque la relation professionnelle entre un médecin et un malade qu'il faut soigner (May, 1983). Cette insistance se fonde sur la déontologie médicale qui impose, à ceux qui ont choisi en toute liberté d'exercer la médecine, des obligations plus grandes et plus exigeantes qu'aux autres citoyens (Brennan, 1991). C'est une caractéristique essentielle de la profession. Pourtant, d'autres estiment que le raisonnement sur lequel repose ce point de vue est faible et erroné et qu'il faudra sans doute, pour dissiper l'incertitude éthique, qu'une loi définisse avec précision l'obligation qui est faite au médecin de traiter les personnes atteintes du sida (Tegtmeier, 1990).

Certains chirurgiens reconnaissent qu'ils sont obligés, en cas d'urgence, de traiter les patients infectés par le VIH, mais ils soutiennent qu'ils sont moralement libres de refuser de pratiquer des interventions facultatives sur des personnes infectées par le VIH. Les considérations que voici sont importantes pour résoudre cette question.

- Les chirurgiens devraient réaliser qu'avec les progrès de la médecine, l'expérience de vie des personnes infectées par le VIH ira en progressant, et la maladie du VIH deviendra alors un état pathologique chronique plus fréquent dans notre société. Les chirurgiens qui exercent dans de grandes villes comme Montréal, où le taux de prévalence de séropositivité est relativement élevé, devraient réaliser que le contact avec des personnes infectées par le VIH fait partie intégrante de la réalité qu'un chirurgien ou une chirurgienne doit accepter s'il ou elle veut pratiquer la chirurgie.
- Il est illogique de refuser de pratiquer une chirurgie élective sur un patient que l'on sait séropositif quand les chirurgiens, de toute évidence, ont opéré et opéreront encore des patients séropositifs sans que le patient, le chirurgien ou personne d'autre n'aient été au courant de cet état.
- Pour réussir à maîtriser un jour l'épidémie du VIH et être en mesure de prodiguer des soins respectueux et compétents aux personnes atteintes, il nous faut un système de soins de santé solide, bien organisé, fiable, sur lequel compter, particulièrement en période de crise. L'acceptation de la thèse selon laquelle les médecins ont la liberté éthique de refuser de traiter ceux qui ont sérieusement besoin de traitement contribuera à l'effondrement du système de soins dont toute la communauté dépend.
- Les chirurgiens ont aussi une responsabilité envers leurs collègues. En effet lorsqu'un chirurgien refuse de faire une chirurgie facultative sur une personne infectée par le VIH, un autre chirurgien devra, en fin de compte, faire la chirurgie pour que le patient ait une qualité de vie acceptable. Le risque d'infection au VIH ira en grandissant pour les chirurgiens à mesure qu'augmentera le nombre de personnes infectées qu'ils devront opérer. Ce risque augmentera de façon disproportionnée et injuste pour les chirurgiens qui rempliront leur obligation morale, au fur et à mesure que le nombre de chirurgiens qui refuseront de faire des opérations chirurgicales augmentera. Le nombre de chirurgiens disponibles, dans un même hôpital, est en effet limité.
- Certains chirurgiens ont proposé une stratégie de remplacement, qui frise le refus de soigner, pour réduire le risque d'être contaminés quand ils doivent traiter les personnes infectées par le VIH. Dans le cas de problèmes orthopédiques, par exemple, les médecins peuvent choisir entre différentes méthodes de traitement, l'une, que l'on s'accorde à tenir pour maximale, fait appel, selon les standards actuels, à la chirurgie invasive. Par contre, l'autre, acceptable mais généralement jugée moins efficace met en œuvre une chirurgie minimale, ou encore on écarte totalement la chirurgie. Ces chirurgiens proposent donc d'utiliser des traitements

moins invasifs pour les personnes infectées par le VIH quand de tels traitements existent.

- La considération, dont il faut vraiment tenir compte en abordant ce sujet, est l'obligation morale et légale d'obtenir le consentement éclairé du patient. Un chirurgien n'est pas moralement libre de décider de son propre chef d'utiliser une approche acceptable, mais sous-optimale, pour traiter les personnes infectées par le VIH. Quand il existe plusieurs traitements, le chirurgien honnête et sincère avec son patient est tenu de l'informer des avantages et des inconvénients de chacun. Faute de quoi le consentement du patient n'est ni libre ni éclairé. Lors de tels échanges, les médecins devraient donc être prêts à expliquer, aux personnes infectées par le VIH, pourquoi il ou elle recommande un traitement en deçà des standards.

- Il ne faut ni exagérer ni sous-estimer le risque encouru par les chirurgiens de contracter une infection par le VIH quand ils opèrent des personnes infectées. Ce risque est réel et il varie en fonction d'un ensemble de variables telles que la prévalence du VIH dans la communauté et le type de chirurgie. On peut toutefois réduire le risque si on prend des précautions proportionnées aux dangers encourus.

Le chirurgien infecté par le VIH

Certains sont d'avis qu'un seul chirurgien infecté par le VIH risque, en appliquant des méthodes invasives, de contaminer beaucoup plus de patients qu'un patient infecté ne peut contaminer de travailleurs (Gostin, 1989). Les chirurgiens infectés devraient-ils continuer à pratiquer la chirurgie? Qui devrait trancher cette question? Ces interrogations sont au cœur d'un problème éthique qui a émergé dans les années 1990. Beaucoup d'autres questions y sont reliées. Par exemple, devons-nous entrer en communication avec les patients d'un chirurgien infecté par le VIH? Comment le faire?

Nous nous pencherons brièvement sur la question du chirurgien infecté par le VIH et qui continue d'exercer. Il n'y a actuellement aucun consensus sur cette question et les recommandations actuelles sont plus évasives que définitives. Par contre, certaines recommandations sont très claires. Ainsi selon The American Medical Association, les médecins qui se savent porteurs d'une maladie infectieuse devraient cesser toute activité susceptible de créer le moindre risque de transmission aux patients (*Council on Ethical and Judicial Affairs*, 1988). La même association a d'ailleurs conseillé au personnel soignant qui serait infecté d'informer les patients de leur condition ou de cesser de pratiquer (Altman, 1991, A-3). D'autres s'opposent à ce que les médecins infectés soient obligés d'en avertir leurs patients (Altman, 1991, A-1).

Rien ne semble justifier les approches draconiennes et radicales proposées par certains, comme d'exiger d'un chirurgien infecté par le VIH qu'il cesse toute pratique de la chirurgie. L'avis le plus répandu est que la décision doit être proportionnée au risque.

- La première considération essentielle est que les médecins et les chirurgiens infectés par le VIH, ainsi que leurs patients, peuvent être aidés plus adéquatement si l'on crée un environnement souple, confidentiel et compréhensif qui les encourage à demander de l'aide (Adler, 1987).

- La deuxième considération essentielle est que les médecins infectés par le

VIH, en particulier ceux dont la spécialité exige l'emploi de procédures invasives, devraient demander conseil à un spécialiste pour savoir dans quelle mesure ils pourraient limiter leur pratique afin de protéger les patients. Les médecins et les chirurgiens infectés par le VIH ne devraient pas continuer de pratiquer en se fondant uniquement sur leur propre évaluation du risque qu'ils font courir à leurs patients (Sir John Walter, 1987).

• Une troisième considération essentielle, pour offrir aux patients une protection suffisante serait de défendre aux chirurgiens infectés par le VIH certaines procédures à haut risque, sans aller jusqu'à l'interdiction totale d'exercer. Par exemple, à l'hôpital de l'Université de Minnesota, on demande aux chirurgiens infectés par le VIH et qui pratiquent dans cet hôpital d'éviter de faire des chirurgies nécessitant des manipulations à l'aveugle d'instruments acérés (Rhame, 1990).

• Une quatrième considération essentielle serait que l'on porte une attention spéciale aux médecins, chirurgiens et aux autres membres du personnel soignant qui ont contracté une infection par le VIH au cours de l'exercice de leurs fonctions. Ces professionnels ne devraient jamais être abandonnés; au contraire tous les efforts devraient être déployés afin de leur offrir d'autres possibilités de carrière et de leur assurer une sécurité financière appropriée le jour où ils ne pourront plus pratiquer la spécialité pour laquelle ils ont été formés.

Le dépistage du VIH dans les hôpitaux

Les principes éthiques fondamentaux qui régissent le dépistage du VIH n'ont pas changé et il n'y a pas de motif valable de les modifier en ce moment. Le dépistage du VIH doit être volontaire. En d'autres termes, il ne doit pas se faire sans le consentement éclairé des patients. Il va sans dire que les patients doivent être informés des raisons qui dictent le test de dépistage et des implications des résultats négatifs ou positifs des tests de détection des anticorps du VIH. Par exemple, les tests *Elisa* doivent être confirmés. Les patients devraient bien saisir le sens de la confirmation et celui des résultats faux positifs ou faux négatifs. Il faut leur expliquer que l'on fera tous les efforts raisonnables pour confirmer les tests d'anticorps de façon à ce qu'ils puissent se fier aux résultats qui leur sont communiqués par leur médecin. Il importe de dire aux patients que les résultats de leurs tests seront confidentiels et que les professionnels de la santé qui ont besoin de connaître leur condition pour les traiter de façon appropriée sont tenus de respecter le secret professionnel. Tout cela résume à peu près le contenu d'une session de counselling préalable à un test.

Les sessions de counselling, avant et après le test, constituent aussi des conditions éthiques essentielles au dépistage du VIH. Le counselling après le test peut prendre la forme d'un soutien psychologique et émotionnel. Dans le cas de résultats positifs, le counselling comporte obligatoirement des discussions en profondeur au sujet des interventions médicales futures, du déroulement de la maladie du VIH, des options de traitement et du comportement à adopter pour éviter de transmettre l'infection par le VIH aux partenaires sexuels et aux êtres chers.

Avant de prescrire un test de détection des anticorps du VIH, les médecins ont le devoir de se renseigner sur sa signification, sur l'usage qu'il convient d'en faire et sur ses répercussions fâcheuses. Si ces résultats venaient à être connus des autres, leurs impacts sur le patient et sur sa vie privée serait, dans certains cas, dévastateur. On commet une grave erreur en considérant que les tests de dépistage du VIH peuvent être systématiques et qu'ils ne nécessitent pas la triple sauvegarde de la confidentialité du counselling et du consentement (Sherer, 1988).

Il semble que certains hôpitaux et professionnels de la santé tolèrent et même préconisent le dépistage clandestin des patients (à l'insu des patients), ou le dépistage cœrcitif (en dépit du refus des patients) chez les patients soupçonnés d'avoir pu contaminer des travailleurs de la santé par piqûre d'aiguille ou par toute autre blessure accidentelle.

Il ne faut pas minimiser l'effet rassurant que peut avoir sur des personnes ayant été exposées à du sang possiblement contaminé, la connaissance de l'état infectieux des patients à l'origine de l'exposition. C'est là un argument qui permet de dire qu'il est raisonnable de demander aux patients de se soumettre volontairement à un test du VIH. Ce n'est toutefois pas une raison valable pour justifier le recours au dépistage clandestin ou cœrcitif.

Nous ferions bien de prendre des mesures raisonnables pour éviter de créer ce qu'on appelle avec justesse et cynisme «une déplorable équivalence de risques et de soupçons entre les professionnels de la santé et les patients» (Brennan, 1991). Au fur et à mesure que le nombre de cas de transmission du VIH causés par les médecins ira en augmentant, et tout laisse présager qu'il en sera ainsi, des voix s'élèveront, et il y en aura probablement d'autres pour exiger le dépistage périodique et obligatoire chez les médecins et les autres professionnels de la santé prenant part à des interventions chirurgicales invasives. Il n'y a aucun besoin de faire le dépistage systématique des patients en attente d'une intervention chirurgicale invasive et de ceux qui vont la pratiquer. Il nous faut par contre accorder une attention plus soutenue à l'application des mesures préventives qui seront prises pendant l'intervention chirurgicale invasive. Il nous faut également planifier les sains et le dédommagement financière à accorder aux personnes infectées, qu'il s'agisse de patients ou de professionnels accidentellement infectés alors qu'ils reçoivaient ou prodiguaient des soins.

CONFIDENTIALITÉ

Dans son rapport sur le sida publié en 1988, la Société royale du Canada a émis deux recommandations qui illustrent bien la tension qui a marqué la notion de confidentialité depuis le début de l'épidémie de VIH. Une des recommandations de ce rapport réaffirme le principe de la protection de la confidentialité alors que l'autre en définit les cas d'exceptions. La première recommandation énonce ce qui suit: «[...] que les provinces adoptent des lois imposant une responsabilité en cas de violation de la confidentialité sans qu'il soit nécessaire de prouver l'existence d'un dommage.» La deuxième recommandation soutient «que la législation relative aux professions prévoie que, lorsqu'un professionnel de la santé a un motif raisonnable de croire qu'une personne infectée par le VIH est dans un tel état mental, physique ou émotionnel qu'elle représente un danger pour les autres, et que la divulgation de l'information sur le patient est nécessaire afin d'éviter ce danger, il puisse divulguer une telle information à la personne ou aux personnes en danger sans le consentement du patient infecté. La divulgation faite en vertu de cette intime conviction ne sera pas considérée comme une faute professionnelle.»(*Royal Society of Canada*, 1988, p. 13)

Il existe peu de situations justifiables où le médecin peut manquer à son devoir de confidentialité quant à l'intégrité physique d'une personne, sa vie et ses secrets. Il est donc essentiel pour le traitement et la guérison du patient que celui-ci soit convaincu que le médecin respectera la confidentialité. De plus, compte tenu de la stigmatisation et de la discrimination associées à la séropositivité et au sida, le respect de la confidentialité demeure important tant pour la surveillance efficace de l'épidémie que pour la prévention de la propagation de l'infection au VIH.

L'obligation professionnelle de respecter la confidentialité est nécessaire, mais elle n'est pas absolue. Tout comme l'exprime la seconde recommandation, il existe des limites à la fois éthiques et légales à cette obligation (Dickens, 1988; *Professional Corporation of Physicians of Québec*, 1978).

Le fait qu'il existe des situations exceptionnelles où l'on devra briser la confidentialité ne diminue en rien le stress vécu par les médecins qui devront faire face à cette décision. La décision de sacrifier une valeur primordiale telle que la confidentialité pour en sauvegarder une autre, comme dans le cas d'une personne infectée par le VIH dont le comportement sexuel irresponsable met en danger la vie des autres, place le médecin devant un choix de Salomon. Quelle que soit la décision qu'il prenne, le résultat n'en demeure pas moins tragique: une femme ou un homme pourrait être infectée par le VIH et mourir prématurément si la confidentialité est respectée; d'autre part, si la confidentialité n'est pas respectée, la personne infectée au VIH peut s'effondrer psychologiquement à la suite de la révélation de sa séropositivité, et les conséquences de cet effondrement sont imprévisibles. Le respect de la confidentialité dans le domaine de l'infection au VIH pose des défis éthiques d'une rare intensité dans la pratique de la médecine et des soins infirmiers.

L'ÉTHIQUE CLINIQUE: QUAND LES MOURANTS EXIGENT DE MOURIR

Blaise Pascal a dit que l'être humain, même soumis aux lois de la nature qui dictent la descente vers la mort, est supérieur à tout l'univers. Il en est ainsi parce qu'un être humain sait qu'il meurt, alors que l'univers n'en sait rien. Cette vérité est partiellement vraie, car elle est contrebalancée par le fait que la dignité humaine ne réside pas uniquement dans la puissance de la pensée et du savoir. La dignité s'exprime dans le pouvoir d'agir en toute connaissance et intelligence et d'obtenir le respect lorsque l'on exprime des intentions dûment réfléchies et de très grande importance.

Les patients qui sont en vie grâce à des appareils de maintien de la vie se retrouvent souvent dans l'impossibilité de faire respecter leurs aspirations et leurs désirs les plus chers. Ils auraient souvent besoin d'aide et éprouvent de la difficulté à obtenir l'attention, la compréhension et le respect nécessaires pour faire un choix qui semble souvent contredire le but intrinsèque de la médecine: sauver des vies. Ces personnes peuvent s'interroger sur le coût à payer pour être supérieurs à l'univers alors qu'elles se sentent inférieures à un appareil qui les maintient en vie parce qu'elles ont le pouvoir de décider des conditions et de la durée d'utilisation.

«Mourir dans la dignité», est devenu le cri de ralliement de ceux et celles qui s'opposent à la prolongation dégradante et inutile de la vie lorsque l'organisme, biologique même s'il fonctionne de façon minimale, ne peut plus soutenir le mourant ou lui permettre d'exercer un contrôle personnel et satisfaisant sur sa vie. Nombreux sont ceux qui voient cette opposition comme une réaction saine au mauvais usage de la haute technologie médicale. Cependant, cette opposition est en elle-même ambiguë tant sur le plan éthique que sur le plan légal ou social.

«Mourir dans la dignité» n'a pas la même signification pour tous. Beaucoup de ceux qui revendiquent avec force le recours à la médecine palliative et aux soins palliatifs pour maîtriser la douleur et la souffrance en phase terminale s'opposent à la cessation de l'alimentation et de l'hydratation artificielles dans les cas de patients en état végétatif persistant ou plongés dans un coma irréversible. Par contre, d'autres qui, sur le plan éthique, acceptent l'interruption du respirateur et de l'alimentation artificielle chez les personnes atteintes de dommages cérébraux importants s'opposent à ce qu'on mette activement fin à la vie des patients, quelles qu'en soient les circonstances. Ceux qui favorisent l'euthanasie ou le suicide assisté soutiennent que la fin rapide et sans douleur d'une vie, pour des personnes qui souffrent, est plus humaine et plus justifiable sur le plan éthique que de les laisser mourir d'infections non traitées ou dépérir pendant des jours, après le retrait de l'alimentation et de l'hydratation assistée.

Les mourants et le droit de mourir

Le plaidoyer en faveur de la mort dans la dignité s'est accentué et s'oppose au zèle technologique déployé afin de prolonger la vie à tout prix. Il y a aujourd'hui un consensus solidement enraciné, à la fois sur le plan éthique et sur le plan légal, que la prolongation de la vie à tout prix n'est pas ce qu'il faut viser. On peut justifier la cessation, ou l'omission d'appliquer des mesures telles que la respiration, l'alimentation et l'hydratation assistées, la chimiothérapie et la chirurgie pour permettre à des gens malades de mourir dans la paix et dans la dignité. Les décisions rendues par les tribunaux dans les cas de Carole Couture-Paquet (Montréal, 1986) et de Nancy B. (Québec, 1992) reflètent et confirment l'orientation de nombreux jugements pratiques rendus, cas par cas, sur la question des traitements pour prolonger la vie. Depuis plusieurs années, la tendance voulant que l'on doive prolonger la vie à tout prix cède progressivement la place à une position favorisant la dignité et la qualité de la vie, comme les patients l'entendent, plutôt et non pas selon la notion de la vie prise comme étant une valeur absolue.

Certains médecins semblent encore peu conscients de cette tendance et de l'émergence de ce consensus. Les discussions déchirantes autour de certains cas ne disparaîtront pas. Néanmoins, en Amérique du Nord, la tendance à ne pas utiliser toute la panoplie technologique pour prolonger la vie est généralement acceptée et probablement irréversible.

Quand les mourants demandent la mort

Si la seule et principale raison en faveur de l'euthanasie était de nous libérer de la haute technologie qui permet de prolonger la vie, le débat sur l'euthanasie, qui fait rage sur le continent nord-américain, n'existerait peut-être pas. Même si certains hôpitaux ont encore du mal à s'adapter, on considère que la bataille contre la prolongation de la vie et l'imposition de souffrances a bel et bien été gagnée.

Cependant, certaines personnes exigent plus. Il y a, à titre d'exemple, le cas de ce jeune homme en phase terminale du sida qui avait la tête pleine de projets et qui voulait vivre. Malgré tout, sachant qu'il allait mourir à plus ou moins brève échéance, il a demandé à obtenir une quantité suffisante de médicaments ainsi que les instructions pour les utiliser afin d'être en mesure de planifier sa mort avant de sombrer dans la déchéance et de perdre l'esprit.

Les revendications en faveur de l'euthanasie sont parfois encore plus délicates quand la technologie de prolongation de la vie n'est pas en cause et quand c'est plutôt le substrat biologique d'une personne qui s'obstine à garder le cerveau et le corps en vie bien après que l'esprit soit prêt à mourir. La mort arrive parfois si tard que les derniers moments de la vie du mourant ne sont peuplés que par le vide. Le temps humain est fait pour la vie et non pas pour la dégénération lente vers la mort.

Parfois, la requête formulée par la personne qui demande à mourir est ambiguë et ambivalente. Cette demande laisse souvent place à l'interprétation: les médecins, les infirmières et les membres de la famille ont alors plusieurs avenues à explorer. Ils peuvent décoder la requête, mettre au jour les désirs non exprimés que cette requête cache et agir ensuite en fonction de ce que le mourant désire vraiment.

Certains affirmeront de façon dogmatique que les demandes des mourants sont ambiguës et ambivalentes, tandis que d'autres souhaitent désespérément qu'il puisse en être ainsi. Cette constatation, en soi réconfortante, confirme qu'il existe une conception de la vie selon laquelle l'être humain n'aurait jamais à faire face à ses limites, à affronter son anéantissement, à admettre son manque total de pouvoir. Mais ce point de vue ne correspond pas nécessairement à la vision des choses qui prévaut de nos jours. Certaines demandes formulées par les mourants sont, en fait, tout à fait définitives, sans ambiguïté et sans ambivalence. La mort est bel et bien ce qu'ils veulent et ce qu'ils exigent.

Définition de l'euthanasie
Ce n'est pas d'hier que les gens écrivent sur l'euthanasie et proposent des lois pour la régir, mais les débats qui portent sur cette question demeurent très confus parce que le terme «euthanasie» est défini par chacun de façon différente et parfois conflictuelle. Si les paroles n'ont pas le sens qu'on leur donne, de nombreux gestes qui auraient dû être posés ne le seront pas, et ce qui n'aurait pas dû être fait sera prôné comme étant le geste à poser.

Une grande part de la confusion entourant la décriminalisation ou la légalisation de l'euthanasie pourrait être dissipée si l'on définissait le mot. Le terme «euthanasie» signifie mettre délibérément fin, par souci de compassion, à la vie d'une personne souffrante et mourante.

Cette définition suppose:
• que l'interruption de la vie s'appliquera aux personnes affligées d'une condition ou d'une maladie incurable, même si la mort n'est pas imminente;

- que l'interruption rapide et sans douleur de la vie sera habituellement accomplie par l'administration d'une drogue mortelle, ou d'une combinaison de drogues, par voie orale ou par injection;
- que l'euthanasie sera auto-administrée ou administrée par quelqu'un d'autre, habituellement par un médecin;
- que l'euthanasie sera volontaire ou non volontaire, selon que la personne malade aura donné ou non son plein consentement (informé, libre et éclairé) en vue de mettre fin à sa vie;
- que la demande d'euthanasie ne serait pas liée à une dépression pathologique traitable;
- que dans le cas d'euthanasie assistée, une personne malade désirant avancer sa mort demanderait de l'aide, en particulier à des médecins ou à des professionnels de la santé, pour obtenir des prescriptions mortelles de médicaments et des directives pour les utiliser efficacement.

La distinction entre l'euthanasie et le suicide

La distinction entre le suicide et l'euthanasie volontaire repose sur la présence ou l'absence d'une maladie ou d'une condition incurable et progressive qui mène inexorablement une personne vers la mort, indépendamment de sa volonté. Lorsqu'une personne fait face à une mort imminente ou inévitable à cause de la maladie, sa demande d'euthanasie est probablement tout à fait compatible avec un fort désir de vivre. C'était justement le cas pour ce jeune sidéen dont il a déjà été fait mention. Il voulait vivre, mais ne pouvait supporter la déchéance physique et la perte de ses capacités mentales qui précéderaient lentement sa mort. Il a alors devancé sa mort. Par ailleurs, le terme «suicide» s'applique aux personnes qui mettent fin à leur vie quand elles ne sont pas affligées par une maladie ou une condition incurable et progressive. On suppose à juste titre que le suicide est souvent l'expression d'un état pathologique, généralement d'une dépression, mais ceci n'empêche pas certains professionnels bien informés et expérimentés d'admettre que le suicide peut, dans certaines circonstances, être tout à fait rationnel (Motto, 1981; Narveson, 1986).

L'euthanasie: l'éthique s'oppose-t-elle à la loi?

En médecine, comme à la guerre, certaines situations échappent à toutes les règles. Par exemple, que faire lorsqu'une femme et les enfants adultes d'un homme en phase terminale d'un cancer de la gorge demandent au médecin et avec le consentement du malade, de «l'endormir» dans les prochains jours, période où l'on s'attendait vraisemblablement à ce qu'il meure de toute manière? La douleur du patient était supportable, mais les épisodes de suffocation s'avéraient terrifiantes pour cet homme. Il voulait mourir dans la paix et la tranquillité; il ne voulait pas que ses derniers moments de conscience soient anéantis par la panique et la terreur. Le médecin qui croyait que l'euthanasie, telle qu'elle est définie, était la seule voie possible pour donner à cet homme et à sa famille ce qu'ils désiraient si profondément n'a pas cédé à leur désir. Résultat, le patient est mort par suffocation, sans sédation et pleinement conscient et terrifié.

Après les funérailles, sa femme, ses enfants ainsi que les personnes qui assuraient ses soins se sont sentis écrasés par la culpabilité. Qu'auraient-ils pu faire d'autre? Tout aurait dû être fait pour que cet homme meure non pas asphyxié mais en toute tranquillité. La décence exigeait qu'on ne le laisse pas mourir dans l'anxiété. Cet homme était mourant, sa mort était inévitable et imminente. Sa vie, en fait, n'était plus du ressort de la médecine. Seul le moment de sa mort dépendait du médecin. Que celui-ci laisse le patient en choisir le moment aurait été totalement justifié sur le plan éthique, étant donné la requête silencieuse du patient et la requête explicite de sa famille, en vue de planifier une mort qui aurait pu se dérouler dans le calme et la sérénité.

Ce cas illustre comment il aurait peut-être été tolérable, sur le plan éthique, d'accélérer une mort à la fois inévitable et imminente. Point n'est besoin de changer les lois pour garantir l'immunité des médecins contre les poursuites, dans ces situations. Il nous faut plutôt perfectionner la communication entre les patients, les familles, les médecins, le personnel soignant de façon à ce que, en de telles circonstances, tous s'entendent sur la décision à prendre. Il n'est pas contradictoire d'affirmer que certaines mesures en vue d'accélérer la mort sont justifiées sur le plan éthique et, d'autre part de refuser que ces mesures soient autorisées dans le cadre d'une loi légalisant l'euthanasie.

Certains objecteront que les médecins continueront de craindre qu'on les accuse de meurtre et qu'ils n'aient à en subir les conséquences légales éventuelles, même si certaines formes d'euthanasie sont justifiables sur le plan éthique. Chaim Perelman, éminent professeur de droit à l'Université de Bruxelles, a réfléchi sur la question. Il a attiré l'attention sur les fictions auxquelles les jurys et les juges ont exceptionnellement recours pour éviter d'avoir à appliquer la loi contre des personnes qui ont commis des actes contraires à la loi, mais qui semblent compréhensibles d'un point de vue éthique dans des circonstances particulières. Il y a donc fiction lorsqu'un jury, «atténue les faits de manière contraire à la réalité en déclarant, par exemple, que l'accusé n'a pas commis de meurtre et ce afin d'éviter d'appliquer la loi». Toujours selon Perelman, ce procédé «vaut mieux que de spécifier dans la loi que l'euthanasie peut être justifiée ou excusée»(Perelman, 1980, p. 118-119).

Perelman croit, au même titre que l'ex-Commission de réforme du droit du Canada, qu'il y aurait des risques graves d'abus si l'on modifiait la législation en conséquence afin de la rendre plus indulgente sur les questions de vie ou de mort (Perelman, 1980, p. 119; *Law Reform Commission of Canada*, 1983). Tous devraient se rallier pour protéger ceux qui, dans de rares circonstances, savent comment exercer leur autorité charismatique, l'autorité qui consiste à savoir quoi faire quand toutes les règles éthiques et légales établies s'avèrent impossibles à appliquer. Il ne faudrait pas, toutefois, avoir foi sans réserve en ceux qui voudraient généraliser l'exercice de l'autorité charismatique. Il est sain, et non pas inhumain, de rester vigilants face à ceux qui voudraient administrer une mort bienveillante. Toute crainte ou appréhension est plus que justifiée.

À la fin de ce siècle, dans nos sociétés occidentales, les signes de discrimination, de racisme latent et d'insensibilité pour des raisons utilitaires à l'égard des personnes vulnérables, ainsi que la tendance à dévaloriser les êtres humains (Woollacott, 1994), sont trop évidents pour qu'on puisse aborder la légalisation de l'euthanasie avec insouciance. Les lois qui interdisent l'euthanasie, même volontaire, devraient être maintenues.

Ceux qui favorisent la légalisation de l'euthanasie volontaire sont d'opinion que l'on ne peut prouver que cette légalisation provoquera un glissement de la société vers d'intolérables abus. Il faut convenir qu'il est vrai qu'un tel glissement n'est pas inévitable. La question est de savoir si cette expérience sociale devrait être tentée, tout en sachant qu'il y a de bonnes raisons pour qu'elle ne le soit pas (Roy, 1994).

Bien sûr, il n'y a pas de loi, même pas une loi interdisant l'euthanasie, capable de prévoir l'infinie diversité des situations de souffrances humaines. Le maintien d'une loi contre l'euthanasie fait appel à la sagesse de tous pour déterminer quand une telle loi ne devrait pas être appliquée.

VERS UNE ÉTHIQUE GLOBALE POUR RÉPONDRE À L'IMPACT DU VIH

Il y a ceux qui meurent de la maladie du VIH, et il y a les autres, nous, qui sommes maintenant forcés de reconnaître les tristes faits accumulés au cours des dernières quatorze années. Sylvia Plath n'avait-elle pas raison dans son poème, *Medusa*, de conclure froidement: «Il n'y a rien entre nous.» (Plath, 1982). Les tristes faits sont, que certains, même plusieurs de ceux qui meurent du sida, semblent ne jamais avoir été ni chéris ni aimés, et maintenant, au moment de leur détresse et de leur mort, ils sont abandonnés, leurs derniers jours étant marqués par un chaos total. Mois après mois, année après année, nous publions nombre d'écrits, nous tenons des audiences publiques, nous débattons de l'euthanasie alors que les plus pauvres et les plus démunis meurent sans soins dignes d'un être humain.

Sans doute devrions-nous faire nôtre la brutale déclaration de Plath, si elle est prise dans le sens d'une accusation. Mais nous ne devrions jamais accepter cette conclusion au poème de Plath, aussi froide soit-elle, aussi définitive soit-elle que la mort elle-même, si elle décrit ce qui est et continuera d'être entre les pauvres, les marginalisés, les exclus, et les autres, ceux qui sont nés sous une bonne étoile et ont été privilégiés leur vie durant. La déclaration de Plath fait peu de place à l'entraide, à la croissance des liens qui unissent l'humanité.

Humanité? Eh bien, l'humanité, c'est cet espace où ceux qui vivent péniblement, loin dans la pénombre et au-delà des marges de la respectabilité, du statut, des privilèges et du pouvoir sont propulsés dans la lumière de l'honneur, de la paix et de la dignité. L'humanité est cet espace où ceux qui, écrasés par la culpabilité, les pertes, la maladie, la mort prochaine et par dessus tout, l'abandon, n'auront pas à mourir seuls et délaissés.

Nous entrons, à la fin de cette décennie, dans une période de difficultés économiques croissantes et de tensions grandissantes entre les pauvres et les privilégiés. Les appels à notre humanité iront en s'accroissant si nous voulons poser les gestes qui nous permettront de répondre à la question: «Comment continuer à vivre sans regrets?» alors que, reprenant les mots de Sylvia Plath, les plus pauvres d'entre les pauvres demandent: «N'y a-t-il rien entre nous?»

BIBLIOGRAPHIE

Adler, M.W. (1987). Patient safety and doctors with HIV infection. *British Medical Journal*, 295, 1297-1298.

Altman, L.K. (1991). AIDS-infected doctors and dentists are urged to warn patients or quit. *New York Times*, January 18, A-3.

Altman, L.K. (1991). New York won't tell doctors with AIDS to inform patients.

NewYorkTimes, January 19, A-1.

Arras, J.D. (1990). AIDS and reproductive decisions: having children in fear and trembling. *The Milbank Quarterly*, 68, 353-382.

Ascher, M., Sheppard, H.W., Winkelstein, W. & Vittinghoff, E. (1993). Does drug use cause AIDS? *Nature*, 362, 103-104.

Byar, D.P. *et al.* (1990). Design considerations for AIDS trials. *The New England Journal of Medicine*, 323, 1343-1348.

Benzie, R.J. (1979). Antenatal genetic diagnosis: current status and future prospects. *Canadian Medical AssociationJournal*, 120, 686.

Blattner, W., Gallo, R.C. & Temin, H.M. (1988). HIV causes AIDS. *Science*, 241, 515.

Boyer, R. (1990). AIDS and the future of reproductive freedom. *The Milbank Quarterly*, 68, 179-204.

Boyer, R. (1994). Ethical challenges posed by Zidovudine treatment to reduce vertical transmission of HIV. *The New England Journal of Medicine*, 331, 1223-1225.

Brennan, T.A. (1991). Transmission of the human immunodeficiency virus in the health care setting-Time for action. *The New England Journal of Medicine*, 324, 1504-1509.

Cassel, J. (1987). *The Secret Plague. Venereal Disease in Canada 1838-1939.* Toronto: University of Toronto Press.

Centers for Disease Control. Revision of the case definition of acquired immunodeficiency syndrome for national reporting-United States. (1985). *Morbidity and Mentality Weekly Report*, 34/25, 373-375

Centers for Disease Control. Revision of the CDC surveillance case definition for acquired immunodeficiency syndrome. (1987). *Morbidity and Mentality Weekly Report*, 36/suppl. 1S, 3S-15S.

Chiaromonte, N. (dir.) (1985). *The Paradox of History. Stendhal, Tolstoy, Pasternak and others.* London: Weidenfeld and Nicolson.

Coffin, J.M. (1995). HIV population dynamics in vivo: implications for genetic variation, pathogenesis, and therapy. *Science*, 267, 483-489.

Cohen, T. (1994). The Duesberg phenomenon. *Science*, 266, 1642-1649.

Commission d'enquête sur l'approvisionnement en sang au Canada. (1995). *Rapport provisoire.* Ottawa: Ministre des Approvisionnements et services Canada.

Connor, E.M. *et al.* (1994). Reduction of maternal-infant transmission of human immunodeficiency virus type I with Zidovudine treatment. *The New England Journal of Medicine*, 331, 1173-1180.

Council on Ethical and Judicial Affairs. (1988). Ethical issues involved in the growing AIDS crisis. *Journal of the American Medical Association*, 259, 1360-1361.

Daniels, N. (1992). HIV-infected health care professionals: public threat or public sacrifice? *The Milbank Quarterly*, 70, 3-42.

Dickens, B.M. (1988). Legal limits of AIDS

Confidentiality. *Journal of the American Medical Association*, 259, 3449-3451.

Duesberg, P.H. (1987). Retroviruses as carcinogens and pathogens: expectations and reality. *Cancer Research*, 47, 1199-1220.

Duesberg, P.H. (1988). HIV is not the cause of AIDS. *Science*, 241, 514.

Duesberg, P.H. (1989). Human immunodeficiency virus and acquired immunodeficiency syndrome: correlation but not causation. *Proceedings of the National Academy of Sciences of the United States of America*, 86, 755-764.

Duesberg, P.H. (1992). AIDS acquired by drug consumption and other noncontagious risk factors. *Pharmacology and Therapeutics*, 55, 201-277.

Duesberg, P.H. (1994). Infectious AIDS — Stretching the germ theory beyond its limits. *International Archives of Allergy and Applied Immunology*, 103, 118-127.

Dunstan, G.R. (1988). Two branches from one stem. *Annals of the New York Academy of Sciences*, 530, 4-6.

Fauci, A.S. (1993). Multifactorial nature of human immunodeficiency virus disease: implications for therapy. *Science*, 262, 1011-1018.

Federal Center for AIDS Working Group on Anonymous Unlinked HIV Seroprevalence. (1990). Guidelines on ethical and legal considerations in anonymous unlinked HIV seroprevalence research. *Canadian Medical Association Journal*, 143/7, 625-627.

Galle, R.C. & Montagnoiei, L. (1988). AIDS in 1988. *Scientific American*, 259, 44.

Glantz, L.H., Mariner, W.K. & Annas, G.J. (1992). Risky business: setting public health policy for HIV-infected health care professionals. *The Milbank Quarterly*, 70, 43-79.

Gostin, L. (1989). HIV-infected physicians and the practice of seriously invasive procedures. *Hastings Center Report*, 19, 32-39.

Grmek, M.D. (1989). *Histoire du sida. Début et origine d'une pandémie actuelle.* Paris: Éditions Payot.

Haynes, B.F. (1993). Scientific and social issues of human immunodeficiency virus vaccine development. *Science*, 260, 1279-1286.

Health and Public Policy Committee. American College of Physicians and the Infectious Diseases Society of America (1988). The acquired immunodeficiency syndrome (AIDS) and infection with the human immunodeficiency virus (HIV). *Annals of Internal Medicine*, 108, 462.

Ho, D.D. *et al.* (1995). Rapid turnover of plasma virions and CD4 lymphocytes in HIV-I infection. *Nature*, 373, 123-126.

Institute of Medicine, National Academy of Sciences (1986). *Confronting AIDS: Directions for Public Health, Health Care, and Research.* Washington, DC: National Academy Press; Institute of Medicine, National Academy of Sciences (1988). *Confronting AIDS. Update 1988.* Washington, DC: National Academy

Press.

Jonas, H. (1974). *Philosophical Essays. From Ancient Creed to Technological Man.* Englewood Cliffs, New Jersey: Prentice-Hall Inc.

Law Reform Commission of Canada. (1983). *Euthanasia. Aiding Suicide and Cessation of Treatment.* Report no. 20. (p. 18). Ottawa: Minister of Supply and Services Canada.

Levine, C. & Neveloff Dubler, N. (1990). Uncertain risks and bitter realities: the reproductive choices of HIV-infected women. *The Milbank Quarterly*, 68, 321-351.

Levy, J. (1993). Pathogenesis of human immunodeficiency virus infection. *Microbiological Review*, 57, 183-289.

Lonergan, B. (1957). *Insight: A Study of Human Understanding.* London: Longmans, Green and Co.

Lonergan, B. (1988). Dimensions of meaning. Dans F.E. Crowe et R.M. Doran (dir.), *Collected Works of Bernard Lonergan* (p. 241). Toronto: University of Toronto Press.

Maddox, J. (1995). Duesberg and the new view of HIV. *Nature*, 373, 189.

Mann, J., Tarantola, D.J.M. & Netber, T.W. (1992). *AIDS in the World. A Global Report.* Cambridge, MA: Harvard University Press.

May, W.F. (1983). *The Physician's Covenant.* Philadelphia: The Westminster Press.

Merigan, T.C. (1990). You 'can' teach an old dog new tricks. How AIDS trials are pioneering new strategies. *The New England Journal of Medicine*, 323, 1341-1343.

Miller, H.G., Turner, C.F. & Moses, L.E. (1990). *AIDS The Second Decade.* AReport of the Committee on AIDS Research and the Behavioral, Social, and Statistical Sciences, the Commission on the Behavioral and Social Sciences and Education, and the National Research Council. Washington, DC: National Academy Press.

Motto, J.A. (1981). Rational suicide and medical ethics. Dans M.D. Basson (dir.), *Rights and Responsibilities in Modern Medicine* (p. 201-209). New York: Alan R. Liss.

Narveson, J. (1986). Moral philosophy and suicide. *Canadian Journal of Psychiatry*, 31, 104-107.

Nussbaum, M.C. (1986). *The Fragility of Goodness. Luck and Ethics in Greek Tragedy and Philosophy* (p. 240-263). Cambridge: Cambridge University Press.

Pantaleo, G., Graziosi, C. & Fauci, A.S. (1993). The immunopathogenesis of human immunodeficiency virus infection. *The New England Journal of Medicine*, 328, 327-335.

Perelman, C. (1980). *Justice, Law and Argument* (p. 118-119). Dordrecht, Boston, London: D.Reidel Publishing Co.

Plath, Sylvia. Cité d'un essai de George Steiner sur Sylvia Plath. Dans G. Steiner (1982). *Language and Silence. Essays on Language, Literature, and the Inhuman* (p. 299). New York: Atheneum.

Professional Corporation of Physicians of Québec (1978). *Code of Medical Ethics.* 2nd Edition, 6.

Reed, R.R. & Evans, D. (1987). The deprofessionalization of medicine: causes, effects, and responses. *Journal of the American Medical Association*, 258, 3279-3282.

Rhame, F.S. (1990). The HIV-infected surgeon. *Journal of the American Medical Association*, 264, 507-508.

Ricoeur, P. (1991). *Lectures 1. Autour de la politique* (p. 268). Paris: Éditions du Seuil.

Rogers, M.F. & Joffe, H.W. (1994). Reducing the risk of maternal-infant transmission of HIV: a door is opened. *The New England Journal of Medicine*, 331, 1222-1223.

Root-Bernstein, R.S. (1993). *Rethinking AIDS The Tragic Cost of Premature Consensus.* New York, Toronto: The Free Press.

Roy, D.J. (1990). Anonymous HIV seroprevalence studies: ethical conditions. Dans C.M. Laberge et B.M. Knoppers (dir.). *Genetic Screening. From Newborns to DNA Typing* (p. 95-103). Amsterdam, New York, Oxford: Excerpta Medica, Elsevier Science Publishers.

Roy, D.J. (1994). *When the Dying Demand Death.* A position paper on euthanasia presented to the Senate Special Committee on Euthanasia and Assisted Suicide. Ottawa, October 26, unpublished.

Sackett, D.L. (1979). Bias in analytic research. *Journal of Chronic Diseases*, 32, 60.

Sade, R.M. (1971). Medical care as a right: a refutation. *The New England Journal of Medicine*, 285, 1288-1292.

Schechter, M.T. *et al.* (1993). HIV-I and the aetiology of AIDS. *The Lancet*, 341, 658-659.

Sénat du Canada. (1995). *De la vie et de la mort. Rapport du Comité sénatorial spécial sur l'euthanasie et l'aide au suicide.* Ottawa: Ministre des Approvisionnements et services Canada.

Sherer, R. (1988). Physician use of the HIV-antibody test. The need for consent, counseling, confidentiality, and caution. *Journal of the Medical American Association*, 259, 264-265.

Short, N. (1995). A fight to the death. *Nature Medicine*, 1, 122-124.

Sir John Walter, quoted from Anon (1987). GMC warns doctors infected with HIV or suffering from AIDS. *British Medical Journal*, 295, 1500.

Somerville, M. & Gilmore, N. (1987). *Human Immunodeficiency Virus Antibody Testing in Canada.* A Report for the National Advisory Committee on the Acquired Immunodeficiency Syndrome. Ottawa: Health and Welfare Canada.

Tegtmeier, J.W. (1990). Ethics and AIDS: a summary of the law and a critical analysis of the individual physician's ethical duty to treat. *American Journal of Law and Medicine*, 16/1, 2, 249-265.

The Royal Society of Canada. (1988). *AIDS. A Perspective for Canadians. Summary Report and*

Recommendations (p. 1). Ottawa: The Royal Society of Canada.

The Society of Obstetricians and Gynecologists of Canada. (SOGC). (1994). *Practical Guidelines for Obstetrical and Gynecological Care of Women Living with HIV* (p.16). Ottawa: SOGC.

Toulmin, S. (1982). How medicine saved the life of ethics.*Perspectives in Biology and Medicine* 25, 736–750.

Voltaire (1879). Dictionnaire philosophique IV. Dans *Œuvres complètes de Voltaire* (p.195-196). Paris: Garnier Frères.

Wain-Hobson, S. (1995). Virological mayhem. *Nature*, 373, 102.

Wei, X. *et al*. (1995). Viral dynamics in human immunodeficiency virus type I infection. *Nature*, 373, 117-122.

Weiss, R.A. & Joffe, H.W. (1990). Duesberg, HIV and AIDS. *Nature*, 345, 659-660.

Woollacott, M. (1994). Paying the price for insecurity. *The Manchester Guardian Weekly*, August 28, 25.

PRÉSENTATION DES AUTEURS

Alix ADRIEN, M.D., C.M., M. Sc., CCFP, FRCPC, Module de prévention et de contrôle MTS/sida, Hôpital général de Montréal.

Michel ALARY, M.D., Ph.D., Hôpital du Saint-Sacrement et Centre de santé publique de Québec.

Denise BADEAU, Ph.D., Professeure, Département de sexologie, Université du Québec à Montréal.

Enias BAGANIZI, M.D., Ph.D., Coordonnateur national projet sida 2-Bénin Cotonou, Bénin.

Michèle BOURGON, Ph.D., Professeure, Département de travail social, Université du Québec à Montréal.

Rose BURELLE, Ph.D., Réseau FRSQ - Sida et maladies infectieuses, Chargée de cours, Département de sexologie, Université du Québec à Montréal.

Paul CAPPON, M.D., Ph.D., Directeur général, Conseil des ministres de l'Éducation.

Henri COHEN, Ph.D., Professeur, Département de psychologie, Université du Québec à Montréal.

Bernard DAGENAIS, Ph.D., Professeur, Département d'information et de communication, Université Laval.

Alice DESCLAUX, M.D., anthropologue, Laboratoire d'écologie humaine et d'anthropologie, Université d'Aix-Marseille III.

Marie Josée DROUIN, M.A. sexologue clinicienne, Département de sexologie, Université du Québec à Montréal.

André DUPRAS, Ph.D., Professeur, Département de sexologie, Université du Québec à Montréal.

Louis-Robert FRIGAULT, Doctorat en anthropologie, Département d'anthropologie, Université de Montréal.

Louise GAUDREAU, Ph.D., éducation, Professeure, Département des Sciences de l'éducation, Université du Québec à Montréal.

Diane GIGUÈRE, BA., sexologie, Université du Québec à Montréal.

Gaston GODIN, Ph.D., Professeur, Département des sciences infirmières, Université Laval.

Catherine HANKINS, M.D. épidémiologiste, M.Sc., C.C.F.P., F.R.C.P.C., Département des maladies infectieuses, Hôpital général de Montréal.

Josée LAFOND, Ph.D., Professeure, Département de sexologie, Université du Québec à Montréal.

Orkia LEFEBVRE, M.Sc, Régie Régionale de la santé et des services sociaux.

Joseph J. LÉVY, Ph.D., Professeur, Département de sexologie, Université du Québec à Montréal.

Viviane LEW, M.D., Psychiatre, Hôpital St-Luc de Montréal.

Sharon MANSON-SINGER, Ph.D., Professeure, Département de travail social, Université de Colombie-Britannique.

Eleanor MATICKA-TYNDALE, Ph.D., Professeure, Department of Sociologiy and anthropology, Université de Windsor.

Maria Nengeh MENSAH, M.A., sexologie recherche-intervention.

Ken MORRISON, B. Sc., M.A., Genève, Suisse.

Joanne OTIS, Ph.D., Professeure, Département de sexologie, Université du Québec à Montréal.

David J. ROY, M.D., Directeur, Centre de bioéthique, Institut de recherches cliniques de Montréal, Chercheur, Faculté de médecine, Université de Montréal.

Élise ROY, M.D., Direction de la santé publique Montréal-Centre.

Carole THABET, M.A. Chargée de cours, Département de sexologie, Université du Québec à Montréal.

Anne VASSAL, B. Ps., M.A., Adjointe au Directeur scientifique, Réseau Sida et maladies infectieuses (FRSQ).

Dennis G. WILLMS, Ph.D., Professeur, Département d'anthropologie, Université McMaster.

TABLE DES MATIÈRES